U0599508

湖北省学术著作
Hubei Special Funds for
Academic Publications
出版专项资金

"十三五"国家重点图书

教育部后期资助重大项目（13JHQ002）成果

反贫困的中国路径
——基于能力开发的视角

邹薇　方迎风　著

WUHAN UNIVERSITY PRESS
武汉大学出版社

图书在版编目(CIP)数据

反贫困的中国路径:基于能力开发的视角/邹薇,方迎风著.—武汉:武汉大学出版社,2019.6
"十三五"国家重点图书　湖北省学术著作出版专项资金资助项目
ISBN 978-7-307-20860-5

Ⅰ.反…　Ⅱ.①邹…　②方…　Ⅲ.扶贫—研究—中国　Ⅳ.F126

中国版本图书馆 CIP 数据核字(2019)第 099518 号

责任编辑:范绪泉　　　责任校对:汪欣怡　　　版式设计:马　佳

出版发行:**武汉大学出版社**　　(430072　武昌　珞珈山)
　　　　　(电子邮箱:cbs22@whu.edu.cn 网址:www.wdp.com.cn)
印刷:北京虎彩文化传播有限公司
开本:787×1092　　1/16　　印张:29.75　　字数:705 千字　　插页:4
版次:2019 年 6 月第 1 版　　　2019 年 6 月第 1 次印刷
ISBN 978-7-307-20860-5　　　定价:80.00 元

版权所有,不得翻印;凡购买我社的图书,如有质量问题,请与当地图书销售部门联系调换。

序　言

　　贫困是世界性难题，反贫困是人类共同的任务，也是异常艰巨的任务。改革开放 40 多年以来，我国政府在全国范围内开展了有组织有计划的大规模开发式扶贫，先后实施《国家八七扶贫攻坚计划（1994—2000 年）》《中国农村扶贫开发纲要（2001—2010 年）》《中国农村扶贫开发纲要（2011—2020 年）》等中长期扶贫规划，取得了举世瞩目的减贫成效。中国是世界上减贫人口最多的国家，也是率先完成联合国千年发展减贫目标的发展中国家。

　　按照世界银行测算的人均每天支出 1.9 美元的国际贫困标准，截至 2018 年的过去 40 年，中国共减少贫困人口 8.5 亿多，对全球减贫贡献率超过 70%。按中国现行贫困标准，1978 年至 2017 年，中国农村贫困人口由 7.7 亿减少到 3046 万，贫困发生率由 97.5% 下降到 3.1%。2012 年至 2017 年，中国每年有 1000 多万人稳定脱贫，而且减贫的步伐并未放慢。国家统计局最近发布的全国农村贫困监测调查显示，2018 年末全国农村贫困人口 1660 万，比上年末继续减少 1386 万，贫困发生率 1.7%，比上年再下降 1.4 个百分点。中国持续、稳定、大规模地推进开发式减贫，让数亿人口摆脱贫困，分享经济发展的成果，创造了共享发展的典范，为世界各国提供了重要经验。

　　目前，我国扶贫攻坚进入决战决胜的关键阶段，扶贫攻坚是"十三五"规划的重中之重，是落实四个全面战略布局的关键。现阶段的农村贫困呈现出新特征，减贫政策也面临一些新问题，包括贫困的维度趋于多元化，教育、健康、信息、环境等维度的贫困更难以准确界定和有效消除；贫困的区域性集聚特征依然明显，包括"三州三区"、国家 14 个连片特困地区等仍是贫困人口高度密集地区；贫困的深度、脆弱性和返贫问题仍是持续反贫困政策的难点；能力匮乏性、能力缺失性贫困人口的减贫难度更大；农村贫困的代际固化现象依然突出，解决持久性顽固性贫困亟待长效机制。

　　按照阿马蒂亚·森的观点，贫困的实质是"能力贫困"。大量研究表明，收入或者消费水平低下只是贫困的表象，而贫困的实质是人们缺乏改变生存状况、抵御各种风险、抓住经济机会和获取经济收益的"能力"。不仅如此，现代社会的贫困往往与收入分配不平等相伴随，贫困人口无法平等地获取或接触到许多产品和服务（尤其是公共品），不具备把这些产品转化成效用的"功能"或"权利"。因此，本书着重从人力资本投资与能力形成的角度，拓展关于贫困的根源与致因、贫困的维度与深度、贫困的脆弱性与持续性、贫困的区域性集聚与邻里效应的影响、贫困的代际传递途径等一系列问题的研究，提出通过"能力开发"消除"能力贫困"的主张。

本书围绕贫困和发展陷阱问题开展的理论模型研究，得出了一些有意义的结论。其一，通过内生经济增长的理论模式和二元经济的两部门动态转型模式，研究了农村公共品供给的规模、结构和地区布局影响农村扶贫开发和收入分配的路径。其二，通过构建技术水平的分段更迭、人力资本升级与经济发展的多重均衡模型，发现落后国家或地区技术引进可能会对人力资本积累带来引致性升级，也可能由于技术引进的不适宜，导致人力资本升级受阻，从而陷入发展陷阱。具体而言，跨度过小的技术引进会造成人力资本积累不足、不利于下一期的转型升级，而跨度过大的技术引进又会导致本期人力资本升级的成本过高，从而使得经济发展停滞在低水平均衡状态。其三，通过建立教育投资决策的微观模型，在考虑家庭对子女人力资本投入的同时，把信贷市场不完善和风险因素纳入模型，从教育投资风险阻碍人力资本代际传递的角度，解释农村贫困地区"读书无用论"和"越是贫困家庭的子女越倾向于少读书（或不读书）"的现象，揭示了教育贫困代际传递、进而延续和加深持续性贫困的恶性循环的原因。

在围绕区域性贫困陷阱的大量实证研究中，我们收获了许多新发现。其一，我们利用可获取的 CHNS、CHIP 等微观数据库，整合了我国贫困地区人口、收入、支出、消费、财产、健康、营养、教育水平、职业、社会地位等数据，界定和量化测度农村"能力贫困"的程度，突破传统的单一贫困测度，建立动态多维贫困指数体系，并且通过各维度贫困对整体贫困的贡献度的变化，发现现阶段教育贫困已经成为整体贫困的主要致因。其二，我们改进经典的明瑟工资收入方程（Mincer，1958，1974），采用局部非参数回归模型，测算教育投资收益率及其随工资水平分布变化的弹性系数，并测算工作经验对生命周期工资增长率、收入水平波动的影响，发现贫困居民选择让子女较早辍学、进入劳动队伍，尽管是追逐短期低技能劳动收益的短视行为，但某种意义上也是目前各层次教育收益率"倒挂"、工资增长率"倒挂"现象的一种理性选择。其三，我们建立多层次模型，研究邻里效应对于区域性贫困陷阱的形成的影响机制，发现在经济发展的早期，社区层次的因素（尤其是社区教育水平与信息获取水平）对个体生活水平的影响要强于个体层次的因素，但是随着经济发展，社区层次的作用不断降低，当超过某一特定临界点，个体具有的能力与资本将开始发挥主导作用。其四，我们建立教育的排序选择模型，研究家庭背景、教育代际传递与贫困问题，通过采用有序 Probit 方法进行估计，发现父母各层次的受教育程度均会对子代教育产生显著正向影响，接受过义务教育及以上教育程度的父母，其子代接受高中和大学教育的概率显著增加；虽然母亲的平均受教育水平较低，但是母亲受教育程度对子代接受高中和大学教育的影响却比父亲更大；在加入个体努力因素后发现，子代努力程度会显著强化父母教育的影响。其五，我们的实证研究发现，个人的健康人力资本对个人收入的贡献度高达 19.3%，甚至略高于教育人力资本，进一步研究表明健康人力资本不仅直接影响长期收入，还通过影响教育人力资本和物质资本间接影响长期收入。这些发现不仅延展和拓宽了我们对于经济发展进程中的能力贫困的认识，而且促使我们重新思考消除能力贫困的政策着力方向。

在扶贫开发的公共政策研究方面，本书力图采用规范的数量经济学和计量经济学分析方法，对不同政策的减贫效应进行具体的量化评估。由于健康投资与教育投资是"能力开发"的两个相互关联的重要途径，健康减贫和教育减贫对于消除贫困具有"治本"的意义，我们着重研究了公共政策对于减轻健康贫困和教育贫困的影响，得出了许多对政策实施有意义的结论。例如"新农合"已经在农村地区普及，我们利用面板门限模型来俘获农村居民的教育程度对医疗保险利用和健康水平提升的传导作用，并进行相关的估计与检验，结果表明教育程度对新农合存在单一门限效应。具体地，教育程度的门限值为5，即只有当学龄大于5年时，新农合才能发挥提高健康水平的作用。又比如，我们发现农村家庭健康贫困会导致个人受教育年限缩短，东部地区缩短0.43年，中西部地区缩短0.57年至0.71年；进而对于农村家庭医疗保险进行政策性分析发现，在其他条件相同情况下，相对于不拥有医疗保险的家庭，家庭拥有医疗保险会导致个人受教育年限显著增加，在东部地区相对增加0.41年，中西部地区增加0.53年至0.59年。再比如，农业税减免是一项重要改革，但是此前少有研究此项改革对于减贫的作用机制。我们通过分解直接效应和间接效应，考察农业税减免对于农村家庭子女健康的影响。结果发现，税费改革能够有效改善农村家庭子女健康，49.02%的健康改善来自税费改革；子女年龄越小，税费改革对其健康的改善程度越显著且持续效应越强；税费改革对于子女健康的影响因税改的阶段而不同，因地域而不同，因父母不同的务工模式而不同，等等。这些研究关注公共政策对农村家庭个体能力开发的效应，具体探究了政策的传导机制和影响程度，从能力形成的角度评估了开发式扶贫的成效。

在过去的十多年间，我们研究团队一直密切关注世界反贫困和我国扶贫攻坚的进展，我们欣喜地看到，中国创造的减贫奇迹改变了数亿人的生存状况和生活质量。中国的减贫战略为全球减贫做出的贡献是前所未有的，英国《经济学人》杂志赞叹："在减贫方面，中国是个英雄"。我们更加欣喜的是，中国减贫和经济发展的壮阔实践为学术研究不断提出新问题、新方向，期望我们围绕能力贫困、能力开发所做的理论和实证研究，能够为摆脱贫困、战胜贫困奉献绵薄之力。精准减贫仍然在路上，我们的贫困研究也仍然在路上。

在本书研究的全过程中，许多博士生、硕士生加入了研究团队，持续跟踪理论前沿，掌握研究方法和整合最新数据，完成了他们的学位论文，也为本书做出了贡献。郑浩博士参与了第五、六、八章的研究，程波博士参与了第十、十四章的研究，马占利博士参与了第十一、十五章的研究，吕娜博士参与了第十二章的研究，刘红艺、宣颖超同学参与了第十三章的研究。他们有的已经完成学业，开始人生新阶段，有的还在国外继续深造。希望我们团队那些不惧寒暑、不畏困难、精诚合作、充满激情的日日夜夜，也是同学们人生中难忘的时光。

本书的完成感谢国家社会科学基金重点项目和教育部后期资助重大项目的支持。本书的完成还要感谢武汉大学出版社，感谢出版社的郑重推荐，本书入选了"国家十三五重点出版规划"。感谢责任编辑范绪泉老师令人钦佩的敬业精神和专业、高效的编辑指导。

目 录

表目录

图目录

第一编————————————————————

贫困问题与理论演进

第一章

我国现阶段的贫困问题：
基于"能力贫困"视角的分析

1.1 贫困与"能力贫困"

贫困一直是世界各国在经济发展进程中关注的重要问题，特别是广大发展中国家，在推进经济增长和经济结构转型的同时，如何有效地减少和消除贫困是一项严峻和迫在眉睫的任务。几十年来，各国学者把减少贫困、提高收入水平与缩小收入差距等作为经济发展的关键问题，在理论和实证方面展开了大量研究，从贫困的识别与确定、贫困的测度与动态跟踪、贫困产生的原因与机制，到扶贫政策的优化选择以及扶贫政策效应的评估等，形成了丰富的研究成果。然而，在世界范围内贫困问题依然十分严重，我国现阶段的贫困问题也呈现出一些新的特征。如何有效地测度和评判贫困的深度和广度，如何更深入地揭示持久性、区域性贫困的形成机制，如何精准有效地解决贫困问题，仍然是经济发展理论的核心论题。

按照世界银行和联合国的惯例，所谓"贫困标准"是指通过提供食物、衣物和医疗保健来维持生活所需的适当数量的实际收入水平。世界银行和联合国通用的贫困标准是：按照 1985 年美元计价，每天生活支出低于 2 美元者为"贫困"，低于 1 美元者为"极端贫困"；到 2000 年这个标准根据通货膨胀作了适当调整，演变成每人每年收入水平低于 1000 美元者为"贫困"，低于 500 美元者为"极端贫困"。

目前，世界上的贫困人口相对于 20 世纪 90 年代初已经大为减少，但是贫困问题依然严重。一方面，"极端贫困"的分布主要向一些经济落后的国家和地区集中，这些国家和地区不仅贫困范围广、程度深，而且贫困下降速度十分缓慢，在遭遇外部冲击时，贫困现象甚至反而上升；另一方面，减少和消除贫困是发展中国家，尤其是中等收入国家，在经济发展进程中的一项长期任务。世界银行和联合国最新数据表明，许多"中等收入国家"的收入分配不均和贫困问题日益严重，全球 2/5 的贫困人口（按每人每天支出低于 2 美元计）生活在中等收入国家。联合国开发计划署提出，未来全球反贫困的主战场将是中等收入国家。美国布鲁金斯研究所的一份最新研究报告表明，"新的底层 10 亿"主要生活在中等收入国家，到 2015 年，约有 55% 的贫困人口生活在中等收入国家（Gertz &

Chandy，2011）。

中国是世界上最大的、人口最为众多的中等收入国家，在改革开放以来的40多年间，已经在扶贫开发工作中取得了突出成就。联合国《2015年千年发展目标报告》显示，全球极端贫困人口由1990年的19.26亿下降到2015年的8.36亿，贫困发生率由47%下降到14%；中国农村的贫困发生率下降尤为突出，由1990年的60%下降到2002年的30%，再下降到2014年的4.2%，中国对全球减贫的贡献率超过70%。中国成为世界上减贫人口最多的国家，也是世界上率先完成联合国千年发展目标的国家，为全球减贫事业作出了重大贡献。改革开放40多年来，7亿多贫困人口摆脱贫困，贫困人口数量和贫困发生率显著下降。[1] 特别是党的十八大以来脱贫攻坚取得显著成效，我国贫困人口规模大幅减少。2012年至2016年，我国现行标准下的贫困人口由9899万减少至4335万，累计减少5564万人，2017年减贫人数预计也在1000万以上，5年年均减贫1300多万人。与前几轮扶贫相比，这是从未有过的。[2] 从贫困县摘帽看，我国自1986年设立贫困县以来，经过3次调整总量有增无减。2016年有28个贫困县率先脱贫摘帽，第一次实现贫困县总量减少，预计2017年还会有100个贫困县退出。[3]

但是，一些农村地区的区域性、持久性贫困问题仍然严重。我国农村贫困人口主要分布在欠发达的中西部地区，其中河南、湖南、广西、四川、贵州、云南6个省份（自治区）的贫困人口都超过500万人，占全国贫困人口总数的48.9%。同时，全国不仅有14个连片特困地区，除京津沪3个直辖市外，其余绝大部分省级行政区都存在相当数量的人口生活在贫困线以下。在深度贫困地区，贫困发生率超过18%的县还有110个，贫困发生率超过20%的村还有1.6万多个；经各省认定的334个深度贫困县，贫困发生率为11%，而全国贫困发生率只有3.1%。[4] 因此，缩小收入差距和消除贫困仍是我国中长期经济发展的重要目标。

贫困问题与收入分配问题既密切相关，又有所区别。对于给定的总收入水平，收入分配不平等的程度决定了有多少比例的人口生活在贫困线以下（例如每人每天支出低于1美元或者2美元）。一般地，除非人均GDP水平很低，则收入分配不平等加重意味着会有更高比例的人口生活在贫困线以下。然而，随着人均GDP的上升，收入不平等和贫困状况的变化可能会非常不同。例如，假设每个人的实际收入都翻倍，这样收入分配不平等状况不会变化，最穷20%人口在总收入中所占有的份额仍然不变。但是，贫困人口的数目却会由于收入翻倍而迅速减少。因此，尽管有些学者认为收入不平等与贫困是近似的问题，但是，只要每个人的福利主要取决于他自己的实际收入，而不是他相对于其他人的收入水平，那么，对于贫困的分析就比对于收入不平等的分析更好地反映社会福利状况。或

---

① 白皮书：我国30多年7亿余人口摆脱贫困，数量世界第一［EB/OL］. http：//politics. people. com. cn/n1/2016/1017/c1001-28784947. html.

② 车丽. 党的十八大以来我国脱贫攻坚取得显著成效　贫困人口规模大幅减少［EB/OL］. 央广网，2017-10-11.

③ 宁迪. 我国目前剩余贫困人口3000万左右［EB/OL］. 中青在线，2018-01-05.

④ 我国现有334个深度贫困县　贫困发生率达11%［EB/OL］. 新浪财经，2018-03-07.

者说，在许多情况下，我们可以把收入不平等问题与贫困问题结合起来分析，以便更好地测度社会福利的变化，以及不同收入水平的人们是怎样参与分享经济增长的成果的。

　　Sala-i-Martin（2006）的研究通过对每个国家收入分配状况的测度和刻画，进而加总获得了世界收入分配的总格局。他发现，从 1970 年到 1998 年，世界经济增长已经促使贫困人口急剧下降，估计每天生活在 1 美元以下的贫困人口已经由 1970 年的 5.5 亿（世界总人口的 17%），下降到了 1998 年的 3.5 亿（世界总人口的 7%）。如果按照每天 2 美元的贫困线标准来测算，则世界贫困人口由 1970 年的 13 亿（总人口的 41%）下降到了 1998 年的 9.7 亿（总人口的 19%）。可见，尽管在此期间世界人口也在不断增长，但是不论是贫困发生率（贫困人口占总人口的比例），还是贫困人口数量都已经显著下降。

　　图 1.1a 和图 1.1b 分别是 1970 年和 1998 年的世界收入分配状况，图中还同时反映了一些有代表性的国家（例如中国、印度、美国、日本、印度尼西亚、尼日利亚等）的收入分配状况，世界总体收入分配状况（图中最上方的粗线）是在所有国家或地区收入分配状况基础上加总得到的。横轴表示实际收入的自然对数值，纵轴表示对应各种收入水平人口的数目。图中有两条垂直线，分别表示与每天支出 1 美元和 2 美元相对应的两个贫困线。在图 1.1a 中可以看到，位于世界收入分配曲线下方、1 美元垂直线左侧的区域面积表示生活极端贫困的人口，该人口的数目与总人口（世界收入分配曲线与横轴间的面积）之比就是 1970 年的贫困发生率（17%）。类似地可计算得到，生活在每天 2 美元贫困线以下的人口占世界总人口的比例是 41%。

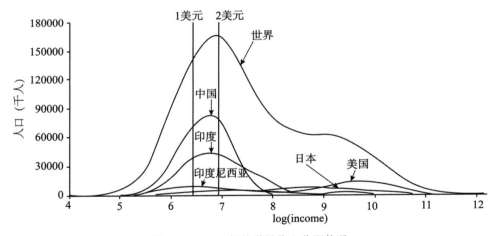

图 1.1a　1970 年的世界收入分配状况

资料来源：Sala-i-Martin（2006）.

　　比较世界收入分配的变化（图 1.1a 与图 1.1b），可以发现：首先，世界收入分配曲线整体向右边平移，表明更多的人口拥有了更高的实际收入；其次，生活在每天 1 美元或 2 美元的贫困线下的人口数目明显下降，到 1998 年，生活在每天 1 美元或 2 美元的贫困线下的人口占世界总人口的比例分别下降到了 7% 和 19%。这种贫困发生率的下降表明，这个时期世界经济的增长是推动人们摆脱贫困的一个重要因素。

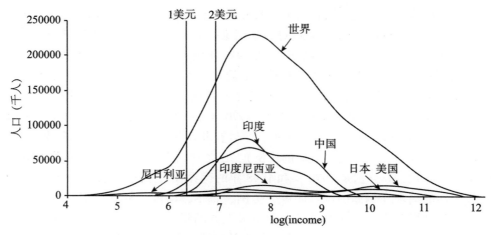

图 1.1b　1998 年的世界收入分配状况

资料来源：Sala-i-Martin（2006）.

同时，这两个图的比较还可以显示世界上有代表性的国家在经济增长和减少贫困方面所取得的成绩。中国和印度是世界上人口最多的两个发展中国家，1998 年这两个国家的人口占世界总人口的 38%。在 1970 年时，中国、印度和其他亚洲国家的许多居民生活在贫困线下，世界上每天生活支出低于 1 美元的极端贫困人口有 76% 集中在亚洲，而每天支出低于 2 美元的贫困人口有 85% 集中在亚洲。然而比较两个收入分配曲线可见，中国和印度的收入分布在 1970 年到 1998 年间发生了明显右移，这种变化体现了经济增长加快的成果。尤其是在中国 20 世纪 70 年代末、印度在 80 年代末开始经济改革之后，这种变化更加显著。印度尼西亚等亚洲国家也经历了类似的变化。因此到 1998 年，亚洲在世界极端贫困人口中占 15%，在每天支出低于 2 美元的贫困人口中的比重也下降到了 49%。相比之下，1970—1998 年间，非洲经济增长总体上比较缓慢，结果在此期间，非洲贫困人口出现了上升。在 1970 年，非洲在世界极端贫困人口中仅占 11%，在每天支出低于 2 美元的贫困人口中也仅占 11%。然而到 1998 年，非洲在世界极端贫困人口中的比重急剧上升到 67%，在每天支出低于 2 美元的贫困人口中的比重也上升到了 38%。图 1.1b 中显示，1998 年尼日利亚不仅收入水平整体很低，而且大量人口生活在贫困线下。贫困问题已经成了非洲各国最严重和严峻的问题。

在世界银行 2001 年的《世界发展报告》中，考察了 1987—1998 年间世界各地极端贫困人口数目的变化（见图 1.2）。可以清楚地发现，在此期间，东亚和太平洋地区贫困人数减少最为明显，南撒哈拉非洲地区贫困人口反而增加了大约 7500 万。这与 Sala-i-Martin（2006）的分析结果是一致的。

实际上，在贫困人口集中的国家和地区，收入和消费水平低下只是贫困的一个表征。贫困人口往往还面临着教育水平低下、医疗和社会保障等公共品供给水平低、就业机会缺乏、交通闭塞、通讯落后、物质基础设施和社会基础设施极度匮乏、市场可及性低、政治参与度低、地域和性别歧视等一系列严重问题的困扰。联合国千年计划和世界银行制定的

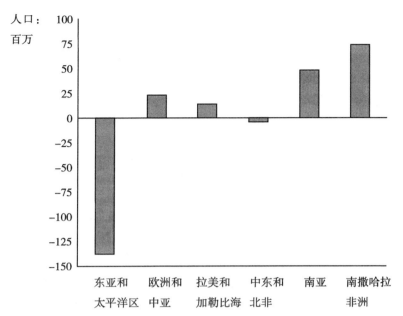

图 1.2 世界各地生活在每天支出 1 美元的贫困线下的人数变化：1987—1998 年

资料来源：World Bank（2001）：World Development Report.

反贫困计划也都在减贫目标中纳入了更多的维度。以 1990 年的数据为基础，世界银行（2001）制订的 2015 年目标包括：将世界极端贫困人口减少一半；确保普及小学教育；消除中小学教育中的性别歧视；将婴儿和幼儿死亡率减少 2/3；将产妇死亡率降低 3/4；确保普及基础医疗健康服务；推进可持续发展，确保逆转环境资源损失的状况。由此可见，促进经济增长，减少收入不平等和贫困状况，从各方面确保贫困人口获得知识、教育、信息和技能，通过可持续的"能力建设"或"能力开发"，来确保贫困人口和低收入人口参与经济增长的进程和分享经济增长的成果，这依然是各国在减贫的实践中面临的重要问题。

　　阿马蒂亚·森于 20 世纪 70 年代开创的"能力"方法，对贫困的根源形成了全新的认识，有助于我们建立超越单一收入（或支出）贫困的多维度的贫困测度体系。森最早从"能力"（capabilities）、"功能"（functioning）、"权利"（entitlements）等角度来讨论贫困问题，他指出，一方面，不能把贫困仅仅看成收入缺乏或者消费水平低下，贫困的实质是人们缺乏改变其生存状况、抵御各种生产或生活风险、抓住经济机会和获取经济收益的"能力"，或者他们的能力"被剥夺"了。另一方面，现代社会的贫困往往是与收入分配不平等相伴随的"丰裕中的贫困"，即贫困人口无法平等地获取或接触到许多产品和服务（尤其是公共品），不具备把这些产品转化成效用的"功能"或"权利"（Sen，1985，1987，1999；阿马蒂亚·森，2000，2001a，2001b，2004a，2004b）。因此，对贫困的认识、测度和治理要超越单一的"收入或消费"的维度，而应该考虑更多的维度，包括平等的教育机会、平等的卫生医疗条件、平等的社会保障安排、平等的获取信息和技术的机会等。从森的"能力集"及"能力"方法出发，利用多个维度来衡量贫困已经引起国际学术界的广泛关注。

进入 21 世纪以来，"能力开发"（capability/capacity development）作为推进减贫和发展的新思路，引起了国际上越来越多的关注。20 世纪 90 年代初，联合国环境和开发大会（UNCED）、世界粮农组织等国际机构曾倡导"能力建设"（capability building），并提出了一些围绕环境保护、资源开发、粮食安全等的具体发展目标。"能力开发"的内涵更为丰富，外延更为宽广。概言之，"能力开发"是指个人、组织和社会整体在长期释放、强化、创造、适应和维持能力的过程"（OECD，2006b）。联合国开发计划署（UNDP，2005，2006a，2006b，2006c，2007，2008a，2008b）和世界银行（World Bank，2004a，2004b，2005a，2005b，2006）在一系列研究报告和官方文件中明确提出："能力开发"是经济发展的重要组成部分；"能力开发"不局限于教育、培训和获取直接生产技术，而是一个伴随和推进经济发展的"动态"过程；应该形成以"能力开发"为核心的经济发展战略。

世界银行主张，形成一个全新的、宽泛的、丰富的"能力开发"视野，推进"南南合作和能力开发""通过激发人们、联系人们和赋予人们权利，形成催化国内经济变化的集体能力（collective capacity）"（World Bank，2009）。世界银行研究院（WBI，2009a，2009b）建立了"能力开发结果框架（capacity development results framework，CDRF）"。CDRF 框架不同于以往世界银行的国际或地区项目评估框架，其主要目的是帮助各国和地区通过"能力开发"，来实现减贫和收入分享，构建包容性的、可持续的经济发展战略和政策方案。世界银行研究院（WBI，2010）进一步提出了关于可操作的"能力开发"方案的 10 大基本要点：

1. 拓展"能力开发"的思路，催化和提升利益相关人谋求可持续的制度变化的能力。

2. 对"能力开发"的诊断和分解：什么方面的"能力开发"（for what）、谁的"能力开发"（for whom）和怎样"能力开发"（how）。

3. 测度、监督和管理制度改革以支持可持续的"能力开发"。

4. 针对不同环境、特征和问题，制定相应的"能力开发"措施。

5. 激发人们和鼓励创新，即通过南南合作、信息交换和创新平台进行"能力开发"。

6. 推进"能力开发"，建立公共品需求方的制度网络。

7. 通过技术和信息，赋予贫困人群权利，以"能力开发"推进减贫。

8. 强调各层次政府的协调和连接型领导力（connective leadership）。

9. "开发'能力开发'的能力"（build capacity to build capacity），即通过地区性和合作性的制度安排和技术，寻求能力开发的提升路径。

10. 支持国家主导的扶贫开发和"能力开发"，促进尽可能多的人群公平地参与经济增长进程，分享经济发展的成果。

关于"能力贫困"和"能力开发"的这些研究，对于我们把握贫困的实质和根源，特别是探索解决我国的连片集中特殊贫困地区的扶贫和开发，具有很大的启示意义。本书将从"能力贫困"和"能力开发"的视角，多维度、全方位地分析和测度我国农村地区的贫困现象，尤其是对连片特困地区的区域性贫困陷阱问题，展开理论和实证分析，提出通过"能力开发"来缓解和消除"能力贫困"的机制与路径。

1.2　我国现阶段农村贫困的特征与问题

1.2.1　我国减贫已经取得显著成效

中国经历了体制改革推动扶贫阶段（1978—1985 年），有计划、有组织大规模的开发式扶贫阶段（1986—1993 年），扶贫攻坚阶段（1994—2000 年），扶贫开发阶段（2000—2011 年）和精准扶贫新阶段（2012 年十八大以来）。我国扶贫标准历经调整，对应的贫困人口也发生了变化，我国在扶贫标准不断提高的前提下，取得了突出的扶贫成效（参见图 1.3，图 1.4）。1986 年，我国第一次制定扶贫标准，采用恩格尔系数法，以每人每日 2100 大卡热量的最低营养需求为基准，再根据最低收入人群的消费结构进行测定。1986 年扶贫标准为 1985 年农民纯收入 206 元，对应的贫困人口为 1.25 亿。1985—2000年期间，我国扶贫标准变化不大，在有些年份（例如 1997—2000 年）还有所下调，全国贫困人口总数持续下降，由 1.25 亿下降到 3209 万。

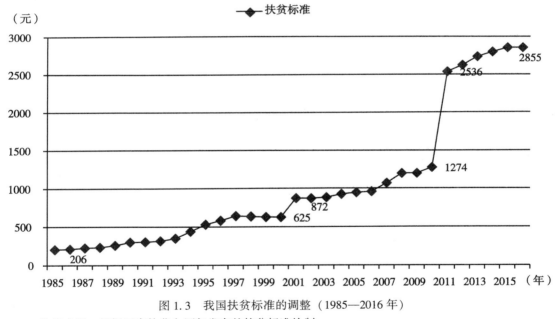

图 1.3　我国扶贫标准的调整（1985—2016 年）

数据来源：根据国家扶贫办历年发布的扶贫标准绘制．

随着我国经济发展，我国的扶贫标准逐渐提高。2001 年扶贫标准提高到 872 元，为上年标准（625 元）的 1.4 倍，全国贫困人口随即调升到 9029 万人。从 2001—2010 年，尽管扶贫标准逐年提高，我国贫困人口总数呈现出持续较快下降趋势，到 2010 年全国贫困人口 2688 万。2011 年我国扶贫标准再次大幅度提高，较 2010 年提高了一倍，而全国贫困人口由此上升到 1.22 亿。自 2012 年以来，我国扶贫标准逐年提高，而这也是我国减贫成效最为突出的时期。到 2015 年，我国的扶贫标准为年农民纯收入 2855 元，依照购买力平价法计算，这个扶贫标准相当于每人每日 2.2 美元，高于世界银行的极端贫困线（每人每日 1.9 美元），而 2015 年、2016 年我国贫困人口分别下降到 5575 万、4335 万。

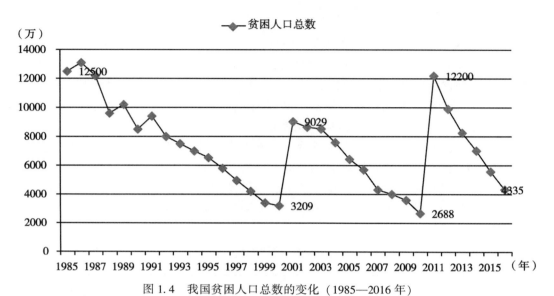

图 1.4　我国贫困人口总数的变化（1985—2016 年）

数据来源：根据国家扶贫办历年发布的贫困人口数据绘制.

与此同时，贫困地区的生活质量、教育、医疗等也都得到显著的改善。在 2010 年时，国家扶贫开发重点县通公路、通电、通电话和能接收电视节目的自然村比重分别为 86.9%、98.0%、85.2% 和 92.2%；2009 年，全国农户 7~15 岁儿童在校率为 97.9%，而贫困农户 7~15 岁儿童在校率为 97.3%，较上年提高 0.9 个百分点；全国农户中有自来水或深井水的比重为 76.9%，有水冲式厕所的比重为 19.6%，能使用清洁能源作为炊事主要能源的比重为 30.3%，有 95.7% 参加医疗保险，其中，91.5% 的农户参加了合作医疗。① 到 2017 年，农村贫困地区的公共服务进一步改善。就"四通"而言，农村贫困村通电基本全覆盖，通电话、通有线电视、通宽带的贫困村比重已达到 98.2%、81.3% 和 63.4%。贫困村内道路硬化处理的比重已达到 77.9%，交通便利性大为提高。此外，拥有幼儿园、小学的便利度的自然村比重分别达到 79.7% 和 84.9%，缓解了贫困村幼儿教育问题。90.4% 的贫困自然村拥有持合法行医证的医生或卫生员，91.4% 的农户所在村设有卫生站，农村居民的基础医疗条件得到了明显改善。②

中国对世界扶贫的贡献也是巨大的。联合国《2015 年千年发展目标报告》显示，中

---

① 国家统计局农村社会经济调查司. 中国农村贫困监测报告 2010 ［M］. 北京：中国统计出版社，2011.

② 国家统计局住户调查办公室. 中国农村贫困监测报告 2017 ［M］. 北京：中国统计出版社，2017.

国极端贫困人口比例从 1990 年的 61%，下降到 2002 年的 30%以下，率先实现比例减半，2014 年又下降到 4.2%，中国对全球减贫的贡献率超过 70%，中国成为世界上减贫人口最多的国家。[1] 据国家统计局（2009）统计，1990 年至 1999 年我国年均脱贫 680 万人；1995 年至 2004 年，我国农村贫困人口减少了一半以上，中国成为全球唯一提前实现联合国"贫困人口减半"的千年发展目标的国家。据世界银行学者的研究（Ravallion & Chen，2010），从 1981 年到 2005 年，生活在 1.25 美元/人天的贫困线下的世界贫困人口由约 19.13 亿减少到约 14 亿，降低了 26.84%，如果不包括中国，则世界贫困人口实际上增加了 1.138 亿（如图 1.5 所示）。

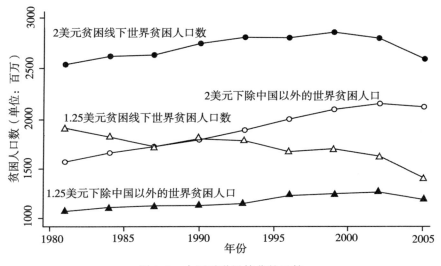

图 1.5　中国对世界扶贫的贡献

数据来源：Ravallion & Chen（2010）.

　　采用不同的贫困标准线，对于贫困发生率的评价有很大影响。例如，按 1 天 1 美元的贫困线标准，Ravallion & Chen（2010）使用中国农村住户消费数据进行的测算表明，中国的贫困人口由 1981 年的 7.3 亿降到 2005 年的 1.06 亿，贫困发生率由 73.5%下降到 8.1%，这个测度与我国 1985—2005 年公布的贫困发生率有较大的差距。然而，正如我们所看到的，我国贫困标准不断提升，2015 年的贫困标准依照购买力平价计算，达到每人每天 2.2 美元，已经达到和超过了世界银行的极端贫困标准线（每人 1.9 美元/天）。中国依照国际贫困线标准，取得的减贫成效对于广大发展中国家具有普遍的启示意义。

1.2.2　我国农村贫困的新特征、新现象

　　随着我国经济发展进入"中等收入国家"行列，我国的扶贫开发从"以解决温饱为

---

[1]　中华人民共和国国务院新闻办公室.《中国的减贫行动与人权进步》白皮书［EB/OL］. 新华网，2016-10-17.

主要任务"的阶段转入巩固温饱成果、加快脱贫致富、改善生态环境、提高发展能力、缩小发展差距的一个新阶段。十八大以来，我国确立了精准扶贫战略，提出到 2020 年现行标准下的贫困人口实现脱贫，贫困县全部"摘帽"，消除区域性整体贫困的目标。精准扶贫战略要求更准确地识别贫困人口、制定更精准的扶贫政策、更科学地评估政策实效，这一战略的基础是对我国农村贫困的新特征的认识。

目前，我国绝大部分贫困人口集中在农村地区，农村扶贫对象规模大、范围广，绝对贫困与相对贫困问题并存，返贫现象时有发生，贫困地区特别是集中连片特殊困难地区发展相对滞后，贫困地区经济发展与生态保护的矛盾日益突出，农村贫困呈现出许多前所未有的新特征、新问题。

1. 越是深度贫困的人口，越是难以脱贫

广受关注的贫困发生率指标反映了贫困的广度，然而除此之外，贫困的深度也是一个值得考虑的问题。2000 年以来，我国的农村贫困标准实际上有两条：一个是绝对贫困标准，即极端贫困或生存标准线，另一个是低收入标准，其实也是温饱标准。与农村平均纯收入和生活支出相比而言，这两个标准衡量的都是绝对贫困标准，因此，2009 年开始采用统一的农村贫困线（见表 1.1）。

表 1.1　　　　　我国农村贫困人口规模及贫困发生率（2000—2016 年）

年份	按低收入标准测算			按绝对贫困标准测算		
	标准（元/人）	规模（万人）	发生率（%）	标准（元/人）	规模（万人）	发生率（%）
2000	865	9422	10.2	625	3209	2.5
2001	872	9029	9.8	630	2927	3.2
2002	869	8645	9.2	627	2820	3.0
2003	882	8517	9.1	637	2900	3.1
2004	924	7587	8.1	668	2610	2.5
2005	944	6432	6.8	683	2365	2.5
2006	958	5698	6.0	693	2148	2.3
2007	1067	4320	4.6	785	1479	1.6
2008	1196	4007	4.2	895	1004	1.0
2009	1196	3597	3.8			
2010	1274	2688	2.8			
2011	2536	12200	12.7			
2012	2625	9899	10.2			

续表

年份	按低收入标准测算			按绝对贫困标准测算		
	标准（元/人）	规模（万人）	发生率（%）	标准（元/人）	规模（万人）	发生率（%）
2013	2736	8249	8.5			
2014	2800	7017	7.2			
2015	2855	5575	5.7			
2016	2855	4335	4.5			

数据来源：根据中国统计出版社出版的历年《中国农村贫困监测报告》整理得到。

由表 1.1 可见，按照低收入标准测算，农村贫困人口由 2000 年的 9422 万减少到 2010 年的 2688 万，平均每年减少贫困人口 673 万；贫困发生率同期由 10.2% 下降到 2.8%，下降达 7.4 个百分点。但是，在 2000—2008 年，尽管我国绝对贫困线标准变化很小，处在极端贫困水平的农村人口下降却很缓慢，由 2000 年的 3209 万下降到 2008 年的 1004 万，极端贫困的发生率也仅由 2.5% 下降到 1.0%。2009 年以来采用统一的农村贫困线，特别是 2011 年提高贫困线标准后，贫困发生率相应出现较大增多。近年来我国农村贫困人口数量和贫困发生率均明显下降，但是也要看到，我国仍有大量农村人口生活在极端贫困状态，并且越是贫困程度较深的极端贫困人口，其脱贫的速度越慢、难度越大。

根据 2017 年河北省的调查，深度贫困的特征可以概括为"两高、一低、一差、三重"。"两高"即贫困人口占比高、贫困发生率高。深度贫困县贫困人口占全省贫困人口总数 22% 以上；深度贫困县贫困发生率在 15% 以上，高于全省贫困县平均水平近 9 个百分点；深度贫困村贫困发生率接近 35%，高于全省贫困村平均水平近 24 个百分点。"一低"即人均可支配收入低。深度贫困县人均国内生产总值 21650 元，人均公共财政预算收入 1386 元，农民人均可支配收入 5928 元，分别只有全省平均水平的 50.7%、36.2%、49.7%。"一差"即基础设施和住房差。深度贫困县的贫困村中，村内道路、入户路、危房需要维修和重建。"三重"即低保五保贫困人口脱贫任务重、因病致贫返贫人口脱贫任务重、贫困老人脱贫任务重。深度贫困县贫困人口中低保、五保贫困户占比高达近 60%，因病致贫、患慢性病、患大病、因残致贫占比达 80% 以上，60 岁以上贫困人口占比超过 45%。[1]

目前，脱贫攻坚的主要难点是深度贫困。主要难在以下几种地区：一是连片的深度贫困地区，西藏和四省藏区、新疆南疆四地州、四川凉山、云南怒江、甘肃临夏等地区，生存环境恶劣，致贫原因复杂，基础设施和公共服务缺口大，贫困发生率普遍在 20% 左右。二是深度贫困县，据国务院扶贫办对全国最困难的 20% 的贫困县所做的分析，贫困发生率平均在 23%，县均贫困人口近 3 万，分布在 14 个省区。三是贫困村，全国 12.8 万个建档立卡贫困村居住着 60% 的贫困人口，基础设施和公共服务严重滞后，村两委班子能力

---

① 新华社．习近平：在深度贫困地区脱贫攻坚座谈会上的讲话 [EB/OL]．新华网，2017-08-31.

普遍不强，3/4 的村无合作经济组织，2/3 的村无集体经济，无人管事、无人干事、无钱办事现象突出。①

2. 农村贫困的地区分布极不均衡

根据《中国农村扶贫开发纲要（2011—2020 年）》，按照"集中连片、突出重点、全国统筹、区划完整"的原则，以 2007—2009 年 3 年的人均县域国内生产总值、人均县域财政一般预算收入、县域农民人均纯收入等与贫困程度高度相关的指标为基本依据，考虑对革命老区、民族地区、边疆地区加大扶持力度的要求，国家在全国共划分了 11 个集中连片特殊困难地区，加上已明确实施特殊扶持政策的西藏、四省藏区、新疆南疆三地州，共 14 个片区、680 个县，作为新阶段扶贫攻坚的主战场。

我国 14 个连片贫困地区主要分布于秦岭淮河一线以西地区，这些连片贫困地区的共同特点是：一是多为革命老区、民族地区、边疆地区。在连片深度贫困县中，有革命老区县 55 个，少数民族县 113 个。二是基础设施和社会事业发展滞后。这些贫困地区生存条件比较恶劣，自然灾害多发，地理位置偏远，地广人稀，资源贫乏，并且这些地方的建设成本高，施工难度大，要实现基础设施和基本公共服务主要领域指标接近全国平均水平难度很大。三是社会发育滞后，社会文明程度低。许多深度贫困地区长期封闭，同外界脱节；有的民族地区，社会文明程度依然很低，人口出生率偏高，生病不就医、难就医、乱就医，很多人不学汉语、不识汉字、不懂普通话，辍学现象较普遍。四是生态环境脆弱，自然灾害频发。深度贫困地区往往处于全国重要生态功能区，生态保护同经济发展的矛盾比较突出，还有一些地方处在地质灾害频发地带，"十年一大灾、五年一中灾、年年有小灾"，实现脱贫和巩固脱贫成果都存在很大不确定性。五是经济发展滞后，人穷村也穷。很多深度贫困村发展产业欠基础、少条件、没项目，少有的产业项目结构单一、抗风险能力不足，对贫困户的带动作用有限。

按照地理位置划分，我国西部地区的贫困发生率一直明显高于中部和东部，农村贫困人口的绝大部分仍集中分布在西部地区。由表 1.2 可见，2000—2010 年，中西部地区贫困发生率下降显著，中部地区由 8.8% 下降到 2.5%，西部地区由 20.6% 下降到 6.1%，但是西部地区农村的贫困发生率仍然高于全国平均水平。就农村贫困人口的分布而言，2000—2010 年，东部地区贫困人口占总贫困人口的比重由 10.2% 下降到 4.6%，中部地区贫困人口占总贫困人口的比重由 29.0% 下降到 20.3%，而西部地区贫困人口的占比由 60.8% 上升到 65.1%，可见，贫困人口进一步向西部地区集中。分地势而言，2000 年山区贫困人口占全国农村贫困人口的比重为 48.7%，到 2005 年这一比重增加至 49.1%，到 2010 年进一步增加到 52.7%，远远高于山区人口在全国农村人口中的比重。这表明，我国农村多数贫困人口集中在生态条件、交通基础设施条件、经济发展基础较差的山区，尽管 2000 年以来，山区的贫困发生率下降比平原和丘陵地区快，但是贫困人口有进一步向山区集中的趋势。

---

①　新华社．习近平：在深度贫困地区脱贫攻坚座谈会上的讲话［EB/OL］．新华网，2017-08-31.

表 1.2　　　　　　　　　我国东部、中部、西部地区贫困状况比较

年　　份		2000	2005	2010
贫困人口规模 （万人）	全国	9422	6 422	2 688
	东部	962	545	124
	中部	2729	2081	813
	西部	3721	3805	1751
贫困发生率（%）	全国	10.2	6.8	2.8
	东部	2.9	1.6	0.4
	中部	8.8	6.6	2.5
	西部	20.6	13.3	6.1
占农村贫困人口 比重（%）	东部	10.2	8.5	4.6
	中部	29.0	32.3	20.3
	西部	60.8	59.2	65.1

数据来源：国家统计局住户调查办公室.中国农村贫困监测报告 2011 ［M］.北京：中国统计出版社，2012.

　　根据国家统计局对 31 个省（自治区、直辖市）16 万户居民家庭的抽样调查，按现行国家农村贫困标准测算，2017 年末，全国农村贫困人口 3046 万，比上年末减少 1289 万；贫困发生率 3.1%，比上年末下降 1.4 个百分点。分三大区域看，2017 年东、中、西部地区农村贫困人口均有减少，但农村贫困现象较轻的东部地区减贫速度较快，贫困人口规模较大的西部则减贫速度较慢。东部地区农村贫困人口 300 万，比上年减少 190 万（下降 38.8%）；中部地区农村贫困人口 1112 万，比上年减少 482 万（下降 30%）；西部地区农村贫困人口 1634 万，比上年减少 617 万（下降 27.4%）。分省看，2017 年各省农村贫困发生率普遍下降至 10% 以下。[①] 其中，农村贫困发生率降至 3% 及以下的省（市、区）有17 个，包括北京、天津、河北、内蒙古、辽宁、吉林、黑龙江、上海、江苏、浙江、安徽、福建、江西、山东、湖北、广东、重庆等；农村贫困发生率高于 3% 的均为经济发展水平较低的中西部省份。

3. 极端贫困人口很难通过传统的开发扶贫而脱贫

　　40 多年的改革开放，数亿中国人摘掉了贫困的帽子，取得了举世瞩目的成就，为全球反贫困作出了重大贡献。但是，我国的扶贫仍然任重而道远。图 1.6 是根据我国历年扶贫标准和贫困人口数据绘制的历年来贫困人口变化曲线，我们发现在极少数年份，贫困人口规模出现了上升（2001 年、2011 年均与较大幅度调整贫困标准有关），个别年份贫困

---

　　① 国家统计局.2017 年全国农村贫困人口明显减少，贫困地区农村居民收入加快增长［EB/OL］.http：//www.stats.gov.cn，2018-02-01.

人口规模的减少有一定的起伏。我们排除掉贫困标准变化所引起的贫困人口变化，按照现行农村贫困标准进行匡算，发现我国农村贫困人口的下降在 1978—1980 年、1985—1990年较慢，1990 年后，特别是 2000 年之后速度加快，但是到 2014 年底，全国还有 7017 万农村贫困人口（如图 1.7 所示）。现阶段我国的扶贫开发工作已进入"啃硬骨头、攻坚拔寨"的冲刺期，减贫难度将越来越大，今后要确保 7000 多万人全部如期脱贫，任务非常艰巨。

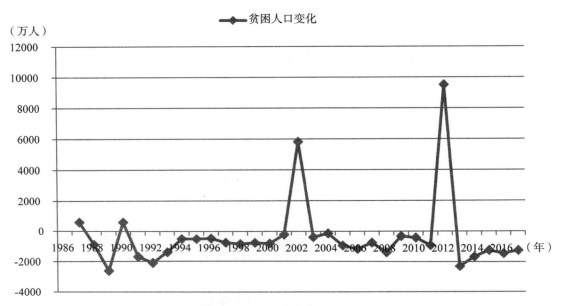

图 1.6　我国贫困人口较上年变化（1986—2016 年）
数据来源：根据国家扶贫办历年发布的扶贫标准和贫困人口数据绘制。

从贫困人口的地域分布来看，中西部贫困地区的扶贫工作更为艰巨。2014 年有 13 个中西部省份农村贫困人口规模在 200 万以上，其中有 6 个中西部省份的农村贫困人口在500 万以上。极端贫困人口主要居住在 592 个国家扶贫重点县。扶贫重点县的贫困人口2002 年为 4828 万，到 2010 年减少到 1693 万，贫困发生率由 24.3% 下降到 8.3%。但是，根据《中国农村贫困监测报告》，扶贫重点县贫困人口的减少速度慢于全国平均水平，由此，扶贫重点县的贫困人口在全国贫困人口中的占比由 2002 年的 55.8% 反而上升到2010 年的 63%。这说明，传统的"输血式"扶贫开发对于减少极端贫困人口的作用比较有限。

4. 贫困人口缺乏收入持续增长机制

2007 年以来，全国农村居民人均纯收入连续 7 年增幅超过 6%，2010 年农村居民人均纯收入实际增长 10.9%，比城镇居民人均可支配收入实际增速高 3.1 个百分点，是 1985年以来增速最快的一年，也是 1998 年以来首次超过城镇收入增速。尽管如此，农村贫困

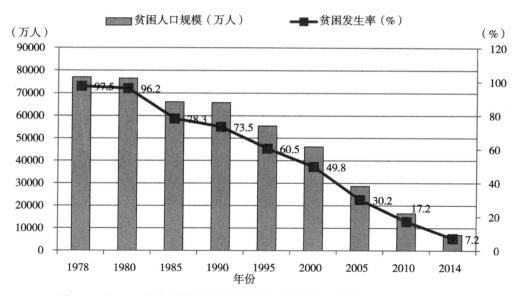

图 1.7 按 2014 年农村贫困标准衡量的农村贫困变化状况（1978—2014 年）

居民人均纯收入的增长却很有限，由表 1.3 可见，2000 年贫困农户人均纯收入占全国农户人均纯收入的比重为 36.1%，到 2010 年该比重不仅未提高，反而下降到 33.8%。以 2010 年不变价格计算，贫困农户人均收入仅相当于 1990 年前后的全国农户平均收入水平，换言之，2010 年贫困农户人均收入水平比全国平均水平落后大约 20 年！

表 1.3 我国贫困农户收入来源 （单位：元）

年份	2000		2005		2010	
农户类别	全国农户	贫困农户	全国农户	贫困农户	全国农户	贫困农户
人均纯收入	2253	707	3255	740	5919	2003
工资性收入	702	160	1175	200	2431	681
家庭经营收入	1427	517	1845	490	2833	1100
农业收入	1091	464	1470	457	2231	1020
非农收入	336	54	375	33	602	80
财产性收入	45	8	86	12	202	34
转移性收入	79	22	147	39	453	188

数据来源：国家统计局住户调查办公室. 中国农村贫困监测报告 2011 ［M］. 北京：中国统计出版社，2012.

就具体收入来源而言，贫困农户的收入主要来自家庭经营收入和农业收入，工资性收入尽管有较大提高（由 2000 年的 160 元提高到 2010 年的 681 元，提高 4.25 倍），但是与全国平均水平相比，贫困农户的工资性收入的水平依然明显偏低，2000 年贫困农户工资性收入占全国农户平均水平的 22.79%，到 2010 年该比重为 28%。非农收入、财产性收入和转移性收入在贫困农户的收入中的占比非常低，2000 年这三项收入占贫困农户收入的比重为 11.88%，到 2010 年该比重为 15%。因此，单纯依靠家庭经营收入和农业收入，还不足以使贫困农户脱离贫困状态，必须开辟出新的可持续的提高贫困农户收入的途径。

5. 特殊地区的集中连片贫困问题依然严重

《中国农村扶贫纲要（2010—2020 年）》提出了 14 个连片特困地区，主要包括三种特殊类型贫困地区：民族地区、革命老区和边境地区，特殊地区集中连片贫困问题已成为我国扶贫攻坚的主战场。

首先是民族地区。我国有 5 个省级民族自治区、30 个民族自治州、120 个民族自治县，占国土面积的 63.7%，总人口 1.8 亿，其中少数民族人口 0.8 亿。民族地区的贫困特点是贫困面大，贫困分布集中，贫困程度深。根据国家民族事务委员会（简称国家民委）对民族自治地方农村贫困监测结果分析，2010 年末民族自治地区农村贫困人口 1481 万，占全国农村贫困人口的 55.1%。2006—2010 年，民族自治地方农村贫困人口占同期全国农村贫困人口的比重分别为 44.5%、52.2%、52.5%、54.3% 和 55.1%，呈逐年上升之势。2006—2010 年，民族自治地方的贫困发生率分别为 18.9%、18.6%、17.6%、16.4% 和 12.2%，尽管贫困发生率呈下降趋势，但是远远高于全国贫困发生率，与同期全国贫困发生率相比，分别高出 12.9、14、13.4、12.6 和 9.4 个百分点。

其次是革命老区。2010 年，我国 146 个老区扶贫县贫困人口约 362.4 万，贫困发生率为 8.1%；"十一五"期间贫困人口减少了 286.6 万，贫困发生率总共下降 6.8 个百分点。总体上看，老区扶贫县的发展状况略好于全国扶贫重点县的平均水平，但是明显落后于全国平均水平。2010 年，老区贫困县的贫困发生率比全国扶贫重点县低 0.2 个百分点，但是仍然是全国平均贫困发生率（2.8%）的近 3 倍；老区贫困县的人均 GDP 为 12694元，比扶贫重点县（11170 元）高 13.6%，但是仅为全国县市平均水平（22467 元）的56.5%。

最后是边境地区。2010 年，全国 42 个边境扶贫县贫困人口约 83.1 万，贫困发生率为 13%。尽管在"十一五"期间，边境贫困县的贫困发生率有较大幅度下降（下降了13.3 个百分点），但是到 2010 年，边境地区贫困县的贫困发生率仍然比全国扶贫重点县（8.3%）高 4.7 个百分点，并且是全国平均水平（2.8%）的 4.8 倍。由于自然环境、生态条件、地理条件等比较恶劣，边境贫困县的经济发展受到很大制约，2010 年边境贫困县的人均 GDP 为 11621 元，仅为全国县市平均水平（22467 元）的 51.7%。

6. 农村贫困地区公共品供给依然严重不足

贫困地区的经济服务（道路交通、通讯、电讯等基础设施，科技推广和应用等）和社会服务（公共教育、卫生、社会保障等）不论是数量还是质量水平都严重不足，存在比较突出的"教育贫困""健康贫困""基础设施贫困""社会保障贫困"等问题。

根据全国农村住户抽样调查和农村贫困监测报告，全国农村地区"四通"（电力、通讯、公路、电视）已经取得较大进展，但是这些基本基础设施的质量和服务能力还有较大不足，地区分布不均。例如 2010 年全国 87.2% 的调查村距离最近的卫生站在 5 公里以内，我国东部、中部和西部地区农户所在村距离最近卫生站在 5 公里以内的比例分别为 95%、90.8% 和 76.5%，显然，西部地区贫困农户就医更为困难。

道路通达程度同样制约着贫困农户子女就学。2010 年贫困农户 7~15 岁儿童在校率为 98%，其中贫困农户 7~12 岁儿童在校率为 97.2%（全国平均为 97.7%），13~15 岁儿童在校率为 95.6%（全国平均为 98.6%），均低于对应的全国平均水平。因此，贫困农户的整体教育水平偏低。2010 年，贫困农户 16 岁以上成人文盲率 13.8%（全国平均 7.9%），小学文化程度（占比 32%）和初中文化程度（占比 42.1%）构成贫困农户的主体，获得高中及以上文化程度的贫困农户仅占 12.1%，远远低于全国平均占比（48.8%）。

我国扶贫重点县的医疗设施虽有改善，但是改善的速度明显低于全国平均水平。2010 年每万人拥有医院或卫生院 0.6 个，拥有医院或卫生院床位 18.7 张，拥有卫生技术人员 19.2 人（其中医生 9.4 人）。与 2002 年相比，由于并乡撤镇和建立中心医院，每万人拥有的医院或卫生院数量逐年下降，年均减少 2.9%；每万人拥有医生人数也是逐年下降，年均下降 1%；每万人拥有医院床位数和卫生技术人员略有上升。与全国县市的平均水平相比，扶贫重点县的医疗基础设施水平总体偏低。因此，调查表明，2010 年仍有大量贫困农户由于经济原因（54.5%）和医院太远（34.6%）而不能及时治病。

农村低保和养老制度对于减贫具有重要作用。2010 年扶贫重点县低保农户比重为 9.9%，比全国平均水平（5%）高出接近一倍，低保金的发放使得脱贫人口增加了 48 万，贫困发生率多下降 0.2 个百分点。但是贫困农户户均领取的低保金为 1163 元，户均保障水平依然偏低；同时，参加了农村养老保险的贫困农户占比为 16.5%，占贫困人口比例为 42%，参加养老保险的比重均偏低。

目前，我国已确定 334 个深度贫困县，主要集中在"三区""三州"（"三区"是指西藏、新疆南疆四地州和四省藏区；"三州"是指甘肃的临夏州、四川的凉山州和云南的怒江州）。就深度贫困人群而言，主要是"三类人"，具体包括：一是因病致贫人群，特别是重病和慢性病群体；二是因灾和市场行情变化返贫人员；三是贫困老人，这个群体年龄大、疾病多、没有劳动力。对于深度贫困人群的脱贫，必须要完善农村公共品供给和社会保障体系，促进深度贫困人群的能力开发，确保脱贫有托底性的制度安排。

7. 农村各地之间发展不平等程度加剧

我国农村贫困发生率持续下降，2017 年全国贫困发生率为 3.1%，然而在国家认定的 334 个深度贫困县，贫困发生率仍然高达 11%，贫困发生率超过 18% 的县还有 110 个，全国仍有 3 万个深度贫困村，贫困发生率超过 20% 的村还有 16000 多个。[①] 农村各地区之间在经济发展和收入水平上差距明显，在减贫成效上的差距也比较显著。

据《中国农村贫困监测报告 2011》，2010 年农村居民人均纯收入的基尼系数为 0.3783，比 2000 年提高 0.025。从分组数据来看，收入最低的 20% 人口只拥有全部纯收

---

① 胡永平. 我国仍有 334 个深度贫困县和 3 万深度贫困村［EB/OL］. 中国网，2018-03-09.

入的 5.8%；收入最高的 20%的人口拥有全部纯收入的 43.9%。可见农村居民收入分配的不均等程度在不断加剧。

就全国扶贫重点县而言，内部的收入差距出现了扩大态势。如表 1.4 所示，按五等份分组，2010 年扶贫重点县最高收入组的农民人均纯收入达到 6929 元，最低收入组的农民人均纯收入为 1204 元，二者之比为 5.8：1，比 2002 年时的比值（4.6：1）还要高。2002 年到 2010 年间，最低收入组的农民人均纯收入年均增速为 11.1%，中低收入组的农民人均纯收入年均增速为 11.7%，中等收入组的农民人均纯收入年均增速为 12.4%，中高收入组的农民人均纯收入年均增速为 13.1%，最高收入组的农民人均纯收入年均增速为 14.1%。可见，收入越高的组，农民纯收入的增长速度越快；在那些最贫穷、最落后的农村地区和人群中，农户收入增长却是最慢的。

表 1.4　　　　　　　　扶贫重点县按五等份分组的农民人均纯收入　　　　　　（单位：元）

年份	20%低收入组	20%中低收入组	20%中等收入组	20%中高收入组	20%高收入组
2002	319.3	903.4	1174.9	1522.5	2405.8
2003	501.4	934.2	1278.4	1725.4	2930.4
2004	567.4	1050.8	1446.2	1958.8	3354.4
2005	649.4	1172.1	1549.6	2106.1	3506.6
2006	734.4	1284.9	1746.8	2359.2	4048.0
2007	810.3	1504.8	2066.3	2785.2	4830.6
2008	1007.5	1761.4	2392.0	3218.2	3421.7
2009	1081.5	1894.3	2590.2	3502.5	5984.5
2010	1203.8	2193.4	2999.7	4074.5	6929.2

数据来源：国家贫困监测抽样调查（2011）.

8. 瞄准性扶贫政策的效率仍待提高

我国近年来瞄准性扶贫政策的效率虽有一定提高，但是贫困农户得到扶贫项目或资金的比例依然偏低。据 592 个扶贫重点县的统计数据，2010 年扶贫重点县得到的与扶贫有关的资金达 606.2 亿元，2010 年平均每个扶贫重点县得到的扶贫资金为 1 亿元，比 2002 年增加 6013 万元，年均增长 11.7%。无论是资金规模还是增长速度，2010 年均创历史最高水平，但是各省扶贫资金的分配强度差异很大。宁夏平均每个县得到扶贫资金超过 2 亿元，黑龙江、广西、重庆、云南、陕西和新疆平均每个县得到的扶贫资金超过 1 亿元，而山西平均每个县得到的扶贫资金不足 5000 万元，其他省平均每个县扶贫资金到位介于5000 万元与 1 亿元之间。

瞄准性扶贫在操作中还存在一些问题。如表 1.5 所示，与其他农户相比，贫困农户在参与扶贫项目上有一定优先权，但在得到扶贫资金的数额上并没有优先权。在连续调查户中，2007 年、2008 年贫困农户得到资金的农户比例低于或持平于其他农户得到资金的比例，2009 年贫困农户得到资金的比例高出其他农户大约 0.8 个百分点，可是 2010 年贫困农户得到资金的比例再次低于其他农户达 1.55 个百分点。同时，就户均得到的扶贫资金数额而言，2007 年、2008 年、2009 年贫困农户户均得到资金数额连续低于其他农户，且差距逐年扩大，到 2010 年这种情况才有所改观，贫困农户户均得到资金数额（1136.8元）略微超过其他农户（1100 元）。

表 1.5　　　　　　　　　　　　扶贫重点县农户获得项目和资金情况

指标名称	2007 年		2008 年		2009 年		2010 年	
	上年贫困农户	上年其他农户	上年贫困农户	上年其他农户	上年贫困农户	上年其他农户	上年贫困农户	上年其他农户
得到项目的农户比例（%）	18.3	21.0	19.4	20.7	24.3	21.1	23.6	22.6
得到资金的农户比例（%）	15.2	17.2	17.7	17.7	20.2	19.4	8.32	9.87
项目户均资金（元）	1089.2	1173.1	1145.8	1256.0	1232.7	1364.8	1136.8	1100.0

数据来源：国家统计局住户调查办公室. 中国农村贫困监测报告 2011 [M]. 北京：中国统计出版社，2012.

普适性政策（如基础设施的建设、医院与教育的投资等）则由于不区分资金使用对象，致使漏损比较严重，扶贫效果更带有偏向性。原因是收入相对较高的个体通常接受的教育水平更高，更多享受交通、医疗等基础设施，他们比贫困者更能从这些政策中获取收益。

总体上看，一方面，我国农村仍是扶贫攻坚主战场，扶贫攻坚战的难度也越来越大。现阶段的贫困不是单一的收入或消费贫困，而是与城乡间、地区间收入分配不平等、公共支出不均衡相关联的一个制度性问题；另一方面，过去我国的贫困是在经济发展水平不高、收入水平普遍较低情况下的"匮乏中的贫困"，而现阶段我国出现的贫困是在国民经济持续较快增长、人均收入水平提高情况下的"丰裕中的贫困"。因此，需要改变传统的"输血式"扶贫政策，采取更加行之有效的扶贫措施。《中国农村扶贫开发纲要（2011—2020 年）》提出到 2020 年要稳定实现扶贫对象"两不愁、三保障"（不愁吃、不愁穿，保障其义务教育、基本医疗和住房）的目标；自 2013 年以来，"精准扶贫"成为扶贫攻坚的新思路，强调通过精准识别、瞄准扶贫对象，重点施策，确保到 2020 年如期完成脱贫任务。

1.3　"能力开发"：农村贫困地区发展的几个关键问题

我国目前的扶贫开发已经进入深层次推进的新阶段，扶贫攻坚中存在的新问题迫切要求在理论上有新的突破，提出新的、更有效的扶贫政策框架，提高扶贫效率和效果。在理论上，对于贫困的认识，需要解决以下几个方面的关键问题。

1.3.1　关于贫困标准设定的问题

中国的贫困人口和贫困状况究竟怎样测度？这一直是一个有争议的问题。如同图1.3、图1.4所示，我国扶贫标准每年均有调整，在出现较大调整的年份（2001，2011），贫困人口规模和贫困发生率也出现了较大跳跃性变化。世界银行学者（如 Chen & Ravallion，2010）则采用国际贫困标准，对我国贫困做出了不同的测算。可见，不同的测算标准对于我国贫困状况的刻画存在着相当大的差异。参考各国的贫困线构造与当前中国的经济社会发展，可以发现中国的贫困标准还存在改进的余地。

一方面，从贫困线标准本身来讲，贫困线与经济增长速度及相应人口的人均年消费水平相比仍偏低。贫困线的调整速度相对农村人均收入的变化速度差距越来越大，农村贫困人口处于严重低估状态。Ravallion，Chen & Sangraula（2009）将所能得到的 75 个国家的国家贫困线按 2005 年 PPP 进行换算，从其附表的结果中可以看出，除了塞内加尔和坦桑尼亚，中国的贫困线是最低的。由于制定贫困线时将维持人体生存的热量摄入量作为制定食物贫困线的唯一标准，因此会存在其他的营养供应不足，我国当时的农村贫困线标准只能提供每人每天 2100 大卡热量和每人每天 50 克左右的蛋白质，而维持健康生存最低需要每人每天 60 克左右蛋白质。

2011 年 11 月 29 日的中央扶贫工作会议，根据 2020 年全面建设小康社会目标的要求，适应我国扶贫开发转入新阶段的形势，将贫困线标准提到 2300 元（2010 年不变价），此标准比 2009 年 1196 元的标准提高了 92%，在新标准下，贫困人口规模将达到约 1.22 亿，贫困发生率约为 13.4%。此标准在 29 日汇价折算下约为 0.99 美元/人天，但世界银行 2008 年将贫困线由 1 美元/人天提到 1.25 美元/人天。新贫困线标准的提高显示了中央扶贫的决心，但新标准与 GDP 的增长或农民人均纯收入的增长相比依然偏低，1984—2011年贫困线由 200 元提高到 2300 元，相当于提高了 11.5 倍，但 2010 年的 GDP 约是 1984 年的 55.7 倍，2010 年农村人均纯收入约是 1984 年的 16.7 倍。[①] 如图 1.8，2000 年以来，贫困线的提高幅度始终低于同期农村人均纯收入的增长指数，并且差距呈扩大趋势。图1.9 则显示，自 1978 年以来，在贫困发生率下降的同时，农村贫困线与农村人均纯收入的比例也在持续下降。

另一方面，贫困线指标的维度过于单一，对贫困的测度比较粗略。中国是个地域大国，各地经济发展水平参差不齐，仅设定单一的收入或支出贫困线来衡量贫困不能准确地

---

① GDP 的数据来自 2011 年《中国统计年鉴》，农村人均收入数据来自 2011 年《中国农村统计年鉴》，贫困线数据则来自 2010 年的《中国农村贫困监测报告》。

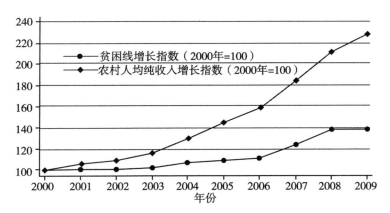

图 1.8　中国历年贫困线及农村人均纯收入增长指数

数据来源：国家统计局农村社会经济调查司 . 中国农村贫困监测报告 2010［M］. 北京：中国统计出版社，2011.

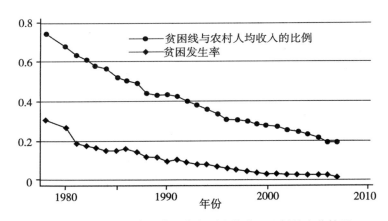

图 1.9　贫困发生率及贫困线相对人均收入比例的变化情况

数据来源：历年的贫困线数据来自《中国发展报告 2009》，农村人均收入数据则来自《中国统计年鉴 2009》。

反映各地的贫困状况，从而也不便于地区之间的比较。与此同时，家庭规模、家庭结构、职业等相关家庭特征都会影响个体的基本需求，教育、医疗、养老、公共基础设施供给状况等都会影响个体获得经济机会的能力，至于有无子女、子女的个数、是否单亲家庭以及有无老人需要赡养等因素都是政府在制定扶贫政策时需要考量的。因此，将贫困测度由单一维度转向多维度，针对家庭特征细化贫困标准，从而精准施策，也是扶贫的效率提升的重要途径。

1.3.2　关于能力缺失性贫困主体的集中连片贫困问题

近几年，贫困减少的幅度下降，贫困人口处于一个相对稳定的水平。这种现象产生的原因，除了贫困线标准提高之外，另外一种可能是，在开发式扶贫过后，剩下的贫困主体主要是残疾人、孤儿以及老年人口等能力匮乏的群体。这些特殊贫困个体在学习掌握技能上困难更大，减贫难度明显更大。

残疾贫困人口最近几年在中国农村贫困主体中的比重一直很大，占贫困总体约 1/4。比如 2006 年农村贫困人口为 2148 万（国家当年贫困线为每人每年 693 元），其中绝对贫困残疾人口约 497 万，相对贫困残疾人口约有 572 万；2007 年农村贫困人口为 1479 万（国家当年贫困线为每人每年 785 元），其中农村绝对贫困残疾人口约 464 万，相对贫困残疾人口约 581 万；2008 年绝对贫困残疾人口约为 461 万，相对贫困残疾人口约 583 万；2009 年农村贫困残疾人口约为 1063 万，低收入残疾人口约为 661 万。对于残疾人贫困，国家主要以救济式扶贫为主，并对部分残疾人贫困主体实施技能培训，使他们能自力更生。

在贫困人口中，老人和儿童两类群体因独立生活能力较弱也成为其主要组成部分。人口老龄化更将是中国未来面临的一个重大问题，很多调查与研究显示，老年人与儿童的贫困发生率也相对较高。《中国贫困监测报告 2009》显示，0～15 岁儿童的贫困发生率为 16.4%，60 岁以上老人的贫困发生率为 14.8%。王小林等人（2010）也对 2006 年中国 60 岁以上老年人贫困发生率进行了估算，得出城市为 6.6%，农村为 13.67%；并且随着年龄的增长，不论是城市还是农村，贫困发生率都呈上升的趋势；从性别看，女性老年人比较男性老年人的贫困发生率更高。王德文和张恺悌（2005）则根据 2000 年中国人口普查数据对中国老年贫困人口也进行了估算：全国老年贫困人口数量为 921 万～1168 万，其中城市数量为 185 万～246 万，农村数量为 736 万～922 万，农村老年贫困发生率为 8.6%～10.8%，可见贫困主体中老年人口贫困的比例也相当高。此外，由于现代家庭的脆弱性，单亲家庭及孤儿贫困问题也将面临严重的挑战，更为重要的是这些人口可能由于统计上的困难而没有被纳入贫困人口之中，或者处在社会保障体系的边缘。

对于这几类特殊的贫困主体，如果能够准确识别，则可以采取瞄准性扶贫政策，例如提供定向瞄准的现金补贴，提供更有针对性的教育、医疗、养老和社会保障政策等。然而在中国农村地区，对这些特殊贫困人口的统计尚不尽完善，农村社会保障及福利体系仍亟须完善。我国农村已经实施的减除农业税、实行义务教育、推广新型农村医疗合作保险及农村社保等一系列政策，在扶贫上的成效如何，特别是对于特殊贫困群体的作用如何，还需要进行评估分析。

1.3.3　关于贫困的脆弱性、持久性与返贫问题

"返贫"现象是我国目前扶贫的重大难题之一，自然灾害和疾病成为返贫的最重要原因。据推算，2008 年的冰雪灾情导致湖北省返贫人口可能增加近 180 万；[①] 甘肃省因 5.12 汶川地震全省新增的返贫、致贫人口达 230.3 万人，返贫率达到 30% 以上；[②] 中国

---

① 数据来自国务院扶贫办：http：//www.cpad.gov.cn/data/2008/0507/article_337706.htm.

② 数据来自新华网：http：//www.gs.xinhuanet.com/news/2008-10/22/content_14706055.htm.

扶贫基金会报告显示，2010 年西南五省区市干旱导致至少有 218 万人返贫。① 在实际生活中，家户所受到的意外冲击较多，包括宏观经济波动（如经济萧条导致的失业、通货膨胀等）、自然灾害、家庭变故（家庭成员生病、丧失主要劳动力等）等，因此，贫困的群体是动态变化的。从我国贫困县的分布可以看出，大部分的贫困人口都集中于地质灾害频繁爆发的地区，这些地区经济发展落后，生态系统比较脆弱。这些地区的人口因自然灾害而持久地处于贫困之中，需要政府的长期扶持，甚至实行迁移。相比而言，经济发达地区以及城市的贫困人口所受到的贫困主要是由于宏观经济波动引起，因此这些贫困人口主要属于短期贫困。

在当前贫困的研究中，脆弱性与持久性贫困联系在一起。持久性贫困指那些长时期处在贫困之下的人们，而暂时性贫困则指由于意外冲击致使暂时性落入贫困之中。降低贫困脆弱性可以预防贫困并减少贫困人口中的长期贫困，增强扶贫政策的有效性。2007 年贫困农户中有 64.1% 是新进入的，2008 年有 58.3% 是新进入的。2006—2007 三年中 17.7% 的贫困农户三年持续贫困，占全部农户的 0.7%；两年处于贫困状态的农户占贫困农户的 41.1%，占全部农户的 1.5%。②

区分持久性贫困与暂时性贫困对扶贫政策是相当重要的。Jalan & Ravallion（1998）指出，增加人力资本和物质资产，或增加这些资产的收益对缓解长期贫困是比较适合的，而收入稳定计划及保险是缓解暂时性贫困的重要政策，不过信息的缺乏以及消费的波动却给最优扶贫政策的选择带来了困难。中国近年来实施的几项扶贫计划主要是针对持久性贫困。Jalan & Ravallion（1998）利用 1985—1990 年农村住户调查的数据测算中国的暂时性贫困，发现将近 1/3 的贫困深度和一半的贫困严重度是暂时性的，并且在一定预算约束下，暂时性贫困的存在大大削弱了政策对缓解持久性贫困的效果。Duclos，Araar & Giles（2010）则建立了新的持久性贫困与暂时性贫困指数，并用这新指数与中国农村经济研究中心 1987—2002 年的调查数据，在与 Jalan & Ravallion（1998）相同的参数值和贫困线下，得出了与 Jalan & Ravallion 的研究大不相同的结果，即总贫困中只有大约 23% 是由暂时性贫困贡献的，同时还发现，贫困发生率越低，则暂时性贫困的贡献将会越大。当然，不管暂时性贫困与持久性贫困孰轻孰重，他们的研究都表明，政府在制定扶贫政策时必须要考虑到如何区分和瞄准暂时性贫困与持久性贫困。

1.4 新常态下精准扶贫的政策难点③

1.4.1 旧有扶贫战略面临的困境和问题

推进精准扶贫政策的落实，需要对旧有扶贫政策的缺陷以及问题进行重新评估。传统

---

① 数据来自人民网：http://hi.people.com.cn/2010/05/23/554463.html.

② 国家统计局农村社会经济调查司.中国农村贫困监测报告 2009［M］.北京：中国统计出版社，2009：9-10.

③ 本节研究参见课题组成果：邹薇，屈广玉."资产贫困"与"资产扶贫"——基于精准扶贫的新视角［J］.宏观经济研究，2017；邹薇.扶贫攻坚需重视资产扶贫［N］.大众日报·理论版，2017.

的扶贫模式面临着投入分散、缺乏激励约束机制、扶贫对象识别不科学以及监管不到位的难题。

1. 投入分散

扶贫资金的投入以及扶贫资源的有效整合是保障扶贫效率的基础。理论与经验证实，我国的扶贫资源整合面临着财政政策、金融政策、产业政策以及社会保障政策不协调的问题。对于贫困地区的财政专项补贴以及专门的贴息贷款，商业银行利用"双轨制"运作方式，对不同行政层级的贴息贷款进行管理与支配，形成了金融机构负责资金运作，地方扶贫部门负责项目立项与资金规划的"条块分割"的资金管理体系。由于依照相关法规进行的资金贴息贷款更加注重资金分配的"公平"原则，这就与金融机构追求的利益最大化或"效率"原则存在一定冲突。金融机构与政府扶贫机构还存在信息不对称，容易加剧金融机构否决扶贫项目的"道德风险"。此外，由于各级政府扶贫贷款管理部门的分割，不同层级的行政部门倾向于采用自身熟悉的渠道下拨资金，局限于人力与财力的约束，许多地方扶贫资金的配置都存在简单、分散与效率低下问题。

2. 缺乏激励约束机制

传统的扶贫模式在不同层次存在扶贫激励约束机制不健全问题，导致扶贫项目开发成本过高，扶贫资金利用效率低下。其一，就社会扶贫激励机制而言，国家缺乏成熟的表彰体系，用以支持为扶贫做出了突出贡献的企业、个人以及社会组织，而且社会扶贫组织登记程序非常繁琐，对扶贫企业也缺乏相应的奖励性税收减免政策。其二，就扶贫资金投入激励机制而言，扶贫资金的使用基本上依赖政府的统一规划以及分配，缺乏市场机制的调节，无法满足真实贫困人群的需求。另外，贫困项目的引入存在"拍脑袋"以及"一言堂"的现象，结果扶贫资金"大水漫灌"的现象比较普遍，扶贫效益不明显。其三，就扶贫对象选择激励机制而言，在扶贫对象的甄选上，一些地方政府缺乏对中央扶贫精神深入理解，结果扶贫措施的出台过于草率，而且扶贫对象的选择也过于随意，贫困维度的测度缺乏科学的方法，贫困对象的筛选机制也不健全。最后，贫困县的选定与退出机制也不健全，很多贫困县"一劳永逸"地掌握了大量的扶贫资源，由于退出标准的缺乏，部分处于贫困线以上的贫困县依然享受扶贫政策，导致扶贫资源的利用效率低下，浪费严重。

3. 扶贫对象识别不科学

扶贫对象的识别是扶贫政策落实的关键一步，我国目前扶贫政策中的扶贫对象识别与管理存在很多问题。地方政府对于贫困人口的识别采取自上而下、逐级分配指标的方式，将省市地区的贫困监测人口总指标分解到县、乡、村，由于缺乏详细可靠的住户抽样数据，乡镇一级政府对贫困水平的评价主观性较大，村委会难以准确获取贫困群体真实的信息，导致扶贫对象的筛选缺乏精准性。资料显示，甘肃、恩施以及贵州等民族地区中，有超过三成的贫困户的实际人均收入在贫困线以上，而没有纳入建档立卡的居民中，却有接近一半的家庭收入低于贫困线，这意味着扶贫对象的识别存在较大的随意性。此外，扶贫对象的管理存在多头治理的问题：扶贫政策牵涉多个中央部门，其中中央扶贫办负责扶贫事宜协调，国家发改委地区司负责以工代赈扶贫资金的管理，国家财政部农业司负责财政扶贫资金的发放与管理，中国农业银行负责信贷扶贫资金的发放与管理，以及民政部门负责救助扶贫等，不同层级的政府均设立了专门的扶贫机构，由地方行政主管分管，"九龙治水"的现状使得部门之间协调压力增大，多头管理的体制不利于扶贫效率的提升。

4. 监管不到位

作为一项庞大的系统工程，扶贫开发包括基础设施建设、移民安置、资金补贴、产业支撑以及信贷支持等多方面内容，扶贫的资金来源包括扶贫贴息贷款、以工代赈资金、财政专项补贴以及社会资本的支持等，能够对扶贫项目进行有效监管关系到扶贫工作的成败，高效监督关系到扶贫开发的可持续性。目前，我国缺乏专门的监督与评估扶贫开发的单位，扶贫项目的监督主要依赖国务院扶贫办以及地方扶贫办，由地方党委、政府主导，财政、纪检、审计以及统计多部门交叉负责，缺乏强有力的公共监督机制。扶贫资源的利用依赖传统的自上而下的方式，贫困户在扶贫项目上的决策、实施和验收过程中缺乏话语权，监督权的行使更是无从谈起，结果导致扶贫项目的立项缺乏前期科学的评估，随意性较大，扶贫资金的预算、调拨、使用以及事后审计形同虚设。总体上，监督评估机制的缺失导致扶贫对象的认定存在弄虚作假的情况，扶贫项目资金使用低效，项目质量难以得到保证。

1.4.2 精准扶贫的政策选择与难点

精准扶贫包括精准识别、精准帮扶、精准管理以及精准评估四个维度①。（1）精准识别是指对扶贫对象进行精准分类，将真实的生活在贫困线以下的人群纳入扶贫体系以及政府帮扶体系之中，利用大数据以及互联网的手段，建立贫困户管理信息系统，有利于克服传统扶贫模式所面临的扶贫对象不明确、扶贫需求无法满足以及扶贫项目设定过于随意等问题。（2）精准帮扶是指利用差异化以及造血化的扶贫政策，克服贫困群体对于传统"输血式扶贫"的依赖，充分利用扶贫资源，深挖贫困者的真实需求，针对性地按需扶贫，激发贫困户内在的脱贫动力，完成从"输血"到自我"造血"的转变。（3）精准管理是指对扶贫项目实施的整个过程的透明化以及科学化管理。这需要通过转变政府职能、创新激励机制、完善监督管理机制加强扶贫资源的监管。与此同时，还需要构建避免脱贫户二次返贫的长效机制，防止贫困的代际传递。现实中很多地区对"贫困县"情有独钟，主要是希望利用扶贫开发的名义索要资金补贴，挤占国家资源，而资金在使用过程中又面临着代理人信息不对称的问题，容易产生权力寻租以及资金使用的"道德风险"难题。（4）精准评估是指对扶贫资源的使用进行事后调查评估，保证资金的使用达到了帮助贫

---

① 习近平：更好推进精准扶贫精准脱贫 确保如期实现脱贫攻坚目标［N］. 新华社，2017-02-22；习近平总书记精准扶贫精准脱贫战略思想引领脱贫攻坚［N/OL］. 中国青年网，2017-06-13.

困户脱贫的效果。

精准扶贫的关键在于"精准"二字，具体的政策实施中面临着两大问题。

其一，现实中存在贫困户负向激励与对扶贫资源过度依赖问题。

贫困农户对待精准扶贫政策的态度存在两极化的特征：一类贫困户不愿意承担"被扶贫"的角色带来的"污名化"压力；另一类贫困户缺乏脱贫主动性，不是"我要脱贫"而是"要我脱贫"。另外，在负向激励的引导下，争夺有限扶贫资源的贫困户越来越多，对扶贫资源的依赖性越来越大。调查显示，在农村扶贫政策出台和建档立卡的开始阶段，农户识别机制在农村往往能够正常运行，鲜有异议，但随着农村扶贫资源的不断增加以及扶贫力度的加大，在利益驱动下，扶贫资源的分配吸引了更多农户的注意力，贫困户的识别也就成了大家非常关注的问题。部分省份出台了提供户均贫困补贴等平均分配扶贫资金的做法，其资金使用效率值得关注。除此之外，个别地区的贫困户还享受子女入学补贴、免缴新型农村合作医疗以及房屋改造费等显性福利资源，一些村庄甚至为了争夺贫困指标而发生社会冲突，农户之间为了争夺名额而产生矛盾，农户与干部之间也会因为信息宣传偏差而产生矛盾，导致村民与干部之间不信任的产生。

其二，精准识别面临技术与实践的双重困境。

精准扶贫的核心工作是对贫困户的识别。为了对贫困户进行精准识别，国家先后出台了一系列政策规定，2005 年国务院扶贫办出台的《关于进一步加强贫困人口建档立卡和扶贫动态监测工作的通知》以及 2009 年国务院扶贫办和民政部开展的最低生活保障制度与扶贫开发政策两项制度的试点工作，要求对全国贫困户进行识别，并通过建档立卡进行信息登记与管理，实现对贫困户的精准识别。2015 年 10 月，习近平在减贫与发展高层论坛上强调，中国扶贫攻坚工作实施精准扶贫方略，增加扶贫投入，坚持中国制度优势，注重"六个精准"，即扶持对象精准、项目安排精准、资金使用精准、措施到户精准、因村派人精准、脱贫成效精准。[①] 实践上，贫困户识别应用最为广泛的方法是"程序识别法"，具体包含村民民主评议、入户调查、部门审核、自主申报以及张榜公示等程序。

贫困户识别工作主要集中在乡镇两级，识别精度不高问题突出。一方面，为了避免部门为获得更多的扶贫资源而虚报、瞒报贫困人口数量，中央政府采取了自上而下、逐级分配的指标分配方法，由于贫困的标准界定并不清晰，贫困户的识别与确定存在主观性。另一方面，考虑到家户收入的调查、测定成本非常高，在贫困瞄准的政策实践过程中，地方政府一般将贫困线指标应用于贫困人口规模的测定，而非用于对贫困人口的识别，导致识别精度的严重下降。很多地区依据"一看房，二看粮，三看劳力强不强，四看家里有无读书郎"来进行贫困程度的识别与对比。其他识别方法包括：是否有出外打工的人，家里上学的小孩的人数，是否积极缴纳新农保以及农村养老保险，是否具有脱贫致富的带头作用等。还有的地区利用道德标准，希望将有不良嗜好的家户排除在外。总体上，上述标

---

① 习近平主席在 2015 减贫与发展高层论坛上的主旨演讲［EB/OL］. 央视网，2015-10-16. 贯彻六个精准，提高脱贫成效［EB/OL］. 央视网，2015-10-11.

准能够贴合农村的发展实际，暂时性地缓解贫困户的识别难题，但精确标准的缺乏与识别技术的落后所带来的贫困户识别不准确问题依然难以解决。①

为了积极稳妥地推进精准扶贫工作，顺利完成精准扶贫的任务，需要建立各级政府的扶贫绩效考核机制、扶贫资金使用与管理机制以及扶贫开发信息管理机制。因此，有很大必要对于贫困的精准识别、贫困的多维度测度、贫困的动态监测以及各项政策的减贫效果进行全面的理论和实证研究。

---

① 在现实中贫困户识别的困难，近年来引起了许多关注。如：赵武，王姣玥. 新常态下"精准扶贫"的包容性创新机制研究 [J]. 中国人口·资源与环境，2015（2）；唐丽霞，罗江月，李小云. 精准扶贫机制实施的政策和实践困境 [J]. 贵州社会科学，2015（5）；刘解龙. 经济新常态中的精准扶贫理论与机制创新 [J]. 湖南社会科学，2015（4）.

第二章
经济增长中的贫困问题：
理论、实证与测度方法

　　贫困是人类和谐发展过程中面临的一大难题，贫困现象似乎是显然明了的，但是贫困的根源、消除贫困的路径等却是严肃而必须深入探讨的问题。正如阿马蒂亚·森在其《贫困与饥荒》这本书的序言中所说的"有许多关于贫困的事情是一目了然的。要认识原本意义上的贫困，并理解其原因，我们根本不需要精心设计的判断准则、精巧定义的贫困度量和寻根问底的分析方法……但是，并非所有关于贫困的事情都是如此简单明了。当我们离开极端的和原生的贫困时，对于贫困人口的识别，甚至对于贫困的判断都变得模糊不清。"①

　　大量分析表明，不论是中国还是世界范围内，过去几十年间在反贫困中都取得了显著成绩，但是，不容忽视的事实是，贫困现象依然存在于我们生活的这个世界，如何进一步减少、直至消除贫困仍然是经济发展的关键问题之一。各国学者围绕经济增长和消除贫困，展开了持续的理论和实证研究。目前，对贫困的认识似乎已经在理论研究中趋于定型，但是为了能更准确而有效地进行扶贫，探寻合理的贫困确定方法、揭示贫困持久存在的根本原因，还有漫长的道路等待我们去探索。

2.1　经济增长、收入与贫困

　　经济增长是减少贫困的重要力量，那么是否只要关注如何促进经济增长，贫困就会随着增长而自然地被消灭呢？答案显然是否定的。因为经济增长的成果并不完全平等地被穷人获取，实质上穷人能从经济增长获得的利益较富人来说非常低。Fosu（2009，2011）、Kalwij & Verschoor（2007）、Adams（2004）等很多研究显示，收入不平等是降低经济增长的减贫效应的主要力量，在一些低收入国家更突出。不仅如此，一些低收入国家的经济增长非常缓慢，甚至处于停滞，致使当前世界贫困人口分布呈现出地区性集聚现象。撒哈拉以南非洲地区的贫困人口在整个世界中的比例由 1981 年的 11.27% 上升到 2005 年的 28.37%，南亚地区从 28.92% 上升到 43.26%，东亚与太平洋地区则从 56.51% 下降到 22.97%

---

① 阿马蒂亚·森. 贫困与饥荒——论权利与剥夺 [M]. 北京：商务印书馆，2001：1.

（见图 2.1）。

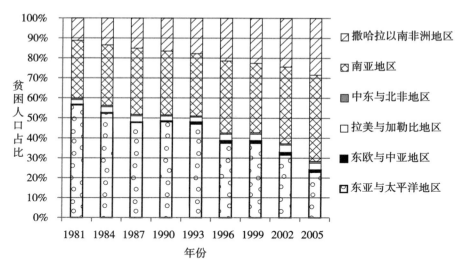

图 2.1　世界贫困人口分布（贫困线：1.25 美元/人天）
数据来源与地区界定：Chen & Ravallion（2010）.

图 2.2 显示，长期以来，撒哈拉以南非洲地区和南亚地区的贫困发生率下降比较缓慢，撒哈拉以南非洲地区的贫困发生率一直处在 50%以上，南亚地区的贫困发生率尽管有所下降，但仍处在 40%以上。东亚与太平洋地区的贫困发生率下降最为显著，由 1981 年的 77.7%下降到 2005 年的 16.8%，其中，中国贫困人口数的下降对于本地区和全球贫困发生率的下降均有突出贡献（Chen & Ravallion，2010）。

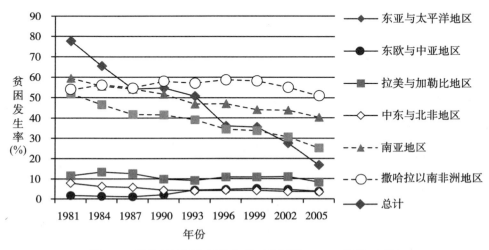

图 2.2　世界各地区贫困发生率（贫困线：1.25 美元/人天）
数据来源与地区界定：Chen & Ravallion（2010）.

中国经济在快速增长的同时，地区之间的经济增长也不平衡，目前大部分的贫困人口主要集中在西部和中部地区，东部地区较少；就城乡而言，多数贫困人口居住在农村，城市的贫困人口较少。图 2.3 显示，2000 年以来，东部和中部地区贫困人口出现了较明显的下降，而西部的贫困人口占全国的比例却从 2000 年的 60.8% 上升到 2008 年的 66.1%。就贫困发生率而言，尽管西部地区贫困发生率从 2000 年的 20.6% 下降到 2008 年的 9.3%，西部的贫困发生率仍大大高于全国平均水平，与东部和中部地区相比差距明显（如图 2.4 所示）。

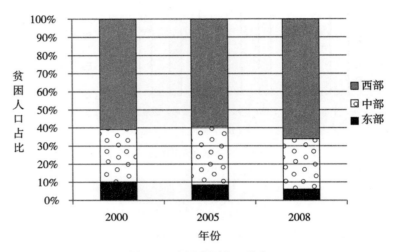

图 2.3 中国贫困人口分布

数据来源：国家统计局农村社会经济调查司.中国农村贫困监测报告 2009 [M].北京：中国统计出版社，2009.

注：贫困线为 2008 年调整的贫困线.

从更具体的分布来讲，贫困人口主要集中在地理位置较封闭和偏远、经济落后的一些地区，《中国农村扶贫开发纲要（2011—2020）》已经将连片特困地区的扶贫开发作为未来 10 年扶贫的重点工作来抓。这种区域性贫困的聚集也反映了地区发展存在的贫困陷阱，并体现出地区之间经济增长的差异不断扩大。因此，为了提升扶贫效率，有许多研究者通过分析地区经济增长的路径来探讨贫困形成的原因。

2.1.1 贫困的致因：从"外部性"到"群体效应"

为什么在经济增长的同时，贫困却成为一个"顽症"？贫困作为一个古老和现实的问题，引起了世界各国学者的广泛关注。为了解释经济增长的机制，20 世纪五六十年代 Solow（1956）、Swan（1956）等人提出了一套比较完善的模型。但是该模型的缺陷在于，假定在规模报酬递减的框架下，以"外生技术进步"作为解释长期经济增长的机制，不仅模型本身存在很大局限性，而且不能解释世界不同经济体之间经济发展差异不断扩大这一现象（Mankiw，Romer，Weil，1992）。因此，自 20 世纪 80 年代中期以来，Lucas，

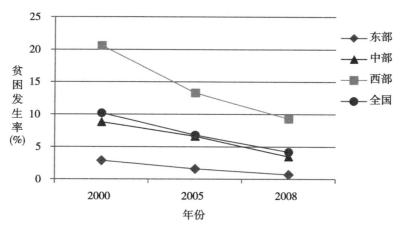

图 2.4　中国各地区贫困发生率

数据来源：国家统计局农村社会经济调查司. 中国农村贫困监测报告 2009［M］. 北京：中国统计出版社，2009.

注：贫困线为 2008 年调整的贫困线.

Romer 等人提出的"新增长理论"取而代之，他们将用来解释经济增长的"技术"内生化，引入了创新、人力资本积累、知识积累等许多在长期可以带来递增收益的活动，从而对世界各国、各地区经济增长和收入水平的差距提供了更为合理的阐释。

在新增长等理论中，除了强调技术的内生化外，还非常强调公共支出或私人投资的"外部性"，Romer（1986，1990）利用引入私人投资的外部性来引入规模报酬递增，借鉴 Arrow（1962）"边干边学"模型将单个企业的生产函数设为如下形式：

$$Y = F(A, K, L, \kappa) = AL^{\alpha}K^{\beta}\kappa^{\gamma} \tag{2.1}$$

其中，K 为私人资本，L 为劳动，A 为技术，κ 为整个经济的总资本，模型的关键是强调总资本与私人资本或劳动的互补性，或总资本 κ 的外部性带来的规模报酬递增。Barro（1990），Getachew（2008）则强调公共支出带来的外部性，强调了资本的生产与资本的积累都受到公共支出的影响，将生产函数设成：

$$Y = AK^{\beta}g^{\gamma} \tag{2.2}$$

其中，K 为私人资本，g 代表政府的公共支出，二者在生产函数中具有一定的替代性与互补性。Murphy，Shleifer & Vishny（1989）同样强调这种公共投资外部性的重要性。

Lucas（1988，2004），Tamura（1991）则认为不仅物质资本可以积累，人力资本同样可以积累，他们在生产函数中引入人力资本，并考虑人力资本投资的外部性。与前面的模型不一样的是，他们认为人力资本不是外生的，而是通过投资进行积累的，由此建立的模型架构是：

$$Y = AK^{\beta}[uhL]^{\alpha}h_a^{\gamma} \tag{2.3}$$

$$\dot{h} = \phi h(1 - u) \tag{2.4}$$

其中，u 是个人用于生产活动的非闲暇时间比例，h 是个人的人力资本，h_a 为经济体内平均人力资本。h_a^γ 表示平均人力资本的外部性。Tamura（1991）与 Lucas（1988）不一样的地方是假设人力资本的外部性对人力资本的积累有影响，即将（2.3）式中的 h_a^γ 放入（2.4）式。进一步地，Lucas（2004）利用城市中人力资本投资的外部性，研究了城乡之间的人口流动与长期发展。但是，值得注意的是，在这些模型中，不论是私人投资带来的外部性，还是人力资本积累带来的外部性，都会导致竞争性均衡无法达到社会最优，为此需要政府引入补贴等方式进行干预，才能使竞争性均衡与社会最优解达到一致。

Agenor（2011a，2011b）则将人力资本与公共资本同时纳入内生增长模型框架中，并将政府的公共投资分成了不同类型，强调公共资本的外部性对人力资本积累的影响，其框架如下：

$$Y = K_G^\alpha K^\beta h^\gamma \tag{2.5}$$

$$\dot{h} = h^{1-m-n} K_G^m G_h^n \tag{2.6}$$

其中，K_G 是用于道路等基础设施建设的公共资本，G_h 是用于人力资本的公共投资。具体地，Agenor（2011a）把 G_h 设定为用于健康的投资（如医院、保健设施等），分析这类资本投资与健康以及贫困陷阱的关系；Agenor（2011b）则把 G_h 界定为教育的投资（如学校）。

Benabou（1996）在 Tamura（1991）的内生经济增长理论框架中考察了社区结构的外部性对于收入"分层化"和"极化"的影响，其主要框架是：

$$h_{t+1}^i = \Theta \xi_t^i (h_t^i)^\alpha (N_t^i)^\beta (H_t)^\gamma \tag{2.7}$$

即个体的人力资本积累受到家庭（h_t^i）、社区（N_t^i）、总体经济因素（H_t）、个体冲击（ξ_t^i）以及其他参数（α、β、γ）的影响。并且在 Benabou（1996）中，社区的因素（N_t^i）与家庭（h_t^i）的社区分布有关，总体经济因素（H_t）与家庭（h_t^i）的总体分布有关。

Galor & Tsiddon（1997）则指出，人力资本的分布通过两种路径影响经济增长的模式：一种是"局部家庭环境外部性"（local home environment externality），即个体的人力资本水平是父母人力资本水平（类似于 Benabou（1996）中的 h_t^i）的一个增函数；另一种是"全局技术外部性"（global technological externality），即技术进步与社会人力资本的平均水平是正相关的（即技术 λ 是 Benabou（1996）中总体经济因素（H_t）的一个增函数）。如果前一种外部性是主导因素，则收入分布将会出现"极化"，通常这会出现在经济发展的早期阶段；而在经济发展的成熟阶段，全局技术外部性会占主导地位，致使收入水平出现收敛。因此，存在一个"门槛外部性"（threshold externality，由 $\lambda(H_t)$ 决定），即存在某个时间点，平均人力资本超过某一阈值，技术由低水平跳跃到某个高水平，随之收入分配的不平等将会降低。外部性与经济增长理论模式，从一个侧面考察了"群体效应"对于长期经济增长和收入分配的作用，也为我们后文建立实证模型，从群体效应的角度探讨贫困陷阱的根源提供了理论基础。

众多研究表明，"群体效应"（group effect）① 是导致贫困陷阱的一个关键原因。"群

---

① 在不同研究背景下，"群体效应"（group effect）又被称为"邻里效应"（neighborhood effect）、"社区效应"（community effect）、"内生的社会效应"（endogenous social effect）等。因此，本书中这几个名词不作区分。

体效应"起初是在社会学、人类学等领域中提出的，是指个体行为会受到群体（社区）内其他个体行为的影响，例如，对个体选择产生影响的因素包括父母的行为、社区内基础设施、社区生活环境和文化环境、同辈个体的相互作用等。导致不同社会群体差异的因素包括压力、社会变迁、群体一致性的程度等。一方面，在贫困群体（社区、邻里）中的生活会对个体的经济自立、生活习惯、认知能力等产生影响（Wilson，1987）；另一方面，社区的文化和结构会受到经济群集性和种族异质性等因素的影响（Sampson，2008；Bruhn，2009）。"群体效应"发生在特定的空间背景下，具体又可分为：同群内生效应（peer endogenous effect）、关联效应（correlated effect）、情景外生效应（contextual exogenous effect）、社会学习效应、社会互补效应（Manski，1993；Durlauf，2001）等。

借鉴"外部性"理论，许多学者（Ioannides & Zanella，2008；Graham，2009）也将外部性理论研究框架引入群体效应与个体行为结果的研究中来，则个体人力资本的生产函数可以写作下式：

$$\dot{h} = g(h, x, h_n, x_n, y_n) \tag{2.8}$$

其中，h 表示个体的人力资本，在实际研究中可以是子女的教育、健康投资，x 是个体或家户的其他特征，h_n 是社区内其他家户的平均人力资本，x_n 是社区内其他家户的平均特征，y_n 是社区内其他家户的平均收入。结合个体的效用函数 $u(c, E(c'))$、个体的生产函数 $Y = Af(h)$ 以及家户面临的物质约束，则可以得到群体（邻里）选择的最优结果。

稍作调整也可以获得"邻里效应"分析的另一种框架：

$$\omega_i = \arg\max_{\omega \in \Omega_i} V(\omega_i, x_i, x_n, \mu_i^e(\omega_{n, -i}), \varepsilon_i) \tag{2.9}$$

其中，ω_i 是个体自己的选择，$\omega_{n, -i}$ 是社区内其他人的选择，$\mu_i^e(\omega_{n, -i})$ 则是个体 i 所掌握的关于社区内其他人选择的一种信念，即其他人选择的概率，x_i 是个体具备的一些特征，x_n 则是社区的既定特征，ε_i 是个体随机获得的一些特征。x_n 和 $\mu_i^e(\omega_{n, -i})$ 则体现了群体效应，Durlauf（2004）将 x_n 称为情境效应（或环境效应），将 $\mu_i^e(\omega_{n, -i})$ 称为内生效应，为了使模型完整，进一步假设信念是理性的。如果要利用现有的数据来对此思路进行实证分析，则一般的实证分析模型可写为：

$$y = \alpha + \beta_1 h + \beta_2 h_n + \beta_3 x + \beta_4 x_n + \varepsilon \tag{2.10}$$

需要注意的是，这里的 y 是结果变量，它可以是收入、就业、健康等个体行为的选择，其他的解释变量的含义与（2.8）式中的是一样的。（2.10）式只是一个简略模型，具体问题还需要修正。由于内生性问题，这种群体效应模型的识别很有难度，不过，最近的很多文献（Brock & Durlauf，2007；Kasy，2010）还是对此技术性问题进行了研究并提出了可行的办法。

近年来，从群体效应的角度研究收入不平等和持久贫困问题，引起了经济学界日益增加的关注。Manski（1993）研究了内生的社会效应如何对经济增长和收入分配产生影响；Drukker（1999）研究了群体效应导致收入不平等加剧和底层群体更趋贫困的机制；Brock & Durlauf（2002）和 Durlauf（2004）研究了群体效应是如何导致不同群体分隔、区域经济差距扩大、底层群体陷入"贫困陷阱"的。他们都认为在探讨贫困的发生和持续时，必须看到个体的收入水平、经济状况显著地受到其生活过的群体特征的影响，包括居住地及邻里关系、所在学校及企业等内生的群体因素和性别、民族等外生的群体因素。Ioannides & Loury（2004）研究了群体效应通过就业信息网络的差异，导致群体间收入差距扩大的机制。还有的研究者则通过建立多层次模型或空间计量模型，试图将邻里效应和群体异质性特征纳入实证考察中（如 Duncan & Jones，2000；Dietz，2001；Alexander，2011）。但是，目前还没有学者就群体效应对于区域性持续贫困或贫困陷阱的影响进行系统的实证分析。

2.1.2　经济增长、收入不平等与贫困：实证研究

理论研究已表明，经济增长是促进人们生活改善、减少和消除贫困的主要因素（Ravallion & Chen，1997；Dollar & Kraay，2002），因此，各种促进地区经济增长的因素会在某种程度上减少贫困。通过经济增长促进减贫的路径有很多，大致有制度（Acemoglu，2002，2005；Bowles，2006）、贸易（Bhagwati & Srinivasan，2002；Winters，McCulloch & McKay，2004）、金融发展（Greenwood & Boyan，1990；Honohan，2004）、公共投资与人力资本投资（Barro & Sala-I-Martin，1992；邹薇，张芬，2006）等。研究者通过跨国数据进行了大量实证检验，而中国扶贫开发早期阶段的贫困大幅度减少也归结为各项制度的变革（Ahmad & Wang，1991）。

但是，随着时间的推移，经济增长这种宽泛的扶贫方式的作用力趋于下降，很多学者认为收入不平等的加剧是导致经济增长扶贫作用力逐渐下降的主要原因之一（Ravallion，2005；万广华，张茵，2006；林伯强，2003）。收入不平等影响贫困的路径有两种：一种是政府或利益集团通过妨碍经济增长导致居民生活水平变差（Persson & Tebellini，1994），另一种是贫富收入群体从经济增长中获得的收益并不相等，富裕者更有能力分享经济增长的成果。陈立中、张建华（2007）也指出中国农村人均收入水平越高，则经济增长的减贫能力越强；同时在收入不平等越严重的地区，经济增长的扶贫能力则越弱。从扶贫的角度来看，万广华 & Shorrocks（2005）、程永宏（2007）等研究指出，收入差距扩大的原因主要有人力资本投资、贸易、地区公共支出差异等。许多学者通过实证研究探索经济增长、收入不平等与减除贫困三者关系，目前所采用的方法主要有两种：一是利用计量回归方法；二是将贫困变动分解成收入的变动与收入分布的变动。

1. 利用计量回归分析

研究经济增长与不平等对贫困及贫困变动的影响，最直接的方法是进行回归分析，揭示三者间的传导路径。研究经济增长与不平等对贫困及贫困变动的影响的路径一般有两种：一种是直接路径，即直接分析经济增长与不平等对贫困变动的影响（Ravallion，2001；Loayza & Raddatz，2010；Montalvo & Ravallion，2010）；另一种是间接路径，即通过研究不平等对经济增长的影响进而来研究对贫困的影响（Persson & Tebellini，1994；Croix & Doepke，2003）。

研究中直接传导路径的模型构造简单形式如下：

$$\ln P_{i,\,t} = \beta_0 + \beta_1 \ln Y_{i,\,t} + \beta_2 I_{i,\,t} + \sum_j \beta_j X_{j,\,i,\,t} + \varepsilon_{i,\,t} \tag{2.11}$$

其中，P 为贫困测度，Y 为国民收入，I 为不平等指数，i，t 分别对应国家（地区）和时间，

$X_{j, i, t}$ 为其他变量，如价格指数等。在不同的研究中，Y 会有所变化，比如分析不同增长模式以及经济结构对贫困的影响，可以将 Y 进行相应的分拆；又如要研究导致个体贫困的直接因素时，可以考虑不同家户或个体的收入构成（如工资收入、经营收入或农业收入等），这种分析可以明确扶贫的方向；再如研究不同产业收入对地区总体贫困的影响时，可以将 Y 分拆成第一、二、三产业的收入，或各自收入占国民收入的比例。对（2.11）式稍作变化，还可以得到（2.12）式如下：

$$\Delta \ln P_{i, t} = \beta_0 + \beta_1 \Delta \ln Y_{i, t} + \beta_2 I_{i, t} + \beta_3 \Delta \ln Y_{i, t} * I_{i, t} + \sum_j \beta_j X_{j, i, t} + \varepsilon_{i, t} \quad (2.12)$$

其中，Δ 表示差分。当然，在具体分析时，回归模型不一定是（2.11）与式（2.12）式中呈现的线性形式，可以是其他非线性形式。

间接分析模式则是研究不平等和其他的因素对经济增长的影响，而不考虑经济增长的收益归属问题，回归的模式更为简单，具体形式如下：

$$\Delta \ln Y_{i, t} = \beta_0 + \beta_1 I_{i, t} + \beta_2 Y_{i, t} + \sum_j \beta_j X_{j, i, t} + \varepsilon_{i, t} \quad (2.13)$$

研究不同的因素（如制度、贸易、金融发展、人力资本、物质资本、公共投资等）对经济增长的作用时，可以将这些因素的替代变量放入（2.13）式的解释变量中。用（2.13）式也可直接分析这些不同因素所引致的经济增长的亲贫作用，即将样本按收入大小进行分类，再分别对每类群体作类似（2.13）式的分析并对比即可。

2. 经济增长——再分配的分解

如果用常规的收入来衡量贫困与不平等，则贫困的测度结果与不平等的测度结果都和收入分布有很大的关系。[①] 考虑连续的收入分布，则衡量收入不平等的 Gini 系数公式如下：

$$I = 1 - 2 \int_0^1 L(\mathrm{CP}) \, \mathrm{dCP} \quad (2.14)$$

其中，L 表示累积的收入分布，CP 表示累积的人口分布，将收入由低到高排列，$L(\mathrm{CP})$ 表示 100CP% 的人口所拥有的 100L% 的收入，当然，一个合理有效的 Lorenz 曲线需要满足以下条件：$L(0) = 0$，$L(1) = 1$，$L'(0^+) \geqslant 0$，$L''(\mathrm{CP}) \geqslant 0$，$\forall \, CP \in (0, 1)$。FGT（Foster, Greer & Thorbecke, 1984）贫困指数连续型则可表达成如下形式：

$$P_\alpha = \int_0^H \left(1 - \frac{\mu}{z} L'(\mathrm{CP}) \right)^\alpha \mathrm{dCP} \quad (2.15)$$

因此，根据（2.14）式和（2.15）式则可将贫困指数写成 $P_t = P(z_t, \mu_t, L_t)$，则在假设贫困线不随时间变化的情况下，将时间设为两个时期 0 和 1，则两期的贫困变化分解为：

$$
\begin{aligned}
P_1 - P_0 &= P(\mu_1, L_1) - P(\mu_0, L_0) \\
&= [P(\mu_1, L_0) - P(\mu_0, L_0)] + [P(\mu_0, L_1) - P(\mu_0, L_0)] + R \\
&= G + I + R
\end{aligned}
\quad (2.16)
$$

---

① Kakwani（1980）对两者的关系进行了详细的阐述与推导，也可参考 Datt & Ravallion（1992）、林伯强（2003）等。

其中，G（对应于第一个方括号）表示收入增长带来的贫困变化，I（对应于第二个方括号）表示收入分配带来的贫困变化，R表示剩余。根据 Shapley 分解，则可以将（2.16）式中的剩余项消除，Shapley 分解式如下：

$$P_1 - P_0 = \frac{1}{2}\big[\underbrace{(P(\mu_1, L_0) - P(\mu_0, L_0)) + (P(\mu_1, L_1) - P(\mu_0, L_1))}_{\text{shapley 增长效应}}$$

$$+ \underbrace{((P(\mu_0, L_1) - P(\mu_0, L_0)) + (P(\mu_1, L_1) - P(\mu_1, L_0)))}_{\text{shapley 再分配效应}}\big] \qquad (2.17)$$

在进行分解时，还有一个关键问题就是收入分布或 Lorenz 曲线的估计。估计的方法有两类：一类是设定收入分布类型或 Lorenz 曲线的函数形式进行参数估计，至于其中选择什么形式的收入分布函数或 Lorenz 曲线函数需进一步的分析[①]；另一类是非参估计。在实际分析中，如果考虑价格波动或者通货膨胀对贫困的影响，并假设贫困线调整的依据是价格的变动，则可令贫困线是随时间变化的，将贫困线代入（2.16）式或（2.17）式进行相类似的分解。

2.2　贫困的识别与测度

2.2.1　如何识别贫困？

贫困的定义似乎是很简单明显的，但究竟什么样的人、收入低到什么程度是贫困的呢？至于饥饿、营养不良、严重疾病、较重的生活负担、精神困顿、无家可归等，更是不容易判断。关于贫困的识别，一直是一个难题。Rowntree（1901）率先研究贫困，制定贫困标准并分别在 1899 年、1936 年和 1950 年三次调查了英国约克郡的贫困状况，还探讨了贫困与生活水准、住房以及健康间的关系。Rowntree 的贫困线根据维持生理效能的最低需要，计算购买起码的必需品所需的收入，从中已经看到现代贫困研究的影子。但是，他制定的标准过于简单与主观，他的"菜篮子"定义较窄（大米、芜菁甘蓝、鸡蛋和茶），并将非生活必需品"茶"也放入其中，1936 年又将收音机、报纸、给孩子的礼品以及节日礼品也放进去（唐钧，1998）。Townsend（1954）对 Rowntree 的贫困测度进行了批评与改进，强调贫困线制定应基于一定约束下的最小支出。早期贫困测度的基本指标就是贫困发生率，低于贫困线的个体即为贫困者，贫困人口占该地区总人口的比例即为贫困发生率。

早期贫困的确定主要是根据收入或支出进行定义，该观点的基础是个体的物质、文化等基本生活物品都可以通过市场价格换算成收入或支出。但是，在现实中，一方面，一些基本需要的市场是不存在的，即使存在，由于商品的异质性也会导致无法确定合理的贫困线；另一方面，从扶贫角度来讲，因个体的一些特殊偏好，从收入角度进行扶贫因存在道德风险而致使扶贫效率一般较低，而此时实物补贴将是较好的选择。鉴于此，从多个维度测度贫困开始兴起，多维贫困测度不仅仅考虑收入或支出维度，还会考虑个体在教育、健康、住房、公共品拥有状况等其他维度上的被剥夺情况。

---

①　Kakwani（1980）对 Lorenz 曲线与收入分布函数的参数估计有系统的介绍与推导。

联合国和世界银行的最新贫困定义也都跳出了单一的收入视角，考虑了更多维度，强调机会、能力的缺失或被剥夺。联合国给"贫困"下的定义为："大体来说，贫困是选择权和机会的一种丧失，是人类尊严的一种违背。它意味着缺乏有效参与社会活动的基本能力，没有足够的能力来养家糊口，不能够进入学校学习，无法在诊所就诊，没有土地种植粮食，没有工作获取收入，难以获取信贷。它还意味着感到不安全、没有权力，受到个体、家户和社区的排斥，极易受到暴力的影响，生活在社会的边缘或支离破碎的环境中，无法获得干净的饮用水和清洁的卫生设施"。①世界银行的"贫困"定义则如下："贫困是福利的剥夺，它由很多维度组成，包括较低的收入，无法有尊严地获取生存所必须的基本物品与服务。贫困还包括低水平的健康与教育，很难获取干净的饮用水和清洁的卫生设施，无法保障的人生安全，缺乏话语权，没有足够的能力与机会来改善自己的生活"。②

20世纪60年代以后，贫困问题开始在很多国家被纳入发展中急需解决的问题之一，贫困的研究开始大量涌现（Townsend，1960）。在贫困的测度上，人们已不能满足于贫困发生率，因为该指标对贫困者收入的变化不敏感，Sen（1976）开始了规范化的贫困测度研究，并在单调公理与转移公理下推出自己的贫困指数。但是随着公理化体系的完善与现实扶贫的需要，建立一个满足诸多良好性质的贫困指数就成为了许多学者研究的目标（Sen，1979；Kakwani，1980，1981），Sen贫困指数只适合在理论中研究。Foster，Greer & Thorbecke（1984，2010）提出了一类可分解并具有良好性质的贫困指数，该指数一经提出就得到广泛的应用。Atkinson（1987）则将贫困带入福利分析框架，利用统计工具来分析随着贫困线的变化贫困程度的变化，并对不同贫困指数进行福利比较，进而讨论收入不平等与贫困的关系。

单维贫困的测度与识别方法在20世纪90年代已基本定型。近一二十年来，在各国以及各地区的贫困测度和比较等实际应用中，收入或支出贫困测度仍是采用最为广泛的主要方法（Sala-i-Martin，2006；Chen & Ravallion，2010；罗楚亮，2010；张全红，张建华，2010；Faik，2011）。

20世纪80年代以来，多维贫困的测度也逐渐用于对收入不平等与被剥夺程度的测度（Atkinson & Bourguignon，1982；Maasoumi，1986；Tusi，1995；Lugo，2007）。Anand & Sen（1997）认为，对于贫困的测度应关注个体的福利状况，也可类似于构建"人类发展指数"（Human Development Index）一样构建"人类贫困指数"（Human Poverty Index）。随后，Tsui（2002），Bourguignon & Chakravarty（2003）借助多维度不平等指数的构架，在一系列公理下构建了多维贫困指数。虽然多维贫困指数被构建出来，但是因各维度之间的互补与替代关系复杂、调查中获得的教育和健康等其他维度数据的缺陷等使得该多维贫困指数没有被推广应用，Bourguignon & Chakravarty（2003）在举例应用中也只选取了两个维度。尽管如此，多维贫困指数的研究一直在持续，不同的学者分别从不同的角度构建多维贫困指数，牛津大学贫困与人类发展中心（简称OPHI）近年来对多维贫困指数的构

---

① 来自联合国网站："indicators of poverty & hunger［EB/OL］. http：//www. un. org/esa/socdev/unyin/documents/ydiDavidGordon_poverty. pdf.

② 来自世界银行官方网站：Poverty and inequality analysis［EB/OL］. http：//web. worldbank. org/.

建与测度进行了大量的研究。目前比较有影响的测度方法包括：主观贫困测度（Colasanto, Kapteyan & Gaag, 1984；Kapteyn, Kooreman & Willemse, 1988），基于统计的方法（主成分分析、因子分析等），基于信息理论的方法（Lugo & Maasoumi, 2009），模糊集方法（Chakravarty, 2006；Belhadj, 2011），效率方法，双界线方法（Alkire & Foster, 2011）等。

总体上看，贫困测度必须要面对以下两个问题：（1）贫困的识别；（2）利用贫困的信息构造贫困指数（Sen, 1976）。这两个问题至今仍是各种贫困测度方法关注的焦点。

2.2.2　贫困识别与单维贫困测度

1. 贫困标准的确定

在贫困主体的识别过程中，贫困标准的确定至关重要。一般是根据当地的居民生活的最低保障水平以及经济社会发展状况来进行制定，因此各国贫困标准的设置不尽相同。①

理论上，通常从福利主义和非福利主义两种角度探讨贫困线。从福利主义的角度，个人福利低于某个特定水平被称为贫困。贫困线则通过经典消费理论中的效用最大化问题予以确定，但是，个体的偏好是主观的，它会因环境的变化而发生变化，个体偏好之间的异质性也使得不可能将所有偏好一致地纳入同一框架。Ravallion（2010）认为，进行福利评价时，可利用优化问题的对偶关系将效用转化为等价的最小支出。不过，在确定最小支出时，物品组合及价格的选择依然难以全面反映所有个体的特征。因此，在实际的应用中，福利主义受到了非福利主义的批评。非福利主义主要是从物质出发，以一定的物质水平来评价个体的生活状况，但由于个体的特征千差万别，利用各种物质进行贫困界定也实属一项艰巨的任务，因此也被学者诟病。

Sen（1999）提出了一个新的视角，他从另一角度——可行能力出发，认为贫困是可行能力的剥夺，可行能力是指免除饥饿与疾病的困扰、避免营养不良及过早死亡、接受良好教育、享受生活乐趣等。解决可行能力的贫困同时也能使个体有机会脱离收入贫困。

在实际的贫困测度中，各国使用的贫困线有绝对贫困线与相对贫困线两种。一些较高发展水平的国家倾向于使用相对贫困线，相对贫困线一般是根据这个国家居民收入或消费的平均水平的某个比例来确定。欧盟各国普遍采用低于人均收入中位数50%的收入水平作为贫困线。绝对贫困线法中较主流且常用的有生活必需品法、恩格尔系数法、马丁法等。生活必需品法是通过确定个体维持基本生活所必需的一些物品，通过价格计算出基本生活费用；恩格尔系数法则是通过确定个体维持生存的基本营养需求，再选择相应的食品种类与数量，计算基本的食物支出，通过恩格尔系数估算个体的基本支出；马丁法是由世界银行贫困问题专家 Martin Ravallion 提出的，被认为是测度发展中国家贫困标准最有效的方法，该方法通过测算维持基本生存的营养需求，确定食物贫困线，再通过回归的方法计算出非食物贫困线，将两者相加从而得到贫困线。

---

①　具体可阅读2010年中国国际扶贫中心发布的有关世界各国贫困标准的研究报告。

中国采用 2100 大卡热量作为农村人口贫困营养标准设定食物贫困线，并用回归计算方法推算出非食品贫困线，再将食品贫困线与非食品贫困线相加得到贫困线。[①] 但中国的贫困标准被认为相对较低，且不能反映不同地区与不同家庭结构之间差异性。童星、林闽钢（1994）已针对家庭结构及地区发展差异对中国的贫困标准线进行了研究，张建华（2010）则对中国城镇居民的绝对贫困线与相对贫困线进行了核算，并测算中国城镇的贫困状况与扶贫现状。

在贫困线制定过程中，贫困的脆弱性及其所引起的贫困动态变化也给扶贫工作带来了极大的挑战。脆弱性主要指家庭或个人面临的各种导致贫困风险的可能性，脆弱性越高，落入贫困线下的可能性越大。个体贫困的脆弱性与个体可能受到的冲击有关，脆弱性的大小则决定于以下两个方面：一是意外冲击（失业、疾病、自然灾害、经济波动等）的大小；二是个体自身应对风险的能力，比如资产的拥有量、保险的购买情况以及个体的人力资本存量等。个体的脆弱性则可以利用个体在未来处于贫困状态的概率来测度（Mcculloch & Calandrino，2003），也有的利用个体的期望效用与某个临界值进行比较来测度（Gaiha & Imai，2008）。脆弱性往往与持久性贫困联系在一起，持久性贫困指那些长时期处在贫困线之下，而暂时性贫困则指由于意外冲击致使暂时性落入贫困线下。

2. 单维贫困测度

在贫困的识别中，现行的主流是根据收入与支出确定贫困线，收入或支出低于贫困线的个体被视为贫困。具体地，贫困发生率是贫困人口占总人口的比例，贫困的深度及严重度则可以用其收入或支出与贫困线的差距来进行确定。Sen（1976）将注意力转向贫困指数的构造，利用贫困信息对贫困进行测度，并将测度公理化，Sen 指出一个贫困指数必须要满足两个公理：单调性公理（即减少贫困者的收入会增加贫困）和转移公理（即将一个贫困者的部分收入转移给比他收入高的人会增加贫困）。在满足这两个公理的前提下，Sen 构造了一个贫困指数：

$$P = H(I + (1 - I) G_p) \tag{2.18}$$

其中 H 为贫困发生率，I 为收入缺口率（income-gap ratio，$I = \sum_{i}^{q} (z - y_i)/qz$，$q$ 表示贫困人口，z 为贫困线，y_i 为个体 i 的收入或支出），G_p 为贫困群体的基尼系数。Sen 的贫困指数在其后只局限于理论的研究，因为它的解释不够直观，并且不满足子群可分解。

Foster，Geer & Thorbecke 对 Sen 贫困指数中的序数权重提出质疑，并根据 Sen 的建议，最终在 1984 年发表的《一类可分解的贫困指数》这篇文章中提出一类可分解的指数（以下简称为 FGT 指数），具体形式如下：

$$P_{\partial} = (1/n) \sum_{i}^{q} \left[(z - y_i)/z \right]^{\partial} \tag{2.19}$$

在 $\partial = 0$ 时，该指数简化为贫困发生率，∂ 可看作贫困指数关于标准化缺口 $g_i = (z - $

$y_i)/z$ 的弹性，同时，∂ 还可看作对贫困的厌恶程度。当 $\partial = 1$ 时，式（2.19）被认为测量的是贫困的深度，$\partial = 2$ 时也被认为测量的是贫困的严重度。FGT 指数在 $\partial \geq 1$ 时能反映贫困的程度和贫困者之间的差异性，并且 FGT 指数都满足分解可加性和子群一致性，这样就会便于分析各因素、各群体对总贫困的贡献。当然，FGT 还满足相应的其他公理：焦点公理（即贫困测度只关注贫困个体，非贫困个体收入的增加并不会改变贫困程度）；复制不变性、尺度不变性、对称性（三个性质指出贫困测度不会受估计指标量纲、指标值排序方式等的影响）；连续性（$\partial \geq 1$）、转移公理（即从一个贫困者转移一定的收入给一个更贫困者会降低贫困，FGT 贫困指数中 $\partial > 1$ 情况下满足）、转移敏感性（即转移公理中转移方式所导致的贫困降低量关于更贫困者的收入单调递减，$\partial > 2$ 情况下满足）等。[1] FGT 指数至今还是各政府衡量贫困程度的主要指标。根据此指标大小及分解的结果，政府可以进行有针对性的扶贫。

贫困指标的选择会影响到贫困测度结果的变化，贫困发生率下降并不意味着贫困深度及贫困严重性的下降，反之也是如此。因为贫困发生率对于贫困线附近的人口最为敏感，贫困深度则对所有的贫困主体收入变动具有相同的敏感度，贫困严重度的敏感度则随着贫困主体收入的上升而下降，因此它对最贫困主体的收入变动最为敏感。Watts 贫困指数[2]以及 FGT 中指数大于 1 的所有贫困指标与贫困严重度有类似的敏感性质[3]。如果利用转移支付来最有效地进行扶贫，则相对于贫困发生率指标，应当将转移支付用于贫困线附近的贫困人口；相对于贫困深度指标，则转移支付的对象无关紧要；相对于贫困严重度指标，则应当将转移支付用于最贫困的主体。因此，从不平等的角度来衡量指标的优劣，贫困发生率是最差的，而贫困严重度指标则是最好的。

因个体的生活能力、收入及偏好等相关信息是私人的，政府要正确判断哪些个体是扶助的对象存在一定的困难。在信息不对称的情况下，政府对贫困主体的识别就存在两类统

---

① 关于 FGT 指数的理论脉络及其相关拓展也可阅读 Foster，Greer & Thorbecke（2010）。相关公理的技术性表述可参考 Foster 等（1984）这篇文章。

② Watts（1969）提出的贫困指数形式为：$P = (1/n) \sum_i^q [\ln(z/y_i)]$。

③ 本部分论述的证明如下：

令 Δ 表示政府给予贫困个体的补贴，对于 Watts 贫困指数：令 $W_i = \ln(z/(y-\Delta))$，则 $\dfrac{\partial W_i}{\partial \Delta} = \dfrac{1}{y_i - \Delta}$，

$\dfrac{\partial^2 W}{\partial \Delta \partial y_i} = \dfrac{-1}{(y_i - \Delta)^2} < 0$。因此，Watts 贫困指数测度的贫困对补贴的敏感度随着收入的上升是下降的。证毕。

对于 FGT 指数，令 $I = z - y - \Delta$，$I^\partial = (z - y - \Delta)^\partial$

则：$\dfrac{\partial I^\partial}{\partial \Delta} = -\partial (z - y - \Delta)^{\partial - 1} < 0$；$\partial \geq -\dfrac{\partial^2 I^\partial}{\partial \Delta \partial y} = -\partial(\partial - 1)(z - y - \Delta)^{\partial - 2} \leq 0$，$\partial \geq 1$

当 $\partial = 1$ 时，$-\dfrac{\partial^2 I^\partial}{\partial \Delta \partial y} = 0$，即贫困深度对于补贴的敏感度在不同收入下是相等的；当 $\partial > 1$ 时，

$-\dfrac{\partial^2 I^2}{\partial \Delta \partial y} < 0$，贫困严重度则对于补贴的敏感度随着收入的上升是下降的。证毕。

计上的错误（Cornia & Stewart，1995）：第Ⅰ类错误是将本身属于贫困的人口排除在贫困的主体之外，即所谓的"弃真"；第Ⅱ类错误是将本身不属于贫困的人口纳入了贫困人口之中，因此又被称为"纳伪"。这两类错误又被称为"F-错误"和"E-错误"，它们如同统计检验中的两类错误一样，在贫困识别与扶贫政策选择时处在两个对立面：要降低犯第Ⅰ类错误的概率就会增大犯第Ⅱ类错误的概率；要减少第Ⅰ类错误就必须加大检查的成本或者扩大扶贫的覆盖面，要减少第Ⅱ类错误就需要实行更严格的证明制度，及降低扶贫政策的激励性，不过这会使更多贫困主体放弃参与到扶贫项目中去。因此，政府在制定扶贫政策时需要对犯这两类错误的概率进行权衡。

2.2.3　Sen 的能力方法与多维贫困的提出

近年来，贫困个体的脆弱性及贫困的持久性引起广泛关注，人们开始怀疑将单一的收入作为评估贫困的标准是否过于片面。个体的健康、教育、财产状况以及公共品的可获得性都会影响个体的贫困程度，作为获得收入的能力，这些变量也曾被当作影响个体收入以致影响贫困的因素用于实证分析和贫困指数的分解（Shorrocks，1982，1984，1999；万广华，2008）。Sen（1999）质疑用单一收入来衡量贫困，他认为，贫困应当被视为基本能力的剥夺。当然，能力贫困与收入贫困之间的确具有很紧密的关系，低收入可能会导致营养不良、饥饿和个体无法享受教育，反过来，较差的健康及教育也会影响个体获取收入的能力。此外，个体收入与能力还受到家庭特征、地理位置、生存环境等外生变量的影响，个体只能在一定的约束下享受可能的自由。

在贫困的测度中，一批学者始终坚持收入贫困标准，他们认为个体所谓的其他维度的贫困都可通过一套价格将其转化为收入贫困，因此，没有必要构建多维贫困指数。的确，在基本需要（basic needs）市场存在的前提下，这种想法是正确的，但是，现实中这些基本需要市场很多是不完善的或不存在的，并且市场因商品的异质性和公共品需求存在的私人信息而难以找到合理的定价机制。Sen 明确批评上述观点混淆了目的和手段，能力是个体获得收入的手段；收入作为一个工具性变量来反映个体被剥夺的情况，显得过于单薄，影响个体能力剥夺的因素有很多，收入与能力的关系又极易受到外在环境的影响。因此，Sen 认为贫困应当被视为"基本能力的剥夺"，或者说贫困的根源是"能力贫困"（Sen，1985，1987，1999）。基于"能力贫困"的研究表明，收入的差距源于人们获取收入的技能和能力的差距。"能力贫困"意味着人们之所以贫困，是因为他们难以借助于现代教育、信息扩散、知识外溢、社会资本积累等效应来充实自身的经济能力，以致人力资源含量、知识与技能水平极低，在发掘经济机会、参与经济政策决策、增加对自身的投资、应对不确定性和风险、从创新性经济活动中获利、分享经济增长的成果等方面"无能为力"。Anand & Sen（1997）提出，要正确衡量个体的贫困程度，就必须从多个维度来考虑个体被剥夺的状况，类似于用人类发展指数来衡量一个国家的福利状态，也可选用多个指标来构造人类贫困指数。最近十多年来，从 Sen 的"能力集"及"能力贫困"方法出发，利用多个维度来衡量贫困已经成为理论和实证研究的主流。

构建多维贫困指数的能力方法是基于这样一种观点：生活是各种行为与状态的组合，生活质量是依据获得有价值的功能性活动的能力来评估，一个人的实际成就可用一个功能性向量表示，则他的可行能力集由此人可选择的能相互替代的功能性活动向量组成。衡量一个人是否处于多维贫困之中，则是从可行能力集中选用一个基本能力集作为参考标准。Brandolini & D'Alessio（1998）基于 Sen 提出的"能力方法"理论对不平等和剥夺进行了多维分析的尝试。Alkire（2008）综合阐述了如何从"能力集"中选择一个合适的域用来测度多维贫困。在用能力方法构造多维贫困指数时，要注意可行能力与功能性活动的区别：功能性活动是个体通过能力所能获得的结果，代表个体目前所处的状态，比如"免于疾病的困扰""受过良好的教育"等；一个人的可行能力则反映此人有可能实现的、各种可能的功能性组合。

学者们对于如何测算功能性活动，还存在一些分歧。罗尔斯（J. Rawls）从政治哲学的角度指出福利主义对于效用的关注过于主观（Rawls，1971），但是罗尔斯只关注最低收入群体所能够消费的商品，也很片面。Cohen（1993）指出，Sen 混淆了能力和到达功能性活动的中间活动，他提出处于商品与效用之间的"中介性好"（midfare）概念，认为，能力及能力的应用只是"中介性好"的一部分（Cohen，2008）。需要强调的是，在数据可获得的情况下，多维贫困测度更加应该更多关注功能性活动。当然，Karishnakumar & Ballon（2008，2010）也尝试过用潜在变量的结构方程模型来测度基本能力，并根据估计的基本能力进行多维贫困测度。

2.2.4 多维贫困测度方法

虽然多维贫困测度的必要性已被世界银行等国际机构以及相应的理论工作者所承认，但是在我国，目前采用多维度能力方法对贫困状况进行测度的研究还不多，并且选用的维度和数据也比较有限（尚卫平，姚智谋，2005；陈立中，2008；王小林，Alkire，2009）。尚卫平、姚智谋（2005）初步考察了多维贫困测度方法；陈立中（2008）利用的是单一年份的省级宏观数据展开测度，因而难以反映个体多维贫困状况；王小林 & Alkire（2009）则仅利用中国健康营养调查（CHNS）[①] 2006 年的数据对中国多维贫困进行测量，并赋予选用的指标以相等的权重，因而难以揭示多维贫困的动态变化。

多维贫困测度大体沿着两条线索：一是将传统的单维贫困测度拓展到多维，如传统的交与并的方法、Bourguignon & Chakravarty（2003）的公理化方法、Lugo & Maasoumi（2009）基于信息理论的方法和 Alkire & Foster（2011）的"双界线"方法等；另一条线索是摆脱传统的贫困测度思路，从新的角度进行多维贫困测度，如克服贫困线界定中随意性的 Cheli & Lemmi（1995）、Betti & Verma（1998）等的模糊集方法，只关注贫困比较的 Ramos（2006）投入产出效率方法和多元统计分析方法等。多维贫困测度的前提依然是每个维度的贫困识别，而维度的选取和各维度的加总也非常关键，各维度的加总则常用一般的固定替代弹性函数的各种简化形式。

加总方法中最简单的是"交"方法和"并"方法，交的方法认为贫困者必须是其所有的维度都处于贫困，并的方法则认为，只要有一个维度处于贫困的个体就为贫困

---

① 中国健康与营养调查（China Health and Nutrition Survey，简称 CHNS）数据是由美国北卡罗来纳大学和中国疾病预防控制中心营养与食品安全所联合采集的。

者。很明显，交的方法会低估贫困的程度，而并的方法会极大地高估贫困的程度。Alkire & Foster（2011）使用的则是"双界线（dual cut-off）"方法，即首先选择每个维度的贫困线以确定个体在各个维度下的贫困状况，然后确定各个维度贫困的临界值，将在一定数目及以上的维度处于贫困状态的个体确定为贫困者。在王小林 & Alkire（2009）的测算中，中国 2006 年有 48.8% 的家户存在两个维度的贫困，19.8% 的家户存在 3 个维度的贫困，在维度贫困临界值为 3 和各维度取等权重的条件下，中国的多维贫困指数值为 0.087。[①]

世界银行"人类贫困指数"则利用固定替代弹性加总函数[②]对长寿而健康的生活、知识、体面生活水平三个维度进行加总，其中，"健康"使用出生时能否活到 40 岁的概率来衡量，"知识"用成人文盲率衡量，"体面生活水平"则使用未改良水源的人口比重和体重不足儿童的比重来衡量。Bourguignon & Chakravarty（2003）也使用固定替代弹性加总函数并结合一些公理推出一类通用的多维贫困指数。多维贫困指数构建的公理中，除了将单维中介绍的相关公理多元化外，还有维度可分解性质、强焦点公理和弱焦点公理等。如果满足维度可分解，则多维贫困指数为各维度贫困的加权平均数，如（2.20）式所示：

$$P(X; z) = \sum_{j=1}^{d} w_j p(x_j; z_j) \tag{2.20}$$

其中：d 表示总维度数，w_j 为各维度的权重，z_j 为维度 j 的贫困线，x_j 为维度 j 的取值向量，$p(x_j, z_j)$ 为第 j 维的贫困值。在子群可分解的情况下，多维贫困指数具有如下的形式：

$$P(X; z) = (1/n) \sum_{i=1}^{n} p(x_i; z) \tag{2.21}$$

其中：x_i 表示维度向量，z 表示贫困线向量，$p(x_i; z)$ 表示个体 i 的贫困状况。

如果要求多维贫困指数还进一步满足连续性、规模不变性、单调公理和转移原理，则多维贫困指数（2.21）转换为：

$$P(X; z) = (1/n) \sum_{i=1}^{n} \sum_{j=1}^{d} w_j f(x_{ij}/z_j) \tag{2.22}$$

其中，$f: [0, \infty) \to R^1$ 是一个连续、非增的凸函数，函数的凸性是因为转移原理，如果 $x_{ij}/z \geq 1$，则 $f(x_{ij}/z)$ 为一常数，（2.22）式的推导证明可参考 Vega & Urrutia（2010）、Bourguignon & Chakravarty（2003）以及 Tsui（2002）等。Tsui（2002）中 f 取的是对数，它的多维贫困指数是由单维 Watts 指数拓展得到的，陈立中（2008）则使用此指数与省级宏观数据对中国的多维贫困进行了测度。如果将 f 变成 $[(z_j - x_{ij})/z_j]^\partial$，则多维贫困指数是传统 FGT 贫困指数的拓展。如果考虑不同维度之间的关系（替代、互补等），则要违背维度可分解，得到更一般的表达式：

$$P(X; z) = (1/n) \sum_{i=1}^{n} \left[\sum_{j=1}^{d} w_j [\max(1 - (x_{ij}/z_j); 0)]^\beta \right]^{\alpha/\beta} \tag{2.23}$$

其中：如果 $\beta > \alpha$，则维度之间是替代的关系，如果 $\beta < \alpha$，则维度之间是互补关系。

在相同的公理下，Lugo & Maasoumi（2009）基于信息理论的方法和 Chakravarty

---

① 多维贫困指数值 MPI = 0.087 是由贫困发生率 $H = 0.198$ 和平均剥夺份额（即所有贫困者被剥夺维度比例的平均数）$A = 0.439$ 相乘得到，即 MPI = $H * A$。

② 固定替代弹性的加总函数形式如下：$f = \left(\sum_{i=1}^{n} w_i y_i^\partial \right)^{1/\partial}$。

（2006）模糊集①的公理化方法下的多维贫困测度都呈现式（2.22）的形式。Lugo & Maasoumi（2009）在讨论时还考虑了识别与加总两者的顺序导致的指数形式差别，如果考虑加总贫困线法（将各维度贫困线加总为单一的总贫困线）与弱焦点公理②，则多维贫困指数的形式为：

$$P(X; z) = (1/n) \sum_{i=1}^{n} [f(z_j) - f(x_{ij}))/f(z_j)]^{\alpha} \tag{2.24}$$

其中 $f(\cdot) = (\sum_{i=1}^{q} w_j(\cdot)^{\beta})^{1/\beta}$，如果是强焦点公理，则（2.24）中 $f(x_{ij})$ 变为 $f(\min(x_{ij}, z_j))$。模糊集方法公理化后的形式只是将（2.22）式中的函数 f 变成了隶属函数，它的表达式如下：

$$P(X; z) = (1/n) \sum_{j=1}^{d} w_j \sum_{i \in \{1, \cdots, n\} \cap \mu_j(x_{ij}) > 0} \mu_j(x_{ij}) \tag{2.25}$$

完全模糊方法和利用贫困线进行识别的方法有同样的弱点，即要确定模糊集的上下界。Cheli & Lemmi（1995）则使用完全模糊和相对方法（totally fuzzy and relative approach，简称 TFR）。TFR 的加总方式依然是（2.25）式，但它的隶属函数是利用各维度的分布函数来进行构造，得出的数值反映的是个体相对剥夺的程度，即在此维度中，比个体状况要好的群体的比例。因此，个体的贫困状况与其他个体直接相关，致使这种测度方法只满足维度可分解，而不满足完全的子群可分解，且单调性与转移原则也很模糊。从公式（2.25）中可看出，此方法还是可以进行相对的子群分解，如果选用的指标是二元指标的话，则 TFR 就会与完全模糊和绝对方法等同。

多维贫困测度的方法还有很多，有利用生产效率分析中的距离函数进行测度的效率方法，还有比较流行的统计分析方法，如主成分分析、多元对应分析等。统计分析在构造权重和测度可行能力这类潜在变量方面具有优势。但是，在构建多维贫困指数时，指数的解释性也很重要，像 FGT 贫困指数的深度、严重度以及 TFR 中的相对剥夺等，而很多新颖的、合理的构造方法得出的指标缺乏解释性，如效率方法只适于进行个体之间贫困程度的相互比较，这也是为什么在理论应用中传统方法一直受到青睐的原因。

值得注意的是，Ravallion（2011）、Lustig（2011）则指出，多维贫困测度的提出的确能更全面地反映家户的贫困，但是，是否应当将各维度的贫困加总为单一的综合指数还有待商榷，单一的多维贫困指数也并不一定能给政策制定者更多的信息，并且在加总各维度贫困时，权重和维度的选取都会影响到对贫困程度的测度。

2.2.5　存在的问题与进一步讨论

1. 贫困测度维度的选取

多维贫困指数构造过程中，关键之一是指标选取，指标不仅要能客观反映特定国家或

---

① 模糊集 Cerioli & Zani（1990）首次用于贫困的测度。模糊集定义如下：给定一个集合 X，x 是 X 中的元素，X 的一个模糊子集 A 可以由 $\{x, \mu_A(x)\}$ 来刻画，其中隶属函数（membership function）μ_A：$X \to [0, 1]$。如果 x 不属于 A，则 $\mu_A = 0$；如果 x 完全属于 A，则 $\mu_A = 1$；如果 x 部分属于 A，则 $0 < \mu_A < 1$。Cerioli & Zani（1990）使用的是完全模糊方法（totally fuzzy approach，简称 TFA）

② 强焦点公理要求贫困指数独立于非贫困的维度，即它不能利用非贫困的维度来改善贫困的维度，而弱焦点公理则只要求贫困指数独立于非贫困个体的维度水平。

地区的多维贫困状况，还要是能便于相互间比较的通用指标。广为人知的人类发展指数是由人均 GDP、预期寿命和教育三个维度构成。在多维贫困的维度选择中，除最基本的收入或支出外，一般还考虑住房、教育、健康、环境等。在现代文明社会中，就业、人身安全、赋权、体面出门的能力和心理等主观福利（Alkire，2007）也是人们关心的生存权利。但是，由于个体及家庭微观数据的可获取性，无法对其中的许多维度进行测度，也就相应地不能纳入多维贫困指数中。

指标选取中存在的另一问题是，家户调查用的很多是分类指标或二元指标，因为很多调查项目需要主观判断或只适宜用"是与否"来进行回答，如身体状况、房屋类型、就业与否、有无保险等。这使得在构造多维贫困指数时，不适宜利用标准化缺口来衡量各维度的贫困深度及严重度，目前可用的连续指标大体有收入与支出、教育水平及营养摄入量等。因此，将传统贫困测度拓展到多维的方法使用上受到相当大的限制。在计算指数时，可利用指标构造维度使维度连续化，或者运用多层次的计量分析也可克服这个问题。

在构造多维贫困指数时，维度间的相互关系也有很大的影响。如果维度间存在替代关系，即一个维度的贫困可由其他非贫困维度来弥补，则使用简单的加权平均会夸大贫困的程度，如果是互补关系，即一个维度的贫困也意味着另一维度的贫困，则简单的加权平均会压低贫困的程度。Calvo（2008）利用多维贫困来研究个体脆弱性时重点讨论了维度之间的关系。Bourguignon & Chakravarty（2003）选用巴西 1981 年和 1987 年两年的数据，选取收入和教育两维度，计算发现（2.23）式中不同的 β、α 组合和不同的权重对两年的贫困地位影响很显著。但是，在多于两个维度时，将任意两维度间替代弹性设为常数，会与现实不符，而要考虑各维度间的两两关系，则公式变得复杂而不具有操作性。因此，在实际的测度中，对于维度的选择要谨慎。

2. 贫困测度权重的设定

多维贫困指数构造过程中，关键之二是权重的设定，它包括维度内的权重和维度间的权重。维度内的权重是反映福利衡量中个体的地位，设定的一般原则是，越贫困的个体要赋予其越大的权重，因此，权重不会影响个体在贫困中的位置。Sen（1976）使用的是序数排列的权重，Foster 等（1984）为使贫困指数更易于计算并能够分解，使用的权重是标准贫困缺口或者其幂次方，当然，个体权重确定的合意性还得依赖理论分析的需要。

相对于个体权重，各指标权重的确定在计算多维贫困指数时则显得更为重要，在进行多维贫困指数的敏感性分析中，权重的调整会极大地影响指数的大小，即多维贫困指数关于权重并不稳健。近来研究综合指数构造的文献中，权重成为了重中之重，有 Njong & Ningaye（2008）、Foster & McGillivray（2009）、Decancq & Lugo（2008，2010）等。Decancq & Lugo（2010）区分了三类构造权重的方法：数据推动的（data-driven）、规范的（Normative）和混合的方法，其中数据推动法有频率方法、统计方法等，规范的方法有取等权重、专家意见、基于价格等。

现行多维贫困的测度中，常用的权重确定方法有规范的方法、频率方法以及统计方法等。规范的方法中常用的是取等权重（如联合国的人类贫困指数），王小林、Alkire（2009）对中国多维贫困的测算也是取等权重，但这种方法过于主观。频率方法的原则是，频率较高的应赋予更大的权重；假如个体缺乏已被普遍使用的物品，说明该个体的能力是严重被剥夺的。Cheli & Lemmi（1995）构造的权重采用的是频率方法。Betti & Verma（1999）认为，权重要考虑两个方面：一是反映指标在总体中的分布状况，他们使用变异系数来反映；二是剔除该指标与其他指标的高度相关所带来的多余性，他们使用相关系数来构造此权重，而指标的权重则是两方面的复合。

统计方法有主成分分析、因子分析、多元对应分析等，但它得到的权重难以解释其经济含义，其权重大小的合理性也不易界定。Njong & Ningaye（2008）对喀麦隆的多维贫困测度关于不同权重做了敏感性分析，他们选用了主成分分析、多元对应分析与 Cheli & Lemmi 方法三种方法构造权重，他们分析的结果是，主成分分析占优于多元对应分析和模糊集方法，即在使用主成分分析的权重下得到的贫困发生率要低，而多元对应分析与模糊集方法之间的关系不明朗。

目前的研究中合理的权重始终难以确定，数据推导的权重并不能反映权重选择中的价值观。这里面临着两个经典问题：一是所谓的"休谟的断头台"假说，即我们不可能根据任何一组关于情况实际是怎么样的陈述，来得出一个关于情况应当是怎么样的陈述，这也是哲学中一直存在的争论——"事实-价值"二分法。二是"阿罗不可能定理"，即如果根据个体的偏好来进行主观的判断，我们将无法统一所有个体的权重偏好，阿罗不可能定理最终结果是要求根据一个"独裁者"的偏好来进行权重选择。因此，合理有效地界定权重，并且准确地反映尽可能多的经济个体的偏好，不仅是一个理论上的挑战，而且也是实证分析中的重要问题。

2.3　扶贫政策评估

实施扶贫的过程中，根据扶贫效率指标的选择，有普适性政策与瞄准性政策两种类型的政策。这两类政策导向的权衡与上文两类错误的对立相一致：普适性（universal）扶贫措施，它按一定的原则对所有的个体实施政策，不去区分个体的类别，如此，政府就不会犯第Ⅰ类错误，但是政府需要很大的支出来保证这个政策的实施，同时，有限的政府开支用在如此庞大的主体上面，会削弱减贫的力度；二是瞄准性（targeting）扶贫措施，只针对贫困主体，并根据贫困主体的实际生活情况来进行相应的补贴，在政府缺乏个体及家庭相关信息的情况下，需要付出高昂的交易成本来从如此庞大的群体中识别出每个目标，因此会在减小第Ⅱ类错误发生的概率同时，提高第Ⅰ类错误发生的概率。在此情形下，政府要提高瞄准的精确性，就必须制定相应的自选择契约，以缓解公共政策执行过程中由信息不对称所导致的政策扭曲与福利损失。

在评估政策的扶贫效率时，借助 Beckerman（1979）提出的两种指标来评估政策的扶贫效率（Atkinson，1995）：垂直效率（vertical efficiency）与水平效率（horizontal efficiency）。垂直效率用来衡量整个扶贫资金中有多大的比例进入贫困者手中，而水平效率则用来测度扶贫资金使贫困程度下降了多大的比例。两种效率的具体计算用图 2.5 进行介绍，图 2.5 是常见的累计分布逆函数图，收入沿着纵轴向上不断增大，图中的实线表示特定的累计人口比例所对应的收入，虚线表示经过转移支付后的累计分布，其中，总的转

移支付为 $A+B+C$，转移前总贫困缺口为 $A+D$，A 表示减少的贫困缺口或完全被贫困者接收到的转移支付量，B 表示支付给穷人超额的部分，C 表示转移支付中被非贫困者接收的部分。因此，垂直效率为 $A/（A+B+C）$，水平效率为 $A/（A+D）$。

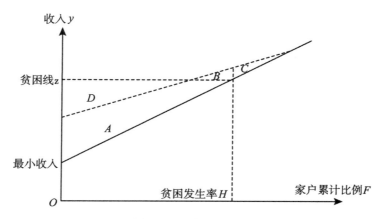

图 2.5　测度目标效率

注：图来源于 Atkinson（1995）。

Park，Wu & Wang（2002）则综合了两类错误，定义了瞄准性缺口（targeting gaps）来评估总体瞄准的效率，并将其分为两种：瞄准性计数缺口和瞄准性收入缺口。瞄准性计数缺口（targeting count gap，TCG）则指总体中政策瞄准出现错误的比例，其中瞄准错误既包括"弃真"，也包括"纳伪"，且每个出现错误的个体的权重都为1；瞄准性收入缺口（targeting income gap，TIG）指瞄准出现错误的个体的权重是各自收入与贫困线差距的绝对值，它们的计算公式分别为：

$$TCG_t = (1/N) \sum_{i=1}^{N} \{I_{it1}(P_{it} = 0,\ y_{it} < z_t) + I_{it2}(P_{it} = 1,\ y_{it} > z_t)\} \quad (2.26)$$

$$TIG_t = (1/N) \sum_{i=1}^{N} \{I_{it1}(z_t - y_{it}) + I_{it2}(y_{it} - z_t)\} \quad (2.27)$$

其中：y_{it} 表示个体 i 在时期 t 的收入，z_t 表示时期 t 下的贫困线，I_{it1} 代表第 I 类错误的指标变量，如果这个个体的收入低于贫困线，却没有纳入贫困主体之内，则 $I_{it1} = 1$；I_{it2} 代表第 II 类错误的指标变量。

2.3.1　普适性政策

普适性政策主要有政府的教育支出、医疗支出、基础设施建设以及统一性转移支付等。普适性政策在扶贫早期采用较多，由于不区分使用主体，漏损比较大。同时普适性政策会加剧不平等问题，因为贫困主体能力更为缺乏，他们从政府的公共项目获取收益的能力要比较富裕的主体要小。因此，公共支出的公平性和减贫效率是当前扶贫过程中研究的重点。

在讨论公共政策的减贫效应时，公共政策的收益归属（benefit incidence）分析是一种比较流行的方法。如果明确哪项政策能使贫困者获取更多的收益，则政府可以加大该政策的支持力度。其代表的经济学家有 Bourguignon（2002）、Ravallion（1999）等，他们对非洲、东亚等一些贫穷国家的公共支出、补贴（包括教育投资、医疗、基础设施建设等）减贫效应进行了实证分析，结论显示公共投资中基础性项目的投资有利于贫困主体，比如小学教育、乡镇医疗等。在对中国的实证分析中，邹薇、张芬（2006）考虑了人力资本对中国农村地区收入差异的影响，认为教育，尤其是初中教育的投资可以缓解农村地区的收入差异；刘穷志（2007）则指出，并不是所有类别的公共支出都落实到了贫困人口的手上，近年来，文教科卫支出更多惠及了穷人，社会保障则相对更多地补贴给了富人等。

不过，由于收益归属分析要求的是微观数据，并要对政策货币化收益进行衡量，这使此方法操作具有一定的难度。由于数据的可获取性和缺乏个体参与的信息，先前的大部分研究是根据当前参与到教育中的人数来估算收益。例如研究得出了"小学教育是亲贫的"结论，但这也忽略了一个问题，即小学教育之所以是亲贫的，可能是由于分析的方法是将教育投资平摊到每个参与的人身上，贫困主体参与到小学教育中比例很高，因贫困而导致参与到中高等教育的比例却较小。此外，贫困主体各级教育的参与水平还可能与子女在劳动市场上的工作有关，年龄较小时，很难进入劳动市场为家庭带来额外收入，当子女年龄较大时，对于贫困家庭来说，教育的机会成本较高，因此一旦出现意外情况，子女就有可能放弃教育而进入劳动市场。

与教育支出相似，医疗支出的减贫效应的分析也存在问题。由于贫困，贫困主体小病可能选择不去医院，更不敢去大医院，因此他们享受到的医疗改革收益较小。从这个角度来说只有小学教育或者初级医疗等基础设施建设是亲贫的，反过来，有可能因为贫困主体的参与性问题而使得一些政府项目亲贫能力较小。政府的政策实施忽略了主体的参与性，才致使计量中这种"审查性"问题出现，这又会给政策产生误导。

在利用公共政策进行扶贫的过程中，不平等问题也必须关注。尽管在理论上，不平等对经济增长是有利还是有弊没有统一的结论，但一致认为对扶贫是不利的（Ravallion，2007）。其中比较重要的一个观点就是，公共政策在扶贫过程中的利益分配本身就是不平等的。在地区发展层面上，万广华、张茵（2008）利用分组数据生成的微观数据进行分析得出，导致中西部内陆地区较高贫困率的一个主要原因是内陆地区的资源（包括教育、公共基础设施等）利用效率较低，而不是此前分析的资源缺乏，此外，收入分配的不平等也是导致高贫困率的原因之一。不平等问题也存在于公共政策的收益归属分析中，即使公共支出项目的可获取性是平等的，不同群体从公共项目中获取的收益也是不一样的，贫困群体可能由于能力的缺乏，从公共项目中获取的收益远远低于富裕群体，因此即使这些公共支出的初衷是亲贫的，它的效果却很差。不仅如此，贫困群体的参与问题会扩大收入分配的差距，不平等又反过来加强贫困，这样的循环加强机制会致使"贫困陷阱"的产生。

2.3.2　瞄准性政策

普适性、宽泛式的扶贫在早期可能效果明显，但是到了某一临界点时，效果就变得不太明显，瞄准性政策更适宜进一步消除余下的贫困主体。瞄准性政策是针对特定贫困对象进行帮扶，当然瞄准性政策的对象有个体，也有相关的团体及地区，确定目标的标准有收入、消费等。在使用瞄准性政策时，最令人头痛的问题是信息不对称，它使政策的实施面临巨大的成本。在信息不对称下，瞄准性政策还存在筛选成本，或自选择契约下接受者的信号成本。如果运用自选择契约以使成本由接受者来承担，则还会使部分贫困主体放弃接受扶持。在现实中可以使用的瞄准性政策有工作福利化（workfare）、税收及补贴、实物转移以及证明审核制度（mean-testing）等。

工作福利化（以工代赈）要求一定的收入群体必须参与公共项目建设才可以获得相应的补贴。工作福利化可以缓解政府在扶贫中遇到的信息不对称问题，获得次优结果（Besley & Coate，1992，1995）。在工作福利化的讨论中，大都忽略掉了贫困主体的闲暇福利。贫困者想要得到一定的补贴就必须付出一定的劳动，这是将非贫困者排除到这种补贴计划之外的一种措施。并且此前的所有对劳动福利分析的文献中都只考虑如何将非贫困者排除出计划之外，而忽略了贫困者之间的差异性问题。要在非福利主义目标下，通过最小化政府支出来消除贫困，这种忽略贫困主体之间差异的工作福利契约的实施对政府来说可并不是支出最小。接受工作福利契约，即参与政府的一些公共项目建设来获取政府补贴，会挤出私人劳动，政府就要为这种扶贫计划付出更高的代价。现有的文献在讨论信息不对称问题时，都只考虑补贴及相应的扶贫措施会向非贫困者滴漏，而没有去分析贫困者之间的差别所带来的额外成本。要真正在非福利主义目标下来减贫，如何去区分贫困主体之间的差异也是相当重要的，同时还要考虑政府行为对于私人行为的影响，比如工作福利化及相应的补贴会减少贫困主体的私人劳动供给。

在瞄准性政策中讨论最多并且很值得去分析的是信息不对称下的最优税收或者补贴问题。不同的税种、不同税收模式对于减小不平等以及贫困是相当重要的。在分析最优扶贫政策模型中，福利主义与非福利主义的目标函数分别为：

$$\max W = \sum_i u_i(c_i, l_i) \tag{2.28}$$

$$\min P = \sum_i P_i \tag{2.29}$$

其中：W 为社会总福利，c、l 为个体的消费与闲暇；P 为社会的贫困程度，P_i 为各个体 i 的贫困程度。在讨论减贫的文献中，福利主义的目标是受到一致诟病的，因为它对于减贫的实践意义并不大。非福利主义目标在 Sen 首次提出后，被广泛用于实际的理论分析，比如对贫困问题而言，非福利主义的目标是最小化贫困程度或最小化政府支出（Pestieau & Racionero，2009；Kanbur，Keen & Tuomala，1994；Besley & Coate，1992）。在分析的过程中会发现在非福利主义目标下的税收结论更符合直观的解释，而福利主义目标下最优税收有部分结论被颠覆。

关于税种讨论较多的是收入税与商品税，因为这与贫困主体的行为相关，商品税税率的选择主要涉及贫困主体所消费的商品。Pirttila & Tuomala（2004）指出，如果某一商品是贫困主体大量消费的或是贫困标准中选择的商品之一时，对与该商品是互补关系的商品、或者是低收入群体大量消费的商品应该实行低税率或进行补贴；对与该商品是替代关系、或者是高收入群体大量消费的商品应该实行高税率。对于那些对劳动具有促进作用的商品应该实行低税率或进行补贴（比如补充能量的食品以及生活必需品等），对劳动供给起负向作用的商品则实施高税率（比如烟、酒、奢侈品等）　（Besley & Kabur，1988；

Kanbur，Keen & Tuomala，1994）。

在最优收入税的分析中，福利主义者考虑的是在一定的资源约束与激励约束下最大化社会福利，他们得出的主要结论是：（1）边际税率处处为非负；（2）只要每个人在最优处提供劳动，最低收入者的边际税率就为0；（3）只要人口中工资有上界，最高收入者的边际税率为零（Mirrlees，1971；Tuomala，1990）。第一个结论与人们日常关于福利最差的主体应该是负的税收即补贴有点相悖，Tuomala（1990）模拟的结果也显示在收入分布的左尾部边际税率为零并不是最优的，因为对那些不工作是最优的人来说，边际税率应该为正。Kanbur，Keen & Tuomala（1994）则考虑在采用非福利主义目标——收入贫困最小化的情况下最优税收问题，结果只有最高收入者的边际税率与福利主义的结论一样，边际税率为零，因为不能扭曲最高收入者的工作积极性。但是福利主义的前两个结论将被颠覆。在贫困最小化的目标下，得出的结论是：如果对于最低收入获取者工作是最优的，则分布的左尾部边际税率应该严格为负，即对收入非常低的贫困主体应当给予边际收入补贴。

2.3.3　普适性政策与瞄准性政策的福利比较

在对两种政策的讨论过程中可以发现，两种政策各自有其优缺点。普适性政策因其广泛的扶助对象，不会出现贫困遗漏的问题，但是也由于对象的广泛性，在一定的资金约束下，扶贫的效果可能不理想，并且在不同收入群体之间存在能力差异的情况下，各群体从一些公共项目中获取的收益也是不一样的，会使收入差距加大，因此在 Atkinson 福利函数①下，社会福利的损失会很大。瞄准性政策可以避免资金向非贫困主体滴漏，但由于存在审查成本或信号成本，会大大降低贫困主体获取的福利，同时还会使部分贫困主体放弃接受扶持。因此两种政策孰优孰劣，还需要从其对社会福利影响的角度来进行分析。

Atkinson（1995）指出，在配置一定的总政府支出时，最低收入保证要优于普适性政策。并且在目标性效率的测度下，其目的是缓解贫困，因此贫困证明计划肯定要优于普适性政策。但是在贫困证明下存在交易成本，这会使得接近贫困线的部分人群放弃接受补贴，因为与相应的成本比较，他们接受补贴不能获取相应的利益。利用多种不同的贫困指数，Besley（1990）核算在一定的政府支出下，贫困证明计划与普适性政策在贫困水平相同情况下的临界成本，结果发现在贫困证明计划下要达到相同的减贫效果，临界成本的水平是相当的高。Creedy（1996）又重新对这两种扶贫计划进行了评估，采用相等贫困比较（equal-poverty comparisons）方法，比较线性税收与最小保证对于减贫及缩小不平等的效率。在贫困（使用不同的贫困指标进行测度）的减少幅度相同的情况下，使用 Atkinson（1987）提出的福利函数对两个计划的福利进行比较发现：仅在用贫困发生率测度的贫困下，贫困证明计划是占优的，在用其他指标测度下，线性税收是占优的。

2.3.4　信息不对称下扶贫政策的激励效应

政府在扶贫过程中面临的最大问题是对个体信息的缺乏，而政府进行信息搜集的成本

---

①　Atkinson 福利函数：$W = \bar{y}(1-I)$，其中 $\bar{y}$ 是平均收入，I 是不平等程度。Atkinson 福利函数考虑不平等造成的福利损失，反映了收入与不平等之间的权衡。

很高。因此没有足够的信息，政府的相关政策将会因为激励效应而面临很大的失败。政府可通过增加参与成本来排除那些不需要政府进行扶助的对象以实现自我瞄准，其中食物转移支付及工作福利化等相关契约是最常用的手段。

Greedy（1996）在对贫困证明计划与普适性政策两种扶贫计划进行比较的过程中没有考虑激励效应，因此两种政策的优劣其实还有待进一步去评估。考虑到激励效应，Besley & Coate（1995）讨论了在个体的能力信息是私人的情形下，如何去设计一个最优的收入维持计划。他们指出，要将高于某个水平的收入群体排除在计划之外，就要求收入低于规定水平的收益边际税率是 100%，这是工作激励的逆向性现象。虽然 Besley & Coate（1995）指出实行工作激励要优于补贴计划，但是在他们的分析中使用拟线性偏好、将贫困的原因仅归结为能力的差异等是有缺陷的，并且在能力存在差异时，政府可实行培训计划，这会比工作福利更为有效，因为对高能力的个体来说参加培训成本是巨大的，低能力的个体参加培训而获得的能力可以缓解长期贫困。

政府在应对激励效应的过程中，也面临着道德风险与逆向效应问题，因为扶贫政策不仅对贫困有影响，同时对贫困主体的行为还会产生影响。贫困主体可能将补贴用于非必要生活部分，比如购买一些奢侈品，这与贫困主体的"习惯形成"与"追赶效应"有关（Abel，1990；Alonso-Carrera，Caballe & Raurich，2005）。这种"习惯形成"会使传统的"平滑消费理论"失效，在经济出现波动时，贫困者因为当前的消费习惯而难以改变或降低消费水平，也就不能进行预防性储蓄来消除未来风险。与此同时，贫困者在信贷市场中比富裕主体受到更大的信贷约束，因而在风险来临时，更易受到冲击。信贷约束还可能影响到贫困主体子女的人力资本投资，这种循环也形成了一个贫困加强机制。

政府在进行政策性扶贫时还可能遇到的逆向激励效应是：降低部分贫困主体参加工作的积极性，或降低贫困主体对其可能遇到的风险（比如意外的医疗支付、农业风险等）进行保险的程度。这就是 Buchanan（1975）提出的"撒玛利亚困境"，即人们预期到，如果自己在未来仍然处在贫困中时，政府肯定要对其进行转移支付，因此在本期贫困主体会过度消费而不进行投资或工作。这种困境不仅存在于政府的行为中，也存在于私人及相关企业的捐赠等慈善行为中。中国扶贫过程中出现的贫困地区"等、靠、要"现象①，以及一些贫困主体脱贫内在动力不足问题②，就是这种困境的一种体现。Cavalcanti & Correa（2010）利用匹配模型分析了现金转移支付对劳动市场的影响，他们的理论分析显示，现金转移支付的规模对就业的影响是消极的，而福利项目的覆盖范围则对就业率有积极的影响。同时，在数值模拟分析中发现，如果政府的目标是降低不平等和减少贫困，则增加转移支付水平比扩大项目的覆盖范围是更为有效的政策。

Bruce & Waldman（1991）指出，"撒玛利亚困境"在人力资本积累的决策中也存在，

---

① "等、靠、要"指的是贫困区或贫困县等待国家援助资金、靠上级财政拨款、要扶贫资金这种行为。

② 本书作者在湖北农村多个贫困县、村的调研中，既看到了当前精准扶贫取得的突出成效，也发现了部分贫困户主观脱贫动力不强、单纯依靠政府补助等问题。全国政协组织的相关调研同样发现了类似问题。参见全国政协调研"实施精准扶贫中存在的问题和建议"［EB/OL］. 中国网，2017-8-28.

当前有权利从政府获取转移支付的人，不愿意去投资相关的人力资本活动，因为这会降低其未来也是贫穷的可能性而不能从政府获取转移支付。政府对"撒玛利亚困境"可采取的办法是实行条件转移支付，或者提供实物支持而不是直接进行现金转移支付，比如对特定教育和医疗进行投资、相关技能培训、特定的食品补贴和以工代赈等（Bruce & Waldman，1991；Coate，1995）。另外，Blackorby & Donaldson（1988）和 Currie & Gahvari（2008）也都论证，这些措施在不完全信息下可以达到次优的福利结果。

在工作福利化政策实施中，存在私人劳动与公共部门劳动的抉择问题，工作福利化要求接受转移支付的个体必须在公共部门进行劳动。私人在未参与此项目之前，在私人部门工作获取一定的收入，但是政府缺乏私人劳动及个体收入的信息，致使个体可能放弃私人部门劳动而参与到公共项目中接受政府转移支付，由此政府的成本会加大（Besley & Coate，1992）。因此在理论分析过程中，如果不区分贫困主体内部的差异，也会使相应的自选择机制失效，这也是目前关于贫困的理论文献中在处理信息问题时的一大缺陷。此外，可能由于目标是减贫，现有的文献也忽略了公共部门劳动中存在的道德风险问题，但是在非福利主义目标下，这个问题是应当被考虑的。

瞄准性政策（如最低工资保证）会使得贫困主体在一定收入水平左右不愿意在私人部门工作获取收入，他们会降低私人劳动供给以符合收入转移的条件，最佳的选择是将这种劳动供给降低到零。在同样的预算约束下，这种逆向行为会大大降低目标政策的减贫效率，因此在制定目标政策时，必须要认真考虑目标政策的效率与逆向效应之间的权衡。

第三章──
"贫困陷阱": 实证检验与理论研究

对贫困的抗争一直贯穿着人类社会发展的始终。过去半个世纪以来,尽管世界各国做出了大量扶贫努力并取得了成绩,贫困却依然存在于我们的生活之中。阿马蒂亚·森曾经明确指出:现实世界中并非存在不够充足的食物,但是总有一些个人和群体无法获得足够的食物。处于贫困状态中的人们由于缺乏权利很难拥有跳出贫困状态的机会,而贫困又将使得他们更加难以获得这些权利(Sen,1981)。这两个互为因果作用的方面,使得贫困具有自我加强的(self-reinforcing)持续性,它类似于一个"陷阱",使得处于该陷阱中的人们长期处于一种低水平的均衡状态。打破低水平均衡、跳出陷阱、终结贫困一直是人类的梦想,有无数的学者对这个问题进行了深入的探讨。

3.1 "贫困陷阱": 概念界定与实证检验

根据新古典经济增长理论,物质资本边际报酬递减会最终导致世界经济增长出现收敛(趋同)现象。然而最近十多年的经验研究结论表明,世界经济增长并没有出现绝对趋同,整个世界的人均收入格局经历的是一个具有极化、分层和持久特征的变化过程(Quah,1996)。Barro(1995)根据118个国家1960—1985年的统计数据的分析结果显示,穷国的经济增长往往更缓慢,穷国赶超富国的预期并没有实现,贫困地区与发达地区、贫困国家与发达国家的经济差距越拉越大,很难看出差距缩小的迹象。将世界各个经济体按照高收入、中等收入和低收入进行划分,可以发现在最近的半个多世纪中,大多数国家或地区在排列组别中的位置基本没有改变:富国依然富、穷国依然穷。尤其在中等收入组别中,除了韩国、中国香港、中国台湾和新加坡少数几个国家或地区成功实现从中等收入组别跨入高等收入组别,以巴西、智利和墨西哥为代表的拉美国家在中等收入组别中徘徊了半个多世纪。为什么有的国家或地区能够在短时期内实现赶超,而有的发展却缓步不前?

图3.1中分别刻画和对比了世界各国和我国家户人均收入的变化。在图中上半部分,横轴为各国1960年人均GDP,纵轴为各国2000年人均GDP,横轴与纵轴上分别标出了相应年份的1/3和2/3分位线,可以发现,从1960年到2000年,富有的国家依然富有,而绝大多数贫穷的国家依然贫穷。在图下半部分中,我们采用中国健康营养调查数据进行人均收入测算,横轴为2000年我国家户的人均收入,纵轴为2009年的家户人均收入,同

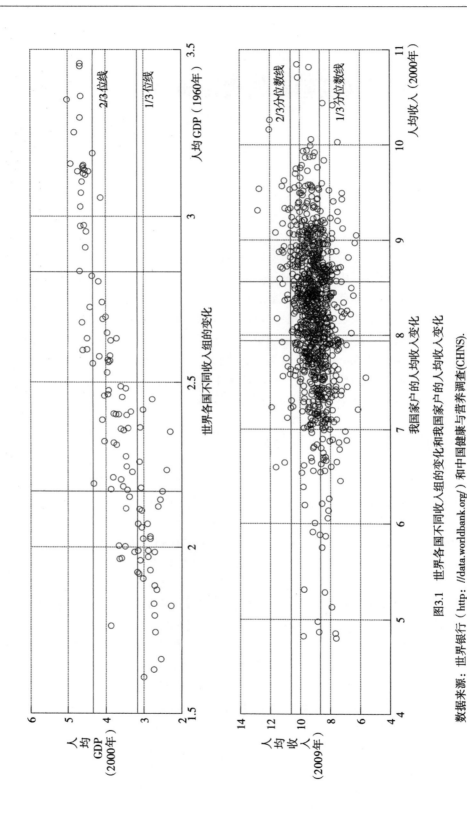

图3.1　世界各国不同收入组的变化和我国家户的人均收入变化

数据来源：世界银行（http：//data.worldbank.org/）和中国健康与营养调查（CHNS）.

样地，横轴与纵轴上分别标出了相应年份的 1/3 和 2/3 分位线，可以发现，从 2000 到 2009 年，我国家户的人均收入有不同程度的提高，但高收入与低收入家户的人均收入差距依然显著；中等收入群体的状况相对稳定，但是也出现了低收入家户进入到中、高收入层次，而高收入家户跌落到中、低收入层次的现象，值得我们深入研究。

不仅是世界范围内的贫困人口呈现出地区性集聚现象，中国内部也是如此。数据表明，尽管改革开放以来中国经济高速增长，但是有些家户的收入增长却一直缓慢，甚至处于停滞和倒退。近年来，许多学者基于新增长理论来验证中国地区间的发展差异问题，尽管所采用的计量模式、数据结构和处理方法不同，但是他们都认为中国各地区间在增长和发展水平上存在明显差异，不存在绝对收敛趋势，但是存在条件收敛；同时，中国经济存在比较明显的俱乐部收敛特征，而人力资本（技能劳动）则是导致地区间发展差异的一个重要因素（蔡昉，都阳，2000；沈坤荣，马俊，2002；林毅夫，刘培林，2003；邹薇，周浩，2007；姚先国，张海峰，2008；Zou & Zhou，2007，2008；Zou & Liu，2010，等等）。然而，以上研究使用的都是省级面板数据，正如 Jalan & Ravallion（2002）指出的，加总的地理数据虽然可以检验贫困陷阱的存在，却难以区分增长和收入水平"大分叉"（great divergence）的原因究竟是来自个体财富的增长，还是来自地理上的外部性。Jalan & Ravallion（2002）在消费增长的微观模型基础上，使用微观家户面板数据，研究区域资本对个体自身资本的生产率的影响，他们的实证结果显示，地理上的贫困陷阱在中国农村地区是存在的，地理上的外部性以及个体财富的规模收益递增可能是导致地区间增长和收入水平大分叉的原因。Knight，Li & Deng（2010）则强调教育落后是造成中国农村出现贫困陷阱的原因。

3.1.1 持续性贫困与暂时性贫困

贫困一般被分为持续性贫困和暂时性贫困，持续性贫困具有严重贫困、多维贫困和长期贫困的特征，因此与贫困陷阱有着密不可分的关系。图 3.2 是各国学者对于持续性贫困展开理论和实证研究的一个框图。

贫困划分为持续性贫困和暂时性贫困，这种分类通常是基于样本划分的：那些在样本中每一期都处于贫困中的个体或家户被认为是持续性贫困的，反之则是暂时性贫困的（Baulch & Hoddinott，2000；Baulch & Masset，2003）。

较为常见的是基于样本内持续期来界定持续性贫困，即如果在样本中每一期都出现在了贫困线以下则该家户被划分为持续性贫困，其基本公式为：

$$\max(y_{it}, y_{it+1}, \cdots, y_{iT}) \leq z \qquad (3.1)$$

其中：y_{it} 表示个体或家户 i 在第 t 期的收入或消费，z 表示贫困线。

由于要求家户每期都在贫困线以下的条件过于苛刻，较为放松的一种评定标准是基于长期收入水平来界定持续性贫困，其基本公式为：

$$\hat{y}_i \leq z \qquad (3.2)$$

其中：$\hat{y}_i = [(\sum_{t=1}^{T} y_{it})/T]$，$y_{it}$ 仍然表示个体或家户 i 在第 t 期的收入或消费，z 表示贫困线，$\hat{y}_i$ 是家户在样本期内的平均收入水平。相比于基于样本内持续期的界定法，基于长期

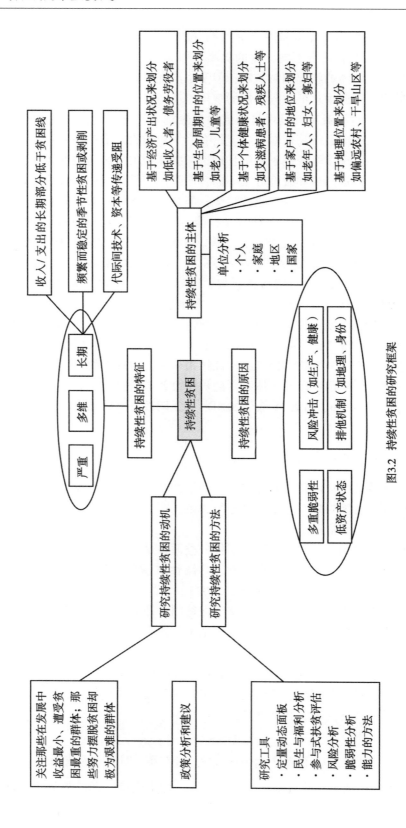

图3.2 持续性贫困的研究框架

资料来源：Kate Bird, David Hulme, Karen Moore Shepherd A. Chronic poverty: meanings and analytical frameworks[C]. CPRC Working Paper, 2001.

收入水平的界定做了平均处理，用来反映家户的平均收入，由于长期平均收入水平是基于历史数据计算的，因此它更多地反映了家户过去的收入或消费水平。

无论是基于样本内持续期，还是基于长期平均收入水平来界定持续性贫困，研究都强调了贫困的静态形式，即通过在某个时点截取一块特定的样本来确定谁是贫困的群体。为了使测度指标更具有动态性和预测性，有学者提出了基于预期消费水平来界定持续性贫困，其基本公式为：

$$(y_{it}, E_t[y_{it+1} \mid v_{it} > n]) \leqslant z \tag{3.3}$$

其中 v_{it} 是对脆弱程度的测度，n 是先验设定的脆弱标准线，$E[\cdot \mid v]$ 是条件概率期望算子。（3.3）式表示，持续性贫困的家户是指不仅当期的收入或消费水平 y_{it} 低于贫困线 z，而且预期未来的收入或消费水平 $E_t[y_{it+1} \mid v_{it} > n]$ 也低于贫困线。由于纳入了条件期望和家户当期的脆弱度 v_{it}，这种测度更具有动态性，并且使得脆弱性也构成了贫困的要素。

Morduch（1994）在持续性贫困和暂时性贫困这两个概念之外提出了一个"随机性贫困"（stochastic poverty）的概念。他认为低收入国家的家户由于缺乏抵押借贷能力或者充分的保险产品，在遭遇天气变动和物价波动等负向随机冲击时，不得不选择那些降低效用水平的消费平滑路径。具体来说，x 表示家户的长期收入，c 表示其当期消费，z 表示贫困线，那么随机性贫困指那些 $c < z < x$ 的家户，持续性贫困指那些 $x < z$ 且 $c < z$ 的家户。随机性贫困的家户只是当期消费陷入厄境，但其长期收入水平依然较高，这类家户遭受负向冲击暂时性致贫是由于缺乏向未来借贷以平滑当期消费的能力；持续性贫困的家户则是当期消费和长期收入水平都远远处于恶境，这类家户持续性致贫是由于缺乏致富能力。

值得注意的是，贫困线的选取对于界定持续性贫困非常关键。在实际的贫困测度中，各国使用的贫困线有绝对贫困线与相对贫困线两种。一些较高发展水平的国家倾向于使用相对贫困线，相对贫困线一般是根据这个国家居民收入或消费的平均水平的某个比例来确定。欧盟各国普遍采用人均收入低于中位数 50% 作为贫困线。中国采用 2100 大卡热量作为农村人口贫困营养标准设定食物贫困线，并用回归计算方法推算出非食品贫困线，再将食品贫困线与非食品贫困线相加得到贫困线。中国的贫困标准被认为相对较低，且不能反映不同地区与不同家庭结构之间的差异性，童星（1994）已针对家庭结构及地区发展差异对中国的贫困标准进行了研究。

3.1.2　"贫困陷阱"的存在性：实证检验

尽管在概念上界定了持续性贫困，并且观察到一些贫困地区或贫困人群在较长时期都难以摆脱"贫困陷阱"，但是要在实证上检验"贫困陷阱"的存在性。学者们做出了许多尝试。

验证贫困陷阱的第一类方法是基于非线性动态收入模型，这类方法试图通过检验贫富分层是源于收入函数的凹性来说明问题，其基本公式为：

$$y_{it} = f(y_{it-1}, X_{it}) \tag{3.4}$$

其中 y_{it} 表示家户 i 在第 t 期的收入 y，它依赖于家户在上一期的收入水平 y_{it-1} 和家户当期

的内生性特征向量 X_{it}。假设函数 $f(\cdot)$ 关于 y_{it-1} 是单调递增的凹函数，那么家户当期收入的迭代过程将构成具有高、低两个均衡点的贫困陷阱模型。见图 3.3。

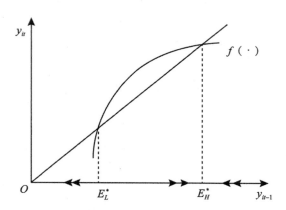

图 3.3　贫困陷阱的非线性动态收入模型

Jalan & Ravallion（2002）、Antman & Mckenzie（2007）都选用了如下的非线性收入形式：

$$y_{it} = \alpha + \gamma t + \beta_1 y_{it-1} + \beta_2 y_{it-1}^2 + \beta_3 y_{it-1}^3 + \mu_i + \varepsilon_{it} \tag{3.5}$$

其中，y_{it} 为第 i 个村庄或社区在第 t 年的平均收入。在进行自回归分析时可以通过差分法消除固定效应进行 GMM 估计，也可以使用 Jalan & Ravallion（2002）中的拟差分法，在上式两边同时减去按某一类型组别划分计算的收入平均值。

非线性收入模型提供了一个非常简单，却极为有效的方法来解释贫困陷阱，但是一些实证研究结果却未能有力地支持该模型。Jalan & Ravallion（2002）使用中国农村家户收入的 6 期面板数据对上述非线性关系的存在性进行了实证分析。他们的动态面板模型研究发现，虽然有一些证据表明确实存在当前收入依赖于过去收入的非线性关系，但结论并不适用于低收入水平的家户群体。Antman & McKenzie（2007）使用了墨西哥的收入面板数据，同样发现了非线性关系的存在，但是对于低收入家户群体结果也不显著。

验证贫困陷阱的第二类方法是基于资产的临界值模型，这类方法试图通过检验贫富分层是源于生产函数的非凸性来说明问题，其基本公式为：

$$y_{it} = f(y_{it-1}, rA_{it-1}, X_{it}) \tag{3.6}$$

其中 y_{it} 表示家户 i 在第 t 期的收入 y，A_{it-1} 表示家户 i 在第 $t-1$ 期的资产水平 A，r 表示当期资产能转化成下期收入的回报水平，向量 X_{it} 表示家户当期的内生性特征向量。第二类方法对贫困陷阱的核心解释在于家户资产与产出之间的非线性关系。这类方法可以借助市场失灵的某一具体类型来展开，如规模报酬递增、信息成本和信息不对称等带来的差异性生产技术、金融市场失灵和非经济性特征导致的市场分割①等。

---

　　①　非经济性特征导致的市场分割通常是由排斥机制造成的，比如由于性别、种族歧视导致的工资差异。

  Carter & Barrett（2005）提出了基于资产的测度方法（asset-based approach）来确定贫困陷阱和持续性贫困。他们着重考察了以资产为测度工具去区分结构性贫困和随机性贫困的方法。那些结构性贫困的家户拥有的资产不足以产生高于贫困线的生活资料，而随机性贫困的家户拥有的资产足以使其越过贫困线，但是后者在调查期间会由于遭受资产回报的波动而时常陷入贫困之中。与基于消费的测度法（consumption-based approach）相比，这种测度方法的优势在于它可以通过家户的资产状况来区分结构性贫困群体和随机性贫困群体，而前者只是通过家户的收入或者支出进行判别，因此即使使用纵向调查数据也很难有效区分这两类群体。Seyoum & Bauer（2012）同时使用了基于资产的测度法和基于消费的测度法对埃塞俄比亚农村家户的贫困和脆弱性进行了测度和比较，结果发现基于消费的测度法得出的贫困发生率更低，因而基于资产的测度法适用范围会更为宽松。

  验证贫困陷阱的第三类方法是基于收入水平的收敛模型（Barro & Sala-i-Martin，1992；Mankiw，Romer & Weil，1992），这类方法试图通过检验地区之间经济增长的收敛情况来说明问题，根据为绝对收敛或条件收敛，其基本公式有以下两类：

$$g_{it} = \alpha + \beta \cdot \ln(y_{it-1}) + \varepsilon_{it} \qquad (3.7)$$

$$g_{it} = \alpha + \beta \cdot \ln(y_{it-1}) + \gamma \cdot X_{it} + \varepsilon_{it} \qquad (3.8)$$

其中，g_{it} 为地区收入的增长率，y_{it-1} 为该地区的上一期平均收入，X_{it} 表示人力资本等一些体现地区经济的控制变量。总体上说，研究的结果支持了贫困陷阱假说。Jalan & Ravallion（2002）在消费增长的微观模型基础上，使用微观家户面板数据，研究区域资本对个体自身资本的生产率的影响，他们的实证结果显示，地理上的贫困陷阱在中国农村地区是存在的，地理上的外部性以及个体财富的规模收益递增可能是导致地区间增长和收入水平大分叉的原因。实际上，很多学者根据内生增长理论检验也发现，中国各地区之间经济并没有出现绝对收敛，但是存在比较明显的俱乐部收敛特征（沈坤荣，马俊，2002；林毅夫，刘培林，2003；邹薇，周浩，2007；Zou & Liu，2010，等）。

3.2 "贫困陷阱"的理论研究

  研究区域性贫困集聚与地区发展差距的贫困陷阱理论有宏观与微观层面之分。宏观层面探讨差异性增长和持续性贫困的传统路径是基于初始禀赋资源、技术进步和资本积累。这些研究结论最后归结于资本、储蓄以及投资等所指向的新古典增长理论的主流大道，更多地强调资本积累、贫困减少以及福利改善对于地区发展的影响。微观层面主要是分析个体陷入持久性贫困的现象与原因，重点考察在市场失灵、风险冲击等特定经济环境下家户生产、消费及资本投资等方面的决策行为，并进一步分析这些决策将如何影响其农业生产率、家户经济活动以及子女人力资本的获取等后果。

3.2.1 宏观层面的研究

  从宏观层面来讲，Lucas（1988）从各国技术偏好、宏观政策冲击和人力资本积累这三个方面分析了不同国家和地区之间经济发展水平差异的原因。他认为，首先是各国技术水平的差异可能影响增长；其次是外生决定的国家宏观经济政策的不同会对经济增长造成差别，特别是那些持久的、较大的外生冲击波及了经济增长；第三是由于经济系统中的内生因素，比如人力资本积累等影响而出现的经济系统本身的不确定性。

"最低资本门槛陷阱"模型（Rosenstein-Rodan，1943；Murphy，Sheleifer & Vishny，1989；Doepke，2006）是一类探讨经济转型受阻的代表性理论。这类理论认为在现代化的生产过程中，需要同时具有相当数量的技术工人和必需的基础设施，才能让整个工业体系正常运转，因此在人均资本存量达不到最低门槛前，即使增加一些投资也无助于国家跳出低水平均衡状态。根据凸性生产函数的新古典经济增长理论，即使各个国家之间具有不同的禀赋，物质资本边际报酬递减会最终导致世界经济增长出现趋同现象，但是这种理论预测与现实情况相悖。可见，要素积累确实是使经济长期增长的重要原因，但它并不能解释各国间收入的巨大差异。换句话说，低要素积累仅仅只是低水平均衡的一个特征，但不是原因。

一些研究者（Krugman，1981；Azariadis，1996）认为技术进步带来的收益递增和正的外部效应也可能导致经济增长路径存在着多重均衡。Krugman 通过经济的外部性特征构建了一个"不平衡发展"的模型。在该模型下，世界经济体中的各国由于历史的偶然性而形成专业化分工，通过学习的过程而被"锁定"，由此呈现出一系列富国与穷国内生分化的多重均衡。Azariadis（1996）构建了一类生产函数为非凸的随机动态模型，这些函数含有一个满足对数正态分布的冲击因式，其模型分析表明在任何初始条件下，只要技术冲击达到一定程度，贫困陷阱就能够被突破，从而经济体中可能产生多重均衡。这个基于技术冲击的模型刻画出的多重均衡相当简明，但缺点在于贫困陷阱的突破完全取决于技术的随机性，这无疑是一个外生影响因素。

经济结构调整和技术进步对于经济起飞和推动经济从传统部门跨入现代部门的作用也受到了广泛的关注。Lewis（1954）、Ranis & Fei（1961）最早提出二元结构理论，认为积极发展城市工业部门创造就业吸收农村剩余劳动力和采纳新技术，通过增加经济结构中的工业比重从而推动经济跨入现代经济增长阶段。Hansen & Prescott（2002）构造了一个包含马尔萨斯技术和索罗技术的经济转型模型，其中马尔萨斯技术需要使用劳动、土地和可再生的资本作为投入要素，索罗技术不需要使用土地，但技术进步更快。其模型分析表明，在经济增长的早期只能采用马尔萨斯技术，由于收益递减和人口的增长，增长率长期停滞不前；随着技术进步，逐步进入了两种技术并用的阶段，人口增长放慢，人均收入水平出现增长；最后作为一种极限，整个经济中只使用索罗技术，于是进入到现代经济增长阶段。

金融发展程度对于经济增长有着重要的促进作用，一些学者（Matsuyama，2004）研究了不同国家和地区间由于信贷水平差距可能导致的经济增长差异。在其世界经济模型中，各个国家和地区都将在一个全球金融市场上竞争贷款。一方面，边际收益递减意味着在落后国家和地区中的投资回报水平会很高，这种高回报将进一步引来资金和投资，因此能为不同经济体之间的增长收敛提供一种力量；但是另一方面，信贷市场并不完美，发达国家和地区拥有更多的抵押担保物，从而拥有更多的信贷优势和资本掌控地位。因此相比穷国（或地区）而言，富国（或地区）在竞争资本品时占据了更有利的位置，国家（或地区）间的贫富差距将进一步固化甚至拉大。

"人口陷阱论"则认为低质量人口的增长导致了发展中国家或地区人均收入过低、资本形成不足，从而出现了低水平均衡陷阱。Galor & Weil（2000）把人口增长、经济发展与技术进步组合到一个规范的模型中分析发现：经历了马尔萨斯阶段之后，技术进步的加速、人力资本的积累和人口增长的减速，会使得总收入的增加超过人口增长，人均收入将实现持续增长。经济增长出现转型的主要原因是技术进步使得人力资本的收益率相对于物质资本而言上升了，从而诱使人们用提高后代的质量来替代生产后代的数量，同时人均教育水平的提高也反过来促进了知识积累和技术进步。

许多研究者也关注了"历史"或"预期"这两种不同的因素对于形成高水平均衡的作用，要么认为各国的"历史"初始状态决定了其最后的结果，要么强调对于未来"预期"的作用是至关重要的。Krugman（1991）借助于一个简化了的国际贸易模型，通过引入外部经济和调整成本，论证了在不同条件下，历史与预期对于决定最后均衡而言都发挥着相当重要的作用。Matsuyama（1991）指出在工业化进程中由于工业部门的收益递增将出现多个稳态，如果人们的预期能够很好地协调，那么乐观预期可以使得经济起飞进入高水平均衡，相反悲观预期也可能导致非工业化的结果。

3.2.2 微观层面的研究

从微观层面来讲，之所以出现区域性贫困陷阱，通常是由于存在各种"自我强化"机制（Azariadis，1996，2004；Bowles，Durlauf & Hoff，2006）。其一，社会层面的外部性带来技术规模报酬递增（Romer，1986；Lucas，1988；Azariadis & Drazen，1990；Durlauf，1996）。其二，因历史原因或地理位置偏远，落后地区的基础设施相对贫乏，外围的现代产业部门扩散效应对这些地区影响有限，居民局限于传统的农业部门，因此地区经济发展缺乏动力。其三，由于与外界相对隔阂，农村个体所获得信息受到很大约束，社会关系网络局限于当地，农村的许多家户还因户籍制度等限制而不愿改变当前的状态，因为农村贫困居民要谋求改变就得付出很高的成本，面临很大的风险。Hof & Sen（2004）也指出，在一些落后地区，传统的亲缘关系系统（kinship system）代替正规部门来提供一些社会服务并分担个体风险，但正是这些关系系统也阻碍着系统中成员向现代部门转移。由于社区网络外部性，少数个别成员的流动很难冲破既有的亲缘关系系统的障碍，形成现代部门网络；再加上农村居民居住分散，系统中成员之间的协调存在不一致性，使得农村居民选择留在传统农业部门，由此陷入低水平均衡的贫困陷阱。

Acemoglu等人（2002，2005）认为制度因素是世界不同国家或地区经济发展存在巨大差异的根本原因，不好的制度（不完善的产权制度、混乱的管理体制等）会使一个国家陷入贫困陷阱，他们否定了地理因素在经济增长中起决定作用的假说。这里的制度包括：政治体制、法律系统、社会规范、风俗习惯等，制度的失灵可能直接导致贫困陷阱的产生，也可能与市场失灵相互作用导致长久的无效率状态。Galor（2005）认为出现贫困陷阱、造成持续性贫困的主要原因是存在着市场失灵与制度失灵，从而形成了导致贫困的自我强化机制，它们会阻碍穷人采纳有利于跳出陷阱的选择。其中市场失灵的表现在于：收入分配缺陷、信息不完备和次佳的市场结构；制度内容包括政治、产权、法律、社会规范、文化等。制度的失灵可能直接导致贫困陷阱的产生，也可能与市场失灵相互作用导致长久的无效率状态。

Banerjee & Newman（1993a）从职业选择的角度分析了不完美信贷市场是如何影响贫富阶层的两极分化过程的。模型假设存在三种不同风险程度的工作，每个个人将依据其初始财富进行选择：投资于无风险资产，投资于有风险的自雇经营和投资于有风险的企业生产。初始财富不足的个人可以通过借款从事后两类投资，但是信贷市场的不完美使得担保抵押资产多的高收入者可以低成本借到资金，但是担保抵押资产少的低收入者却只能以高成本借到资金。因此，初始财富水平将决定其投资类别和收入水平，最终在合理的参数结构下，每个家族代际财富传递的随机差分方程模拟发现，处于初始财富分布尾端的家庭将落入持续性贫困的境地。Banerjee & Newman（1993b）还从信息不对称的角度在一个两部门一般均衡模型下分析了不完美信贷市场是如何影响个体在现代部门和传统部门之间进行抉择的。其模型结果发现，那些最富和最穷的个人都会有动力选择留在现代部门：高收入者之所以选择留下是因为他们的财富水平足以保障自贷消费而无需贪图传统部门的信贷优势，而低收入者之所以选择留下是因为他们即使留在传统部门也会因财富不足无法享有信贷优势。

Galor & Zeira（1993）通过一个两部门跨期人力资本投资决策模型，分析了贫富差距演化和持续性贫困形成的机制。他们假定仅有两期寿命的个人将在低工资水平的传统部门和高工资水平的现代部门之间做出选择：第一，直接以非熟练工人身份进入传统部门；第二，在第一期进行人力资本投资后在第二期以熟练工人身份进入现代部门。由于人力资本投资存在一个投资门槛，初始财富水平低的个人无法进行人力资本投资从而只能留在传统部门接受低工资，但是初始财富高的个人可以通过人力资本投资进入现代部门获取高工资。通过分析家族代际财富传递方程的收敛性，他们证明存在一个决定性的财富水平，初始财富大于该值的家族财富水平将最终收敛至高均衡点，小于该值的家族财富水平将收敛至低均衡点从而落入贫困陷阱。因此，初始财富的差异导致了初期人力资本投资的不同，从而影响了未来的收入分配差距，并最终导致贫富两极分化。

Azariadis（1996）从微观个体的偏好出发，分析了由于个体缺乏耐心导致贫困陷阱的情形。对于那些个体缺乏耐心的落后国家来说，耐心的缺失会使个体选择增加即时消费而非储蓄，那么该经济将会迅速达到资本存量为零的均衡状态，从而陷入发展停滞阶段，进入持续性贫困状态。其研究结论从微观层面揭示了增加储蓄、减少即期消费对于一个发展中国家走出低均衡发展水平的重要性，也强调了实施宏观政策时应重视异质性个体的影响。后来的研究在其基础上将个体缺乏耐心的行为进行了内生化，从而弥补了其模型中消费者缺乏耐心的关键假设是外生的缺陷（Chakraborty，2004）。

许多研究者（Kiyotaki & Moore，1997；Matsuyama，2000）也从信贷约束和金融风险的角度考察了贫困陷阱的产生和持续性贫困的强化机制。信贷约束导致持续性贫困机制认为低收入者通常缺乏抵押担保物，从而使他们面临信贷约束，信贷约束反过来又限制了低收入者参与致富活动的范围，特别是那些需要先期投资垫付成本或数量庞大资本品的活动。因此，对于低收入者来说，获取更高收入的活动范围变小了。这就导致了低均衡的贫困陷阱：收入决定财富，低财富水平限制抵押担保程度，而低担保导致无法参与高收入活动。Matsuyama还从投资风险和利率市场均衡的角度研究了贫富阶层分化的情形。他的模型分析发现不同的财富分布将决定最终的均衡利率水平，并且当金融市场效率较低时，存在一个两点分布型的多重均衡状态，低均衡的贫困陷阱是可能的。

早先的研究关注如何从宏观层面打破低水平均衡，随着统计工具和方法的丰富，研究者逐步综合微观、中观和宏观多个尺度考察多重动态平衡，分析探索经济体中各个层面如何通过自我强化、相互传导的机制形成贫困陷阱。Barrett & Swallow（2006）提出了一个分形贫困陷阱（fractal poverty trap）的理论，综合微观、中观和宏观多个尺度的多重动态平衡，描述了经济体各层面如何通过自我强化、相互传导的机制形成贫困陷阱。例如，政府缺乏从贫穷地区征税的能力，那么政府自身将无法负担物质资本和基础建设等方面的投资，从而无力促进企业资本积累和创造更多的工作；由于工作岗位有限，收入来源不足，那么企业缺乏激励去扩大生产，使得生产产能不足，无法节约成本形成规模效应；企业资金不足，银行存款来源匮乏，贷款能力受限，那么将缺乏足够的投资资金去帮助企业进一步扩大生产、为政府支付公共产品和服务，结果造成当地贫困境况无法得到改善。

3.3 风险冲击与贫困陷阱

研究发现，贫困人群对于外部风险、冲击的防范、抵御、应对能力更弱。除了家户在生产、生活中的各种风险之外，宏观经济冲击，如通货膨胀、金融危机等也会通过影响个体生活成本、家户收入来源等导致个体落入贫困。Jalan & Ravallion（2001）利用中国农村6年的家户数据衡量了各家户在大小程度不同的冲击后恢复至初所经历的年限。他们的分析表明，负向的冲击会对大多数家户的消费水平下降产生显著的影响，但大多数家户的复苏时间可能不同。超过一半以上的家户在承受冲击导致的消费水准下降的当年得以恢复，不到1/5的家户会在4年之后才能恢复。冲击的深度和恢复的时长之间也存在着某些联系，遭受冲击更大的家户会在将来更长的时间内才能恢复过来。其研究结果认为，小型和中型冲击不会产生持续性贫困，但是大型冲击将导致持续性贫困，尤其对于那些缺乏缓冲抵御手段的家户而言，大型冲击导致了贫困陷阱。

3.3.1 风险的分类

Morduch（1997）提出了有关风险因素的几类概念：高频率风险和低频率风险，自相关风险和非自相关风险，系统性风险和特定性风险，效用类风险和收入类风险。这有助于全面理解风险冲击的来源和机制。

高频率风险和低频率风险是根据一段时期中风险或冲击出现的频次进行区分，前者有如伤风感冒等小病出现得相对频繁，后者有如蝗虫侵袭等灾害出现的次数相对稀少。高低频率的风险通常使用泊松过程进行描述和刻画，某一特定的风险 j 在一段时期 t 内出现的次数 $Z_j(t)$ 为：

$$\text{prob}[Z_j(t)=z]=\frac{e^{-v_j\cdot t}\cdot v_j^z\cdot t^z}{z!} \tag{3.9}$$

其中参数 v_j 表示特定风险 j 出现频次的期望，大小不同的 v_j 可以分别表示高频次的风险和低频次的风险。如果用 s_j 表示特定风险 j 导致的强度，那么进行风险加总后某个个体 i 在

时期 t 内面临的总风险水平为 $\pi_{it} = -\sum_j z_{jit} \cdot s_{jit}$，个体面临的总风险分布同时有赖于风险频次 $Z_j(t)$ 的分布和风险强度 s_j 的分布。

自相关风险和非自相关风险是根据风险或冲击出现的连续性、相关性进行区分。根据上述泊松过程进行刻画的风险将意味着风险和冲击是独立分布的，而这种假定对于某些类型的风险冲击并不适用，比如庄稼歉收可能导致营养不良的风险，而营养不良可能引起个体脆弱并引起其他的风险损失，这时的风险分布则是随着时间自相关的。与此类似，风险分布可能是非平稳的，即有些风险冲击对个体造成的负面影响可能是永久性的，比如病重身亡、身体致残、损失生产性资产等就是一些非平稳的风险。

系统性风险和特定性风险是根据一段时期中遭受风险或冲击的对象进行区分，前者是指洪灾、地震等导致一个群体全部受损的风险，后者是指疾病、失业等导致特定个体损失的风险。在一段时期 t 内使得一个群体 $i \in N$ 都面临的系统性风险 Π_t 和特定性风险 θ_{it} 可以分别表示为：

$$\Pi_t \triangleq \frac{1}{N} \sum_{i \in N} \pi_{it} \tag{3.10}$$

$$\theta_{it} = \pi_{it} - \Pi_t \tag{3.11}$$

根据中心极限定理，如果个体面临的风险 π_{it} 在个体之间是独立的且个体的数量足够大，那么系统性风险 Π_t 在任何时期 t 内将趋近于 0。同时，系统性风险的强度依赖于群体的数量和个体面临的总风险之间的相关性程度，群体数量越小、个体面临的总风险之间的相关性越高，那么系统性风险越强。

效用类风险和收入类风险是根据一段时期中风险或冲击影响的对象进行区分，前者通常与个体福利和效用感受有关，后者则与个体的生产和收入活动有关。这种区分对于风险应对措施是极其重要的，收入类风险通常导致了个体消费的被动波动，因此这类风险总是通过个体在不同时期或不同情况下平滑消费支出的能力来衡量，但是效用类风险通常导致个体消费的主动波动，因此这类风险总是通过个体增加额外消费去主动减缓由福利损失带来的效用痛苦。

3.3.2　风险应对策略

低收入群体应对风险的策略主要可以分为三类：降低风险暴露、增强抵御手段和进行风险分担。

降低风险暴露，即在事前采取措施尽可能减少造成冲击的大小。这种风险应对策略的具体类型有很多，其中 Morduch（1995）提出的收入平滑策略（income smoothing）即属于此，除此之外还包括选择或改善生产生活环境、分散风险、自给自足等方法。选择或改善生产生活环境是指在那些降雨量少、土壤贫瘠或毒疾肆掠的地区采纳可行的节水技术、种植耐养植物或抗虫作物等手段改善生产环境。分散风险是指采取多样化的收入来源活动，避免由于单一收入来源活动受损而造成冲击。农民收入来源一般不是多样化，主要来源于单一的作物生产和动物饲养，因此降雨量及时长的波动、传染性疾病造成的动物死亡和作物市价的波动等不确定因素都极易导致单一收入来源的农户遭受损失。自给自足是指在缺乏粮食交易市场或市场不完备时，农户可以通过自种粮食避免遭受市场带来的冲击。除了食品缺乏的例子，Fafchamps & Kurosaki（1997）考察过巴基斯坦地区的农户通过自己培育作物饲料来避免饲料市场价格波动带来的风险。

增强抵御手段，即通过积累资产和抵押贷款等方式获得缓冲储备。降低风险暴露类的策略可以降低风险，但是始终无法消除风险，因此家户必须考虑事后风险管理，具体包括清算生产性资产、削减消费支出和预防性储蓄、借贷等。对于遭受风险冲击后的家户而言，最直接的应对措施就是变卖生产性资产以购买食物、支付房租和治疗疾病，而这些清算行为也会导致家户未来收入水平降低。Zimmerman（1993）使用了模拟法分析了遭受冲击后家户变卖土地行为和其后家户收入不平等的情形，结果发现即使土地资产是完全可变现的，一般均衡时资产价格和风险之间仍然是负相关的。预防性储蓄是个体针对未来可能遭受的风险或收入的不确定性而进行的额外储蓄，Fafchamps（1999）发现菲律宾地区的农户会通过养殖一定数量的猪和鸡作为防范失业风险的手段。

进行风险分担，即通过参与互助网络和购买保险等方式分散风险。无论是上述降低风险暴露还是增强抵御手段的策略，都是考察每个家户自身的应对手段，风险分担类的策略主要是将风险转移给第三方。农村地区的家庭收入较低，很少或根本没有保险，最广为使用的风险分担组织就是家户（Dercon & Krishnan，1997）。增加人力资本和物质资产或增加这些资产的收益对缓解长期贫困是比较适合的，而收入稳定计划及保险是缓解暂时性贫困的重要政策（Jalan & Ravallion，1998）。另外，政府在施行扶贫政策过程中却可能遇到逆向激励效应，即降低贫困主体对其可能遇到的风险（比如意外的医疗支付、农业风险等）进行保险的意愿。

3.3.3 风险冲击与贫困陷阱之间的联系

风险影响个体持续性贫困有两条路径。一是事前效应。在缺乏运转良好的保险和信贷市场时，低收入者会通过选择更加保守的方法来缓解逆向冲击和平滑消费；在面临风险时，通过彻底放弃虽然充满风险但能助其致富的机会来限制风险暴露。那些低收入者对风险的反应有一个共同的特征，即高风险导致的溢价成本削弱了致富项目的预期回报水平，他们倾向于选择保守的低风险低预期收入的项目，从而强化了低收入者长期贫困的境地。二是事后效应。遭受患病、失业、干旱、水涝、作物或畜群丢失等负向冲击，可能会导致原来脱贫的个体重新返贫并在长期难以恢复。Barret（2005）发现1993年至1998年期间在南非有超过一半以上的致贫现象是源于生产性资产的损失，比如资本流失、成年工人死亡、土地缺失等。同样，在乌干达和肯尼亚西部地区超过2/3的致贫现象是源于健康的负向冲击。

家户福利的损失原因常常被归结于贫困或风险（Ligon & Schechter，2002），其近似的脆弱性表现分别为结构性贫困和消费波动（Chaudhuri & Christiaensen，2002），这种区分对于政策制定而言是极为有用的。那些仅仅是由于消费波动而非结构性贫困导致的脆弱性群体，只需要通过事前降低其风险暴露或者增强事后的风险应对能力，就足以消除其消费波动类的脆弱表现；对于结构性贫困群体而言，除了采用降低风险的手段以外，还需要同时采取能提高其平均消费水平的政策手段，才可以帮助这部分群体消除其脆弱性表现。这意味着，政府要想有效地进行扶贫，就应当考虑家户的脆弱性，因为传统的贫困是一个事后测度，而脆弱性是一种事前测度。

大多数研究侧重于考察冲击或危机的发生与随之陷入贫困境地之间的直接联系。这类研究结果指出，长期贫困的产生通常源于经济危机、健康冲击、家户出现意想不到的遭遇，其次是失业或自然灾害等，持续性贫困常常与那些具有一定深度、强度和重复类的冲击相关联。负向冲击将使得非贫困人口流向贫困群体，或者使那些已经贫困的家户陷入持续性贫困之中（Suryahadi & Sumarto，2001）。因此，这些研究侧重于考察负向冲击对家户福利变化的直接影响。

还有一部分研究侧重考察了家户在面对冲击时所拥有的缓冲抵御手段的质量和可用程度。风险回避的家户会通过以下各种方式努力降低其风险暴露：积累资产、抵押贷款、参与互助网络等。因此，那些非常脆弱的家户是因为他们拥有较少的缓冲抵御手段，或者可用的缓冲手段能够抵御的范围太小和成效太低，以至于无法为他们提供足够的保护（Chambers & Conway，1992；Morduch，1994）。这些研究证据表明有限的缓冲抵御手段也是造成持续贫困的重要原因。

第三类研究着重考察了家户在应对冲击和处于脆弱状况时采取的事后风险管理行为。这些基于危机反应的行为所涵盖的范围非常广泛，包括减少膳食数量和降低膳食质量，减少或推迟与健康有关的开支，要求子女从学校辍学，要求家中尚未成年的孩子去从事非正规就业等。这些通常用以刻画贫穷状况的行为作为解释持续性贫困的间接影响因素，正在逐步占据着脆弱性研究中的主导地位（Elbers，2003）。比如，Kochar（1999）的研究发现在印度南部，遭受冲击后的家户会显著改变他们的劳动数量，他们可能会临时动用牲畜、首饰或其他耐用品等储蓄品。Jacoby & Skoufias（1997）发现干旱造成的不利收入冲击可能会导致印度家庭的女孩辍学，因此可能会改变对人力资本的投资。

综合上述三条分析思路，近期的研究（Hoddinott & Quisumbing，2003；Dercon & Krishnan，2000）给出了一个考察贫困和脆弱的更为一般的框架：第一，每个家户会根据当前对风险和冲击的预期，将其所拥有的资产、食品、劳动力、健康等一切资源禀赋分配到不同的活动中，这些活动包括诸如养殖、耕种或揽工等能在当期为其带来收入的生产活动，也包括那些诸如补充营养、接受教育等能在未来为其带来收入的投资活动。第二，当家户遭受各种类型的冲击时，有些冲击会直接影响其资产类的资源，有些会影响其从事的各种收入来源的活动，有些会导致其产生相关的消费平滑行为。这都将导致家户的资源禀赋存量进一步变化，并更新其对各类收入活动在风险冲击下的期望，由此形成了一个循环的家庭生命周期。

第二编
理论模型与实证研究

能力贫困的多维度测度：中国的实证

4.1 引言

正如我们前文分析的，在贫困主体的识别中，用单一的收入或支出作为选择标准是存在缺陷的。收入或支出并不能完全反映当前个体的生活状态，个体可能在健康、教育、住房等方面处于低水平状态。Sen（2002）提出用"可行性能力"来反映当前个体的生活状态，反映可行性能力的因素是一个集合，它包括免受饥饿、疾病、营养不良以及死亡等基本的可行能力，也包括教育、政治权力等相应的自由。Alkire & Foster（2011）提出了多维贫困的识别、加总和分解方法。该方法依然建立在 FGT 贫困测度基础之上，为每个维度都定义了一个贫困标准，并选择适当的临界维度数来进行贫困比较。

多维贫困测度大体沿着两条线：一是将传统的单维贫困测度拓展到多维，如传统的交与并的方法、公理化方法（Bourguignon & Chakravarty，2003）、基于信息理论的方法（Lugo & Maasoumi，2009）和"双界线"方法（Alkire & Foster，2011）等；另一条线是摆脱传统的贫困测度思路，从新的角度进行多维贫困测度，如模糊集方法（Cheli & Lemmi，1995；Betti & Verma，1998）、投入产出效率方法（Ramos，2006）和多元统计分析方法等。多维贫困测度的前提依然是每个维度的贫困识别，而维度的选取和各维度的加总也非常关键，各维度的加总则常用一般的固定替代弹性函数的各种简化形式。

虽然多维贫困测度的必要性已被世界银行等国际机构以及相应的理论工作者所承认，但是在我国，目前采用多维度能力方法对贫困状况进行测度的研究还不多，并且选用的维度和数据比较有限。尚卫平和姚智谋（2005）初步探讨了多维贫困测度方法，陈立中（2008）采用的是单一年份的省级宏观数据，难以反映个体多维贫困的变化状况，王小林和 Alkire（2009）则仅利用中国健康营养调查（CHNS）2006 年的数据对中国多维贫困进行了测量，并赋予选用的指标以相等的权重。

多维度贫困测度能更全面地反映个体当前的生活状态，更好地对"能力贫困"状态给予测算和评估。中国在进行了大规模开发式扶贫和扶贫攻坚计划过后，绝对贫困已经大幅度下降，但是贫困减少速度趋于变缓，区域性连片集中贫困和持久性贫困成为突出现象，一个重要原因就在于许多个体在教育、医疗、社保等方面处于贫乏状态，因此分析多维贫困对中国今后的扶贫也具有积极的意义。

要对能力贫困展开多维度的测算，采用多年的微观面板数据才是较好的选择。本章使用 CHNS（1989—2009 年）完整的 8 个调查年度的面板数据，以居民户为单位，动态地研究各地区、各维度贫困的变化和各维度贫困对总贫困指数的贡献与变化。本章基于 Alkire & Foster（2011）构造的多维度测度方法，选用了收入、教育、生活质量三个维度来测度贫困，其中生活质量维度具体地由饮用水、卫生设施、做饭燃料、照明、住房和耐用品拥有 6 项指标构成。结果发现，与单一的收入贫困基本下降趋势不同，多维贫困波动性很大；在地区差异上，农村与城市的收入贫困趋于收敛，但在多维贫困上，农村的贡献占到 76% 以上，并且有不断扩大的趋势；在东中西部的省份之间，多维贫困差异并不像收入贫困那样泾渭分明，不同省份的多维贫困变化趋势差异很大，但东部省份的多维贫困下降还是更为明显。在测度方法上，多维贫困对权重的改变也非常敏感，本章中两种不同权重下的多维贫困有很大差异，这意味着找一个合意且合理的测度方法是未来研究的重点，Ravallion（2011）、Lustig（2011）也指出，多维贫困测度的提出的确能更全面地反映家户的贫困，但是，是否应当将各维度的贫困加总为单一的综合指数还有待商榷，单一的多维贫困指数也并不一定能给政策制定者更多的信息，并且，在加总各维度贫困时，权重和维度的选取都会影响到对贫困程度的测度。因此，本章在最后还就影响多维贫困的外在环境作了实证分析。

本章余下部分的安排如下：4.2 节讨论 CHNS 数据统计特征、指标设置和各维度贫困的状况；4.3 节通过加总得到我国动态的多维贫困指标，并且按指标、城乡、地区等进行指数分解和敏感性检验，讨论贫困持久的根源；4.4 节进行实证分析，研究多维贫困的影响因素及其贡献度；4.5 节进行本章总结。

4.2　数据、指标与各维度贫困描述

4.2.1　数据来源与指标描述

本章使用的数据来自中国健康与营养调查（CHNS），采用了 1989、1991、1993、1997、2000、2004、2006、2009 这 8 个年度的调查数据。所涉及的时段基本对应了《国家八七扶贫攻坚计划（1994—2000 年）》和《中国农村扶贫开发纲要（2001—2010 年）》所对应的时间，可以从多维贫困的视角，对这两个扶贫计划实施带来的成效进行评估和研究，也为继续研究实施《中国农村扶贫开发纲要（2011—2020 年）》以来的减贫状况奠定基础。①

需要说明的是，1997 年之前的调查包括 8 个省份，即辽宁、山东、江苏、河南、湖北、湖南、贵州和广西，在 1997 年用相邻的黑龙江代替未能参加调查的辽宁，从 2000 年

---

① 正如前文图 1.3、图 1.4 所显示的，我国在 2011 年对贫困标准进行了较大幅度的提高，由此贫困人口和贫困发生率也出现了较为显著的变化。所以，本章对我国 2010 年以前的多维贫困状况进行测算和评估，既是对 2010 年以前两个重要的国家扶贫计划实施的评估，也为后续章节的研究提供基础。

开始对以上 9 个省份都进行调查，该 9 个省份地理位置与发展水平都具有一定的代表性（东部省份为山东和江苏；中部省份为黑龙江、辽宁、河南、湖北和湖南；西部省份为贵州和广西）。该数据集中样本抽样选用的是多阶段的随机集群抽样（multi-stage random cluster sampling）方法，数据中每年有 3400~4400 多个家户，共有 19000 左右的个体（详见附表 4A.1）。样本在各调查年度出现的频数和农户出现贫困的频数参见附表 4A.2。

在构造多维贫困指数时，维度的选择至关重要。在不同的地域、文化特征和消费习惯下，需要选择合适的维度来测度当地的贫困。广为人知的人类发展指数是由收入、寿命和教育 3 个维度构成，随着社会的发展，这 3 个维度已远不能反映人类的福利状况。因此，在多维贫困的维度选择中，除最基本的收入或消费支出之外，一般还考虑住房、教育、健康、环境等因素。在经济较快增长和社会文明发展的过程中，就业、人身安全、赋权、体面出门的能力以及心理等主观福利也是人们关心的生存权利（Alkire，2007）。但是，在具体测度多维贫困指数时，还必须考虑到个体及家庭微观数据的可获得性和可比性。

本章选取 8 项指标，包括教育、饮用水、厕所类型、照明、做饭燃料、住房、耐用品拥有（包括 11 种生活用品）以及居民收入。我们构造 3 个贫困测度的维度，教育与收入各自单独作为一个维度，而其他指标共同构成"生活质量"这个维度。对应各个维度和具体指标的贫困标准选择参见本章附表 4A.4，同时还提供了 CHNS（1989—2009 年）样本数据关于这 3 个贫困维度和 8 个指标的统计描述。

在测度多维贫困时，还必须考虑家庭所处的外在经济环境。根据 CHNS 中可获得的数据，本章选择以下变量来进行反映：地区（是否居住在城市）、劳动力比例、家户规模和一些户主特征变量（性别、年龄、教育程度、婚姻状况和从事的职业等）。本章将年龄在 16 至 65 岁之间的个体定义为劳动力，因此劳动力比例也从另一个角度反映了该家户的赡养负担（各种外在变量的统计描述详见附表 4A.3）。

4.2.2 各维度贫困的统计描述

首先我们考察收入维度的贫困状况。表 4.1 和图 4.1 刻画了我国按照不同贫困线测算的收入贫困发生率，其中，各年的收入经 CPI 调整到 2009 年，官方贫困线为 2008 年国家新采用的 1196 元/人年，而 1 美元贫困线和 1.25 美元贫困线则按购买力平价折算。购买力平价数值来自世界银行 Penn World Table 7.0，2009 年的购买力平价为 3.342447，经折算后，1 美元和 1.25 美元下每年的贫困线分别为：1220 元/人年，1525 元/人年。我国官方贫困线与 1 美元贫困线两者测算的收入贫困发生率差别不大，后者较前者略高；但按照 1.25 美元/人天的收入贫困线测算，则贫困发生率显然较高，但是二者之间的差距在不断缩小（如 1989 年二者差距为 0.0681，到 2009 年差距缩小为 0.0128）。同时，我们依照 1.25 美元贫困线对我国农村和城市的收入贫困发生率进行了测算，我们发现，一方面，随着经济增长，我国农村和城市的收入贫困发生率均不断下降；另一方面，尽管我国农村的收入贫困发生率持续高于城市居民，但是农村收入贫困发生率的下降更为显著，以致农村与城市收入贫困发生率二者的差距也出现了持续缩小的趋势，1989 年二者差距高达 0.1392，到 2009 年缩小到仅为 0.0178。

表 4.1　　　　　　　　　　　　　　　收入贫困发生率

	官方贫困线	1 美元/人天贫困线	1.25 美元/人天贫困线	农村	城市
1989	0.1224	0.1266	0.1905	0.2365	0.0973
1991	0.1079	0.1123	0.1802	0.2035	0.1316
1993	0.1149	0.1193	0.1794	0.1966	0.1401
1997	0.0789	0.0829	0.1227	0.1260	0.1161
2000	0.0901	0.0924	0.1277	0.1422	0.0971
2004	0.0788	0.0804	0.1081	0.1149	0.0934
2006	0.0784	0.0807	0.1011	0.1073	0.0879
2009	0.0599	0.0610	0.0727	0.0785	0.0607

注：（1）表中的"官方贫困线"为我国 2009 年制定的 1196 元/人年的标准；（2）表中城市与农村的贫困发生率与本章以下部分对"收入贫困"的测算都是在 1.25 美元/人天的标准下计算的。

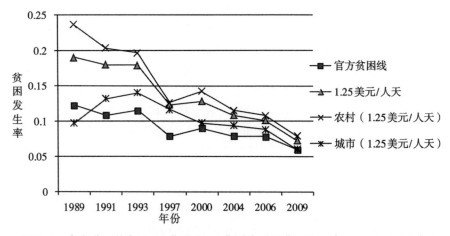

图 4.1　官方贫困线与 1.25 美元/人天贫困线下的贫困发生率（1989—2009 年）

在 1.25 美元/人天贫困线下，本章也计算了家户在 8 个年度中存在贫困的频数以反映家户贫困的持久性，在该样本下调查中总共出现了 6892 个家户，其中存在过贫困的家户有 2397 户。在 2397 个出现过贫困的家户中，有 4 户持续 7 个调查年度都处于贫困状态，有 484 户有 3 个及以上调查年度中都处于贫困状态，占总出现的家户比例约为 7.02%，有 1079 户有 2 个及以上调查年度中都处于贫困状态，占出现的家户比例约为 15.66%（具体情况见附表 4A.2）。值得注意的是，在 8 个调查年份中，被调查的具体家户有变化，尤其是在 2000 年之前只有 8 个调查省份，并且调查的年度有相应的时间跨度，所以以上所算比例实际上是偏低的，存在持久贫困的家户比例较高，也间接反映了农户的贫困脆弱性较大。

本章从多个维度（附表 4A.4 提供了多维贫困的指标选择及样本统计描述，附表

4A.5 中提供了各年度的贫困线标准），分别测算了 8 项指标的贫困发生率（图 4.2）。结果发现：（1）在各维度贫困测算中，卫生设施的贫困发生率是最高的，其次是饮用水和做饭燃料的贫困，而耐用品拥有与用电的贫困程度是最低的。（2）就各维度的贫困下降程度而言，卫生设施、饮用水、做饭燃料的贫困发生率下降较显著；耐用品拥有与用电的贫困发生率始终处在较低水平，下降也比较平缓；教育的贫困发生率仅在 1989 年呈现微弱下降，随即转为平缓上升，到 2000 年后更是出现了加快上升趋势。（3）在 2000 年前，卫生设施、饮用水、做饭燃料和住房的贫困发生率比同期收入贫困发生率要高，而在 2000 年之后，住房的贫困发生率下降，而教育的贫困发生率却出现上升，在最近的两次 CHNS 调查（2006 年、2009 年）中，教育的贫困发生率均高于收入贫困发生率。在表 4.2 中，我们进一步计算了各维度贫困与收入贫困的关系。除住房贫困外，其他各维度贫困与收入贫困都呈现出显著的正相关，但相关系数并不大。其中耐用品拥有的相关系数最大，也仅为 0.1276，这符合逻辑，因为耐用品的购买本身就与收入有很大的关系，其他相关性较大的因素包括教育、饮用水和卫生设施。同时发现住房与收入存在比较显著的负相关，经计算进一步发现，进行城乡分解时，除住房外，城市各维度贫困都显著小于农村，但是城市住房贫困要显著大于农村住房贫困，而城市居民的收入却显著高于农村。因此，减少教育、卫生设施、饮用水的贫困发生率是当前农村扶贫开发需要考虑的主要维度。

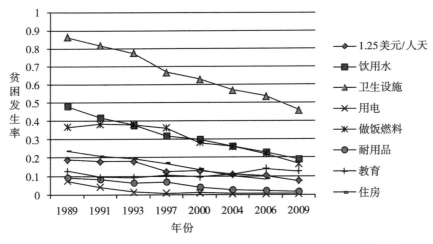

图 4.2　各维度的贫困发生率：基于 CHNS（1989—2009 年）的测算

表 4.2　　　　　　　　　　各维度贫困与收入维度贫困的偏相关系数

	教育	饮用水	卫生设施	用电	做饭燃料	耐用品	住房
相关系数	0.0760	0.0677	0.0650	0.0281	0.0113	0.1276	−0.0144
显著性	0.0000	0.0000	0.0000	0.0000	0.0675	0.0000	0.0193

注：表中收入贫困为 1.25 美元/人天贫困线下的贫困。

在上述各维度贫困发生率的测算的基础上，我们进而考察家户出现一个及以上维度的贫困的情况。表4.3反映了7个不同指标的贫困发生率的动态变化（7个维度如表4.2所示，不包括收入维度的贫困）。其中贫困维度为0对应的是在任何指标上均不存在贫困的家户，其比例逐年上升，由1989年的仅3.98%上升到2009年的43.84%，这从多维贫困的角度反映了我国扶贫开发取得的突出成绩。但是，我们也看到，仍然有较多的人口生活在多维贫困之中，例如在2009年，存在两个及以上维度的贫困家户比重达28.77%，三个维度及以上的贫困家户比重仍有9.09%。可见，从不同维度剖析贫困的发生状况，可以对贫困的广度和深度有比较充分的认识，也有助于制定指向性更明确的减贫政策。

表4.3　　　　　　　　　　　　　　　家户的维度贫困　　　　　　　　　　　　　（单位：%）

贫困的维度数	1989 年	1991 年	1993 年	1997 年	2000 年	2004 年	2006 年	2009 年
0	3.98	5.16	7.93	16.96	23.89	28.76	32.94	43.84
1	27.17	30.00	31.68	31.53	29.59	29.78	28.46	27.38
2	31.23	30.91	30.43	25.79	26.87	25.28	24.55	19.68
3	25.56	24.98	24.65	20.84	16.33	13.30	11.39	7.63
4	9.15	7.21	3.91	3.86	2.49	2.40	2.35	1.26
5	2.29	1.41	1.08	0.78	0.65	0.37	0.23	0.18
6	0.53	0.30	0.23	0.21	0.12	0.12	0.07	0.02
7	0.08	0.03	0.09	0.03	0.07	0	0	0
总计	**100**	**100**	**100**	**100**	**100**	**100**	**100**	**100**

注：表中的测算不包括收入维度的贫困。

4.3　多维贫困指数的测算及其分解

4.3.1　维度等权重情形下多维贫困指数的测算和分解

我们首先考虑在维度等权重情形下，利用 Alkire & Foster（2011）的"双界线"方法来计算多维贫困指数（下文简称为"AF 多维贫困指数"），并依照指标、地区、城乡等因素对其进行分解研究。所谓"维度等权重"，是指假设教育、收入与生活质量三个维度的权重相等，而生活质量中所包括的6个指标也以相等的权重构造而成。换言之，收入和教育的权重都是0.3333，生活质量维度中各指标（饮用水、卫生设施、用电、做饭燃料、住房和耐用品拥有）的权重都是0.0556（即0.3333/6）。

AF 多维贫困指数（M_0）和平均被剥夺程度（average deprivation share）A 的计算公式分别如下：

$$M_0 = \sum_{i=1}^{n} c_i(k)/nd \qquad A = \sum_{i=1}^{n} c_i(k)/dq \qquad (4.1)$$

其中，n 表示家户数，q 表示在维度贫困线为 k 时的多维贫困人数，$c_i(k)$ 表示贫困

个体 i 加权的贫困维度数。平均被剥夺程度 A 则由所有贫困家户的平均被剥夺的维度数与总维度数 d 相比得到，如表 4.4 中 1989 年的 A 值 0.5152 表示，1989 年贫困家户平均有 $8 \times 0.5152 = 4.12$ 个维度是处于贫困的。从（4.1）式可以发现 M_0 由贫困发生率与被剥夺维度数的份额复合得到，即：$M_0 = H \cdot A$，在这里 $H = q/n$，表示贫困发生率。因此，多维贫困指数 M_0 取决于在给定维度临界线下的贫困发生率和平均被剥夺程度，该指数综合反映了个体的能力剥夺情况，或者说，从"能力"的视角形成了对多维贫困的广度和深度的测算。

在进行多维贫困指数测算时，比较关键的是维度临界线（k）的选择。本章在维度等权重情形下，分别针对 $k=3$、$k=4$ 和 $k=5$ 的不同临界线，计算了平均被剥夺程度、贫困发生率与 AF 多维贫困指数（见表 4.4）。可以发现，当 $k=3$ 时，家户的多维贫困发生率从 1989 年的 27.01% 下降到 2009 年的 12.25%，相应地，平均被剥夺程度则由 0.5152 下降到 0.4705，AF 多维贫困指数也由 0.1392 下降为 0.0576。当维度临界线提高到 $k=4$ 和 $k=5$ 时，从横向看（即在任一年中），多维贫困指数与贫困发生率都急剧下降，平均被剥夺程度大幅度上升；从纵向看，多维贫困的变化趋势则越来越平稳，例如在 $k=5$ 时，多维贫困指数与贫困发生率则在一个平稳的水平上下小幅度波动，这在一定程度上反映了贫困的持久性，即每年总有一部分人处于极度贫困中。

表 4.4　维度等权重情形下的平均被剥夺程度、贫困发生率与 AF 多维贫困指数

k	1989 年			1991 年			1993 年			1997 年		
	A	H	M_0	A	H	M_0	A	H	M_0	A	H	M_0
3	0.5152	0.2701	0.1392	0.5124	0.2343	0.1200	0.4918	0.2348	0.1155	0.4950	0.1756	0.0869
4	0.5899	0.1493	0.0881	0.5894	0.1267	0.0747	0.5823	0.1036	0.0603	0.5994	0.0766	0.0459
5	0.8271	0.0353	0.0292	0.8082	0.0319	0.0258	0.8155	0.0245	0.0200	0.7866	0.0245	0.0193

k	2000 年			2004 年			2006 年			2009 年		
	A	H	M_0	A	H	M_0	A	H	M_0	A	H	M_0
3	0.5001	0.1566	0.0783	0.4840	0.1565	0.0757	0.4834	0.1717	0.0830	0.4705	0.1225	0.0576
4	0.6314	0.0601	0.0379	0.6246	0.0512	0.0320	0.6521	0.0480	0.0313	0.6393	0.0320	0.0204
5	0.7886	0.0261	0.0206	0.7644	0.0230	0.0176	0.7588	0.0274	0.0208	0.7424	0.018	0.0134

我们将对 AF 多维贫困指数依照指标、地区和城乡因素进行分解。在分解中，本章全部选用 $k=3$（因为 $k=3$ 与实际更相吻合，并且其数值大小使分解更精确）。按照指标进行的分解表明（见表 4.5），在 3 个维度的贫困测度中，教育贫困最为严重，对多维贫困的贡献度最大，为 47.27%；其次为收入贫困与生活质量贫困，它们对多维贫困的贡献分别为 32.69% 和 20.04%。在生活质量维度中，卫生设施的贫困最高，为 0.1463，而导致生活质量贫困的主要因素包括卫生设施、做饭燃料与饮用水。可见，单纯从收入角度测度贫困会低估贫困的发生率，教育贫困和生活质量贫困已经成为贫困人口面临的严峻问题。

表 4.5   AF 多维贫困指数按指标分解

维度	收入	教育	生活质量						加总指数
指标	收入	教育	饮用水	卫生设施	照明	做饭燃料	住房	耐用品	
M_0	0.0814	0.1177	0.0581	0.1463	0.0014	0.0598	0.0185	0.0153	0.0830
标准差	0.2735	0.3223	0.2339	0.3535	0.0370	0.2369	0.1348	0.1228	0.1900
贡献度	32.69	47.27	3.89	9.79	0.09	4.00	1.24	1.02	100
（%）	32.69	47.27	20.04						100

注：这里是对 2006 年 $k=3$ 的 M_0 进行分解。

我们把 AF 多维贫困指数按城乡进行分解（见表 4.6），以探讨城乡间多维贫困的变化趋势。可以发现，一方面，农村的多维贫困状况较城市的多维贫困严重得多。在每个调查年份，农村多维贫困指数均明显高于城市多维贫困指数，在 1989 年高出近 2 倍，在 2009 年高出 3 倍多。另一方面，农村多维贫困是全国多维贫困的主要致因，在 1989 年农村多维贫困对全国多维贫困的贡献度为 80.07%，在 20 世纪 90 年代该比值有所下降，但是 2000 年以后，农村多维贫困对全国多维贫困的贡献度再次提升，到 2009 年竟达到 86.42%。可见，城乡之间在多维贫困的削减上差距不仅没有缩小，反而仍然在扩大！

表 4.6   AF 多维贫困指数按城乡分解表

（设定 $k=3$）	农村 M_0	贡献度（%）	城市 M_0	贡献度（%）	全国 M_0
1989	0.1666	80.07	0.0837	19.93	0.1392
1991	0.1356	76.34	0.0876	23.66	0.1200
1993	0.1275	76.85	0.0879	23.15	0.1155
1997	0.0958	74.14	0.0686	25.86	0.0869
2000	0.0924	80.20	0.0484	19.80	0.0783
2004	0.0867	78.07	0.0523	21.93	0.0757
2006	0.1005	82.34	0.0458	17.66	0.0830
2009	0.0735	86.42	0.0243	13.58	0.0576

注：AF 多维贫困指数分解方法如下：$M_0(p, z) = (n(x)/n)M_0(x, z) + (n(y)/n)M_0(y, z)$，其中，$z$ 为贫困线，n 是总人口，$n(x)$ 是群体 x 的人口数，$n(y)$ 是群体 y 的人口数，$n = n(x) + n(y)$。

由于 CHNS 样本所涉及的省份分布在我国经济发展水平不同的地区，我们考虑把 AF 多维贫困指数按省份（地区）进行分解（见图 4.3），发现了一些独特的结果。其一，自 20 世纪 90 年代以来，多维贫困程度最低的是辽宁，而并不是位于东部地区的江苏或山东；其二，多维贫困程度最严重的是西部的贵州和中部的河南，总体上看，贵州的多维贫困程度最深；其三，多维贫困指数下降最为迅速的省份包括江苏、湖南和广西，它们分别分布在东、中、西部；其四，山东和湖北的多维贫困指数呈振荡下降趋势。由此可见，尽管收入水平的高低的确与多维贫困指数有密切关系，但是，多维贫困的程度及其下降的幅度，都并非与该省份的经济发展水平呈正相关。这也说明，在我国经济发展的现阶段，减贫不仅要求提高增长率和收入水平，而且要求在教育、生活质量等多维度进行投入。

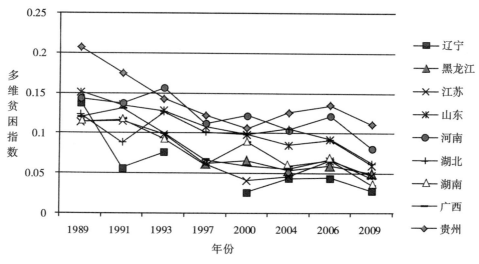

图 4.3 维度等权重下各省多维贫困指数动态变化图

4.3.2 指标等权重情形下多维贫困指数的测度和分解

由于权重在多维贫困的构造中起到至关重要的作用（Foster & McGillivray，2009；Decancq & Lugo，2010；Alkire & Santos，2010），下面我们设定对 8 个多维贫困指标取相等权重（0.125），依然选取 $k=3$，再进行多维贫困测度。之所以这样做，一是更细致地区分各指标对多维贫困的影响，二是对上述分析的结果进行对比分析。

指标等权重情形下的多维贫困状况如表 4.7 所示，从中可见，多维贫困发生率和多维贫困指数均出现了显著下降。但是，由于权重设定的不同，这两种多维贫困测度的结果还是有明显差异的（见图 4.4）。首先，在 2004 年以前，指标等权重下的多维贫困指数均高于维度等权重下的多维贫困指数，说明我国在卫生设施、饮用水、做饭燃料等生活质量指标上的贫困状况是相当严重的。其次，在指标等权重情形下，多维贫困发生率和多维贫困指数随着时间的推移而持续较快下降（见图 4.5），而在维度等权重情形下，多维贫困发生率和多维贫困指数则下降较平缓，并且出现了轻微的上下波动，这说明，消除卫生设施、饮用水、做饭燃料等生活质量贫困可以通过公共品供给而在较短时期取得成效。再次，通过对多维贫困指数按指标进行分解可见，各项指标的贫困对多维贫困的贡献度也出现了很大的变化（见表 4.8），在指标等权重情形下，生活质量贫困对多维贫困的贡献度最高（77.45%），而造成生活质量贫困的主要有三个指标，即卫生设施、饮用水、做饭燃料。最后，这两种权重下的多维贫困测度也有密切相关性：一方面，在考虑所有年份的情况下，维度等权重下的贫困发生率为 18.66%，而指标等权重下的贫困发生率为 26.35%，有 13.17% 的人口在两种情况下都处于贫困；另一方面，两者之间相关性也较大，Pearson 相关系数为 0.7824，Spearman 相关系数则达到 0.9428。

表 4.7　　　　指标等权重下的平均被剥夺程度、贫困发生率与 AF 多维贫困指数

（$k=3$）	A	H	M_0
1989 年	0.4524	0.4305	0.1948
1991 年	0.4392	0.3942	0.1731
1993 年	0.4284	0.3550	0.1521
1997 年	0.4227	0.2876	0.1216
2000 年	0.4200	0.2349	0.0987
2004 年	0.4145	0.1931	0.0801
2006 年	0.4117	0.1735	0.0714
2009 年	0.4061	0.1085	0.0441

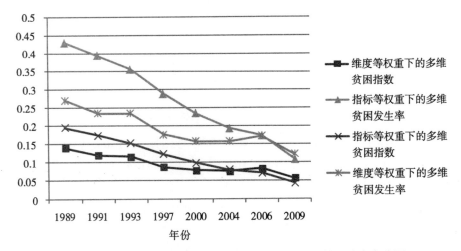

图 4.4　两种权重下多维贫困发生率与多维贫困指数的动态变化图

表 4.8　　　　　　　　指标等权重下 AF 多维贫困指数按指标分解

维度	收入	教育	生活质量						加总指数
指标	收入	教育	饮用水	卫生设施	照明	做饭燃料	住房	耐用品	
M_0	0.0540	0.0748	0.1205	0.1694	0.0025	0.1161	0.0174	0.0169	0.0714
贡献	9.45	13.1	21.1	29.66	0.44	20.33	3.05	2.96	100
（%）	9.45	13.1	77.45						100

注：这里是对 2006 年 $k=3$ 的 M_0 进行分解。

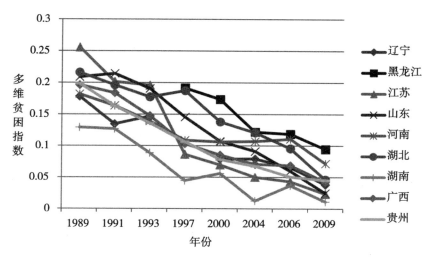

图4.5　指标等权重下各省多维贫困指数动态变化图

4.4　实证分析

本部分将通过实证分析来进一步了解多维贫困的致因。我们采用的依然是 CHNS 8 个年度的非平衡面板数据。Hausman 检验的结果显示，表4.9 在两种权重下的回归分析和表4.10 的收入回归分析都是拒绝原假设，说明随机效应模型估计的结果将是不一致的，因此选择固定效应模型。

估计的结果如表4.9 所示，在维度等权重和指标等权重下，户主的特征和家中劳动力的比例都对贫困产生显著的影响。其中，户主接受的教育水平越高则多维贫困的程度就越低；户主如果处在单身状态（即未婚、离婚、分居及丧婚）则贫困较严重；户主从事农业的家户比户主从事非农工作和退休状态的家户贫困要严重得多；随着户主年龄的增大，多维贫困是先上升后下降，转折点都在 55 岁左右。在家庭特征方面，农户规模越大、家户中劳动力比例和男性劳动力比例越高，则贫困的程度越来越轻，其中家户规模负效应是因为选用的都是家户指标，家户规模越大，一般拥有耐用品、劳动力会比较多，生活设施改善的可能性与接受的最高教育水平都会较高。

表4.9　　　　　　　　　　多维贫困影响因素的实证分析结果

变　　量	维度等权重 AF 多维贫困指数		指标等权重 AF 多维贫困指数	
	系数	t 值	系数	t 值
常数项	0.3921	33.01***	0.2946	29.32***
户主性别	−0.0437	−16.02***	−0.0399	−17.28***
户主年龄	0.0015	3.03***	0.0012	3.00***

续表

变 量	维度等权重 AF 多维贫困指数		指标等权重 AF 多维贫困指数	
	系数	t 值	系数	t 值
户主年龄的平方	−0.000013	−2.59***	−0.000012	−2.83***
户主教育程度（参照变量——户主 未达到小学毕业）				
户主小学毕业	−0.1301	−50.34***	−0.0548	−25.08***
户主初中毕业	−0.1375	−50.26***	−0.0641	−27.71***
户主高中毕业	−0.1425	−42.34***	−0.0765	−26.87***
户主技校毕业	−0.1545	−33.62***	−0.0874	−22.48***
户主大专、大学及以上毕业	−0.1632	−32.68***	−0.1094	−25.89***
户主婚姻（参照变量——在婚）				
户主单身	0.0088	2.76***	0.0168	6.23***
户主是否从事农业工作（参照变 量——户主无工作或正在找工作）				
户主从事农业工作	0.0052	1.67*	0.0572	21.46***
户主从事非农工作	−0.0724	−22.37***	−0.0516	−18.87***
户主退休	−0.0933	−25.25***	−0.0847	−27.10***
是否住在农村	0.0465	23.58***	0.0689	41.32***
家户规模	−0.0268	−36.85***	−0.0148	−24.06***
家户劳动力比例	−0.0912	−18.22***	−0.0529	−12.50***
家户男性劳动力比例	−0.0299	−4.45***	−0.0038	−0.67
地区（辽宁为参照变量）				
黑龙江	0.0125	3.03***	0.0339	9.69***
江苏	−0.0137	−3.75***	−0.0129	−4.16***
山东	0.0164	4.44***	0.0070	2.24**
河南	0.0192	5.17***	−0.0023	−0.72
湖北	0.0099	2.69***	0.0048	1.50
湖南	−0.0244	−6.67***	−0.0616	−19.87***
广西	−0.0083	−2.23**	−0.0239	−7.61***

续表

变　量	维度等权重 AF 多维贫困指数		指标等权重 AF 多维贫困指数	
	系数	t 值	系数	t 值
贵州	0.0069	1.86 *	−0.0290	−9.22 ***
样本数	28395		28395	
	F（24，28363）= 577.60 Prob>F = 0.0000		F（24，28363）= 672.79 Prob>F = 0.0000	

注：*** 、** 、* 分别表示在置信水平 1%、5%、10% 上是显著的。

在地区特征上，农村要比城市贫困严重；在省份的差异上，各省相互之间贫困轻重并不像收入贫困那样与省份的经济发展相一致。相对于辽宁省，在维度等权重下，江苏、广西、湖南的贫困整体上较轻，山东、河南、湖北、贵州和黑龙江较严重，而在指标等权重下，江苏、湖南、广西与贵州的贫困整体上较轻，山东、湖北和黑龙江的贫困较严重。这也说明权重与维度的选择对多维贫困影响很大，尤其是生活质量维度权重的选择会极大地改变各省的贫困地位，因为，此维度中的很多指标不仅与各省的发展水平有一定的关系，而且还与当地的观念与生活习惯息息相关。在实际应用时，对维度及权重的选择要依目前国家的扶贫方向与扶贫阶段而定，在解决温饱与实现义务教育之后，改善居民的生活质量将成为扶贫攻坚与公共支出的重点，此时采用指标等权重就比较好。

表 4.10 中收入的分析结果与表 4.9 中所列的维度等权重的分析结果基本一致，这也说明了收入在家户生活质量中的决定地位，并反映个体收入贫困与能力贫困的相互关系。在两个表中，户主性别的符号与日常理解有所区别，在前文已经强调过，本章的贫困测度主要基于家户变量，收入也是家户的收入，这可能是出现此种结果的主要原因之一。

表 4.10　　　　　　　　　　　家户收入影响因素的计量分析

变　量	收 入 对 数	
	系数	t 值
常数项	7.9379	118.03 ***
户主性别	0.1306	8.46 ***
户主年龄	−0.0011	−0.39
户主年龄的平方	0.0000124	0.45
户主教育程度（参照变量——户主未达到小学毕业）		
户主小学毕业	0.1013	6.92 ***
户主初中毕业	0.1492	9.64 ***
户主高中毕业	0.2251	11.82 ***

续表

变 量	收入对数	
	系数	t 值
户主技校毕业	0.2921	11.23***
户主大专、大学及以上毕业	0.4729	16.76***
户主婚姻（参照变量——在婚）		
户主单身	-0.2096	-11.61***
户主是否从事农业工作（参照变量——户主无工作或正在找工作）		
户主从事农业工作	0.4196	23.41***
户主从事非农工作	0.7122	38.72***
户主退休	0.6520	31.12***
是否住在农村	-0.1609	-14.41***
家户规模	0.2288	55.63***
家户劳动力比例	0.4548	16.06***
家户男性劳动力比例	0.1313	3.45***
地区（辽宁为参照变量）		
黑龙江	-0.0024	-0.10
江苏	0.2932	14.16***
山东	-0.0480	-2.30**
河南	-0.1388	-6.62***
湖北	-0.0550	-2.64***
湖南	0.0613	2.96***
广西	0.0213	1.01
贵州	-0.0820	-3.90***
样本数	28214	
	F（2，28182）= 750.14，Prob>F = 0.0000	

注：***、**、* 分别表示在置信水平 1%、5%、10% 上是显著的。

此表中的因变量的收入为家户总收入，与表 4.9 中经家户规模处理的收入不同。

4.5 结论

本章利用 CHNS（1989—2009 年）8 个调查年度的数据对中国的多维贫困进行动态测

度，我们不仅发现了收入贫困得到改善的事实，对《国家八七扶贫攻坚计划（1994—2000 年）》和《中国农村扶贫开发纲要（2001—2010 年）》的实施成效进行了多维度的评估，而且从多维贫困的视角探究贫困的深层根源，发现随着扶贫攻坚的进一步深入，必须从多维度出发提高扶贫效率，提升扶贫精准度和针对性。本章研究结果表明：

（1）家户的多维贫困状况逐年得到改善，但相对于收入贫困，家户的多维贫困依然还很严重，且家户的多维贫困波动性较大，不过，随着贫困的维度增加，贫困波动又相对处在一个平稳的水平。这说明贫困家户存在着较大脆弱性与贫困持久性，因此，政府要提升扶贫效率，从多个维度出发是势在必行。

（2）在多维贫困衡量中，维度等权重下，维度贫困大小依次为教育、收入与生活质量；指标等权重下，卫生设施、饮用水与做饭燃料对多维贫困的贡献最高，其次是教育与收入；从贫困发生率来看，卫生设施、做饭燃料与饮用水的贫困发生率都要比收入高，教育贫困则经历早期的下降到中期的平稳过后，最后两年呈现上升趋势并超过收入贫困。这说明了现阶段减贫不仅要求提高收入增长率和收入水平，而且要求在教育、生活质量等多维度进行投入，而在改善教育方面，仅依赖义务教育的完善目前已远不能达到减轻贫困的目的，进行有针对性教育学习才是关键。

（3）外部环境因素对家户的多维贫困影响也较为显著。从户主特征和家庭特征角度看，户主的教育程度越高家户贫困程度越低，户主处于单身状态、从事农业工作或家庭中如果有老人与小孩负担高的家户的贫困状况较严重，因此，需要政府加快完善社会保障制度、加强对劳动力的技能培训以及加大对农业的支持。从地区角度看，虽然农村的多维贫困呈现下降的趋势，但相对于城镇还很严重，尤其是教育与生活质量，并且在对总体贫困的贡献中，农村地区的占绝大部分，并呈现上升的趋势。这种贫困的严重性，可能是因为农村家户的观念和生活习惯所致，因此，农村地区需要从多角度加强扶贫工作的力度；在各省份之间，多维贫困的程度并不与该省的经济发展水平完全一致。此时，扶贫需要因地制宜、因时制宜，不同的阶段与地区关注的维度与给予的权重都需要进行斟酌。

总之，"能力贫困"是政府现阶段应当关注的重点，政府想更有效率地进行扶贫以消除贫困的脆弱性与持久性，就要注重对贫困人口的"能力"开发，使他们利用自己获取的能力来提高其收入水平、改善其家庭的生活质量以及增强应对风险的能力。

附表：

附表 4A.1　　　　　　　　　　　　样本分布状况

年份	家户数	城市	农村	辽宁	黑龙江	江苏	山东	河南	湖北	湖南	广西	贵州
1989	3791	1254	2537	479		440	478	477	478	479	480	480
1991	3607	1170	2437	434		427	452	453	464	439	463	475
1993	3428	1042	2386	394		421	410	428	433	438	451	453
1997	3838	1258	2580		476	481	464	487	479	457	499	495

续表

年份	家户数	城市	农村	辽宁	黑龙江	江苏	山东	河南	湖北	湖南	广西	贵州
2000	4329	1390	2939	468	469	494	478	469	477	475	501	498
2004	4339	1381	2958	476	477	490	454	492	484	466	490	510
2006	4374	1400	2974	484	476	484	480	479	461	501	491	518
2009	4441	1434	3007	486	488	494	473	489	484	492	522	513
总计	**32147**	**10329**	**21818**	**3221**	**2386**	**3731**	**3689**	**3774**	**3760**	**3747**	**3897**	**3942**

附表 4A. 2　　　　　样本在 8 个调查年度出现的频数和家户出现贫困的频数

样本统计		贫困统计	
出现年份频数	样本家户数	贫困家户数	贫困人口
0	0	4495	27902
1	1092	1318	4245
2	683	595	
3	935	282	
4	710	140	
5	838	45	
6	306	13	
7	606	4	
8	1722	0	
家户总计	6892	6892	
人口总计	32147	32147	32147

附表 4A. 3　　　　　　　　外在变量的统计描述

变量名称	变量介绍	样本数	平均值	标准差	最小值	最大值
户主性别	1-男；2-女	28900	1.1493	0.3564	1	2
户主年龄		28785	50.11	13.7479	18.19	99.19
户主教育层次	0-没上过学或小学未毕业；1-小学毕业；2-初中毕业；3-高中毕业；4-中等技校或职业学校毕业；5-大专及大学以上毕业	28714	1.5942	1.3252	0	5
户主婚姻状况	1-未婚，分居，丧婚或离婚；2-在婚	28844	1.1049	0.3065	1	2

续表

变量名称	变量介绍	样本数	平均值	标准差	最小值	最大值
户主工作状况	0-没有工作；1-从事农业；2-从事非农工作；3-退休	28990	1.4745	0.8559	0	3
家户是否居住在农村	1-城市；2-农村	32147	1.6756	0.4682	1	2
家户规模		32006	3.1656	1.3789	1	14
家户劳动力比例		32006	0.7233	0.3056	0	1
家户男性劳动力比例		32006	0.3531	0.3616	0	1

附表 4A.4　　　　　　　**多维贫困的指标选择及样本统计描述**

维度	指标名称	样本数	指标描述与贫困线的选择	平均值	标准差	最小值	最大值
生活质量	饮用水	31874	不能使用自来水者为贫困。	0.3159	0.4649	0	1
	卫生设施	31851	厕所类型，不能使用冲水厕所者为贫困。	0.6538	0.4758	0	1
	照明	31825	没有电可用的家户为贫困。	0.0181	0.1332	0	1
	做饭燃料	31889	不能使用清洁能源的家户为贫困。	0.2963	0.4566	0	1
	房屋	27434	没有房子或房子没产权的家户为贫困。	0.1562	0.3631	0	1
	耐用品	32147	黑白电视机或彩色电视机、洗衣机、冰箱、空调或电扇、电话或手机、自行车或摩托车或汽车均没有的即为贫困。	0.0487	0.2152	0	1
收入	收入	32055	家户毛收入除以家户规模，经 CPI 调整，贫困线选用国家贫困线 1196 元/人年和世界银行贫困线 1.25 美元/人天，经购买力平价折算为 1525 元/人年。	6695.27	10282.88	0	376110.4
教育	教育水平	31156	家户的教育水平是以该家户中最高教育水平代替，如果最高教育水平没有超过 5 年，则该家户视为教育贫困。	9.294	4.321	0	21

　　注：各维度贫困线参考联合国千年发展目标并结合该维度数据确定；表中生活质量的各项统计指标值是根据其是否贫困进行统计的，并非原数据中分类数据统计值。

附表 4A.5   中国历年贫困标准、农村贫困人口与农村贫困发生率

年份	贫困标准（元/人）	农村贫困人口（万人）	农村贫困发生率（%）
1978	100	25000	30.7
1984	200	12800	15.1
1985	206	12500	14.8
1986	213	13100	15.5
1987	227	12200	14.3
1988	236	9600	11.1
1989	259	10200	11.6
1990	300	8500	9.4
1991	304	9400	10.4
1992	317	8000	8.8
1994	440	7000	7.7
1995	530	6540	7.1
1997	640	4962	5.4
1998	635	4210	4.6
1999	625	3412	3.7
2000	865	9422	10.2
2001	872	9030	9.8
2002	869	8645	9.2
2003	882	8517	9.1
2004	924	7587	8.1
2005	944	6432	6.8
2006	958	5698	6.0
2007	1067	4320	4.6
2008	1196	4007	4.2
2009	1196	3597	3.8
2010	1274	2688	2.8

注：表中 2000 年以后采用的是 2008 年制定的新贫困标准（将绝对贫困线与低收入线进行合并）计算的结果。

数据来源：国家统计局住房调查办公室. 中国农村贫困人口监测报告 2011 [M]. 北京：中国统计出版社，2012.

第五章

风险、人力资本代际传递与贫困陷阱

人力资本积累对于改善家庭持续性贫困是如此重要，但是数据表明相比于高收入家庭，低收入家庭无法选择、或者并不愿意让自己的子女继续接受教育。本章将基于 Galor & Zeira（1993）构建一个教育投资决策的微观模型，考察风险、人力资本代际传递和贫困陷阱之间的关系并解释贫困家庭的孩子为什么不读书的问题，试图从教育投资风险阻碍人力资本代际传递的角度解释低收入家户持续性贫困的问题。模型分析表明：由于家庭贫困带来的风险溢价会成为其投资中的一项额外成本削弱教育投资的吸引力，教育的机会成本和未来收益的不确定性也会影响教育投资的决策。分样本处理和 Chow 式统计的实证结果显示，在低收入家户中，个体进行人力资本投资的意愿与其收入水平正相关，这意味着越是贫穷的家户进行人力资本投资的意愿会越低。通过分位数回归分析发现，对于人力资本投资意愿极强或极弱的个体，收入的变动对他们意愿的改变有很强的影响；处于中间意愿的个体，人力资本投资的预期收益和机会成本对其意愿的改变影响则更大。

5.1 问题的提出和相关文献回顾

子女教育是一项长期的投资行为，居民户对教育的投资意愿与教育投资收益率有很大关系。大多数的研究表明，我国教育投资收益率呈现如下几个特征：第一，城镇和农村比，城镇教育投资回报率高于农村；第二，性别差异上，女性的教育投资回报率高于男性；第三，时间趋势上，1993 年以前的教育投资收益率缓慢增长，到 1994 年迅速提高，之后又缓慢增长，且农村地区教育投资收益率增幅远远小于城镇地区的教育投资收益率增幅；第四，教育的规模收益上，大学阶段的教育投资回报率高于高中之前的回报率，高中以下层次间的差异并不显著（如表 5.1 所示）。

表 5.1　　　　研究者对中国城乡地区教育投资收益率的估计结果

地区	研究成果	数据年份	教育投资收益率（%）
A. 农村	Jamison & Gaag（1987）	1985	10
	Yang（1997）	1990	2.3
	Parish 等（1995）	1993	1.8~4.3

续表

地区	研究成果	数据年份	教育投资收益率（%）
A. 农村	Johnson & Chow（1997）	1998	4.0
	钱雪亚和张小蒂（2000）	1998	2.0
	侯风云（2004）	2002	3.66
B. 城镇	Byron & Manaloto（1990）	1986	1.4
	Xie & Hannum（1996）	1988	男性 2.2　女性 4.5
	于学军（2000）	1986—1994	男性 3.6~6.7　女性 5.6~9.9
	Yang（2005）	1988—1995	3.1~5.1
	Zhang & Zhao（2002）	1988—1999	4.7~11.7
	李实和丁赛（2003）	1990—1999	1.2~4.1
	Brauw & Rozelle（2004）	2000	6.4

资料来源：作者自行整理。

同时，与城镇相比，农村地区的中学失学率更为突出。我们采用中国健康与营养调查（China Health and Nutrition Survey，简称 CHNS）从 1989 年至 2009 年间的 8 轮调查结果，经过统计处理后发现，在调查年份中农村地区和城镇地区的各教育层次的失学率变化表现出十分明显的特征（如表 5.2 所示）：就时间趋势变化看，农村地区初中失学率逐年递减，但是高中阶段的失学率一直保持较高的水平，大学层次的失学率在 2000 年以后大幅上升，在 2009 年达到 80%；[1] 就不同教育层次比较而言，农村地区高中、大学阶段的失学率在近年来不降反升，这种现象值得关注；就性别比较而言，农村女性初中、高中失学率并不比农村整体水平更甚，农村女性的大学失学率比农村整体水平偏高。

此外，我们还采用 CHNS 数据，测算了社区内各教育阶段的平均收入及其方差。结果如表 5.3 所示，以社区平均水平衡量的各教育层次的平均收入水平逐年递增、且随着受教育年限提高而逐层递增，但是也发现，高中学历者平均收入的方差要高于初中和大学两个教育层次。[2]

表 5.2　　　　　　　　基于 CHNS 数据统计得出的各教育层次的失学率　　　　　　　（%）

年份	初中失学率	高中失学率	大学失学率	农村户初中失学率	农村户高中失学率	农村户大学失学率	农村户女性初中失学率	农村户女性高中失学率	农村户女性大学失学率
1989	5.87	11.98	3.36	31.58	42.86	17.39	27.78	16.67	15.38

---

[1]　高中和大学阶段的失学率普遍偏高，有可能源于抽样统计的选择性偏差：那些调查时恰好在家的受访者可能正好是失学在家的。当然，统计数值的绝对值并不是关注的重点，整体趋势依然印证了我们的初步结论。

[2]　教育并不是影响个人收入的决定性因素，行业差异和地区差异等因素对个人收入也起着非常显著的作用。

续表

年份	初中失学率	高中失学率	大学失学率	农村户初中失学率	农村户高中失学率	农村户大学失学率	农村户女性初中失学率	农村户女性高中失学率	农村户女性大学失学率
1991	4.84	8.96	11.18	24.24	33.33	72.73	25.00	50.00	85.71
1993	4.60	8.07	4.49	17.50	50.00	41.67	15.38	75.00	42.86
1997	4.06	9.73	8.61	30.30	76.47	53.85	16.67	87.50	50.00
2000	3.48	12.72	6.62	25.81	71.43	65.38	21.43	60.00	66.67
2004	1.99	6.93	42.35	3.09	20.00	81.25	5.88	23.08	100.00
2006	3.39	4.67	48.45	7.02	14.29	70.83	7.14	0	68.42
2009	1.38	6.98	64.52	2.63	36.36	80.00	0	33.33	85.71

表5.3　　　　基于 CHNS 数据统计得出的社区内各教育阶段的平均收入和方差　　（单位：元）

年份	初中学历平均收入	高中学历平均收入	大学学历平均收入	初中学历收入方差	高中学历收入方差	大学学历收入方差
1989	1410.99	1511.469	1121.965	5031932	5362500	97025.2
1991	1449.83	1584.535	1604.051	1883275	765593.1	142827
1993	2171.76	2442.058	2122.028	6540586	4575101	983552.7
1997	4592.566	5731.775	5604.834	$2.03e+07$ [*]	$2.24e+07$	7829621
2000	5415.375	7690.602	8679.87	$3.43e+07$	$4.93e+07$	$4.28e+07$
2004	6679.113	10356.55	14845.23	$7.98e+07$	$5.90e+07$	$8.57e+07$
2006	9006.908	13504.59	21538.67	$9.83e+07$	$1.97e+08$	$5.44e+08$
2009	15884.74	24045.63	29084.29	$6.19e+08$	$1.13e+09$	$7.47e+08$

注：各教育层次的收入方差是以各个社区为单位，衡量各社区拥有相应教育水平的收入者的方差。

[*] $e+07$ 表示 10^7，$2.03e+07$ 表示 2.03×10^7，后同。

　　许多研究者发现，相对于城市来说，我国农村地区仍然处于高生育率和低人力资本积累率所导致的马尔萨斯稳态（郭剑雄，2005），而且教育投资回报率及其受教育程度还呈现出随收入水平增加而增加的"马太效应"（张车伟，2006）。人力资本积累对于改善我国农村低收入家庭持续性贫困非常重要（邹薇，2005；邹薇，张芬，2006），但是相比于高收入家庭，为什么低收入家庭不愿意、或者无法去选择让自己的子女继续接受教育？本章试图从教育投资风险阻碍人力资本代际传递的角度解释低收入家户持续性贫困的问题。

　　Sen（1981）曾经明确指出：现实世界中并非存在不够充足的食物，但是总有一些个人和群体无法获得足够的食物。处于贫困状态中的人们由于缺乏权利很难拥有跳出贫困状态的机会，而贫困又将使得他们更加难以获得这些权利。这两个互为因果作用的方面，使得贫困具有自我加强的持续性，它类似于一个陷阱，使得处于该陷阱中的人们长期处于一种低水平的均衡状态。这类问题常常通过多重均衡模型进行刻画，跳出陷阱是从低均衡状态向高均衡状态转变的分水岭，然而跳向高均衡点的过程异常艰难，处于贫困状态的个人、家庭、群体和区域等由于自身贫困导致缺乏初始起跳的动力，从而长期处于贫困的恶性循环中不能自拔。

探讨差异性增长和持续性贫困的传统思路是基于初始禀赋资源、技术进步和资本积累。Lucas（1988）从三个方面分析了不同国家和地区之间经济发展水平差异的原因。他认为，首先，各国偏好和技术水平的差异可能影响增长；其次，外生决定的国家宏观经济政策的不同会对经济增长造成差别，特别是那些持久的、较大的外生冲击波及了经济增长；最后，经济系统中的内生因素，比如人力资本积累等引起经济系统本身的不确定性。沿着这个思路的研究，更多地强调经济主体的行动对于经济发展的影响，但缺少对经济主体微观决策机制的分析。

许多学者致力于探讨贫富分化和持久性贫困的根源。Galor（2005）概括指出，出现贫困陷阱、造成持续性贫困的主要原因是存在市场失灵与制度失灵，从而形成了导致贫困的自我强化机制，它们会阻碍穷人采纳有利于跳出陷阱的选择。市场失灵的表现在于：收入分配缺陷、信息不完备和次佳的市场结构；制度内容包括政治体制、法律系统、社会规范和群体习俗等，制度的失灵可能直接导致贫困陷阱的产生，也可能与市场失灵相互作用导致长久的无效率状态。

一些学者强调对人力资本的投资决策在导致贫困陷阱中的作用。Galor & Zeira（1993）通过一个两部门跨期人力资本投资决策模型分析了贫富阶层的两极分化过程。他们假定存在低工资水平的传统部门和高工资水平的现代部门，仅有两期寿命的个人可以选择直接以非熟练工人身份进入传统部门接受低工资，或者在第一期进行人力资本投资后在第二期以熟练工人身份进入现代部门获取高工资。通过分析家族代际财富传递方程的收敛性，他们证明存在一个决定性的财富水平，初始财富水平大于该值的家族财富水平将最终收敛至高均衡点，小于该值的家族财富水平将收敛至低均衡点从而落入贫困陷阱。Azariadis（1996）从微观个体的偏好出发，分析了由于个体缺乏耐心导致贫困陷阱的情形。对于那些个体缺乏耐心的落后国家来说，耐心的缺失会使个体选择增加即时消费，而减少储蓄和投资，那么该经济将会迅速达到资本存量为零的均衡状态，从而陷入发展停滞阶段，进入持续性贫困状态。其研究结论从微观层面揭示了增加储蓄、减少即期消费对于一个发展中国家走出低均衡发展水平的重要性，也强调了实施宏观政策时应重视异质性个体的影响。后来的研究在其基础上将个体缺乏耐心的行为进行了内生化，从而弥补了其模型中消费者缺乏耐心的关键假设是外生的缺陷（Chakraborty，2004）。

另一些学者强调信贷市场不完善导致持续性贫困的影响机制。Banerjee & Newman（1993）从职业选择的角度分析了不完美信贷市场是如何影响贫富差距演化和持续性贫困形成的。他们假设个人依据其初始财富可以选择从事于三种不同风险程度的工作：第一，投资于无风险资产；第二，投资于有风险的自雇经营；第三，投资于有风险的企业生产。初始财富不足的个人可以通过借款从事后两类投资，但是由于存在借款人的违约风险，信贷市场是不完美的。那么，担保资产多的高收入者可以低成本借到资金，但是担保资产少的穷人却只能以高成本借到资金。特定的效用函数使得每个人将其收入的固定比例留给后代。因此，初始财富水平将决定其投资类别和收入水平，其后代的初始财富也由此被决定，最终可以得出每个家族代际财富传递的随机差分方程。在合理的参数结构下，处于初始财富分布尾端的家庭将落入持续性贫困的境地。Kiyotaki & Moore（1997）也强调信贷约束的影响。他们认为低收入者通常缺乏抵押担保物，从而使他们面临信贷约束，信贷约束反过来又限制了低收入者参与致富活动的范围，特别是那些需要先期投资垫付成本或数量庞大资本品的活动。这就导致了低均衡的贫困陷阱：收入决定财富，低财富水平限制抵押担保程度，而低担保导致无法参与高收入活动。Matsuyama（2000）从投资风险和利率市场均衡的角度研究了贫富阶层分化的情形。他假定个人有两种投资出处：第一，在信贷市场上借出资金获取利息；第二，投资于企业获取利润，但是企业投资存在最低的投资门槛，低于该门槛水平的投资没有任何产出，高于该门槛水平的投资是边际收益不变的。初始财富不足的个人可以通过借款达到投资规模。由于只有这两类投资方式，每期的资金供给就是全社会的财富总额，每期的资金需求则是低于投资门槛的投资者的需求，于是最终的均衡利率取决于初始财富分布。Matsuyama 同样假定个人将一部分财富留给后代，并得出了家族代际财富传递的差分方程。他证明当金融市场效率较低时，存在一个两点分布型的多重均衡状态，低均衡的贫困陷阱是可能的。

类似于上述信贷市场的情形，保险市场同样面临着信息不对称和高交易成本的问题。在解释这些问题的模型中，由于借贷双方的信息通常是不对称的，贷款人面临着故意和非故意违约的双重风险，从而低收入者的借贷成本会高于高收入者。这意味着对于初始财富水平较低的收入者来说，风险溢价带来的额外成本将削弱风险投资项目的吸引力。

因此，对于低收入者来说，导致贫困自我强化的一个重要来源是风险。在缺乏运转良好的保险和信贷市场时，低收入者会通过选择更加保守的方法来缓解逆向冲击和平滑消费：在面临风险时，通过彻底放弃虽然充满风险但能助其致富的机会来限制风险暴露。那些低收入者对风险的反应有一个共同的特征，即高风险导致的溢价成本削弱了致富项目的预期回报水平，他们倾向于选择保守的低风险低预期收入的项目，从而强化了低收入者长期贫困的境地。

本章将在考虑家庭对子女人力资本投入的同时，把信贷市场不完善和风险因素纳入模型，从教育投资风险阻碍人力资本代际传递的角度解释低收入家户持续性贫困的问题。我们基于 Galor & Zeira（1993）构建了一个教育投资决策的微观模型，重点研究了投资风险对于贫困家庭人力资本代际传递的影响。模型分析和实证检验发现，相比于高收入家户，教育投资的收益风险对于低收入家户选择是否让孩子继续接受教育有重大影响：对于初始财富水平较低的家户来说，在教育投资无风险时，由于家贫导致的风险溢价会成为其投资中的一项额外成本削弱教育投资的吸引力；在教育投资有风险时，教育的机会成本和未来收益的不确定性会影响教育投资的决策。因此，相对高收入家户来说，风险使得低收入家户更容易放弃让孩子接受教育的机会。

本章的结构安排如下：第二节构建了人力资本代际传递模型，并分析了投资风险对于贫困家庭人力资本代际传递的影响机制；第三节展开数值模拟，根据上述模型的模拟结果说明了不同风险情形下各收入层次家户的教育投资决策和最终造成的贫富差距演化；第四节是实证分析，基于非平衡面板的离散选择模型通过分样本处理和分位数回归对前述模型提出的三个假说进行了论证；第五节是本章的结论。

5.2　人力资本代际传递模型

本节将考察人力资本投资风险对于教育决策的影响。模型假设经济体中只生产一种商品，市场的无风险利率为 0。经济体中每个个体只存活一期，各个个体有且只有一个孩子；孩子将从父母那里获取遗产 x。在生命之初，每个个体可以选择如下两种职业之一：

第一种选择，不进行人力资本投资直接参加传统部门一份常回报技术的工作：

$$Y = \overline{w}L \tag{5.1}$$

其中 Y 为产出，L 为该部门的全部劳动投入，$\overline{w}$ 为生产技术参数。个体将用尽其劳动禀赋 l_t，那么 $w_t = \overline{w}l_t$ 则为选择该职业的回报。假定 l_t 是随机变化的，从而 w_t 也是随机变动的。

第二种选择，以成本 F 进行人力资本投资，该项目的投资收益为 Q_t。财富水平为 $x_t < F$ 的个体可以通过借款来弥补投资成本不足的部分，借款利率为 $i > 0$，其中借款利率高出无风险利率的溢价程度反映了信贷市场的不完美。在这种情形下可以认为这些强加于借款人身上的借款成本是由于监督和执行合同的需要（Galor & Zeira，1993）传导到了借款人身上。

假设模型中的两个随机生产技术参数 w_t 和 Q_t 的联合概率密度函数为 φ，不妨设经济体中的劳动禀赋标量化为 1，也即 $E[l_t] = 1$。同时设 $E[w_t] = \overline{w} < E[Q_t] - F$，这意味着参与人力资本投资的期望净收益要高于平均工资水平。但是，即使人力资本投资的期望净收益高，个体仍然可能选择在工资水平 w_t 处工作，原因在于工资水平过低的个体在决定进行人力资本投资时需要以利率 $i > 0$ 进行融资，这可能导致上述两种选择的投资回报不同。

首先考察个体的人力资本投资决策，那些拥有遗产为 x 的个体的终身受益为：

$$y = \begin{cases} x + w & \text{如果不进行人力资本投资} \\ (x - F)(1 + i) + Q & \text{如果进行人力资本投资但 } x < F \\ (x - F) + Q & \text{如果进行人力资本投资且 } x \geq F \end{cases} \tag{5.2}$$

假设每个个体的效用函数为：

$$u(c, b) = (1 - \theta)\ln c + \theta \ln b \tag{5.3}$$

其中参数 $\theta \in [0, 1]$，c 为消费，b 为留给下一代的遗产。因此，每个个体留下的遗产为其自身收入 y 的一个比例 θ，剩下的 $1 - \theta$ 将被用来消费。因此个体的间接效用函数表达式为：

$$v(y) = \gamma + \delta \ln y \tag{5.4}$$

其中 γ，$\delta > 0$ 为常数。

对上述两部门模型中的固定成本 F 有两种解释。其一，对于模型中涉及的人力资本投资项目，其设立成本是需要先行垫付的，F 可能是先期的教育成本，Q 是熟练工人的收益支付。正如 Loury（1981）等人所强调的，人力资本类的投资项目最不易通过抵押担保融资，因为靠人力资本投资后获得的资产很难抵偿投资项目失败的风险。其二，人力资本投资项目可以理解为能帮助低收入者跳出贫困的机遇，先期垫付的固定成本 F 和由 i 表示的信贷市场不完美程度构成了跳出贫困的阻碍。

5.2.1 不存在风险的情形

首先考虑不存在风险的情形。假定每个个体在做出人力资本投资决策之前都能观测到当期风险 (w, Q)，那么对于 $x \geq F$ 的个体，将在 $(x - F) + Q > x + w$ 时，也即 $Q - F \geq w$ 时选择进行人力资本投资；对于 $x < F$ 的个体，选择进行人力资本投资的条件是：$(x - F)(1 + i) + Q \geq x + w$，也即 $x \geq \hat{x} = \dfrac{w - Q + F(1 + i)}{i}$。于是可以得到该经济体中每个家族代际财富转移方程为：

$$x_{t+1} \triangleq s_t(x_t) = \theta \times \begin{cases} x_t + w_t & \text{如果 } x_t \leq \hat{x}_t \\ (x_t - F)(1 + i) + Q_t & \text{如果 } x_t \in (\hat{x}_t, F) \\ (x_t - F) + Q_t & \text{如果 } x_t \geq F \end{cases} \qquad (5.5)$$

图 5.1 描述了当经济体中没有风险时每个家族代际财富转移函数 S 的图像，无风险情形意味着不论每个个体是否选择进行人力资本投资其工作回报都被视为常数。在给定合适的参数后所作出的图形将存在多重均衡：初始财富水平小于临界值 x_b 的个体最终将收敛于低均衡点 $x_L^* = \dfrac{w}{1 - \theta}$，初始财富水平高于临界值的个体最终将收敛于高均衡点 $x_H^* = \dfrac{\theta \cdot (Q - F)}{1 - \theta}$。若给定该经济体中初始财富的分布函数 φ_0，那么最终收敛于低均衡的个体比例为 $\int_0^{x_b} \varphi_0$。如果该比例值很大，那么经济体中长期收入的平均值将很小。

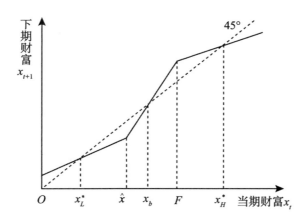

图 5.1 无风险情形下每个家族代际财富转移方程

5.2.2 存在风险的情形

考虑存在风险的情形。这意味着每个个体在做出人力资本投资决策前都无法观测到当期冲击 (w, Q)，此时生产参数围绕着其均值随机变动。这种情形更具现实性，并且将能够刻画各收入阶层的家族财富动态转移情况。假定生产参数 w_t 和 Q_t 满足二元对数正态分布。此时，转移方程也将随着时间随机变动。

　　图 5.2 给出了某个个体在不同风险冲击下的财富转移方程的拟合结果，$t = 2$ 期出现了一个对人力资本投资回报 Q 的负向冲击或对传统部门工资收入 w 的正向冲击，这使得高均衡点消失；$t = 3$ 期是一个较强的对人力资本投资回报 Q 的正向冲击或对传统部门工资收入 w 的负向冲击，这使得低均衡点消失了。如果各期生产参数发生变动，如 $t = 1$ 期和 $t = 4$ 期所示，只要参数数字特征不同，那么形成高、低均衡点的位置将不尽相同。

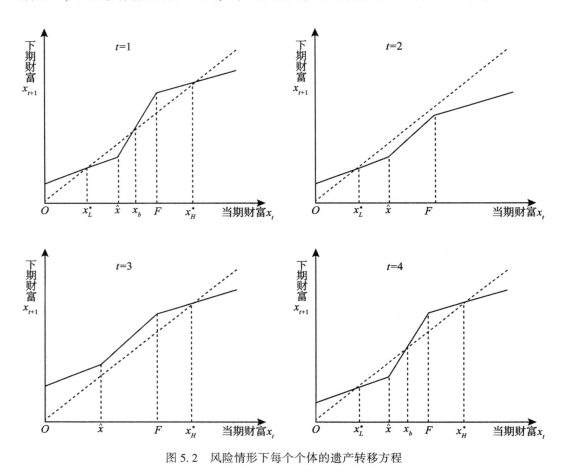

图 5.2　风险情形下每个个体的遗产转移方程

　　如果个体的数量很大，那么不同财富水平阶层随时间变动的财富分布 $(\Psi_t)_{t \geqslant 0}$ 可以通过马尔科夫过程 $x_{t+1} = S(x_t)$ 获得，不难证明该马尔科夫过程是遍历的，其含义和动态性与非凸增长模型是类似的。这也意味着存在人力资本投资风险的情况下，不同的初始财富水平将决定长期的收入水平和代际收入不平等情形。经过长期演化，贫富群体之间并不是必然出现两极分化：更富裕或受教育更好的个体、更贫穷或受教育愈差的个体都有可能收敛于高收入均衡点或低收入均衡点。在风险比较极端的情形下，处于高均衡状态的个体依然有落入低均衡状态的可能，反之亦然。在风险的分布是平稳的情形下，落入低均衡状态和升入高均衡状态的比例将保持一种动态的稳定；在风险的分布是非平稳的情形下，多重均衡可能会转化成单均衡点。

5.3　数值模拟

假定问题的基本框架一样，我们通过数值模拟考察人力资本投资的机会成本和未来收益的不确定性将如何影响个体间的贫富演化。在有风险的情况下，当期的冲击不再是可预见的，每个个体必须在观察到冲击 w_t、Q_t 之前决定是否进行人力资本投资。假定这两种冲击都是满足对数正态分布的并且可能相关。更进一步，假定在进行借款投资的情形下，贷款人在 t 期之初也无法观测到这些变量的真实值，因而借款利率 $i = i(x)$ 依赖于个体的初始财富水平 x，它反映了人力资本投资的风险。因此个体的终身收入函数为：

$$y = \begin{cases} x + w & \text{如果不进行人力资本投资} \\ \max\{0,\ (x - F)(1 + i(x)) + Q\} & \text{如果进行人力资本投资但 } x < F \quad (5.6) \\ (x - F) + Q & \text{如果进行人力资本投资且 } x \geq F \end{cases}$$

当冲击为对数正态分布时，初始财富水平 $x < F$ 的个体借款后收入为 0 的概率 $P\{y = 0\} > 0$，即其效用水平 $E[v(y)] = -\infty$，这意味着在如此简单的情形下，个体将选择绝不借款进行人力资本投资从而长期处于低均衡水平。当冲击为其他联合分布的情况时，财富水平 $x \geq F$ 的个体也仍有可能选择留在传统部门工作而不进行人力资本投资。

因为个体绝不贷款，那么每个家族的代际财富转移动态方程为：

$$x_{t+1} = \theta \cdot (x_t + w_t) \cdot 1\{x_t \in D\} + \theta \cdot (x_t - F + Q_t) \cdot 1\{x_t \notin D\} \quad (5.7)$$

其中 $D \triangleq \{x: E[v(x + w_t)] \geq E[v(x - F + Q_t)]\}$。对该过程的随机核 Γ 可以分为 $x \in D$ 和 $x \notin D$ 两种情况进行分析，利用替换变量的方法可得：

$$\Gamma(x,\ x') = \varphi_w\left(\frac{x' - \theta x}{\theta}\right) \frac{1}{\theta} \cdot 1\{x \in D\} + \varphi_Q\left(\frac{x' - \theta(x - F)}{\theta}\right) \frac{1}{\theta} \cdot 1\{x \notin D\} \quad (5.8)$$

其中 φ_w、φ_Q 分别为 w 和 Q 的边缘密度函数。需要进行说明的是，示性函数 $1\{x \in D\}$ 表示的是那些选择不进行人力资本投资的个体的初始财富集合，其下期的财富水平将由 φ_w 和自身的初始财富来决定；示性函数 $1\{x \notin D\}$ 表示的是那些选择进行人力资本投资的个体的初始财富集合，其下期的财富水平将由投资收益决定函数 φ_Q 和自身的初始财富来决定。

图 5.3 给出了不同风险下家族代际财富转移随机核的二维平面图，横轴为当期财富水平，纵轴为下期财富水平。其中参数设置分别为：$F = 1$（对应于图中垂直的虚线），$\theta = 0.45$，$\ln w \sim N(0.1, \sigma_w)$，$\ln Q \sim N(1.4, \sigma_Q)$，其中（a）-（d）四幅图中，关于财富水平 W 和 Q 的风险系数对 (σ_w, σ_Q) 依次为（1，0.2）、（10，0.2）、（1，2）和（10，2）。图中标出了 45°线，偏淡色的区域表示更高的函数值，意味着转移概率更大的组合点。对于给定的参数，当 $x < F$ 时个体将选择规避人力资本投资风险进入传统部门工作，当 $x \geq F$ 时个体将选择进行人力资本投资。在 $[0, F]$ 区间沿着 45°线的偏淡色区域意味着当期贫困者到下期仍然贫困，即贫困群体将被自我强化。

理论上讲，对数正态分布的冲击在转移过程中也给了低收入者一个非零概率的可能性去跳出低均衡陷阱，高收入者同样也可能在负向冲击的作用下落入低均衡陷阱。但是，在

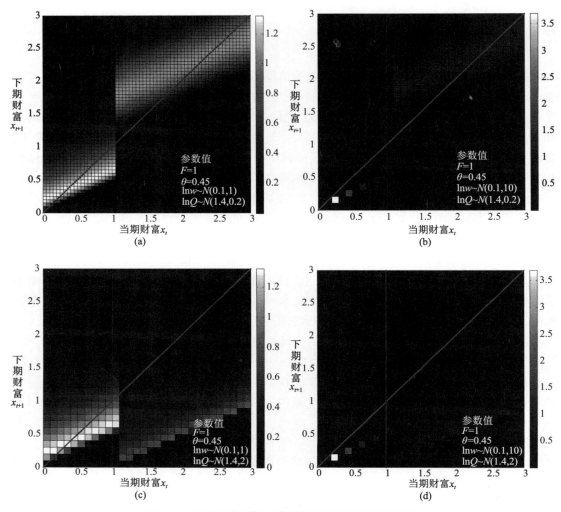

图 5.3　不同风险下每个家族的代际财富转移随机核

不同的风险系数对（σ_w，σ_Q）下，低收入者跳出低水平均衡陷阱的转移概率大为不同，而且贫富转化的混合比率依赖于转移方程中的参数和冲击的方差。总体上看，如果低收入者不足够富有到能自我保障，那么他们将更倾向于选择最小化风险的收入流，这种选择恰恰是以减低平均收入为代价，其结果就是强化了自我贫困。如图 5.3 中的（a）与（c），由于设定不进行人力资本投资的未来收益 W 的风险相对较小，结果初始财富较低的个体（如 $x < F$ 的个体）在下期也更可能处在贫困状态。Dercon（2003）也发现这种选择对于平均收入的影响很大：如果贫困者与高收入者一样能依靠财富抵御冲击，估计结果表明低收入者的收入至少将比平均水平提高 25%～50%。

　　在无风险的情形下，如图 5.4 给出了不同初始财富水平家族的 20 期拟合时间序列，其中参数的设置为：$\theta = 0.7$，$w = 0.3$，$Q = 2$，$i = 3$，$F = 1$。同方程（5.5）的分析保持一致，当初始财富水平 $x < \hat{x} = \dfrac{w - Q + F(1 + i)}{i} = 0.43$ 时个体将选择不进行人力资本投

资，这些个体的财富路径也最终将收敛于低均衡点 $x_L^* = \dfrac{w}{1 - \theta} = 0.7$，初始财富水平高于

上述临界值的个体将选择进行人力资本投资，并最终将收敛于高均衡点 $x_H^* = \dfrac{\theta \cdot (Q - F)}{1 - \theta}$

$= 2.33$。这也说明，在无风险情况下，决定是否进行人力资本投资的唯一因素就是家户的初始财富水平。初始财富水平高于临界水平的家户会通过人力资本投资，逐步实现向高均衡财富水平的收敛；而初始财富过低的家户，则被迫放弃人力资本投资，由此导致的唯一结果是，令其下期依然处于低均衡状态，无法跳出持续性贫困。在长期，贫富差距也会明显扩大。

在有风险的情形下，图 5.5 和图 5.6 给出了不同初始财富水平家族的 20 期拟合时间序列，其中图 5.5 考虑的是影响人力资本投资的冲击为时不变的平稳分布的情形，参数的具体设置为：$\theta = 0.7$，$\ln w \sim N(\ln(0.3), 0.1)$，$\ln Q \sim N(\ln(2), 0.1)$，$i = 3$，$F = 1$。图 5.6 考虑的是影响人力资本投资的冲击为时变的非平稳分布的情形，参数的具体设置为：$\theta = 0.7$，$e_t \sim N(0, 1)$，$\ln w_t \sim N(\ln(0.3 + e_t), 0.1)$，$\ln Q_t \sim N(\ln(2 + e_t), 0.1)$，$i = 3$，$F = 1$。在这两种情形下，同方程（5.6）的分析保持一致，初始财富水平属于 $D \triangleq \{x: E[v(x + w_t)] \geq E[v(x - F + Q_t)]\}$ 的个体都将选择不进行人力资本投资，但是选择的结果存在差异。

在影响人力资本投资的参数分布为时不变的情形下，不同初始财富水平的家族最终仍然会收敛至与图 5.4 相一致的两个稳态，贫富差距最终演化出分层的两类。但是在转移过程中，来自传统部门的工资正向冲击也给了低收入者一个非零概率的可能性去跳向高均均衡状态，高收入者同样也可能在人力资本投资收益的负向冲击下落入低均衡陷阱。在影响人力资本投资的参数分布为时变的情形下，不同初始财富水平家族的财富收敛路径存在着不确定性，贫富差距的演化并不完全有赖于是否进行人力资本投资的决策。

这意味着，在不同的风险水平下，个体的初始财富对于人力资本投资决策的影响是不同的。在无风险情形下，人力资本投资的收益和机会成本是确定的，进行人力资本投资从而跳出低均衡状态将是理性的选择。在这种情况下，影响教育决策的关键因素是个体初始财富水平：对于低收入个体来说，如果选择不进行人力资本投资接受教育，那一定是因为个体的初始财富水平太低以至于无法达到最低的投资水平。

在有风险的情形下，需要考虑风险冲击是否平稳。假如风险冲击是平稳的，人力资本投资的收益和机会成本都是理性预期的，进行人力资本投资从而跳出低均衡状态依然是理性的选择。在这种情况下，影响教育决策的关键因素是个体初始财富水平和传统部门的工资波动：对于低收入个体来说，如果选择不进行人力资本投资接受教育，可能的原因是个体的初始财富水平和传统部门工资波动太低，以至于无法达到最低的投资水平。

在有风险、且风险冲击是非平稳的情形下，人力资本投资的收益和机会成本都是不确定的，不进行人力资本投资未必会落入低均衡状态。在这种情况下，影响教育决策的关键因素将不完全是个体的初始财富水平；对于低收入个体来说，如果选择不进行人力资本投

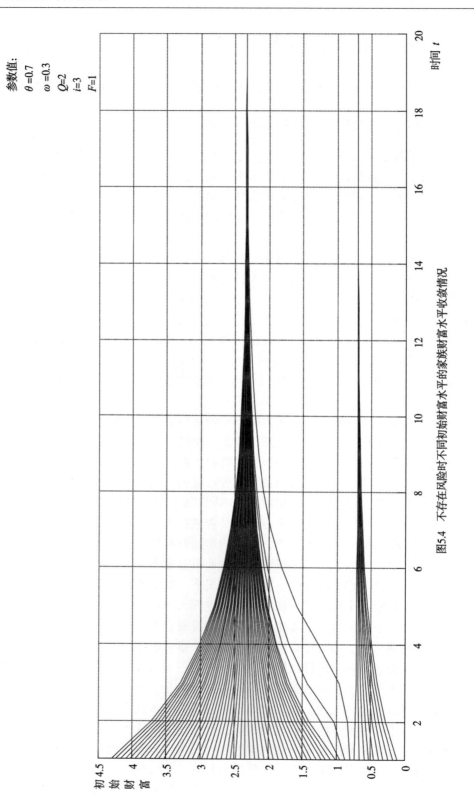

图5.4 不存在风险时不同初始财富水平的家族财富水平收敛情况

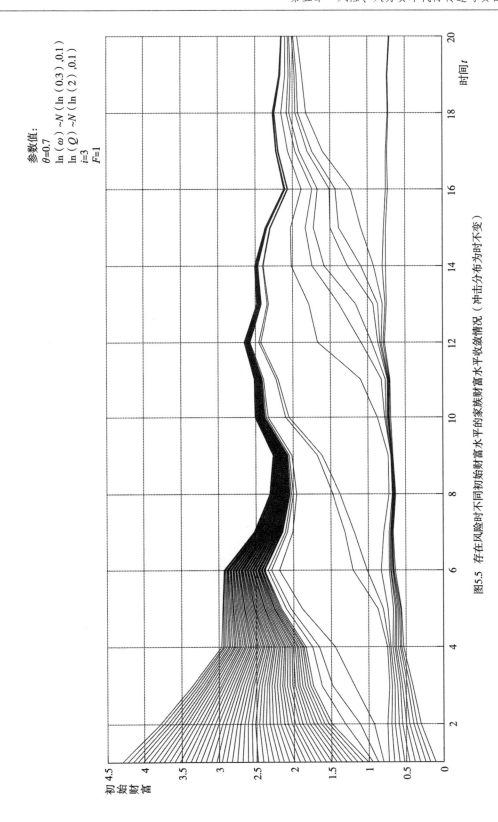

图5.5　存在风险时不同初始财富水平的家族财富水平收敛情况（冲击分布为时不变）

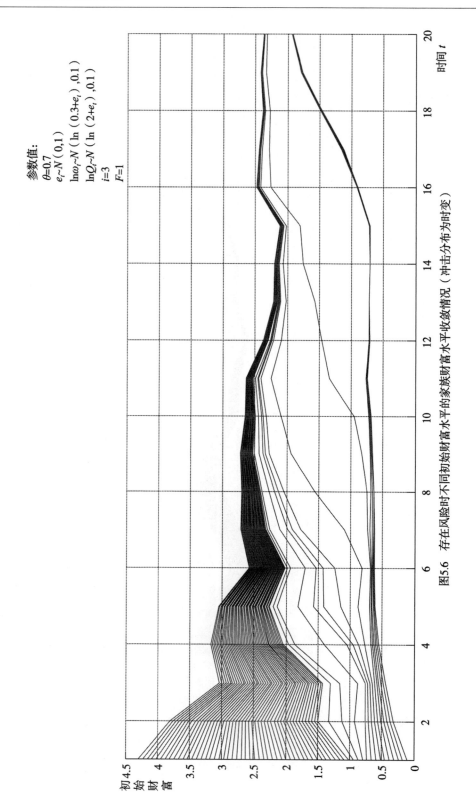

图5.6 存在风险时不同初始财富水平的家族财富水平收敛情况（冲击分布为时变）

资接受教育，有可能是因为人力资本投资的预期收益太低，而且人力资本投资的机会成本过大。

5.4　实证检验

根据前述两节的模型分析和数值模拟，我们得知在不同的风险水平下，个体的初始财富对于人力资本投资决策的影响是不同的。我们待检验的问题是：在无风险情形下，影响教育决策的关键因素是个体的初始财富水平；在有风险的情形下，当风险冲击很平稳时，影响教育决策的关键因素是个体初始财富水平和传统部门的工资波动；当风险冲击是非平稳时，影响教育决策的关键因素将不完全是个体的初始财富水平，有可能是因为人力资本投资的预期收益太低而机会成本过大。本节将基于前述模型实施进一步的实证分析和检验。

5.4.1　实证模型

根据（5.7）式可知，在存在风险的情况下，每个个体决定进行人力资本投资的方程中的初始财富水平属于集合 $\overline{D} \triangle \{x: E[v(x + w_t)] < E[v(x - F + Q_t)]\}$。

不妨设每个个体 i 的初始财富水平为 x_i，在第 t 期进行人力资本投资的预期收益和机会成本分别是 $y_{i, t} = x_i - F + Q_t$，$z_{i, t} = x_i + w_t$，那么根据前述分析式（5.7）和（5.8）可知人力资本投资的决策方程为：

$$e_{i, t} = \begin{cases} 1 & \text{进行人力资本投资，如果 } E[v(z_{i, t})] < E[v(y_{i, t})] \\ 0 & \text{不进行人力资本投资，如果 } E[v(z_{i, t})] \geq E[v(y_{i, t})] \end{cases} \tag{5.9}$$

根据本章设立的模型从方程（5.4）可知间接效用函数表达式为 $v(y) = \gamma + \delta \ln y$，通过泰勒展开式可知：

$$v(z_{i, t}) = \gamma + \delta \ln(x_i + w_t) = \gamma + \delta \cdot \left(\ln\left(1 + \frac{w_t}{x_i} \right) + \ln(x_i) \right) \doteq \gamma + \delta \cdot \frac{w_t}{x_i} + \delta \cdot \ln(x_i) \tag{5.10}$$

同时假设 Q_t 和 w_t 分别满足对数正态分布：$\ln w_t \sim N(\mu_{w_t}, \sigma_{w_t})$，$\ln Q_t \sim N(\mu_{Q_t}, \sigma_{Q_t})$，于是可得：

$$E[v(z_{i,t})] = \gamma + \delta \cdot E\left(\frac{w_t}{x_i} \right) + \delta \cdot \ln(x_i) = \gamma + \delta \cdot \frac{1}{x_i} \cdot \exp\left(\mu_{w_t} + \frac{\sigma_{w_t}^2}{2} \right) + \delta \cdot \ln(x_i) \tag{5.11}$$

$$E[v(y_{i,t})] = \gamma + \delta \cdot E\left(\frac{Q_t}{x_i - F} \right) + \delta \cdot \ln(x_i - F) = \gamma + \delta \cdot \frac{1}{x_i - F} \cdot \exp\left(\mu_{Q_t} + \frac{\sigma_{Q_t}^2}{2} \right) + \delta \cdot \ln(x_i - F) \tag{5.12}$$

$$E[v(y_{i,t})] - E[v(z_{i,t})] = \delta \cdot \ln\left(1 - \frac{F}{x_i} \right) + \delta \cdot \frac{1}{x_i - F} \cdot \exp\left(\mu_{Q_t} + \frac{\sigma_{Q_t}^2}{2} \right) - \delta \cdot \frac{1}{x_i} \cdot \exp\left(\mu_{w_t} + \frac{\sigma_{w_t}^2}{2} \right)$$

$$= \delta \cdot \left\{ -\frac{F}{x_i} + \frac{1}{x_i - F} \cdot \left(1 + \mu_{Q_t} + \frac{\sigma_{Q_t}^2}{2} \right) - \frac{1}{x_i} \cdot \left(1 + \mu_{w_t} + \frac{\sigma_{w_t}^2}{2} \right) \right\} + \delta \cdot$$

$$o\left(\frac{F}{x_i}, \mu_{Q_t} + \frac{\sigma_{Q_t}^2}{2}, \mu_{w_t} + \frac{\sigma_{w_t}^2}{2} \right)$$

$$\sim -\frac{F}{x_i} + \frac{1}{x_i - F} \cdot \left(1 + \mu_{Q_t} + \frac{\sigma_{Q_t}^2}{2} \right) - \frac{1}{x_i} \cdot \left(1 + \mu_{w_t} + \frac{\sigma_{w_t}^2}{2} \right) \qquad (5.13)$$

在（5.13）式中的第二个等号中依然使用了泰勒公式进行线性化处理，其中最后一项 $o\left(\frac{F}{x_i}, \mu_{Q_t} + \frac{\sigma_{Q_t}^2}{2}, \mu_{w_t} + \frac{\sigma_{w_t}^2}{2} \right)$ 表示这三者的高阶无穷小，这里选取人力资本投资决策的潜变量 y^* 为：

$$y_{i,t}^* = -\frac{F}{x_i} + \frac{1}{x_i - F} \cdot \left(1 + \mu_{Q_t} + \frac{\sigma_{Q_t}^2}{2} \right) - \frac{1}{x_i} \cdot \left(1 + \mu_{w_t} + \frac{\sigma_{w_t}^2}{2} \right) \qquad (5.14)$$

根据（5.14）式可以归结待检验的假说如下：

假说 5.1　在人力资本投资的成本、预期收益和风险、机会成本①和风险水平一定的情况下，当个体财富水平低于投资成本时，个体决定接受教育进行人力资本投资的意愿与个体的财富水平正相关。

假说 5.2　在个体财富水平和人力资本投资成本一定的情况下，个体决定接受教育进行人力资本投资的意愿与机会成本及其波动程度负相关。

假说 5.3　在个体的财富水平和人力资本投资成本一定的情况下，当个体财富水平高于投资成本时，个体决定接受教育进行人力资本投资的意愿与投资的预期收益水平正相关，与预期收益的波动程度正相关；当个体财富水平低于投资成本时，个体决定接受教育进行人力资本投资的意愿与投资的预期收益水平负相关，与预期收益的波动程度负相关。

假说 5.1 源于（5.14）式中的第二项，当人力资本投资的成本、预期收益和风险、机会成本和风险水平一定时，个体财富水平低于投资成本将使得（5.14）式中三项的符号都为负，且负向程度随着个体财富水平的降低而增强，这意味着对于财富低于投资门槛的个体来说，个体财富水平越低，越不愿意进行人力资本投资。

假说 5.2 源于（5.14）式中的第三项，在个体财富水平和人力资本投资成本一定时，第三项交叉项的符号为负，这意味着进行人力资本投资的机会成本和波动水平越高，那么进行投资的意愿越弱，且意愿强度随着个体财富水平的降低而增强。

假说 5.3 源于（5.14）式中的第二项，在个体的财富水平和人力资本投资成本一定的情况下，当个体财富水平高于投资成本时，（5.14）式中的第二项的符号为正；当个体

---

①　贝克尔在分析人力资本形成过程的时候，着重分析了高校教育、在职培训方式的投资与收益之间的关系。他认为人力资本投资成本，包括接受正规教育和培训教育所花的直接成本、受教育所放弃的工作收入、保持健康所花的成本、迁移和收集信息的成本。本章分析中的机会成本仅考虑不进行人力资本投资的预期收益。

财富水平低于投资成本时，其符号为负。

5.4.2 数据和检验方法

本章采用中国健康与营养调查（China Health and Nutrition Survey，简称CHNS）数据，该数据由美国北卡罗来纳大学和中国疾病预防控制中心营养与食品安全所联合采集，其调查旨在探讨中国社会和经济转型与计划生育政策对人们健康和营养的影响，数据中家户的特征及个体的信息比较全面。与第四章一样，本章所采用的数据为1989年、1991年、1993年、1997年、2000年、2004年、2006年和2009年的调查结果，根据待检验模型的需要而选取合适的变量，具体变量及说明见表5.4。

如表5.4所示，为了检验相应的模型，我们首先选取了6项指标，包括教育决策的潜变量观察值、个体收入、接受教育的预期收益、接受教育的收益风险、不接受教育的预期收益和不接受教育的收益风险。我们分别构造了3组教育决策的回归模型：是否接受初中教育、是否接受高中教育和是否接受大学教育。之所以拆分成3组，是由于我们缺少各教育层次成本的详细数据，而这3类不同的教育成本水平显然不尽相同。除了基于本章的教育决策模型所建立的实证方程，我们还考虑了与之相对应的经验方程，即考虑了各家庭所处的外在环境。根据CHNS中可获得的数据，本章选择以下变量来进行反映：社区变量（社区平均教育水平、社区的升学率和社区的失业率），个体特征变量（个体年龄、性别、是否居住在城市和所处区域）以及一些家户特征变量（户主受教育年限、家户规模和户主工作状态等）。上述各项变量的统计描述详见本章末附录。

根据被解释变量的离散特征，我们用基于离散选择模型来对方程式（5.14）中教育决策潜变量所满足的三个假说进行检验。面板数据的离散 Logit 模型为：

$$P(y_{it} = j \mid x) = \begin{cases} \dfrac{\exp(x'_{it}\beta_j)}{1 + \sum_{k=2}^{J}\exp(x'_{it}\beta_k)} & (j = 2, \cdots, J) \\ \dfrac{1}{1 + \sum_{k=2}^{J}\exp(x'_{it}\beta_k)} & (j = 1) \end{cases} \qquad (5.15)$$

其中，$j = 1$ 所对应的选择被称为"参照组"，以上各项选择的概率之和为1。在这个模型中，第 i 个个体的对数似然函数为 $\ln L_i(\beta_1, \cdots, \beta_J) = \sum_{j=1}^{J} 1(y_i = j)\ln P(y_i = j \mid x)$，其中 $1(\cdot)$ 为示性函数。将所有个体样本的对数似然函数加总，即得到整个样本的对数似然函数，将其最大化则得到系数估计值 $\hat{\beta}_{\text{MLE}}$。这里我们假定家庭财富水平、教育投资成本、预期收益和风险水平在模型中的各个选择满足"无关选择的独立性"。

在待检验的3个假说中，我们尤其关注的是：低收入个体决定接受教育进行人力资本投资的意愿与其财富水平之间是否存在正向关系，以及与投资收益和风险之间的关系。分别根据假说5.1和假说5.3，当个体财富水平低于投资成本时，个体决定接受教育进行人力资本投资的意愿与个体的财富水平正相关；当个体财富水平高于投资成本时，个体决定接受教育进行人力资本投资的意愿与投资的预期收益水平正相关。由于我们缺少各教育层

表 5.4　　　　　　　　实证模型中变量的选取和说明

变量名		变量描述
教育决策的潜变量（$y_{i,t}^*$）		变量选取的是历年家户中适龄子女调查当年失学与否，并分为初中、高中和大学及以上三组：① 1-选择接受教育；0-选择不接受教育。
个体收入（x_i）		变量选取的是历年家户毛收入通过相应指数平减到 2009 年的水平。
预期收益	接受教育的预期收益（μ_{Q_i}）	变量选取的是个体所在社区中获得了初中、高中和大学及以上学历的三组群体的平均收入并通过相应指数平减到 2009 年的水平。比如考察个体接受高中教育的决策，那么接受高中教育的预期收益即为个体所在社区获得高中学历的群体的平均收入。②
	接受教育的收益风险（$\sigma_{Q_i}^2$）	变量选取的是个体所在社区中获得了初中、高中和大学及以上学历的三组群体的收入方差。
机会成本	不接受教育的预期收益（μ_{w_i}）	变量选取的是个体所在社区中获得了初中、高中和大学及以上学历的三组群体的平均收入并通过相应指数平减到 2009 年的水平。比如考察个体接受高中教育的决策，那么不接受高中教育的预期收益即为个体所在社区获得初中学历的群体的平均收入。
	不接受教育的收益风险（$\sigma_{w_i}^2$）	变量选取的是个体所在社区中获得了初中、高中和大学及以上学历的三组群体的收入方差。

① CHNS 中并没有子女是否在调查当年辍学的数据，本章在处理过程中通过适龄被调查者当年回答是否在继续上学和其已经获得的教育年限进行处理。比如，年龄小于 16 岁者如果当年回答没有继续上学并且其仅取得了初中一年级或者初中二年级的学历，则判断该被调查者属于初中组且当年没有选择接受初中教育。

② 在考虑是否接受高中教育的决策中，其预期收益应当为获得高中学历者的收入和获得大学学历者的收入的加权平均值，权重分别为初中升高中、高中升入大学的升学率，后文的实证检验中对此有分别做了考察。

续表

	变量名	变 量 描 述
社区变量	社区平均教育水平（averageedu）	变量选取的是每个个体所在社区的家户平均接受教育的年限。
	社区的升学率（enrollment）	变量选取的是调查当年每个个体所在社区的高等级组正在就读人数除以低等级组就读人数。①
	社区失业率（unemployment）	变量选取的是个体所在社区中获得了初中、高中和大学及以上学历的三组群体的失业率。
个体特征	个体年龄（age）	变量选取的是调查当年个体的年龄。
	个体性别（gender）	1-男；2-女。
	所处城乡（urban）	0-农村；1-城镇。
	所处区域（region）	数据共含9个调查省份：21-辽宁；23-黑龙江；32-江苏；37-山东；41-河南；42-湖北；43-湖南；45-广西；52-贵州。
家户特征	家户规模（hhsize）	变量选取的是历年家户的人口总数。
	户主教育年限（education）	变量选取的是户主接受教育的年限。
	户主工作状态（work）	0-没有工作，1-正在工作。

① 大学的升学率，来自于调查当年个体所在社区仅获得大学一年级至大学三年级学历正在就读的人数除以个体所在社区仅获得高中一年级至高中三年级学历正在就读的人数。

次的详细成本数据，而且高中和大学这两类不同的教育成本显然不尽相同，因此，首先需要判明个体接受教育进行人力资本投资的意愿是否确实存在投资成本为界的情况。对此，我们分别进行了关键变量虚拟方程式构造、二次型回归和分样本处理：将样本根据历年家户收入的50%分位线分为低收入家户和高收入家户两个子样本①，并基于 Chow 式统计分别检验这两类样本中回归系数的差异。

在经过上述初步的分样本处理之后，一旦确认个体接受教育进行人力资本投资的意愿确实存在投资成本为界的情况，那么可以进一步对模型提出的假说关系进行检验。由于在初步处理过程中，基于家户收入的50%分位线进行分样本处理较为主观，且均值回归仅着重考察解释变量对被解释变量的条件期望的影响，而后者很难反映整个条件分布的全貌，尤其是本章认为被解释变量不是对称分布，因此我们将使用分位数回归对待验证的关系做进一步的分析。

5.4.3　实证分析结果

本部分通过 CHNS 8 个年度的非平衡面板数据的实证分析来进一步了解影响人力资本投资意愿的因素。我们在初步分析中首先进行了分样本的 Chow 式统计，将样本根据历年家户收入的50%分位线分为低收入家户和高收入家户两个子样本，并检验了这两类样本回归系数是否发生突变。另外，我们也分别通过构造关键变量的虚拟项方程式和二次型方程式对人力资本投资的意愿与个体的财富水平之间的关系进行了检验。Hausman 检验的结果显示，基于面板数据的离散选择回归分析是不拒绝原假设的，这说明随机效应模型估计的结果将是一致的，因此本章选择随机效应模型。估计的结果如表 5.5 和表 5.6 所示。

分样本处理和 Chow 式统计的结果表明，在是否接受高中教育和大学教育这两类人力资本投资的选择问题上，高、低两个收入群体的财富水平与投资意愿之间确实显示出不同的关系，且在10%的置信水平上都通过了 Chow 式检验。依据个体收入水平分样本处理后的结果表明：在低收入家户中，个体进行人力资本投资的意愿与其收入水平正相关，这意味着越是贫穷的家户进行人力资本投资的意愿会越低；在高收入家户中，个体进行人力资本投资的意愿与其收入水平负相关，但关系较弱。同样，关键变量的虚拟变量模型和二次型回归的结果也印证了上述结论。从回归分析的效果来看，高中决策和大学决策这两组回归的效果都较弱，这可能与经过处理后的样本容量偏低和调查问卷中可能存在的选择性偏差有关。相对而言，高中教育决策组的分析结果与基于本章模型提出的三个假说在统计意义上更为相近。

在影响人力资本投资意愿的其他几个主要变量中，回归结果显示：在高收入家户组中，人力资本投资意愿与人力资本投资的预期收益正相关，但是与收益风险的关系并不显著；在低收入家户组中，人力资本投资意愿与不进行人力资本投资的预期收益负相关，这

① 拟选取家户收入的上下各25%分位数为界进行样本划分，但是依此划分后样本容量太少使得进行回归分析的结果无法收敛。

表 5.5

影响个体接受高中教育因素的实证分析结果

是否接受高中教育	样本:低收入家户		样本:高收入家户		全样本		全样本		全样本:二次型	
	系数	z-值	系数	z-值	系数	z-值	系数	z-值	系数	z-值
常数项	-4.847	(-0.38)	-3.036	(-0.96)	-0.829	(-0.36)	1.018	(0.32)	-13.61	(-0.21)
个体收入 (x_i)	0.209*	(1.78)	-0.0646	(0.19)	0.166	(0.82)	-0.383*	(-2.00)	-2.217	(-1.05)
个体收入的平方 (x_i^2)									-0.0982*	(1.87)
接受教育的预期收益 (μ_{Q_i})	-0.0481	(-0.12)	0.407*	(1.92)	-0.0563	(-0.15)	-0.749*	(-2.14)	-0.746*	(-2.12)
接受教育的收益风险 ($\sigma^2_{Q_i}$)	0.0931	(0.70)	0.0369	(0.29)	0.0890	(0.70)	0.382**	(3.04)	0.381**	(3.01)
不接受教育的预期收益 (μ_{w_i})	-0.316*	(-1.67)	-0.0642*	(-2.17)	-0.129	(-0.29)	-1.167*	(-2.26)	-1.220*	(-2.32)
不接受教育的收益风险 ($\sigma^2_{w_i}$)	0.0550	(0.37)	-0.0614	(-0.62)	0.00681	(0.05)	0.120	(0.72)	0.120	(0.72)
哑变量:收入高/低于中位数 $1_{x_i<x_i^{50\%}}$					-1.919*	(-2.01)				
交叉项:$1_{x_i<x_i^{50\%}} \cdot \mu_{Q_i}$					0.228	(0.42)				
$1_{x_i<x_i^{50\%}} \cdot \sigma^2_{Q_i}$					-0.0264	(-0.15)				
$1_{x_i<x_i^{50\%}} \cdot \mu_{w_i}$					0.0836	(0.15)				
$1_{x_i<x_i^{50\%}} \cdot \sigma^2_{w_i}$					-0.0608	(-0.37)				
个体年龄							0.440***	(5.18)	0.444***	(5.21)
个体性别							-0.521	(-1.91)	-0.529	(-1.94)
家户规模							0.294	(1.93)	0.323*	(2.06)
户主受教育年限							-0.0449	(-0.45)	-0.0347	(-0.35)
时间趋势							0.126**	(2.77)	0.130**	(2.82)
社区平均教育水平							0.566*	(2.33)	0.549	(1.29)

续表

是否接受高中教育	样本:低收入家户		样本:高收入家户		全样本		全样本		全样本:二次型	
	系数	z-值	系数	z-值	系数	z-值	系数	z-值	系数	z-值
所处城乡							-0.449	(-1.09)	-0.407	(-0.98)
地区(辽宁为参照变量)										
黑龙江							1.390	(1.40)	1.375	(1.38)
江苏							1.272	(1.74)	1.270	(1.74)
山东							0.382	(0.61)	0.363	(0.58)
河南							-0.965	(-1.63)	-1.064	(-1.76)
湖北							-0.507	(-0.92)	-0.564	(-1.02)
湖南							-0.333	(-0.58)	-0.441	(-0.75)
广西							0.705	(1.21)	0.616	(1.04)
贵州							0.646	(0.97)	0.658	(0.99)
样本数	94		118		212		204		204	
统计量	Wald chi2(5)=2.68 Prob>chi2=0.7491		Wald chi2(5)=3.34 Prob >chi2=0.6484		Wald chi2(10)=10.97 Prob>chi2=0.3598		Wald chi2(20)=48.55 Prob>chi2=0.0004		Wald chi2(21)=48.70 Prob>chi2=0.0006	
			Chow test:LR chi2(7)=11.91 Prob>chi2=0.0934							

注:***、**、* 分别表示在置信水平 1%、5%、10%上是显著的。

表5.6

影响个体接受大学教育因素的实证分析结果

是否接受大学教育	样本:低收入家户		样本:高收入家户		全样本		全样本		全样本:二次型	
	系数	z-值	系数	z-值	系数	z-值	系数	z-值	系数	z-值
常数项	-14.41	(-0.22)	-14.82	(-0.22)	-2.037	(-0.77)	-30.49**	(-2.93)	-13.29	(-0.46)
个体收入 (x_i)	0.905**	(-2.62)	-0.229*	(2.15)	-0.563	(-0.79)	0.0699	(0.20)	-3.214	(-0.61)
个体收入的平方 (x_i^2)									0.158	(0.63)
接受教育的预期收益 (μ_{Q_i})	0.692	(0.78)	0.286**	(2.91)	-3.101	(-1.65)	1.498	(1.84)	1.453	(1.78)
接受教育的收益风险 ($\sigma^2_{Q_i}$)	-0.539*	(-2.40)	0.0131	(0.20)	-0.0296	(-0.14)	-0.193	(-1.52)	-0.197	(-1.53)
不接受教育的预期收益 (μ_{w_i})	1.567	(1.22)	-0.391	(-1.02)	3.685	(1.36)	-0.0231	(-0.02)	-0.0279	(-0.03)
不接受教育的收益风险 ($\sigma^2_{w_i}$)	-0.667	(-1.51)	0.0346	(0.33)	-0.244**	(-2.64)	0.161	(0.72)	0.174	(0.76)
哑变量:收入高/低于中位数 $1_{x_i < x_i^{50\%}}$					-6.120*	(-2.10)				
交叉项:$1_{x_i < x_i^{50\%}} \cdot \mu_{Q_i}$					2.751	(1.36)				
$1_{x_i < x_i^{50\%}} \cdot \sigma^2_{Q_i}$					0.208	(0.85)				
$1_{x_i < x_i^{50\%}} \cdot \mu_{w_i}$					-2.533	(-0.91)				
$1_{x_i < x_i^{50\%}} \cdot \sigma^2_{w_i}$					0.0959	(0.16)				
个体年龄							0.421***	(4.86)	0.426***	(4.80)
个体性别							0.434	(1.17)	0.443	(1.18)
家户规模							0.0457	(0.26)	0.0453	(0.26)
户主受教育年限							0.253	(1.03)	0.246	(1.00)
时间趋势							-0.221	(-1.77)	-0.218	(-1.70)
社区平均教育水平							-0.402	(-0.72)	-0.370	(-0.66)

续表

是否接受大学教育	样本:低收入家户		样本:高收入家户		全样本		全样本		全样本:二次型	
	系数	z-值	系数	z-值	系数	z-值	系数	z-值	系数	z-值
所处城乡							0.898	(1.86)	0.931	(1.89)
地区(辽宁为参照变量)										
黑龙江							0.529	(0.78)	0.594	(0.85)
江苏							-0.714	(-0.81)	-0.711	(-0.79)
山东							0.202	(0.27)	0.255	(0.34)
河南							-0.239	(-0.29)	-0.211	(-0.26)
湖北							0.0401	(0.05)	0.0556	(0.07)
湖南							-0.0600	(-0.09)	-0.0259	(-0.04)
广西							-0.777	(-0.68)	-0.785	(-0.67)
贵州							0.884	(0.90)	0.936	(0.94)
样本数	29		184		68		182		182	
统计量	Wald chi2(5) = 7.53 Prob>chi2=0.1842		Wald chi2(5) = 5.18 Prob>chi2=0.3948 Chow test: LR chi2(7)=16.82 Prob>chi2=0.0186		Wald chi2(10)=10.12 Prob>chi2=0.4299		Wald chi2(20)=34.80 Prob>chi2=0.0212		Wald chi2(21)=34.04 Prob>chi2=0.0359	

注:***、**、*分别表示在置信水平1%、5%、10%上是显著的。

两点与假说 5.2 和假说 5.3 的表述内容是部分一致的。对于假说 5.2 中的内容，回归分析结果部分表明了个体决定接受教育进行人力资本投资的意愿与机会成本及其波动程度之间的负相关关系，不接受教育的预期收益的影响在高中教育决策组中获得了通过，但在大学决策组中未获通过，且收益波动的影响都不显著。

　　与教育相关的环境变量也对个体的人力资本投资意愿产生着显著的影响。其中，从高中教育决策组来看，个体的年龄、社区教育水平和时间趋势对于个体进行教育决策的影响较为显著。随着个体年龄的增长，个体接受教育的意愿在增加；随着时间的推移，个体的教育投资意愿也在显著上升；社区的平均教育水平越高，个体选择接受教育进行人力资本投资的意愿会越强，这表明个体的选择行为会受到周边环境的影响，表现出一定的群体效应。值得注意的是，回归结果发现家户规模和个体的性别差异并没有对个体选择接受教育的意愿产生显著影响，这与我国通常的男尊女卑的思想表现不相一致，有可能是随着我国计划生育政策的施行，各家户子女较少，对子女教育进行人力资本投资的意识已广泛普及。

　　与通常的直观认识相悖，人力资本投资意愿与地区的经济发展水平之间并没有表现出显著的统计关系。在地区特征上，农村和城市之间并未表现出显著的差异；在省份的差异上，各省相互之间的个体的人力资本投资意愿并未有明显的差异。在通常的宏观经验研究中，人力资本投资对于经济增长的促进作用是显著的，因为宏观分析中考虑了地区的人口基数和教育设施等人力资本投资的代理变量，这些是与地区宏观经济发展保持一致的因素。在本章的离散选择分析中，个体的人力资本投资选择行为却与地区经济发展水平没有显著关联。这也从侧面说明了，经济强省未必就是教育大省，除了地区经济发展水平之外，还有很多因素影响个体的人力资本投资决策。

　　为了进一步考察个体不同程度的人力资本投资意愿的影响因素表现，本章还通过分位数回归进行了分析。从表 5.7 和图 5.7 的分位数回归分析结果可以看出，随着分位数的增加，个体收入对于个体接受高中教育的分位数回归系数呈现先降后升的趋势，这表明个体收入对个体接受高中教育意愿的条件分布的两端影响大于其对于中间部分的影响，因此个体收入的变动对于处于人力资本投资意愿两端的家户影响要大，而对于中间阶层的影响相对要小。与个体收入的影响类型相一致的还包括接受教育的收益风险和不接受教育的收益风险这两个因素。

表 5.7　　　　　　影响个体接受高中教育因素的分位数回归分析结果

是否接受高中教育	10%分位数回归		50%分位数回归		90%分位数回归	
	系数	t 值	系数	t 值	系数	t 值
常数项	−0.577	(−1.45)	−2.275***	(−6.12)	6.120***	(4.49e+09)
个体收入 (x_i)	**−0.00393**	**(−0.19)**	**−0.0866*****	**(−8.79)**	**−0.0341*****	**(−9.33e+08)**

续表

是否接受高中教育	10%分位数回归		50%分位数回归		90%分位数回归	
	系数	t 值	系数	t 值	系数	t 值
接受教育的预期收益 (μ_{Q_t})	−0.164***	(−8.24)	−0.00642	(−0.23)	0.131***	(1.19e+09)
接受教育的收益风险 ($\sigma_{Q_t}^2$)	0.00384	(0.69)	−0.0224**	(−3.43)	0.0151***	(6.09e+08)
不接受教育的预期收益 (μ_{w_t})	0.0582***	(3.62)	−0.0300	(−1.69)	−0.419***	(−6.49e+09)
不接受教育的收益风险 ($\sigma_{w_t}^2$)	0.0131***	(3.83)	0.00517	(1.54)	0.0343***	(2.68e+09)
个体年龄	0.0503***	(30.60)	0.0490***	(50.94)	0.0374***	(1.12e+10)
个体性别	−0.0231	(−1.19)	−0.113***	(−9.63)	−0.168***	(−3.90e+09)
家户规模	−0.0196	(−1.99)	−0.000722	(−0.12)	−0.0892***	(−3.31e+09)
户主受教育年限	0.00415	(0.28)	0.101***	(7.19)	−0.166***	(−3.16e+09)
时间趋势	0.00708**	(3.05)	0.0143***	(5.99)	0.0627***	(6.55e+09)
社区平均教育水平	0.0552***	(3.61)	−0.0199	(−1.42)	0.0518***	(8.77e+08)
社区的高中学历者失业率	0.0921**	(2.91)	0.597***	(18.99)	0.201***	(1.77e+09)
所处城乡	−0.0569*	(−2.44)	−0.0964***	(−5.78)	−0.0485***	(−6.90e+08)
地区（辽宁为参照变量）						
黑龙江	−0.0436	(−1.70)	−0.0193	(−0.60)	−0.0465***	(−3.97e+08)
江苏	0.0372	(1.83)	0.0845***	(3.50)	0.124***	(1.33e+09)
山东	0.0935***	(5.35)	0.0270	(1.21)	0.474***	(5.69e+09)
河南	0.126***	(3.63)	0.402***	(19.53)	0.579***	(6.83e+09)
湖北	0.0606*	(2.11)	0.0447*	(2.22)	0.341***	(4.53e+09)
湖南	0.0706***	(4.35)	−0.0572**	(−2.90)	−0.0946***	(−1.25e+09)
广西	0.123***	(6.41)	0.142***	(5.85)	0.618***	(5.91e+09)

续表

是否接受高中教育	10%分位数回归		50%分位数回归		90%分位数回归	
	系数	t 值	系数	t 值	系数	t 值
贵州	0.0266	（1.37）	-0.00821	（-0.32）	0.0434 ***	（4.38e+08）
样本数	82		82		82	
	Pseudo R2 = 0.4198		Pseudo R2 = 0.5723		Pseudo R2 = 0.2376	

注：1. ***、**、*分别表示在置信水平1%、5%、10%上是显著的。

2. e+08 表示 10^8，全书同。

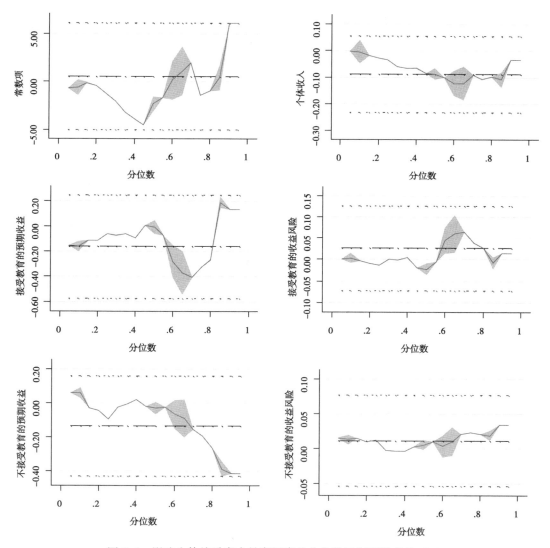

图 5.7　影响个体接受高中教育因素的分位数回归系数变化（1）

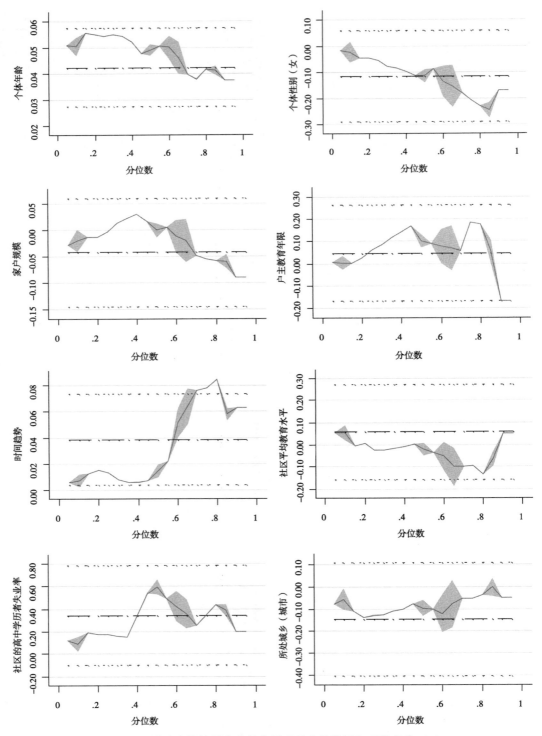

图 5.7　影响个体接受高中教育因素的分位数回归系数变化（2）

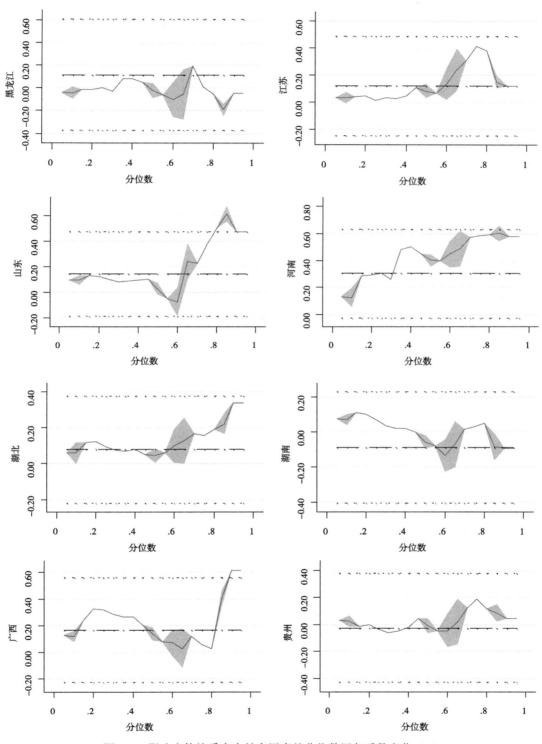

图 5.7　影响个体接受高中教育因素的分位数回归系数变化（3）

另外，考察接受教育的预期收益对于个体接受高中教育的分位数回归系数，对于90%分位数，回归系数显著为正，对于10%分位数，回归系数则显著为负，对于中间分位数的回归系数为负、且不显著；同时发现，接受教育的预期收益风险对于中间阶层的负面效应非常显著。这表明接受教育的预期收益对个体接受高中教育意愿的条件分布的两端影响小于其对于中间部分的影响，因此接受教育的预期收益的变动对于处于人力资本投资意愿两端的家户影响要小，而对于中间阶层的影响相对要大。此外，在进行分位数回归的结果中，右侧估计系数的标准差持续扩大，这表明对于条件分布右端的分位数回归系数的估计不太准确。

5.5 结论

本章构建了一个教育投资决策的微观模型，重点研究了风险对于贫困家庭人力资本代际传递的影响，并利用 CHNS（1989—2009 年）8 个调查年度的数据通过非平衡面板的离散选择模型和分位数回归分析对影响个体接受教育进行人力资本投资意愿的因素进行了分析，研究结果如下：

第一，通过模型分析发现：在人力资本投资的成本、预期收益和风险、机会成本和风险水平一定的情况下，当个体财富水平低于人力资本投资成本时，个体决定接受教育进行人力资本投资的意愿与个体的财富水平正相关；在个体财富水平和人力资本投资成本一定的情况下，个体决定接受教育进行人力资本投资的意愿与机会成本及其波动程度负相关；在个体的财富水平和人力资本投资成本一定的情况下，当个体财富水平高于人力资本投资成本时，个体决定接受教育进行人力资本投资的意愿与投资的预期收益水平正相关，与预期收益的波动程度正相关；当个体财富水平低于人力资本投资成本时，个体决定接受教育进行人力资本投资的意愿与投资的预期收益水平负相关、与预期收益的波动程度负相关。

第二，分样本处理和 Chow 式统计的结果表明，在是否接受高中教育和大学教育这两类人力资本投资的选择问题上，高、低两个收入群体的财富水平与投资意愿之间确实显示出不同的关系，且在 10% 的置信水平上都通过了 Chow 式检验。依据个体收入水平分样本处理后的结果表明：在低收入家户中，个体进行人力资本投资的意愿与其收入水平正相关，这意味着越是贫穷的家户进行人力资本投资的意愿会越低；在高收入家户中，个体进行人力资本投资的意愿与其收入水平负相关，但关系较弱。同样，关键变量的虚拟变量模型和二次型回归的结果也印证了上述结论。因此，政府应当特别关注低收入家户个体的教育选择行为，防止其人力资本投资意愿由于家庭贫困而被削弱。

第三，与通常的直观认识相悖，人力资本投资意愿与地区的经济发展水平之间并没有表现出显著的统计关系。在地区特征上，农村和城市之间并未表现出显著的差异；在省份的差异上，各省相互之间的个体的人力资本投资意愿并未有明显的差异。在通常的宏观经验研究中，人力资本投资对于经济增长的促进作用是显著的，在本章的离散选择分析中，个体的微观选择行为与地区经济发展水平并不一致与前述研究并不矛盾，因为宏观分析中考虑了地区的人口基数和教育设施等人力资本投资的代理变量，这些是与地区宏观经济发展保持一致的因素。本章的实证分析结果也从侧面说明了经济强省未必就是教育大省，反之，有些省份的经济实力并非很强（例如样本中的湖北、湖南），但是家庭和社会对教育却比较重视，个体未必不愿意接受教育。

第四，通过分位数回归分析发现，个体收入对于个体接受高中教育的分位数回归系数呈现先降后升的趋势，这表明个体收入对个体接受高中教育意愿的条件分布的两端影响大于其对于中间部分的影响，与个体收入的影响类型相一致的还包括接受教育的收益风险和不接受教育的收益风险这两个因素，影响类型相反的因素包括接受教育的预期收益及波动。这说明了对于决定接受或不接受人力资本投资意愿特别强烈的个体，个体收入的变动对他们原来意愿的改变有很强的影响；处于中间意愿的个体，人力资本投资的预期收益和机会成本对其意愿改变的影响更大。

总之，微观个体的人力资本投资意愿应该引起政府的关注。政府想更有效率地进行扶贫以消除低收入群体人力资本投资不足导致的持续性贫困，就要注重考虑低收入个体在人力资本投资决策时对于投资成本过高的担心，同时也要积极维护就业市场、稳定人力资本投资的预期和风险，引导中高收入群体的投资意愿，另外，扶持政策也要注重结合个体所在社区的具体教育环境和各家户自身的教育氛围。

本章的模型和实证部分的不足主要有三点：第一，通过模型分析获得的人力资本投资风险对于贫富差距演化和持续性贫困的结论，其前提假设在于人力资本投资的预期收益和风险是平稳的，这在短期或许是可行的，但在长期与实际情况可能会有出入；第二，经过对 CHNS 数据的二次处理之后样本容量偏小，且由于抽样统计的选择性偏差会使得数据的有效性有所削弱；第三，本章根据模型提出的实证方程为非线性形式，但是在处理过程中由于缺乏投资成本数据而基于非平衡面板的离散选择模型进行了分析，这导致了研究结果的准确性会受到一定影响。

本章主要变量的描述性统计

变量名	符号	1989年				1991年			
		数据量	均值	方差	值区间	数据量	均值	方差	值区间
初中是否失学	e^m	3347	.0803705	.2719065	[0, 1]	3759	.0606544	.2237271	[0, 1]
高中是否失学	e^h	716	.7639665	.4249399	[0, 1]	706	.7266289	.4460057	[0, 1]
大学是否失学	e^u	328	.1219512	.3277294	[0, 1]	204	.2598039	.4396057	[0, 1]
初中教育的预期收益	$\mu_{Q_t}^m$	2305	1410.99	728.59	[-516.0211, 5072.71]	2449	1449.83	620.5368	[174.2502, 4008.333]
高中教育的预期收益	$\mu_{Q_t}^h$	1148	1511.469	950.5926	[6.063348, 6571.091]	1150	1584.535	573.4283	[60, 4800]
大学教育的预期收益	$\mu_{Q_t}^u$	212	1121.965	623.3161	[-88.49673, 5530.909]	145	1604.051	418.8799	[70, 2700]
初中教育的收益方差	$\sigma_{Q_t}^{2m}$	2305	5031932	1.97e+07	[16270.6, 1.75e+08]	2449	1883275	4022650	[11191.56, 3.62e+07]
高中教育的收益方差	$\sigma_{Q_t}^{2h}$	1148	5362500	2.41e+07	[0, 1.84e+08]	1150	765593.1	1236092	[0, 8909986]
大学教育的收益方差	$\sigma_{Q_t}^{2u}$	212	97025.2	156357.9	[0, 1090604]	145	142827	131492.8	[0, 568718.2]

附录

变量名	符号	1993 年				1997 年			
		数据量	均值	方差	值区间	数据量	均值	方差	值区间
初中是否失学	e^m	3817	.0537071	.2254683	[0, 1]	3792	.0458861	.2092656	[0, 1]
高中是否失学	e^h	662	.6903323	.4627062	[0, 1]	769	.6137841	.4871979	[0, 1]
大学是否失学	e^u	343	.1311953	.3381071	[0, 1]	407	.1916462	.3940806	[0, 1]
初中教育的预期收益	$\mu_{\varrho_t}^m$	2372	2171.76	1361.267	[334.4462, 17875.2]	2364	4592.566	2266.79	[1020.031, 16545.13]
高中教育的预期收益	$\mu_{\varrho_t}^h$	1147	2442.058	1281.21	[21.01167, 9709.91]	1349	5731.775	2449.596	[46.66667, 21069]
大学教育的预期收益	$\mu_{\varrho_t}^u$	156	2122.028	1192.393	[54.80645, 7800]	218	5604.834	2753.009	[312.5, 15250]
初中教育的收益方差	$\sigma_{\varrho_t}^{2m}$	2372	6540586	5.08e+07	[28447.56, 1.09e+09]	2364	2.03e+07	5.43e+07	[0, 6.09e+08]
高中教育的收益方差	$\sigma_{\varrho_t}^{2h}$	1147	4575101	1.33e+07	[0, 1.18e+08]	1349	2.24e+07	5.24e+07	[0, 4.61e+08]
大学教育的收益方差	$\sigma_{\varrho_t}^{2u}$	156	983552.7	1749038	[0, 8617160]	218	7829621	1.19e+07	[0, 6.21e+07]

变量名	符号	2000 年				2004 年			
		数据量	均值	方差	值区间	数据量	均值	方差	值区间
初中是否失学	e^m	4307	.0429533	.2027755	[0, 1]	3869	.040579	.1973382	[0, 1]
高中是否失学	e^h	759	.602108	.4897857	[0, 1]	628	.593949	.4914857	[0, 1]
大学是否失学	e^u	789	.1242079	.3300277	[0, 1]	152	.6776316	.4689282	[0, 1]
初中教育的预期收益	$\mu_{Q_t}^m$	2569	5415.375	2761.961	[576, 34800]	1698	6679.113	4845.781	[−319.8571, 76200]
高中教育的预期收益	$\mu_{Q_t}^h$	1552	7690.602	3818.403	[175, 40905]	1283	10356.55	5008.927	[0, 33098.5]
大学教育的预期收益	$\mu_{Q_t}^u$	357	8679.87	5408.78	[−1200, 57800]	210	14845.23	6900.192	[1450 55500]
初中教育的收益方差	$\sigma_{Q_t^m}^2$	2569	3.43e+07	8.33e+07	[0, 9.00e+08]	1698	7.98e+07	2.52e+08	[0, 3.82e+09]
高中教育的收益方差	$\sigma_{Q_t^h}^2$	1552	4.93e+07	1.26e+08	[0, 1.29e+09]	1283	5.90e+07	1.39e+08	[0, 1.03e+09]
大学教育的收益方差	$\sigma_{Q_t^u}^2$	357	4.28e+07	1.37e+08	[0, 8.17e+08]	210	8.57e+07	2.93e+08	[0, 1.54e+09]

变量名	符号	2006 年				2009 年			
		数据量	均值	方差	值区间	数据量	均值	方差	值区间
初中是否失学	e^m	3462	.0355286	.1851384	[0, 1]	3857	.0477055	.21317	[0, 1]
高中是否失学	e^h	512	.6015625	.4900552	[0, 1]	382	.6858639	.4647796	[0, 1]
大学是否失学	e^u	165	.6969697	.4609672	[0, 1]	140	.7642857	.4259685	[0, 1]
初中教育的预期收益	$\mu_{Q_t}^m$	1481	9006.908	5778.975	[514.9596, 77400]	1658	15884.74	11371.5	[3400, 154401.4]
高中教育的预期收益	$\mu_{Q_t}^h$	1220	13504.59	6343.498	[460.8421, 39300.29]	1131	24045.63	14925.79	[266.6667, 120620.8]
大学教育的预期收益	$\mu_{Q_t}^u$	317	21538.67	17187.61	[2300, 169200]	326	29084.29	19080.79	[300, 169000]
初中教育的收益方差	$\sigma_{Q_t}^{2m}$	1481	9.83e+07	2.70e+08	[0, 3.82e+09]	1658	6.19e+08	2.48e+09	[0, 2.45e+10]
高中教育的收益方差	$\sigma_{Q_t}^{2h}$	1220	1.97e+08	6.59e+08	[0, 5.67e+09]	1131	1.13e+09	4.14e+09	[0, 3.63e+10]
大学教育的收益方差	$\sigma_{Q_t}^{2u}$	317	5.44e+08	1.28e+09	[0, 5.01e+09]	326	7.47e+08	2.90e+09	[0, 1.88e+10]

注：e+n 表示 10^n，如 e+07 表示 10^7，e+10 表示 10^{10}，全书同。

第六章

技术引致、人力资本升级与贫困陷阱

前文的研究表明，我国现阶段的贫困状态呈现出比较明显的代际传递、区域性集中分布的特征，一些贫困地区和贫困人群提高收入水平和摆脱贫困的速度比较迟缓。就世界各国而言，落后国家与发达国家在经济增长和人均收入水平上的差距也呈现出扩大趋势，一些发展中国家在经济发展中落入了低水平均衡陷阱。那么，导致贫困地区出现经济发展陷阱的根源是什么？在本章，我们通过建立一个宏观经济模型来进行理论探讨，考察技术引致、人力资本升级可能呈现出怎样的具体路径，及其与落后国家或地区经济发展陷阱之间的关系。

我们认为，技术水平的高低取决于技术的掌握者和使用者如何应用技术，因此技术水平对人力资本积累具有引致性。模型假设，发展中国家的人力资本水平随着所选择的技术水平的提高而升级，从而技术的分阶段更迭使得引致的人力资本分阶段累积。我们据此定义了一类非平滑的、周期性的生产函数，在每个阶段内人力资本是教育投入的凹函数，各阶段内的技术水平是该阶段人力资本水平所能达到的上限，通过 R&D 的投入实现技术的更新，最终人力资本转型升级推动经济持续增长。模型根据两种差异化的人力资本升级形式得出了两种不同的经济增长方式：持续式增长模式和颤抖式增长模式，以此可以解释发展中国家存在低水平均衡或贫困陷阱的机制。发展中国家即使一味地学习和模仿领先国家的高新技术，也可能始终无法赶超后者，因为发展中国家的人力资本水平和潜在技术水平与发达国家差距太大，这将使得发生转型升级的人力资本临界值过高，从而使其陷入低水平均衡状态。因此，发展中国家要赶上发达国家，必须大力提高人力资本积累率，并且选择更为适宜的技术水平，由此引致人力资本的升级，从而摆脱发展陷阱。

6.1 问题的提出和相关文献回顾

根据新古典经济增长理论，物质资本边际报酬递减会最终导致世界经济增长出现收敛（趋同）现象。然而，最近十多年的经验研究结论表明，世界经济增长并没有出现绝对收敛，整个世界人均收入格局经历的是一个具有极化、分层和持久特征的过程（Quah，1996）。图 6.1 基于核密度函数刻画了 1960 年、1980 年和 2010 年世界各经济体人均收入的分布状况，从中可见，1960 年存在大量的贫困和低收入人口，随着时间延续，左端贫困人口的"峰"依然明显，而在右端逐渐呈现出了富裕人口的"峰"，这种收入分布上的极化和分层现象越来越明显。Barro（1995）根据 118 个国家 1960—1985 年的统计数据测量结果发现，穷国的经济增长往往更缓慢，穷国赶超富国的预期并没有实现，贫困地区与发达地区、贫困国家与发达国家的经济差距越拉越大，很难看出差距缩小的迹象。Quah（1993，1996）运用 1962—1984 年 118 个国家的人均 GDP 相对于世界平均水平的数据，通过估计收入分布动态变化支持了"俱乐部收敛"假说：世界的收入分布在两端对称地形成了穷人俱乐部和富人俱乐部。

在图 6.2 中，横轴为 1960 年人均 GDP，纵轴为 2010 年人均 GDP，分别画出了 1/3 和 2/3 分位线，将世界各个经济体按照高收入、中等收入和低收入进行划分。可以发现在最近的半个多世纪中，大多数经济体在排列组别中的位置并没有改变：富国（OECD 国家）依然富，绝大部分穷国依然穷，以南撒哈拉非洲国家为主体的穷国依然处在低收入陷阱之下。在中等收入组别中，除了韩国、新加坡以及我国香港、台湾省少数几个国家或地区成功实现从中等收入组别跨入高等收入组别外，以巴西、智利和墨西哥为代表的拉美国家却在中等收入组别中徘徊了近半个世纪。为什么有的经济体能够在较短时期内实现赶超，而有的国家发展却长期缓步不前？中国已经顺利进入了中等收入国家组别，目前是世界上最大的中等偏高收入组别的国家①，中国在今后的发展过程中如何顺利实现赶超呢？

伴随着上述疑问，多重均衡问题获得了研究者广泛的关注，也揭示了许多经典的经济学现象，其中极具代表性的是经济转型、贫困陷阱和经济非趋同增长。低均衡点可以对应传统社会或经济贫困，相应地，高均衡点则表示现代社会或经济富裕。跳出贫困陷阱是从低均衡状态向高均衡状态转变的分水岭，它意味着"终于克服稳定增长的阻力和障碍""打破贫困陷阱"。然而跳向高均衡点的过程异常艰难，处于贫困状态的个人、群体和区域等由于自身贫困导致缺乏初始起跳的动力，长期处于贫困的恶性循环中不能自拔。对于哪些因素造成了低水平均衡一直存在着各种不同的理论见解和分析思路。

探讨经济转型受阻的一种广为应用的分析思路是临界点理论，这类理论模型强调生产要素积累的最低门槛对于经济起飞是至关重要的，那些处于低水平均衡状态的国家是因为至少在某一生产要素上过于匮乏从而缺少起跳的动力。其中具有代表性的是最低资本门槛陷阱模型（Rosenstein-Rodan，1943；Murphy，1989；Doepke，2006），它认为在现代化的生产过程中，为了让整个工业体系正常运转，需要同时具有相当数量的技术工人和必需的基础设施，在人均资本存量达不到最低门槛前，即使增加一些投资也无助于国家跳出低水平均衡状态。尽管根据凸性生产函数的新古典经济增长理论，即使各个国家之间具有不同的禀赋，物质资本边际报酬递减会最终导致世界经济增长出现趋同现象，但是这与现实情况相悖，这表明要素积累确实是使经济长期增长的重要原因，但它并不能解释各国间收入的巨大差异。换句话说，低要素积累仅仅只是低水平均衡的一个特征，但不是根本原因。

大量经济增长文献研究表明，技术进步对于经济起飞和保持长期增长是极为重要的，

---

① 2017 年 12 月的中央经济工作会议在对我国发展阶段的论述中指出：我国"人民获得感、幸福感明显增强，脱贫攻坚战取得决定性进展，基本公共服务均等化程度不断提高，形成了世界上人口最多的中等收入群体。"

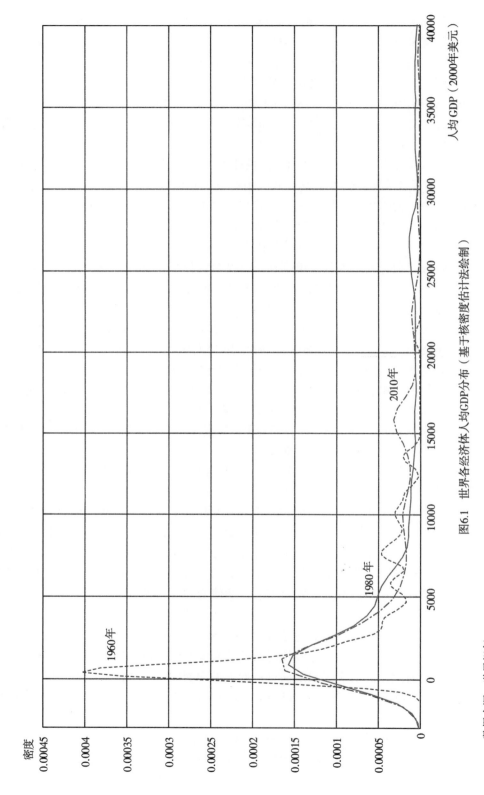

图6.1 世界各经济体人均GDP分布（基于核密度估计法绘制）

数据来源：世界银行http：//data.worldbank.org/.

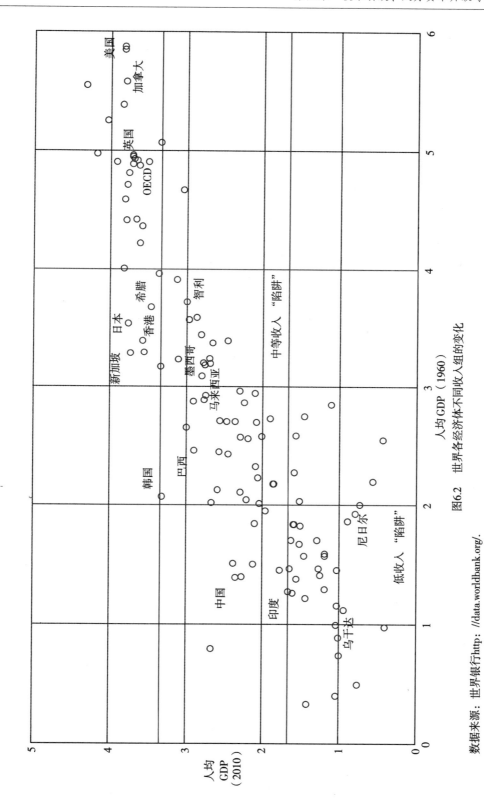

图6.2　世界各经济体不同收入组人组的变化

数据来源：世界银行http：//data.worldbank.org/.

许多学者在研究发展中国家的经济转型时，考虑到由于出现收益递增和正外部效应，经济增长的路径可能存在着多重均衡。Krugman（1981，1987）利用外部经济建立了一个"不平衡发展"的模型，其中世界经济划分为富国与穷国是内生地发生的，并且各种由于历史的偶然性而造成的专业化分工形态，通过学习的过程而被"锁定"，由此呈现出一系列的多重均衡。Azariadis（1996）构建了一类能产生多重均衡的随机动态模型，其生产函数为非凸，且含有一个满足对数正态分布的冲击因式。无论初始条件怎样，只要技术冲击达到一定程度，贫困陷阱就能够被突破，从而达到新的均衡。这个基于技术冲击的模型刻画出的多重均衡相当简明，但缺点在于贫困陷阱的突破完全取决于技术的随机性，这无疑是一个外生影响因素。

经济结构调整、产业升级、人力资本积累等在经济起飞过程中也产生突出作用，一国经济发展只有告别依附于类似不可扩张的土地等传统部门的低水平均衡状态，才能跨入依赖于创造性人力资本积累等现代部门的高水平均衡状态。Lewis（1954）、Ranis & Fei（1961）认为，积极发展城市工业部门、采纳新技术和创造就业来吸收农村剩余劳动力，可以增加工业比重改变经济结构，从而推动经济跨入现代增长阶段。Galor（1992）指出在一个总量生产函数为规模报酬递增的两部门生产模型中，不确定性问题可以促使多重均衡问题的产生。Hansen & Prescott（2002）构造的理论模型说明，只要全要素增长率是正的，经济转型就能发生。他们的模型中有一个产品、两种技术：马尔萨斯技术和索罗技术。前者需要使用劳动、土地和可再生的资本作为投入要素，后者不需要使用土地。在经济增长的早期，只采用马尔萨斯技术，由于收益递减和人口的增长，增长率长期停滞不前；随着技术进步，逐步进入了索罗技术与马尔萨斯技术并用阶段，人口增长放慢，人均收入水平出现增长；最后作为一种极限，整个经济中只使用索罗技术，于是进入现代经济增长阶段。

大量的研究也从市场失灵与制度失灵的角度考察了低水平陷阱产生的原因（Galor & Zeira，1993；Banerjee & Newman，1993；Kiyotaki & Moore，1997；Matsuyama，2000）。这里的制度包括政治体制、法律系统、社会规范、风俗习惯等，制度的失灵可能直接导致贫困陷阱的产生，也可能与市场失灵相互作用导致长久的无效率状态。Kiyotaki & Moore（1997）从信贷约束的角度考察了贫困陷阱的产生机制。穷人通常缺乏抵押担保物，从而使他们面临信贷约束，信贷约束反过来又限制了穷人参与致富活动的范围，特别是那些需要先期投资成本或数量庞大的资本品的活动。因此，对于穷人来说，获取收入的合适活动范围变小了。这就导致了低均衡的贫困陷阱：贫困决定低财富水平，低财富水平限制担保程度，而低担保导致无法参与高收入活动，于是更加陷入贫困状态。Mehlum 等（2006）考察了在转型社会中由于寻租和腐败等制度失灵导致的陷阱。寻租和腐败者的"掠夺之手"将与生产者争夺有限资源，从而导致生产者受到激励放弃生产性活动，并向掠夺者转变，最后形成大量掠夺者和少量生产者相并存的"坏均衡"状态。

"历史"和"预期"这两种不同的因素对于形成"好均衡"的作用也得到了研究者一定的关注。一种观点认为"历史"因素是至关重要的，各国的初始状态决定了其最后的结果；另一种观点则强调"预期"的作用，认为人们一旦形成了对于未来的某种预期，这个预期就可以自我实现。Krugman（1991）借助于一个简化的贸易模型，引入外部经济和调整成本，论证了在不同条件下，对于决定最后均衡而言，历史与预期发挥着同等重要的作用。Matsuyama（1991）指出由于制造业部门收益递增，在工业化进程中存在着多个稳态，如果人们的预期能够很好地协调，工业化就可能出现。

新增长理论将技术进步和人力资本积累作为长期增长的源泉，基于上述文献可以发现，人力资本积累和技术进步对于克服稳定增长的阻力和障碍、推进经济由低水平均衡状态跨入高水平均衡状态是极为重要的。根据后发优势理论，落后者与领先者之间存在着巨大的技术水平差距，落后者可以通过各种途径学习和模仿领先者的先进技术，这比创新更节约资源和时间，从而落后者具有技术的后发优势（林毅夫，2003；杨汝岱，姚洋，2008）。在现实中，众多发展中国家或地区确实引进了一批发达国家的先进技术，但是技术引进并没有自然而然地带来经济增长；相反地，许多发展中国家经济增长长期缓慢，甚至停滞，不仅很难看出它们有赶上发达国家的迹象，而且它们与发达国家在人均收入水平上的差距还在扩大。那么，为什么后发国家使用了更先进的技术，却仍然陷入低水平均衡或贫困陷阱呢？在技术引进与人力资本积累之间是怎样的相互作用关系呢？发展中国家应该采取怎样的措施促使技术引进、人力资本积累相匹配，进而推动长期经济增长呢？

本章认为，引进的技术具有引致人力资本升级的作用，从这个视角出发，解释技术引进方式的差异可能会造成人力资本升级受阻，从而带来发展陷阱。在本章构建的模型中，技术的分阶段更迭导致引致的人力资本分阶段累积，在每个阶段内，人力资本是教育投入的凹函数，各阶段内的技术水平是该阶段人力资本水平所能达到的上限，通过 R&D 投入实现技术的更新，进而引致人力资本的转型升级。我们据此定义了一类非平滑的、周期性的生产函数，通过选择更新的技术引致人力资本的升级跃迁来解释多重均衡和发展陷阱。本章得出的基本结论是：适宜技术的引进极为重要，跨度过小的技术引进会造成人力资本积累不足、无益于下一轮的转型升级，而跨度过大的技术引进又会导致本轮人力资本升级的成本过高，从而使得经济发展停滞在低水平均衡状态。

本章余下部分的结构安排如下：第二节基于 Lucas（2004）人力资本积累外部性的思想，构建了一个人力资本增长与发展陷阱的基本模型，并分析了特殊生产函数形式对于刻画多重均衡的重要性，实际上这个理论模型不仅可以对"贫困陷阱"做出阐释，还可以对经济增长不同阶段出现的困境（如"中等收入陷阱"）做出阐释；第三节给出了一个技术更新引致人力资本升级的扩展模型，并在其基础上分析了技术引进方式的差异造成人力资本升级受阻，从而陷入发展陷阱的情形；第四节通过数值分析和模型校准对模型的主要结论进行了检验；第五节总结全章，给出政策含义，并简要讨论了未来扩展研究的方向。

6.2　人力资本增长与发展陷阱：基本模型

假设生产仅有两种投入，人力资本投入（有效劳动）H 和物质资本 K。这里人力资本投入体现为劳动力的数量和质量的结合，在不变人口的假设下，人口增长率为零，将家庭总人口标量化为 1。因此，整个家庭户的有效劳动为 H，为了简便起见，我们选用柯布-道格拉斯函数：

$$Y = F(H, K) = AH^\alpha K^{1-\alpha} \tag{6.1}$$

该生产函数满足稻田（Inada）条件。

　　令 s 和 δ 分别表示产出中用于人力资本积累的比例以及人力资本的折旧比例，则人力资本存量的持续变化为：

$$\dot{H} = sF(H, K) - \delta H \tag{6.2}$$

　　假定该生产函数对于两种投入是规模报酬不变的，那么生产函数能写成集约形式：

$$y = f(h) \tag{6.3}$$

其中，$y = Y/K$ 是产出与物质资本比率，$h = H/K$ 是人力资本与物质资本比率。再假定物质资本以不变的外生速率 n 增长，即：$\dot{K}/K = n$。对（6.2）式两边同除以 K，整理得到：

$$\dot{h} = s \cdot f(h) - (n + \delta) \cdot h \tag{6.4}$$

$$\gamma_h = \frac{\dot{h}}{h} = \frac{sf(h)}{h} - (n + \delta) \tag{6.5}$$

　　根据（6.4）式中生产函数 $f(h)$ 形式的不同，我们将能得到如图 6.3 和图 6.4 所示的不同稳态均衡点。在图 6.3 中，假定人力资本的边际产出递减，即 $f'(h) > 0$，$f''(h) < 0$，那么曲线 $s \cdot f(h)/h$ 与直线 $(n + \delta) \cdot h$ 有唯一的交点 h^*，$\gamma_h = 0$。此时经济将趋同增长，没有发展陷阱产生，人力资本 H、物质资本 K 均以速率 n 增长，而且由于规模报酬不变，产出也以速率 n 增长。

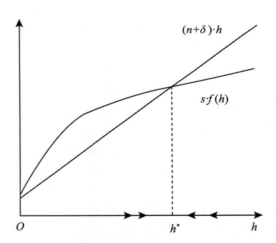

图 6.3　人力资本经济增长模型：凸性生产函数

　　如图 6.4 所示，如果 $f(h)$ 是非凸的函数，那么将可能产生多重均衡和发展陷阱。实际上人力资本报酬递减并不是必然的，人力资本的专业化就会带来报酬递增。假定生产函数在 h 很低时呈现出对 h 的递减报酬，在中间区域对 h 报酬递增，在 h 很高时报酬不变或递减。那么，在经济增长中将出现 h_L^* 和 h_H^* 高低不同的两个均衡点，人力资本不足将使得经济落入低水平均衡陷阱。

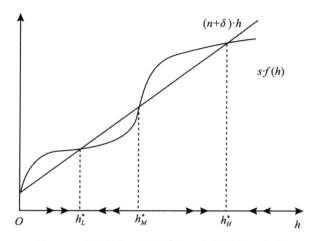

图 6.4　非凸生产函数导致的人力资本贫困陷阱

6.3　技术引致与人力资本升级：扩展模型

　　根据后发优势理论，落后者与领先者之间存在着显著的技术水平差距，落后者可以通过各种途径学习和模仿领先者的先进技术，这比自主创新更节约资源和时间。然而事实证明，许多发展中国家或地区尽管引进了一批发达国家的先进技术，但是经济增长却长期缓慢，很难看出它们有赶上发达国家的迹象，一些低收入国家落入了贫困陷阱，许多中等收入水平国家则落入了中等收入陷阱。那么，这种现象背后的原因是什么呢？我们认为，技术领先国家推出的技术创新具有本地化特征，这些依照发达国家状态量身定做的先进技术与落后国家的经济发展环境，特别是落后国家的人力资本类型和水平不一定适宜，这使得落后国家对先进技术的运用是缺乏效率或无效率的，从而落后国家与领先国家之间的技术差距将不可避免地逐步拉大，最终导致差异性的经济增长绩效。

　　从模型构建的角度来看，在经济增长和转型路径中，如果出现低水平均衡或中等收入水平均衡的陷阱，就与多重均衡相关，而多重均衡的产生都离不开特殊生产函数的设定。要使得经济真正摆脱低水平均衡陷阱，关键是要在总量生产函数中引入新的因素，使得在一个时期内能够克服传统要素的边际收益递减性，并且出现收益递增状态，这样的因素就是技术进步以及（或者）人力资本积累。我们认为，技术水平在经济增长中的作用取决于技术的掌握者和使用者，因此需要同时考虑技术水平与人力资本水平，特别是关注技术水平对人力资本累积的引致性。在本章构建的模型中，技术的分阶段更迭导致引致的人力资本分阶段累积，在每个阶段内人力资本是教育投入的凹函数，各阶段内的技术水平是该阶段人力资本水平所能达到的上限，通过 R&D 的投入实现技术的更新，进而引致人力资本的升级。本章据此定义了一类非平滑的、周期性的生产函数，通过在选择更新的技术过程中，技术引致人力资本升级路径的不同来解释发展陷阱。

6.3.1 技术引致的人力资本积累

本章的人力资本增长函数与 Lucas（2004）对于城乡人力迁徙中城市人力资本积累的刻画思想类似，不同的是强调技术对于人力资本积累的引致作用。Lucas 认为更发达地区（城市）具有更强的人力资本积累功能，各时段内人力资本水平拥有一个上限，迁徙者通过自我学习和人力资本积累逐步达到并提升该上限值。本章认为，对于发展中国家而言，除了自我学习的途径外，人力资本积累的另外一个重要途径是模仿学习，这意味着在这些国家人力资本存量可以通过领先者的技术引致进行学习积累。

考虑如下的人力资本增长函数：$h_i(e_i; \hat{h}_{i-1}, A_i)$，其中下标 i 表示第 i 个转型升级阶段，e_i 表示第 i 个阶段内投入的教育程度；A_i 是第 i 个阶段内的潜在技术水平，也是此阶段内人力资本积累所能达到的上限，$\{A_i\}_{i \in I}$ 外生给定①，其中 I 为指标集；$\hat{h}_{i-1}$ 表示第 $i-1$ 阶段发生技术更新和人力资本升级时的人力资本临界值，也是第 i 阶段内的人力资本初始值。我们要求人力资本增长函数满足如下条件：

1. $h_i'(e_i) > 0$，$h_i''(e_i) < 0$

2. $h_i(0; \hat{h}_{i-1}, A_i) = \hat{h}_{i-1}$

3. $\lim_{e_i \to \infty} h_i(e_i; \hat{h}_{i-1}, A_i) = A_i$

其中，条件 1 说明在每个阶段内人力资本积累函数是单调递增的凹函数；条件 2 说明每个阶段的初始人力资本即为上一阶段人力资本的跃迁值；条件 3 说明技术水平对人力资本积累具有牵引性，在每个阶段中引致的人力资本积累的上限为该阶段的潜在技术水平。

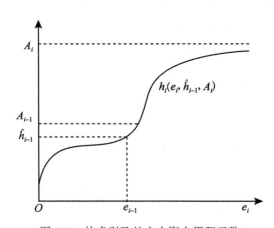

图 6.5 技术引致的人力资本累积函数

---

① 对于落后国家而言，通过模仿领先者实现技术牵引式的人力资本积累，可以视这些领先国家的技术水平为外生给定；但对于领先者而言，提高其技术水平上限的人力资本积累方式可以类似于 Lucas（2004）的刻画。

假定满足上述三个条件的人力资本增长函数表达式为：

$$h_i(e_i;\ \hat{h}_{i-1},\ A_i) = -(A_i - \hat{h}_{i-1}) \cdot \exp\{-e_i\} + A_i \qquad (6.6)$$

满足以上条件的技术引致的人力资本增长函数如图 6.5 所示。若考虑柯布-道格拉斯型生产函数：$f(h) = h^\alpha$，那么长期生产函数 $f(h) \equiv \sum_i f(h_i(e_i)) \cdot I_{\{i\}} = \sum_i h_i^{\ \alpha}(e_i) \cdot I_{\{i\}}$ 具有如下一些特点：第一，在任意一个阶段内，即 $\forall\ i,\ \lim\limits_{e_i \to \infty} f'(h_i(e_i)) = 0$ 成立，而且至某一阶段止，即 $\forall\ N \in N^+,\ \sum_i^N f(h_i(e_i)) \cdot I_{\{i\}}$ 满足稻田条件。第二，长期生产函数 $f(h) \equiv \sum_i^\infty f(h_i(e_i)) \cdot I_{\{i\}}$ 在性质上类似于 Sobelow 生产函数（Barro 和 Sala-I-Martin，1990），这对于形成正的长期稳态增长率有特别的意义。

6.3.2　技术引致的人力资本升级跃迁

R&D 的投入 R 将导致技术更新和人力资本升级，设 R 的增长函数为：

$$\dot{R}_i = -\omega \cdot R_i + \Phi(A_{i+1}) \cdot \exp\{\omega \cdot (A_{i+1} - h_i)\} \cdot \delta(h_i - \hat{h}_i) \qquad (6.7)$$

其中 ω 为参数，反映了 R&D 投入的效率，$\Phi(A_{i+1})$ 反映了技术水平的引致强度，$\delta(\cdot)$ 为 Dirichlet 冲击函数，即有：

$$\delta(h_i - \hat{h}_i) = \begin{cases} \infty, & h_i = \hat{h}_i \\ 0, & h_i \neq \hat{h}_i \end{cases} \qquad (6.8)$$

索罗模型中技术是呈机械的速率递增，但事实上技术进步充满不确定性，而且技术进步的路径通常是不规则、不连续的，本章正是基于该思想尝试构造了上述技术更新和人力资本升级的方程表达式。上述方程的经济学意义为，导致第 i 阶段发生技术牵引和人力资本升级的 R&D 投入 R_i 由第 i 阶段的人力资本存量 h_i、下一阶段的潜在技术水平 A_{i+1}，以及升级时的人力资本临界值 $\hat{h}_i$ 共同决定。升级跃迁时的人力资本存量 h_i 与目标值 A_{i+1} 间的差距 $A_{i+1} - h_i$ 越大，那么所要求的 R&D 投入会越高，越接近临界点时所需的 R&D 投入会越高。该方程将决定第 i 阶段发生技术进步和人力资本升级时人力资本临界值 $\hat{h}_i$ 的选择。

根据拉普拉斯变换对上述方程进行泛函分析可知：

$$R_i(h) = R_{i-1} \cdot \exp\{-\omega(h - \hat{h}_i)\} + \Phi(A_{i+1}) \cdot \exp\{\omega(A_{i+1} - \hat{h}_i)\} \cdot \exp\{-\omega(h - \hat{h}_i)\} \cdot I_{\{h \geqslant \hat{h}_i\}}$$

其中 $I_{\{h \geqslant \hat{h}_i\}}$ 为示性函数。那么

$$R_i(\hat{h}_i) = R_{i-1}(\hat{h}_{i-1}) \cdot \exp\{-\omega(\hat{h}_i - \hat{h}_{i-1})\} + \Phi(A_{i+1}) \cdot \exp\{\omega(A_{i+1} - \hat{h}_i)\} \cdot 1 \quad (6.9)$$

对于临界值 $\hat{h}_i$ 的选取，将考虑如下最优化问题：

$$\min_{\hat{h}_i}\quad R_i + e_i$$

$$\text{s.t.}\quad h_i(e_i;\ \hat{h}_{i-1},\ A_i) = -(A_i - \hat{h}_{i-1}) \cdot \exp\{-e_i\} + A_i$$

$$R_i(\hat{h}_i) = R_{i-1}(\hat{h}_{i-1}) \cdot \exp\{-\omega(\hat{h}_i - \hat{h}_{i-1})\} + \Phi(A_{i+1}) \cdot \exp\{\omega(A_{i+1} - \hat{h}_i)\} \cdot 1$$

根据方程（6.6）和方程（6.9）的表达式，可记满足上述最优化问题的式子为：

$$L(x) = \ln \frac{A_i - \hat{h}_{i-1}}{A_i - x} + \left[R_{i-1} \cdot \exp\{ -\omega \cdot (x - \hat{h}_{i-1})\} + \Phi(A_{i+1}) \cdot \exp\{ \omega \cdot (A_{i+1} - x)\} \right]$$

其中，记 $R_{i-1} = R_{i-1}(\hat{h}_{i-1})$。

$\hat{h}_i$ 是使得 $\dfrac{\mathrm{d}L(x)}{\mathrm{d}x} = 0$ 时的 x 值，又因为

$$\frac{\mathrm{d}L(x)}{\mathrm{d}x} = \frac{1}{A_i - x} - \left[\omega \cdot R_{i-1} \cdot \exp\{\omega \hat{h}_{i-1}\} \cdot e^{-\omega x} + \omega \cdot \Phi(A_{i+1}) \cdot \exp\{\omega A_{i+1}\} \cdot e^{-\omega x} \right]$$

即

$$\frac{1}{A_i - x} = \omega \cdot \left[R_{i-1} \cdot \exp\{\omega \hat{h}_{i-1}\} + \Phi(A_{i+1}) \cdot \exp\{\omega A_{i+1}\} \right] \cdot e^{-\omega x} \qquad (6.10)$$

于是可知，人力资本升级跃迁时人力资本临界值 $\hat{h}_i$ 的表达式为：

$$\hat{h}_i = \mathop{\mathrm{Arg}}_x \left\{ \frac{1}{A_i - x} = \omega \cdot \left[R_{i-1} \cdot \exp\{\omega \cdot \hat{h}_{i-1}\} + \Phi(A_{i+1}) \cdot \exp\{\omega \cdot A_{i+1}\} \right] \cdot e^{-\omega x} \right.$$

$$(6.11)$$

根据（6.11）式中人力资本跃迁表达式可知，技术引致人力资本升级时的临界值 $\hat{h}_i$ 取决于 R&D 投入的效率参数 ω 和下期潜在技术水平对人力资本积累的引致强度参数 $\Phi(A_{i+1})$。由此，关于人力资本升级时的临界值 $\hat{h}_i$，可归结为命题 6.1 和命题 6.2。

命题 6.1 存在 R&D 投入的效率的参数区间 $[\check{\omega}, \hat{\omega}]$，使得当 $\omega \in [\check{\omega}, \hat{\omega}]$ 时，引致人力资本转型升级时的临界值 $\hat{h}_i$ 将随着 R&D 投入的效率参数 ω 增大而增大。

在图 6.6 中，对于人力资本升级时的跃迁值 $\hat{h}_i$ 受 R&D 投入效率的影响进行数值模拟，验证了命题 6.1 的结论。其中设定的参数值为：$A_{i+1} = 50$，$\hat{h}_i = 40$，$R_i = 40$，技术引致人力资本的强度 $\Phi(A_{i+1}) = 0.05 A_{i+1}$。R&D 投入的效率参数 ω 分别设定为 0.01，0.015，0.02，0.025，0.03 和 0.035。从中可见，随着 R&D 投入的效率参数 ω 增大，在技术牵引下形成的人力资本积累升级的跃迁值 $\hat{h}_i$ 也不断提高。

命题 6.2 新一轮技术水平的牵引强度 $\Phi(A_{i+1})$ 越大，那么在转型升级时发生跃迁的人力资本临界值 $\hat{h}_i$ 将越高。

类似地，图 6.7 对于人力资本升级时的跃迁值 $\hat{h}_i$ 受新技术水平牵引 $\Phi(A_{i+1})$ 强度的影响进行数值模拟，验证命题 6.2 的结论。其中设定的参数值为：$A_{i+1} = 50$，$\hat{h}_i = 40$，$R_i = 40$，ω 设定为 0.02，新技术对人力资本积累的牵引强度的系数分别设定为强度 $\Phi(A_{i+1})/A_{i+1} = 0.005$，0.05，0.5。模拟的结果十分显著，随着新技术的牵引强度提高，人力资本升级时的跃迁值更大。

实际上，通过（6.11）可知方程的右项是 R&D 投入效率参数 ω 和技术牵引函数 $\Phi(A_{i+1})$ 的增函数，从而决定了人力资本升级的临界值 $\hat{h}_i$ 是其单调增函数。命题 6.1 和命题 6.2 的含义比较直观，即一国引入新技术时的研发投入效率越高，那么进行人力资本转型升级时的起点将越高；同时一国引入新技术的层次越高、牵引强度越大，那么成功实现

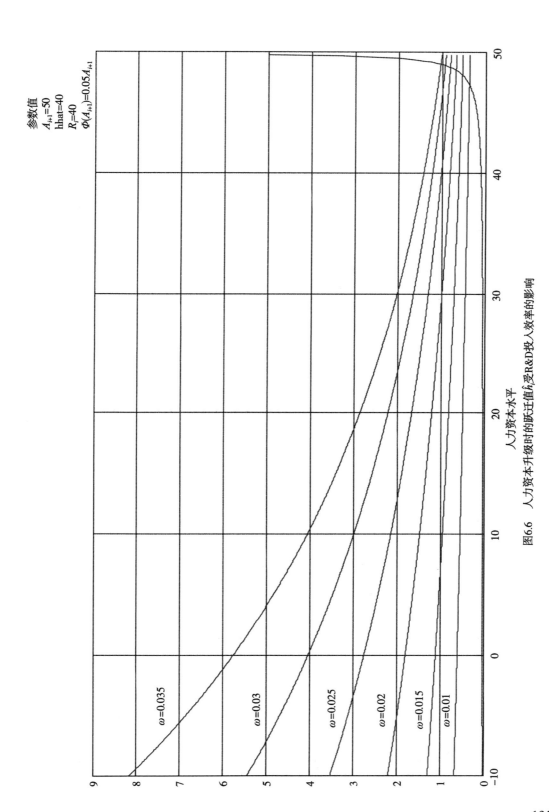

图6.6 人力资本升级时的跃迁值Â,受R&D投入效率的影响

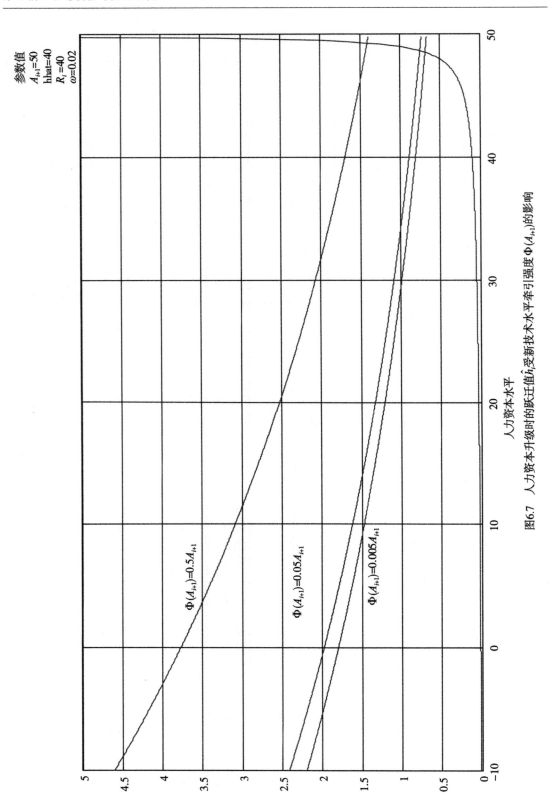

参数值
$A_{i+1}=50$
hhat=40
$R_i=40$
$\omega=0.02$

$\Phi(A_{i+1})=0.5A_{i+1}$

$\Phi(A_{i+1})=0.05A_{i+1}$

$\Phi(A_{i+1})=0.005A_{i+1}$

人力资本水平

图6.7　人力资本升级时的跃迁值$\hat{h}_i$受新技术水平牵引强度$\Phi(A_{i+1})$的影响

人力资本升级后的起点将越高。

又根据（6.6）式：$h_i(e_i; \hat{h}_{i-1}, A_i) = -(A_i - \hat{h}_{i-1}) \cdot \exp\{-e_i\} + A_i$，可得 $\dfrac{\exp\{e_i(\hat{h}_i)\}}{A_i - \hat{h}_{i-1}} = \dfrac{1}{A_i - \hat{h}_i}$，同时由（6.9）式和（6.11）式可以得到关于最优教育投入和 R&D 投入的命题如下：

命题 6.3 当临界值 $\hat{h}_i$ 确定时，最优的教育投入 e_i^* 和 R&D 投入 R_i^* 之间满足关系式 $\exp\{e_i^*\} = \omega \cdot (A_i - \hat{h}_{i-1}) \cdot R_i^*$。

命题 6.3 表明，要使人力资本积累达到某个临界值 $\hat{h}_i$，教育投入与 R&D 投入要互为补充，这样引进的技术和本国人力资本才能在经济增长中发挥应有的作用。

6.3.3 最优增长路径

定义家庭的瞬时效用函数为：$U(c) = \dfrac{c^{1-\theta} - 1}{1 - \theta}$，$\theta \neq 1$，其中 $\theta > 0$ 为跨期效用替代弹性。家庭的问题是选择合适的消费路径 $c(t)$ 使得效用函数的现值最大，同时确保人力资本积累和升级，因此，家庭效用最优问题如下：

$$\max_{c, e} \sum_i \int_{t_{i-1}}^{t_i} U(c) \cdot \exp\{-\rho t\} \, \mathrm{d}t \tag{6.12}$$

$$\text{s.t} \quad \dot{e}_i = h_i^\alpha(e_i; \hat{h}_{i-1}, A_i) - \delta \cdot e_i - c$$

其中，ρ 为外生给定的时间偏好系数，δ 为人力资本的折旧率。

此问题的现值汉密尔顿函数为：

$$H(c, e_i; \lambda, t) = \dfrac{c^{1-\theta} - 1}{1 - \theta} + \lambda(h_i^\alpha(e_i) - c - \delta e_i) \tag{6.13}$$

λ 是与状态变量 e_i 相联系的共同状态变量。在 $\{A_i\}_{i \in I}$ 外生给定时上述问题的横截性条件为 $\lim_{t \to \infty} \lambda e_i \exp(-\rho t) = 0$，以确保长期中教育资源不会是无限的。此问题的两个一阶条件分别为 $\dfrac{\partial H}{\partial c} = 0$，$\dfrac{\partial H}{\partial e_i} = \rho\lambda - \dot{\lambda}$。从而可以得到：

$$\dfrac{\dot{\lambda}}{\lambda} = -\theta \dfrac{\dot{c}}{c} \tag{6.14}$$

$$\dfrac{\dot{\lambda}}{\lambda} = \rho + \delta - \alpha \cdot h_i^{\alpha-1} \cdot h_i' \tag{6.15}$$

将（6.6）式代入（6.15）式可有

$$\dfrac{\dot{\lambda}}{\lambda} = \rho + \delta + \alpha h_i - \alpha h_i^{\alpha-1} A_i \tag{6.16}$$

那么在稳态时$\left(\text{记} \dfrac{\dot{c}}{c} = \tau\right)$，$e_i = \ln \dfrac{A_i - \hat{h}_{i-1}}{\theta\tau + \rho + \delta}$ \tag{6.17}

从而
$$h_i^* = \operatorname*{Arg}_x \{ \alpha x^{\alpha-1} A_i - \alpha x = \rho + \delta + \theta\tau \} \tag{6.18}$$

通过（6.18）式可以知道，在每个转型期内都存在一个基于不同技术水平的潜在稳态点 h_i^*。之所以称其为潜在的稳态点，是因为如果在达到该稳态点之前人力资本水平先达到了升级临界点 $\hat{h}_i$，则经济增长就会进入下一个阶段。我们根据各阶段内人力资本升级的临界值 $\hat{h}_i$ 和潜在人力资本稳态值 h_i^* 之间的关系，可以定义如下两类不同的经济增长模式：

定义 6.1　持续式增长。如果 $\forall\, i = 1, 2, \cdots, n, \cdots$，都有 $\hat{h}_i \leqslant h_i^*$，那么经济体长期增长无稳态，且增长率恒为正。

定义 6.2　颤抖式增长。如果存在 $N \in N^+$，使得 $\hat{h}_N > h_N^*$，经济将出现低水平均衡，此时 h_{N+1}^* 为不稳定点。

根据定义 6.1 和定义 6.2，为方便可考虑 $\alpha \to 1$，我们可以得到 $h_i^* = A_i - \rho - \delta - \theta\tau$，这意味着如果在每个阶段内都有 $A_N - \hat{h}_N \geqslant \rho + \delta + \theta\tau$ 成立时经济将呈现持续式增长；反之如果存在某个阶段有 $A_N - \hat{h}_N < \rho + \delta + \theta\tau$ 成立时经济将呈现颤抖式增长，从而陷入低水平均衡。

根据定义 6.1 和 6.2 可知，若要出现持续式增长必然有 $\hat{h}_i \leqslant h_i^*$，又根据（6.11）式可知：

$$\frac{1}{A_i - h_i^*} \geqslant \omega \cdot \{ R_{i-1} \cdot \exp[\omega \hat{h}_{i-1}] + \Phi(A_{i+1}) \cdot \exp[\omega A_{i+1}] \} \cdot e^{-\omega h_i^*} \tag{6.19}$$

将（6.18）式带入（6.19）式可得如下命题：

命题 6.4　同一类型的技术引致下，人力资本的折旧率 δ 越小，陷入颤抖式增长的阶段 N 将越大，也即出现发展陷阱的时段会越晚。

命题 6.5　技术引致的强度越大，陷入颤抖式增长的阶段 N 将越大，也即出现发展陷阱的时段会越晚。

命题 6.4 和命题 6.5 的直观意义可以通过图 6.8 和图 6.9 进行阐述：命题 6.4 说明在给定的同一类型的技术引致下，人力资本的折旧率 δ 越小，意味着图中的直线的斜率将越小、越平缓，从而形成潜在稳态点 h_i^* 的值将越大，因此持续增长的时间会更长，陷入发展陷阱的时间会更晚。命题 6.5 说明技术引致的强度越大，意味着人力资本转型升级成功后的积累目标值会更高，从而形成潜在稳态点 h_i^* 的值将越大，因此持续增长的时间会更长，陷入低水平均衡的时间会更晚。这两个命题表明，通过引进具有更高牵引强度的技术和提高人力资本积累的更新水平（降低其折旧率），能够推迟低水平均衡的出现，形成可持续的增长。

我们发现模型刻画出的不同增长模式具有如下特点：第一，持续式增长模式给出了收益递减的长期增长模式：在每一个阶段 i 以内，人力资本的稳态增长率趋近或等于 0；但是在不同的阶段之间，人力资本能通过升级跃迁形成长期增长，且此时增长率不为常数。第二，在颤抖式增长模式中，经济能够获得长期增长，但也极有可能陷入发展陷阱，这尤

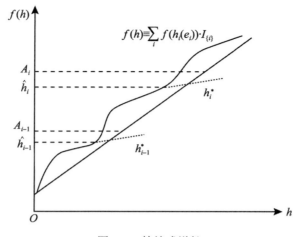

图 6.8　持续式增长

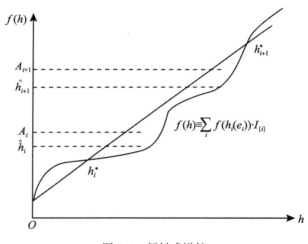

图 6.9　颤抖式增长

其取决于潜在技术水平的可获得情况及初始人力资本水平。第三，在政策上，类似于适宜技术理论，即使穷国一直学习和模仿富国的潜在技术，也可能无法成为前者赶超后者的途径，因为穷国人力资本水平和潜在技术水平差距太大，可能使得其实际人力资本水平无法达到转型升级的人力资本临界值，反而使其落入低均衡陷阱。

　　根据这两种由于人力资本积累差异化所引起的不同经济增长方式，可以解释发展中国家和发达国家之间差距的稳定性。发展中国家的人力资本水平较低，处于低水平的稳定状态，自身人力资本贫乏与转型升级所要求的人力资本临界值之间的差距，导致了发展陷阱。由此可见，对于处于发展陷阱中的落后国家，要摆脱低水平均衡状态，赶上经济发达国家，应该提高人力资本积累更新率或者引进高水平人力资本，在引进技术时应考虑适宜的、并且对于本国人力资本积累具有更强牵引作用的技术，这样才能在技术进步的同时，推动人力资本升级。

6.4　数值分析和模型校准

我们给出数值模拟的例子验证前文中的主要结论并进行模型校准。参数的设定参考 Lucas（1988，2004），其中基准参数为 $\lambda = \dfrac{\dot{A}}{A} = 0.013$，$\tau + \lambda = 0.027$，$\rho + \theta\tau = 0.0675$，$\omega = 0.8$，技术牵引函数设定成线性函数 $\Phi(A_i) = \phi A_i$，$\phi = 1$，初始人力资本水平为 $\hat{h}_0 = 0$，初始教育和研发水平分别为 $e_i = 0$，$R_i = 0$。

我们考虑了两种极端的技术引致方式引起的人力资本升级：一是"循序渐进"式的技术引致，如在表 6.1 的 A 部分数值模拟中采取的平缓型、阶梯式递增的技术引致；二是"跨越"式的技术引致，如在表 6.1 的 B 部分数值模拟中采取的陡坡型、非阶梯式的技术引致。如表 6.1 所示，一方面，在同一类型的技术引致方式下，不同的人力资本折旧率会在不同的时段形成低水平均衡；另一方面，在相同的参数下，按照不同类型的技术引致进行人力资本升级时，变量变化水平和低水平均衡出现的时段也是不同的。具体来说，有以下三点。

第一，在同一类型的技术引致下，人力资本的折旧率 δ 越小，低水平均衡出现的时段越晚。如表 6.1 的 A1 部分所示的两行粗体，在"循序渐进"的技术引致方式下，当人力资本折旧率上升至 $\delta = 0.1$ 时，低水平均衡出现的时间为经济发展后的 85 年左右；若折旧率降至 $\delta = 0$，那么在本章设定的模型参数下低水平均衡出现的时间为经济发展后的 150 年左右。这表明随着人力资本折旧率的下降，低水平均衡出现的时间将被推迟。

第二，在同一类型的技术引致下，跨度越大的技术引致，会使低水平均衡出现的时段越晚。如表 6.1 的 A1 和 A2 部分所示的粗体对比，同样是在"循序渐进"的技术引致方式下，选择较低层次的技术升级时，低水平均衡出现的时段将早于 85 年，但是以同样方式选择更高层次的技术升级时，低水平均衡出现的时段将晚于 85 年。

第三，在相同的参数下，按照不同类型的技术引致进行人力资本升级时的变量变化水平和低水平均衡出现的时段不同。如表 6.1 的 A1 和 B 部分所示的粗体对比，相比于"循序渐进"的技术引致方式，"跨越"式的技术引致方式延迟了低水平均衡出现的时段。在人力资本折旧率 δ 分别为 0.1 和 0 时，"跨越"式的技术引致方式下，低水平均衡出现的时间分别为经济发展后的 107 年和 214 年左右，比"循序渐进"的技术引致方式下的低水平均衡分别推迟了 20 年和 60 年。但这种推迟的代价是，所需要的教育和研发投入将会极为巨大，甚至于不能实现。这意味着，引进和学习更为先进的技术确实能推迟发展陷阱的出现，但有可能由于本国教育与研发投入跟不上而难以实现。

表 6.1　　　　　　　　按照不同类型的技术引致进行人力资本升级时的变量变化

	A_i	ΔT（年）	$\hat{h}_i$	$A_i - \hat{h}_i$	e_i	R_i
A1：按照"循序渐进"的技术引致进行人力资本升级时的变量变化（$\Delta A = 1$）						
$i = 0$（初值）	（$\lambda = 0.013$）		0		0	0
$i = 1$	1		0.2911	0.70893	0.3440	7.848
$i = 2$	2	53.6	1.7451	0.25486	1.9029	10.639
$i = 3$	*3*	*85.1*	*2.8405*	*0.15949*	*2.0628*	*14.543*
$i = 4$	4	107.3	3.8832	0.11675	2.2957	18.532
$i = 5$	5	124.6	4.9077	0.09226	2.4936	22.542
$i = 6$	6	138.7	5.9237	0.07632	2.6610	26.560
$i = 7$	*7*	*150.6*	*6.9349*	*0.06510*	*2.8054*	*30.584*
$i = 8$	8	160.9	7.9432	0.05676	2.9320	34.611
A2：按照"循序渐进"的技术引致进行人力资本升级时的变量变化（$\Delta A = 2$）						
$i = 1$	1	1	0.2911	0.70893	0.3440	26.200
$i = 2$	3	85.1	2.8197	0.18034	2.7094	32.074
$i = 3$	*5*	*124.6*	*4.8919*	*0.10810*	*3.0042*	*43.915*
$i = 4$	7	150.6	6.9224	0.07763	3.3015	56.086
$i = 5$	*9*	*170.1*	*8.9394*	*0.06063*	*3.5342*	*68.362*
B：按照"跨越"式的技术引致进行人力资本升级时的变量变化（$\dot{A} = 2$）						
$i = 0$（初值）	（$\lambda = 0.013$）		0		0	0
$i = 1$	1		0.2911	0.7089	0.3440	7.848
$i = 2$	2	53.6	1.7451	0.2549	1.9029	26.745
$i = 3$	*4*	*107.3*	*3.8663*	*0.1337*	*2.8256*	*223.31*
$i = 4$	8	160.9	7.9271	0.0729	4.0381	10216
$i = 5$	*16*	*214.7*	*15.962*	*0.0379*	*5.3618*	*1.19×10^7*

注：$\alpha = 1$，$\lambda = 0.013$，$\tau + \lambda = 0.027$，$\rho + \theta\tau = 0.0675$，$\delta = 0$，0.1，$\omega = 0.8$，$\phi = 1$。

　　图 6.10 和图 6.11 通过数值模拟分析了不同类型的技术引致方式所引起的多重均衡和发展陷阱出现时段。在 Lucas（1988）中对参数 ρ 和 θ 并未进行分别估计，为了考察在本章模型下各主要经济变量的动态情形，此处的参数设置参考了 Xie（1994）：$\rho = 0.064$，$\alpha = 0.75$，其他参数依然保持一致。本章设定了 $i = 15$ 个跨度层，模拟了经济变量在 150 年间的动态情形。图 6.10 模拟显示的是在平缓的"循序渐进"式的技术引致下，引致跨度分别为 1、2 和 4 时消费变动率、人力资本水平和教育投入水平的变动情况；图 6.11 模拟显示的是在递增的"跨越"式的技术引致下，引致跨度分级递增为 1、2 和 3 时消费变动

率、人力资本水平和教育投入水平的变动情况。

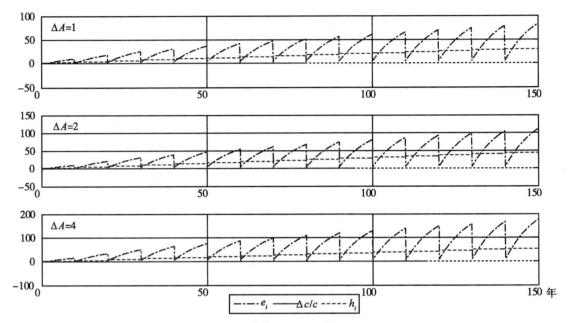

图 6.10 按照"循序渐进"的技术引致进行人力资本升级

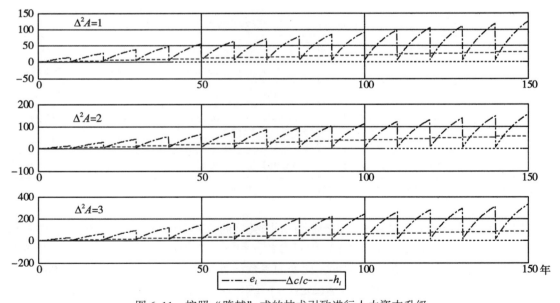

图 6.11 按照"跨越"式的技术引致进行人力资本升级

　　与模型分析一致，在每个技术引致阶段内，教育投入水平的变动随着人力资本水平的递增而增加，但变动斜率逐步递减，意味着在每个阶段内，教育投入的边际收益递减；同时，在各个阶段之间，随着引进的新技术的引致作用和人力资本水平升级的成功，人力资本水平 h_i 随着技术引致层级的变动呈现了阶梯式的增长，在每个新阶层的初期，教育投入的边际收益会远远大于老阶层的末期，从而可以实现长期的经济增长。由于成功实现人力资本升级需要伴随着 R&D 投入，而不同层级的潜在技术水平和初始人力资本起跳点将共同决定 R&D 的投入水平，因此各个阶段内跨度过大的技术引致或者起跳点过低的初始点都可能导致所需的 R&D 投入过大以至于无法实现新一轮的人力资本升级，最终陷入低水平的均衡状态。

　　与命题 6.5 相一致，在平缓的"循序渐进"式的技术引致下，跨度越大的技术引致，可以导致均衡出现的时段越晚。但在强度递增的"跨越"式的技术引致下，均衡出现的时段与命题 6.5 有所差别。如图 6.10 所示，在引致跨度分别为 1、2 和 4 时消费变动率落入 0 值以下的时间点分别约为 70 年、95 年和 120 年；如图 6.11 所示，在引致跨度分级递增率为 1、2 和 3 时消费变动率落入 0 值以下的时间点分别约为 40 年、110 年和 90 年。对比可以发现，技术引致强度递增的"跨越"式发展方式可能是把双刃剑，递增度太大的技术引致，会导致教育和研发水平的投入急剧增大，甚至于不能维持，反而令经济过早地陷入了低水平均衡。从政策上，这意味着在经济发展初期，由于人力资本初始水平较低，可以选择跨度较小、更为平缓的技术引致方式，当人力资本水平积累至较高的起跳点后，再选择跨度适宜的递增类技术引致。

6.5　结论

　　在本章构建的模型中，技术的分阶段更迭导致引致的人力资本分阶段累积，在每个阶段内人力资本是教育投入的凹函数，各阶段内的技术水平是该阶段人力资本水平所能达到的上限，通过 R&D 投入实现技术的更新，最终引致人力资本的转型升级。对于一个发展中国家来说，要实现比发达国家更加快速、可持续的经济增长，一个有效途径即是从发达国家引进适宜技术。但是，引入跨度过大的技术水平，却未必能快速提升发展中国家的经济水平。发展中国家的人力资本水平较低，处于低水平的稳定状态，技术引致的强度过大更容易导致经济增长过早陷入低水平均衡。本章从技术引致的人力资本升级的角度，试图解释技术引进方式的差异会造成人力资本升级受阻从而过早陷入发展陷阱。本章得出的基本结论是：适宜技术的引进极为重要，跨度过小的技术引进会造成人力资本积累不足，无益于下一轮的转型升级；跨度过大的技术引进会导致本轮人力资本升级的成本过高，从而使得经济发展停滞在低水平均衡状态。

　　这意味着，落后国家一味学习和模仿领先国家的高新技术可能无法成为赶超后者的途径。一方面，因为落后国家人力资本水平与潜在技术水平差距太大，发生转型升级的人力资本临界值过高，这使落后国家过早地陷入低水平均衡；另一方面，技术引致度递增的"跨越"式发展方式也可能是把双刃剑，递增度太大的技术牵引，会导致教育和研发水平的投入急剧增大，甚至于不能维持，反而令经济过早地陷入低水平均衡。从政策上，这意味着落后国家要摆脱低水平均衡状态，赶上经济发达国家，必须提高人力资本积累更新率、选择同等适宜水平下牵引强度更高的技术水平这两种途径来达到人力资本升级水平。并且，在经济发展初期，人力资本初始水平较低时，可以选择跨度较小、更为平缓的技术牵引方式，待人力资本水平积累至较高的起跳点后，再选择跨度适宜的递增类技术牵引。

　　本章的理论模型和数值模拟表明，通过选择更新的技术引致人力资本的升级跃迁，可以解释经济增长路径中的多重均衡和许多发展中国家面临的发展陷阱。这些研究同样可以解释一国内发达地区与贫困地区之间在经济增长水平上长期存在的差距，可以解释为什么贫困地区即使引进和采用了一些新技术，却依然长期处在低水平均衡和贫困陷阱状态。本章的模型还说明，对于不同的贫困地区，不仅要不断地加强教育投入，还应该根据该地区人力资本积累的水平，适宜地选择引进技术，借助于技术的牵引作用，拉动该地区人力资本升级，这样才能推动贫困地区实现可持续发展，并逐步摆脱贫困陷阱。

第七章 ─────────────────────────────────

"群体效应"与区域性贫困陷阱

——基于多层次计量模型的实证分析

7.1 引言

　　改革开放以来，我国从最初的由体制改革推动的扶贫，到"输血式"的转移支付型扶贫，再到"造血式"的大规模扶贫开发和扶贫攻坚计划，取得了显著的减贫成效。但是，我国城乡间、地区间经济发展的不平衡问题不容忽视，尤其是农村地区依然存在着区域性的持久贫困。根据《中国扶贫开发报告2017》，2013年以来我国农民可支配收入年均保持了7.7%的增长速度，但低收入组农户人均收入平均下降了0.2%，2014年和2016年，低收入组农户人均可支配收入分别下降了5.5%和4.4%。① 目前我国14个连片特困地区主要分布在中西部农村，集中了全国多数特困和深度贫困人口。就其生活的地域而言，绝大多数分布在山区、丘陵、荒漠地带，许多贫困集中的地区是少数民族集聚地②。连片特困地区是新时期扶贫开发主战场，深度贫困地区的特点及其致贫原因的特殊性、复杂性，要求准确地分析深度贫困个体与群体的关系，以便优化和完善现有精准扶贫方案，提出有效举措。

　　众多研究表明，"群体效应"（group effect）是导致贫困陷阱的一个关键原因。近年来，从群体效应的角度研究收入不平等和持久贫困问题，引起了经济学界日益增多的关注。外部性与经济增长理论模式，从一个侧面考察了"群体效应"对于长期经济增长和收入分配的作用，也为我们建立实证模型、从群体效应的角度探讨贫困陷阱的根源提供了理论基础。与已有研究相比，本章的贡献主要体现在：首先，就群体效应对于区域性持续

───────────────────

　　① 《扶贫蓝皮书：中国扶贫开发报告（2017）》发布［EB/OL］. 新华网，2018-01-08.

　　② 《中国农村扶贫开发纲要（2011—2020年）》将集中连片特殊困难地区作为扶贫攻坚主战场是新阶段扶贫开发工作的重大战略举措。其中第10条明确指出，国家将14个连片贫困地区，即六盘山区、秦巴山区、武陵山区、乌蒙山区、滇桂黔石漠化区、滇西边境山区、大兴安岭南麓山区、燕山-太行山区、吕梁山区、大别山区、罗霄山区等区域的连片特困地区和已明确实施特殊政策的西藏、四省藏区、新疆南疆三地州，作为扶贫攻坚主战场。

贫困或贫困陷阱的影响进行系统的实证分析，研究现阶段贫困呈现出区域性集聚现象的原因；其次，本章利用面板数据，构建三层次的发展模型来克服样本数据在收集过程中缺乏的独立性，解决群体聚集所导致的个体变量与社区变量的内生性问题，使个体发展的内生效应与环境效应能够被识别；最后，研究个体能力因素与区域性要素之间的互补性、区域性要素的外部性对区域性贫困陷阱形成的影响，通过实证分析检验中国当前区域经济增长与个体生活水平的动态变化情况。

在对群体效应的实证分析中，由于存在与解释变量相关的遗漏社区变量和测量误差，一般线性回归模型（OLS 估计）不再适用。Dietz（2001）、Alexander（2011）等通过建立多层次模型或空间计量模型，试图将邻里效应和群体异质性特征纳入实证考察。Mckenzie & Rapoport（2007）在分析群体中个体的迁移与收入不平等问题时，使用工具变量法来应对回归中存在的测量误差与遗漏变量问题。Manski（1993）认为一般的线性模型并不能识别影响个体决策的内生效应与情境效应；Brock & Durlauf（2001）进而指出，要识别这两种效应，需要一些个体变量的先验知识，并且它们的组平均值对个体无影响。Durlauf（2001）认为，如果不能明显地识别内生效应与情境效应，或不能证明所研究的数据中识别的统计条件是合理假设，则标准的二元选择与面板回归不能明确地表明群体与个体行为之间的关系；并且在分析群体效应时，自选择问题也会导致基于回归的实证分析并不可靠。陈云松、范小光（2010）对这种内生性问题的来源与解决方法进行了综述。Jalan & Ravallion（2002）指出，在采用标准的面板数据模型分析时，如果允许家户层次在增长过程中存在潜在异质性，则会导致地理（区域）效应被忽略，他们将综合误差项分解为一个独立同分布的随机变量与时间不变效应量之和，使用拟差分技术来克服标准固定效应模型在时间不变回归变量上的识别问题，并且能控制潜在的异质性。

本章采用中国健康营养调查（CHNS）数据，构造多层次计量模型，研究群体效应如何影响个体的生活水平和收入不平等在区域间的动态变化，揭示我国农村的区域性贫困陷阱和连片贫困地区的成因。结论显示：（1）个体的生活水平高低、贫困状况不仅与个体的物质资本与人力资本等个体变量相关，还明显地受到群体（社区）层次因素（如群体平均教育水平、群体中农业从业人口占比等）的影响；（2）在经济发展早期，某些个体因素，如信息可获得性（用拥有电话代表）对于个体收入的影响占主导地位，但是在长期其影响有下降的趋势，而社区电话拥有率的影响则有增加的趋势；（3）群体（社区）层次的某些因素（如平均教育水平、电视与交通工具的拥有率等）在经济发展早期发挥的作用要强于个体因素，但是随着时间的推移和社区资本的积累，越过某个临界点后，个体因素将重新成为决定个体收入水平和贫困状况的主导性因素。这表明，在经济发展早期阶段，普适性的扶贫政策（如基础设施的建设）能够提高社区资本的积累，通过群体效应导致区域经济增长和减少贫困；但由于个体能力与社区能力因素的互补性，随着经济发展的推进，收入水平差异将主要取决于个体能力的差异，扶贫开发政策也应更多地瞄准提升人力资本积累和个体能力开发。

本章安排如下：7.2 节进行数据描述；7.3 节通过社区收入及其增长率与滞后期收入水平的实证检验，验证是否存在区域性贫困陷阱；7.4 节构建多层次计量模型，并对回归中的技术性问题进行处理；7.5 节是估计方法介绍并进行实证分析；最后一节总结。

7.2 数据描述

本章使用中国健康营养调查纵向数据集中的个体与家户数据。该调查采用的是多阶段随机集群抽样方法，即将每个省份中的所有县按收入高中低分层，使用加权抽样在每个省份选 6 个县，在每个县中再随机选择村、乡镇和郊区。但多阶段随机集群抽样导致不满足一般回归分析所要求的数据间的独立性，这是我们选用多层次模型的原因之一。为了保持省份的完整性和样本可比性，分析中选择 2000 年、2004 年、2006 年、2009 年共 4 年的农村调查数据。

因时间跨度较长，个体迁移、死亡或新产生的家户使调查数据存在缺失。数据缺失容易使参数估计产生偏差，虽然多层次模型能够在一定程度上应对数据缺失的问题，但本章仍根据前后年份与各特征变量的值，利用插值法弥补缺失数据，若主要变量数据连续调查年度内缺失较多，则对样本点进行删除。最后采用的农村样本点有 19856 个，其中，2000 年和 2004 年各有 143 个社区、2006 年和 2009 年各有 145 个社区，各年份的样本个体数依次为 5648、4371、4533、4944 个。本章的数据从社区层次和时间层次来看都是非平衡面板数据，但非平衡面板数据对随机效应模型没有实质的影响，在固定效应模型中，非平衡面板数据也并不影响组内估计而可以照常估计。因此，为了尽量保证大样本性质并避免因删除出现的随机性问题，本章并未将数据整理成平衡面板数据。

在分析中，本章用电视、电话与轿车等的拥有状况来反映该地方获取外界信息和与外界交流的程度，因为如果一个地区获得的信息程度越高，则该地区突破低水平发展和贫困陷阱的可能性会越大。为了研究社区因素对个体行为的影响，本章考虑了个体教育，个体是否拥有电话、电视、轿车等，以及社区的平均教育，社区电话、电视、轿车等的拥有率和从事农业的人口比例（相关变量的统计描述见附表）。本章对个体层面的变量作了中心化处理，来消除内生性问题带来的估计偏差。分析中的个体收入则由经 2009 年 CPI 调整的家户收入除以家户规模得到，因而部分个体变量的效应有被削弱的可能，尤其是性别，分析中也的确显示性别之间的差异并不显著。

7.3 社区间收入的动态变化：对区域性贫困陷阱的实证检验

在进行区域性贫困成因分析之前，我们先要论证是否存在贫困陷阱。一般是利用收入的自回归进行分析，Jalan & Ravallion（2002）和 Antman & Mckenzie（2007）都选用了如下的非线性形式：

$$y_{i,t} = \alpha + \gamma t + \beta_1 y_{i,t-1} + \beta_2 y_{i,t-1}^2 + \beta_3 y_{i,t-1}^3 + \mu_i + \varepsilon_{i,t} \tag{7.1}$$

其中，$y_{i,t}$ 为第 i 个社区第 t 年的平均收入，在进行回归分析时，较常使用的是 GMM 估计，在处理方法上可以作差分消除固定效应进行估计，但是如果要考虑到区域性要素对经济的内生影响，则可使用 Jalan & Ravallion（2002）中使用的拟差分，正如在前文提到的，也可在上式两边同时减去按某一类型组别划分计算的收入平均值。

另一种分析贫困陷阱的思路是从验证地区之间收入水平收敛出发，现行文献大都是从

Barro & Sala-i-Martin（1992）和 Mankiw，Romer &Weil（1992）的研究出发利用收入增长率与收入的滞后项之间的回归，分析的模型如下：

$$g_{i,t} = \alpha + \beta\ln(y_{i,t-1}) + u_{i,t} \tag{7.2}$$

其中，$g_{i,t}$ 为该地区收入的增长率，$Y_{i,t-1}$ 为该地区的上一期平均收入。根据内生增长理论，各地区之间经济并不会出现绝对收敛，但存在俱乐部收敛或条件收敛，因此上式就变为：

$$g_{i,t} = \alpha + \beta\ln(y_{i,t-1}) + \gamma X_{i,t} + u_{i,t} \tag{7.3}$$

其中，$X_{i,t}$ 表示人力资本等一些体现地区经济控制的变量。

根据本章数据所绘的各相邻调查年份间、社区收入之间关系如图 7.1（a）至图 7.1（c）所示，相邻两年之间呈现的是正相关趋势。图 7.1（d）显示的是本期收入对数与滞后一期的收入对数的散点图，并得到了上升的拟合线。进一步地，采用（7.1）式，使用随机效应广义最小乘法进行几组收入自回归，表 7.1 列示的结果显示，当期社区收入对数与滞后社区收入对数及其平方项、立方项之间均存在显著的相关关系，可见当期收入对数与滞后期收入对数存在正相关关系，但不是单纯线性关系。此外，采用（7.3）式分析社区收入增长率与滞后期收入水平的关系，表 7.2 列示的结果表明，社区收入增长率则与滞后期收入的对数呈显著的负相关，并且在引入社区平均教育作为控制变量之后，上述负相关关系依然显著，系数的绝对值变大。这表明前期收入较低的社区的收入增长率更高，社区之间有条件收敛的迹象，且社区平均教育水平对社区收入的增长和收敛有显著促进作用。

表 7.1　　　　　　　　社区收入对数与社区收入滞后项对数的回归结果

	$\ln(y_{t-1})$	$\ln(y_{t-1})$ 的平方	$\ln(y_{t-1})$ 的立方	常数项
$\ln(y_t)$	−15.3453	1.8188	−0.06867	50.0525
t 值	−2.38**	2.45**	−2.42**	2.68***

注：$\ln(y_t)$ 为当期社区收入对数，$\ln(y_{t-1})$ 为滞后期社区收入对数，*** 表示 1%置信水平。

表 7.2　　　　　　　　社区收入增长率与社区收入滞后项对数的回归结果

	$\ln(y_t)$	$\ln(y_t) - \ln(y_{t-1})$	$\ln(y_t) - \ln(y_{t-1})$
$\ln(y_{t-1})$	0.6261（0.0411）***	−0.3739（0.0411）***	−0.4281（0.0432）***
社区平均教育			0.0201（0.0056）***
常数项	3.5587（0.3614）***	3.5587（0.3614）***	3.6607（0.3576）***

注：（）中为标准误，$\ln(y_t)$ 为当期社区收入对数，$\ln(y_{t-1})$ 为滞后期社区收入对数，*** 表示 1%置信水平。

正如前文指出的，在分析本章的主题时，微观数据显得会更有说服力，而具体模型则如（7.1）式至（7.3）式，只是其中变量更换成个体变量。$y_{i,t}$ 为第 i 个家户或个体在第 t 年的收入，此时，在验证收敛时就涉及层次的问题，即是社区内还是社区间收敛，为了验

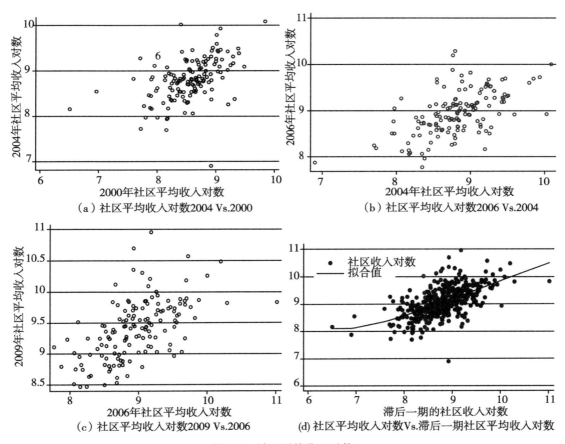

图 7.1　社区平均收入对数

证此问题，则可将（7.3）式改写为：

$$\ln(y_{it}) - \ln(y_{it-1}) = \alpha + \beta(\ln y_{it-1} - \ln \bar{y}_{it-1}) + \beta_1 \ln \bar{y}_{it-1} + \gamma X_{i,t} + \delta Z_i + u_{it} \quad (7.4)$$

其中，$\bar{y}_{it-1}$ 表示个体 i 所在社区 $t-1$ 期所有个体的平均收入，$X_{i,t}$ 是不随时间变化的变量，Z_i 是个体或农户不变特征变量。如果原假设 $\beta = \beta_1$ 被拒绝，则说明社区间或社区内以不同的速度收敛。根据本章的研究需要，固定效应的识别也是我们关注的重点，因此，在估计时就不能采用传统的差分，我们可以采用 Jalan & Ravallion（2002）的方法，将误差项分解，即 $u_{it} = \rho_t \omega_i + \varepsilon_{it}$，使用拟差分进行处理，再使用 GMM 进行参数估计。

根据 CHNS 数据，本章测算了社区平均收入与个体收入的基尼系数，如表 7.3 所示。可以发现，各社区间的收入差异有扩大趋势，社区收入基尼系数由 2000 年的 0.236 增加到 2006 年的 0.295，2009 年略有下降（0.271）；个体收入的不平等问题比社区收入不平等更严重，并且有逐年增加的趋势，由 2000 年的 0.410 增加到 2009 年的 0.476。图 7.2（a）和 7.2（b）的核密度分布图同样也显示了社区收入与个体收入分布的不均等性。在 2000—2009 年间，社区收入分布图逐渐右移，说明社区平均收入水平在提高；而个体收

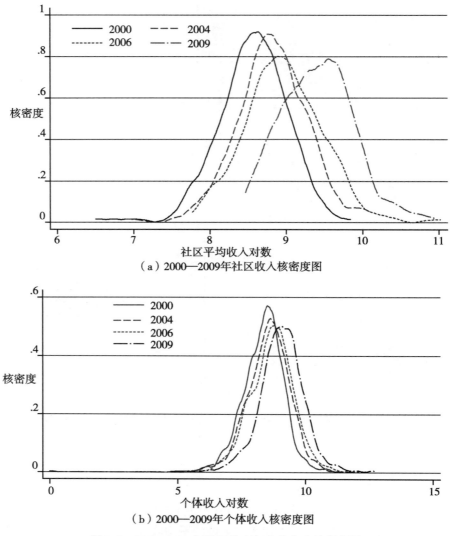

（a）2000—2009年社区收入核密度图

（b）2000—2009年个体收入核密度图

图 7.2　2000-2009 年社区收入与个体收入核密度图

入的分布图也随着时间而右移，但是幅度不那么明显；此外，从收入分布图及横轴（收入对数）的刻度也发现，社区层次的收入不平等性要小一些。

根据 Galor & Tsiddon（1997）的结论，中国目前的经济发展可能还处在库兹涅茨"倒 U 型"曲线的左边。个体的能力外部性在决定个体的收入水平中占主导地位，社区基础设施的水平则只是在早期起到大推进的作用，它为个体发展提供了一个门槛外部性，个体能力越强，则越会充分利用社区基础设施。因此，社区层次与个体层次要素的互补性使得目前社区的经济增长还不能达到亲贫（pro-poor）和有效减少贫困的作用。本章第五部分的实证分析会进一步对该现象进行解释。

表 7.3   2000—2009 年个体与社区收入基尼系数

年份	2000	2004	2006	2009
个体收入基尼系数	0.410	0.434	0.473	0.476
社区收入基尼系数	0.236	0.254	0.295	0.271

7.4 模型与实证框架

在研究群体效应对个体教育、心理和健康等的影响时，经常会使用多层次模型（Johnson，2009；Nguyen et al，2010）。多层次模型能对个体水平与群体水平的数据同时分析，在一个模型中同时检验个体变量与情境变量的效应，并且不需要假设数据中的观测值相互独立，因而可以修正因观测值的非独立性而引起的参数标准误估计偏倚。在纵向数据的分析中，传统的 OLS 方法因要求观测值相互独立、同方差性等假设而不适用。多层次模型不仅可以分析研究对象随时间推移的个体内变化轨迹和个体间的差异，而且能很好地处理由于失访而造成的缺失值和非平衡数据，采用最大似然（maximum likelihood，简称 ML）或限制性最大似然（restricted maximum likelihood，简称 RML）的方法，利用可使用的数据进行模型估计。本章将构建多层次模型就群体效应对区域性持续贫困或贫困陷阱的影响进行系统的实证分析。

根据分析的对象与所使用数据的特征，本章构建一个三层次的发展模型（多层次模型在纵向数据分析中的应用被称为"发展模型"）。其中，第 1 层模型的单位是年份，它反映了个体的收入增长轨迹，因观测的次数所限，难以拟合复杂的形式，因此选用线性模型；第 2 层的单位是个体，它要分析不同个体特征对个体收入的影响；第 3 层的单位是群体（在这里具体指社区或村），它要分析的是不同社区特征对个体收入的影响。不同层次的具体模型如下所示：

第 1 层模型（个体内模型）：

$$\ln(y_{tij}) = \beta_{0ij} + \beta_{1ij}\mathrm{Year}_{tij} + \sum_{p=2}^{P}\beta_{pij}W_{ptij} + e_{tij} \tag{7.5}$$

其中，y_{tij} 为社区 j（第 3 层）内、个体 i（第 2 层）、第 t 次（第 1 层）的结果变量，在本章的分析中是收入；β_{0ij} 是截距项，代表不同个体的结果变量初始值；β_{1ij} 为斜率，代表结果变量随时间变化的不同变化率；Year_{tij} 为时间分值；W_{ptij} 是一类相间相关的变量，如年龄；e_{tij} 为误差项，假设其是独立的，服从均值为 0、方差为 σ^2 的正态分布。

第 2 层模型（个体间模型）：

$$\begin{aligned}
\beta_{0ij} &= \gamma_{00j} + \sum_{q=1}^{Q}\gamma_{0qj}X_{qij} + \sum_{r=1}^{R}\gamma_{0rj}Y_{rij} + u_{0ij}, & u_{0ij} &\sim N(0,\ \sigma^2_{u_{0ij}}) \\
\beta_{1ij} &= \gamma_{10j} + \sum_{q=1}^{Q}\gamma_{1qj}X_{qij} + u_{1ij}, & u_{1ij} &\sim N(0,\ \sigma^2_{u_{1ij}}) \\
\beta_{pij} &= \gamma_{p0j}, \quad p = 2,\ \cdots,\ P
\end{aligned} \tag{7.6}$$

Y_{rij} 是个体水平的、不随时间改变的一类变量，如性别、地区等；X_{qij} 是个体水平且随时间变化的一类变量，在本章中包括教育，婚姻状况，是否拥有电话、电视机、交通工具等。在分析中，对个体层次的教育、电话和电视拥有状况等自变量进行中心化处理，即 $\Delta X_{tij} = X_{tij} - \overline{X_{t \cdot j}}$，$\overline{X_{t \cdot j}}$ 为 t 年社区 j 中 X_{ij} 的平均值。中心化能使截距与斜率的意义更加明确，且可以减少多重共线性，提高估计的稳定性。Grilli & Rampichini（2006）、Corrado & Fingleton（2011）等论证指出，中心化还可以使模型的估计系数反映个体效应与情境效应，并且能消除由于变量的内生性所导致的系数估计偏差，而 $\overline{X_{t \cdot j}}$ 的系数估计在样本量很大的情况下进行一定的纠正也会是一致的。

第 3 层模型（社区间模型）：

$$\gamma_{00j} = \pi_{000} + \sum_{s=1}^{S} \pi_{00s} Z_{sj} + v_{00j}, \qquad v_{00j} \sim N(0, \sigma_{v_{00j}}^2)$$

$$\gamma_{10j} = \pi_{100} + \sum_{s=1}^{S} \pi_{10s} Z_{sj} + v_{10j}, \qquad v_{10j} \sim N(0, \sigma_{v_{10j}}^2) \tag{7.7}$$

$$\gamma_{0qj} = \pi_{0q0} \quad \gamma_{1qj} = \pi_{1q0} \quad \gamma_{p0j} = \pi_{p00} \quad \gamma_{0rj} = \pi_{0r0}, \, p = 2, \cdots, P \quad q = 1, \cdots, Q$$

Z_{sj} 是社区层次的变量，在本章中包括社区电话拥有率、电视拥有率、平均教育水平以及平均收入、农业从业人员占比等。

将第 3 层模型代入第 2 层的中心化修正模型，再代入第 1 层模型中，则得到如下简约模型：

$$\ln(y_{tij}) = \pi_{000} + \pi_{100} \text{Year}_{tij} + \sum_{p=2}^{P} \pi_{p00} W_{ptij} + \sum_{q=1}^{Q} \pi_{0q0} \Delta X_{qij} + \sum_{r=1}^{R} \pi_{0r0} Y_{rij} + \sum_{s=1}^{S} \pi_{00s} Z_{sj}$$

$$+ \sum_{s=1}^{S} \pi_{0s0} Z_{sj} \text{Year}_{tij} + \sum_{q=1}^{Q} \pi_{1q0} \Delta X_{qij} \text{Year}_{tij}$$

$$+ v_{00j} + u_{0ij} + (v_{10j} + u_{1ij}) \text{Year}_{tij} + e_{tij} \tag{7.8}$$

（7.8）式的前两行为固定效应部分，第三行为随机效应部分，随机效应部分中 e_{tij} 为特异误差项（idiosyncratic error），v_{00j} 和 u_{0ij} 分别为社区随机截距项和个体随机截距项，v_{10j} 和 u_{1ij} 则分别是社区层次和个体层次的时间趋势的随机成分。

要应用多层次模型展开分析，必须检测因变量在组间是否有显著差异，如果因变量在组间没有显著差异，即在组间是同质时，则没必要使用多层次分析。在实际应用中，一般使用组内相关系数（intra-class correlation coefficient，ICC）来衡量组间方差与组内方差的相对程度，它的定义式如下：

$$\rho = \frac{\sigma_b^2}{\sigma_b^2 + \sigma_w^2} \tag{7.9}$$

其中，σ_b^2 是方差分析中的组间方差，σ_w^2 是方差分析中的组内方差。当 ICC 接近 0 时，意味着此种分层没多大意义，当 ICC 接近 1 时，意味着组内个体完全没有差异。为了判断组间的差异是否可以忽略，本章参考以下的判断准则（Cohen，1988；温福星，2009）：

$$0.059 > \rho > 0.01 \quad \text{低度关联强度}$$

$$0.138 > \rho > 0.059 \quad \text{中度关联强度}$$

$$\rho > 0.138 \quad \text{高度关联强度}$$

因此，当 $\rho > 0.059$ 时，可认为组间差异不可忽略，应当使用多层次模型。ρ 的计算一般从空模型（null model）开始，在本章的三层次增长模型中，空模型如下：

$$\ln(y_{tij}) = \beta_{0ij} + e_{tij}$$

$$\beta_{0ij} = \gamma_{00j} + u_{0ij}$$

$$\gamma_{00j} = \pi_{000} + v_{00j} \qquad (7.10)$$

简约式：
$$\ln(y_{tij}) = \pi_{000} + v_{00j} + u_{0ij} + e_{tij} \qquad (7.11)$$

$$\mathrm{Var}(\ln(y_{tij})) = Var(\pi_{000} + v_{00j} + u_{0ij} + e_{tij}) = \sigma_{v_{00j}}^2 + \sigma_{u_{0ij}}^2 + \sigma^2 \qquad (7.12)$$

其中，β_{0ij} 是个体在观测年内的平均对数收入，相当于持久性收入；e_{tij} 是残差项，它是个体对数收入相对平均对数收入的偏差，也包括测量误差，它相当于收入的暂时性成分；γ_{00j} 是社区内所有个体的平均对数收入，u_{0ij} 是相对此平均对数收入的偏差项，它是个体层次的随机截距系数；π_{000} 则是所有个体的平均对数收入；v_{00j} 是相对此平均对数收入的偏差，它是社区层次随机截距系数。因此，各层次的组内相关系数 ICC 的计算如下：

$$\rho_{社区} = \frac{\sigma_{v_{00j}}^2}{\sigma_{v_{00j}}^2 + \sigma_{u_{0ij}}^2 + \sigma^2}, \ \rho_{个体} = \frac{\sigma_{v_{00j}}^2 + \sigma_{u_{0ij}}^2}{\sigma_{v_{00j}}^2 + \sigma_{u_{0ij}}^2 + \sigma^2} \qquad (7.13)$$

7.5 实证结果

7.5.1 估计方法

在估计（7.8）式时，我们采用一般化的假设，允许 u_{1ij} 和 u_{0ij}、v_{10j} 和 v_{00j} 是相关的，即它们的方差结构为：

$$\Sigma_1 = \mathrm{var}(u) = \mathrm{var}\begin{pmatrix} u_{0ij} \\ u_{1ij} \end{pmatrix} = \begin{bmatrix} \sigma_{u_{0ij}}^2 & \sigma(u)_{01} \\ \sigma(u)_{10} & \sigma_{u_{1ij}}^2 \end{bmatrix}$$

$$\Sigma_2 = \mathrm{var}(u) = \mathrm{var}\begin{pmatrix} u_{00j} \\ u_{10j} \end{pmatrix} = \begin{bmatrix} \sigma_{u_{00j}}^2 & \sigma(v)_{01} \\ \sigma(v)_{10} & \sigma_{u_{10j}}^2 \end{bmatrix} \qquad (7.14)$$

其中，（7.14）式中的 $\sigma(u)_{01}$、$\sigma(v)_{01}$ 分别表示 u_{1ij} 和 u_{0ij}、v_{10j} 和 v_{00j} 的协方差。但各层次之间的残差项是不相关的，即（7.8）式随机效应部分的方差结构为：

$$\Sigma = \mathrm{var}\begin{pmatrix} u \\ v \\ e_{tij} \end{pmatrix} = \begin{bmatrix} \Sigma_1 & 0 & 0 \\ 0 & \Sigma_2 & 0 \\ 0 & 0 & \sigma^2 I_n \end{bmatrix}$$

（7.8）式的估计则采用最大似然估计（ML），即如果估计方程简化为：

$$y = X\beta + Z(u + v) + e \qquad (7.15)$$

其中，y 为结果向量，X 为固定效应 β 的向量矩阵，Z 为随机效应部分的向量矩阵，则 y 是均值为 $X\beta$，方差为 V 的正态分布，其中方差为：

$$V = Z(\Sigma_1 + \Sigma_2)Z' + \sigma^2 I \qquad (7.16)$$

定义 θ 为 Σ_1、Σ_2 中所有元素组成的一列向量，则最大似然估计的问题为：

$$\max_{(\beta, \ \theta, \ \sigma^2)} L(\beta, \ \theta, \ \sigma^2) = -\frac{1}{2} \big[n\log(2\pi) + \log|V| + (y - X\beta)'V^{-1}(y - X\beta) \big]$$

$$(7.17)$$

在对参数 β、θ、σ^2 进行具体估计时，并不会直接求解（7.17）式，而是会先进行简化处理，可参考 Bates & Pinheiro（1998）中对多层最大似然计算方法的研究。

7.5.2 估计结果

空模型的回归结果如表 7.4 所示。模型 1 计算了组内相关系数 ICC，结果表明社区水平的差异可以解释对数收入方差的 16.73%，在模型 2 中加入时间趋势项的随机系数时，社区水平的差异可以解释对数收入方差的 30.81%，根据前文的判断准则，不能忽略组间的差异，因此，三层次模型的使用是合适的。从带有时间趋势的模型 2 结果中也可看出，所有个体收入对数的平均值为 8.2273，收入随着时间有向上增长的趋势，平均增长率为 0.0795，两者都很显著。根据各层次截距与时间的协方差可以发现，社区层次的截距与时间是负相关的，个体层次的截距与时间是正相关的，这说明社区层次效应随着时间而有减弱的趋势，而个体层次效应则有增强的趋势。经似然率检验（likelihood-ratio test）模型 2 拟合要更好，且其各随机系数都是显著的，根据随机效应中社区和个体层次时间的方差，可计算出两层次的标准差为 0.0476 和 0.0222，则对于某个社区来说，它的平均增长率为 0.0795+0.0476＝0.1271，而某个个体的平均增长率则为 0.1271+ 0.0222＝0.1493。

表 7.4 　　　　　　　　　　空模型以及 ICC 的计算

	模型 1	模型 2
固定效应部分		
截距项	8.6766（0.0306）	8.2273（0.0398）
Year		0.0795（0.0042）
随机效应部分		
残差项的方差	0.5540（0.0072）	0.4340（0.0057）
个体截距项的方差	0.0973（0.0061）	0.0501（0.0064）
Year 的方差		0.0005（0.0001）
时间与截距项的协方差		0.0050（0.00028）
社区截距项的方差	0.1309（0.0161）	0.2155（0.0275）
Year 的方差		0.0023（0.0003）
时间与截距项的协方差		−0.0136（0.0025）
ICC（社区）	0.1673	0.3081
ICC（个体）	0.2917	0.3797

注：（　）中数据为标准误。

表 7.5 是 2000 年、2004 年、2006 年和 2009 年 4 年的两层（个体与社区两个层次）空模型的回归结果，结果也显示，个体平均收入随时间不断增长。从 4 年的 ICC 中可以发现，ICC 是逐年下降的，即社区因素对个体收入变异的解释力在不断减弱，这与现实相符，因为社区发展到一定水平，个体的能力将逐渐在个体的收入中占主导地位。

表 7.5 　　　　　　　　　　　　**2000—2009 年空模型回归结果及 ICC**

年份	2000	2004	2006	2009
固定效应部分				
截距项	8.3442（0.0392）	8.5783（0.0378）	8.6895（0.0386）	9.0964（0.0351）
随机效应部分				
残差项方差	0.4412（0.0084）	0.5157（0.0108）	0.5895（0.0126）	0.5752（0.0117）
社区截距项方差	0.2072（0.0262）	0.1861（0.0243）	0.1958（0.0255）	0.1611（0.0210）
ICC	0.3195	0.2652	0.2494	0.2188

注：（ ）中数据为标准误。

多层次模型分析的结果如表 7.6 所示，被解释变量为对数收入。显然，对数收入随着时间而不断增长。在个体特征方面，对数收入关于年龄的平方项系数显著为负值，说明对数收入关于年龄是"倒 U 形"的，即收入随着年龄的增加先不断增加而后不断下降。在表 7.6 的回归结果中，对数收入关于年龄的转折点为 51.35，当然这只是基于我们所采用的 CHNS 数据得到的参考点。因为本章的个体收入是通过家户收入除以家户规模得到的，对数收入因此也会随着家户规模的增大而不断降低。至于家户规模增加的效应可用 $e^\pi - 1$ 来进行计算，如家户规模增加 1 单位，则个体收入会下降 11.17%。就个体婚姻状况而言，在婚者比离婚者或丧偶者的收入要高；就是否就业而言，有工作的个体比没有工作的个体收入要高。

根据（7.8）式可得出个体变量的边际效应为：$\mathrm{dln}(y_{tij})/\mathrm{d}(\Delta X_{ij}) = \pi_{010} + \pi_{110} \mathrm{Year}_{tij}$。表 7.6 的回归结果显示，个体教育和电话、电视、摩托及轿车拥有状况离差与个体收入是正相关的，并且随着时间的推移，个体自身拥有的能力与物质资本对个体收入的影响会加强，但是在分析结果中，电话、摩托拥有状况与年份的交互项系数为负、且很不显著，这可能是因为电话与摩托到后期已成为很多农村家户的必需品，并且耐用品拥有状况反映的是个体生活质量，用其拥有率来推测基础设施质量会存在偏差。

社区层次的状况与个体层次的结果形成了鲜明的对比。表 7.6 的结果显示，社区层次的变量如社区平均教育水平、社区的电视拥有率、摩托拥有率和轿车拥有率对个体的收入也产生积极的影响，并且产生的作用要比个体层次显著，这也说明社区网络效应对个体发展起到了重要作用。但是可以注意到，除电话与轿车拥有率外，社区层次的变量与年份的交互项系数都为负，说明随着时间的推移，社区层次的变量对个体的影响在不断削弱，而随机效应中社区层与时间的协方差为负也证实了这一点。随着时间延续和经济发展水平提高，个体效应不断增强，而社区效应趋于减弱，这意味着一旦突破某个临界点，个体的脱贫和收入增加将不再受社区网络的局限。

根据定义，ΔX_{tij} 的系数 π_{0q0} 反映个体层次效应，$Z_{sj} = \overline{X_{t\cdot j}}$ 的系数 π_{00s} 反映社区层次的效应，而两者的差 $\pi = \pi_{00s} - \pi_{0q0}$ 则反映环境效应，即不同社区间某变量对个体的影响。在本章的回归结果中，如果不考虑时间交互项，教育与电话、电视、轿车、摩托拥有状况都存在显著的环境效应，并且除电话拥有状况外，其他变量社区层次效应比个体层次效应都要大，但电视与轿车社区拥有率项显著性不高。如果考虑到时间的交互项，以教育为例，个体教育与社区教育水平各增加一档次，10 年后，社区的教育效应为 $0.3642-0.236=0.1282$，而个体教育效应为 $0.056+0.031=0.087$，即社区教育经过 10 年的发展后依然产生显著的影响。但电视与电话拥有情况不一样，10 年后个体层次的作用开始占主导地位。

在农户收入的地区差异方面，东部（江苏、山东）的收入水平较高，其次是东北（辽宁、黑龙江），但西部（贵州、广西）比中部（河南、湖北、湖南）的收入要高，这似乎不符合事实，经分析发现，这是由于 CHNS 数据中广西的样本农户平均收入较高导致的。在社区层次的变量中从事农业的人口的比例对个体收入是负的影响，即农业人口比例越高，则个体收入越低，而它与时间的交互项的系数符号却为正，这说明随着时间的推移，社区内农业人口比例的增加会对个体收入产生积极的影响，但它与其对个体收入负的影响相比很微弱，这意味着，即使农业收入随着时间的推移不断增长，但与从事其他职业的人相比，农业给个体带来的收入仍是较差的。

表 7.6　　　　　　　　　　　增长模型的回归结果

变　量　名	系数估计	z 值
固定效应部分		
常数项	8.5507	54.24 ***
时间项	0.0494	2.12 **
个体变量		
年龄	0.0076	2.92 ***
年龄的平方	−0.000074	−2.80 ***
家户规模	−0.1185	−29.29 ***
未婚（参照变量）		
在婚	−0.1319	−5.56 ***
离婚、丧偶	−0.1897	−5.78 ***
个体教育水平和社区平均教育水平离差	0.0560	5.81 ***
个体拥有电视与否和社区电视拥有率之差	0.1212	4.62 ***
个体拥有电话与否和社区拥有率之差	0.2212	8.19 ***
个体拥有摩托与否和社区拥有率之差	0.1669	6.56 ***
个体拥有轿车与否和社区拥有率之差	0.3374	6.28 ***
有无工作	0.1297	8.27 ***

续表

变 量 名	系数估计	z 值
社区变量		
东部（参照变量）		
东北部	−0.2313	−3.76***
中部	−0.3749	−6.83***
西部	−0.2997	−4.91***
社区平均教育水平	0.3642	5.88***
社区电视拥有率	0.1966	1.52
社区电话拥有率	−0.7873	−7.44***
社区摩托车拥有率	0.3324	2.76***
社区轿车拥有率	0.3684	1.22
社区从事农业的人口比例	−0.3231	−3.44***
交互项		
年份与教育水平离差的交互项	0.0031	2.23**
年份与社区平均教育水平的交互项	−0.0236	−2.78***
年份与电视拥有率离差的交互项	0.0101	1.74*
年份与社区电视拥有率的交互项	−0.0400	−1.89*
年份与电话拥有率离差的交互项	−0.0013	−0.27
年份与社区电话拥有率的交互项	0.1479	8.38***
年份与摩托拥有率离差的交互项	−0.0016	−0.39
年份与社区摩托拥有率的交互项	−0.0616	−3.72***
年份与轿车拥有率离差的交互项	0.0233	3.07***
年份与社区轿车拥有率的交互项	0.0530	1.32
年份与社区从事农业人口比例的交互项	0.0255	1.72*
随机效应部分		
时间层次		
随机误差项	0.4149（0.0054）	
个体层次		
截距项方差	0.0288（0.0056）	

续表

变　量　名	系数估计	z 值
年份方差	0.00035（0.000087）	
截距项与年份的协方差	0.0032（0.000233）	
社区层次		
截距项方差	0.1545（0.0210）	
年份方差	0.0024（0.0003）	
截距项与年份的协方差	−0.0156（0.0024）	
LR 检验：Vs. 线性回归　　　chi2（6）= 2196.13　Prob>chi2 = 0.0000		

注：括号中为标准误，上标 *** 、 ** 、 * 分别表示 1%、5%、10% 置信水平。

7.6　总结

本章构建多层次模型来分析社区因素在区域性贫困陷阱形成中的作用，得出以下结论：（1）中国目前各地区的生活水平存在明显差异，而社区因素（如农业人口比例、社区平均教育水平、与外界的信息交流等）在其中发挥着至关重要的作用，其中，农业为主的地区收入更低，农业带来的收入增长与其他职业相比更弱。（2）在经济发展的早期，社区层次的因素对个体生活水平的影响要强于个体层次的因素，尤其是社区教育水平与信息获取水平，但是社区层次的作用力却不断降低，当超过某一特定临界点，个体具有的能力与资本将开始发挥主导作用。这说明社区基础设施的水平是在经济发展早期起到大推进的作用，它为个体发展提供了一个门槛外部性，社区与个体层次要素的互补性使得目前社区经济增长亲贫的作用力很小，因为越有能力者将会越充分地利用社区基础设施。

因此，当前国家的扶贫应以推动区域发展为着手点，并且这种区域层次要逐渐下放到县及以下水平。为了使经济增长达到亲贫的效果，要从区域基础设施与个体能力培养进行双向支持，既要加强建设与贫困者个体能力要素互补的区域要素（如道路、交通设施、通讯网络、自来水、电力供应等物质基础设施，以及基础教育、基本医疗等社会基础设施），由此提高区域经济增长的亲贫性，同时也要提高与社区层次要素相互补的个体能力，使贫困者能够更多地从社区层次发展中获得收益。国家正在实施的整村推进等区域扶贫措施也正是朝着这一目标前进，但也要增强瞄准性政策的实施，比如对贫困人群的能力培训、信息通达、养老保障等。

总体上看，本章分析的结论中，地区基础设施等其他社区因素的作用都是很显著的，但它们与时间因素的交互项不是很显著。这可能与本章采用 CHNS 数据中的变量、时间区段和调查对象有关，这也是以后需要进一步完善的地方。

附表:

附表 7A CHNS 相关统计变量描述

变量名	样本数	平均值	标准误	最小值	最大值
年龄	19856	46.445	14.13	16.04	92.71
个体收入	19856	8764.319	13363.45	29.133	361458.7
电话拥有与否	19856	0.697	0.460	0	1
电视拥有与否	19856	0.818	0.386	0	1
接受的最高教育程度	19856	1.60	1.222	0	6
汽车拥有与否	19856	0.043	0.202	0	1
摩托拥有与否	19856	0.343	0.475	0	1
是否拥有工作	19856	0.810	0.392	0	1
农户规模	19856	3.912	1.578	1	13
地区	19856	1-东部(23.05%);2-东北(21.92%);3-中部(29.75%);4-西部(25.28%)			
婚姻状况	19856	1-未婚(7.83%);2-在婚(86.10%);3-离婚,丧偶与分居(6.07%)			
社区变量					
农业人口比例	576	0.456	0.337	0	1
社区平均收入	576	9021	6170.265	668.717	60874.57
社区电话拥有率	576	0.721	0.288	0	1
社区轿车拥有率	576	0.0431	0.071	0	0.481
社区摩托拥有率	576	0.335	0.236	0	1
社区电视拥有率	576	0.834	0.214	0	1
社区平均教育水平	576	1.641	0.638	0.425	3.933

第八章————————————————————————

贫困脆弱性与贫困陷阱
——对脆弱性的数量测度与分解

  大量发展中国家的事实表明，持久性贫困、贫困陷阱与贫困脆弱性存在密切关联，并且随着贫困线的提高，许多徘徊在贫困线附近的人群很容易由于外部冲击而落入贫困境地。目前学术界和世界银行等国际机构对"贫困脆弱性"的关注正在增加。一般地，"贫困脆弱性"定义有两个要素：第一，它是一个与风险和外生冲击密切相关的度量，其中风险指一切可能带来收入下降的因素，其来源可以是多样性的，既可以是疾病、灾害，也可以是市场波动、政治动荡等；第二，冲击带来的福利变化不仅取决于冲击的大小，还取决于人们对于冲击的暴露程度，以及应对冲击的能力。

  本章试图通过对贫困脆弱性的数量测度和分解，进一步探讨贫困陷阱的生成机制。通过对"贫困脆弱性"的测算，衡量家户或个体在遭受冲击后复原的能力，也就是要测度在面临外部冲击时，贫困家户是否有能力应对冲击、防范风险和实现经济状况复原。如果缺乏这样的应对和复原能力，贫困家户就被认为存在"贫困脆弱性"，有可能遭受持久性贫困，甚至落入贫困陷阱。

  在既有文献中，对于贫困脆弱性的概念和定义主要有三种方法，分别是期望的贫困（VEP）、期望的低效用（VEU）和未被预防的风险暴露（VER）。本章基于 VEP 法提出了一种反向的脆弱性测度方法，用个人或家户在将来维持于某一返贫概率之上的最小福利水平来描述家户脆弱性。我们分别计算了在不同水平基础上的家户脆弱性值，并根据不同时期、户主性别、所处地区和户主职业类型等分类考察了家户脆弱性值的特征。

  为了进一步探究贫困脆弱性的变化，我们围绕脆弱性分析了两类分解：一是家户脆弱性的变动，即同一个家户在前后两期样本中脆弱性发生恶化的原因；二是家户脆弱性的差距，即同一个时期强弱不同的两个家户之间脆弱性差距存在的原因。对于前者，通过分解成均值变动和方差变动进行分析发现，导致家户脆弱性发生恶化的原因有均值或方差的单向变动，但是绝大多数是由两者同等幅度的变动导致的。对于后者，从基于要素和基于主成分分解结果中可以看出，家户压力方面的信息，即家户规模、家户支出和家庭负担导致了家户脆弱性的差距，其中家户支出是强弱脆弱性差距最重要的贡献因素，其 Shapley 分解贡献程度达到了 73.10%！

8.1 问题的提出和相关文献回顾

改革开放以来，我国的经济取得了前所未有的高速增长，反贫困事业也取得了重大成就。但是，虽然我国贫困人口逐年减少，但是减贫速率却在放缓，且返贫现象时有发生。另外，根据中国农村贫困监测报告团队 2006 年、2007 年和 2008 年的抽样调查发现，在这 3 年中都处于贫困状况的家户仅占全部家户的 0.7%，有两年处于贫困状态的占 1.5%，只有一年处于贫困的占 1.5%，其中 2007 年贫困农户中有 64.1% 是新进入的，2008 年中有 58.3% 是新进入的。[①] 造成返贫现象的一个重要原因是贫困者及贫困线附近的个体是脆弱的[②]，他们会由于遭受某一负向的外部冲击而重新落入贫困之中[③]。

在实际生活中，家户受到的意外冲击类型较多，包括宏观经济波动（如经济萧条导致的失业、通货膨胀等）、自然灾害（地震、洪涝等）、家庭变故（家庭成员生病、丧失主要劳动力等）等（如表 8.1）。冲击会影响个体在当期消费与能力投资之间的选择：受到财富约束的个体面临冲击致使收入下降时，他会偏重当期消费或者进行预防性储蓄，从而导致能力投资不足。Dhanani & Islam（2002）研究了 1997 年金融危机对印度尼西亚贫困的影响，结果发现危机前的人力资本贫困较消费贫困更为严重，危机对健康、教育等人力资本贫困影响却不大，这意味着危机导致价格上升暂时性地增加了消费贫困。很多文献研究了食品价格变动与贫困的关系（Dessus，Herrera & Hoyos，2008；Hoyos & Medvedev，2011），Ivanic & Martin（2011a）的研究显示，食品价格的变化对贫困的影响在不同期间内是不一样的：在短期，较高的食品价格对贫困的影响非常严重，但在长期，这种不利的影响相对要小很多。

表 8.1 冲击的分类

冲击影响	实 例
资产 （Assets）	• 自然灾害，如暴雨、洪水、火山、地震、飓风、强风以及流行病等 • 社会动荡，如犯罪、暴力、恐怖主义、种族冲突、民间战争等 • 法律环境变化，如消除财产保障或物权保护 • 政治冲击，如暴乱、政变、临时/永久没收实物资产、被迫搬迁等 • 健康冲击，如流行病、疾病、工伤、意外事故和残疾 • 经济冲击，如失业、通货膨胀、股市或汇率崩溃、经济基本结构变化

[①] 统计数据来自：国家统计局农村社会经济调查司，中国农村贫困监测报告 2009 [M]. 北京：中国统计出版社，2009：9-10.

[②] 根据世界银行 2000—2001 年发展报告，脆弱性度量了对于冲击的应对能力，即冲击造成的福利程度下降的可能性（World Bank，2001）。

[③] Jalan & Ravallion（1998）利用 1985—1990 年的农村住户调查数据测算了中国的暂时性贫困，发现将近 1/3 的贫困深度和 50% 的贫困严重度是暂时性的，并且在一定预算约束下，暂时性贫困的存在大大削弱了扶贫政策对缓解持续性贫困的效果。

续表

冲击影响	实　例
生产、投资活动（Activities）	<ul><li>由于自然灾害、社会动荡、法律环境变化和政治冲击等造成的生产投入受阻</li><li>由于自然灾害、社会动荡、法律环境变化和政治冲击等造成的产出减少</li><li>由于自然灾害、社会动荡、法律环境变化和政治冲击等造成的经济政策不明、汇率波动、定价政策变化等不确定性造成的产出价格波动</li><li>资产价值和回报的协同变化</li><li>有关生产活动的投入或产出合同无法执行</li></ul>
产品、服务①（Outcomes）	<ul><li>消费市场上的价格风险，比如食物价格</li><li>粮食供应和配给</li><li>获取公共品的不确定性，如学校和医疗设备</li></ul>

注：资料来源于 Hoddinott 等（2003）.

脆弱性是否也是导致贫困陷阱的原因？由于脆弱性衡量了家户或个体在遭受冲击后复原的能力，那么这意味着上述问题等价于冲击是否会导致持续性贫困，如果在遭受冲击后有的家户能够尽快复原，而有的家户却永久性致贫，那么贫困陷阱就产生了。Jalan & Ravallion（2001）利用中国农村 6 年的家户数据衡量了各家户在受到大小程度不同的冲击后恢复至初所经历的年限，主要结果见表 8.2。他们的分析数据表明，负向的冲击会对大多数家户的消费水平下降产生显著的影响，但大多数家户的复原时间可能不同。超过一半以上的家户在承受冲击导致的消费水准下降的当年得以恢复，不到 1/5 的家户会在 4 年之后才能恢复。冲击的深度和恢复的时长之间也存在着某些联系，遭受冲击更大的家户会在将来更长的时间内才能恢复回来。其研究结果认为，小型和中型冲击不会产生持续性贫困，但是大型冲击将导致持续性贫困，尤其对于那些缺乏缓冲抵御手段的家户而言，大型冲击导致了贫困陷阱。

表 8.2　　　　　　　　　中国农村家户支出降低后的恢复时长

遭受冲击后恢复的时长	小型冲击	中型冲击	大型冲击	任意
一年	63.23	31.35	14.39	54.53
二年	15.58	14.05	9.35	15.14
三年	5.57	8.84	5.76	6.24
四年	3.44	7.88	4.32	4.38
从未恢复	12.18	37.14	66.19	19.71

注：资料来源 Jalan & Ravallion（2001），其中冲击的程度大小是依据家户支出水平变动来衡量的，小型冲击：支出减少 ≤ 5%；中型冲击：5% < 支出减少 ≤ 10%；大型冲击：支出减少>10%。

———————————

① 原英文为 outcomes，直译应为产出、结果，但根据全文内容其应指生产活动的终端，即产品、服务。

大多数研究侧重于考察冲击或危机的发生与随之陷入贫困境地之间的直接联系。这类研究结果指出，长期贫困的产生通常源于经济危机、健康冲击、家户出现意想不到的遭遇，其次是失业或自然灾害等，持续性贫困常常与那些具有一定深度、强度和重复类的冲击相关联。负向冲击将使得非贫困人口流向贫困群体，或者使那些已经贫困的家户陷入持续性贫困之中（Suryahadi & Sumarto，2001）。因此，这些研究侧重于考察负向冲击对家户福利变化的直接影响。

还有一部分研究侧重考察了家户在面对冲击时所拥有的缓冲抵御手段的质量和可用程度。风险回避的家户会通过以下各种方式努力降低其风险暴露：积累资产、抵押贷款、参与互助网络等。因此，那些非常脆弱的家户是因为他们拥有较少的缓冲抵御手段，或者可用的缓冲手段能够抵御的范围太小和成效太低以至于无法为他们提供足够的保护（Chambers & Conway，1992；Morduch，1994）。这些研究证据表明有限的缓冲抵御手段也是造成持续贫困的重要原因。

第三类研究着重考察了家户在应对冲击和处于脆弱状况时采取的事后风险管理行为。这些基于危机反应的行为所涵盖的范围非常广泛，包括减少膳食数量和降低膳食质量，减少或推迟与健康有关的开支，要求子女从学校辍学，要求家中尚未成年的孩子去从事非正规就业等。这些通常用以刻画贫穷状况的行为作为解释持续贫困的间接影响因素，正在逐步占据着脆弱性研究中的主导地位（Elbers，2003）。比如，Kochar（1999）的研究发现在印度南部，遭受冲击后的家户会显著改变他们劳动数量，他们可能会临时动用牲畜、首饰或其他耐用品等储蓄品。Jacoby & Skoufias（1997）发现干旱造成的不利收入冲击可能会导致印度家庭的女孩辍学，因此他们可能会改变对人力资本的投资。

综合上述三条分析思路，近期的研究（Hoddinott & Quisumbing，2003；Dercon & Krishnan，2000）给出了一个考察贫困脆弱性的更为一般的框架：第一，每个家户会根据当前对风险和冲击的预期，将其所拥有的资产、食品、劳动力、健康等一切资源禀赋分配到不同的活动中，这些活动包括诸如养殖、耕种或揽工等能在当期为其带来收入的生产活动，也包括那些诸如补充营养、接受教育等能在未来为其带来收入的投资活动。第二，当家户遭受各种类型的冲击时，有些冲击会直接影响其资产类的资源，有些会影响其从事的各种收入来源的活动，有些会导致其产生相关的消费平滑行为。这都将导致家户的资源禀赋存量进一步变化，并更新其对各类收入活动在风险冲击下的期望。由此，形成了一个循环的家庭生命周期。

一般而言，家户福利的损失原因常常被归结于贫困或风险（Ligon & Schechter，2002），其近似的脆弱性表现分别为结构性贫困和消费波动（Chaudhuri & Christiaensen，2002），这种区分对于政策制定而言是极为有用的。对于那些仅仅是由于消费波动而导致的脆弱性群体，只需要通过事前降低其风险暴露或者增强事后的风险应对能力，就足以消除其消费波动类的脆弱表现；对于结构性贫困群体而言，除了采用降低风险的手段以外，还需要同时采取能提高其平均消费水平的政策手段，才可以帮助这部分群体消除其脆弱性表现。这意味着，政府要想有效地进行扶贫，就应当考虑家户的贫困脆弱性，因为传统的贫困发生率是一个事后测度，而贫困脆弱性体现了一种事前测度。

本章余下部分的安排如下：8.2 节比较分析几种贫困脆弱性的测度方法。8.3 节在既有的脆弱性测度方法基础上，提出了一种基于 VEP 法的反向脆弱性测度方法，对我国家户的脆弱性进行了分析，并根据不同时期、户主性别、所处地区和户主职业类型等分类考察了家户脆弱性值的特征。8.4 节围绕贫困脆弱性，分析了两类分解问题：一是家户脆弱性的变动，即同一个家户在前后两期样本中脆弱性发生恶化的原因；二是家户脆弱性的差距，即同一个时期强弱不同的两个家户之间脆弱性差距存在的原因。最后是本章总结。

8.2　贫困脆弱性的测度方法比较

在目前的文献中，脆弱性常指个体或家户的福利在未来某一给定的时刻低于某一标准，其数量化的界定主要是根据预期消费水平低于标准线以下的概率（Chaudhuri & Datt，2001；Chaudhuri，2002；Hoddinott & Quisumbing，2003）进行判断。此类"脆弱性"的概念和定义主要有三种，分别为预期的贫困脆弱性（vulnerability as expected poverty，VEP）、低期望效用脆弱性（vulnerability as low expected utility，VEU）、未被预防的风险暴露脆弱性（vulnerability as uninsured exposure to risk，VER）。

在这三种观点中，VEP 和 VEU 都是事前的预测指标，考虑的都是风险可能带来的未来福利状况下降。前者定义为未来的状况低于某一基准指标的概率，通常为收入或者消费支出低于贫困线的概率，后者则定义为效用的下降程度。与 VEP、VEU 不同，VER 是一种事后的指标，它用来评价冲击带来的实际福利下降的大小。

这三种测度方法，对于政策制定者而言具有不同的意义，因为他们可以依次解决如下问题：第一，哪些个体是脆弱的；第二，导致这些个体脆弱的风险冲击来源有哪些；第三，那些遭受了风险冲击的家户在事后应对风险的能力怎样；第四，各家户面对风险的冲击程度和其应对能力之间的差距有多大，政策介入的空间有多大。

8.2.1　基于 VEP 法的测度

Chaudhuri（2002）假定家户的消费是满足对数正态分布的，并由如下的随机过程决定：

$$\ln c_{ht} = \beta \cdot X_h + e_h \tag{8.1}$$

$$\sigma_{eh}^2 = \tau \cdot X_h \tag{8.2}$$

其中 $\ln c_{ht}$ 是消费的对数形式，X_h 是家户的特征向量，比如家户位置、户主类型、家户资产和风险冲击等，随机扰动项的方差 σ_{eh}^2 由上述第二个回归方程式决定。在消费为对数正态分布的假定和给定家户的消费贫困线 z 下，每个家户基于 VEP 测度的脆弱性值由下式可得：

$$v_{ht} = P(\ln c_{ht} < \ln z \mid X_h) = \Phi\left[(\ln z - \hat{\beta} \cdot X_h) / \sqrt{\hat{\tau} \cdot X_h}\right] \tag{8.3}$$

Chaudhuri 等研究者的测度方法比较著名，但也存在一些问题。他们根据单期截面数据使用三步广义最小二乘法对 VEP 进行了测度，由于数据缺少时间跨度，脆弱性的测度结果将有所偏差：当使用那些存在自然灾害年份的数据时，测度结果会高估脆弱群体的比例，反之亦然。此外，Kamanou & Morduch（2002）还指出了在测度过程中假设消费的对数正态分布所存在的问题：使用消费波动的标准差作为脆弱性的代理变量，意味着需要假定样本中所有的家户都是同质的，他们拥有相同的消费分布，这显然是一个严重的问题。对此问题，Kamanou 和 Morduch 通过对样本数据使用自举法（bootstrap techniques）估计消费分布进行了考察。

在实际的操作过程中，Chaudhuri，Jalan & Suryahadi（2002）利用期望的贫困（VEP）计算了印度尼西亚的贫困脆弱性，具体做法是利用家户的现有特征及所处环境估计该家户未来的消费分布，通过所得分布计算该家户落于贫困中的概率，并选用一定的标准作为判断脆弱性的依据。[1] 但是，此种脆弱性的测度方法类似于贫困发生率的测度，并未考虑贫困的深度及严重度。

Christiaensen & Subbarao（2005）和 Dercon（2005）等文献则将脆弱性定义为期望贫困，其中贫困的衡量为 FGT 贫困测度形式，FGT 指数测度贫困具有良好的性质，但用此来测度脆弱性会出现一些荒谬的结论，它意味着可以通过增大贫困家户的风险来最小化期望贫困。李丽等（2010）基于 VEP 法使用了 CHNS 面板数据，对 2638 个家庭的脆弱性进行了测度和分解，并按城乡、户主年龄和成人受教育程度等交叉分组，分类汇总了各子样本家户的脆弱性及分解结果。

Kamanou & Morduch（2004）将脆弱性定义为贫困的期望变化，Dutta & Foster（2010）则认为，脆弱性不应当只考虑个体未来支出与贫困线的差距，还需要考虑支出变化量以及初始支出水平。他们给出的标准线是初始收入水平与贫困的一个复合值，脆弱性是标准线与未来支出的差值的期望，但这种测度方法忽视了那些收入上升却依然贫困的个体的脆弱性，这也是存在贫困但不脆弱的说法所存在的一个错误。

8.2.2 基于 VEU 法的测度

Ligon & Schechter（2003）利用功利主义方法提出了一种脆弱性测度方法来考虑风险，他们根据下面的式子使用 VEU 法对家户的脆弱性进行了估计：

$$V_h = [U_h(z) - U_h(Ec_h)] + \{U_h(Ec_h) - EU_h[E(c_h \mid X_t)]\} + \{EU_h[E(c_h \mid X_t)] - EU_h(c_h)\}$$

$$(8.4)$$

基于上式，可以进一步将此脆弱性分解为贫困、总的风险和特殊风险。见图 8.1。

完成上述分解的过程中有两个先验步骤比较关键。第一，效用函数选取为 $U_h = (c^{1-\tau})/(1-\tau)$，其中 $\tau > 0$ 可以用来解释家户的相对风险厌恶系数，且既有的实证文献结果表明 $\tau = 2$ 比较合理。第二，对于家户消费的条件期望使用了回归式 $E(c_h \mid X_t) = \alpha_h + \beta X_{vt} + \delta X_{hvt} + \varepsilon_{hvt}$ 进行估计，这意味着在面板数据中，家户随时间变化的特征向量 X_t 被分解成了两部分：由 βX_{vt} 刻画的协方差项（X_{vt}）和由 $\beta X_{vt} + \delta X_{hvt}$ 刻画的家户特质项（X_{hvt}）。

期望效用的脆弱性（VEU）是从福利变动的角度考察家户受到风险冲击的影响，相比于 VEP 法有两个优点。第一，它避免了 VEP 方法可能带来的问题：家户的脆弱程度和

---

[1] 判断是否脆弱的标准通常选为 50%，即如果家户下期落入贫困的概率大于 50%，则表示该家户是脆弱的。

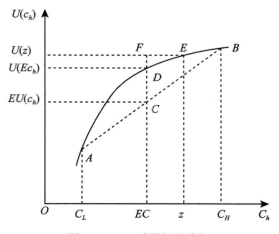

图 8.1　VEU 脆弱性的分解

其风险倾向相矛盾。① 第二，脆弱的来源可以进行分解，可以分为整个经济的总风险和家户面临的特殊风险，（8.4）式中第一部分的脆弱性来源于贫困，第二项可以表示总风险导致的脆弱的变动，第三项表示特殊风险带来的脆弱的变动。虽然这种分解对于考察脆弱的风险冲击来源是有用的，但在政府实际政策中去考虑个体的风险态度是不切实际的，同时，效用函数的选取也具有很大的随意性。

Dercon（2005）在一系列公理下推出一种脆弱性测度方法，它的脆弱性表达式为：$V_\alpha^i = 1 - E(x_i^\alpha)$，其中 $0 < \alpha < 1$，$x_i = \dfrac{\min(y_i, z)}{z}$，$y_i$ 为个体 i 的收入或支出等。Calvo（2008）则将这种方法推广到多维，利用多维贫困指数的期望值来测度脆弱性，具体可表达为：$V_\alpha^i = 1 - E\left[\left(\sum_j^J \gamma_j x_{ij}^\rho\right)^{\frac{\alpha}{\rho}}\right]$，其中 $0 < \alpha < 1$，$0 \leqslant \rho < 1$，$\sum_j^J \gamma_j = 1$，γ_j 是权重。

8.2.3　基于 VER 法的测度

与 VEU 法类似，未被预防的风险暴露（VER）仍然是通过家户福利损失大小来测度其脆弱性，不同之处在于它是根据家户在遭受风险冲击前后的消费或收入变动大小进行测度，因此是事后测度。这些被考察的冲击，既可以包含那些系统性的风险，比如一个村庄的所有住户都遭受了山洪、地震等自然灾害或地质灾害，也可以包含那些各家户独自遭遇的个体性风险，比如疾病、伤残等。较为有名的 VER 测度法有以下四种类型：

---

① 考虑两种情况：在第一种情况下，家户在下一期一定会陷入贫困，但贫困程度不太严重。在第二种情况下，家户的期望消费和第一种情况一样，所不同的是家庭户承受的风险更大，消费有更大的波动性，这导致其有 50% 的可能会陷入贫困，而有 50% 的可能摆脱贫困。如果根据 VEP，那么在第一种情况下，脆弱性会更严重，因此为了减少脆弱性，相关的政策应该增加家户的风险，这和经济学中通常假定的"风险回避"相矛盾。

$$\Delta\ln c_{htv} = \sum_{tv} \delta_{tv}(D_{tv}) + \sum_i \beta_i S(i)_{htv} + \gamma X_{htv} + \Delta\varepsilon_{htv} \tag{8.5}$$

$$\Delta\ln c_{htv} = \sum_{tv} \delta_{tv}(D_{tv}) + \beta\Delta\ln y_{htv} + \delta X_{htv} + \Delta\varepsilon_{htv} \tag{8.6}$$

$$\Delta\ln c_{htv} = \alpha + \sum_i \lambda_i S(i)_{tv} + \beta\Delta\ln y_{htv} + \delta X_{htv} + \Delta\varepsilon_{htv} \tag{8.7}$$

$$\Delta\ln c_{htv} = \alpha + \beta\Delta\ln y_{htv} + \gamma\Delta(\overline{\ln y_{tv}}) + \delta X_{htv} + \Delta\varepsilon_{htv} \tag{8.8}$$

在上述式子中，$\Delta\ln c_{htv}$ 表示村庄 v 中的家户 h 在第 t 期①的消费量的对数变化，$S(i)_{tv}$ 表示村庄 v 中每个家户都遭受了的系统性风险，$S(i)_{htv}$ 表示村庄 v 中的家户 h 所遭受的个体性风险，D_{tv} 表示关于村庄的虚拟变量，$\Delta\ln y_{htv}$ 表示每个家户的收入增加率，$\Delta(\overline{\ln y_{tv}})$ 表示每个村庄内的家户平均收入增长率②，X_{htv} 表示各家户的特征向量，α、δ、β、λ 和 γ 分别为待估计的系数向量，其中关于 $S(i)_{tv}$ 和 $S(i)_{htv}$ 的系数分别反映了家户在面对系统性风险和个体性风险时的脆弱程度。

由于 VER 是一种事后测度法，因此它可以用来评价各种类型的冲击带来的实际福利下降的程度，即可以对导致家户脆弱的风险来源进行准确估计。③ Dercon & Krishnan（2000）使用了三轮埃塞俄比亚农村家户调查的面板数据，使用 VER 法对导致该地区家户脆弱性的风险来源进行了仔细考察。其计量方程中被解释变量为家户的人均食物消耗或援助量，通过使用固定效应回归法去控制了家户的特征向量后，脆弱性的风险冲击来源被分解为系统性风险和个体性风险，其中系统性风险包括村庄水平的暴雨、物价和工资波动等，个体性风险包括各家户自行上报的降雨冲击、作物损坏、牲畜疾病和水源缺乏等。他们的实证结果发现，系统性风险和个体性风险作为家户脆弱的风险冲击来源都是显著的，且季节效应对于家户的消费波动也是显著的。④

这些方法都是对风险冲击的一种度量，但风险冲击很难通过数据收集进行分类。第一，同一风险来源可能会被不同收入行为的群体视为不同的风险。比如，一家农场由于遭受市场冲击破产倒闭，农场主可能会认为自己遭受了系统性风险，但是农场工人却认为自己遭受了失业的个体性风险。第二，同类的风险冲击，在不同生活常态的个体眼中将视为不同的风险。比如，那些本身贫困、一直赋闲在家、偶有工作的个体一旦失去工作，可能并不会认为自己遭受了一次失业的风险冲击，但是那些拥有工作、本身富裕的个体一旦失去了工作则会认为遭受了一次失业的冲击。

上述文献中的脆弱性测度方法，都有一个共同的缺陷，就是给予政府政策的指导性不够强。虽然利用这些方法可以测算出个体的脆弱性大小，但对于政府来说，如何像测度贫困那样根据脆弱性的测度结果来进行针对性地扶持，却没有一致性的标准。正如 Siegel 等人在脆弱性的定义中所指出的，脆弱性来自两个方向：一是个体受到外在冲击；另外一个

---

①　通常是第 t 期和第 $t-1$ 期的对数消费差：$\Delta\ln c_{htv} = \ln c_{htv} - \ln c_{h(t-1)v}$。

②　在许多文献中，$\Delta\ln y_{htv}$ 和 $\Delta(\overline{\ln y_{tv}})$ 也常常被用来代替 $S(i)_{htv}$ 和 $S(i)_{tv}$ 作为风险冲击的代理变量。

③　VER 法对数据的要求较高，既要求家户调查获得的是面板数据，还要求数据内容同时包含家户消费和收入。

④　季节效应指家户的消费量在劳动力高峰期（此时劳动回报高）会增加，在劳动力低谷期减少。

是个体所具有的应付冲击的能力。如果我们能够通过控制冲击的波动范围而得出一定的扶持标准，则这对政府政策将具有实际的意义。与此同时，从应付冲击的能力来解构脆弱性，则会使我们有一个明确的方向来抵抗未知风险，而这些正是本章将要提出的一种新的脆弱性测度方法的出发点。

8.3　基于反向 VEP 法的脆弱性测度

本节将基于 VEP 法提出一种反向的脆弱性测度方法，用个人或家户在将来维持于某一返贫概率之上的最小福利水平来描述家户脆弱性。我们将分别计算在不同水平基础上的家户脆弱性值，并根据不同时期、户主性别、所处地区和户主职业类型等分类考察家户脆弱性值的特征。

8.3.1　实证模型

传统的 VEP 法也称为预期的贫困脆弱性（Chaudhuri，Jalan & Suryahadi，2002；Christiaensen & Subbarao，2001），它是用个人或家户在将来陷入贫困的可能性来描述脆弱性，其测度公式是：

$$V_{it} = P(c_{i,\,t+1} \leqslant z) = \int_{-\infty}^{z} f_i(c_{i,\,t+1}) \, dc_{i,\,t+1} \tag{8.9}$$

其中 V_{it} 表示家户 i 在 t 期的脆弱性，$c_{i,\,t+1}$ 表示家户 i 在 $t+1$ 期的消费，z 表示消费的贫困线，$f_i(c_{i,\,t+1})$ 表示家户未来福利的概率密度分布函数。

在使用上述方法的过程中，首先需要选择 z 值，即确定贫困线基准①，然后通过估计 $c_{i,\,t+1}$ 的分布函数计算个人或家户在下一期陷入贫困的概率来测定脆弱性，理论上简明直接。但是，我们认为这种测度方法有一定的局限：首先，事前确定贫困线标准的动机过于主观；其次，脆弱性测度的结果侧重于描述家户或个人返贫的概率，得出概率值的高低无助于针对性制定扶贫政策；最后，用这种方法得到的返贫概率值不能用于进一步分析造成返贫差异的原因。

本章在 VEP 方法的基础上提出了一种类似的贫困脆弱性测度方法，用个人或家户在将来维持在某一返贫概率之上的最小福利水平来描述脆弱性，表达式如下：

$$\mathrm{Cvar}_{itv} \triangleq -\inf\{z: P(c_{i,\,t+1} < z_{it}) \geqslant v\} = -\inf\{z: \int_{-\infty}^{z} f_i(c_{i,\,t+1}) \, dc_{i,\,t+1} \geqslant v\} \tag{8.10}$$

其中 Cvar_{itv} ②表示家户 i 在 t 期时水平为 v 上的脆弱性，$c_{i,\,t+1}$ 表示家户 i 在 $t+1$ 期的消费，v 表示返贫概率或衰退概率。上述脆弱性指标 Cvar_{itv} 的含义是，当允许返贫或衰退概率维持在 v 水平上时，各家户可能达到的福利水平。该指标值越大，表明家户经历冲击后仍然留存的福利越大。因此，该指标值越高，家户越不脆弱；反之，该指标值越小则表明家户

---

① 测度脆弱性通常有两条标准：一是以贫困线为标准，常用的贫困线有国家线、1 美元/天、1.25 美元/天、2 美元/天；二是以返贫概率为标准，其常用标准有观测贫困发生率和 50% 收入线两种。

② 本章采用 Cvar 表示 Vulnerability at Risk based on Consumption。

越脆弱。[1]

　　本章提出的这种测度方法与 VEP 测度方法是对称的。不同的是，后者是首先确定统一的贫困线标准 z，然后测度每个个体的返贫概率 V_{it} 并将其作为个体的脆弱性指标；而本章提出的方法则首先是确定统一的返贫概率 v，然后测度每个个体与之对应的"贫困线"水平 Z_{it} 作为个体的脆弱性指标。因为概率函数 $P(\cdot)$ 的单调性，这两种方法本质上是一样的，但意义却不同。在同一返贫概率水平上，不同个体或家户应该达到的福利或预期消费水平不同，这些不同福利水平恰好反映了对应个体和家户的贫困和脆弱程度，通过研究造成这些福利水平差异的根源可以找到造成返贫差异的原因。对于政策的制定者而言，可以维持个体的脆弱性至一定水平为目标并据此针对性地制定扶贫政策。

　　在使用（8.10）式进行脆弱性测度的过程中，我们需要知道 $f_t(c_{i,\,t+1})$ 的函数形式，即被解释变量的先验分布形式。在当前的研究中，主要的先验分布形式有伽马分布（Harrison）、帕累托分布（Cowell，1995）和对数正态分布（Chaudhuri et al.，2002；章元，2009）这三类，他们分别适用于对中等收入群体、中等以上收入群体和低收入群体的收入描述。鉴于本章的研究目的，我们假设未来消费服从对数正态分布，即要求 $\ln c_{i,\,t+1} \sim N(\mu_{c_{i,\,t+1}}, \sigma^2_{\ln c_{i,\,t+1}})$。由于调查数据中缺少消费数据，我们将使用家户收入来替代度量家庭福利水平。根据 Kuhl（2003），我们构建家户收入对家庭特征、社区特征以及宏观特征的回归模型，由此计算的收入估计值作为未来收入分布的均值，并在此基础上计算方差，模型的估计式表示为：

$$\ln Y_{it} = \beta_1 X_{it} + \beta_2 K_{it} + \beta_3 H_{it} + \varepsilon_{it} \tag{8.11}$$
$$\sigma^2_{\ln Y_{it}} = \theta_1 X_{it} + \theta_2 K_{it} + \theta_3 H_{it} + u_{it} \tag{8.12}$$

其中 $\sigma^2_{\ln Y_{it}}$ 是根据（8.11）式估计的残差平方项所得，X_{it} 是影响家户收入变动的家户特征，包括家户规模、户主性别、年龄及工作状况以及所处地区，K_{it} 是生产资本，H_{it} 为人力资本，包括户主的教育水平。

8.3.2　数据和检验方法

　　本章采用中国健康与营养调查（China Health and Nutrition Survey，简称 CHNS）数据，该数据由美国北卡罗来纳大学和中国疾病预防控制中心营养与食品安全所联合采集，在 1997 年之前有辽宁、山东、江苏、河南、湖北、湖南、贵州和广西这 8 个省份的数据，在 1997 年用相邻的黑龙江代替未能参加调查的辽宁，从 2000 年开始对以上 9 个省份都进行了调查。我们使用了纵向数据集，为了保持省份的完整性和可比性，选择 2000 年、2004 年、2006 年共 3 年的农村调查数据进行实证分析，并以 2009 年的家户数据作比对检验。

　　根据待检验模型的需要选取合适的变量，具体说明见表 8.3。为了检验本章的模型，首先选取了家户的 4 项指标，包括户主特征、人力资本、支出特征和家户特征。其中户主

---

　　[1]　该定义与 Alwang 等（2001）对贫困脆弱性的界定是一致的，他们认为贫困脆弱性应当包括以下几个基本原则：第一，脆弱性是前瞻性的，它被定义为，相对于某个福利基准，在未来可能遭受一定损失的概率；第二，被称为"脆弱的"家户的脆弱性是因某个不确定的事件；第三，脆弱的程度则决定风险的特征以及家户应对风险的能力；第四，脆弱性是有时间范围的，它与这段时间所发生的风险进行响应；第五，贫困者与接近贫困的人由于其资产的限制和对风险反应的能力限制而更倾向于脆弱。

特征包括家户规模、户主性别、户主年龄、所处城乡、所处区域和职业类型等；人力资本类的变量包括户主受教育年限、健康水平和社会资本①；支出特征包括历年家户支出、生产性支出和消费性支出；家户特征包括婚姻状况、家庭负担和家庭结构类型，在分析前也收集处理获得了家户的尊老状况和各家户户主拥有的连襟数目，但由于数据缺失较多，在后续的分析中仅在部分实证分析中进行了使用。

本章选取的数据结构中横截面的维度较大，但是时间维度较短，且由于历年调查时并未针对同一批固定对象，也即在样本中每个时期的个体并不完全一样，所以这是典型的非平衡、短面板数据。由于非平衡面板数据并不影响计算离差形式的组内估计量，因此固定效应模型的估计可以照样进行，同样对于随机效应模型仍然可以进行 FGLS 估计。

表 8.3　　　　　　　　　　　实证模型中变量的选取和说明

变量名		变量描述
家户收入（lny）		变量选取为历年家户毛收入并通过相应指数平减到 2009 年的水平取对数
户主特征	家户规模（hhsize）	变量选取为历年家户的人口总数
	户主年龄（age）	变量选取为调查当年户主的年龄
	户主性别（gender）	1—男；2—女
	所处城乡（urban）	0—农村；1—城镇
	所处区域（region）	数据共含 9 个调查省份：21—辽宁；23—黑龙江；32—江苏；37—山东；41—河南；42—湖北；43—湖南；45—广西；52—贵州。将这些省份整合得到：1—西部（包括广西、贵州）；2—中部（包括河南、湖北、湖南、黑龙江）；3—东部（包括江苏、山东、辽宁）
	户主工作状态（work）	0—没有工作；1—正在工作
	职业类型（occupation）	按照 CHNS 编排的职业代码进行了编组：职业 10（司机）、职业 11（服务员、看门人、理发员、售货员、洗衣工、保育员）合并为服务业；职业 3（管理者、行政官员）、职业 4（办公室一般工作人员）、职业 8（军人和警官）、职业 9（士兵和警察）、职业 12（运动员、演员、演奏员）合并为行政人员；职业 6（技术工人）、职业 7（非技术熟练工人）合并为技术工人。从而实际进行分析的职业分为 8 类：1—农业人员（农民、渔民、猎人）；2—服务人员；3—行政人员；4—技术工人；5—一般专业技术（职业 2）；6—高级专业技术（职业 1）；7—其他职业
	第二职业（secondjob）	0—没有第二职业；1—拥有第二职业
	拥有保险（insurance）	0—没有保险；1—拥有保险

①　由于社会资本的数据缺失很多，在后面的实证模型分析中仅有部分地方进行了使用。

变量名		变量描述
人力资本	受教育年限（education）	变量选取为户主接受教育的年限
	健康水平（health）	自评健康：1—非常好；2—好；3——般；4，差；9—不知道。BMI：体重的平方/身高。根据世界卫生组织的标准：偏瘦 BMI 指数<18；正常体重 BMI 指数在 18~25；超重 BMI 指数在 25~30；轻度肥胖 BMI 指数>30；中度肥胖 BMI 指数>35；重度肥胖 BMI 指数>40。在此基础上计算户主的 health：1−bmi<18；2−18≤bmi ≤25；3−25<bmi ≤35；4−35<bmi
	社会资本（socialcapital）	变量选取的是过去 12 个月家户婚礼支出金额（包括本户娶嫁）。
支出特征	家户支出（lnhhexpense）	变量选取为历年家户支出并通过相应指数平减到 2009 年的水平取对数
	生产性支出（prodasset）	变量选取历年家户拥有摩托车、汽车、拖拉机、灌溉设备和家用水泵这 5 类生产资产的类型数
	消费性支出（consasset）	变量选取历年家户拥有彩色电视机、洗衣机、冰箱、电扇和电话这 5 类消费资产的类型数（1997 后才有相关数据）
家户特征	婚姻状况（marriage）	0—单身（未婚、离婚或丧偶）；1—在婚
	尊老状况（respect）	0—只要父母公婆在世但调查期都未陪伴老人；1—父母公婆在世，但只陪伴了其中部分老人；2—只要父母公婆在世则调查期都陪伴过老人；4—父母公婆都不在世
	连襟数目（helpers）	代理变量选取的是丈夫和妻子所共同拥有的兄弟姐妹的数目
	家庭负担（burden）	代理变量选取的是家中 60 岁以上老人和 16 岁以下儿童占家庭总人口的比例
	家庭结构（structure）	根据每个家户中老年、中年和少年 3 类人的数目大小分为 3 类：1—叉形。2—金字塔形；3—倒金字塔形；4—菱形。其中菱型的家户中老年数≥中年数≤少年数，老年数根据父母是否依然健在进行计算，中年数根据户主婚姻状况进行计算（除在婚外都设为 1），少年数用家户规模减去前面两项之后来计算

建立个体效应模型（individual-specific effects model）如下：

$$y_{it} = x'_{it}\beta + z'_i\delta + \gamma t + u_i + \varepsilon_{it} \qquad (i = 1, \cdots, n; \ t = 1, \cdots, T) \qquad (8.13)$$

其中 z_i 为不随时间而变的个体特征，时间趋势项 γt 仅依时间而变，而 x_{it} 可以随个体及时间而变。复合扰动项由（$u_i + \varepsilon_{it}$）两部分构成，其中，不可观测的随机变量 u_i 是代表个体异质性的截距项，ε_{it} 为随个体和时间而改变的扰动项。假设 $\{\varepsilon_{it}\}$ 为渐进独立的协方差平稳序列，且与 u_i 渐进不相关。

由于每个个体的情况不同，可能存在不随时间而变的遗漏变量，故我们也考虑使用了固定效应模型，并通过其回归系数 ρ 对符合扰动项 $u_i + \varepsilon_{it}$ 的方差部分中的个体风险或系统风险进行初步判断。另外，我们在固定效应中也考虑了时间效应，即通过双向固定效应模型对时间效应的符号是否显著进行确认，最后根据联合显著性检验结果确认模型中是否应当包括时间效应。

此外，本章在实际处理时也将在历年里都出现的调查对象单独抽出，构成一个平衡面板数据子集并进行了对比分析。但是如此构造的平衡面板可能出现的问题是，对于那些原来在样本中但后来删掉的个体，如果删除的原因是内生的，则会导致样本不具有代表性，从而使估计量不一致。对此，我们用"样本选择模型"做了进一步的处理，根据平衡面板子样本数据的回归结果也获得了相似的结论。

8.3.3 实证分析结果

通过面板数据的回归分析，估计的结果如表 8.4 和表 8.5 所示。我们将尤其关注以下几个方面的问题：第一，哪些家户是脆弱的，这些脆弱的家户具有哪些共同的特征；第二，具有前述特征的家户群体是否在流转，即历年表现为高脆弱的家户是否同一批人；第三，家户收入和家户脆弱性之间具有何种关系，低收入群体和脆弱性群体是否同一部分家户；第四，决定家户是否脆弱的因素有哪些，各类因素影响的关系和程度如何。

在处理该面板数据时，本章使用了豪斯曼检验（Hausman，1978）确定究竟该使用固定效应模型还是随机效应模型。检验结果表明应该使用固定效应模型而非随机效应模型，且双向固定效应模型的结果更好。考虑到所建立的个体效应模型中扰动项有可能存在异方差，本章也通过自助法检验了模型的适用性问题。

如图 8.2 至图 8.4 所示，根据本章提出的基于反向 VEP 法的脆弱性测度，我们分别计算了在水平为 0.1、0.3、0.5、0.7 和 0.9 基础上的家户脆弱性值，并根据不同时期、户主性别、所处地区和户主职业类型等分类考察了家户脆弱性值的核密度函数图，根据对图形的初步分析和表 8.5 中基于 $Cvar_{0.1}$、$Cvar_{0.5}$ 的回归分析结果我们可以得到以下结论：

第一，在不同返贫概率水平上的家户脆弱性值的积聚程度不同。整体而言，与公式反映出的关系一致，返贫概率的大小和脆弱性值大小是正向关系，在图形上这可以通过不同水平下的家户脆弱性测度值的核密度函数随着水平线的上升而右移来表现。但是随着水平线的增大，核密度函数的峰度在增加，即其尾部在增厚，这意味着用越宽的尺度去衡量家户的脆弱性，那么将有越多的家户表现出不同程度的脆弱性。

第二，家户的收入和其脆弱性之间的正向关系比较显著，但随着家户的收入水平上升，这些较高收入家户的脆弱性差异很大。这表明，贫穷的家户总是很脆弱，高收入家户有时也是脆弱的。原因可能是这样的：不同家户抵御风险的能力不同，主要依赖于各自的资产状况如作物存量、现金流量，因而穷者更易受影响。对于低收入家户来说，他们缺少必要的抵御手段，因此任何的冲击都能导致其返贫；对于较高收入家户来说，他们或许会因为经济活动和收入来源单一，使得在某些冲击下缺乏合适的抵御手段，也可能导致其返贫。那么基于此，扶贫政策的制定应当有一定的区别：对于低收入家户，改变其结构性贫困境地的最主要手段是，彻底提高其收入水平或完全控制其不受风险冲击，这样才能维持

表8.4　家户收入的实证分析结果

家户收入	OLS		FE_robust		FE_TW		RE	
	回归系数	t值	回归系数	t值	回归系数	t值	回归系数	t值
户主年龄	-0.000243	-0.24	0.00104	0.62	-0.000428	-0.25	-0.000195	-0.19
家户规模	0.0329	1.71	0.0492	1.48	0.0457	1.37	0.0336	1.74
户主性别	0.0702**	3.28	0.0657*	2.04	0.0552	1.73	0.0703***	3.29
所处城乡	-0.182***	-4.05	0		0		-0.173***	-3.97
所处地区（西部为参照量）								
中部	-0.0376	-1.54	0		0		-0.0412	-1.69
东部	0.102***	3.81	0		0		0.104***	3.83
工作状态	0.166	1.63	0.351**	2.62	0.336*	2.50	0.178	1.76
职业类型（以农业人员为参照）								
服务人员	0.298***	7.84	0.175**	2.67	0.156*	2.39	0.298***	7.80
行政人员	0.604***	9.12	0.195	1.73	0.202	1.78	0.578***	8.60
技术工人	0.474***	13.54	0.267***	4.76	0.250***	4.50	0.458***	13.00
一般专业技术	0.551***	5.91	0.236*	2.10	0.233*	2.12	0.534***	5.93
高级专业技术	0.451***	5.69	0.400***	4.57	0.404***	4.67	0.455***	6.36
其他职业	0.302***	5.81	0.237**	2.70	0.226*	2.56	0.294***	5.54
第二职业	0.117***	4.74	0.148***	4.07	0.150***	4.15	0.122***	5.01
拥有保险	0.114***	5.13	0.154***	4.80	0.114***	3.37	0.119***	5.37
受教育年限	0.0100**	3.06	0.00635	1.02	0.00269	0.43	0.0102**	3.08
健康水平	-0.0400**	-3.05	-0.0582**	-3.00	-0.0585**	-3.02	-0.0425**	-3.24

续表

家户收入	OLS 回归系数	OLS t值	FE_robust 回归系数	FE_robust t值	FE_TW 回归系数	FE_TW t值	RE 回归系数	RE t值
家户支出	0.310***	26.40	0.327***	17.78	0.325***	17.64	0.309***	25.88
生产性支出	0.0317**	2.80	0.0745***	3.55	0.0655**	3.06	0.0356**	3.10
消费性支出	0.110***	13.41	0.0275*	2.09	0.00743	0.51	0.104***	12.80
婚姻状况	0.0999*	1.99	0.0597	0.71	0.0859	1.02	0.107*	2.14
家庭负担	0.213	1.85	0.0219	0.11	0.115	0.57	0.204	1.77
家庭结构（以叉形为参变量）								
金字塔形结构	0.271	0.93	0.714*	1.89	0.675	1.46	0.352	1.23
倒金字塔形结构	0.260	0.84	0.545	1.03	0.546	1.07	0.327	1.05
菱形结构	0.225	0.77	0.700*	1.84	0.663	1.42	0.309	1.07
时间趋势					0.0180**	3.02		
常数项	6.163***	18.69	5.677***	10.53	5.588***	10.64	6.093***	18.63
样本量	4648		4648		4648		4648	
统计量	Adj R-squared = 0.4734 Prob>F = 0.0000		Rho=0.512 Prob>F = 0.0000		Rho=0.522 Prob>F = 0.0000		Rho=0.178 Prob>chi2 = 0.0000	

注：***、**、* 分别表示在置信水平 1%、5%、10% 上是显著的。

表8.5　基于反向 VEP 法的脆弱性测度分析结果

	家户收入的对数		方差		$-Cvar_{0.1}$		$Cvar_{0.5}$	
	回归系数	t值	回归系数	t值	回归系数	t值	回归系数	t值
户主年龄	-0.000428	-0.25	-0.00848***	-8.53	0.000125	1.92	-0.000428***	-527563.28
家户规模	0.0457	1.37	0.944***	48.83	-0.0128***	-9.76	0.0457***	3142091.54
户主性别	0.0552	1.73	1.090***	59.79	-0.0155***	-13.02	0.0552***	3587332.68
所处城乡	0		0		0		0	
所处地区（西部为参照变量）								
中部	0		0		0		0	
东部	0		0		0		0	
工作状态	0.336*	2.50	6.309***	59.27	-0.0950***	-12.81	0.336***	5836702.88
职业类型（以农业人员为参照）								
服务人员	0.156*	2.39	3.129***	68.67	-0.0440***	-15.08	0.156***	5384646.41
行政人员	0.202	1.78	4.013***	43.08	-0.0577***	-9.99	0.202***	4297566.01
技术工人	0.250***	4.50	5.016***	147.10	-0.0710***	-30.58	0.250***	10021709.98
一般专业技术	0.233*	2.12	4.508***	44.72	-0.0664***	-9.68	0.233***	3223776.96
高级专业技术	0.404***	4.67	8.190***	49.13	-0.116***	-11.01	0.404***	4720223.63
其他职业	0.226*	2.56	4.610***	69.91	-0.0634***	-14.48	0.226***	6442332.10
第二职业	0.150***	4.15	2.986***	129.30	-0.0419***	-27.77	0.150***	8271872.76
拥有保险	0.114***	3.37	2.272***	106.95	-0.0322***	-22.99	0.114*	6945793.84
受教育年限	0.00269	0.43	0.0503***	13.88	-0.000726**	-3.02	0.00269***	955336.18
健康水平	-0.0585**	-3.02	-1.148***	-99.32	0.0165***	20.56	-0.0585***	-6534712.55

续表

	家户收入的对数		方差		$-Cvar_{0.1}$		$Cvar_{0.5}$	
	回归系数	t值	回归系数	t值	回归系数	t值	回归系数	t值
家户支出	0.325***	17.64	6.309***	333.13	-0.0929***	-67.85	0.325***	50584155.31
生产性支出	0.0655**	3.06	1.329***	88.43	-0.0184***	-19.03	0.0655***	6695065.63
消费性支出	0.00743	0.51	0.133***	14.54	-0.00190**	-3.05	0.00743***	1028797.07
婚姻状况	0.0859	1.02	1.546***	29.11	-0.0248***	-6.58	0.0859***	2419488.18
家庭负担	0.115	0.57	1.869***	13.22	-0.0341***	-3.38	0.115***	1316403.48
家庭结构（以叉形为变量）								
金字塔形结构	0.675	1.46	13.14***	157.08	-0.191***	-35.70	0.675***	3486147.59
倒金字塔形结构	0.546	1.07	10.84***	94.06	-0.154***	-19.90	0.546***	2355743.84
菱形结构	0.663	1.42	12.94***	147.06	-0.187***	-33.27	0.663***	3396302.80
时间趋势	0.0180**	3.02	0.358***	97.51	-0.00511***	-20.23	0.0180***	6413743.92
常数项	5.588***	10.64	14.62***	63.75	-1.546***	-96.29	5.588***	25739364.03
样本量	4648		4650		4650		4650	
统计量	Rho=0.521 Prob>F=0.0000		Rho=0.645 Prob>F=0.0000		Rho=0.654 Prob>F=0.0000		Rho=0.405 Prob>F=0.0000	

注：***、**、* 分别表示在置置信水平 1%、5%、10% 上是显著的。

176

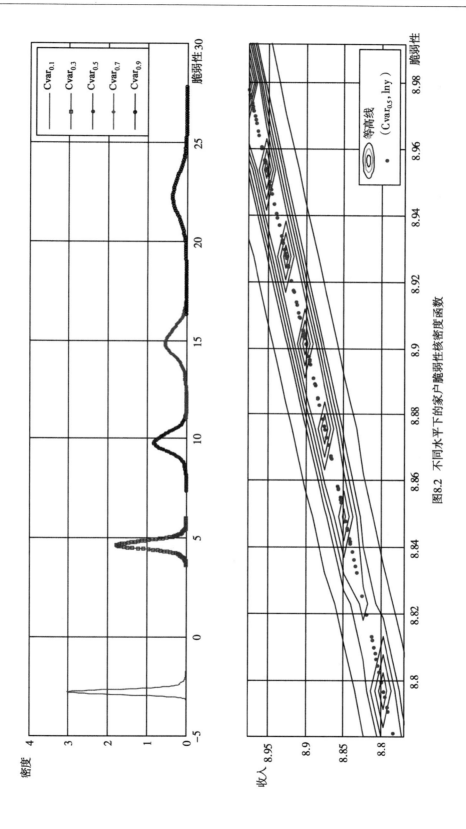

图8.2 不同水平下的家户脆弱性核密度函数

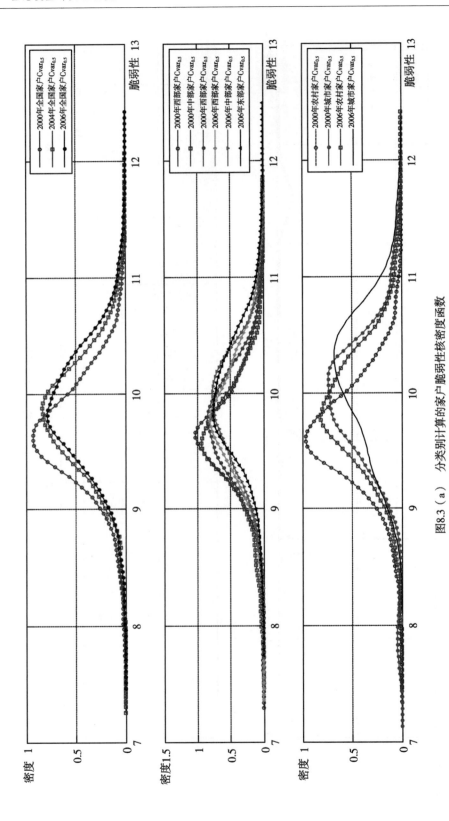

图8.3（a） 分类别计算的家户脆弱性核密度函数

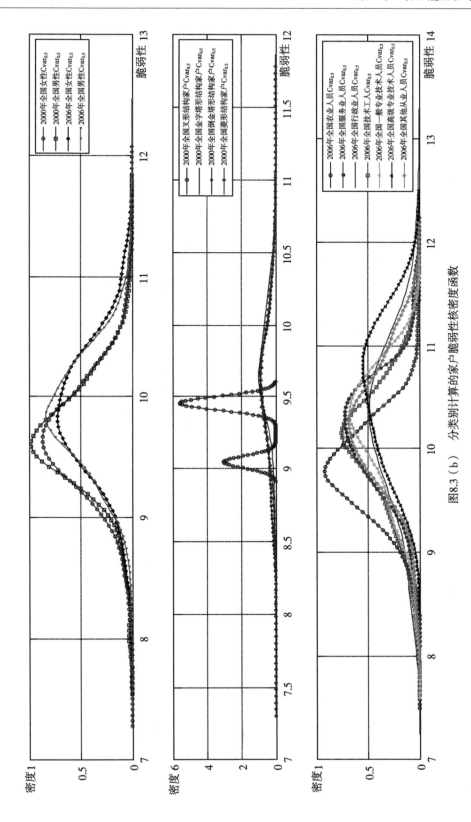

图8.3（b）　分类别计算的家户脆弱性核密度函数

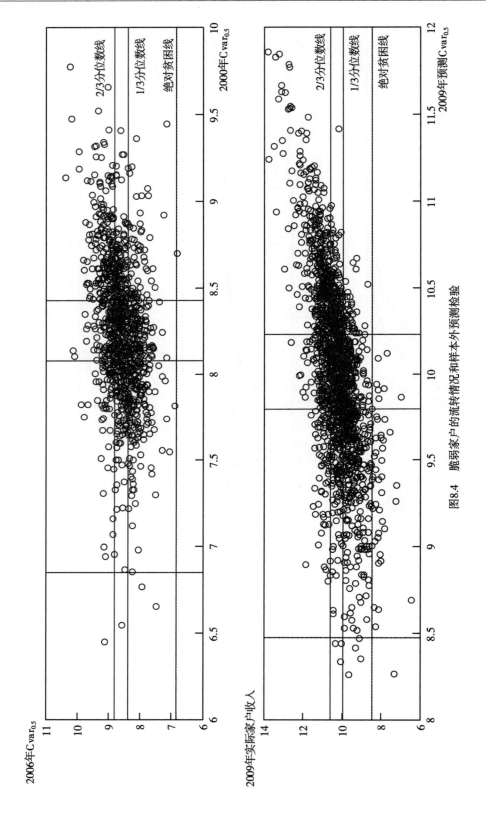

图8.4 脆弱家户的流转情况和样本外预测检验

其在一定的返贫水平内；但是对于较高收入的家户，事前预警和风险防范以及事后提供合适的风险抵御工具，都可以帮助其避免陷入再次贫困的境地之中。

第三，不同时间段和地区间的家户脆弱性程度有所区别。从时间趋势上来看，全国家户的整体脆弱性水平随着时间的推进都在改善，2004 年和 2006 年的脆弱性水平要好于2000 年，但 2004 年和 2006 年相比变化不大。分区域来看，东部地区的家户脆弱性水平要好于中部和西部地区的家户，2000 年时的中部地区家户脆弱性要略差于西部地区家户；至 2006 年时东部、中部和西部地区间的家户脆弱性水平差距相比于 2000 年时显著缩小，但是同一地区不同时期的家户间脆弱性水平差距显著扩大，以中部地区为例从图形上来看，2006 年中部地区家户的脆弱性概率密度函数相比于 2000 年整体右移，同时尾部厚度也在扩大，这意味着相比于 2004 年的中部地区，其自身的平均脆弱性水平值在上升，但是地区内家户间的脆弱性水平差距在扩大。最后，通过城乡之间进行比较可以发现，城市地区家户的脆弱性水平要远好于农村地区的家户。

第四，不同户主特征的家户的脆弱程度也有所差异。从户主性别来看，女性户主家庭和男性户主家庭的脆弱性程度差异不大，但女性户主家庭的脆弱值更为分散（峰值更大），从这个意义上来讲，男性户主家庭的脆弱性水平略高于女性户主家庭。从家户结构来看，整体脆弱性依次变弱的家户类型是：菱形结构家户、金字塔形结构家户和叉形结构家户。这表明拥有老人和子女越多的家户会越脆弱，拥有青壮年越多的家户的脆弱性会改善。从户主的工作行业分类来看，农业家户最弱，技术工人类的家户脆弱性水平居中，高级技术人员家户最强，从事服务、行政和一般专业技术的家户脆弱性水平居中。

第五，分别使用绝对贫困线和分位数线[1]作为界定是否脆弱的标准时，我们可以考察历年表现为高脆弱的家户是否同一批人。若分别使用绝对贫困线和 1/3 分位数线作为标准线，那么同时在 2000 年和 2006 年都表现为脆弱的家户占比分别为 3.45% 和 15.92%，脆弱性恶化的家户所占比例分别为 5.98% 和 17.04%。另外，我们使用了 2009 年的家户数据做样本外预测并进行比对检验[2]，发现使用绝对贫困线和 1/3 分位数线作为标准线时，预测的正确率分别为 96.76% 和 73.37%，那些在当年预测为不脆弱的家户但是实际表现为脆弱的家户所占比例分别为 2.74% 和 13.32%。可见，不同的测算标准对于我国家户贫困及脆弱状况的刻画存在着较大的差异。[3]

8.4　贫困脆弱性的分解

为了考察不同因素对家户脆弱性差距及变动的定量影响，我们将使用不同的方法对家

---

[1]　我国制定的 2005 年贫困线标准为每人 944 元/年，2009 年的贫困线为每人 1196 元/年。由于本章的脆弱性计算是以家户为单元进行，因此在处理时相应地考虑了家户的规模。

[2]　由于 2009 年的数据中缺少个体的健康自评值，我们重新处理并使用了历年的 BMI 值作为健康的代理变量进行了回归分析，并使用 2009 年的数据作样本外检验。

[3]　从贫困线标准本身来讲，假如贫困线设置过低，与经济增长的速度及相应人口的人均年消费水平不相符，或者贫困线的调整速度相对农村人均收入的变化速度差距越来越大，则农村贫困人口会处于严重低估状态。我国近年来已经不断提高了贫困线水平。

户脆弱性差距及变动进行分解。对此，我们主要考察了两类分解问题：一是家户脆弱性的变动，即同一个家户在前后两期样本中脆弱性发生恶化的原因；二是家户脆弱性的差距，即同一个时期强弱不同的两个家户之间脆弱性差距存在的原因。

8.4.1　数据和分解方法

本节将选取 $\mathrm{Cvar}_{0.3}$ 作为家户脆弱性的代理变量，家户要素的代理变量仍然选取前文表 8.3 中的指标。由于数据中存在较多的虚拟变量且同一类型的代理变量有一定的重复性和共线性，这将为要素的分解和迭代计算带来较大的难度和精度损失，因此本节也将分别使用主成分分析法和因子分析，对这些数据进行处理，从中提取若干类指标作为家户要素的代理变量。采用主成分分析，主要是通过变量变换把注意力集中在具有较大变差的那些主成分上，而舍弃那些变差小的主成分；而因子分析则是通过因子模型把注意力集中在少数不可观测的潜在变量，即公共因子上，而舍弃特殊因子。

对于"家户脆弱性的变动"问题，我们将选取在 2004 年和 2006 年这两个时段间脆弱性发生恶化的家户为样本，通过分解成均值变动和方差变动进行分析。根据本章脆弱性指标的测度公式 $\mathrm{Cvar}_{it}(\ln c_{it}(X_{it}),\ \sigma^2_{\ln c_{it}}(X_{it});\ \nu)$ 可知，同一家户在前后两期中脆弱性的改变将由两部分的变动引起：预期收入均值的变化和预期收入方差的变化。同时，这两部分的变动与家户特征、各生产要素的总量及其分配之间的贡献度相关，因此可以进一步分解表示成各要素的贡献度。

对于"家户脆弱性的差距"问题，我们将根据上、下 1/3 分位数线为标准选取脆弱性强弱不同的两组家户为样本，通过使用 Blinder-Oaxaca 分解、Shapley 分解和 Fields 分解法进行分析。这些方法的基本思想是将两组变量之间的差异分解为禀赋差异（如健康和教育水平差异）和禀赋回报差异（如健康和教育投资回报差异），其最终的分解结果反映了各种不同要素对于造成家户脆弱性差异的贡献度。

Blinder-Oaxaca 分解方法主要用于研究劳动市场上的性别、种族等工资歧视问题，本节借鉴其分解方法，将家户的脆弱性差异分解为：

$$\overline{\mathrm{Cvar}^H_{0.3}}-\overline{\mathrm{Cvar}^L_{0.3}}=\sum_{i=1}^n(\overline{X^H_i}-\overline{X^L_i})\cdot\alpha^H_i+(\alpha^H_0-\alpha^L_0)+\sum_{i=1}^n\overline{X^L_i}\cdot(\alpha^H_i-\alpha^L_i)\quad(8.14)$$

其中，α_i 代表估计参数值，H、L 分别代表高、低两个不同的脆弱性群体，$\overline{\mathrm{Cvar}^H_{0.3}}$、$\overline{X_i}$ 分别代表被解释变量和解释变量观察值的均值。$\overline{\mathrm{Cvar}^H_{0.3}}-\overline{\mathrm{Cvar}^L_{0.3}}$ 为高低两个群体间的脆弱性差异；$\sum_{i=1}^n(\overline{X^H_i}-\overline{X^L_i})\cdot\alpha^H_i$ 为家户特征值可以解释的差异部分；$(\alpha^H_0-\alpha^L_0)+\sum_{i=1}^n\overline{X^L_i}\cdot(\alpha^H_i-\alpha^L_i)$ 是特征值无法解释的部分，由回归系数的差异造成。

根据夏普里分解（Shapley decomposition）过程，一个解释变量的贡献度等于它在回归方程中的边际效应，其表达式为：

$$M_k=R^2\left[\mathrm{Cvar}_{0.3}=a+\sum_{j\in S}b_jx_k+b_kx_k+e\right]-R^2\left[\mathrm{Cvar}_{0.3}=a^*+\sum_{j\in S}b^*_jx_k+e^*\right]\quad(8.15)$$

其中 M_k 表示第 k 个解释变量 x_k 的边际效应，$R^2[\cdot]$ 表示回归方程式的决定系数，前一个方程为包含解释变量 x_k 的回归方程式，后一个方程为不含该解释变量的回归方程式。

菲尔兹分解（Fields decomposition）过程与夏普里分解类似，唯一的不同在于其解释变量的贡献度等于回归方程方差的差异，其计算公式为：

$$M_k = \mathrm{Var}\left[\mathrm{Cvar}_{0.3} = a + \sum_{j \in S} b_j x_k + b_k x_k + e\right] - \mathrm{Var}\left[\mathrm{Cvar}_{0.3} = a^* + \sum_{j \in S} b_j^* x_k + e^*\right]$$

(8.16)

其中 M_k 仍然表示第 k 个解释变量 x_k 的边际效应，$\mathrm{Var}[\cdot]$ 表示回归方程式的方差。

8.4.2　家户贫困脆弱性的分解结果

对于家户脆弱性的恶化原因，我们选取了2004年和2006年这两个时段间脆弱性发生恶化的家户为样本，通过分解成均值变动和方差变动进行分析。根据本章脆弱性指标的测度公式 $\mathrm{Cvar}_{it}(\ln c_{it}(X_{it})$，$\sigma^2_{\ln c_{it}}(X_{it})$；$\nu)$ 可知，同一家户在前后两期中脆弱性的改变可以表示为：

$$\Delta \mathrm{Cvar} = \Delta \ln c_{it}(X_{it}) - \Phi^{-1}(\nu) \cdot \Delta \sigma_{\ln c_{it}} \overset{def}{=} \Delta \mu - \Phi^{-1}(\nu) \cdot \Delta \sigma$$

(8.17)

即家户在两期样本间脆弱性的变动由两部分引起：预期收入均值的变化和预期收入方差的变化。

图8.5显示的是在2004年至2006年间脆弱性恶化的家户频率直方图和累积分布图，其中横轴表示的是这些家户在这两年间均值变化与方差变化的比值。在我们的样本中这两年都出现的家户一共有930家，其中脆弱性发生恶化的家户共有137家，导致恶化的均值变化与方差变化的比值范围为 [0.5070，1.3534]，但是比值介于 1 ±5% 之间的家户有114家。这意味着，导致家户脆弱性发生恶化的原因既有均值、也有方差的单向变动，但是绝大多数是由两者同等幅度的变动导致的。造成该情况的原因可能是由于我们在均值和方差的两步法回归中选取的家户要素是相同的，因此导致变化的是那些回归系数相近的要素。

表8.6和表8.7分别显示的是经过因子分析后提取出的前四位主成分的有关信息。从表8.6中主成分的特征根可知，应当选取第一主成分和第二主成分作为家户特征的成分变量，但是考虑到第三主成分的特征根值与1相差并不大，且对于累计方差的贡献较第二主成分相似，因此我们选取了前三位主成分作为经过处理后的家户要素的代理变量。对这三项主成分的解释可以根据表8.7中因子载荷矩阵的内容做进一步的分析。

表8.6　　　　　　　　　　　　　　因子的特征根与方差贡献率

因子	特征根	累计方差贡献率%
第一主成分	2.47979	46.54
第二主成分	1.65107	77.52
第三主成分	0.85124	93.49
第四主成分	0.56022	104.01

从第一主成分的表达式来看，它在标准化变量家户规模、家庭负担、家户支出上有较

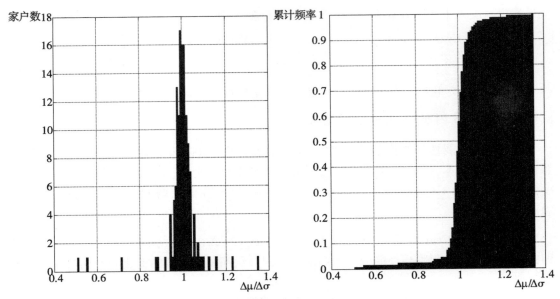

图 8.5   在 2004 年至 2006 年间脆弱性恶化的家户频率直方图和累积分布图

大权重的正载荷，在家庭结构、户主年龄上有较重的负载荷，说明家户规模和负担增大及结构和户主年龄减小时，第一主成分的值比较大，因此可以认为第一主成分是有关家户压力方面的成分。

从第二主成分的表达式来看，它在标准化变量所处城乡、所处地区、职业类型、拥有保险和受教育年限上有较大权重的正载荷，在户主年龄、户主性别等变量上有较重的负载荷，说明户主的职业类型和受教育年限变好及户主年龄和性别变弱时，第二主成分的值比较大，因此可以认为第二主成分是有关户主优势方面的成分。

从第三主成分的表达式来看，它在每个标准化变量上有正负相近的载荷，说明每个标准化变量对第三主成分的重要性都差不多，因此可以认为第三主成分是家户特征的综合成分。

表 8.7   因子载荷矩阵

	第一主成分	第二主成分	第三主成分	uniqueness
户主年龄	−0.4015	−0.3392	**0.1546**	0.6341
家户规模	**0.8538**	−0.1662	0.3722	0.1006
户主性别	−0.0380	−0.2578	0.1727	0.9004
所处城乡	0.0421	**0.2088**	−0.1570	0.9175
所处地区	−0.1658	**0.3499**	0.0990	0.7406
工作状态	0.0194	0.0193	**0.0418**	0.9962

续表

	第一主成分	第二主成分	第三主成分	uniqueness
职业类型	0.0931	**0.4326**	-0.1760	0.7717
第二职业	0.0519	**0.1987**	0.0159	0.9572
拥有保险	-0.0915	**0.3003**	0.1193	0.7801
受教育年限	0.2473	**0.5846**	-0.1713	0.5279
健康水平	-0.1206	-0.2979	**0.0783**	0.8877
家户支出	**0.2056**	0.1602	0.1339	0.9136
生产性支出	0.2078	0.2769	0.2122	0.8001
消费性支出	0.1930	**0.5421**	0.1129	0.6116
婚姻状况	-0.1840	0.2032	**0.6688**	0.3960
家庭负担	**0.9132**	-0.1497	-0.0294	0.1427
家庭结构	-0.6874	0.2615	0.1341	0.3796

注：粗体表示主成分在相应元素上的权重较大。

为了考察各种不同要素对于家户脆弱性差异的贡献度，我们选取脆弱性强弱不同的两组家户进行了家户要素和主成分的分解分析，估计的结果如表 8.8 和表 8.9 所示。表中分别汇报了 Blinder-Oaxaca 分解、Shapley 分解和 Fields 分解的结果，分别给出了各种因素对家户脆弱性差距的贡献值和贡献百分比。从分解结果中可以看出，家户支出是强弱脆弱性差距最重要的贡献因素，其 Shapley 分解贡献程度达到了 73.10%！其他对脆弱性差距的贡献要素依次为户主职业类型和家庭结构。

表 8.8　　　　　　　　　　基于要素的脆弱性分解[1]

	1/3 分位数以下家户		Blinder-Oaxaca 分解		Shapley 分解	Fields 分解
	回归系数	t 值	大小	百分比	百分比	百分比
$Cvar_{0.3}$			4.8784162	100	100	100
户主年龄	-0.000176***	-10.93	-.0002048	-0.004	1.3313	0.21
家户规模	0.0194***	51.93	.0230449	0.472	3.4307	3.69
户主性别	0.0235***	65.68	.0252076	0.517	0.2971	-0.12
所处城乡	0.00118	1.50	.0012311	0.025	0.2336	0.01

[1]　使用子样本数据直接估计教育投资回报可能带来选择性偏误（Heckman，1979），我们尝试使用 Heckman 两步法对模型进行修正，但我们发现逆 Mills 比率并不显著，从而我们选择了更有效的最小二乘结果。

续表

	1/3 分位数以下家户		Blinder-Oaxaca 分解	Shapley 分解	Fields 分解
所处地区（西部为参照变量）			0		0
中部	0.00107 *	2.19		0.0483	
东部	−0.00111 *	−2.14		0.1276	
工作状态	0.147 ***	129.10	.1506127	3.087	2.1280 · 0.62
职业类型（以农业人员为参照）				14.652	6.43
服务人员	0.0631 ***	76.66	.0753983		0.3641
行政人员	0.0852 ***	68.55	.1043683		0.8132
技术工人	0.102 ***	144.70	.1174363		2.6111
一般专业技术	0.0980 ***	58.15	.1124062		0.3878
高级专业技术	0.157 ***	35.65	.1955844		0.0934
其他职业	0.0926 ***	74.14	.1095737		0.3763
第二职业	0.0631 ***	111.47	.0686844	1.408	1.1878
拥有保险	0.0476 ***	97.05	.0533683	1.094	1.0528 · 1.69
受教育年限	0.00127 ***	22.93	.001186	0.024	0.9728 · 0.5
健康水平	−0.0250 ***	−114.50	−.0269884	−0.553	1.4490 · 1.43
家户支出	0.139 ***	827.20	.1513099	3.102	73.103 · 67.03
生产性支出	0.0272 ***	100.17	.030642	0.628	1.5439 · 3.57
消费性支出	0.00355 ***	26.55	.0044774	0.092	1.2325 · 0.79
婚姻状况	0.0377 ***	48.71	.0338619	0.694	1.5211 · 0.73
家庭负担	0.0546 ***	30.17	.0405514	0.831	2.8411 · 1.4
家庭结构（以叉形为参变量）					
金字塔形结构	0.291 ***	78.89	.3244605	6.651	0.6100 · 8.65
倒金字塔形结构	0.227 ***	49.19	.2593702	5.317	0.1379 · −0.13
菱形结构	0.285 ***	75.94	.3196413	6.552	0.6268 · −8.25
时间趋势	0.00738 ***	104.07	.0080766	0.166	1.4788 · 1.8
常数项	2.827 ***	631.73	2.695116	55.246	
交叉项					9.96
样本量	1534				
统计量	$F(27,1506)=31092.50$ $\mathrm{Prob}>F=0.0000$				

注：***、**、* 分别表示在置信水平 1%、5%、10%上是显著的。

表 8.9 基于主成分分析的脆弱性分解

	1/3 分位数以下家户		Blinder-Oaxaca 分解		Shapley 分解	Fields 分解
	回归系数	t 值	大小	百分比	百分比	百分比
$Cvar_{0.3}$			4.527	100	100	100
第一主成分（家户压力）	.0456***	10.22	0.0345	0.76	87.32	5.97
第二主成分（户主优势）	.0026	0.51	0.0301	0.66	5.14	0.29
第三主成分（综合成分）	.0236***	3.93	0.0434	0.95	7.53	2.96
常数项	4.409***	967.46	4.419	97.61		
交叉项						90.77
样本量	1534					
统计量	$F(3,1172) = 36.50$ $Prob > F = 0.0000$					

注：***、**、* 分别表示在置信水平 1%、5%、10% 上是显著的。

基于主成分分析的脆弱性分解结果显示，第一主成分的差异是家户脆弱性强弱差距最重要的决定因素。第一主成分主要表征了家户压力方面的信息，即家户规模、家户支出和家庭负担导致了家户脆弱性的差距，这与基于要素的脆弱性分解得到的结论是一致的。

8.5 总结

本章基于 VEP 法提出了一种反向的脆弱性测度方法，用个人或家户在将来维持于某一返贫概率之上的最小福利水平来描述家户脆弱性。我们分别计算了在水平为 0.1、0.3、0.5、0.7 和 0.9 基础上的家户脆弱性值，并根据不同时期、户主性别、所处地区和户主职业类型等分类考察了家户脆弱性值的特征。在此基础上，分别通过均值方差分解和要素分解法分析了引起家户脆弱性差距和变动的原因，确定了家户脆弱性与各家户要素总量及其分配之间的数量关系。

对于家户脆弱性特征方面，我们主要发现：第一，家户的收入和其脆弱性之间的正向关系比较显著，但随着家户的收入水平上升，这些较高收入家户的脆弱性差异很大。这表明，贫穷的家户总是很脆弱，较高收入家户有时也是脆弱的。第二，不同时间段和地区间的家户脆弱性程度有所区别。从时间趋势上来看，全国家户的整体脆弱性水平随着时间的推进都在改善，东部地区的家户脆弱性水平要好于中部和西部地区的家户，城市地区的家户的脆弱性水平要远好于农村地区的家户。第三，不同户主特征的家户的脆弱程度也有所差异。男性户主家庭的脆弱性水平略优于女性户主家庭，家中拥有老人和子女越多的家户会越脆弱，拥有青壮年越多的家户的脆弱性会改善。第四，户主职业类型对家户脆弱性程度影响不同。农业类的家户最为脆弱，技术工人类的家户脆弱性水平居中，高级技术人员家户的脆弱性较好。

　　为了考察不同因素对家户脆弱性差距及变动的定量影响，本章主要分析了两类分解问题：一是家户脆弱性的变动，即同一个家户在前后两期样本中脆弱性发生恶化的原因；二是家户脆弱性的差距，即同一个时期强弱不同的两个家户之间脆弱性差距存在的原因。对于前者，我们选取了在 2004 年和 2006 年这两个时段间脆弱性发生恶化的家户为样本，通过分解成均值变动和方差变动进行分析发现，导致家户脆弱性发生恶化的原因在于均值或方差的单向变动，但是绝大多数情况下是由两者同等幅度的变动导致的。对于后者，我们根据上、下 1/3 分位数线为标准选取脆弱性强弱不同的两组家户为样本，通过使用 Blinder-Oaxaca 分解、Shapley 分解和 Fields 分解法将两组变量之间的差异分解为各种不同要素对于造成家户脆弱性差异的贡献度。从分解结果中可以看出，家户压力方面的信息，即家户规模、家户支出和家庭负担导致了家户脆弱性的差距，其中家户支出是强弱脆弱性差距最重要的贡献因素，其 Shapley 分解贡献程度达到了 73.10%！

　　在家户脆弱性测度和贡献因素的分析中，不足之处有三点：第一，本章主要是从静态的角度分析了家户脆弱性的主体、特征和因素，没有考虑家户脆弱性的动态方面，因此无法考察那些遭受了风险冲击的家户在事后应对风险的能力怎样，以及各家户面对风险的冲击程度和其应对能力之间的差距有多大，政策介入的空间有多大。第二，实证部分主要考察了处于不同脆弱性水平下的不同家户脆弱性情况，由于数据的局限性，尚未考虑不同脆弱性群体内部的结构性差异对家户脆弱性产生的影响。第三，在进行家户脆弱性分解的过程中，选取了 30% 分位数水平上的 $Cvar_{0.3}$ 作为家户脆弱性的代理变量，这样的选取有一定主观性。为此，我们将进一步地探讨在面临外部冲击情况下，"能力"投资与应对贫困脆弱性问题。

冲击、"能力"投资与贫困脆弱性

9.1 引言

虽然我国近十几年扶贫成绩显著，但是因灾、因病等因素导致的贫困波动仍较大，如何控制"返贫"是我国当前和未来的重点扶贫工作之一。正如前面章节所阐述的，从"能力"角度进行贫困测度，不仅发现贫困具有多维度特征，而且发现贫困者及贫困线附近的个体是脆弱的，他们会因某种负的外部冲击而落入贫困。"能力"投资或"能力"开发在很大程度上决定了个体或家户是能够很快跳出贫困、还是长期陷入贫困陷阱。通常地，研究冲击对个体或家户的影响有两个角度：冲击的大小和抵御冲击的能力。本章将会从"能力"角度出发，研究个体的"能力"（主要体现为健康与教育水平，因此可以认为是人力资本）和"能力"投资将如何影响个体的脆弱性和贫困者脱贫的途径。

个体在实际生活中所遇到的冲击大致有宏观经济波动、自然灾害、疾病和家庭变故三类。宏观的经济波动，包括通货膨胀、金融危机、失业、房产价格波动以及经济衰退等所引起的相关问题。自然灾害则有很多，比如干旱、雨雪等气候变化，泥石流、地震等对农业生产与家园的破坏、生命的伤害等。有研究指出，我国贫困人口集中分布的地区与生态和环境脆弱地区具有高度重叠性、一致性。在生态脆弱区（主要分布在东部沿海水陆交接地区、南方丘陵地区、北方干旱半干旱地区和西南山岭地区和青藏高原地区）有74%的贫困人口生活在贫困县内，约占总人口81%；在典型生态脆弱区（包括黄土高原、青藏高原和西南喀斯特地貌高原等）约92%的县为贫困县，约83%的人口属于贫困人口（许吟隆，2009）。宏观经济波动虽然可以通过政策调节和预防，但也会对贫困人口产生长期的破坏性影响。自然灾害则因它局部的破坏力大，所引起的损失惨重，对当地会有持久的社会影响。冲击大部分是外生的，我们个体本身基本上无法控制，但应对冲击的能力则取决于个体能力的大小（教育水平、健康状况等）或者是否具有预防措施（如社会保障、个人保险、消费平滑等）。

在消费支出方面，中国农村贫困农户相对全国农户较低，并且以食品、衣着和居住等满足基本生存需要支出为主，对医疗保健与文教娱乐的支出偏低。例如，2009年全国农户的生活消费性支出为3993.5元，其中41.0%用于食品支出、5.8%用于衣着支出、

20.2%用于居住支出、8.5%用于文教娱乐支出、7.2%用于医疗保健支出，但贫困农户的生活消费性支出仅1021.7元，其中67.7%用于食品支出、8.7%用于居住支出、2.9%用于文教娱乐支出、4.7%用于医疗保健支出，并且文教娱乐支出连续两年下降。在生活设施情况中全国农户中分别有76.9%、19.6%、30.3%的家户有自来水或深井水、水冲式厕所和使用清洁能源作为炊事主要能源，而贫困农户中分别只有61.7%、3.4%、13.3%，并且后两项的比重在下降。[①] 总体上看，贫困人口消费水平更低，健康状况更差，生活质量更低，能够用于应对外部冲击的资源更少。

9.2 宏观经济波动与贫困脆弱性

大量研究表明，贫困的分布与地区经济发展水平高度相关（Sala-i-Martin，2006；Chen & Ravallion，2010），经济增长是减贫的主要动力，随着经济的持续增长，贫困人口数和贫困发生率也会不断下降。如图9.1所示，在2000—2010年，人均GDP每增长1%，农村贫困发生率可以下降1.344%。然而经济增长的过程不是平滑的，有可能出现许多波动、冲击甚至危机。

个体的生活水平与宏观经济息息相关，如果因战争、金融危机等导致经济出现巨大波动，则个体福利将会受到严重损失，本章将通货膨胀、金融危机、其他导致经济波动的一切负外部冲击归为宏观经济波动，并将与经济波动相关的失业也纳入其中。因为经济衰退、金融危机会通过影响企业生产成本、企业的产品出口而导致工资下降甚至失业，尤其是"能力"较差者。金融危机会导致通货膨胀，这会加剧低收入者或失业者的生活困境。Dhanani & Islam（2002）研究1997年金融危机对印度尼西亚贫困的影响时发现，危机导致价格上升暂时性地增加消费贫困，危机对能力（健康、教育等）贫困影响不大，但危机前印度尼西亚的能力贫困较消费贫困要严重得多。Data & Hoogeveen（2003）则研究了危机对菲律宾的影响，发现危机导致菲律宾贫困发生率上升9%和生活质量下降，同时，不同的社区和家户受危机的影响也不同。越是贫困和"能力"较差的群体，受到危机的负面影响越大。

《中国农村扶贫开发纲要（2001—2010年）》利用重庆、陕西和安徽三省的调查数据，对2008年国际金融危机影响农村贫困的途径进行了实证分析，考察了宏观经济波动对中国扶贫的影响。结果发现，金融危机导致沿海一些企业效益变差甚至倒闭，使大部分的外出农民工返乡就业，金融危机对农村居民的日常消费和农业收入影响较小，对种植业（以出口农产品或原材料为主的农业）收入影响较显著。图9.2反映了我国宏观经济最近30年的波动状况，从1999年的波谷后，21世纪开始了新的波动周期，从2000年持续增长，到2007年达到14.2%后，由于金融危机和随之出现的结构调整，中国经济增速逐步向中高速调整。从图9.2也可以看出，贫困人口变动率与宏观经济波动基本一致，当经济增长率较高时，贫困人口下降速度就较快；当经济增长率降低时，贫困人口下降的速度放缓，甚至贫困人口还会增加。

---

① 各项支出数据来自2009年和2010年的《中国农村贫困监测报告》。

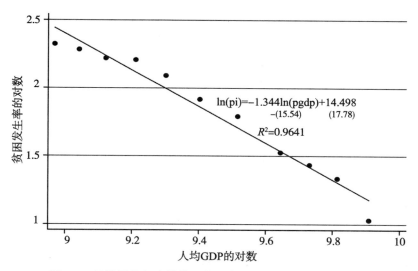

图 9.1　经济增长与农村贫困发生率的关系（2000—2010 年）

数据来源：人均 GDP 来源于《中国统计年鉴 2011》并经 2000 年不变价折算，贫困发生率来源于《中国农村贫困监测报告 2011》，其中贫困发生率是在 2008 年新实行的贫困线下测算的，图中 pi 为贫困发生率，pgdp 为人均 GDP。

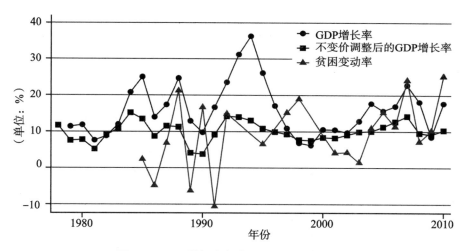

图 9.2　GDP 增长率与贫困人口变动率

数据来源：GDP 增长率来自《中国统计年鉴 2011》，贫困发生率来自《中国农村贫困监测报告 2010》。

价格的变动会影响到个体的购买力。如果价格普遍上涨，那么特定收入群体的购买力下降，贫困者生活质量变差，一些贫困线附近的个体也会因此而落入贫困。Easterly & Fischer（2001）调查研究发现，穷人的收入占国民收入比例、贫困下降的百分比、实际最低工资变化百分比均与通货膨胀呈负向关系，穷人更倾向于关心通货膨胀。如果不考虑通货膨胀带来的一系列连锁效应，贫困线是既定价格和家户特征下获得既定效用的最小成本，即 $z = e(p, x, u_z)$，其中 $e(\cdot)$ 是支出函数，p 为价格向量，u_z 表示摆脱贫困的参考效用，x 表示家户特征向量。根据传统的收入或支出法测度贫困的公式是：$P_i = f(x_i, z)$，合理地假设 $\dfrac{\partial f(x_i, z)}{\partial z} > 0$，那么随着价格上涨，生活成本将会上升，要保证个体在上涨后的物价下能够维持基本的生活，则需要提高贫困线，因此，会导致既定收入下的贫困人口数增加。贫困人口数波动关于价格波动的敏感度则要视测度地区或国家的收入分布而定，即 $\partial^2 f(x_i, z)/\partial z^2$ 的符号需要根据收入分布来确定。

考虑到低收入者的消费支出构成中以食物支出为主（全国农村住户抽样调查显示，2009 年农村居民生活消费支出中 41.0% 用于食品支出，而贫困农户食品支出比例占其消费支出达到 67.7%），并且现行主流的贫困线构造也是从食物支出份额来反推整个贫困线，因此，很多最新文献是以食品价格变动与贫困的关系为研究对象（Dessus, Herrera & Hoyos, 2008；Ivanic & Martin, 2008, 2011a；Hoyos & Medvedev, 2011）。但是，如果考虑价格变动对收入本身产生的影响，则会削弱价格变动对贫困变动的影响，如生活在农村中的大部分家户既是消费者，又是生产者，因此，Dessus, Herrera & Hoyos（2008）等选择研究价格变动对城市贫困的影响。

Ivanic, Martin, Zaman（2011b）研究了 2010—2011 年食品价格快速上涨对短期贫困的影响，进行估算得出，这次价格的上升导致全球新增大约 4400 万人落入"每人每天 1.25 美元贫困线"下的贫困中，但其中低收入国家贫困人口增加 1.1%，中等收入国家增加 0.7%。世界银行 2011 年 4 月的《食品价格观察》进一步推测，如果世界银行的食品价格指数在 2011 年 3 月份基础上再增加 10%，则有可能使生活在 1.25 美元贫困线以下的人口增加 1000 万，如果价格进一步飙升 30%，则有可能使贫困人口增加 3400 万。更为严重的是，贫困者因缺乏能力去解决价格冲击，只能诉诸低消费，由此会对长期的营养状况产生不良的影响，进而影响儿童的认知能力发展、生产率并妨害经济增长。《食品价格观察》还指出，不同国家之间的食品价格波动还存在差异，较贫困国家的食品价格涨幅大于较高收入经济体。不过，Ivanic & Martin（2011a）研究显示，食品价格的变化对贫困的影响在短期与长期是不一样的，在短期，较高的食品价格对贫困的影响非常严重，但在长期，这种不利的影响相对要小很多。反过来，降低食品价格能够通过降低消费者食品消费成本、提高农业收入和增加非技能工人的工资而有利于减少贫困。

2008 年因食品价格的升幅大于其他消费品，中国农村贫困家户的食品支出上升，达到其总消费支出的 68.9%，而 2009 年则因食品价格的下降，食品支出也出现下降。[1] 如图 9.3 所示，中国的食品价格指数从 2010 年后半年开始又一直处于上升趋势，在 2011 年 9 月后开始有下降趋势，但至今还维持在较高的水平，此外，在多数年份农村食品消费价格指数超过城市水平和全国水平。图 9.4 进一步反映了中国农村贫困变动率与农村 CPI 的波动情况，结果显示，在 20 世纪 90 年代，农村 CPI 越高，则贫困下降的速度越慢；但是自 20 世纪 90 年代以来，尽管农村 CPI 变动趋势比较平稳，农村贫困变动率却依然较高。

为此，我们又进一步细分了农村食品价格指数，考察它与农村贫困变动率的关系。如

---

　　[1]　食品支出数据来自 2009 年和 2010 年的《中国农村贫困监测报告》。

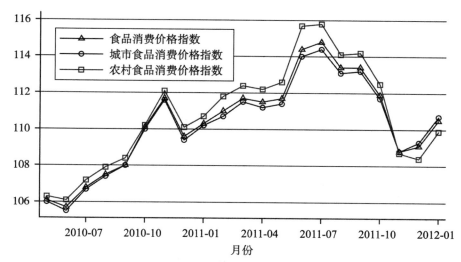

图 9.3　中国食品消费价格指数的变动情况（2010 年 5 月—2012 年 1 月）
数据来源：食品价格指数由作者从国家统计局网站收集整理所得。

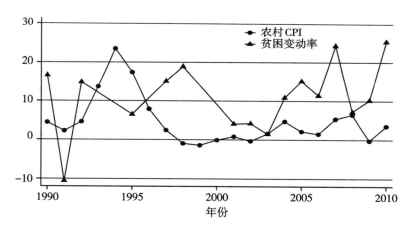

图 9.4　CPI 与贫困人口变动率
数据来源：CPI 来自《中国统计年鉴 2011》，贫困人口变动率来自《中国农村贫困监测报告 2010》。

图 9.5 所示，二者之间呈现比较明显的负相关关系，说明农村贫困人口的消费支出的确以食品支出为主，因此贫困人口的状况比较显著地受到农村食品价格指数的影响。

在物价周期性的波动中，农产品价格变动一般要先于农业生产资料价格的变动，且在波动的过程中，可以发现农产品价格相对于农村消费品价格和农业生产资料价格的波动幅度更大。在价格上升的过程中，农产品价格会超过农业生产资料和农村消费品的价格，而一旦价格下降到低点时，农产品的价格会低于农村消费品和农业生产资料的价格（如图 9.6 所示）。因此，物价处在波峰时对农民有利，在低谷时则会损害农民的利益。农产品的价格波动与宏观经济波动是一致的，在经济表现较好的情况下，农民收入将会得到改

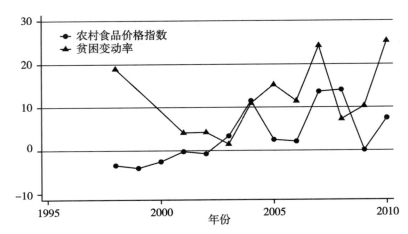

图 9.5 农村食品价格指数与贫困变动率

数据来源：农村食品价格指数从各年《中国统计年鉴》收集整理得到，贫困变动率来自《中国农村贫困监测报告 2010》。

善，而当经济表现较差时，农民的收入将会恶化。因此，很多研究认为 20 世纪 90 年代末农民增收幅度减缓的重要原因是农产品价格连年下降，不过李文等人（2003）调查研究认为，农产品价格的确对农民收入产生影响，但因为农产品的商品率较低，农产品价格的变化不会对贫困农户的生产与生活有实质性影响。

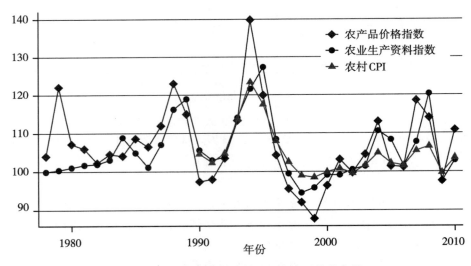

图 9.6 农业生产资料指数 Vs. 农产品价格指数

数据来源：农村 CPI、农业生产资料指数、农产品价格指数从各年《中国统计年鉴》收集整理得到。

以上分析表明，在宏观经济波动冲击下，由于通货膨胀和价格上涨，贫困人口的生活支出因此受负面影响；特别是农村贫困人口受到农村食品价格指数上升的负面影响更为严重。然而，宏观经济的冲击究竟怎样影响了个体消费决策、"能力"投资决策，进而对贫困状况产生影响呢？我们需要建立理论模型加以研究。

9.3　能力、冲击与消费平滑的理论模型

9.3.1　消费平滑的基本模型

在个体是理性的假设前提下，个体在考虑其消费活动时，一般会对宏观经济中未知的风险进行预防，以防止这种风险影响自己未来的消费，但是贫困个体基本上无法参与到资本市场和保险市场，因此，他们需要调整自己的资产数量来进行"自我保险"。个体通过平滑其消费并实行谨慎性储蓄来预防收入波动，个体会在收入较低时，降低储蓄避免消费下滑，在收入较高时增加储蓄以应对未来可能出现的低收入。在此前提下，由于个体在事前已经对风险进行相应的预防，宏观经济的冲击对个体影响可能减小。对于个体来讲，需要考虑如下的消费选择问题：

$$\max U = E_t \sum_{\tau=t}^{T} \beta^{\tau-t} u(c_\tau, \theta_\tau) \tag{9.1}$$

$$\text{s. t. } A_{t+1} = (1 + r_{t+1})(A_t + y_t - c_t) \tag{9.2}$$

此处，$\beta \in (0, 1)$，其中 c_t 是个体 t 期的消费，y_t 是 t 期的收入，A_t 是个体 t 期的资产，θ_t 是 t 期个体的一些偏好、特征参数，r_{t+1} 是利率，这里假设固定为 r，β 为时间偏好，$\beta(1+r)$ 大于 1，则说明储蓄收益足以弥补个体的耐心等待，如果小于 1，则说明个体更倾向于当期消费。假设效用函数是关于消费递增的一个凹函数。如果存在信贷约束，则个体还面临另外一种约束：$c_t \leq W_t + y_t$。如果考虑低收入者的行为，则假设其收入小于某一特定水平，即 $y_t < \bar{y}$。在无信贷约束的情况下，通过构造 Bellman 方程求解上述问题可得：

$$u_1(c_t, \theta_t) = \beta(1+r)E_t[u_1(c_{t+1}, \theta_{t+1})] \tag{9.3}$$

其中 u_1 表示效用函数关于第一项的导数。如果存在信贷约束，则解为：

$$u_1(c_t, \theta_t) = \max\{u_1(A_t + y_t, \theta_t), \beta(1+r)E_t[u_1(c_{t+1}, \theta_{t+1})]\} \tag{9.4}$$

在二次型的效用函数和无信贷约束下，个体会平滑其消费，消费的动态过程为一种随机行走形态。但是如果存在信贷约束，且个体表现出耐心不足的话（时间偏好很小），一旦出现负的外部冲击，贫困个体的唯一选择就是消费，花掉手头上所有的现金 $A_t + y_t$，贫困者明白他在未来也无法获得信贷的事实会导致未来的消费也只能决定于未来的收入，此时会加强贫困者的预防动机。

但是，在这样的基本模型框架下，并不足以得出代表不同个体的丰富结论，不同的冲击带来的影响是不同的，而且不同类别的个体应对同样冲击的能力与反应也是不一样的。对于富裕者或能力较强者，他们面临的选择不仅有消费，还有劳动以及可能的投资行为，因此，较富有或者较有能力的个体对冲击具有较强抵抗力，即使当前遭受冲击而落入贫困，他们也能较快地从贫困中脱离出来。但对于那些贫困者，"贫困就是缘于贫困"似乎并不是一个毫无意义的悖论，因为贫困者或者贫困线附近的个体本身并不具备相应的能力

来抵抗冲击。某些贫困脆弱性的测度方法下会得出"贫困但不脆弱"这样的结论，而之所以出现这种容易误导的结论，是因为贫困者面对负的外部冲击已经没有什么可以再失去。因此，对于这些人来讲，消费平滑似乎面临着物质的约束，在信贷市场不完善的情况下，这种情况可能更为严重，贫困者面临的信贷约束会使得他们只能根据现有的财富来进行消费决策。在扶贫的实践中，这类贫困者还可能因为消费的"习惯形成""追赶效应"等一些行为，更难以在外部冲击下选择平滑消费，这也进一步加大了扶贫的难度。

9.3.2　冲击、能力投资和消费平滑

1. 冲击与消费平滑的基本模型

在低收入者不能通过信贷市场进行风险平滑和个体劳动供给缺乏弹性的假设下，个体对负外部冲击防范的措施就是预防性储蓄以及资产的积累。Rosenzweig & Wolpin（1993）利用 ICRISAT 的数据分析发现家户一般对资产的投资不足，他们认为这种投资不足是因为流动性约束以及穷困家户缺乏生产性资产维护的能力。一般地，劳动收入是个体主要收入来源，能力是决定个体劳动收入的关键因素，考虑个体收入来源或者个体能力可能遭受的外部冲击，我们可以对前述的问题分析框架进行修正。首先，加入个体的能力（如健康、知识等）生产函数：

$$H_{t+1} = f(H_t, x_t, \xi_t, \theta_t) \tag{9.5}$$

其中，H_t 表示个体在 t 期的能力，x_t 是与能力有关的商品消费，ξ_t 表示个体本身继承的能力基因以及可能的外部冲击，θ_t 依然是个体的特征、偏好参数。假设能力生产函数 $f(\cdot)$ 关于上期能力是递增的，关于个体能力的投资是一个递增的凹函数。个体的能力培养中还有一类至关重要的因素，就是邻里、社区、村或者更大区域的固定效应，这些因素会影响个体的偏好，同时，这种区域性的社会网络是个体或家户预防未知的特异性冲击（idiosyncratic shock）的重要因素，尤其是在存在信贷约束或者社会保障体系不健全的社会中更是重要。当前中国的大部分农村地区就存在这类问题，关于这种影响因素，我们在"群体效应与区域性贫困陷阱"一章中进行详细研究。在这种情况下，个体的生产技术则是关于个体能力的函数：

$$y_{t+1} = \phi g(H_{t+1}, \zeta_{t+1}) \tag{9.6}$$

其中，个体的生产函数关于能力是递增的，即 $g' > 0$。假设商品价格为 1，则 y_{t+1} 也是个体的收入。ζ_{t+1} 是对收入的冲击，它在不同个体间和社区间是同分布的，并在不同社区间是独立的。我们假设它由两部分构成：一部分是个体或家户面临的特有的冲击 μ_{t+1}（如自己或家人生病，有家人离世、失业等）；另外一部分是区域性的总体冲击（aggregate shock）v_{t+1}（如恶劣天气影响作物生产、地震等），记为：

$$\zeta_{t+1} = \mu_{t+1} v_{t+1} \tag{9.7}$$

在家户或个体面临的物质约束方面，为了考虑价格的影响，将价格引入，则个体或家户的财富积累方程如下：

$$A_{t+1} = (1 + r_{t+1})(A_t - p_{ct}c_t - p_{xt}x_t) + y_{t+1} \tag{9.8}$$

此处，$A_t - p_{ct}c_t - p_{xt}x_t \geq 0$，即期末持有的资产量必须是非负的，$p_{ct}$、$p_{xt}$ 分别为商品消费

c_t、x_t 的价格。

将方程（9.5）代入方程（9.6），再代入方程（9.8），则可以得到如下的物质约束等式：

$$A_{t+1} = (1 + r_{t+1})(A_t - p_{ct}c_t - p_{xt}x_t) + \phi g(f(H_t, x_t, \xi_t, \theta_t), \zeta_{t+1}) \qquad (9.9)$$

个体偏好 $U = E_t \sum_{\tau=t}^{T} \beta^{\tau-t} u(c_\tau, H_\tau(x_\tau), \theta_\tau)$，其中，$u$ 是关于消费 c、x 严格递增、严格凹的，且二阶连续可微的函数。构造 Bellman 方程如下：

$$V(A_t) = \max_{x_t, A_{t+1}} \{ u(c_t, H(x_t), \theta_t) + \beta E_t[V(A_{t+1})] \} \qquad (9.10)$$

为求解（9.10）式，将（9.9）式变形代入（9.10）式，得到如下的 Bellman 方程：

$$V(A_t) = \max_{x_t, A_{t+1}} \left\{ u\left(\frac{1}{p_{ct}}\left[A_t - \frac{A_{t+1} - \phi g(f(H_t, x_t, \xi_t, \theta_t), \zeta_t)}{1 + r_{t+1}} - p_{xt}x_t \right], H(x_t), \theta_t \right) + \right.$$

$$\left. \beta E_t[V(A_{t+1})] + \gamma \left(\frac{A_{t+1} - \phi g(f(H_t, x_t, \xi_t, \theta_t), \zeta_t)}{1 + r_{t+1}} \right) \right\} \qquad (9.11)$$

2. 模型求解与比较静态分析

对于动态规划问题（9.11），首先由包络定理可得：

$$V'(A_t) = u_1(c_t, H(x_t), \theta_t) \frac{1}{p_{ct}} \qquad (9.12)$$

其中，u_1 表示效用函数关于第一项的导数，下文中的 u_2、f_1、f_2 都是表示此类操作，$V'(A_t)$ 表示值函数关于 A_t 的导数。

问题（9.11）的最大化的一阶条件如下：

对 A_{t+1}：

$$u_1(c_t, H(x_t), \theta_t) \frac{1}{p_{ct}(1 + r_{t+1})} = \beta E_t[V'(A_{t+1})] + \gamma \frac{1}{1 + r_{t+1}} \qquad (9.13)$$

对 x_t：

$$u_1(c_t, H(x_t), \theta_t) \frac{1}{p_{ct}(1 + r_{t+1})}[\phi g'f_1(H_t, x_t, \xi_t, \theta_t) - p_{xt}] + u_2(c_t, H(x_t), \theta_t)H'(x_t)$$

$$- \gamma \left(\frac{\phi g'f_2(H_t, x_t, \xi_t, \theta_t)}{1 + r_{t+1}} \right) = 0 \qquad (9.14)$$

其中，$g' = \partial g(f(H_t, x_t, \xi_t, \theta_t), \zeta_t)/\partial f(H_t, x_t, \xi_t, \theta_t)$。将式（9.12）变形代入到式（9.13）右边，则可以得到大家熟悉的欧拉方程：

$$u_1(c_t, H(x_t), \theta_t) = \beta(1 + r_{t+1})E_t\left[u_1(c_{t+1}, H(x_{t+1}), \theta_{t+1}) \frac{p_{ct}}{p_{ct+1}} \right] + \gamma \qquad (9.15)$$

这里的（9.15）式与问题（9.1）的解是一致的，（9.15）式中的右边期望项可稍作调整为如下形式：

$$E_t\left[u_1(c_{t+1}, H(x_{t+1}), \theta_{t+1}) \frac{p_{ct}}{p_{ct+1}} \right] = E_t(u_1)E_t\left[\frac{p_{ct}}{p_{ct+1}} \right] + \mathrm{Cov}\left[u_1, \frac{p_{ct}}{p_{ct+1}} \right] \qquad (9.16)$$

式（9.15）是关于消费的动态方程，因本章考虑了价格因素，所以与以往有所不同的是，当前消费与未来消费的权衡还与价格变动的预期有关。等式（9.16）右边中的下期边际效用与价格的变动是负相关的，因为当价格上升时，个体会减少下期消费，则下期的边际效用会增加。因此，当个体预期价格上涨时，个体会更倾向于当期消费。如果用个体未来落入贫困的概率来测度个体的贫困脆弱性，则预期价格上涨会加大个体未来落入贫困的可能性，但是，在这种情况下，个体是会像信息不对称的社会保险模型中预计的那样最终走向贫穷（Thomas & Worrall，1990），还是像在无承诺的社会保险模型中那样，每个个体在极限中收敛到某一固定消费流（如 Kocherlakota（1996）），尚不确定。

如果不存在资产约束（即式（9.14）中的 $\gamma = 0$），将（9.14）式稍作调整可得如下的等式：

$$\frac{u_1(c_t, \ H(x_t), \ \theta_t)}{u_2(c_t, \ H(x_t), \ \theta_t)H'(x_t)} = \frac{p_{ct}(1 + r_{t+1})}{p_{xt} - \phi g' f_2(H_t, \ x_t, \ \xi_t, \ \theta_t)} \tag{9.17}$$

此处，$p_{ct}(1 + r_{t+1})$ 是一般商品消费的成本，$p_{xt} - \phi g' f_2(H_t, \ x_t, \ \xi_t, \ \theta_t)$ 则是将资源转化为"能力"的一种成本，个体在此时不仅考虑到当前与未来消费之间的权衡，还要考虑到"能力"的投资以增加个体在未来抵抗收入波动的能力，而（9.17）式则说明个体在进行消费配置时的边际替代率等于两种消费的成本之比。

假设 $H'(x_t) = 0$，并且个体根据（9.13）式对消费进行平滑 $dc_t = 0$，则对（9.14）式进行微分并整理可得：

$$\frac{dx_t}{d\xi_t} = \frac{\phi g'(\gamma f_{23} - (u_1/p_{ct})f_{13})}{\phi g'((u_1/p_{ct})f_{12} - \gamma f_{22})}$$

其中：γ 为财富的边际效用；u_1/p_{ct} 是花在商品消费上的最后 1 元钱的边际效用；f_{12} 表示前期能力的边际能力生产力，$f_{12} > 0$，即能力投资对前期能力的边际能力生产率有积极的影响；f_{22} 表示能力投资的边际能力生产率，$f_{22} < 0$，即能力投资是边际收益递减的，而负的冲击都会导致前期能力和能力投资的边际能力生产率下降，即 $f_{23} < 0$，$f_{13} < 0$。如果个体不受资产约束，即 $\gamma = 0$，则 $\frac{dx_t}{d\xi_t} > 0$，即个体对受到外部冲击的反应是进行能力投资。如果个体存在资产约束，即 $\gamma > 0$，则需要比较 γf_{23} 和 $(u_1/p_{ct})f_{13}$ 的大小，如果资产边际效用很大，或者冲击对能力投资的边际能力生产率影响很大，则 $\frac{dx_t}{d\xi_t} < 0$，即个体受到负的外部冲击时会减少能力投资，因为此时能力投资的边际收益小。

9.4　能力、冲击与贫困脆弱性：以健康冲击为例

健康是人力资本中主要的组成部分，Sen（1999）认为获得良好的健康水平是个体的一类重要的"可行性能力"，良好的健康是个体获得收入的前提（Schultz，2002；Ettner，1996；Bartel & Taubman，1979；齐良书，2006；张车伟，2003）。一旦个体的健康受到冲击，一方面个体需要增加医疗支出，影响个体其他消费；另一方面也会影响到个体的教育、收入以及就业等，冲击较为严重的话，则个体及家人很容易落入贫困陷阱。[①] 因此，

[①] 作为影响个体收入的人力资本的另一重要组成部分——教育也与健康息息相关。本书将用专门章节研究健康投资与教育投资的交互作用机制。

本节以健康冲击为例，具体分析能力投资、冲击与贫困脆弱性的关系。

区域性的负外部冲击，如暴雨、雪灾、地震、干旱等自然灾害具有持久的社会影响，这些冲击不仅直接影响个体的收入，还可能会对个体用来缓解冲击的手段（如资产、健康等）产生影响。Dercon，Hoddinott & Woldehanna（2005）利用埃塞俄比亚的15个村庄1999—2004年的数据研究显示，干旱会对个体资产的破坏、个体消费下降产生显著的影响，Alderman，Hoddinott & Kinsey（2006）研究显示，雨水、干旱和人力资本形成的下降紧密相关。不仅如此，区域性负外部冲击还破坏了信贷体系外的社区关系网络对个体风险的暂时性保障的手段。与区域性负的外部冲击不一样的是，健康冲击一般只针对个体或家户（当然，地区性流行病爆发是例外）。因此，某一家户有成员受到健康冲击，则会导致家户资源的再配置，并影响到家户的消费支出，如果是家户中主要收入来源者受到严重的负外部冲击，很可能会产生持久的影响。对于此类特异性冲击，个体进行缓解的方法有很多，区域性社区网络、健康医疗保险以及其他的社会保障都是很常用的手段。

9.4.1　健康冲击模型

为考虑健康冲击或其他外部冲击对健康的影响，这里将9.3节中的模型稍作变化进行分析。假设收入由规模报酬不变的生产函数决定，即 $Y_{t+1} = \phi H_{t+1}\mu_{t+1}\nu_{t+1}$，$H_{t+1}$ 为个体 $t+1$ 期的健康状况，而个体健康的生产函数则根据 Dercon & Hoddinott（2004）的分析具有如下形式：$H_{t+1} = f(H_t, x_t, \xi_t, \theta_t) + \delta H_t$，即健康受到个体的前期健康、偏好、投入以及其他特征的影响，当然健康还存在相应的折旧。代入收入生产函数中则得到：

$$Y_{t+1} = \phi[f(H_t, x_t, \xi_t, \theta_t) + \delta H_t]\mu_{t+1}\nu_{t+1} \tag{9.18}$$

式（9.18）说明了收入与健康以及其他因素与冲击的关系，如果稍作调整，则得到收入关于健康、健康冲击、其他可能的冲击与个体特征的相应实证分析模型：

$$\ln y_{it} = X_{it}\beta_1 + \beta_2 H_{it-1} + \beta_3\xi_{it} + \nu_i + u_{it} \tag{9.19}$$

根据本章分析的需要，式（9.19）中，y_{it} 为个体的收入，X_{it} 是随时间变化的个体或家户的特征变量，H_{it} 为个体的能力变量，ξ_{it} 为个体受到的健康冲击，α_i 为个体不随时间变化且不可观察的异质性和不随时间变化的一些个体或家户特征，u_{it} 为误差项。

借鉴 Agenor（2008），假设效用函数具有如下的形式：

$$u = \frac{(c^\kappa H^{1-\kappa})^{1-\sigma} - 1}{1 - \sigma}, \quad \kappa \in (0, 1), \quad \sigma \neq 1$$

其中，$1 - \kappa$ 测度健康对效用的相对贡献份额，$\sigma > 0$ 为跨期效用替代弹性，且 $\kappa(1-\sigma) < 1$ 以确保瞬时效用函数具有凹函数性质。将此效用函数分别代入式（9.15）和式（9.17）则可以得到：

$$p_{ct}^{-1}c_t^{-\sigma(\kappa-1)}H_t^{(1-\sigma)(1-\kappa)} = \beta(1 + r_{t+1})E_t[c_{t+1}^{-\sigma(\kappa-1)}H_{t+1}^{(1-\sigma)(1-\kappa)}p_{ct+1}^{-1}] \tag{9.20}$$

$$\frac{\kappa H_t}{(1-\kappa)c_t} = \frac{p_{ct}(1 + r_{t+1})}{p_{xt} - \phi[f_2(H_t, x_t, \xi_t, \theta_t) + \delta]} \tag{9.21}$$

如果将 $p_{ct}c_t$ 定义为消费支出 e_{ict}，$p_{xt}H_t$ 定义为健康投资 I_H，将式（9.20）和式（9.21）进行整理变形，其中式（9.20）需要进行线性化，则可得到健康与消费支出的增长，健康支出、健康冲击与本期消费支出的实证模型：

$$\Delta e_{ict} = \beta_0 + X_{it}\beta_1 + \beta_2\xi_{it} + \beta_3 I_{iH} + v_i + u_{it} \tag{9.22}$$

$$e_{ict} = \beta_0 + X_{it}\beta_1 + \beta_2\xi_{it} + \beta_e H_{it} + v_i + u_{it} \tag{9.23}$$

其中，X_{it} 是随时间变化的个体或家户的特征变量；H_{it} 为个体的能力变量；ξ_{it} 为个体受到的健康冲击；u_{it} 是个体特定误差项，代表不可观察的一些偏好特征。v_t 则包括不可观察的固定效应，尤其是社区、村庄水平的固定效应，如果不控制，则会使估计结果产生偏差，因为这些不可观察的社区或村庄的特征与误差项可能相关。不仅如此，整个社区或村庄内所有的家户或个体可能受到某一种负的外部冲击导致消费变化。式（9.22）中如果 β_2 等于 0 说明个体在面对健康冲击时能够完全平滑消费。

Chaudhuri（2003）将贫困脆弱性定义为个体未来消费支出落入贫困线以下的概率，即 $V_{it} = \hat{P}(\ln e_{ict+1} < \ln z \mid \hat{\mu}_{\ln e_{ict+1}}, \hat{\sigma}^2_{\ln e_{ict+1}})$，其中 V_{it} 表示个体 i 在时期 t 的脆弱性，z 表示贫困线，$\hat{\mu}_{\ln e_{ict+1}}$ 和 $\hat{\sigma}^2_{\ln e_{ict+1}}$ 表示个体在 $t+1$ 时支出对数的期望值和方差值，两者的值可通过对式（9.22）稍作修正并进行两步估计得到。Ligon & Schechter（2003）则将脆弱性定义为：$V_i = u_i(z) - Eu_i(c_i)$，他们进一步将其分解为贫困、加总风险和特异性风险：

$$\begin{aligned} V_i = &[u_i(z) - u_i(Ec_i)] &\text{（贫困）}\\ &+ \{u_i(Ec_i) - Eu_i[E(c_i \mid \bar{x})]\} &\text{（加总风险）}\\ &+ \{Eu_i[E(c_i \mid \bar{x})] - Eu_i(c_i)\} &\text{（特异性风险）}\end{aligned}$$

此处，$\bar{x}$ 为一类加总变量，而其中 Ec_i、$E(c_i \mid \bar{x})$ 也依然是根据式（9.22）得到。为了评估政策和工具（如信贷支持、医疗保险、农村合作医疗、资产等）对个体面临负的外部冲击时的影响，则可以在式（9.22）和式（9.23）加入政策变量，如是否参加医疗保险等变量，模型的框架变为：

$$e_{ict} = \beta_0 + X_{it}\beta_1 + \beta_2\xi_{it} + \beta_3 H_{it} + \beta_4 D_t\xi_{it} + v_i + u_{it} \tag{9.24}$$

其中，D_t 为 t 期的政策变量。

9.4.2 健康及健康冲击的指标

正如前文所述，健康是人力资本的重要组成部分，良好的健康水平是个体进行劳动创造收入的必要前提，一旦个体身体处于非健康状态，则会影响个体的收入来源和增加个体医疗支出，使个体陷入贫困。那么，什么是健康？世界卫生组织认为"健康"不仅指狭义上的不生病或者不赢弱，而且还包括体格、精神与社会福利处在一种良好状态。"健康冲击"则指由于某种原因身体处在非健康状态，如生病、受伤、死亡都可列入健康冲击。因此，一个家户是否存在健康冲击，可以通过一系列问题的答案来刻画（Islam & Maitra，2012），如该家户中是否有成员在一定时期内生过病以及生了几天的病？治病的医疗支出有多少？是否有家庭成员去世？是家庭主要收入来源者吗？另外，也可以通过接下来要介绍的自评健康或身体质量指数（body mass index，简称 BMI）的变化来刻画（Wagstaff，2007）。在研究中，也经常将营养摄入状况作为研究对象，营养摄入可作为健康生产函数的投入，因为营养不良使得个体生产力下降、抵抗力下降以致出现疾病，而贫困研究中，主流的贫困线构造也是以一个人一天正常情况下必须要摄入的营养量作为基础的。但是，由于统计数据的局限性，在现实中很难一致地去估计个体身体健康状况。

　　在宏观研究中，衡量一个国家健康人力资本的水平的变量有婴儿死亡率（Kalemli-Ozcan，2002；李力行，吴晓瑜，2011）、预期寿命（Acemoglu & Johnson，2007；Sachs & Warner，1997；蒋萍，等，2008）以及各种疾病的发生率等；在微观研究中，广泛使用的个体健康指标有：自评健康（Johnson，2010；封进，余央央，2007），腰围、身高与体重等体测指标（Hoddinott & Kinsey，2001）与 BMI（Wagstaff，2007），是否受过伤或患了什么疾病（Bartel & Taubman，1979），是否进行一些常规的运动或体力劳动（如上楼有困难吗，走或跑 1 公里会感觉到困难吗，可以自己进行穿衣、洗澡和上厕所吗等）（Gertler & Gruber，2002）等。在实际研究中自评健康与 BMI 较为常用，活动测评一般用来测量老人的身体状况。

　　在健康以及健康资本与收入的关系研究，尤其是研究儿童健康中，用体测指标来代替健康比较常见，常用的有体重/身高、身高/年龄、体重/年龄、身体质量指数（BMI）等。体测指标本身数值虽然较为客观，但存在着参照标准的确定问题，即什么样的范围属于健康比较难以确定。现行的参照标准都是根据具有某些相同特征（如性别、年龄、地区等）的群体来进行对比确定，但即使这样也不能准确一致地刻画健康状况。国际上目前通用的一种健康测量标准为 BMI，BMI 主要适用于成人，成长中的儿童、老人需要根据年龄等特征制定更详细的标准，BMI 的计算公式如下：

$$BMI = 体重（kg）/身高的平方（m^2）$$

　　世界卫生组织（WHO）关于 BMI 的分类标准如表 9.1 所示，体重正常范围为 18.5~24.99，小于 18.5 为体重不足，大于 25 为超重。肥胖或营养不良导致的体重不足都会引发一系列的疾病，肥胖被认为是 II 型糖尿病、心血管病、高血压、中风等产生的危险因素。但有越来越多的研究认为世界银行的标准并不适用于亚洲人，WHO（2004）就亚洲人的标准进行过测算，国际生命科学学会中国办事处组织由多学科专家组成的"中国肥胖问题工作组"对我国 21 个省、市、地区，24 万人的 BMI、腰围、血压、血糖、血脂等相关数据进行了汇总分析，并据此指出，中国的 BMI 的超重界限为 24，肥胖的界限为 28（见表 9.2）。[1] 同时，对于儿童、青少年超重和肥胖也制定了相关参考标准（参见表 9.3）。

　　2002 年全国营养与健康调查资料表明，以 WHO 标准，中国有 14.7% 的人超重，有 2.6% 的中国人肥胖，以 2002 年中国总人口数来算，中国有约 1.84 亿人超重，有约 3100 万人处于肥胖，如果采用中国标准，中国有约 2 亿人超重，有约 6000 万人处于肥胖。[2] 除参考标准外，BMI 存在的另一个问题是，BMI 测度出来的肥胖也许是因为营养摄入过多，利用可获得的数据进行统计分析会发现，收入高的群体比收入低的群体超出正常 BMI 上限的比例会明显高，而 BMI 测度出来的营养不良的比例在收入低的群体中则更大。

---

　　① 中国肥胖问题工作组．中国成人超重和肥胖症预防与控制指南（节录）[J]．营养学报，2004，26（1）.

　　② 武阳丰．中国的超重和肥胖：曾经消瘦的巨人如今肥胖成倍增长 [J]．英国医学杂志：中文版，2006（4）：198-200.

表 9.1　　　　　　　　　　　　　定义肥胖、体重不足的国际标准

分类	BMI（kg/m²）	
	主要临界值	附加临界值
体重不足	**<18. 50**	**<18. 50**
严重偏瘦	<16. 00	<16. 00
中度偏瘦	16. 00～16. 99	16. 00～16. 99
轻度偏瘦	17. 00～18. 49	17. 00～18. 49
正常范围	**18. 50～24. 99**	**18. 50～22. 99**
		23. 00～24. 99
超重	**≥25. 00**	**≥25. 00**
肥胖前状态	25. 00～29. 99	25. 00～27. 49
		27. 50～29. 99
肥胖	**≥30. 00**	**≥30. 00**
Ⅰ级肥胖	30. 00～34. 99	30. 00～32. 49
		32. 50～34. 99
Ⅱ级肥胖	35. 00～39. 99	35. 00～37. 49
		37. 50～39. 99
Ⅲ级肥胖	≥40. 00	≥40. 00

数据来源：http：//apps. who. int/bmi/index. jsp? introPage＝intro_3. html.

表 9.2　　　　　　　　　　　　中国官方认定的体重腰围适宜值

分类	BMI（kg/m²）	腰围（厘米）		
		男：<85；女：<80	男：85～95；女：80～90	男：≥95；女：≥90
体重过低	<18.5	—	—	—
体重正常	18.5～23.9	—	危险	高危
超重	24.0～27.9	危险	高危	极高危险
肥胖	≥28	高危	极高危险	极高危险

数据来源：中华人民共和国卫生部疾病控制司. 中国成人超重和肥胖症预防控制指南［M］. 北京：人民卫生出版社，2006.

表 9.3　　　　　　7~17 岁儿童青少年超重肥胖判断标准（BMI 切点，kg/m²）

性别	年龄	超重	肥胖	性别	年龄	超重	肥胖
男	7	19.2>BMI≥17.4	BMI≥19.2	女	7	18.9>BMI≥17.2	BMI≥18.9
	8	20.3>BMI≥18.1	BMI≥20.3		8	19.9>BMI≥18.1	BMI≥19.9
	9	21.4>BMI≥18.9	BMI≥21.4		9	21.0>BMI≥19.0	BMI≥21.0
	10	22.5>BMI≥19.6	BM≥22.5		10	22.1>BMI≥20.0	BMI≥22.1
	11	23.6>BMI≥20.3	BMI≥23.6		11	23.3>BMI≥21.1	BMI≥23.3
	12	24.7>BMI≥21.0	BMI≥24.7		12	24.5>BMI≥21.9	BMI≥24.5
	13	25.7>BM≥21.9	BMI≥25.7		13	25.6>BMI≥22.6	BMI≥25.6
	14	26.4>BMI≥22.6	BMI≥26.4		14	26.3>BMI≥23.0	BMI≥26.3
	15	26.9>BM≥23.1	BMI≥26.9		15	26.9>BMI≥23.4	BMI≥26.9
	16	27.4>BM≥23.5	BMI≥27.4		16	27.4>BMI≥23.7	BMI≥27.4
	17	27.8>BMI≥23.8	BMI≥27.8		17	27.7>BMI≥23.8	BM≥27.7

数据来源：中华人民共和国卫生部疾病控制司．中国成人超重和肥胖症预防控制指南［M］.北京：人民卫生出版社，2006.

另一类常用的健康状况指标就是自评健康。自评健康是个体根据目前的状况来回答自己的健康水平，它属于主观分类指标，一般分为五类：非常好、比较好、一般、差、非常差。不同的调查问卷的分类有所区别，自评健康在研究贫困与不平等以及健康冲击中比较常见（Allison & Foster，2004；Doorslaer & Jones，2003）。但是，使用自评健康作分析时要注意几个问题。首先，自评健康是分类指标，在实证分析中，对不同健康等级进行赋值需要慎重考虑，并不能简单地赋值，如 1、2、3、4、5，因为非常好与比较好之间的差距并不一定与差与非常差的差距一样。其次，自评是对身体健康的主观评价，有报告偏差，不同的时间、年龄、地区、教育程度、收入水平等个体特征会使自身健康评价标准并不一样。当询问个体"你觉得你的健康状况如何？非常好、好、一般、差"时，个体可能习惯性参照周边群体、历史健康状况、是否工作来进行回答，因此，在进行健康与劳动市场的关系分析时，需要考虑自评健康与个体劳动供给的内生关系可能使参数估计产生向上偏，此外，不同的教育程度对健康的认识也有所不同，回答此问题的潜在标准也将存在差异。D'Uva & Doorslaer 等（2008）利用印度尼西亚、印度和中国三国的数据来研究个体异质性对自评健康的影响，证实了个体这种异质性对自评健康产生影响，不过他们也指出，这种健康测量偏差在测度健康不平等中影响不是很大。实证分析中还可以对自评健康报告偏差利用个体的特征变量进行纠正。本章的分析中会使用自评健康来衡量个体的健康状况，健康的冲击将使用自评健康的等级变化来衡量。

9.4.3　数据来源与分析

数据的来源依然是 CHNS，该数据中成人数据调查里有关于个体健康的体测（身高、体重）指标数据和个体的自评健康，并报告个体在近一个月内是否有生病、个体行动能力以及个体自理能力等。该数据从 1989 年至 2009 年共调查 8 次，个体的各项体测指标都可以获取。但自评健康从 1997 年才单独列为调查选项，而因权限问题，无法获取 2009 年个体的自评健康数据，因此，目前本章采用的自评健康数据为 1997 年、2000 年、2004 年、2006 年共 4 年的调查数据。在成人调查表中，自评健康有 4 个等级：非常好、好、一般、差，但需注意的是，问题是"与同龄人相比，你觉得自己的健康状况怎么样？"因此，自评健康的变化不能反映长期与年龄相关的健康状况变化。个体健康的冲击有两大类：正的外部冲击和负的外部冲击，正的外部冲击即健康由差变为一般、好、非常好，或者一般变为好、非常好，或者好变为非常好，负的外部冲击则为非常好变为好、一般、差，或者好变为一般、差，或者一般变为差。依照调查表中的赋值，非常好为 1、好为 2、一般为 3、差为 4，个体如果跳跃两个或三个等级则视为较大的冲击，如果跳跃一个等级则视为较小的冲击。

在进行初步整理过后，在有自评健康指标数据的 4 年中，1997 年、2000 年、2004 年、2006 年的样本量分别为 8524、7464、7340、6966。在有数据的样本中，各年自评健康在一般及以下的比例分别为 26.2%、34.03%、39.24%、38.75%，其中自评为差的个体比例分别为 3.59%、4.76%、6.05% 和 6.12%。个体自评健康的变化则如表 9.4 所示，其中个体在 1997—2000 年、2000—2004 年、2004—2006 年中存在负的冲击的比例分别为 30.47%、31.35%、28.84%。

表 9.4 健康冲击的分布状况

健康冲击	2000 年		2004 年		2006 年		总计	
	频数	频率	频数	频率	频数	频率	频数	频率
-3	6	0.12	9	0.20	8	0.17	23	0.16
-2	138	2.69	178	3.22	155	3.21	441	3.03
-1	995	19.40	946	20.61	1078	22.30	3019	20.74
0	2428	47.33	2048	44.62	2217	45.85	6695	45.99
1	1327	25.87	1170	25.49	1179	24.38	3676	25.25
2	223	4.35	253	5.51	189	3.91	665	4.57
3	13	0.25	16	0.35	9	0.19	38	0.26
总计	5130	100.00	4590	100.00	4835	100.00	14557	100.00

注：表中负数表示正的冲击，正数表示负的冲击。-3 表示个体从差变为非常好，-2 表示个体从一般变为非常好或者差变为好，-1 表示个体从差变为一般、或者从一般变为好、或者好变为非常好，3 表示从非常好变为差，2 表示从非常好变为一般或者好变为差，1 表示非常好变为好、或者好变为一般、或者一般变为差。

根据健康冲击的可用数据，本章对数据进行整理，则 4 年的样本量分别变为 5132、

6398、6111 和 4836。样本的统计描述状况见表 9.5，其中家户劳动收入主要包括小商业收入、手工业收入、工资收入、农业收入、养殖业收入、渔业收入和果菜园收入等，非劳动收入主要包括国家的补助和福利金、各种补贴、父母子女以及亲朋好友的赠与、退休金等，家户支出主要为生产性支出。其中收入与支出都利用 CPI 调整到 2009 年。表中的个体特异冲击（idiosyncratic shock）和社区总体冲击（aggregate shock）则分别用个体的家户收入变化与社区平均收入变化来代替（Gaiha & Imai, 2008; Hoddinott & Quisumbing, 2003）；同时为了后文实证分析的需要，将各自的收入变化值除以-1000，因此正值表示负的冲击，值越大表示受到的负冲击越大，负值表示正的冲击，值越小则表示正的冲击越大。

表 9.5　　　　　　　　　　　　各变量的统计描述

变量名	样本量	平均值	标准误	最小值	最大值
家户毛收入	22475	26084.33	27035.56	0	797073.4
家户支出	22477	3750.887	11662.5	0	440266.6
家户劳动收入	22475	20570.57	24683.38	0	797073.4
家户非劳动收入	22477	5513.261	10620.7	0	129624.8
个体劳动收入	22477	6747.328	10275.32	−19719.81	312916.8
健康	22477	2.2744	0.7568	1	4
健康冲击	14557	0.0790	0.8918	−3	3
个体特异冲击	14557	−4.5383	11.1469	−63.9444	51.9012
社区总体冲击	14555	−4.4378	29.0595	−795.1983	440.8992
饮用水状况是否贫困	22477	0.1287	0.3348	0	1
卫生设施状况是否贫困	22477	0.6250	0.4841	0	1
卫生状况（家附近是否有粪便，1-没有；2-有）	22477	1.3334	0.4714	1	2
饮用水贫困变化	14557	−0.0060	0.3795	−1	1
卫生设施贫困变化	14577	−0.0431	0.3550	−1	1
卫生状况贫困变化	14577	−0.0415	0.5249	−1	1
是否低收入者	22477	0.4001	0.4899	0	1
过去三个月里，你有无因患病而影响日常生活和工作	22252	0.0602	0.2379	0	1
有多长时间不能正常生活和工作（周）	1162	3.3201	4.7081	0	56
有无医疗保险	22290	0.3575	0.4793	0	1
教育程度	22300	1.6828	1.3506	0	6

续表

变量名	样本量	平均值	标准误	最小值	最大值
城乡（1-城市；2-农村）	22477	1.6816	0.4659	1	2
家户规模	22472	3.8025	1.4521	1	13
是否单身（1-单身；2-在婚）	22477	1.8680	0.3385	1	2
是否有工作	22393	0.7864	0.4099	0	1
年龄	22298	46.7430	13.6811	12.07	99.19
性别（1-男；2-女）	22387	1.4950	0.5000	1	2

注：表中的家户毛收入、家户支出、家户劳动收入或非劳动收入、个体劳动收入以及根据收入与支出计算的其他变量全部以 2009 年的 CPI 进行调整。

自评健康关于年龄的人数分布如表 9.6 所示，随着年龄的增长自评健康为一般或差的人数逐渐上升，随着时间的推移，这种趋势越来越明显。表 9.7 对不同收入群体在不同健康指标下的健康状况进行了统计，其中考虑到家户内部的分配问题，该表使用了经家户规模调整的收入。从表中可以发现，自评健康为一般和差的人数在最穷的 20% 人口中要比最富的 20% 人口中要多，但在过去四周是否受过伤或生过病的分布在不同收入群体之间差别不大，而如果使用 BMI，低收入家庭中的个体 BMI 小于 18.5（可以理解为营养不良）的情况要比高收入家庭严重得多，而高收入家庭中的个体的肥胖问题则要比低收入家庭要严重。因此，表 9.7 中的结果告诉我们，在现代肥胖问题比较严重的情况下，使用 BMI 作为健康指标分析个体以及家户的健康问题时要特别小心。因此，本章没有采用 BMI 的变动作为健康冲击指标，而是选择了自评健康的变动来代替健康冲击。

表 9.6　　　　　　　　　　自评健康关于年龄的人数分布

年份	对象	年　龄					总计
		<25	≥25；<35	≥35；<45	≥45；<55	≥55	
1997	总人数	426	1186	1424	1139	957	5132
	健康为一般或差的人数	72	209	321	355	395	1352
2000	总人数	347	1150	1724	1636	1541	6398
	健康为一般或差的人数	50	248	493	596	840	2227
2004	总人数	184	840	1462	1700	1925	6111
	健康为一般或差的人数	46	212	439	694	1062	2453
2006	总人数	79	503	1196	1296	1762	4836
	健康为一般或差的人数	18	120	349	515	954	1956

表9.7　　　　　　　　不同健康指标下的关于收入排序的人数分布　　　　　（单位：人）

年份	健康指标	人口总计	5等分按经家户规模调整的收入序列				
			最穷的20%	2	3	4	最富的20%
1997	自评健康在一般及以下	1352	332	260	256	246	258
	过去四周受过伤或生过病	365	77	81	59	79	69
	BMI<18.5	308	78	68	63	54	45
	BMI>24	1762	312	319	325	395	411
2000	自评健康在一般及以下	2227	517	458	437	419	396
	过去四周受过伤或生过病	555	109	108	109	106	123
	BMI<18.5	368	105	65	80	57	61
	BMI>24	2171	330	373	428	488	552
2004	自评健康在一般及以下	2453	574	492	500	459	428
	过去四周受过伤或生过病	1049	206	189	189	219	246
	BMI<18.5	312	91	74	57	46	44
	BMI>24	2500	408	481	484	557	570
2006	自评健康在一般及以下	1956	439	431	372	382	332
	过去四周受过伤或生过病	682	143	151	124	141	123
	BMI<18.5	241	74	50	44	36	37
	BMI>24	2016	330	361	427	434	464

9.4.4　实证分析结果

1. "能力"与健康状况

根据健康的生产函数，可以得出：

$$H_{it} = \beta_0 + \beta_1 x_{it} + \beta_2 Z_{it} + v_i + u_{it} \tag{9.25}$$

其中 x_{it} 是与健康有关的投资，此处用个体家户"是否能获取安全的饮用水？""是否可以使用清洁的卫生设施"代替，Z_{it} 为一些控制变量，如年龄、性别、婚姻状况、地区以及教育等。健康状况可能与个体其他的不随时间变化的偏好与特征量（反映在 v_i 项中）相关，这致使一般的 OLS 回归系数有偏，但由于本章的重点不在于识别固定效应，因此使用固定效应模型分析。实证分析的结果如表 9.8 所示，可以发现，是否可以获取安全饮用水、是否可以使用清洁能源、家周边是否干净对个体的健康状况产生显著的正影响；个体的教育程度越高，个体的健康状况也越好，因为接受良好教育的人对健康状况及保健都有更深刻的认识。个体的年龄越高、家户规模越大，则健康状况越差；性别为女性或为单身的健康状况较差。表 9.8 中城市的健康状况相比农村较差，可能是因为内在的参考标准的差异所致，城市居民由于较高的教育水平、拥有良好的医疗保健设施，以及对环境污染问题的关注而对健康的认知能力更高，所以在自评时会有相对较高的参考标准。

表9.8　　　　　　　　　　健康状况关于"能力"的实证分析结果
被解释变量：健康状况（1-非常好；2-好；3-一般；4-差）

解释变量	（9.25）式		（9.26）式	
	估计系数	t 值	估计系数	t 值
滞后一期的自评健康			0.2301	27.38***
是否无法获取安全饮用水	0.0714	4.83***	0.0676	3.69***
是否无法使用清洁的卫生设施	0.0259	2.12**	0.0150	1.01
家附近是否很干净（1-是；2-否）	0.1207	10.60***	0.0993	7.05***
教育（参照变量：没有接受教育）				
小学毕业	−0.0228	−1.54	−0.0369	−2.02**
中学毕业	−0.0754	−4.89***	−0.0861	−4.53***
高中毕业	−0.1155	−6.15***	−0.1340	−5.80***
中专或职业学校毕业	−0.1300	−5.43***	−0.1609	−5.54***
大专及大学毕业	−0.1667	−5.91***	−0.1814	−5.32***
研究生及以上毕业	−0.4529	−1.89*	−0.3853	−1.44
年龄	0.0140	33.29***	0.0154	29.09***
性别（1-男；2-女）	0.1207	12.08***	0.1306	10.53***
是否单身（1-单身；2-在婚）	−0.0391	−2.70***	−0.0179	−0.98
家户规模	0.0073	2.06**	0.0120	2.83***
是否在农村（1-城市；2-农村）	−0.1291	−11.21***	−0.1197	−8.43***
常数项	1.6481	45.77***	1.5900	34.45***
样本量	22206		14300	

注：*、**、*** 分别表示10%、5%、1%显著性水平。

接下来考虑自身过去的健康对本期健康的影响，则在式（9.25）中加入健康的滞后项，实证模型如下：

$$H_{it} = \beta_0 + \beta_1 x_{it} + \beta_2 Z_{it} + \beta_3 H_{it-1} + v_i + u_{it} \tag{9.26}$$

加入健康的滞后项还可以消除估计中个体健康内生性导致的估计偏差，因为，个体以前的健康状况良好，说明个体自身可能有良好的身体素质，所以本期身体健康状况良好的可能性也就比较大，这也是很多健康研究中将滞后健康作为工具变量的原因。但在本章的健康分析中使用的"能力"变量和其他的一些控制变量可能在一定的时期内是时间的不变量，健康滞后变量与这些时间变量可能存在的相关性会导致式（9.26）中估计出的系数估计不显著。因此，这里式（9.26）的估计分为两步：第一步，对式（9.25）进行混合回归，将回归预测的残值作为未被可能的时间不变量解释的健康；第二步，采用固定效应模型对健康与能力的关系进行回归，回归的结果如表9.8第4~5列所示。自身前期的健康对本期的健康有显著的正影响，结果与（9.25）式的估计结果差别不大，不过这里是否能使用清洁的卫生设施和婚姻状况的系数估计不显著，可能是滞后项与残差项及"能力"变量的相关所导致。考虑到本章所使用数据的时期间隔较长，以及回归过程中的第一步得到的残差项中还存在着因个体特征与偏好所导致的固定效应，所以较倾向于表9.8中第2~3列所显示的结果。

2. 健康冲击与收入、支出波动

个体收入在这里被分为家户劳动所得和家户非劳动所得。个体的健康与健康冲击可能只对劳动所得产生影响，对非劳动所得影响较小，非劳动所得中只有部分的补助与补贴可能与健康冲击有间接的关系，即当个体或家户受到负的冲击陷入贫困时，国家以及亲朋好友可能予以救助。因此，这种间接的关系与健康、健康冲击对劳动所得产生的影响可能还会出现相反的结果。回归的模型如前文（9.19）式所示：

$$\ln y_{it} = X_{it}\beta_1 + \beta_2 H_{it-1} + \beta_3 \xi_{it} + v_i + u_{it} \tag{9.19}$$

模型回归的策略依然采用固定效应法，因为个体不随时间变化的内在的一些其他特征不是目前考察的重点，为了识别的需要，即先对每个个体 i 求（9.19）式在时间上的平均，便得到：

$$\overline{\ln y_i} = \overline{X_i}\beta_1 + \beta_2 \overline{H_i} + \beta_3 \overline{\xi_i} + v_i + \overline{u_i} \tag{9.27}$$

其中，$\overline{X_i} = (1/T)\sum_{t=1}^{T} X_{it}$，然后将（9.19）式减去（9.27）式就得到我们的估计式：

$$\ln y_{it} - \overline{\ln y_i} = (X_{it} - \overline{X_i})\beta_1 + \beta_2(H_{it-1} - \overline{H_i}) + \beta_3(\xi_{it} - \overline{\xi_i}) + u_{it} - \overline{u_i} \tag{9.19a}$$

固定效应估计的结果如表9.9和表9.10所示。从回归结果中可以发现，健康冲击与滞后一期的健康对劳动收入影响很显著，对非劳动收入影响不显著，甚至符号也与我们通常所预期的相反，这可能就是我们前面提到的间接效应所致。在表9.10中，将健康冲击分为正的冲击（小、大）和负的冲击（小、大）共4种，结果显示正的冲击对劳动收入有正向效应，而负的冲击对劳动收入有负向效应，冲击的大小则决定了正向或负向效应的大小。当然，正向或负向冲击对个体劳动收入的影响效应的程度从系数来看也不一样，负向效应可能有更大的影响效应。在表9.9和表9.10中，其他的变量，如教育、城乡、单身都与一般预期一致，即高的教育水平、在婚、城市中的个体收入都要较高，单身、老人、农村、受到健康冲击中的非劳动所得较高，可能是因为他们获得的转移收入更高。在表9.9与表9.10中，也列出了经CPI调整过的个体劳动所得与健康、健康冲击以及其他控制变量的关系，与表中考察家户劳动所得的结论基本一致，只是在性别与家户规模上有所区别。如果使用家户收入，则性别的差异将难以体现，并且家户劳动收入也将随着家户规模变大而越大，表9.9与表9.10中第2~3列家户劳动所得回归结果中性别项不显著，个体劳动所得中的性别项就非常显著，并且女性的劳动收入要低于男性，家户规模越大的，个体的劳动所得就越小。

表 9.9　　　　健康冲击对家户劳动所得、非劳动所得和个体劳动所得的影响

解释变量	家户劳动所得对数		家户非劳动所得对数		个体劳动所得对数	
	系数	t 值	系数	t 值	系数	t 值
健康冲击	−0.0768	−7.07***	0.0097	0.43	−0.1087	−7.57***
健康的滞后一期	−0.1559	−11.28***	0.0065	0.23	−0.1855	−10.14***
教育						
小学毕业	0.1437	6.07***	0.3238	6.48***	0.2162	6.89***
初中毕业	0.1830	7.54***	0.6923	13.61***	0.3650	11.26***
高中毕业	0.3458	12.00***	0.8013	13.47***	0.7335	19.23***
中专、职教毕业	0.4842	12.96***	1.1291	16.55***	1.0431	20.86***
大专、本科毕业	0.6880	15.78***	1.2602	15.98***	1.2906	22.27***
研究生毕业	0.8273	2.29**	1.8028	3.04***	1.5170	3.03***
年龄	−0.0122	−17.16***	0.0357	25.95***	−0.0153	−15.49***
性别（1-男；2-女）	0.0103	0.64	0.1442	4.32***	−0.2433	−11.52***
城乡（1-城市；2-农村）	−0.9203	−26.57***	0.9203	−26.57***	−0.2905	−12.14***
是否单身（1-单身；2-在婚）	0.1951	8.17***	−0.0709	−1.45	−0.2669	8.41***
家户规模	0.1515	28.03***	0.0845	7.48***	−0.0431	−6.03***
常数项	9.3634	162.74***	5.9731	49.57***	9.0553	117.52***
样本量	13305		9660		12292	

注：*、**、***分别表示 10%、5%、1%显著性水平。

表 9.10　　　分类健康冲击对家户劳动所得、非劳动所得和个体劳动所得的影响

解释变量	家户劳动所得对数		家户非劳动所得对数		个体劳动所得对数	
	系数	t 值	系数	t 值	系数	t 值
正的健康冲击（小）	0.0484	2.27**	−0.0030	−0.07	0.0707	2.52**
正的健康冲击（大）	0.1354	2.86***	0.1248	1.28	0.2418	3.87***
负的健康冲击（小）	−0.0893	−4.48***	0.0382	0.92	−0.1137	−4.31***
负的健康冲击（大）	−0.2042	−5.24***	0.0705	0.87	−0.2870	−5.55***
健康的滞后一期	−0.1544	−11.16***	0.0050	0.18	−0.1845	−10.07***
教育						
小学毕业	0.1435	6.06***	0.3246	6.50***	0.2159	6.88***
初中毕业	0.1822	7.50***	0.6938	13.63***	0.3642	11.23***
高中毕业	0.3441	11.94***	0.8035	13.50***	0.7316	19.17***

续表

解释变量	家户劳动所得对数		家户非劳动所得对数		个体劳动所得对数	
	系数	t 值	系数	t 值	系数	t 值
中专、职教毕业	0.4825	12.91***	1.1317	16.59***	1.0411	20.81***
大专、本科毕业	0.6854	15.72***	1.2650	16.02***	1.2879	22.22***
研究生毕业	0.8233	2.28**	1.8114	3.05***	1.5127	3.03***
年龄	−0.0122	−17.15***	0.0358	25.96***	−0.0153	−15.50***
性别（1-男；2-女）	0.0101	0.63	0.1447	4.33***	−0.2437	−11.55***
城乡（1-城市；2-农村）	−0.1078	−6.06***	−0.9188	−26.52***	−0.2916	−12.18***
是否单身（1-单身；2-在婚）	0.1947	8.16***	−0.0691	−1.41	0.2660	8.38***
家户规模	0.1514	28.01***	0.0848	7.50***	−0.0431	−6.03***
常数项	9.3770	161.36***	5.9505	48.91***	9.0700	116.53***
样本量	13827		9641		12294	

注：*、**、***分别表示10%、5%、1%显著性水平。

表9.11中列出了健康冲击及其分类对家户支出的影响。从表9.11可以看出，负的冲击会导致家户支出下降，正的冲击则会导致家户支出上升，这个结果可以看作家户对支出的平滑，一旦出现不利的冲击，家户会减少支出以防备不测，当然，由于这里的家户支出主要是生产性投资支出而不包括医疗支出，因此，出现这种结果也可能是为家户应对不利的健康冲击减少家户投资方面的支出以增加医疗支出。为了进一步验证家户支出可能是平滑行为所致，我们可以考虑个体其他特异冲击与社区总体冲击对家户支出的影响，此处引入的个体特异冲击用个体收入变化代替，社区总体冲击用社区平均收入变化代替，可以看出个体的特异冲击与社区的总体冲击对个体支出也仍然是负的影响，即负的冲击会导致个体支出下降。对于这种现象，可以给出两种可能的解释：一是家户平滑支出；二是家户可能受到收入的约束却无法借贷而导致投资支出下降。不仅如此，个体特异冲击与社区总体冲击对个体的劳动所得和非劳动所得都产生显著的影响（结果如表9.12所示），因为，此时面对冲击，社区的保险功能可能下降。

表9.11　　　　　　　健康冲击与分类健康冲击对家户支出的影响

解释变量	家户支出对数					
	系数	t 值	系数	t 值	系数	t 值
健康冲击	−0.0495	−2.68***			−0.0468	−2.64***
正的健康冲击（小）			0.0149	0.41		
正的健康冲击（大）			0.1946	2.40**		
负的健康冲击（小）			−0.0481	−1.41		

续表

解释变量	家户支出对数					
	系数	t 值	系数	t 值	系数	t 值
负的健康冲击（大）			−0.1295	−1.97 **		
个体特异冲击					−0.0117	−25.59 ***
社区总体冲击					−0.0026	−2.08 **
健康的滞后一期	−0.1080	−4.57 ***	−0.1093	−4.62 ***	−0.0926	−4.07 ***
年龄	−0.0157	−14.44 ***	−0.0157	−14.42 ***	−0.0144	−13.82 ***
性别（1-男；2-女）	−0.0523	−2.00 **	−0.0529	−2.02 **	−0.0441	−1.75 *
城乡（1-城市；2-农村）	0.1247	3.55 ***	0.1241	3.53 ***	0.1574	4.64 ***
是否单身（1-单身；2-在婚）	0.2472	5.98 ***	0.2454	5.93 ***	0.2453	6.16 ***
家户规模	0.1328	15.00 ***	0.1331	15.02 ***	0.1254	14.70 ***
常数项	7.6980	93.38 ***	7.7039	92.22 ***	7.5829	95.15 ***
样本量	10038		10039		10035	

注：*、**、*** 分别表示 10%、5%、1% 显著性水平。

表 9.12　　**个体特异冲击与社区总体冲击对家户劳动所得与非劳动所得的影响**

解释变量	家户劳动所得对数		家户非劳动所得对数	
	系数	t 值	系数	t 值
健康冲击	−0.0786	−8.08 ***	0.0076	0.34
个体特异冲击	−0.0124	−49.92 ***	−0.0089	−15.31 ***
社区总体冲击	−0.0066	−9.92 ***	−0.0061	−4.17 ***
健康的滞后一期	−0.1412	−11.41 ***	0.0163	0.59
教育				
小学毕业	0.1393	6.57 ***	0.3339	6.79 ***
初中毕业	0.1688	7.77 ***	0.6930	13.85 ***
高中毕业	0.3094	11.99 ***	0.7822	13.37 ***
中专、职教毕业	0.4090	12.21 ***	1.0960	16.31 ***
大专、本科毕业	0.5611	14.34 ***	1.1777	15.14 ***
研究生毕业	0.6154	1.90 *	1.7102	2.93 ***
年龄	−0.0118	−18.57 ***	0.0367	27.07 ***
性别（1-男；2-女）	0.0099	0.69	0.1449	4.41 ***
城乡（1-城市；2-农村）	−0.0518	−3.23 ***	−0.8739	−25.48 ***

续表

解释变量	家户劳动所得对数		家户非劳动所得对数	
	系数	t 值	系数	t 值
是否单身（1-单身；2-在婚）	0.1759	8.22***	−0.0957	−1.99**
家户规模	0.1428	29.49***	0.0741	6.65***
常数项	9.2862	179.83***	5.8855	49.47***
样本量	13302		9659	

注：*、**、***分别表示10%、5%、1%显著性水平。

表9.13则列出了健康冲击对与健康相关的能力投资的影响。因缺乏数据，与健康相关的能力投资，采用了饮用水、卫生设施、卫生状况的贫困变化来代替。如果等于0，则说明没有变化；如果等于1，则说明这些能力状况恶化。这两种情况可以看作没有做出与健康相关的投资。如果等于−1，则说明个体或家户对与健康相关的能力进行了投资。尽管这种替代可能使预期结果弱化，但是，从表9.13中我们还是可以发现，如果个体面临负的健康冲击会使个体并不向与健康相关的能力进行投资，当出现正的健康冲击时个体或家户则进行投资，结合面临冲击时家户生产性投资支出的变化，可以猜测个体面对负的冲击带来的收入下降进行预防性储蓄以平滑消费的可能性变得更大。

表9.13　　**健康冲击对饮用水、卫生设施、卫生状况投资的影响**

解释变量	饮用水贫困变化		卫生设施贫困变化		卫生状况贫困变化	
	系数	t 值	系数	t 值	系数	t 值
正的健康冲击（小）	−0.0226	−2.57***	−0.0157	−1.91*	−0.0362	−2.97***
正的健康冲击（大）	−0.0512	−2.63***	−0.0049	−0.27	−0.1136	−4.21***
负的健康冲击（小）	0.0003	0.03	−0.0061	−0.79	0.0225	1.97**
负的健康冲击（大）	0.0017	0.10	0.0129	0.86	0.0162	0.73
健康的滞后一期	0.0332	5.88***	0.0006	0.12	0.0497	6.36***
年龄	0.0003	1.08	0.0001	0.57	0.0002	0.69
性别（1-男；2-女）	−0.0070	−1.10	0.0038	0.63	−0.0017	−0.19
城乡（1-城市；2-农村）	0.0054	0.78	−0.0144	−2.21**	−0.0180	−1.88*
是否单身（1-单身；2-在婚）	−0.0113	−1.16	0.0162	1.78*	−0.0065	−0.48
家户规模	0.0013	0.58	−0.0079	−3.78***	−0.0075	−2.44**
常数项	−0.0072	−0.37	−0.0215	−1.19	−0.0001	0
样本量	14309		14309		14309	

注：*、**、***分别表示10%、5%、1%显著性水平。

3. 健康冲击、保险与贫困陷阱

在面临冲击时，个体或家户除了选择平滑自己个体的支出外，参与保险也是重要的手段之一，特别是面对健康冲击时，医疗保险成为预防支出的重要手段。不仅如此，不同收入群体面临风险冲击受到的影响程度也是不一样的。对于收入较高者，对自己的健康与教育等"能力"进行投资的可能性较大，并且高收入者更有可能比低收入者购买各类保险以预防未来风险带来的冲击。然而对于低收入者来讲，个体本身抵抗风险的能力通常较弱，并且能够缓解负的冲击带来的危害的手段也较少，因此，低收入者相比高收入者可能更脆弱，他们一旦遭受风险冲击很容易落入持久性贫困，即"贫困陷阱"。本部分将分析不同群体面临健康冲击时收入与支出的变化情况，以及分析医疗保险是否能够缓解健康冲击给个体带来的波动。分析冲击是否对不同群体产生不同的影响时，我们在前文实证模型（9.19）基础上，构造实证模型如下：

$$\ln y_{it} = \beta_0 + X_{it}\beta_1 + \beta_2\xi_{it} + \beta_3 H_{it} + \beta_4 D_{it} * \xi_{it} + v_i + u_{it} \tag{9.28}$$

其中，D_{it} 是个虚拟变量，在这里指个体有没有购买医疗保险或者个体是否穷人，它与冲击变量的交互项的系数 β_4 反映不同群体（如购买保险与没有购买保险、穷人与富人）面临冲击时的不同反应。

健康冲击对不同群体的家户收入与家户支出的影响的实证分析结果如表 9.14 和表 9.15 所示。在表 9.14 中，可以看出，健康冲击与前期的健康对个体的家户收入是负向的影响，但健康冲击对低收入者的影响则更为严重，如果个体具有医疗保险，则会缓解健康冲击对家户收入的不利影响。在表 9.15 中，健康冲击对低收入者的家户支出影响也更大，面临健康冲击时，低收入者会大幅度削减生产性的投资支出。原因在于：一是由于低收入者对风险冲击更脆弱，平滑消费的可能性更大；另一方面，低收入者面临着财富约束，因为在表 9.14 中我们知道低收入者面临风险冲击时收入下降更为严重。表 9.15 中还指出，购买了保险的个体的家户生产性投资支出会更大。在我们的分析样本中，低收入者中拥有医疗保险的比例为 21.22%，高收入者中拥有医疗保险的比例为 45.46%，城市居民拥有医疗保险的比例为 53.05%，农村居民拥有医疗保险的比例为 27.71%。因此，对于贫困和低收入个体，特别是缺乏医疗保险的农村个体，一旦受到负的外部冲击，很有可能落入"贫困陷阱"。

表 9.14　　　　　　　　　　　有无保险与是否为穷人对家户收入的影响

解释变量	家户收入对数		家户收入对数	
	系数	t 值	系数	t 值
健康冲击	−0.0083	−0.74	−0.0806	−7.35***
健康冲击 * 是否购买了医疗保险			0.0427	2.82***
健康冲击 * 是否低收入者	−0.1292	−8.71***		
健康的滞后一期	−0.1249	−10.70***	−0.1267	−10.79***

续表

解释变量	家户收入对数		家户收入对数	
	系数	t 值	系数	t 值
教育				
小学毕业	0.1843	9.17***	0.1838	9.09***
初中毕业	0.2866	13.90***	0.2871	13.85***
高中毕业	0.4541	18.48***	0.4605	18.63***
中专、职教毕业	0.6588	21.37***	0.6587	21.22***
大专、本科毕业	0.8705	24.00***	0.8750	23.99***
研究生毕业	1.1395	3.85***	1.1456	3.86***
年龄	-0.0022	-3.82***	-0.0022	-3.77***
性别（1-男；2-女）	0.0432	3.16***	0.0450	3.26***
城乡（1-城市；2-农村）	-0.2769	-18.62***	-0.2776	-18.54***
是否单身（1-单身；2-在婚）	0.1850	9.17***	0.1865	9.16***
家户规模	0.1288	27.73***	0.1283	27.45***
常数项	9.2603	187.93***	9.2585	186.63***
样本量	14298		14194	

注：*、**、***分别表示10%、5%、1%显著性水平。

表9.15　　　　**有无保险与是否为穷人对家户生产性支出的影响**

解释变量	家户支出对数		家户支出对数	
	系数	t 值	系数	t 值
健康冲击	0.01277	0.54	-0.0700	-3.42***
健康冲击*是否购买了医疗保险			0.0669	2.05**
健康冲击*是否低收入者	-0.1243	-4.28***		
健康的滞后一期	-0.1075	-4.56***	-0.1087	-4.59***
年龄	-0.0157	-14.51***	-0.0157	-14.37***
性别（1-男；2-女）	-0.0524	-2.00**	0.0505	-1.92*
城乡（1-城市；2-农村）	0.1226	3.49***	0.1342	3.80***
是否单身（1-单身；2-在婚）	0.2502	6.05***	0.2499	6.00***
家户规模	0.1331	15.05***	0.1337	15.05***
常数项	7.6998	93.48***	7.6795	92.72***
样本量	10038		9966	

注：*、**、***分别表示10%、5%、1%显著性水平。

9.5 冲击与贫困：总结

个体的能力影响个体的收入，贫困不仅是指收入低于贫困线，也是一种能力贫困。但是，贫困并不一定是个体单独的行为，外在的冲击也是导致个体贫困的主要原因之一。不同的能力或不同的冲击大小导致的贫困程度也不一样，大部分个体遭受冲击时很容易陷入暂时性贫困，但是能力较小、冲击较大则可能导致个体陷入持久性贫困。面对未来不确定性风险，个体或家户采取的措施也有很多，使用预防性储蓄进行消费平滑、购买各类保险、通过关系网络进行保险、社会保险等手段都较为常用。本章通过研究冲击对个体行为的影响来分析个体贫困脆弱性，以健康冲击为例研究了个体遭受健康冲击时收入或支出的变化，并分析了健康冲击对不同群体的影响。

研究发现，宏观经济冲击，如通货膨胀、金融危机，通过影响个体生活成本、个体及家户收入来源（失业）等导致个体落入贫困。冲击会影响个体在消费与个体能力投资之间的选择。能力虽然是确定个体未来收入的来源，当个体受到财富约束时、个体面临冲击致使收入下降时，个体会偏重当期消费、能力投资不足。健康冲击对个体劳动所得产生负向影响，对于穷人，这种影响则更为明显。在个人生产性支出与健康投资方面，负的健康冲击会导致两者下降，之所以这样，可能的原因是冲击较大严重影响个体的收入，致使个体出现财富约束使得个体偏重当期消费，或者也有可能是个体进行了预防性储蓄。本章的实证分析表明，贫穷个体面对健康冲击时支出下降得更为严重，因此，主要原因应该是个体财富约束，迫使个体偏重当期消费和减少能力投资。

最后，医疗保险有助于个体应对负的健康冲击，有医疗保险的个体面对健康冲击时收入或支出的波动明显较小。但是研究表明，相对高收入者或城市地区，医疗保险在低收入者中或农村地区使用率较低，因此，更有效地提供农村医疗保险，是帮助农村贫困人群应对健康冲击和加强能力投资的手段。

第十章

"教育贫困"与贫困陷阱
—— 对我国教育投资、工作经验回报的再测算

自改革开放以来，我国政府主导的开发式扶贫战略成效显著，然而依照现行贫困标准，目前农村尚有 7000 多万贫困人口，占农村人口 7.2%。对贫困的多维测度表明，教育贫困已经成为我国贫困地区，特别是农村贫困地区多维贫困的主要因素之一。减少教育贫困应该是促使落后地区加快发展和摆脱贫困的手段，然而，对于近 20 年间数据的分析表明，在我国贫困人口减少、贫困发生率下降的同时，教育贫困却持续严重，在有的年份甚至出现不降反升的状况。教育贫困导致贫困人口难以获得更多经济机会，难以持续提高收入，以致进一步落入持久性贫困和贫困陷阱。从长期看，教育扶贫能够增强贫困人口自身脱贫能力和提高扶贫资金使用效率，有助于消除家户贫困代际传递效应，因此，探讨我国贫困地区、贫困家庭教育投资不足，以致出现日益严重的教育贫困的根源，从而找到消除教育贫困的途径，对于从根本上消除贫困具有"治本"意义。

为了探讨教育贫困不降反升的原因，本章采用 CHNS（1991—2011 年）的数据，考虑不同教育层次、不同年龄群和城乡差异，重新测算教育投资收益率，研究教育投资收益率随工资水平变化的弹性系数，分析工作经验对收入波动的影响，并测算工作经验对工资增长率的影响。这些研究将有助于解释贫困地区教育贫困日益加剧的根源，从教育贫困的视角对于区域性、持久性贫困问题展开分析。

10.1 相关研究综述

对于教育投资及其与收入水平关系的研究，一直引起学术界广泛关注。既有的研究中，许多学者侧重分析教育投资不足的原因。Bils & Klenow（2000）根据 Becker（1964）、Mincer（1974）和 Rosen（1976）的研究基础，对不同国家的实证分析发现，个人对于未来经济增长的预期会提高当前对于教育的需求，因此教育投资不足源于对经济增长预期不佳。Becker（2007）认为健康、人力资本和福利三者之间存在正向传导机制，个人良好的卫生健康使得个人保持较高的生存概率，从而在年轻时获得更多教育，获得更多收入，因此健康状况差会导致教育投入不足。Cameron & Heckman（1998）分析家庭环境对于后代教育选择的影响，发现父辈自身教育和家庭背景对于后

代孩子未来接受教育程度的影响是逐渐减弱的。邹薇等（2013）建立的健康冲击、能力投资与消费平滑三者之间的动态最优框架表明，在遭受外部负冲击以致收入下降时，受到财富约束的个人会偏重当期消费，减少能力投资。有的学者则侧重于对教育贫困的测算。张锦华（2005）根据森提出的贫困度量方法衍生出教育 SST 指数，利用该指数计算教育贫困人口比率、教育贫困人口教育差距率以及总人口教育差距率等数值，对教育贫困进行测度。尹飞霄等（2013）选取 FGT 指数对中国教育贫困进行测度，对教育贫困变动进行 Shapely 分解和敏感性分析。邹薇等（2014）从教育投资收益不确定性和风险的角度，对造成教育投资不足的因素进行了分解。以上研究偏重强调收入、预期、风险、负面冲击等导致的教育贫困的路径。

许多学者认为个人的教育选择和教育的成本与收益是分不开的，因此对于教育投资收益率进行了实证研究。Mincer（1958，1974）的工资收入方程具有开创性意义。Carneiro & Heckman（2011）通过测算教育的边际成本和边际收益，分析了个人的受教育年限选择。Altonji（1993）建立了两期教育选择模型，个人将接受教育作为一个连续选择过程，在考虑未来各种不确定条件下对教育程度进行选择。Heckman & Lochner（2003）放松关于 Mincer 工资收入方程的各种假设（例如税收、学费等教育成本，教育程度与工资收入之间非线性，教育和工作经验之间不可分性等假设条件），利用美国人口调查数据进行实证分析发现，大学和高中的教育投资收益率与原始明瑟工资收入方程求得的教育投资收益率存在很大差异。Behrman & Birdsall（1983）在原始明瑟工资收入方程基础上加入学校教育质量这一解释变量，对比分析原始方程和修改方程实证结果差异，结果表明加入学校教育质量解释变量之后，教育个人投资收益率只有原始方程的 30%，同时原始方程也夸大了地域和城乡差异等控制变量对于学校教育投资收益率的影响，认为政府应该提高学校教育质量而不是盲目增加学校数量。

国内一些学者也对不同层次的教育投资收益率进行了测度。有些研究认为中国教育投资收益率不高，仅为 5% 左右（李实，等，2003；张车伟，2006；刘生龙，2008）；也有些研究认为教育投资收益率较高，例如李雪松等估算的大学 4 年教育投资收益率高达 43%。多数研究认为教育投资收益率随着收入水平而变化，但具体观点存在分歧，如张车伟（2006）认为收入越高的人教育投资收益率越高，而刘生龙（2008）则认为教育投资收益率随着收入增加而下降，简必希等（2013）认为我国高中教育投资收益率高于大学教育投资收益率。这些研究采用的数据时间段、样本所在地区以及回归模型不尽相同，因此对于我国教育投资收益率的结论也出现了较大差异（参见表 10.1）；而且现有的教育投资收益率测算比较笼统，没有对各个教育层次和不同年龄的人群进行系统区分。

表 10.1　　　　　　　　国内教育投资收益率的实证研究结果比较

作者和时间	使用方法	结论
李实，丁赛，2003	利用三组明瑟工资收入方程变形公式测算城镇职工个人教育投资收益率	引入控制变量之后，个人教育投资收益率为 0.01 至 0.04；引入相互作用项之后，个人教育投资收益率为 0.05

续表

作者和时间	使 用 方 法	结 论
李雪松，Heckman，2004	考虑异质性和选择偏差的基础上，估计2000年我国6省城镇地区大学教育投资回报率	大学4年的教育投资回报率为0.43，平均每年为0.11
张车伟，2006	利用上海、浙江和福建三地区调查数据估计教育投资回报率、教育投资回报率随着教育程度和收入水平的变化趋势	收入越高的个人教育投资回报率越高，收入越低的个人教育投资回报率越低，教育投资回报率为0.02至0.06
黄国华，2006	控制非观测效应的基础上估计我国1989年至2000年5个年份的教育投资收益率	采用固定效应和Woodridge模型测算教育投资回报率为0.05至0.11
王海港，李实，刘京军，2007	使用分层线性模型重新估计1995年和2002年我国居民的教育投资收益率	加入劳动力市场化程度后，1995年城镇居民教育投资收益率为0.04，2002年教育投资收益率为0.08
刘生龙，2008	利用分位数回归和审查分位数回归技术测算我国的教育投资回报率	教育投资回报率随着收入增加而减少，教育投资回报率为0.05至0.07
简必希，宁光杰，2013	在考虑选择偏差和个体异质性的基础上，运用倾向性得分匹配法，分别估计我国前后10年（1997年至2006年）高中和大学的教育投资收益率	10年间各阶段教育投资平均收益率得到显著提高，高中教育投资收益率高于大学。1997年为高中0.11至0.12，大学0.08至0.13；2006年为高中0.13至0.24，大学0.18至0.20

　　既有的国内研究中偏重测算学校教育投资收益，而没有对工作经验收益进行相应的测算，因而得到的结论不够完备。实际上，明瑟工资收入方程中工资收入的解释变量包括受教育年限和工作经验。国外学者普遍认为，随着个人工作年限增加，工作经验积累能够不断提高生产率，从而使个人工资收入上涨。Brown（1989）经过实证发现，个人在企业之中的工资增长主要是来自在职培训，而个人工资水平在工作期间的增长主要是源于个人在工作期间生产率的逐步提高。传统劳动市场理论认为，工作经验更多的工人相对于其他工人将拥有更高的工资收入，但Abraham（1987）认为工资收入并不会随着工作经验积累而单调增加，原因是在讨论工作经验对于工资收入影响时，并没有讨论工人自身工作能力、工作岗位特殊属性、工人与工作岗位匹配度等因素影响。Abraham利用两组样本进行实证分析：一组利用专业人员、技术人员和管理人员组成的样本，在考虑外界因素条件下，真实工作经验回报每年为0.5%，而用标准横截面个体模型估计得到的工作经验回报为每年1%；另一组利用蓝领工人作为样本，在考虑外界因素条件下，真实工作经验回报每年只有0.25%，而用标准模型测算得到的工作经验回报为1.5%。Medoff（1980）也认为工作经验与工资收入之间并不是一定存在正相关，个人工作生产率增加才是工资收入增长的关键；他发现在职培训并不能解释通过劳动力市场经验分析得到的工资回报的绝大部分。还有学者认为应该区分一般工作经验与岗位工作经验，前者对个人工资收入正向影响是持续性的，而后者对于个人工资收入提升则是暂时性的（Topel，1991）。Dustmann（2005）认

为具体岗位的工作经验对于个人工资收入增长率的作用开始很大，随后递减，当个人更换新的工作时，个人的工资增长率又会呈现由高至低的趋势，即每一个岗位的工作经验对于工资增长率的作用呈现出类似 L 形特征，这也解释了为什么个人在生命周期之中工资收入存在波动现象的原因。

本章采用 CHNS 微观家户数据，发现我国教育贫困存在两个令人困惑的矛盾现象：其一，在义务教育入学率和升学率上升的同时，辍学率（特别是中学辍学率）却居高不下；其二，尽管个人生命周期收入曲线显示教育水平较高者收入更高，但是我国家户教育贫困发生率以及教育贫困对整体贫困的贡献度却不降反升。为了研究教育贫困的困境，本章测算了各个教育层次、不同人群的教育投资收益率，以及教育投资收益率随工资水平变化的弹性系数，并测算工作经验对于工资增长率的影响，分析了工作经验对收入波动的影响，以期更全面地阐释个体教育投资不足和教育贫困的现状。

本章研究发现：（1）根据 CHNS（1991—2011 年）8 个年份的教育投资收益率测算结果可知，小学、初中、高中和大专的教育投资收益率呈现先增后减趋势，均在不同时段出现负数，而接受大学教育的个人教育投资收益率在不同年份和不同年龄段始终为正数，且在生命周期中逐渐增大。（2）从生命周期教育收益对比可以看出，18 岁至 25 岁期间，低教育层次个人的教育投资收益率普遍高于接受高等教育个人，小学和初中的教育投资收益率在 0.08 至 0.18 之间，而接受高等教育个人的教育投资收益率在 0.01 至 0.03 之间；55 岁至 65 岁期间，接受高等教育个人的教育投资收益率高于低教育层次个人，接受高等教育的投资收益率在 0.03 至 0.09 之间，小学和初中个人的教育投资收益率在 −0.01 至 −0.07 之间。（3）利用分位数回归发现个人工资收入、受教育年限和教育投资收益率之间存在正相关性。个人工资收入较低，教育投资收益率较低，减少受教育年限，而接受较低教育水平又会导致个人工资收入较低，从而陷入了一个无限死循环之中，即存在教育贫困固化现象。（4）对于工作经验与收入方差的研究表明，工作经验对低学历者工资收入的波动影响较大，而对于接受高等教育的个人工作收入波动影响相对较小。工作经验达到 10 年时，小学和高中曲线出现第一个阶段性高点值，而接受大学教育的个人在工作经验达到 20 年至 40 年区间时，工作经验对其工资收入的影响才能显现出来。（5）工作经验对于工资增长率的弹性系数在不同教育层次个人的不同工作年限区间内呈现出不同特点，[0 年，3 年] 低层次教育个人的弹性系数较大；[3 年，15 年] 各个教育层次个人的弹性系数均出现下降趋势，但低层次教育个人的弹性系数下降速率较快；[15 年，21 年] 低层次教育个体的弹性系数仅为 [0.0004，0.0068]，而大专和大学个人的弹性系数为 [0.017，0.026]。

本章余下部分的结构如下：第二节分析我国现阶段"教育贫困不降反升"的特征化事实；第三节的实证分析对教育投资收益率进行再测算，并且考察教育投资收益率随工资收入变动的情况；第四节的实证分析则考察工作经验对于工资收入波动影响，以及工作经验对于工资增长率的影响；最后是全章总结以及相应对策。

10.2　教育贫困不降反升：特征化事实

在我国贫困人口数和贫困发生率下降的同时，我们发现农村教育贫困现象并未减少，甚至还有反弹之势。就基础教育而言,2000—2013 年,义务教育入学率和升学率一直保持稳中有升,其中初中入学率从 2000 年的 88.66%上升至 2013 年的 104.15%,初中毕业升学率从 2000 年的 51.28%上升至 2013 年的 91.28%。但是,同期小学和初中辍学率却并没有出现明显下降,甚至某些年份出现上升。例如,小学辍学率 2012 年为 5.08%,2013 年高达 8.93%(自 2000 年以来的最高值),初中辍学率 2012 年为 7.14%,2013 年为 8.97%,为最近 8 年统计的较高值(参见表 10.2)。实际辍学率大大超过《国家中长期教育改革和发展规划纲要(2010—2020 年)》设定的小学、初中辍学率分别控制在 0.6%、1.8%以下的标准。同时,教育部《全国教育事业发展统计公报》数据显示(参见表 10.3),2001 年至 2015 年普通高中①入学率从 32.23%上升至 56.19%,相比小学入学率和初中入学率,高中入学率明显偏低。2001 年至 2015 年高中阶段辍学率基本维持在 4%至 5%区间内,并没有出现明显下降趋势。

表 10.2　　　　　　　　　　义务教育入学率、升学率与辍学率

年份	入学率(%)		升学率(%)		辍学率(%)	
	小学	初中	小学升初中	初中升高中	小学	初中
2000	104.68	88.66	94.91	51.28	4.65	10.99
2001	104.56	88.77	95.52	52.93	5.33	12.97
2002	107.54	90.05	97.06	58.32	6.84	12.55
2003	107.23	92.73	97.93	59.62	7.89	11.83
2004	106.62	94.17	98.18	63.84	3.01	7.55
2005	106.48	95.09	98.43	69.77	0.50	6.47
2006	106.33	97.04	100.06	75.74	0.92	6.05
2007	106.22	98.03	99.95	80.52	3.81	6.25
2008	105.77	98.57	99.73	82.11	4.50	5.49
2009	104.89	99.01	99.14	85.64	1.32	6.55
2010	104.63	100.16	98.77	87.57	0.42	6.42
2011	104.21	100.15	98.38	88.93	0.53	6.61
2012	104.31	102.15	98.38	88.43	5.08	7.14
2013	104.43	104.15	98.34	91.28	8.93	8.97

数据来源:《中国教育统计年鉴》。入学率高于 100%表示实际入学人数超过规定招生人数。辍学率=((该批次入校生数−该批次毕业生数)/该批次入校生数)×100%。

---

① 根据教育部对于高中教育阶段的定义,高中教育分为:普通高中、成人高中和中等职业教育。

表 10.3 　　　　　　　　　　　普通高中的入学率、升学率和辍学率

年份	入学率（%）	升学率（%）	辍学率（%）
2001	32.23	78.80	5.31
2002	35.55	83.52	3.17
2003	37.26	83.42	3.08
2004	39.36	81.79	1.98
2005	41.34	76.25	2.24
2006	42.06	75.10	3.33
2007	42.78	71.79	4.04
2008	44.81	72.68	4.75
2009	46.19	77.63	5.45
2010	47.78	83.30	5.44
2011	48.99	86.51	5.89
2012	50.86	87.03	4.68
2013	52.68	87.59	4.46
2014	56.36	90.22	6.01
2015	56.19	92.50	5.56

数据来源：教育部《全国教育事业发展统计公报》。

　　进一步地，我们采用中国健康与营养调查（CHNS）数据库，具体地测算了教育贫困发生率及其对于整体贫困的贡献度。我们选取 1991 年、1993 年、1997 年、2000 年、2004 年、2006 年、2009 年和 2011 年一共 8 年调查数据，测算选取 4 个维度：教育、健康、生活质量（包括住房、饮用水、做饭燃料、照明、卫生设施、耐用品）和家庭人均收入，利用 Alkire（2011）提出的方法进行多维度贫困测度（指标临界值参见表 10.4）。图 10.1 刻画了全国、城市和农村分别测算的 4 个维度贫困发生率变化趋势。从图中发现，在考察的 20 年间，家户人均收入和生活质量两个维度的贫困发生率均出现明显的逐年下降趋势，健康贫困发生率在全国和农村都呈现先上升、到 2004 年之后明显下降的趋势。但是，唯独教育贫困发生率的变化路径十分特殊，在全国和农村地区不仅没有出现下降趋势，甚至在个别时段还出现上升趋势；在城市则是始终处在较平稳水平，但是也没有下降趋势。

表 10.4 　　　　　　　　　　　多维贫困维度及指标临界值

维度	指标	临界值
教育	受教育年限	以家户中最高教育水平为准，个人受教育年限小于等于 8 年，视为教育贫困，赋值为 1

续表

维度	指标	临 界 值
健康	医疗保险	家庭中任何一个成员都没有医疗保险,赋值为1
生活质量	住房	对于房屋没有产权;对于房屋拥有产权,但房屋屋顶材料为秸秆或树枝,地板材料为泥土,墙壁材料为泥土,赋值为1
	饮用水	不能使用室内和院内自来水,赋值为1
	做饭燃料	不能使用电、液化天然气、天然气,赋值为1
	照明	不能使用电照明,赋值为1
	卫生设施	厕所不能使用冲水,赋值为1
	耐用品	家庭中10项耐用品均没有,赋值为1
收入	家庭人均收入	按2011年提高后的贫困标准,居民家庭人均纯收入2300元人民币/年,家庭成员低于此值时,赋值为1

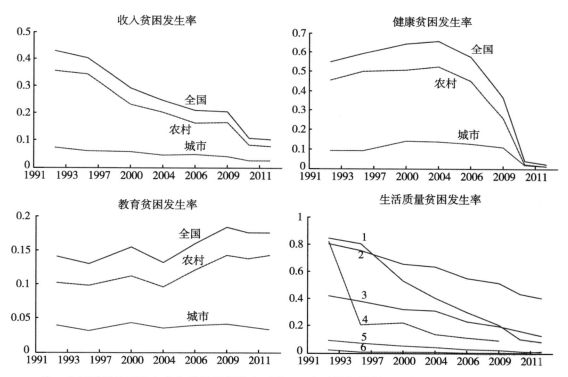

注:生活质量贫困发生率曲线图根据数字区分,1表示做饭燃料,2表示卫生设施,3表示饮用水,4表示住房,5表示耐用品,6表示照明。

图10.1 各维度贫困发生率的变化趋势

我们还测算了城市和农村地区4个维度贫困发生率对整体贫困的贡献度(表10.5和表10.6)。结果发现,相对于收入、健康和生活质量维度,教育贫困对于整体贫困贡献度在 20 年期间出现明显上升趋势。教育贫困贡献度在城市从 1991 年的 5% 上升至 2011 年的 21%，在农村则从 1991 年的 3% 上升至 2011 年的 20%。在 1991—2006 年期间，健康贫困和生活质量贫困是城市和农村整体贫困的主要来源；但是到 2006—2011 年期间，城市与农村整体贫困主要来源是收入和教育，并且教育贫困贡献度在城乡均最大。换言之，不论在城市还是农村地区，教育贫困都已经是家户贫困的重要致因。

表 10.5　　　　　　　　城市多维贫困指数按指标分解贡献度

年份	收入	教育	健康	生活质量					
				饮用水	卫生设施	照明	住房	做饭燃料	耐用品
1991	0.0952	0.0506	0.1161	0.0554	0.2152	0.0013	0.2095	0.2318	0.0249
1993	0.1137	0.0569	0.1777	0.0727	0.2180	0.0016	0.0798	0.2441	0.0355
1997	0.1241	0.0795	0.2188	0.0732	0.2152	0.0009	0.0857	0.1786	0.0241
2000	0.1254	0.0836	0.2271	0.1006	0.2237	0.0011	0.0655	0.1469	0.0260
2004	0.1370	0.1054	0.2307	0.0703	0.2002	0.0000	0.0703	0.1674	0.0187
2006	0.1422	0.1302	0.2455	0.0614	0.2246	0.0030	0.0823	0.0943	0.0165
2009	0.1570	0.2151	0.1279	0.0814	0.2500	0.0058	—	0.1279	0.0349
2011	0.1579	0.2105	0.1053	0.1158	0.2421	0.0000	—	0.1368	0.0316

注：CHNS 中 2009 年和 2011 年住房数据缺失。

表 10.6　　　　　　　　农村多维贫困指数按指标分解贡献度

年份	收入	教育	健康	生活质量					
				饮用水	卫生设施	照明	住房	做饭燃料	耐用品
1991	0.1137	0.0325	0.1456	0.1222	0.1921	0.0075	0.1686	0.1940	0.0237
1993	0.1329	0.0376	0.1939	0.1368	0.2225	0.0034	0.0229	0.2276	0.0225
1997	0.1107	0.0527	0.2094	0.1352	0.2232	0.0030	0.0436	0.2014	0.0208
2000	0.1077	0.0510	0.2286	0.1454	0.2359	0.0033	0.0239	0.1854	0.0188
2004	0.1035	0.0734	0.2379	0.1358	0.2426	0.0012	0.0236	0.1664	0.0155
2006	0.1295	0.1156	0.1724	0.1388	0.2504	0.0023	0.0223	0.1507	0.0181
2009	0.1238	0.1982	0.0324	0.1837	0.2759	0.0049	—	0.1456	0.0356
2011	0.1331	0.2006	0.0201	0.1679	0.2872	0.0169	—	0.1447	0.0296

注：CHNS 中 2009 年和 2011 年住房数据缺失。

那么在我国，个体在生命周期中的工资收入与所受教育水平是怎样的关联呢？我们基于 Mincer（1958，1974）的工资收入方程，利用 Heckman（2003）修正之后的局部非参数回归模型（模型阐述参见附录 10B），采用 CHNS 8 个调查年份数据，拟合了我国城市与农村地区不同年龄、教育水平与工资收入关系曲线（图 10.2）。图 10.2 的纵轴是教育投资收益率，横轴划分了 10 个年龄段，分别考察了小学、初中、高中、大专、大学的教育投资回报（以工资收入计）的变化。

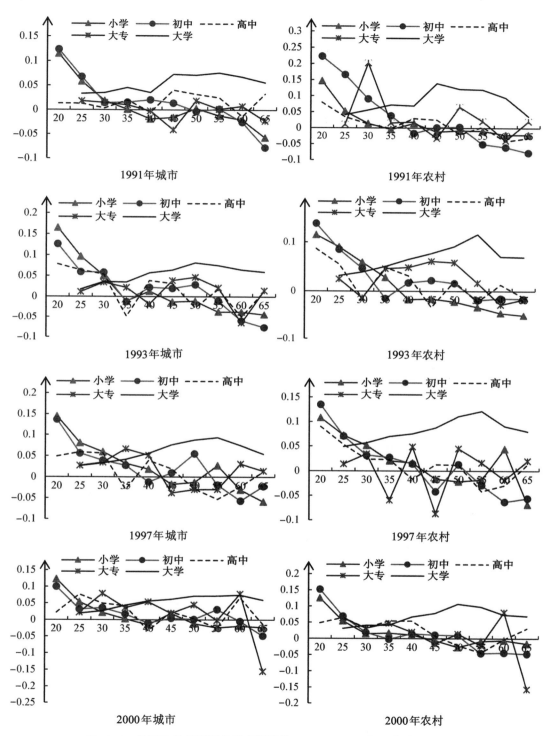

图 10.2 各层次教育投资收益率测算值（1991—2011 年，分城乡）（1）

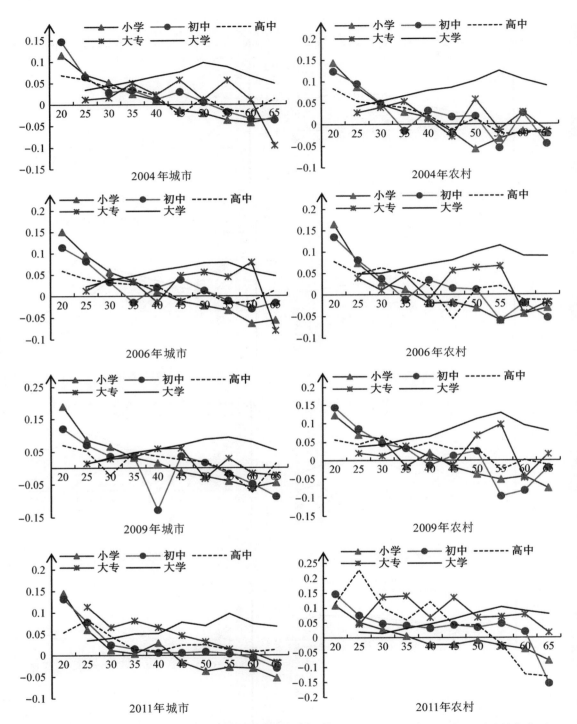

注：横轴分别对应 10 个年龄段，纵轴表示教育投资收益率。不同线型分别对应不同的教育水平。文盲受教育年限为 0，不纳入教育投资收益率测算范围。

图 10.2　各层次教育投资收益率测算值（1991—2011 年，分城乡）（2）

从图 10.2 中可见，不同教育水平的投资收益曲线呈现 "倒 U 形"，即工资收入随年龄而呈先上升后下降的趋势。总体上，在生命周期前期（18~40 岁），不同教育层次个人收入处于不同速率的上升阶段；在生命周期中期（40~55 岁），不同教育层次个人的工资收入处于波动幅度平缓阶段，此时收入水平较为稳定；在生命周期后期（55~65 岁），不同教育层次的个人工资收入处于下降阶段。就整个生命周期收入比较，教育层次越高，个人收入水平越高；接受高等教育的个人工资收入曲线在生命周期大部分时期处于相对较高位置，而小学学历的个人工资收入曲线在生命周期大部分时期处于相对较低位置。就时间趋势看，2000 年之前不同教育层次的个人工资收入曲线有收敛聚合趋势，差距不明显；2000 年之后，不同教育层次的个人工资收入曲线转为趋于发散，曲线之间间隔也趋于明显；并且不同教育层次的个人的工资差距在城市比在农村更为明显。

可见，从 1991 年至 2011 年，城乡不同教育层次的个人工资收入曲线从初期的相对聚合演变为发散状态，表明随着经济发展，高学历者与低学历者的收入水平之间差距越来越显著，个人受教育水平对于其工资收入水平的正面影响越来越显著。那么，为什么教育贫困发生率和教育贫困对整体贫困贡献度却并未下降，甚至在有些时段还出现上升呢？本章的实证分析将就此展开进一步研究。

10.3 对我国教育投资收益率的再测算

经过 CHNS 原始数据筛选之后得到样本在城乡分布、学历、行业和工作岗位等方面的统计信息（附表 10A.1-5）。1991 年至 2011 年，调查样本主要是以农村为主，农村个体占比 60% 至 70%。从教育层次看，个体样本以低教育层次为主，其中高中学历以下（包括高中学历）个体样本占比超过 70%。纵向观察，1991 年至 2011 年城乡各教育层次的人均年收入逐年增加；横向观察每一个调查年度，人均年收入随着教育层次的提高而增加。教育层次为小学、初中和文盲的个人主要在集体所有制企业、家庭承包企业和私人个体企业。工作岗位方面，教育层次为文盲、小学和初中的个人主要从事岗位是：农业工作者、一般工人和服务业人员。接受大学教育的个人主要从事岗位：技术人员（1.1% 至 4.2%）和管理人员（0.74% 至 3.1%），且人数占比逐年增加。工作行业方面，接受大专和大学教育的个人趋于选择政府部门工作，在政府部门工作者的占比，大专为 2.14% 至 3.86%，大学为 1.88% 至 4.8%，且有逐年上升态势。

10.3.1 明瑟工资收入方程

对教育投资收益率测算的基础是明瑟工资收入方程（Mincer，1958，1974）。Mincer 工资收入方程的完善经历了三个阶段：第一阶段是讨论工资收入与受教育年限之间关系，发现个人受教育年限越长，工资收入越高。第二阶段是在讨论工资收入与受教育年限基础之上，加入工作期间人力资本投入作为解释变量，发现工作期间人力资本投入对于个人工作期间的收入波动产生主要影响，同时也是个人工资收入差异的另一主要来源，工作期间人力资本投入解释了个人工资收入曲线随着年龄增长呈现的凸性特征。第三阶段是利用恒等式（可观察工资收入＝潜在工资收入－人力资本投入成本），同时利用工作经验（工作经验=个人年龄-受教育年限)代替个人工作期间的人力资本投入量,从而得到 Mincer 工资收入方程标准表达式:个人工资收入对数作为被解释变量,解释变量包括截距项、个人受教育年限、工作经验、工作经验平方项。

1. 补偿差异模型

Mincer 在 1958 年提出利用补偿差异原则解释个人为什么在生命周期之中不同教育水平获得不同收入。该模型假设:刚开始时每个人拥有相同的能力和机会,不同职业要求经历不同的训练要求;学校教育是花费成本的,因为个人放弃了参加工作赚取收入的机会和时间,当然这种成本不是显性成本支出;个人在事前的社会属性是相同的,个人在经历较长时间培训之后,对于将要从事的工作要求一个补偿性差异,补偿性差异的大小是由个人总收入的贴现值等于不同投入的净成本而决定的。在以上假设条件下,建立如下表达式:

$$V(s) = w(s) \int_{s}^{T} e^{-rt} \mathrm{d}t = \frac{w(s)}{r}(e^{-rs} - e^{-rT}) \tag{10.1}$$

其中,$w(s)$ 表达式如下:

$$\ln w(s) = \ln w(0) + \ln((1 - e^{-rt})/(1 - e^{-r(T-s)})) + rs \tag{10.2}$$

其中:$w(s)$ 表示个人接受 s 年学校教育获得的年收入,假设年收入在个人整个生命周期之中是固定值;$w(0)$ 表示个人接受 0 年学校教育获得的年收入;r 表示利率;T 表示个人工作年限;$V(s)$ 表示个人接受 s 年学校教育获得的收入贴现值。Mincer(1958)通过(10.1)式和(10.2)式构建框架得出初步结论:一是个人接受更多教育获得更高工资;二是接受不同年限教育的个人的工资收入水平的差异,与利率和个人退休年龄有关;三是不同教育水平的个人工资收入率差异在一个固定年限内是保持不变的。

2. 明瑟工资收入方程的提出

Mincer(1958)最初提出的工资收入方程是描述学校教育和个人工资收入之间关系的方程,假定个人工资收入差距主要来自学校受教育年限的差异,工资收入与学校受教育年限之间形成近似的线性关系。

$$\ln Y_s = \ln Y_0 + rs \tag{10.3}$$

其中:Y_s 是个人接受 s 年学校教育获得的工资收入;Y_0 是个人接受 0 年学校教育获得的工资收入;r 是教育投资收益率;s 是受教育年限。Mincer(1974)指出,原始工资收入方程(10.3)只考虑学校受教育年限对个人工资收入影响,那么,接受相同年限教育的个人,在参加工作之后每年应该具有相同工资收入水平,但实际情况并非如此。经过历史数据统计发现,接受相同教育年限的个人在参加工作之后,工资收入存在较大差异,工资收入曲线随着个人年龄增长呈现凸性特征。Mincer 利用 1960 年人口普查数据实证分析发现,个人受教育年限对于工资收入只有约 9% 的解释力度。在此情况下,Mincer 认为原始方程(10.3)忽视了个人工作期间的人力资本继续投入和人力资本折旧的问题。因此,将工作期间的培养工作技能和赚钱能力的人力资本投入纳入原始工资收入方程之中,Mincer 对(10.3)式做出修正:

$$Y_j = Y_s + \sum_{t=0}^{j-1} r_t C_t - C_j = E_j - C_j \tag{10.4}$$

其中：Y_j 是个人工作至第 j 年时的总收入；Y_s 是个人完成 s 年学校教育之后的即时收入；r_t 是工作第 t 年的人力资本投资回报率；C_t 是个人在工作第 t 年的人力资本投入量，C_j 是个人在工作第 j 年的人力资本投入量；E_j 表示个人工作至第 j 年时的累积总工资收入，包括学校教育带来的工资收入和工作之后人力资本继续投入带来的收入，是两者之和。利用（10.4）式可以求出个人工作寿命期间工资收入的波动。

$$\Delta Y_j = Y_{j+1} - Y_j = r_j C_j - (C_{j+1} - C_j) \tag{10.5}$$

其中：ΔY_j 是个人工作第 j 年和第 $j+1$ 年之间的工资收入波动。从（10.5）式可知，个人工资收入波动 ΔY_j 与第 j 年和第 $j+1$ 年的人力资本投入量有关，而与个人受教育年限没有关系。从（10.5）式还可知，当 $r_j C_j - (C_{j+1} - C_j) > 0$ 时，即 $\dfrac{C_{j+1} - C_j}{C_j} < r_j$ 时，$\Delta Y_j > 0$。在此情况下，个人工资收入随着人力资本投入而不断增加。

Mincer 认为个人在工作期间对于人力资本投入在较长时间内以线性比例增加 C_j 的假设是不合理的，这一假设违背了人力资本最优化配置理论（Becker，1964，1966）。合理的人力资本配置应该是将绝大部分资源在个人年轻时候使用，其后随着年龄增加，人力资本投入量越来越少，直至退休。这是因为个人年轻时进行人力资本投入能够获得相对于个人年老时更高的回报率；同时，假设个人寿命是固定的，如果年老时投入相对于年轻时更多的人力资本，则要求在较短时间内获得较高的回报，此种要求对于人力资本属性是不现实的，年老时进行大量人力资本投入存在无法兑现的风险。

（10.3）式至（10.5）式从整体角度讨论工资收入方程，下面从个人角度分析工资收入方差。因为考虑个人之间差异，所以对变量添加个人 i 角标，修改之后的个人工资收入方程如下：

$$\ln Y_{si} = \ln Y_{0i} + r_i s_i \tag{10.6}$$

假定教育投资收益率对不同个体都一样，即 $r = r_i$：

$$\ln Y_{si} = \ln Y_{0i} + r s_i \tag{10.7}$$

实际数据统计发现，工资收入曲线随着个人年龄增长呈现凸性，并不支持方程式（10.3）中工资收入与个人受教育年限之间近似线性关系的假设。接受相同教育年限个人在工作期间工资收入存在较大差异，且个人工资收入曲线随着年龄呈现非线性特征。所以，利用（10.7）式求解工资收入方差表达式：

$$\sigma^2(\ln Y_s) = r^2 \sigma^2(s) + s^2 \sigma^2(r) + \sigma^2(s)\sigma^2(r) \tag{10.8}$$

从（10.8）式可知，工资收入方差与个人受教育年限和教育投资回报率均存在相关性。然后，将个人在工作期间的人力资本投入加入工资收入方程：

$$E_{ji} = Y_{si} + r_i \sum_j C_{ji} \tag{10.9}$$

利用（10.9）式求解工资收入方差表达式：

$$\sigma^2(E_{ji}) = \sigma^2(Y_{si}) + \left(\sum C_j\right)^2 \sigma^2(r) + 2\rho\left(\sum C_j\right)\sigma(Y_s)\sigma(r) \tag{10.10}$$

将 $K_p = \dfrac{\ln Y_p - \ln Y_s}{r_p}$ 代入（10.10）式，即：

$$\sigma^2(\ln E_j) = \sigma^2(\ln Y_s) + r_j^2 \sigma^2(K_j) + K_j^2 \sigma^2(r_j) + \sigma^2(K_j)\sigma^2(r_j) \qquad (10.11)$$

其中：K_p 表示个人工作期间的人力资本投入；$\ln Y_p$ 表示个人工作至第 p 年时获得的总收入；$\ln Y_s$ 表示个人接受 s 年学校教育获得的收入；r_p 表示个人工作时继续投入人力资本的回报率；$\ln E_j$ 表示个人工作 j 年的总收入的对数；$\ln Y_s$ 表示个人接受 s 年学校教育获得的最初收入；r_j 表示个人工作第 j 年投入人力资本的回报率。

Mincer 认为在（10.11）式中个人完成 s 年学校教育获得初始个人年收入是固定的，即 $\ln Y_s$ 为固定数值。在实际情况下，个人工作期间第 j 年投入人力资本获得的即时利率 r_j 是随时间变化的，为了方便计算和实证分析的需要，假定 $r_j = \bar{r}$。在以上假定前提之下，Mincer 发现 $\sigma^2(\ln E_j)$ 随着 K_j 变化而变化，即个人的工资收入方差与个人工作期间人力资本投入之间存在相关性，与个人受教育年限无关。

3. Heckman 等人对 Mincer 工资收入方程进一步修正

Mincer（1974）提出的模型是在 Becker（1964）和 Becker-Chiswick（1966）的会计恒等式模型基础上建立起来的。不同于早期模型，这个模型主要关注个人生命周期的动态工资收入以及可观察工资收入、潜在工资收入和人力资本投入之间关系，该模型将工作期间人力资本投入纳入工资收入方程分析框架之中：

$$E_{t+1} = E_t + C_t \rho_t \qquad (10.12)$$

将 $C_t = k_t E_t$ 代入式（10.12）中，得到：

$$E_{t+1} = E_t + C_t \rho_t = E_t(1 + k_t \rho_t) \qquad (10.13)$$

潜在工资收入是个人在以前人力资本投入的基础上取得的，E_t 表示 t 期的潜在工资收入。个人对于人力资本的投入可以看成潜在工资收入的一定比例，即 $C_t = k_t E_t$，其中 k_t 表示 t 期投资比例。ρ_t 表示 t 期工作期间人力资本投入回报率。

将（10.13）式进行迭代，得到

$$E_{t+1} = \prod_{j=0}^{t-1}(1 + \rho_j k_j) E_0 \qquad (10.14)$$

学校教育是指全日制学校学习，所有时间都投入在学习之中，即 $k_t = 1$。假定：（1）学校教育的投资回报率是常数，即 $\rho_t = \rho_s$，学校教育从个人出生开始计算；（2）工作期间人力资本投入回报率 ρ_t 也是常数，即 $\rho_t = \rho_0$。在以上假设条件下，将（10.14）式改写成：

$$\ln E_t = \ln E_0 + s \ln(1 + \rho_s) + \sum_{j=s}^{t-1} \ln(1 + p_t k_j) \qquad (10.15)$$

式（10.15）可近似写成：

$$\ln E_t \approx \ln E_0 + s\rho_s + \rho_0 \sum_{j=s}^{t-1} k_j \qquad (10.16)$$

为了建立潜在工资收入与个人工作经验年限之间关系，进一步假设个人工作期间的人力资本投入是个人工作年限的递减函数，即 $k_{s+x} = \kappa\left(1 - \dfrac{x}{T}\right)$。其中：$x = t - s$，$t$ 表示个人年龄，s 表示受教育年限，x 表示工作经验；T 表示个人工作寿命长度，假设 T 与个人受教育年限无关。在以上假设条件下，建立潜在工资收入、受教育年限和工作经验之间关系方程：

$$\ln E_{x+s} \approx \left[\ln E_0 - \kappa\rho_0\right] + \rho_s s + \left(\rho_0\kappa + \frac{\rho_0\kappa}{2T}\right)x - \frac{\rho_0\kappa}{2T}x^2 \tag{10.17}$$

Heckman（2003）认为工资收入方程可以理解为可观察工资收入等于潜在工资收入减去人力资本投入成本。可观察收入关系式为：

$$\ln w(s, x) \approx \ln E_{x+s} - \kappa\left(1 - \frac{x}{T}\right) = \left[\ln E_0 - \kappa\rho_0 - \kappa\right] + \rho s + \left(\rho_0\kappa + \frac{\rho_0\kappa}{2T} + \frac{\kappa}{T}\right)x - \frac{\rho_0\kappa}{2T}x^2 \tag{10.18}$$

即

$$\ln w(s, x) = \alpha_0 + \rho_s s + \beta_0 x + \beta_1 x^2 \tag{10.19}$$

（10.19）式即是在诸多假设条件下求得的 Mincer 工资收入方程标准形式。在（10.19）式中，个人工资收入对数 $\ln w(s, x)$ 表示为截距项 α_0、个人受教育年限 s、个人工作经验年限 x 和工作经验年限平方 x^2 的线性表达式。

10.3.2 教育投资收益率的再测算与分析

不同于既有研究中只测算整体的教育投资收益率，我们认为教育投资收益率不仅与教育层次有关，还与城乡地域和不同年龄相关。因此，将 CHNS 数据区分城市与农村地区、区分个人 10 个年龄段，分别测算教育投资收益率（文盲个体的受教育年限为 0，不将该类人群纳入教育投资收益率测算）。根据（10.19）式，教育投资收益率的测算如下：

$$\ln\left[w(s, x)\right] = \alpha_0 + \rho_s s + \beta_0 x + \beta_1 x^2 + \varepsilon \tag{10.20}$$

其中：w 表示工资水平，s 表示受教育年限，x 表示工作年限，x^2 表示工作年限平方项。测算教育投资收益率 ρ，各调查年度的测算结果如表 10.7 表 A 至表 H 所示。

表 10.7　　　　　**教育投资回报率（1991—2011 年，分城乡，分年龄组）**

表 A　1991 年教育投资回报率

城 市 地 区				
年龄	小学	初中	高中	大专	大学
[18, 20)	0.1151 (0.003)	0.1236 (0.098)	0.0133 (0.039)	—	—
[20, 25)	0.0584 (0.041)	0.0679 (0.087)	0.0128 (0.048)	0.0182 (0.067)	0.0332 (0.044)
[25, 30)	0.0186 (0.032)	0.0145 (0.033)	0.0034 (0.094)	0.0149 (0.053)	0.0351 (0.074)
[30, 35)	0.0010 (0.061)	0.0158 (0.038)	0.0203 (0.087)	0.0102 (0.098)	0.0456 (0.034)
[35, 40)	−0.0186 (0.044)	0.0207 (0.097)	−0.005 (0.035)	−0.0022 (0.023)	0.0355 (0.047)
[40, 45)	−0.0157 (0.081)	0.0137 (0.045)	0.0404 (0.024)	−0.0410 (0.038)	0.0730 (0.024)

续表

| 城 市 地 区 | | | | | |
年龄	小学	初中	高中	大专	大学
[45, 50)	0.0027（0.076）	-0.0029（0.005）	0.0321（0.009）	0.0187（0.063）	0.0714（0.054）
[50, 55)	-0.0119（0.091）	0.0019（0.067）	0.0253（0.087）	0.0017（0.034）	0.0760（0.057）
[55, 60)	-0.0204（0.056）	-0.0251（0.071）	-0.0132（0.054）	0.0078（0.065）	0.0678（0.024）
[60, 65]	-0.0566（0.078）	-0.0773（0.034）	0.0331（0.032）	-0.0223（0.063）	0.0565（0.047）

| 农 村 地 区 | | | | | |
年龄	小学	初中	高中	大专	大学
[18, 20)	0.1466（0.054）	0.2231（0.086）	0.0797（0.034）	—	—
[20, 25)	0.0522（0.003）	0.1662（0.035）	0.0345（0.036）	0.0115（0.054）	0.0411（0.036）
[25, 30)	0.0143（0.053）	0.0911（0.023）	0.0126（0.086）	0.2026（0.014）	0.0559（0.033）
[30, 35)	-0.0044（0.065）	0.0382（0.086）	-0.0013（0.054）	0.0161（0.024）	0.0720（0.042）
[35, 40)	0.0142（0.089）	-0.0167（0.053）	0.0301（0.033）	0.0189（0.025）	0.0689（0.033）
[40, 45)	-0.0121（0.097）	0.0014（0.055）	0.0253（0.098）	-0.0320（0.065）	0.1391（0.056）
[45, 50)	-0.0081（0.045）	0.0033（0.067）	-0.0196（0.069）	0.0656（0.069）	0.1215（0.097）
[50, 55)	-0.0089（0.064）	-0.0504（0.068）	0.0034（0.033）	0.0215（0.097）	0.1199（0.087）
[55, 60)	-0.0213（0.036）	-0.0596（0.089）	-0.0413（0.025）	-0.0391（0.066）	0.0945（0.034）
[60, 65]	-0.0214（0.079）	-0.0772（0.069）	-0.0312（0.098）	0.0210（0.077）	0.0369（0.042）

表 B　1993 年教育投资回报率

| 城 市 地 区 | | | | | |
年龄	小学	初中	高中	大专	大学
[18, 20)	0.1654（0.076）	0.1262（0.065）	0.0783（0.066）	—	—
[20, 25)	0.0967（0.043）	0.0592（0.056）	0.0634（0.054）	0.0115（0.056）	0.0174（0.088）
[25, 30)	0.0501（0.038）	0.0580（0.098）	0.0539（0.024）	0.0342（0.024）	0.0356（0.032）
[30, 35)	-0.0109（0.052）	-0.0125（0.043）	-0.0482（0.003）	0.0219（0.075）	0.0349（0.047）
[35, 40)	0.0130（0.088）	0.0223（0.065）	0.0383（0.024）	-0.018（0.026）	0.0570（0.046）
[40, 45)	-0.0131（0.034）	0.0198（0.024）	0.0315（0.054）	0.0386（0.024）	0.0638（0.034）
[45, 50)	-0.0107（0.089）	0.0288（0.014）	-0.0266（0.068）	0.0467（0.045）	0.0815（0.056）
[50, 55)	-0.0376（0.012）	-0.0101（0.039）	0.0183（0.034）	0.0215（0.079）	0.0751（0.025）
[55, 60)	-0.0374（0.057）	-0.0596（0.073）	-0.0494（0.022）	-0.065（0.058）	0.0647（0.047）
[60, 65]	-0.0441（0.068）	-0.0762（0.003）	0.0131（0.014）	0.0149（0.054）	0.0596（0.067）

续表

农 村 地 区					
年龄	小学	初中	高中	大专	大学
[18, 20)	0.1151（0.024）	0.1382（0.036）	0.0870（0.067）	—	—
[20, 25)	0.0901（0.014）	0.0852（0.032）	0.0554（0.068）	0.0247（0.024）	0.0319（0.034）
[25, 30)	0.0593（0.014）	0.0466（0.043）	-0.0147（0.068）	-0.014（0.043）	0.0390（0.056）
[30, 35)	0.0282（0.046）	-0.0150（0.077）	0.0489（0.042）	0.0462（0.033）	0.0506（0.032）
[35, 40)	-0.0173（0.067）	0.0171（0.032）	0.0313（0.022）	0.0487（0.043）	0.0655（0.014）
[40, 45)	-0.0161（0.065）	0.0219（0.044）	-0.0333（0.032）	0.0615（0.012）	0.0773（0.011）
[45, 50)	-0.0217（0.086）	0.0162（0.087）	0.0200（0.014）	0.0587（0.011）	0.0914（0.014）
[50, 55)	-0.0333（0.056）	-0.0189（0.008）	-0.0217（0.028）	0.0167（0.031）	0.1160（0.041）
[55, 60)	-0.046（0.0336）	-0.015（0.0798）	0.0132（0.078）	-0.028（0.046）	0.0705（0.034）
[60, 65]	-0.0510（0.003）	-0.016（0.0244）	-0.0131（0.067）	-0.017（0.067）	0.0697（0.032）

表 C　1997 年教育投资回报率

城 市 地 区					
年龄	小学	初中	高中	大专	大学
[18, 20)	0.1447（0.013）	0.1367（0.067）	0.0490（0.078）	—	—
[20, 25)	0.0807（0.025）	0.0561（0.076）	0.0589（0.043）	0.0276（0.044）	0.0266（0.058）
[25, 30)	0.0593（0.042）	0.0394（0.075）	0.0562（0.024）	0.0346（0.023）	0.0332（0.032）
[30, 35)	0.0325（0.056）	0.0279（0.032）	-0.0297（0.012）	0.0667（0.056）	0.0419（0.031）
[35, 40)	0.0189（0.068）	-0.012（0.014）	0.0392（0.013）	0.0515（0.047）	0.0561（0.045）
[40, 45)	-0.0175（0.086）	0.0101（0.025）	0.0200（0.034）	-0.0380（0.012）	0.0761（0.054）
[45, 50)	-0.0128（0.046）	0.0549（0.025）	-0.0287（0.014）	-0.0299（0.031）	0.0877（0.011）
[50, 55)	0.0274（0.034）	-0.019（0.034）	-0.0529（0.042）	-0.0297（0.024）	0.0935（0.046）
[55, 60)	-0.0308（0.043）	-0.057（0.056）	-0.023（0.0544）	0.0315（0.024）	0.0747（0.047）
[60, 65]	-0.0587（0.054）	-0.022（0.087）	0.0131（0.078）	0.0149（0.054）	0.0548（0.012）
农 村 地 区					
年龄	小学	初中	高中	大专	大学
[18, 20)	0.1083（0.031）	0.1351（0.014）	0.0897（0.044）	—	—
[20, 25)	0.0717（0.046）	0.0703（0.045）	0.0530（0.034）	0.0141（0.068）	0.0490（0.034）
[25, 30)	0.0517（0.024）	0.0321（0.066）	0.0239（0.022）	0.0344（0.043）	0.0569（0.025）
[30, 35)	0.0206（0.058）	0.0275（0.045）	0.0231（0.031）	-0.0597（0.031）	0.0695（0.031）

续表

			农 村 地 区		
年龄	小学	初中	高中	大专	大学
[35, 40)	0.0163（0.085）	0.0146（0.044）	−0.0165（0.055）	0.0487（0.046）	0.0750（0.023）
[40, 45)	−0.0163（0.046）	−0.042（0.012）	0.0131（0.034）	−0.0867（0.076）	0.0873（0.057）
[45, 50)	−0.0215（0.047）	0.0132（0.016）	0.0122（0.031）	0.0452（0.032）	0.1114（0.045）
[50, 55)	−0.0181（0.069）	−0.029（0.065）	−0.0415（0.022）	0.0167（0.014）	0.1220（0.044）
[55, 60)	0.0441（0.063）	−0.063（0.012）	−0.0296（0.064）	−0.0182（0.034）	0.0905（0.043）
[60, 65]	−0.0685（0.032）	−0.056（0.011）	0.0131（0.054）	0.0204（0.031）	0.0797（0.014）

表 D 2000 年教育投资回报率

			城 市 地 区		
年龄	小学	初中	高中	大专	大学
[18, 20)	0.1230（0.054）	0.1001（0.097）	0.0226（0.041）	—	—
[20, 25)	0.0536（0.078）	0.0320（0.098）	0.0771（0.043）	0.0224（0.056）	0.0195（0.056）
[25, 30)	0.0220（0.067）	0.0361（0.087）	0.0498（0.079）	0.0792（0.043）	0.0268（0.065）
[30, 35)	0.0031（0.057）	0.0173（0.078）	0.0424（0.078）	0.0364（0.043）	0.0437（0.024）
[35, 40)	−0.0151（0.051）	−0.0097（0.076）	−0.033（0.098）	0.0544（0.089）	0.0566（0.033）
[40, 45)	0.0197（0.065）	0.0047（0.075）	0.0239（0.076）	0.0197（0.079）	0.0621（0.025）
[45, 50)	−0.0118（0.051）	0.0014（0.0567）	0.0041（0.086）	0.0452（0.087）	0.0714（0.043）
[50, 55)	−0.0238（0.051）	0.0309（0.080）	−0.025（0.033）	−0.0017（0.047）	0.072（0.086）
[55, 60)	−0.0189（0.078）	−0.0043（0.036）	0.0668（0.036）	0.0782（0.078）	0.0745（0.068）
[60, 65]	−0.0231（0.042）	−0.0486（0.087）	−0.013（0.077）	−0.1550（0.059）	0.0597（0.054）

			农 村 地 区		
年龄	小学	初中	高中	大专	大学
[18, 20)	0.1251（0.034）	0.1524（0.057）	0.0485（0.086）	—	—
[20, 25)	0.0545（0.036）	0.0692（0.075）	0.0653（0.042）	0.0636（0.045）	0.0311（0.076）
[25, 30)	0.0150（0.032）	0.0191（0.041）	0.0323（0.045）	0.0321（0.051）	0.0411（0.064）
[30, 35)	0.0167（0.068）	−0.0019（0.052）	0.0547（0.098）	0.0472（0.054）	0.0414（0.024）
[35, 40)	0.0112（0.068）	0.0147（0.065）	0.0545（0.046）	0.0197（0.006）	0.0673（0.032）
[40, 45)	−0.0061（0.058）	0.0110（0.034）	0.0082（0.032）	−0.016（0.026）	0.0784（0.067）
[45, 50)	−0.0266（0.032）	0.0094（0.057）	−0.0210（0.067）	0.0145（0.065）	0.1069（0.042）
[50, 55)	−0.0083（0.053）	−0.0455（0.034）	−0.0434（0.064）	−0.021（0.059）	0.0982（0.056）

农村地区					
年龄	小学	初中	高中	大专	大学
[55, 60)	-0.0059（0.089）	-0.0439（0.078）	-0.0024（0.098）	0.0815（0.056）	0.0739（0.055）
[60, 65]	-0.0159（0.034）	-0.0474（0.043）	0.0312（0.013）	-0.156（0.008）	0.0698（0.097）

表 E 2004 年教育投资回报率

城 市 地 区					
年龄	小学	初中	高中	大专	大学
[18, 20)	0.1154（0.024）	0.1470（0.068）	0.0686（0.077）	—	—
[20, 25)	0.0702（0.014）	0.0653（0.034）	0.0592（0.045）	0.0119（0.024）	0.0345（0.067）
[25, 30)	0.0518（0.036）	0.0290（0.024）	0.0403（0.031）	0.0163（0.022）	0.0443（0.053）
[30, 35)	0.0246（0.034）	0.0340（0.034）	0.0360（0.032）	0.0502（0.065）	0.0543（0.067）
[35, 40)	0.0107（0.024）	0.0125（0.054）	0.0213（0.045）	0.0233（0.045）	0.0661（0.044）
[40, 45)	-0.014（0.034）	0.0295（0.058）	-0.0268（0.022）	0.0571（0.043）	0.0760（0.032）
[45, 50)	-0.021（0.036）	0.0050（0.069）	0.0168（0.068）	0.0116（0.014）	0.0977（0.034）
[50, 55)	-0.037（0.024）	-0.0179（0.089）	-0.0136（0.076）	0.0567（0.034）	0.0879（0.024）
[55, 60)	-0.043（0.058）	-0.0343（0.024）	-0.0190（0.054）	0.0104（0.057）	0.0662（0.024）
[60, 65]	-0.032（0.067）	-0.0369（0.034）	0.0131（0.065）	-0.0957（0.056）	0.0488（0.023）
农 村 地 区					
年龄	小学	初中	高中	大专	大学
[18, 20)	0.1435（0.046）	0.1238（0.079）	0.0840（0.044）	—	—
[20, 25)	0.0873（0.012）	0.0948（0.047）	0.0546（0.087）	0.0276（0.068）	0.0420（0.066）
[25, 30)	0.0472（0.014）	0.0495（0.043）	0.0466（0.056）	0.0394（0.045）	0.0544（0.068）
[30, 35)	0.0284（0.056）	-0.0150（0.076）	0.0386（0.053）	0.0534（0.024）	0.0665（0.054）
[35, 40)	0.0164（0.058）	0.0319（0.087）	0.0218（0.052）	0.0120（0.023）	0.0792（0.043）
[40, 45)	-0.017（0.067）	0.0173（0.089）	-0.0125（0.025）	-0.0279（0.035）	0.0859（0.013）
[45, 50)	-0.057（0.022）	0.0189（0.077）	0.0138（0.023）	0.0584（0.045）	0.1014（0.034）
[50, 55)	-0.033（0.032）	-0.0543（0.05）	-0.0209（0.036）	-0.0125（0.046）	0.1249（0.056）
[55, 60)	-0.016（0.054）	0.0259（0.046）	-0.0223（0.057）	0.0282（0.058）	0.1048（0.024）
[60, 65]	-0.021（0.004）	-0.0450（0.034）	-0.0131（0.003）	-0.0155（0.066）	0.0897（0.032）

表 F 2006 年教育投资回报率

城 市 地 区					
年龄	小学	初中	高中	大专	大学
[18, 20)	0.1508 (0.024)	0.1141 (0.025)	0.0595 (0.056)	—	—
[20, 25)	0.0957 (0.076)	0.0817 (0.014)	0.0403 (0.089)	0.0128 (0.035)	0.0226 (0.075)
[25, 30)	0.0571 (0.079)	0.0330 (0.056)	0.0320 (0.078)	0.0427 (0.025)	0.0374 (0.054)
[30, 35)	0.0353 (0.079)	-0.0147 (0.096)	0.0274 (0.087)	0.0331 (0.032)	0.0471 (0.024)
[35, 40)	0.0103 (0.055)	0.0205 (0.067)	0.0240 (0.057)	-0.014 (0.014)	0.0598 (0.052)
[40, 45)	-0.0123 (0.023)	0.0381 (0.087)	-0.0103 (0.045)	0.0485 (0.012)	0.0677 (0.066)
[45, 50)	-0.0223 (0.047)	0.0128 (0.089)	0.0107 (0.069)	0.0559 (0.048)	0.0773 (0.078)
[50, 55)	-0.0332 (0.058)	-0.0109 (0.065)	-0.0173 (0.076)	0.0445 (0.087)	0.0784 (0.067)
[55, 60)	-0.0643 (0.089)	-0.0302 (0.043)	-0.0128 (0.058)	0.0784 (0.054)	0.0582 (0.034)
[60, 65]	-0.0565 (0.032)	-0.0169 (0.032)	0.0131 (0.026)	-0.081 (0.043)	0.0467 (0.012)
农 村 地 区					
年龄	小学	初中	高中	大专	大学
[18, 20)	0.1649 (0.078)	0.1351 (0.034)	0.0778 (0.025)	—	—
[20, 25)	0.0740 (0.023)	0.0810 (0.023)	0.0490 (0.013)	0.0395 (0.035)	0.0487 (0.035)
[25, 30)	0.0279 (0.047)	0.0377 (0.087)	0.0631 (0.035)	0.0102 (0.038)	0.0506 (0.032)
[30, 35)	0.0120 (0.056)	-0.0116 (0.067)	0.0476 (0.065)	0.0455 (0.056)	0.0610 (0.031)
[35, 40)	-0.0202 (0.009)	0.0341 (0.018)	0.0214 (0.044)	-0.0106 (0.065)	0.0718 (0.034)
[40, 45)	-0.0178 (0.031)	0.0149 (0.056)	-0.0560 (0.068)	0.0562 (0.039)	0.0805 (0.037)
[45, 50)	-0.0311 (0.011)	0.0120 (0.046)	0.0143 (0.078)	0.0630 (0.057)	0.0999 (0.065)
[50, 55)	-0.0594 (0.034)	-0.0602 (0.021)	0.0199 (0.045)	0.0666 (0.067)	0.1149 (0.045)
[55, 60)	-0.0445 (0.075)	-0.0200 (0.012)	-0.012 (0.024)	-0.0435 (0.045)	0.0905 (0.032)
[60, 65]	-0.0311 (0.066)	-0.0536 (0.054)	-0.0131 (0.013)	-0.0173 (0.034)	0.0897 (0.023)

表 G 2009 年教育投资回报率

城 市 地 区					
年龄	小学	初中	高中	大专	大学
[18, 20)	0.1886 (0.034)	0.1206 (0.058)	0.0712 (0.056)	—	—
[20, 25)	0.0873 (0.068)	0.0715 (0.056)	0.0521 (0.055)	0.0141 (0.054)	0.0130 (0.012)
[25, 30)	0.0663 (0.054)	0.0362 (0.043)	-0.0233 (0.032)	0.0284 (0.054)	0.0322 (0.012)
[30, 35)	0.0314 (0.032)	0.0350 (0.012)	0.0483 (0.033)	0.0336 (0.098)	0.0478 (0.023)

续表

城市地区					
年龄	小学	初中	高中	大专	大学
[35, 40)	0.0151（0.068）	−0.1276（0.043）	0.0357（0.034）	0.0599（0.079）	0.0589（0.034）
[40, 45)	−0.0129（0.038）	0.0369（0.058）	0.0255（0.024）	0.0616（0.056）	0.0719（0.078）
[45, 50)	−0.0258（0.048）	0.0159（0.057）	0.0183（0.013）	−0.033（0.047）	0.0883（0.068）
[50, 55)	−0.0409（0.034）	−0.0187（0.046）	−0.0125（0.043）	0.0295（0.034）	0.0940（0.056）
[55, 60)	−0.0596（0.012）	−0.0489（0.039）	−0.0732（0.054）	−0.017（0.033）	0.0800（0.046）
[60, 65]	−0.0455（0.025）	−0.0869（0.079）	0.0131（0.032）	−0.023（0.013）	0.0543（0.032）

农村地区					
年龄	小学	初中	高中	大专	大学
[18, 20)	0.1218（0.046）	0.1435（0.072）	0.0570（0.046）	—	—
[20, 25)	0.0702（0.058）	0.0855（0.078）	0.0445（0.032）	0.0201（0.011）	0.0387（0.025）
[25, 30)	0.0584（0.086）	0.0475（0.054）	0.0644（0.014）	0.0123（0.012）	0.0435（0.046）
[30, 35)	−0.0171（0.075）	0.0332（0.045）	0.0317（0.056）	0.0398（0.043）	0.0574（0.055）
[35, 40)	0.0215（0.056）	−0.0135（0.021）	0.0492（0.032）	0.0104（0.034）	0.0650（0.076）
[40, 45)	−0.0190（0.098）	0.0132（0.042）	0.0313（0.041）	−0.012（0.074）	0.0880（0.046）
[45, 50)	−0.0381（0.008）	0.0253（0.034）	0.0325（0.021）	0.0676（0.078）	0.1123（0.032）
[50, 55)	−0.0519（0.045）	−0.096（0.0322）	−0.0266（0.056）	0.0974（0.046）	0.1285（0.012）
[55, 60)	−0.0437（0.032）	−0.0813（0.067）	0.0011（0.051）	−0.048（0.035）	0.0948（0.032）
[60, 65]	−0.0750（0.047）	−0.0202（0.032）	−0.0131（0.025）	0.0173（0.065）	0.0797（0.013）

表 H 2011 年教育投资回报率

城市地区					
年龄	小学	初中	高中	大专	大学
[18, 20)	0.1451（0.045）	0.1322（0.087）	0.0542（0.076）	—	—
[20, 25)	0.0601（0.086）	0.0782（0.053）	0.0831（0.034）	0.1136（0.075）	0.0349（0.067）
[25, 30)	0.0120（0.054）	0.0244（0.065）	0.0451（0.009）	0.0660（0.079）	0.0404（0.056）
[30, 35)	0.0037（0.076）	0.0151（0.089）	0.0137（0.058）	0.0812（0.009）	0.0507（0.025）
[35, 40)	0.0291（0.066）	0.0060（0.079）	0.0102（0.076）	0.0654（0.045）	0.0515（0.043）
[40, 45)	−0.0166（0.054）	0.0057（0.057）	0.0243（0.043）	0.0465（0.032）	0.0779（0.079）
[45, 50)	−0.0370（0.028）	0.0084（0.098）	0.0246（0.079）	0.0320（0.021）	0.0694（0.087）
[50, 55)	−0.0279（0.027）	0.0037（0.066）	0.0132（0.087）	0.0146（0.089）	0.0974（0.047）

续表

城 市 地 区					
年龄	小学	初中	高中	大专	大学
[55，60)	−0.0306（0.055）	−0.0063（0.098）	0.0075（0.025）	0.0051（0.068）	0.0739（0.087）
[60，65]	−0.0530（0.025）	−0.0303（0.068）	0.0131（0.091）	−0.0173（0.070）	0.0672（0.098）
农 村 地 区					
年龄	小学	初中	高中	大专	大学
[18，20)	0.1084（0.035）	0.1472（0.021）	0.1174（0.042）	—	—
[20，25)	0.0519（0.067）	0.0753（0.069）	0.2278（0.045）	0.0458（0.067）	0.0195（0.067）
[25，30)	0.0276（0.023）	0.0475（0.001）	0.1006（0.078）	0.1370（0.009）	0.0150（0.089）
[30，35)	0.0052（0.079）	0.0413（0.054）	0.0596（0.067）	0.1407（0.034）	0.0318（0.018）
[35，40)	−0.0236（0.067）	0.0318（0.008）	0.1209（0.089）	0.0677（0.075）	0.0458（0.025）
[40，45)	−0.0229（0.035）	0.0428（0.076）	0.0421（0.087）	0.1348（0.065）	0.0633（0.035）
[45，50)	−0.0098（0.086）	0.0350（0.098）	0.0421（0.009）	0.0676（0.065）	0.0851（0.024）
[50，55)	−0.0261（0.054）	0.0477（0.076）	−0.0228（0.026）	0.0709（0.087）	0.1037（0.067）
[55，60)	−0.0388（0.065）	0.0203（0.054）	−0.1234（0.057）	0.0782（0.054）	0.0905（0.035）
[60，65]	−0.0777（0.047）	−0.1537（0.023）	−0.1312（0.048）	0.0173（0.058）	0.0797（0.043）

注："—"表示在该教育层次和年龄阶段无个人统计数据；括号内数值为 p 值。

　　由表 10.7 所展现的 8 个调查年份的教育投资收益率测算结果，可以发现：（1）在所有年份中，小学、初中、高中和大专的教育投资收益率均在不同年龄段出现负数，而唯有接受大学教育的个人教育投资收益率在不同年份和不同年龄段始终为正数。（2）在所有年份中，小学、初中和高中的教育投资收益率随年龄呈现先增后减趋势。小学和初中的教育投资收益率在 18 岁至 25 岁期间达到整个生命周期中的最大值，随后出现持续下降趋势，并出现负数。比较而言，城市地区小学学历个体的教育投资收益率出现的负值比农村地区更大，在 1991 年、1993 年的数据中，小学学历个体的教育投资收益率首次出现负值的年龄是 35～45 岁，但负值不大；到 2011 年，城市地区 40 岁以后、农村地区 35 岁以后小学学历者的教育投资收益率持续为负值，且负值随年龄增大而增大。（3）接受高等教育的教育投资收益率随年龄逐渐增大，在 50～55 岁达到生命周期的最高值，并且在 55～65 岁仍维持在一个相对较高水平。比较而言，农村地区高等教育投资收益率普遍高于城市地区。（4）不论城市还是农村，18 岁至 25 岁期间，低教育层次个人的教育投资收益率普遍高于接受高等教育个人，小学和初中的教育投资收益率介于 0.08 至 0.18 之间，而接受高等教育的教育投资收益率介于 0.01 至 0.03 之间。（5）高等教育者的教育投资收益率在 30～35 岁超过低学历者，在 40 岁之后与后者的差距逐渐扩大，到 55 岁至 65 岁期间，接受高等教育者的投资收益率在 0.03 至 0.09 之间，而小学和初中的教育投资收益率仅在-0.01 至-0.07 之间。

由此可以看出，学历较低者刚开始工作时，可以胜任简单的初级工作，教育投资回报率一开始保持在较高水平，但随着工作年限增长和工作技术性增加，该类人群的教育投资收益率逐渐出现下降趋势，年龄达到 50 岁之后教育投资收益率只有 0.01 左右，甚至出现负值，此种现象体现为人力资本折旧（Mincer，1974）。接受高等教育个人投资收益率刚开始时并不高，甚至低于未接受高等教育的个人，但随着自身在工作中长期不断学习和工作经验不断增加，接受高等教育个人的投资收益率随年龄增长越来越高。年轻时低教育层次的个人教育投资收益率高于接受高等教育者，农村地区教育投资收益率"倒挂"的现象更为突出。例如，农村居民 18~20 岁初中学历的教育投资收益率大大高于高中的教育投资收益率，18~25 岁、35~40 岁高中学历的教育投资收益率明显高出大专、大学的教育投资收益率；农村居民 45 岁前大专教育投资收益率均高出大学的教育投资收益率，尤其是 25~35 岁间大专教育投资收益率是大学教育投资收益率的 8~10 倍；农村居民 45 岁前大学教育投资收益率明显低于城市同年龄段的大学教育投资收益率。这种教育投资收益率"倒挂"解释了农村地区高中入学率大大低于城市，且高中辍学率较高的现象。然而，即使农村个体在年轻时选择完成低层次教育后参加工作似乎是理性选择，但从整个生命周期看，仅完成低层次教育对于个人来说是非理性的，在 40 岁以后，小学、初中和高中的教育投资收益率均在不同时段出现负值。

10.3.3　教育投资收益率随工资收入的变动

本节分析教育投资收益率如何随着个人收入变化而变化，考察是否存在"穷者更穷，富者更富"的马太效应，进而导致教育贫困固化现象。我们利用分位数回归探讨教育投资收益率随着工资收入水平的变化趋势。估计方程在（10.20）式基础之上添加控制变量（性别、婚姻状况）。方程式如下：

$$\ln y = \alpha_0 + \beta_1 \cdot edu + \beta_2 \cdot \exp + \beta_3 \cdot \exp^2 + \beta_j X + \varepsilon \qquad (10.21)$$

教育投资收益率系数 β_1 估计结果，如表 10.8 所示。

表 10.8　　　　　　　　　　　　分位数回归实证结果

收入分布	城 市 地 区							
	1991 年	1993 年	1997 年	2000 年	2004 年	2006 年	2009 年	2011 年
10%	0.0134 (0.035)	0.0267 (0.005)	0.0189 (0.036)	0.0099 (0.015)	0.0095 (0.011)	0.0084 (0.026)	0.0221 (0.027)	0.0033 (0.033)
20%	0.0132 (0.023)	0.0254 (0.032)	0.0038 (0.096)	0.0156 (0.008)	0.0185 (0.008)	0.0037 (0.001)	0.0178 (0.033)	0.0025 (0.004)
30%	0.0313 (0.019)	0.0142 (0.075)	0.0253 (0.006)	0.0176 (0.006)	0.0254 (0.025)	0.0365 (0.009)	0.0275 (0.029)	0.0367 (0.002)

续表

收入分布	城 市 地 区							
	1991 年	1993 年	1997 年	2000 年	2004 年	2006 年	2009 年	2011 年
40%	0.0245 (0.013)	0.0337 (0.005)	0.0141 (0.027)	0.0379 (0.087)	0.0266 (0.005)	0.0254 (0.003)	0.0375 (0.012)	0.0422 (0.066)
50%	0.0465 (0.002)	0.0562 (0.026)	0.0424 (0.081)	0.0468 (0.053)	0.0365 (0.004)	0.0467 (0.002)	0.0435 (0.034)	0.0724 (0.065)
60%	0.0598 (0.024)	0.0367 (0.001)	0.0315 (0.076)	0.0331 (0.098)	0.0423 (0.035)	0.0544 (0.002)	0.0786 (0.036)	0.0456 (0.047)
70%	0.0433 (0.068)	0.0746 (0.002)	0.0576 (0.046)	0.0588 (0.022)	0.0589 (0.011)	0.0408 (0.014)	0.0376 (0.02)	0.0523 (0.087)
80%	0.0624 (0.051)	0.0654 (0.004)	0.0768 (0.086)	0.0862 (0.036)	0.0781 (0.023)	0.0843 (0.078)	0.1024 (0.063)	0.0845 (0.018)
90%	0.0825 (0.032)	0.1032 (0.038)	0.0854 (0.036)	0.1297 (0.024)	0.0847 (0.012)	0.1045 (0.054)	0.0965 (0.038)	0.1112 (0.074)
收入分布	农 村 地 区							
	1991 年	1993 年	1997 年	2000 年	2004 年	2006 年	2009 年	2011 年
10%	0.0024 (0.002)	0.0165 (0.034)	0.0287 (0.004)	0.0167 (0.036)	0.0124 (0.005)	0.0015 (0.002)	0.0026 (0.032)	0.0016 (0.076)
20%	0.0034 (0.078)	0.0231 (0.098)	0.0379 (0.023)	0.0254 (0.025)	0.0274 (0.002)	0.0014 (0.057)	0.0242 (0.024)	0.0165 (0.012)
30%	0.0461 (0.042)	0.0245 (0.035)	0.0029 (0.014)	0.0134 (0.016)	0.0014 (0.0543)	0.0243 (0.004)	0.0333 (0.077)	0.0254 (0.031)
40%	0.0351 (0.024)	0.0475 (0.006)	0.1543 (0.077)	0.0223 (0.046)	0.0765 (0.016)	0.0135 (0.003)	0.0454 (0.057)	0.0586 (0.055)
50%	0.0643 (0.023)	0.0454 (0.006)	0.0632 (0.078)	0.0423 (0.018)	0.0556 (0.039)	0.0345 (0.062)	0.0532 (0.022)	0.0454 (0.025)
60%	0.0756 (0.037)	0.0543 (0.007)	0.0632 (0.046)	0.0565 (0.092)	0.0024 (0.061)	0.0478 (0.003)	0.0765 (0.046)	0.0631 (0.033)
70%	0.0465 (0.012)	0.0743 (0.045)	0.0712 (0.025)	0.0556 (0.017)	0.0661 (0.079)	0.0567 (0.081)	0.0924 (0.065)	0.0923 (0.032)
80%	0.0886 (0.043)	0.0854 (0.025)	0.0865 (0.004)	0.0979 (0.027)	0.0935 (0.038)	0.0756 (0.072)	0.1014 (0.015)	0.0646 (0.021)
90%	0.0832 (0.053)	0.1121 (0.047)	0.0967 (0.004)	0.1335 (0.024)	0.0824 (0.003)	0.1136 (0.003)	0.1445 (0.083)	0.1245 (0.016)

注：括号内数值为 p 值。

从表10.8的分位数实证结果看，在各年度，不论城市还是农村地区，随着个人收入水平提高，教育投资收益率都出现了逐渐上升趋势，说明较高收入者具有较高的教育投资回报率，而收入越低者的教育投资回报率也越低。表10.9将收入10%分位数样本的教育投资收益率与90%分位数样本的教育投资收益率进行对比分析。从中可见，1991—2011年，城市较高收入者与较低收入者的教育投资收益率差距逐年扩大；而农村地区较高收入者与较低收入者的教育投资收益率差距在1991—2004年曾经有明显下降，但是2006年之后则出现了急剧攀升。个人工资收入越低，教育投资收益率越低，该类人群继续接受教育的动力越不足，从而导致贫困个人选择过早放弃接受教育。同时还可知，2006年以来农村地区教育投资收益率的差异值远大于城市地区，说明农村地区的教育投资收益率的分布区间更宽，以致农村贫困家庭对于教育的投资意愿低于城市贫困家庭，农村的教育贫困程度更深。

表10.9 　　　　　　　　　　**不同分位数点的教育投资收益率比较**

收入分布	城 市 地 区							
	1991	1993	1997	2000	2004	2006	2009	2011
10%	0.0134	0.0267	0.0189	0.0099	0.0095	0.0084	0.0221	0.0033
90%	0.0825	0.1032	0.0854	0.1297	0.0847	0.1045	0.0965	0.1112
差异	6.15	3.86	4.51	13.11	8.91	12.44	4.36	33.69
收入分布	农 村 地 区							
	1991	1993	1997	2000	2004	2006	2009	2011
10%	0.0024	0.0165	0.0287	0.0167	0.0124	0.0015	0.0026	0.0016
90%	0.0832	0.1121	0.0967	0.1335	0.0824	0.1136	0.1445	0.1245
差异	34.66	6.79	3.36	7.99	6.64	75.73	55.57	77.81

注：差异=90%分位数样本的教育投资收益率/10%分位数样本的教育投资收益率。

进一步地，我们计算了样本收入分位数区间段的平均收入、平均受教育年限和教育投资回报率（表10.10）。从中可知，在各年份中，随着工资收入不断增加，个人受教育年限和教育投资收益率也逐渐增加；个人工资收入、受教育年限和教育投资回报率三者之间存在正相关关系。比较1991—2011年，城市地区90%分位数样本人群的平均收入增长超过11倍，教育投资回报率由8.25%上升到11.12%，受教育年限由9年提高到14年；而10%分位数样本人群的平均收入增长仅16%，教育投资回报率反而由1.34%下降到0.33%，受教育年限仅由4年提高到5年。农村地区90%分位数样本人群的平均收入增长也超过11倍，教育投资回报率由8.32%上升到12.45%，受教育年限由6年提高到13年；而农村10%分位数样本人群的平均收入增长52%，教育投资回报率由0.24%进一步下降到0.16%，受教育年限仅由3年提高到6年。可见，越是低工资收入者，教育投资回报率越低，受教育年限的提高越少。

表 10.10　　　　　　　　　收入、受教育年限与教育投资回报率

城 市 地 区									
年份	指标	10%	20%	30%	40%	50%	60%	70%	80%	90%
1991	收入	753	816	934	1142	1398	1421	1739	1965	2022
	年限	4.43	4.65	5.92	6.24	7.26	7.78	8.32	9.34	9.91
	回报率	0.0134	0.0132	0.0313	0.0245	0.0465	0.0598	0.0433	0.0624	0.0825
1993	收入	715	847	969	1183	1291	1483	1765	1923	2178
	年限	5.27	5.69	6.26	6.73	7.25	7.64	8.83	9.27	9.93
	回报率	0.0267	0.0254	0.0142	0.0337	0.0562	0.0367	0.0746	0.0654	0.1032
1997	收入	771	927	1247	1587	1791	2043	2467	2619	2937
	年限	6.21	6.53	7.43	7.82	8.01	8.69	9.52	9.72	10.33
	回报率	0.0189	0.0038	0.0253	0.0141	0.0424	0.0315	0.0576	0.0768	0.0854
2000	收入	781	1135	1598	1834	2052	2356	2734	3072	3322
	年限	6.24	6.83	7.16	7.84	8.47	8.83	9.26	9.54	10.89
	回报率	0.0099	0.0156	0.0176	0.0379	0.0468	0.0331	0.0588	0.0862	0.1297
2004	收入	798	1337	1764	2234	2590	3235	3774	4123	4683
	年限	6.32	6.71	7.29	7.81	8.63	8.94	9.01	10.32	11.74
	回报率	0.0095	0.0185	0.0254	0.0266	0.0365	0.0423	0.0589	0.0781	0.0847
2006	收入	824	1048	1328	1584	1893	2473	3528	4349	5073
	年限	5.49	6.55	6.79	7.26	8.84	9.28	10.17	11.48	12.37
	回报率	0.0084	0.0037	0.0365	0.0254	0.0467	0.0544	0.0408	0.0843	0.1045
2009	收入	884	1683	2426	2955	3297	4324	5756	6128	7385
	年限	7.11	8.46	8.59	9.27	10.53	11.82	11.99	12.34	13.67
	回报率	0.0221	0.0178	0.0275	0.0375	0.0435	0.0786	0.0376	0.1024	0.0965
2011	收入	875	1237	3358	4586	6524	7485	12837	17648	22369
	年限	5.34	6.63	7.84	8.23	9.02	10.56	11.57	13.89	14.23
	回报率	0.0033	0.0025	0.0367	0.0422	0.0724	0.0456	0.0523	0.0845	0.1112
农 村 地 区									
年份	指标	10%	20%	30%	40%	50%	60%	70%	80%	90%
1991	收入	441	566	743	898	1022	1248	1486	1546	1737
	年限	3.49	3.63	3.88	4.58	4.73	5.24	5.93	6.37	6.79
	回报率	0.0024	0.0034	0.0461	0.0351	0.0643	0.0756	0.0465	0.0886	0.0832

续表

					农 村 地 区				
年份	指标	10%	20%	30%	40%	50%	60%	70%	80%	90%
1993	收入	437	529	733	865	982	1158	1373	1526	1763
	年限	4.32	4.68	4.91	5.25	5.68	5.92	6.04	6.48	6.95
	回报率	0.0165	0.0231	0.0245	0.0475	0.0454	0.0543	0.0743	0.0854	0.1121
1997	收入	441	536	737	942	1198	1367	1742	2486	2437
	年限	5.63	5.77	5.92	6.46	6.72	7.11	7.83	8.52	8.84
	回报率	0.0287	0.0379	0.0029	0.1543	0.0632	0.0632	0.0712	0.0865	0.0967
2000	收入	471	737	923	1258	1474	2375	3446	3738	3053
	年限	6.11	6.38	6.52	7.11	7.59	7.81	8.37	8.53	9.83
	回报率	0.0167	0.0254	0.0134	0.0223	0.0423	0.0565	0.0556	0.0979	0.1335
2004	收入	465	738	1146	1585	1736	2433	3358	3984	4437
	年限	6.68	6.97	7.11	7.38	7.63	8.27	8.53	9.27	9.83
	回报率	0.0124	0.0274	0.0014	0.0765	0.0556	0.0024	0.0661	0.0935	0.0824
2006	收入	506	805	1174	1537	1869	2526	3430	4142	4918
	年限	5.21	6.11	7.49	7.85	9.27	9.47	9.83	10.63	11.91
	回报率	0.0015	0.0014	0.0243	0.0135	0.0345	0.0478	0.0567	0.0756	0.1136
2009	收入	533	1385	1839	2354	2578	3493	4737	5695	6363
	年限	6.35	7.42	7.82	8.25	8.62	9.11	10.59	11.28	12.19
	回报率	0.0026	0.0242	0.0333	0.0454	0.0532	0.0765	0.0924	0.1014	0.1445
2011	收入	672	1764	2596	3645	4237	6186	7465	9885	19386
	年限	6.29	6.47	7.74	8.28	9.52	10.39	11.38	12.52	13.77
	回报率	0.0016	0.0165	0.0254	0.0586	0.0454	0.0631	0.0923	0.0646	0.1245

注：收入计算以1991年为基期。收入是指平均年收入；年限是指平均受教育年限；回报率是指教育投资回报率。

表10.11显示了每增加1年学校教育对于不同收入人群带来的收入增长幅度。可见，1991—2011年每增加一年教育，城市50%分位数以上人群的收入增加幅度是逐年递增的，50%分位数以下人群的收入增加幅度则在年度间有波动，20%分位数以下人群得自教育的收入增加幅度反而减少了；对照农村地区，只有70%分位数以上人群的收入增加幅度是逐年递增的，其他人群得自教育的收入增加幅度均出现较大波动，10%分位数人群得自教育的收入增加幅度在1997年后持续下降。此外，1991—2011年，每增加1年学校教育，90%分位数与10%分位数人群得自教育的收入增加值差距越来越悬殊。此种现象也说明了

高收入人群增加受教育年限获得收入的边际效用大于低收入人群，即存在源于教育的"富者更富，穷者更穷"的现象，富人倾向于接受更多的教育，而低收入人群则相对减少接受教育年限，从而导致低收入家庭教育贫困存在的可能性增大。

表 10.11　　　　　　每增加 1 年受教育年限带来的年工资收入增长幅度　　　　　（元/年）

年份	城市地区								
	10%	20%	30%	40%	50%	60%	70%	80%	90%
1991	10.09	10.77	29.23	27.98	65.01	84.98	75.30	122.62	166.82
1993	19.09	21.51	13.76	39.87	72.55	54.43	131.67	125.76	224.77
1997	14.57	3.52	31.55	22.38	75.94	64.35	142.10	201.14	250.82
2000	7.73	17.71	28.12	69.51	96.03	77.98	160.76	264.81	430.86
2004	7.58	24.73	44.81	59.42	94.54	136.84	222.29	322.01	396.65
2006	6.92	3.88	48.47	40.23	88.40	134.53	143.94	366.62	530.13
2009	19.54	29.96	66.72	110.81	143.42	339.87	216.43	627.51	712.65
2011	2.89	3.09	123.24	193.53	472.34	341.32	671.38	1491.26	2487.43
年份	农村地区								
	10%	20%	30%	40%	50%	60%	70%	80%	90%
1991	1.06	1.92	34.25	31.52	65.71	94.35	69.10	136.98	144.52
1993	7.21	12.22	17.96	41.09	44.58	62.88	102.01	130.32	197.63
1997	12.66	20.31	2.14	145.35	75.71	86.39	124.03	215.04	235.66
2000	7.87	18.72	12.37	28.05	62.35	134.19	191.60	365.95	407.58
2004	5.77	20.22	1.60	121.25	96.52	5.84	221.96	372.50	365.61
2006	0.76	1.13	28.53	20.75	64.48	120.74	194.48	313.14	558.68
2009	1.39	33.52	61.24	106.87	137.15	267.21	437.70	577.47	919.45
2011	1.08	29.11	65.94	213.60	192.36	390.34	689.02	638.57	2413.56

10.4　工作经验与工资收入波动的实证分析

Mincer 在 1974 年已经发现个人受教育年限并不能完全解释个人工资收入变动，特别是受教育年限无法解释：为什么个人工资收入曲线具有凸性特征，以及为什么相同受教育年限者的工资收入水平却不同，所以引入工作经验作为另一个解释变量。引入工作经验作为解释变量的目的：一是为了捕捉个人工资收入的波动特征；二是解释为什么接受相同教育个人在工作期间会有不同的工资收入表现。Heckman（2003）认为在实证分析之中工作经验作为解释变量的主要作用不是测算其弹性数值，而是利用工作经验衡量个人工资收入的波动性。因此，本节根据非参数平衡性检验（Heckman，1998），分析工作经验与个人工资收入方差之间关系，以便进一步分析个体生命周期中工资收入的波动特征。

10.4.1 工作经验与工资收入方差的关系

为了便于比较，本节选取1991—2011年小学、高中和大学三个教育层次的个人数据进行实证分析，利用非参数检验讨论在不同教育层次间，对数收入方差与工作经验之间的关系呈现怎样的变化。s_1和s_2分别表示不同教育层次。检验以下表达式是否成立：

$$E(y_i \mid z_i, s = s_1) - E(y_i \mid z_i, s = s_2) = t \tag{10.22}$$

其中：$z_i \in [0, 10, 20, \cdots, 50, 60]$，$z_i$表示工作年限。$\hat{m}(z_i, s_1)$表示在经验值$z_i$和教育水平$s = s_1$条件下$E(y_i \mid z_i, s = s_1)$估计值。分别对教育水平$s_1$和$s_2$、经验值水平$z_1$和$z_2$，进行以下两种不同情况下的平衡性检验：

$$\hat{m}(z_i, s_1) - \hat{m}(z_i, s_2) - (\hat{m}(z_k, s_1) - \hat{m}(z_k, s_2))$$
$$(\hat{V}_1 + \hat{V}_2 + \hat{V}_3 + \hat{V}_4)^{-1}$$

其中$\hat{V}_1$、$\hat{V}_2$、$\hat{V}_3$和$\hat{V}_4$均为估计值，$\hat{V}_1 = \text{Var}(\hat{m}(z_i, s_1))$，$\hat{V}_2 = \text{Var}(\hat{m}(z_i, s_2))$，$\hat{V}_3 = \text{Var}(\hat{m}(z_k, s_1))$，$\hat{V}_4 = \text{Var}(\hat{m}(z_k, s_2))$。方差估计值为：

$$\text{Var}(\hat{m}(z_i, s_1)) = \frac{\sum_{i=1}^{N_z} n_{z_i} \hat{\varepsilon}(z_i, s_1)^2 W_i(z_i)}{\sum_i^{N_z} n_{z_i} W_i(z_i)} \tag{10.23}$$

其中：$\hat{\varepsilon}(z_i, s_1) = y(z_i, s_1) - \hat{m}(z_i, s_1)$。分析结果由图10.3列示。

从图10.3的比较可知：首先，小学和高中的收入方差曲线始终处于较高位置，大学收入方差曲线则处于较低位置。这说明工作经验对低学历个人的工资收入波动影响较大，而对于接受高等教育的个人工作收入波动影响相对较小。其次，随着工作经验增加，小学和高中收入方差曲线呈现M形，大学收入方差曲线大致呈倒U形。这说明，小学、高中的收入波动有多峰、不规律性特征，而大学收入的方差则呈比较稳健的变化趋势。再次，工作经验达到约10年和50年左右时，小学和高中收入方差曲线分别处于两个阶段高点。工作经验达到10年时，小学和高中的收入方差曲线出现第一阶段高点值，这说明接受低层次教育的个人从事体力劳动和简单技术工作，其收入差异主要源自个体的熟练性和行业差异；工作经验达到50岁左右时的收入方差第二阶段高点，主要源于一些低学历者在这个时段会由于年龄、技术过时以及人力资本折旧殆尽等因素退出劳动大军，收入急剧减少。最后，接受大学教育个人的收入方差总体变化较平缓，且在工作经验达到30年左右时，工作经验对其收入波动的影响达到峰值。

10.4.2 工作经验对于工资增长率的影响

1. 细分工作经验的分析框架

按照人力资本理论，个人工资会随着工作年限增加而提高，然而Topel（1991）分析发现，个人在生命周期之中工作收入并不是随着工作经验的增长而单调递增，不同时期的

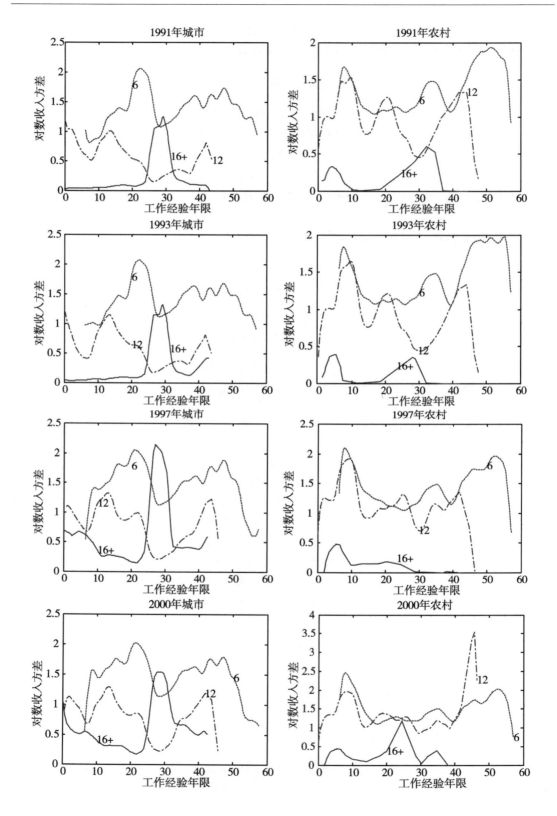

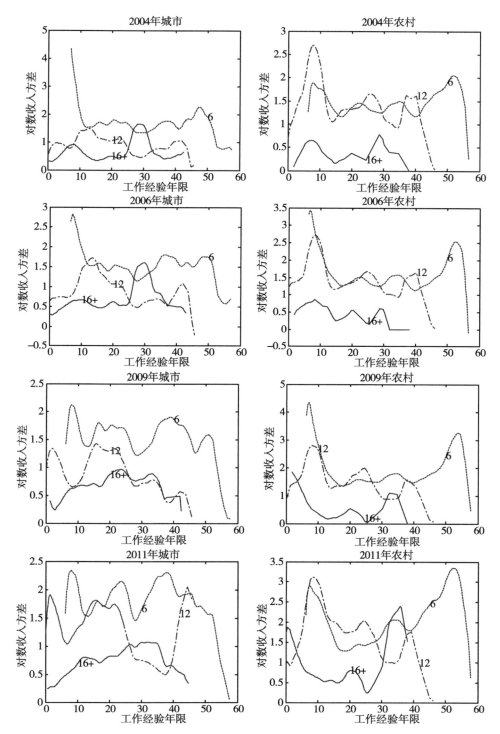

注：曲线上的数字表示受教育年限：6表示小学，12表示高中，16+表示大学及以上。

图 10.3 个人收入方差与工作经验之间关系（1991—2011，分城乡）

个人工资收入水平出现起伏波动现象。因此，Topel 认为工作经验对于工资收入的影响并不能笼统测算，如果只考虑个人总工作经验对于工资收入的影响，两个变量之间将呈现近似线性的单调递增特征，然而此种关系并不能很好拟合现实数据。Topel 将工作经验进一步细分，将工作经验分为：当前岗位工作经验和总工作经验。总工作经验使得个人生命周期工资收入曲线呈现趋势特征，而当前岗位工作经验使得个人生命周期工资收入曲线呈现阶段性波动特征。Topel 建立的原始方程如下：

$$y_{ijt} = X_{ijt}\beta_1 + T_{ijt}\beta_2 + \varepsilon_{ijt} \qquad (10.24)$$

其中：y_{ijt} 表示个人 i 在工作岗位 j 在 t 时期的工资收入，X_{ijt} 表示个人参与劳动力市场的总工作经验，T_{ijt} 表示个人当前岗位工作经验，β_1 表示增加 1 年总工作经验带来的个人平均工资收入变化，β_2 表示增加 1 年目前岗位工作经验带来的个人平均工资收入变化。同时，对于两个弹性系数给予另一种解释：β_1 表示个人总工作经验积累的工资收入弹性系数；β_2 表示当前岗位工作经验积累的工资收入弹性系数，如果个人失去当前的工作，那么参数 β_2 将会消失。将（10.24）式之中的残差项 ε_{ijt} 分解为：

$$\varepsilon_{ijt} = \phi_{ijt} + \mu_i + \upsilon_{ijt} \qquad (10.25)$$

其中：ϕ_{ijt} 表示企业给工人工资的随机组成部分；μ_i 表示个人盈利能力之中未观察到的差异，例如个人能力；υ_{ijt} 表示市场随机冲击。如果（10.25）式中存在固定的工作效应（job effect），具体工作的特殊性并不会随着时间变化而变化，即 $\phi_{ijt} = \phi_{ij}$。（10.25）式中变量 ϕ_{ijt} 包含着另一个含义：当前工作对于个人来说是最好的选择，能够得到高于其他工作岗位得到的最高工资收入。当 ϕ_{ijt} 与总工作经验和当前岗位工作经验之间存在相关性时，那么将会使（10.24）式参数估计产生偏差，因此，构建关于 ϕ 变量的辅助回归方程：

$$\phi_{ijt} = X_{ijt}b_1 + T_{ijt}b_2 + \mu_{ijt} \qquad (10.26)$$

当存在（10.26）式时，（10.24）式之中的解释变量与残差之间存在相关性，利用最小二乘法估计（10.24）式将会得到参数 β_1 和 β_2 有偏估计结果，因为 $E(\hat{\beta}_1) = \beta_1 + b_1$，$E(\hat{\beta}_2) = \beta_2 + b_2$。因此，Topel 提出二步法（two step model）进行参数估计，PSID 数据库能够提供同一份工作的不同阶段的工资水平以及同一个人在生命周期之中从事的不同工作信息，所以对于（10.24）式进行一阶差分，消除具体工作和个人的固定效应：

$$y_{ijt} - y_{ijt-1} = \beta_1 + \beta_2 + \varepsilon_{ijt} - \varepsilon_{ijt-1} \qquad (10.27)$$

因为对于同一个人同一份工作前后两期总工作经验和目前岗位工作经验的差分值都是以年为单位进行衡量，所以 $\Delta X = \Delta T = 1$。如果 $\varepsilon_{ijt} - \varepsilon_{ijt-1}$ 均值为零，那么利用最小二乘法估计式（10.27）将会得到工资平均增长率的一致估计值 $\beta_1 + \beta_2$。参数 β_1 可以通过估计个人刚开始工作的初始工资收入得到：

$$y_{0ijt} = X_{0ij}\beta_1 + \phi_{ij} + \mu_i + \upsilon_{ijt} \qquad (10.28)$$

其中：X_0 表示个人刚开始工作时的初始工作经验；（10.28）式中的误差项不是随机的，因为目前个人只有一份工作；如果随着时间变化，个人从事该项工作的工作经验越来越多，个人对于该项工作的匹配度越来越高，那么变量 ϕ 和变量 X_0 具有正相关性。因为 $X \equiv X_0 + T$，所以（10.24）式可以改写为：

$$y = X_0\beta_1 + TB + \varepsilon \qquad (10.29)$$

其中：$B = \beta_1 + \beta_2$。根据（10.27）式中对于 $\beta_1 + \beta_2$ 的一致估计值，可以得出：

$$y - T\hat{B} = X_0\beta_1 + e \qquad (10.30)$$

其中：$\hat{B} \equiv \beta_1 + \beta_2$，$\hat{B}$ 是总工作经验和目前岗位工作经验的加总的一致估计值，$e = \varepsilon + T(B - \hat{B})$。如果 $EX_0'\varepsilon = 0$，那么根据（10.27）式和（10.30）式利用二步法能够产生参数 β_1 和 β_2 的无偏估计。如果下面的条件能够成立，那么对（10.27）式和（10.30）式可以使用最小二乘法，

$$E\hat{\beta}_1 = \beta_1 + b_1 + \gamma_{X_0T}(b_1 + b_2) \qquad (10.31a)$$

$$E\hat{\beta}_2 = \beta_2 - b_1 - \gamma_{X_0T}(b_1 + b_2) \qquad (10.31b)$$

其中：γ_{X_0T} 是回归方程中初始工作经验 X_0 的系数。对于（10.24）式至（10.31）式的推导，有两点结论需要说明：一是如果个人更换工作是个人行为的最优化选择，那么社会中提供较低工资增长率的工作岗位可能不会存在。按照此理论，（10.27）式反映了从 $t-1$ 期至 t 期依然存活的企业和工人之间的雇用关系，同时这些"留守者"获得的平均工资增长率相对于其他工作岗位来说是最高的。二是经常更换工作的工人的产出水平通常情况下低于工作固定的工人。按照 Topel 的解释，如果工人工资服从随机游走，那么工资增长模型的残差序列是独立的，利用最小二乘法估计式（10.27）将得到 $\beta_1 + \beta_2$ 的有效估计值。于是，变量 ϕ_{ijt} 具有如下表达式：

$$\phi_{ijt} = \phi_{ijt-1} + \eta_{ijt} \qquad (10.32)$$

其中：η_{ijt} 表示均值为零的独立残差序列，变量 η_{ijt} 显示工人预期生命周期财富的永久性变化。ϕ_{ijt} 显示个人对于人力资本投资或者对于工人生产力添加新的信息而得到的不确定回报。如果变量 ϕ_{ijt} 是企业特定的租金，那么该随机变量将影响个人未来的工资选择。如果变量 ϕ_{ijt} 只是表示一般人力资本的变动，那么该随机变量将不会影响未来的工作流动。变量 ϕ_{ijt} 不同的含义将会对于个人工作经验有不同的解释。

2. 工作经验与工资收入波动：基于 CHNS 数据的分析

我们借鉴 Topel 关于工作经验与工资收入之间关系的模型，分析不同教育层次个人的工作经验对其工资收入的影响。首先在 Topel（1991）提出的模型基础上进行修改：

$$y_{ite} = X_{ite}\beta_1 + T_{ite}\beta_2 + K_{ite}\beta_j + \varepsilon_{ite} \qquad (10.33)$$

由于 CHNS 数据存在特殊性，并不能像 PSID 提供的个人信息数据那样提供个人生命周期的更换具体工作以及每份工作时长的信息，所以在实证之中假设个人终生只从事一份工作，在其生命周期之中不更换工作，即 $T_{ite} = 0$。因此，将模型（10.33）式进行修改如下：

$$y_{ite} = \alpha_{ite} + X_{ite}\beta_1 + K_{ite}\beta_j + \varepsilon_{ite} \qquad (10.34)$$

Mincer（1974）认为工作经验对于个人工资收入的影响是非线性的，Welch（1979）在式（10.34）之中添加工作经验二次项 X^2，然而发现在添加了二次项变量之后低估了

工作经验对于年轻工人工资增长率的影响，Murphy（1987）通过实证研究发现，在计算工作经验对于个人工资收入增长率的模型之中添加工作经验 4 次项变量 X^4 是合适的，计算得到的参数模型能够很好地拟合现实数据，所以将（10.34）式进一步修改如下：

$$y_{ite} = \alpha_{ite} + X_{ite}\beta_1 + X_{ite}^2\beta_2 + X_{ite}^3\beta_3 + X_{ite}^4\beta_4 + K_{ite}\beta_j + \varepsilon_{ite} \qquad (10.35)$$

Mincer（1974）在讨论工资收入方程时将教育程度和工作经验同时纳入分析个人工资收入的方程之中，后来学者在原始明瑟工资收入方程基础之上加入个人和家庭控制变量，使得变型之后的 Mincer 工资收入方程比原始方程能够更好拟合现实数据。因此，Murphy（1987）认为如果只单独考虑工作经验对于工资收入影响，模型的随机误差项可能包含有效信息，可能使得 $\text{Cov}(X, \varepsilon) \neq 0$，从而导致得到的参数估计值有偏和非一致。因此，Murphy（1987）对估计方法做出了适当修正：利用 OLS 求解式（10.35），求得 $\hat{y}_i$，可以得到：

$$\hat{y}_{ite} = \hat{\alpha}_{ite} + X_{ite}\hat{\beta}_1 + X_{ite}^2\hat{\beta}_1 + X_{ite}^3\hat{\beta}_1 + X_{ite}^4\hat{\beta}_1 + K_{ite}\hat{\beta}_j \qquad (10.36)$$

因为估计值 $\hat{y}$ 可以利用解释变量 X 线性表示，所以 $\text{Cov}(X, \hat{y}) \neq 0$，同时从（10.36）式可知 $\text{Cov}(\varepsilon, \hat{y}) = 0$，因此将 $\hat{y}$ 作为 X 的工具变量，所以将（10.35）式修改为：

$$y_{ite} = \alpha_{ite} + \hat{y}_{ite}\beta_1 + \hat{y}_{ite}^2\beta_2 + \hat{y}_{ite}^3\beta_3 + \hat{y}_{ite}^4\beta_4 + K_{ite}\beta_j + \mu^* \qquad (10.37)$$

本节采用 Topel（1991）和 Dustmann（2005）提出和修正之后的二步法模型（two step model）进行模型参数估计，同时与 OLS 估计参数结果进行比较。在式（10.35）之中，y_{ite} 表示接受 e 年学校教育的个人 i 在 t 期获得的工资收入增长率；X_{ite} 表示接受 e 年学校教育的个人 i 截至 t 期获得的工作经验年限总和；K_{ite} 表示控制变量①；ε_{ite} 表示随机误差项。数据样本为 CHNS（1991 年至 2011 年），个体样本数据选取 1991 年年龄为 18 岁至 45 岁的个人，工作经验按照 Dustmann（2005）提出的方法进行计算②。工资增长率是根据不同阶段的工资变化率求得③，个人实际工资以 1991 年为基期计算。

需要说明的是，CHNS（1991—2011 年）不是每年调查，而是只有 8 个年份调查数据，缺少非调查年份的个人信息数据，同时 CHNS 数据信息之中并没有关于个人工作离职和更换工作的信息。对于这两个问题的解决办法：一是利用样条插值将缺失数据补齐，二是假设个人 1991 年至 2011 年只从事一份工作且在 20 年间未更换工作。不同于 Dustmann（2005）在实证分析之中将工作经验进行逐年划分，Dustmann 研究是的一个短期的工作经验问题，而我们在本章研究的是 1991 年至 2011 年一个长期的关于工作经验对于工资收入影响的问题，为了更显著地说明问题，本部分对于工作经验采用以 3 年为一个阶段进行划分，不同阶段工资增长率以每 3 年平均工资增长率来计算。本部分将样本数据按照个人受教育年限划分为：文盲、小学、初中、高中、大专和大学 6 个教育阶段。实证结果如表 10.12 所示。

---

① 按照 Topel（1991）模型之中控制变量的选取并结合 CHNS 指标信息的可获得性，本部分实证模型选取的控制变量为：婚姻状况，个人性别，身体是否患有重大疾病或残疾。

② 工作经验＝个人年龄–6 年–个人受教育年限。

③ t 期工资增长率＝（t 期实际工资收入–"$t-1$" 期实际工资收入）／"$t-1$" 期实际工资收入。

表 10.12 不同教育层次个人工资收入增长率与工作经验之间的实证结果

年份区间	工作经验	OLS					
		文盲	小学	初中	高中	大专	大学
[1991，1993]	3	0.1703 (0.0473)	0.2376 (0.0546)	0.1426 (0.0879)	0.1737 (0.0431)	0.0937 (0.0546)	0.0744 (0.0654)
[1994，1996]	6	0.1756 (0.0029)	0.1703 (0.0497)	0.0871 (0.0463)	0.1443 (0.0654)	0.1102 (0.0342)	0.0565 (0.0656)
[1997，1999]	9	0.1241 (0.0328)	0.1343 (0.0546)	0.0576 (0.076)	0.1108 (0.0432)	0.0775 (0.0543)	0.0923 (0.0434)
[2000，2002]	12	0.0743 (0.0322)	0.0456 (0.0435)	0.0173 (0.0465)	0.0781 (0.0543)	0.0598 (0.0231)	0.0404 (0.0325)
[2003，2005]	15	0.0232 (0.0436)	0.0026 (0.0476)	0.0165 (0.0433)	0.0378 (0.0654)	0.0257 (0.0465)	0.0239 (0.0543)
[2006，2008]	18	0.0093 (0.0324)	0.0105 (0.0676)	0.0027 (0.0654)	0.0026 (0.0433)	0.0279 (0.0647)	0.0305 (0.0343)
[2009，2011]	21	0.0025 (0.0546)	0.0073 (0.0876)	0.0024 (0.0324)	0.0167 (0.0655)	0.0387 (0.0146)	0.0341 (0.0546)
年份区间	工作经验	two step model					
		文盲	小学	初中	高中	大专	大学
[1991，1993]	3	0.1401 (0.0762)	0.1156 (0.0353)	0.0976 (0.0543)	0.1202 (0.0657)	0.0581 (0.0765)	0.0854 (0.0353)
[1994，1996]	6	0.0743 (0.0243)	0.0404 (0.0546)	0.0565 (0.0786)	0.0481 (0.0543)	0.0387 (0.0134)	0.0499 (0.0545)
[1997，1999]	9	0.0035 (0.0678)	0.0143 (0.0143)	0.0016 (0.0432)	0.0778 (0.0892)	0.0789 (0.0187)	0.1045 (0.0465)
[2000，2002]	12	0.0142 (0.0324)	0.0106 (0.0564)	0.0263 (0.0324)	0.0096 (0.0763)	0.0285 (0.0433)	0.0497 (0.0446)
[2003，2005]	15	0.0014 (0.0438)	0.0077 (0.0194)	0.0062 (0.0896)	0.0053 (0.0835)	0.0581 (0.0745)	0.0365 (0.0263)
[2006，2008]	18	0.0015 (0.0142)	0.0035 (0.0964)	0.0017 (0.0675)	0.0015 (0.0867)	0.0284 (0.0646)	0.0168 (0.0452)
[2009，2011]	21	0.0004 (0.0342)	0.0049 (0.0535)	0.0025 (0.0643)	0.0068 (0.0165)	0.0176 (0.0816)	0.0261 (0.0244)

注：括号内数值为 p 值。

从实证结果可知，OLS 估计结果夸大了工作经验对于工资增长率的影响，工作经验对于个人工资增长率的影响在 [0，21] 年区间段是逐渐减小的，最开始的时候达到最大值。工作经验对于工资增长率的弹性系数在不同教育层次的开始时期呈现出不同的特点，文盲、小学、初中和高中在 [0，6] 年区间段的弹性系数不低于同区间段的大专和大学的弹性系数。中间区间段 [6，15] 年各个教育层次的参数值均出现下降趋势，但不同教育层次弹性系数下降速率呈现快慢不均。文盲、小学、初中和高中的弹性系数下降速率较快，而大专和大学的弹性系数则下降速率较慢或者在区间内波动，例如：文盲从 0.07 下降至 0.001，小学从 0.04 下降至 0.007，初中从 0.05 下降至 0.006，高中从 0.04 下降至 0.005，而大专教育层次弹性系数在 0.02 至 0.07 区间段内波动，大学从 0.04 下降至 0.03。观察 [15，21] 年区间段内不同教育层次的弹性系数，可以发现文盲、小学、初中和高中的弹性系数都处于 0.0001 至 0.006 区间段内，而大专和大学教育层次的弹性系数在 0.01 至 0.02 之间。

由此可知，工作经验对于不同教育层次个人的工资增长率的影响具有阶段性差异。在生命周期前段，工作经验对于低层次教育个人的工资增长率具有明显的提升作用，而随后工作经验对于低层次教育个人的工资增长率的作用出现逐年下降趋势，最后接近于 0。相反地，对于高学历者，工作经验积累到 18 年以上后，能够对工资增长率产生显著高于低学历者的影响。

本节的分析与 Dustmann（2005）分析技术工人和非技术工人的工作经验对于工资增长率作用的实证结论有一定可比性。因为从本章附表可知，教育层次较低的个人主要从事非技术工作（农村工作者、一般工人和普通服务人员），而学历较高的人群主要从事技术和管理工作。Dustmann（2005）的结论也表明，非技术工人第一年工作的收入弹性系数高于技术工人，第二年非技术工作的收入弹性系数为 0.06，略高于技术工人（0.054）。随着工作经验年限增加，到第五年时，非技术工人的弹性系数下降到 0.001，而技术工人的弹性系数为 0.1。本节考察的年限更长，覆盖劳动者的整个工作周期，因此，所得到的结论也更体现了工作经验的长期效应。

从以上分析可知，教育层次较低的个人由于内在和外在因素（个人工作能力是否具备、工作岗位性质）刚开始工作时拥有较高的工资增长率，这从另一个侧面解释了为什么一些贫困个体会过早放弃接受教育、加入劳动大军。但是这种源自非技术工作经验的工资增长不可持续，随着工作年限增大，低学历者的工资增长率迅速下降、直至趋于零。因此，贫困人群不可能通过简单工作经验的积累带来终身工资收入增长。

10.5　本章小结

我国现阶段，教育贫困已经成为城乡贫困，尤其是农村贫困的主要致因。我们在"特征化事实"分析中发现了两个令人困惑的"矛盾"。一个矛盾是，尽管义务教育的入学率、升学率稳中有升，但农村初中、高中辍学率却居高不下；另一个矛盾是，尽管实证结果表明，随时间延续，教育层次提高对城市、农村个体工资收入的正面效应日益突出，但是近 20 年间，教育贫困的发生率却不降反升，教育贫困对于整体贫困的贡献度甚至逐年递增。本章通过实证分析来探讨教育贫困为何难以消除。

本章基于改进后的明瑟工资收入方程（Mincer，1958，1974），采用局部非参数回归模型测算教育投资收益率及其随工资水平分布变化的弹性系数，分析工作经验与生命周期收入水平波动的影响，测算工作经验对于工资增长率影响。实证结果显示：其一，小学、初中、高中和大专的个人教育投资回报率均有出现负数的情况，而接受高等教育的个人教育投资收益率在不同年份和不同年龄段均为正数。其二，在个体生命周期中，接受低层次教育的个人教育投资收益率均呈现先增后减趋势，接受高等教育的个人教育投资收益率随着年龄增长而逐渐增大。其三，近年来，农村地区教育投资收益率"倒挂"现象变得突出，2011 年 CHNS 数据的分析结果显示，农村居民 18～25 岁、35～40 岁高中学历的教育投资收益率明显高出大专、大学的教育投资收益率；农村居民 45 岁前大专教育投资收益率均高出大学的教育投资收益率，尤其是 25～35 岁间大专教育投资收益率是大学教育投资收益率的 8～10 倍；农村居民 45 岁前大学教育投资收益率明显低于城市同年龄段的大学教育投资收益率。其四，利用分位数回归发现个人工资收入、受教育年限和教育投资收益率之间存在正相关性。个人工资收入较低，教育投资收益率较低，减少受教育年限，接受较低教育水平又会导致个人工资收入较低，从而陷入了一个无限死循环之中，即存在教育贫困固化现象。其五，在生命周期前期（工作年限 10 年）和后期（工作年限 50 年），工作经验对低层次学历的个人工资收入波动影响较大；而接受大学教育个人的收入方差总体变化平缓，且在工作经验达到 30 年左右时，工作经验对其收入波动的影响达到峰值。其六，工作经验对于工资增长率的弹性系数在不同的教育层次的开始时期呈现出不同的特点，[0，3] 年区间段低层次教育个人的弹性系数较大；[3，15] 年区间段不同教育层次个人的弹性系数均出现下降趋势，低层次教育个人的弹性系数下降速率相对较快；[15，21] 年区间段低层次教育个人的弹性系数为 [0.0004，0.0068]，大专和大学的个人弹性系数为 [0.017，0.026]。

由此可见，城乡贫困居民选择让子女较早辍学、进入劳动队伍，尽管是追逐短期低技能劳动收益的短视行为，但某种意义上也是目前各层次教育投资收益率和工资增长率"倒挂"现象的一种理性选择。教育和人力资本投资是摆脱贫困的根本途径，因此，扶贫要以消除"教育贫困"为先。基于本章的研究，消除教育贫困不仅要降低城乡居民教育负担，而且要改善农村学校硬件软件设施，提高农村教育质量和升学水平，努力降低城乡小学、初中和高中辍学率。同时，针对劳动市场需求，适时调整中职中专、大专的专业口径和招生规模，增加实训、在职培训、定制式培训等培养模式，提高各层次教育的收入弹性系数。此外，对于考入公立高等学校的城镇低保家庭和农村优秀学生，通过国家财政提供制度化的经济扶持（家户补贴、转移支付、奖助学金等），进一步降低教育成本。

附录 10A：相关附表

附表 10A.1　　　　　**1991 年至 2011 年 CHNS 统计信息表**

年份	城市人数	城市人数占比	农村人数	农村人数占比	总人数
1991	2641	30.82%	5927	69.18%	8568
1993	2320	29.47%	5553	70.53%	7873
1997	2371	30.36%	5439	69.64%	7810
2000	2635	30.99%	5868	69.01%	8503
2004	2380	30.91%	5319	69.09%	7699
2006	2366	30.72%	5335	69.28%	7701
2009	2311	30.17%	5349	69.83%	7660
2011	3011	34.12%	5813	65.88%	8824

附表 10A.2　　　　　**1991 年至 2011 年城乡各教育层次的人数占比统计表**

年份	区域	文盲	小学	初中	高中	大专	大学
1991	城市	16%	25%	33%	15%	5%	6%
	农村	24%	35%	30%	9%	1%	1%
1993	城市	17%	26%	32%	14%	5%	6%
	农村	25%	35%	29%	9%	1%	1%
1997	城市	17%	27%	30%	15%	6%	5%
	农村	25%	36%	27%	9%	2%	1%
2000	城市	15%	25%	32%	14%	7%	7%
	农村	22%	37%	29%	9%	2%	1%
2004	城市	14%	24%	31%	15%	9%	7%
	农村	24%	37%	27%	8%	3%	1%
2006	城市	14%	24%	31%	14%	9%	8%
	农村	23%	37%	30%	8%	1%	1%
2009	城市	13%	24%	31%	15%	9%	8%
	农村	21%	37%	30%	8%	3%	1%
2011	城市	8%	18%	28%	18%	11%	17%
	农村	19%	35%	30%	9%	4%	3%

附表 10A.3　**1991 年至 2011 年城乡各教育层次的人均收入统计表**　（元/年）

年份	区域	文盲	小学	初中	高中	大专	大学
1991	城市	793	1105	1298	1403	1530	1552
	农村	489	647	895	1147	1206	1227
1993	城市	752	1037	1263	1362	1516	1610
	农村	478	626	867	1105	1142	1267
1997	城市	815	1201	1623	1949	1952	2403
	农村	488	687	1055	1348	1737	1909
2000	城市	823	1226	1887	2159	2305	2854
	农村	510	718	1181	1623	2279	2514
2004	城市	837	1256	2147	2908	3221	4166
	农村	509	770	1335	2162	3325	4260
2006	城市	863	1337	2141	3027	3255	4593
	农村	547	832	1456	2201	3186	4655
2009	城市	928	1546	2730	3790	4454	6856
	农村	578	1028	1943	3093	3953	5850
2011	城市	917	2193	4649	8522	10612	17003
	农村	719	1376	3317	5155	8713	14881

注：人均收入以 1991 年为基期计算得到。

附表 10A.4　**1991 年至 2011 年不同工作行业不同教育层次的人数占比统计表**

工作行业	教育层次	1991 年	1993 年	1997 年	2000 年	2004 年	2006 年	2009 年	2011 年
政府部门	大学	2.33%	2.24%	1.88%	2.61%	2.31%	2.65%	2.62%	4.80%
	大专	2.14%	2.08%	2.75%	3.44%	3.49%	3.43%	3.45%	3.86%
	高中	5.90%	5.39%	5.55%	5.41%	4.80%	4.73%	4.28%	4.31%
	初中	11.43%	10.64%	9.10%	9.35%	8.03%	7.89%	7.34%	6.23%
	小学	7.07%	6.82%	5.88%	5.51%	4.67%	4.70%	4.24%	3.08%
	文盲	2.76%	2.91%	2.56%	2.23%	2.10%	2.06%	1.83%	1.20%
国有企业	大学	0.06%	0.05%	0.05%	0.13%	0.23%	0.17%	0.19%	1.24%
	大专	0.06%	0.07%	0.11%	0.18%	0.48%	0.36%	0.43%	0.72%
	高中	1.21%	0.93%	1.06%	1.02%	1.12%	1.05%	1.03%	1.78%
	初中	3.33%	3.18%	2.12%	2.35%	2.11%	2.30%	2.52%	2.59%
	小学	1.85%	1.85%	1.42%	1.38%	1.35%	1.38%	1.18%	0.86%
	文盲	0.94%	0.86%	0.79%	0.66%	0.58%	0.52%	0.42%	0.28%

续表

工作行业	教育层次	1991年	1993年	1997年	2000年	2004年	2006年	2009年	2011年
集体所有制企业	大学	0.02%	0.01%	—	0.06%	0.11%	0.07%	0.07%	0.31%
	大专	0.11%	0.11%	0.12%	0.13%	0.19%	0.19%	0.20%	0.39%
	高中	3.08%	3.28%	3.35%	3.30%	3.02%	2.92%	2.66%	2.64%
	初中	14.86%	14.99%	15.94%	16.49%	14.17%	13.57%	12.87%	11.04%
	小学	22.61%	23.24%	25.31%	25.20%	23.47%	22.83%	22.24%	18.01%
	文盲	16.96%	17.99%	18.10%	15.53%	15.98%	15.55%	14.43%	11.39%
家庭承包和私人个体企业	大学	—	—	0.05%	0.11%	0.17%	0.24%	0.23%	1.27%
	大专	0.01%	—	0.04%	0.09%	0.41%	0.51%	0.67%	1.52%
	高中	0.26%	0.28%	0.44%	0.57%	1.19%	1.06%	1.78%	2.95%
	初中	0.97%	1.00%	1.13%	1.76%	4.55%	5.52%	7.69%	9.23%
	小学	1.33%	1.43%	1.42%	1.61%	3.93%	4.61%	5.85%	7.08%
	文盲	0.69%	0.65%	0.84%	0.87%	1.39%	1.49%	1.48%	1.71%
三资企业	大学	—	—	—	—	0.03%	0.05%	0.05%	0.67%
	大专	—	—	—	—	0.01%	—	0.03%	0.21%
	高中	—	—	—	—	0.07%	0.07%	0.07%	0.31%
	初中	—	—	—	0.01%	0.03%	0.07%	0.13%	0.25%
	小学	—	—	—	—	—	—	0.04%	0.05%
	文盲	—	—	—	—	—	—	—	—

注："—"表示该指标维度暂无统计数据。

附表10A.5　**1991年至2011年不同工作岗位不同教育层次的人数占比统计表**

工作岗位	教育层次	1991年	1993年	1997年	2000年	2004年	2006年	2009年	2011年
技术人员	大学	1.55%	1.52%	1.10%	1.73%	1.66%	1.86%	1.83%	4.20%
	大专	1.49%	1.50%	1.85%	2.43%	2.80%	2.68%	2.82%	3.48%
	高中	2.73%	2.47%	2.80%	2.79%	2.61%	2.64%	2.58%	2.83%
	初中	4.89%	4.72%	4.07%	5.03%	4.67%	4.80%	4.90%	4.66%
	小学	2.63%	2.59%	2.18%	2.29%	2.15%	2.24%	2.01%	1.68%
	文盲	0.82%	0.78%	0.75%	0.66%	0.63%	0.67%	0.56%	0.42%

续表

工作岗位	教育层次	1991 年	1993 年	1997 年	2000 年	2004 年	2006 年	2009 年	2011 年
管理人员	大学	0.74%	0.70%	0.83%	1.05%	1.00%	1.17%	1.18%	3.10%
	大专	0.57%	0.50%	0.88%	1.02%	1.22%	1.26%	1.18%	1.80%
	高中	1.67%	1.60%	1.97%	2.10%	2.21%	2.17%	2.19%	3.00%
	初中	2.49%	2.39%	2.30%	2.46%	2.39%	2.53%	2.40%	2.39%
	小学	1.33%	1.20%	1.18%	1.15%	1.03%	0.98%	0.95%	0.75%
	文盲	0.38%	0.42%	0.35%	0.32%	0.31%	0.28%	0.25%	0.20%
农业工作者	大学	—	—	—	—	0.01%	—	—	0.02%
	大专	0.06%	0.07%	0.11%	0.09%	0.04%	0.04%	0.08%	0.12%
	高中	2.68%	2.80%	2.60%	2.43%	2.35%	2.24%	2.11%	1.84%
	初中	13.80%	13.90%	13.75%	13.91%	13.22%	12.96%	13.49%	11.53%
	小学	21.92%	22.64%	24.36%	24.09%	24.44%	24.13%	24.58%	21.30%
	文盲	16.88%	17.89%	18.10%	15.58%	16.55%	16.16%	15.07%	12.34%
一般工人	大学	0.11%	0.07%	—	0.04%	0.01%	—	—	0.12%
	大专	0.04%	0.04%	0.04%	0.10%	0.17%	0.12%	0.09%	0.24%
	高中	1.92%	1.63%	1.46%	1.34%	1.20%	1.11%	1.19%	1.40%
	初中	5.33%	4.85%	3.95%	3.94%	3.76%	4.09%	4.05%	3.75%
	小学	3.75%	3.73%	3.15%	3.00%	2.61%	2.73%	2.68%	2.15%
	文盲	1.77%	1.77%	1.59%	1.37%	1.28%	1.18%	1.13%	0.76%
服务业人员	大学	0.01%	0.01%	0.04%	0.05%	0.08%	0.11%	0.11%	0.54%
	大专	0.11%	0.09%	0.11%	0.17%	0.29%	0.32%	0.47%	0.88%
	高中	1.34%	1.20%	1.30%	1.38%	1.49%	1.38%	1.42%	2.37%
	初中	3.37%	3.17%	3.46%	3.71%	3.85%	4.15%	4.67%	5.84%
	小学	2.45%	2.40%	2.41%	2.45%	2.46%	2.73%	2.56%	2.54%
	文盲	1.13%	1.16%	1.11%	0.95%	0.90%	0.99%	0.82%	0.61%
其他	大学	—	—	0.01%	0.05%	0.08%	0.05%	0.04%	0.30%
	大专	0.06%	0.05%	0.03%	0.04%	0.07%	0.07%	0.13%	0.19%
	高中	0.12%	0.18%	0.27%	0.28%	0.35%	0.28%	0.34%	0.56%
	初中	0.72%	0.78%	0.75%	0.91%	0.99%	0.83%	1.05%	1.19%
	小学	0.77%	0.78%	0.75%	0.72%	0.72%	0.71%	0.75%	0.65%
	文盲	0.37%	0.39%	0.39%	0.41%	0.37%	0.35%	0.31%	0.25%

注："—"表示该指标维度暂无统计数据。

附录 10B：对个人年龄与工资收入关系的非参数回归

Mincer（1974）对于工资收入方程提出三条理论假设：（1）不同教育层次个人的年龄与工资收入关系曲线随着年龄增长，在整个生命周期中是发散的；（2）不同教育层次个人的工作经验和工资收入关系曲线在整个生命周期的绝大部分时期是平行的；（3）个人工资收入对数方差在整个生命周期期间呈现 U 形。Heckman（2003）利用 1940 年至 1990 年美国高等教育统计数据对明瑟提出的三条理论假设做出实证分析，结果证明三条假设在不考虑特定假设条件（教育费用、税收等）前提下都是正确的。因此，本章利用修正之后的局部非参数回归模型拟合个人年龄工资收入关系曲线。

根据 Fan & Gijbels（1996）关于非参数局部线性回归模型的讨论，条件期望 $E[y_i \mid z_i = z_0]$ 能够从最小化问题计算得出：

$$\min \sum_{i=1}^{n} (y_i - a - b_1(z_i - z_0))^2 K\left(\frac{z_i - z_0}{h_n}\right)$$

其中 $K(\cdot)$ 表示核函数。四次方核函数表达式：

$$K(s) = \begin{cases} (15/16)(s^2 - 1)^2 & if \mid s \mid < 1 \\ 0 & otherwise \end{cases}$$

$h_n > 0$ 表示带宽，当 $n \to \infty$ 时，$h_n \to 0$。条件均值 $E[y_i \mid z_i = z_0]$ 表示 a 的估计值 a。局部线性估计能够被作为变量 y_i 的加权平均值，即 $\sum_{i=1}^{n} y_i W_i(z_0)$，其中 $W_i(z_0)$ 表达式：

$$W_i(z_0) = \frac{K_i \sum_{j=1}^{n} K_j^2 - K_i \sum_{k=1}^{n} K_k}{\sum_{k=1}^{n} K_k \sum_{j=1}^{n} K_j^2 - \left(\sum_{k=1}^{n} K_k\right)^2}$$

实际上对于每一个给定解释变量 z_i 都存在多个被解释变量 y。所以，局部线性估计值为：

$$\hat{m}(z_0) = \frac{\sum_{i=1}^{N_z} n_{z_i} y(z_i) W_i(z_0)}{\sum_{i}^{N_z} n_{z_i} W_i(z_0)}$$

其中 $y(z_i)$ 表示年龄值为 z_i 时的平均收入。n_{z_i} 表示在年龄值 z_i 上的观测值数量。N_z 表示不同年龄值上观测值个数。表达式 $m(z_0) = E(y_i \mid z_i = z_0)$。其中，估计值 $\hat{m}(z_0)$ 的渐近分布表达式为

$$(nh_n)^{-1/2}(\hat{m}(z_0) - m(z_0)) \sim N(B_n,\ V_n) + o_p(1)$$

B_n 偏差和 V_n 方差表达式为

$$B_n = h_n^2 \cdot (0.5 m''(z_0)) \cdot \int_{-\infty}^{\infty} u^2 K(u)\,\mathrm{d}u$$

$$V_n = \sigma^2(z_0) \int_{-\infty}^{\infty} K^2(u)\,\mathrm{d}u$$

其中 $\sigma^2(z_0) = E(\{y_i - E(y_i \mid z_i = z_0)\}^2 \mid z_i = z_0)$。

第十一章—————————————————————————
家庭背景、代际教育传递与贫困陷阱

大量经验事实表明，在一些区域和人群中出现的贫困陷阱，在很大程度上与贫困状况的代际传递有密切关联。我们前面章节的研究表明，教育贫困的持续是整体贫困的重要因素，从"能力贫困"的视角来看，教育贫困的持续还直接导致了贫困人群的"能力开发"出现瓶颈，对于深度持久贫困人群而言，减贫的难度更大。本章将从"代际教育传递"的视角切入，研究在我国城乡不同地区、不同家庭背景的人群中，教育的代际传递特征，解释影响教育代际传递的因素，从而进一步揭示如何通过改善教育的代际传递，加强下一代的能力投资和人力资本积累，进而达到减贫的目的。

全球大多数国家的经济发展实践表明，经济的快速增长通常伴随着收入、财富及教育不平等的加剧，这种不平衡的产出增长本质上意味着由性别、种族、地理位置或社会阶层所确定的不同群体的机会不平等（Barro，1993；Roemer，1998）。收入不平等和贫困现象的长期存在，一个重要原因是经济产出代际传递的固化和持久性（Jencks et al.，1972；Featherman & Hauser，1978；Mare，1980）。教育的代际传递是收入不平等的一个重要决定因素，原因在于：其一，教育提供了个人社会经济地位的重要信息，教育是社会经济地位代际传递的主要渠道，它是收入或职业等其他因素传递的介质；其二，教育不仅能提高受教育者自身的社会经济地位，当这些受教育者成为父母后，教育也会通过代际传递对子代的人力资本和社会经济地位产生重要影响（Feinstein，2004）。因此，教育是穷人积累人力资本和提高自身能力，拓宽社会上升机会的强大工具，研究代际教育传递与代际教育不平等问题，对于我们促进机会均等、跨越中等收入陷阱以及摆脱贫困均具有重要意义。

11.1　相关研究综述

对代际教育传递或代际流动性的关注源于人力资本理论，贝克尔（Becker）运用家庭经济学和人力资本投资理论从效用最大化角度把代际流动纳入规范经济学的研究框架之中（Becker，1964）。此后，各国学者对代际教育不平等的研究主要集中在两个方面：代际教育不平等程度的测算与代际教育不平等的致因。

对代际教育不平等的测算，目前文献多数使用的是代际教育回归系数或代际教育相关系数，二者均是衡量受教育年限从父代传递至子代的程度，代际教育系数越大，则代际教育固化和不平等现象越严重。对代际教育系数测算的优点在于：个体往往会在 20 多岁完成其正规教育，教育回归系数的测算往往在生命周期相对较早时就可以进行，就业状态和收入状况也不会成为测量的困扰，而且人们通常会清楚地知道自己的受教育水平，测量误差较少。Hertz et al.（2007）对 42 个国家近 50 年的代际教育传递性进行了测算，指出各地区的代际教育传递程度差异很大，拉美地区代际教育相关性最高，北欧最低，世界平均代际教育相关系数稳定在 0.4 附近，代际教育回归系数则随时间下降。Daude（2011，2015）对拉美 18 个国家的代际教育流动性展开研究，发现拉美地区代际教育不平等程度较高，相关系数在 0.6 附近，这种代际教育不平等的持久性源于多个方面：教育的高投资回报率、人力资本的公共投资低累进特征、缺乏对穷人和中等收入家庭适当的金融支持等。对中国代际教育流动的测算较少，林莞娟和张戈（2015）利用学制改革作为工具变量，计算得出父母亲的受教育年限每增加 1 年，子女的受教育年限分别相应地增加 0.36年、0.59 年。Hertz et al.（2007）计算中国农村的代际教育回归系数为 0.34。Chen（2010）指出中国代际教育相关性在改革开放后增强，这主要是由于如果精英们有机会趁改革投资于他们的孩子，则其会选择机构改革，为他们的下一代减少政治租金。郭丛斌和闵维方（2007）指出教育作为一种重要的代际流动机制，可以促进社会流动性。

对代际教育不平等致因分析主要是在于对先天和后天进行区分，研究试图找出由于遗传学而被预先确定的部分，及由于个人的生活环境而造成的部分。普遍的看法是至少观测到的代际教育传递一部分是由于家庭基因遗传的差异造成，但遗传和环境因素也存在着复杂的交互影响，量化先天遗传禀赋与后天培养各自的贡献仍是一个悬而未决的问题。

对父母教育与子代教育关系的识别的文献主要有两类，一类是利用自然实验或社会实验（制度或教育改革）来识别，自然实验主要是利用双胞胎，养父母/养子女等样本来识别父母教育和子代教育的因果关系，强调学习能力在一定程度上会从上一代传到下一代，一定的遗传禀赋（如能力或偏好），可以转化为人力资本。社会实验是利用制度或社会变迁的改革，创造外生变量来识别父母教育与子女教育的因果效应。

另一类是基于 Cameron & Heckman（1998）的理论模型来进行分析。Mare（1980）提出了教育转换模型，指出在教育体系中一系列跃升的结果就是最终的教育成就。Cameron & Heckman（1998）指出教育转换模型忽略了不可观测，但会对估计结果产生影响的因素，如个体的能力和动机等，这会产生动态选择偏差。他们最早提出因未观察到的个体异质性，导致经济计量模型的内生性的存在，并且建立了一种新的教育选择理论，可以利用有序选择模型进行经验估计，这个模型成为此后许多研究的理论基础。Ermisch & Francesconi（2001）在此基础上，指出当家庭背景影响教育成本时，家庭背景与孩子的教育具有因果效应，父母的教育，尤其是母亲的教育水平，对子代教育具有显著的影响。Chevalier & Lanot（2002）从家庭背景特征中分离出家庭财务状况，估计了不同性别和出生群组辍学的边际收益与边际成本之比，其结论是家庭收入对子女教育决策的影响较小，起主要作用的是父母教育。Lauer（2002）利用有序选择模型来消除部分动态选择偏差，比较性别、家庭背景、时间因素对德国和法国教育程度的影响，其结果表明子代受教育程度受父母职业和出生年代的显著影响，但父母教育对子代教育的影响要小很多。Heineck & Riphahn（2007）利用多项 Logit 模型分析了家庭背景对子代教育随时间演化的影响，发现家庭背景对子代的教育具有重要影响，大规模的公共政策干预和教育改革并没有减少这种影响。

尽管父母教育的重要性不言而喻，但父母的教育并不能解释子代所有的教育成果，与家庭背景相关的其他社会经济因素（例如父母的收入和社会地位、父母的时间分配等）也很重要。Blanden & Machin（2007）、Machin & Vignoles（2004）分析了父母的相对收入状况与子代教育程度的相关性，指出富裕家庭的子女从高等教育体系扩张中受益最大，来自富裕和贫穷家庭背景的孩子之间的差距随时间而扩大。Carneiro & Heckman（2003）区分了影响儿童人力资本最优投资的短期和长期信贷约束，认为在子代入学时，父母所面临的短期收入约束对孩子入学率没有显著影响，然而，一旦陷入长期约束，则当孩子到了进入大学的年龄，其将不会发展出进入大学的必备技能。另外家庭规模可能会影响子代教育，因为父母可能会在孩子数量和质量之间进行权衡（Becker，1964；Becker & Lewis，1973；Becker & Tomes，1976）。

从这两种方法的对比来看，虽然第一类方法对代际教育因果关系的区别较为准确和严格，但自然实验对跨代的配对数据要求较高，而社会实验方法则要求有特定的教育政策的改变，在当下对中国的代际教育不平等的研究中，均存在着一定限制；而基于第二类方法的研究，则相对限制较少。也有学者针对中国代际教育机会不平等展开分析，李春玲（2003）认为改革开放后中国的教育机会不平等程度增加，家庭背景和制度因素对教育获得的影响力不断上升。李煜（2006）分析了教育制度、家庭背景和教育不平等的关系，指出家庭背景是改革初期教育不平等的主要原因，但随着市场化的冲击，家庭阶层效用显现，但其分析侧重社会学因素。杨娟和周青（2013）指出家庭背景对农村子女上高中的影响程度呈"倒 U 形"，但父母受教育程度的影响很稳定。李忠路和邱泽奇（2016）指出父母通过其社会经济资源提供有差异的教育机会，从而导致子女教育的不同。Knight et al.（2011）指出父母教育对子女教育不平等的贡献在年轻一代中增加，但是普及九年义务教育措施扭转了农村地区的增长趋势。Huang et al.（2016）利用"文革"作为工具变量估计了父母教育对儿童教育的影响，指出父母的教育通过后天养育效应对子女教育产生重大影响，几乎完全由父母的收入驱使。这种养育效应在加入父亲收入作为控制变量后消失，表明父亲教育的熏陶作用几乎完全由父亲的收入推动。

目前对我国代际收入流动测算的研究相对较多，而对代际教育传递的测算却仍非常不足。实际上，对代际收入流动的测算容易出现人为误差，还可能因为工作不连续或失业等问题造成困扰，而人们往往很清楚自己的受教育水平，因此，理论上讲对代际教育传递的测算较为准确。有必要通过测算代际教育回归系数、弹性系数，以及刻画代际教育传递的转换矩阵等，揭示"能力"在代际的传递途径，从能力贫困的视角解释贫困的代际传递。

目前我国关于代际教育传递的致因的研究更为不足。既有研究往往局限于家庭背景与子代教育成就之间的统计联系而缺乏理论模型基础，这导致估计参数解释的可信度下降。此外，中国不同的城乡地区、不同的出身群组等面临不同的教育公共政策，经济环境差异也较大，既有研究尚缺乏细分和比较。

11.2　中国代际教育传递的测算与特征性事实

11.2.1　代际教育传递测算方法

为了全面地分析代际教育传递性，一种方法是测算代际教育的回归系数与相关系数。代际教育传递是测算父代和子代之间教育程度的变动状况，基本的回归方程如下：

$$E_{ij} = \alpha + \beta PE_{ij} + \varepsilon_{ij} \qquad (11.1)$$

E 代表个体 i 在地区 j 的受教育年限，PE 代表父代的受教育年限，ε 是误差项。要量化父母教育对子代教育程度的重要性，一是考察"代际回归系数"，即家长教育的估计系数 β，较高的 β 系数意味着较高的代际教育持久性，较低的代际流动性。二是考察"代际相关系数"，以此显示父代和子代相关维度的密切程度，较高的相关系数意味着较低的代际流动。代际相关系数和回归系数的关系如（11.2）式，代际相关系数等于回归系数乘以子代教育程度与父代教育程度的标准差之比。因此，相关系数任何明显的差别也可能是由于标准差率的变化：

$$\rho_{E_{ij},\ PE_{ij}} = \frac{\sigma_{PE_{ij}}}{\sigma_{E_{ij}}}\beta \qquad (11.2)$$

进一步地，我们引入了父代教育程度的平方项，探讨父代和子代教育非线性关系的可能性：

$$E_{ij} = \alpha + \beta PE_{ij} + \delta (PE_{ij})^2 + \varepsilon_{ij} \qquad (11.3)$$

如果从父代向子代传递的还包括能力和其他不可观测的显著特征（即误差项遵循自回归过程），则上述方程的最小二乘估计可能存在向上偏误。尽管对于先天特性与环境条件的相对重要性（"先天"与"后天"）的争论没有解决，但父母教育对子代教育的重要性得到普遍认同。

另一种方法是研究代际教育传递的转换矩阵。回归系数更多的是对代际持续性的测量而不是代际流动性的测量，因此如果单纯只考虑回归系数会使我们忽略很多关于代际流动性的重要信息，代际转换矩阵则提供了一个可以观测在经济产出的任何点的流动概率的可能性。对于收入维度，转换矩阵可以不同的收入阶层来测算；对于教育维度，转换矩阵可以不同的教育程度来测算；对于职业维度，转换矩阵可以不同的职业分类或职业阶层来测算；对于健康、智力、能力等同样可以相似方法进行区分测算。因此，代际流动矩阵可以从不同层面具体分析代际流动性。

11.2.2　数据的描述性统计

本章使用 1989—2011 年 9 次中国健康与营养调查（CHNS）家庭非平衡面板数据库。CHNS 涵盖了人口特征、收入水平、教育、家庭关系等多方面数据，综合考虑了中国经济发展的地区差异和调查数据的连续性，选择了东部、中部、西部及东北部 9 个省份 3 万多个体样本。① 该数据涵盖了 1933—2011 年的数据，时间跨度长，涵盖范围广，调查包括了有关教育和家庭背景的比较全面的信息，比较适合代际研究。为了考察子代的教育程度，对样本进行了严格的筛选，我们选择了 18～60 岁成年人的样本，并且剔除 18～25 岁职业为学生或者没有工作的样本，因为很多个体在 18 岁时已经接受完了全部的教育，同时我们又剔除了其中可能再进一步接受教育的个体，这样既可以保证样本的范围尽可能大，减少了样本选择的偏误，又能保证样本的准确性。我们采取子代在其调查年份所获得的最高教育程度作为解释变量，同时考察了子代的受教育年限。鉴于中国教育体系的特征，为了考察子代的最高教育完成水平，我们区分了 4 类教育程度：（1）小学教育程度；（2）初中教育程度，其中初中教育程度的完成说明中国九年制义务教育的完成；（3）义务教育后的高中毕业或中等技术学校、职业学校毕业，统称为高中；（4）最后是大专、大学及以上教育程度，统称为大学。

首先，我们把父母的教育分为 3 类：父亲受教育年限和教育程度、母亲受教育年限和教育程度、父代受教育年限和教育程度，其中父代受教育年限和教育程度是采取的父亲和母亲的最高受教育年限和教育程度。从表 11.1 可以看出父代平均受教育年限为 6.833 年，父亲平均受教育年限为 6.332 年，母亲平均受教育年限为 4.227 年，父亲平均受教育年限比母亲高 2 年多。而从子代受教育年限来看，子代平均受教育年限超过父代，上升至 8.579 年；子代的受教育年限与母亲受教育年限相比增加了 4.3 年，这相当于子代的受教育年限几乎上升了一个教育层次。从标准差来看，子代平均受教育年限的标准差较父代高，说明子代受教育年限分化较父代增加。

表 11.1　　　　　　　　　　受教育年限的描述性统计

	观测值	平均值	标准差
父代	6360	6.833	4.110
父亲	6360	6.332	4.163
母亲	6360	4.227	4.159
子代	6360	8.579	4.319
男性子代	3820	8.900	3.999
女性子代	2540	8.096	4.719
农村子代	4385	8.103	3.899
城市子代	1975	9.635	4.969
1933—1949 年子代	51	6.353	4.728

① CHNS 是由北卡罗来纳大学教堂山分校的北卡罗来纳人口研究中心和中国疾病预防控制中心营养与食品安全研究所共同组织、正在继续进行的长期追踪问卷调查数据。到目前为止，受访调查地区包括：广西、贵州、黑龙江（1997 年加入）、河南、湖北、湖南、江苏、辽宁、山东，以及 2011 年加入的北京、重庆和上海。9 个年度为 1989、1991、1993、1997、2000、2004、2006、2009 和 2011。

	观测值	平均值	标准差
1949—1978 年子代	4232	7.673	4.440
1978—1992 年子代	2077	10.480	3.318

另外我们把子代的受教育年限分性别、城乡和出生群组进行描述性统计。分性别来看，男性子代的受教育年限为 8.9 年，而女性子代仅为 8.096 年，女性受教育年限比男性要低 0.804 年，而男性子代标准差小于女性，说明女性受教育年限分化更为严重。城市子代平均受教育年限为 9.635 年，而农村子代平均受教育年限仅为 8.103 年，城市平均受教育年限相差约 1.5 年，但城市子代受教育年限标准差大于农村，说明城市子代受教育年限分化更为严重。从分出生年代来看，我们分为中华人民共和国成立前（1933—1949 年）、中华人民共和国成立后改革开放前（1949—1978 年）、改革开放后（1978—1992 年）三个年代。从这三个出生年代来看，中华人民共和国成立前子代平均受教育年限为 6.353 年，而中华人民共和国成立后改革开放前平均受教育年限为 7.673 年，改革开放后平均受教育年限为 10.480 年；相比于中华人民共和国成立前，子代的平均受教育年限增加约 4.127 年。从各年代来看，从中华人民共和国成立前至改革开放后，不但子代的平均受教育年限增加，且子代平均受教育年限的标准差也在减少，平均受教育年限的规律是男性大于女性，城市大于农村，改革开放后大于改革开放前，男女子代的平均受教育年限差异为 0.81 年，城市农村的平均年限差异为 1.53 年，改革开放后与改革开放前受教育年限平均增加了 2.81 年。这说明受教育年限存在明显的性别差异、地区差异及出生群组差异。

我们对父代和子代的受教育年限和标准差按出生年份来刻画，如图 11.1 所示，可以看出随着时间的推移，父代和子代的平均受教育年限在增加。刚开始观测值较少，所以父代和子代平均受教育年限波动较大，但随着统计数据的增多，父代和子代的平均受教育年限趋于稳定的增长。父代受教育年限从 1918 年的 2.81 年上升至 1960 年的 10.1 年，而子代的受教育年限在 1989 年平均也达到 11.37 年，这说明子代平均受教育水平接近于高中教育程度。但出生年龄组在 20 世纪 60 年代的父代和子代平均受教育年限均出现下降，这主要是受"文革"的影响。从标准差来看，受教育年限的标准差先增加后下降，呈现出倒 U 形，这与 Ram（1990）的发现类似。

11.2.3　中国代际教育回归系数分析

1. 代际教育回归系数估计

我们计算代际教育回归系数和相关系数如表 11.2、表 11.3 和表 11.4，分别计算父代受教育年限（父母亲受教育年限较大者）、父亲受教育年限、母亲受教育年限三者与子代受教育年限的回归系数和相关系数。从总体来看，回归系数显著，父代受教育年限、父亲受教育年限、母亲受教育年限三者对子代的回归系数分别为 0.375、0.351、0.362；从相关系数来看，父代受教育年限、父亲受教育年限、母亲受教育年限这三者与子代受教育年

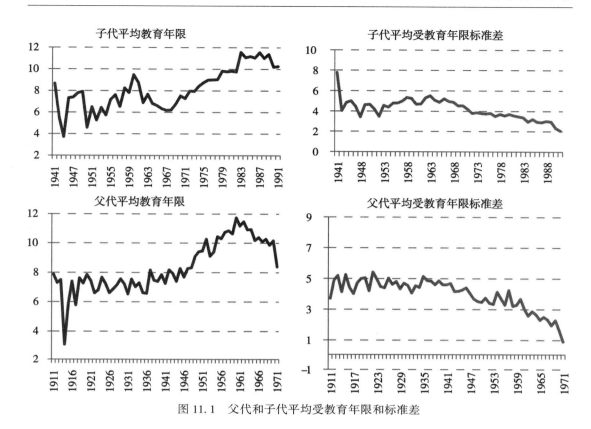

图 11.1　父代和子代平均受教育年限和标准差

限的相关系数分别为 0.357、0.338、0.348。比较来看，最大者均为父代受教育年限即父母受教育年限较高者，其次为母亲受教育年限，最后为父亲受教育年限，这说明父母对子代受教育年限的共同的影响大于单独父母一方的影响，而母亲受教育年限对子代受教育年限的影响又大于父亲。从相关系数与回归系数的对比来看，我们发现均是回归系数大于相关系数，这也说明受教育年限在子代的分化较父代更为严重，相互间差异也在扩大。

表 11.2　　　　　父母受教育年限较大者组成的回归系数和相关系数

	整体	男	女	农村	城市
父代	0.375 *** （0.012）	0.341 *** （0.015）	0.438 *** （0.021）	0.337 *** （0.015）	0.379 *** （0.023）
常数项	6.017 *** （0.098）	6.616 *** （0.116）	5.019 *** （0.173）	6.020 *** （0.108）	6.493 *** （0.219）
相关系数	0.357	0.351	0.379	0.322	0.345
样本量	6360	3820	2540	4385	1975
R^2	0.127	0.123	0.144	0.104	0.119

注："***"、"**"、"*"分别表示 1%、5% 和 10% 的置信水平，括号内的数据为标准误。

　　为了对比父亲和母亲的影响，我们对父亲受教育年限和母亲受教育年限共同进行回归，并进行了怀特检验。从共同回归的怀特检验来看，整体回归怀特值均不显著，这表明父母的受教育年限回归系数无显著差异，说明母亲的教育和父亲的教育一样，均会对子代教育产生影响。虽然母亲平均教育程度并不比父亲高，但母亲教育程度对子代的重要性并没有因此而降低，相反地，单独来看母亲的代际教育回归系数值更大。

　　同时，我们分父亲受教育年限、母亲受教育年限，并分城乡来测算代际教育回归系数和相关系数，结果分别见表 11.3 和表 11.4。比较可见，就男性子代来看，父代受教育年限、父亲受教育年限、母亲受教育年限其代际教育回归系数分别为 0.341、0.322、0.303，说明父母共同的影响大于父亲或母亲单独的影响，而父亲的受教育年限对男性子代的影响大于母亲。就女性子代来看，父代受教育年限、父亲受教育年限、母亲受教育年限的代际教育回归系数分别为 0.438、0.404、0.457，从中可见，女性子代的代际教育回归系数均大于对应的男性子代的情形，相关系数亦如此；父母的共同影响对于女性子代而言大于单独一方的影响，但不同的是，对女性子代而言，母亲的代际教育回归系数明显大于父亲的代际教育回归系数。

表 11.3　　　　　　　　父亲和子代受教育年限回归系数和相关系数

	整体	男	女	农村	城市
父亲	0.351 ***	0.322 ***	0.404 ***	0.315 ***	0.350 ***
	(0.012)	(0.015)	(0.021)	(0.015)	(0.023)
常数项	6.359 ***	6.904 ***	5.453 ***	6.302 ***	6.949 ***
	(0.093)	(0.109)	(0.163)	(0.102)	(0.203)
相关系数	0.338	0.335	0.357	0.303	0.329
样本量	6360	3820	2540	4385	1975
R^2	0.114	0.112	0.128	0.092	0.108

注：" *** "、" ** "、" * "分别表示1%、5%和10%的置信水平，括号内的数据为标准误。

表 11.4　　　　　　　　母亲和子代受教育年限回归系数和相关系数

	整体	男	女	农村	城市
母亲	0.362 ***	0.303 ***	0.457 ***	0.310 ***	0.384 ***
	(0.012)	(0.015)	(0.021)	(0.015)	(0.023)
常数项	7.050 ***	7.640 ***	6.121 ***	7.012 ***	7.410 ***
	(0.072)	(0.087)	(0.124)	(0.077)	(0.168)
相关系数	0.348	0.316	0.400	0.296	0.357
样本量	6360	3820	2540	4385	1975
R^2	0.121	0.100	0.161	0.088	0.127

注：" *** "、" ** "、" * "分别表示1%、5%和10%的置信水平，括号内的数据为标准误。

表 11.5 中就父母亲教育的代际影响进行共同回归，并进行怀特检验。结果发现，母亲受教育年限增加 1 年，男性子代的受教育年限平均增加 0.176 年，而女性子代受教育年限平均增加几乎超出 1 倍，达 0.333 年；父亲受教育年限增加 1 年，男性子代的受教育年限平均增加 0.22 年，而女性子代受教育年限增加为 0.21 年，说明父亲受教育年限对于儿子或女儿受教育年限的影响差异并不大。由此可见，受到更好教育的母亲对于女性子代的教育影响力更强。父亲和母亲共同回归及怀特检验显示，女性子代的怀特值显著，这也说明女性子代受母亲的影响明显大于受父亲的影响。

表 11.5　　　　　　　　　　　父亲和母亲共同回归及怀特检验

	整体	男	女	农村	城市
父亲	0.213***	0.220***	0.214***	0.213***	0.188***
	(0.015)	(0.018)	(0.025)	(0.017)	(0.028)
母亲	0.239***	0.176***	0.333***	0.200***	0.267***
	(0.015)	(0.018)	(0.025)	(0.017)	(0.028)
常数项	6.223***	6.805***	5.260***	6.180***	6.642***
	(0.091)	(0.109)	(0.158)	(0.101)	(0.201)
Wald Test	0.96	2.00	7.25***	0.18	2.41
样本量	6360	3820	2540	4385	1975
R^2	0.149	0.134	0.184	0.119	0.147

注："***"、"**"、"*"分别表示 1%、5% 和 10% 的置信水平，括号内的数据为标准误。

分城乡来看，我们发现对城市子代而言，父代受教育年限、父亲受教育年限、母亲受教育年限其代际教育回归系数分别 0.379、0.350、0.384，农村子代受分别为 0.337、0.315、0.310，可见，城市的代际教育回归系数均显著大于农村。父亲或母亲的受教育年限每增加 1 年，则城市子代比农村子代受教育年限平均多增加 0.04 年或 0.07 年，且母亲的影响大于父亲。

考虑父代受教育年限和子代受教育年限之间可能存在非线性关系，因此在考察整体代际教育弹性时，加入了父代受教育年限的平方项，从表 11.6 可以看出，受教育年限的系数显著为正，但是二次项的系数均不显著。说明代际教育弹性的非线性并不明显，父代对子代受教育年限的影响基本是线性的。

表 11.6　　　整体代际教育弹性，加入父代受教育年限的平方项

	父亲	母亲	父母受教育年限较大者
受教育年限	0.397***	0.296***	0.391***
	(0.035)	(0.036)	(0.037)

续表

	父亲	母亲	父母受教育年限较大者
受教育年限平方	−0.00356	0.00612	−0.00117
	(0.003)	(0.003)	(0.003)
常数项	6.269***	7.115***	5.983***
	(0.113)	(0.079)	(0.123)
样本量	6360	6360	6360
R^2	0.114	0.122	0.127

注："***"、"**"、"*"分别表示1%、5%和10%的置信水平，括号内的数据为标准差。

　　类似地，表11.7—表11.10分别根据不同的出生群组的代际教育回归系数和相关系数进行了分析。就出生群组比较而言，由于中华人民共和国成立前样本量较少，代际教育回归系数并不显著，其他出生群组的回归系数均在1%水平上显著，因此我们着重比较改革开放前（1949—1978年）、改革开放后（1978—1992年）两个时段出生子代的代际教育回归系数。可以看出，在改革开放前，父代较高受教育年限、父亲受教育年限、母亲受教育年限对子代受教育年限的回归系数分别为0.274、0.260、0.269，而改革开放后出生子代的这三项代际教育回归系数分别为0.410、0.361、0.309，改革开放后子代教育回归系数均远大于改革开放前代际教育回归系数。从相关系数与回归系数的对比来看，改革开放后父亲与母亲的代际教育相关系数大于代际教育回归系数，而对父代受教育年限测算所得代际教育回归系数为0.410，相关系数为0.409，相差不多，这说明改革开放后子代教育标准差有所减少。总体而言，改革开放后的代际教育回归系数和相关系数均高于改革开放前，说明改革开放之后的代际流动性更差，教育不平等的跨代固化现象更突出。

表11.7　不同出生群组父亲和母亲受教育年限较高者代际教育回归系数及相关系数

	1933—1949	1949—1978	1978—1992
父代	0.154	0.274***	0.410***
	(0.146)	(0.016)	(0.020)
常数项	5.778***	6.030***	6.949***
	(0.857)	(0.116)	(0.185)
相关系数	0.149	0.258	0.409
样本量	51	4232	2077
R^2	0.022	0.066	0.167

注："***"、"**"、"*"分别表示1%、5%和10%的置信水平，括号内的数据为标准误。

表 11.8　　　　　　　　不同出生群组父亲与子代教育回归系数与相关系数

	1933—1949	1949—1978	1978—1992
父亲	0.132	0.260***	0.361***
	(0.154)	(0.016)	(0.020)
常数项	5.930***	6.229***	7.595***
	(0.826)	(0.109)	(0.171)
相关系数	0.122	0.248	0.375
样本量	51	4232	2077
R^2	0.015	0.061	0.140

注："***"、"**"、"*"分别表示1%、5%和10%的置信水平，括号内的数据为标准误。

表 11.9　　　　　　　　不同出生群组母亲与子代教育回归系数与相关系数

	1933—1949	1949—1978	1978—1992
母亲	0.385	0.269***	0.309***
	(0.262)	(0.018)	(0.016)
常数项	5.998***	6.806***	8.517***
	(0.698)	(0.087)	(0.124)
相关系数	0.205	0.229	0.381
样本量	51	4232	2077
R^2	0.042	0.053	0.145

注："***"、"**"、"*"分别表示1%、5%和10%的置信水平，括号内的数据为标准误。

表 11.10　　　　　　　不同出生群组父亲和母亲共同回归及怀特检验

	1933—1949	1949—1978	1978—1992
父亲	0.126	0.183***	0.234***
	(0.152)	(0.019)	(0.022)
母亲	0.379	0.156***	0.208***
	(0.263)	(0.021)	(0.019)
常数项	5.601***	6.152***	7.295***
	(0.849)	(0.109)	(0.168)
Wald Test（父=母）	0.68	0.60	0.52
样本量	51	4232	2077
R^2	0.056	0.074	0.188

注："***"、"**"、"*"分别表示1%、5%和10%的置信水平，括号内的数据为标准误。

另外，我们提供了一个在长期受教育年限的分布及变化情况图。由于样本中中华人民共和国成立前出生人数较少，因此我们只列出了 1949—1992 年出生人群的情况，以 1978 年为界，分改革开放前和改革开放后来考虑不同出生群组受教育年限的变化。图 11.2、图 11.3 中柱状图表示接受不同教育年限的人数的百分比，从父子的对比可以看子代的受教育年限较父代均有所提升。由于受教育年限数据是离散的，我们在图中的每个点均添加了随机噪声项，使它们不完全吻合，这样能直观观测到每个数据点附近的密度。另外我们在散点图中添加了趋势线，从图 11.2、图 11.3 的对比可以看出与改革开放前相比，改革开放后子代受教育年限有了明显提高，特别是在接受高等教育方面。回归趋势线随着时间的推移而上移，而斜率也在加大，截距也有所上升，这意味着子代的受教育年限比父母的表现更好，受父母影响也更大。

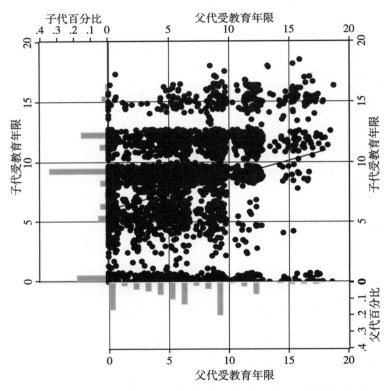

图 11.2 1949—1978 年受教育年限及相应图（用父代较高教育程度计算得出）

2. 父母教育不同匹配模式下的代际教育回归系数

父母双方的教育程度对子代均有显著影响，那么父母教育程度在婚姻中的匹配对子代教育有何影响呢？因此，我们进一步对父母婚姻进行教育匹配，把父母教育程度相同的设为"教育匹配"，把父母教育程度不同的设为"教育不匹配"，其中父母教育程度完全相同的比例达 63.05%。我们进一步考察样本发现，当父母教育匹配时，子代平均受教育年限为 8.1 年，当父母教育不匹配时，子代平均受教育年限为 9.3 年，比前者高 1.2 年。

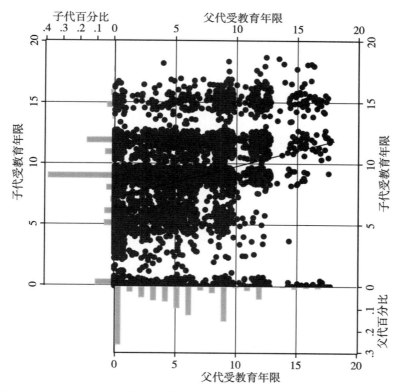

图 11.3　1978—1992 年受教育年限及相应图（用父代较高教育程度计算得出）

于是，我们选择父母受教育年限较高的一方对子代受教育年限进行回归。从表 11.11 的回归结果可以看出，当父母教育匹配时，回归系数为 0.443，当父母教育不匹配时，回归系数达到 0.561，在所有子样本中最高。这个回归系数接近于代际教育不平等程度最高的拉美地区的 0.6（Hertz et al.，2007）。但深入分析我们发现，父母婚姻匹配时，其中 80% 左右的样本均是父母小学教育程度的匹配，父母双方共同的低教育程度并不利于子女教育程度的提高。

表 11.11　　　　　　　　　父母不同婚姻匹配模式下代际教育回归系数估计

	整体	教育程度匹配	教育程度不匹配
父母受教育年限	0.375***	0.443***	0.561***
	(0.012)	(0.018)	(0.034)
常数项	6.017***	5.975***	3.623***
	(0.098)	(0.106)	(0.354)
样本量	6360	4010	2350
R^2	0.127	0.137	0.106

注："***"、"**"、"*"分别表示 1%、5% 和 10% 的置信水平，括号内的数据为标准差。

3. 祖代、父代、子代三代代际教育回归系数

为了深入考察教育的代际传递，我们又进一步分析了三代之间的代际教育回归系数。考察多代之间代际传递的相关文献并不多，对中国三代及以上的代际传递进行考察的研究并没有，但本章把祖代、父代、子代的样本均纳入考虑。在数据处理中，首先我们选择父代和子代的数据，把父母的最高受教育年限作为父代受教育年限，在对祖代进行选择中，由于祖代有 4 位（祖父母和外祖父母），在 CHNS 的统计中，很少会有一个完整的家族信息能同时给出 4 位的受教育年限，因此我们选择父代教育程度较高一方的父亲或母亲的受教育年限作为祖代的受教育年限，再次对数据进行筛选。首先对数据进行描述性统计，见表 11.12。从整体来看，子代受教育年限平均值为 9.162 年，父代受教育年限均值为 7.053 年，祖代受教育年限则极低，仅为 1.433 年，祖代的出生区间在 1890—1951 年，当时中国并不存在完善的教育体系；从标准差来看，从祖代至子代，受教育年限标准差在增大，受教育年限开始分化。我们对男性子代、女性子代、农村子代、城市子代的受教育年限分别进行了统计，可以发现不同性别之间、城乡之间的受教育年限从祖代开始就具有明显的不同。男性子代的祖代、父代和其本身的平均受教育年限分别为 1.522、7.097、9.409，而女性子代分别为 1.308、6.991、8.815，女性的受教育年限在每一代均低于男性，这说明性别的差异可能从小就在家庭文化之中形成。从城乡的差别来看，城市子代的祖代、父代和子代的平均受教育年限分别为 2.081、8.136、10.428，农村子代的则分别为 1.199、6.662、8.706，可见农村每一代受教育年限均低于城市，城乡受教育年限的差异在很早就已经存在，是一个长期的机会不平等的延续。

表 11.12　　　　　　　　　祖代、父代和子代受教育年限描述性统计

	样本量	子代均值	子代标准差	父代均值	父代标准差	祖代均值	祖代标准差
整体	1305	9.162	3.963	7.053	3.712	1.433	3.044
男性子代	763	9.409	3.615	7.097	3.658	1.522	3.205
女性子代	542	8.815	4.385	6.991	3.789	1.308	2.800
城市子代	346	10.428	4.419	8.136	4.106	2.081	3.744
农村子代	959	8.706	3.682	6.662	3.480	1.199	2.713

另外，我们计算整体子代、父代和祖代的代际教育回归系数。从表 11.13 回归 1 可以看出，系数均为正且在 1% 的水平上显著，这说明父代和祖代的受教育年限均对子代的受教育年限有正向影响。单独来看，祖代的代际教育回归系数为 0.172，而父代的为 0.324，也就是说祖代受教育年限提高 1 年，则子代受教育年限平均提高 0.172 年，而父代受教育年限提高 1 年，则子代受教育年限平均提高 0.324 年，祖代对子代的影响较小但仍是显著为正的。

表 11.13　　　　　　　　　　子代、父代和祖代教育回归系数

	回归 1	回归 2	回归 3
父代	0.310***	0.324***	
	(0.028)	(0.028)	
祖代	0.115***		0.172***
	(0.035)		(0.036)
常数项	6.809***	6.874***	8.916***
	(0.225)	(0.225)	(0.120)
样本量	1305	1305	1305
R^2	0.100	0.092	0.017

注："***"、"**"、"*"分别表示 1%、5% 和 10% 的置信水平,括号内的数据为标准误。

分性别来看男性子代其祖代和父代受教育年限的共同回归。如表 11.14 回归 1 中,祖代系数不显著,这说明男性子代受祖代的影响较小;单独回归来看,父代受教育年限增加 1 年,则男性子代增加 0.290 年,祖代受教育年限增加 1 年,男性子代增加 0.0827 年,从数值上看,子代受父代的影响不足 0.1 年。从女性子代来看,共同回归中系数均显著,这说明祖代和父代均对女性子代的教育产生影响;单独来看,父代的系数为 0.367,祖代的系数为 0.327,女性子代的受教育年限各系数均大于男性,且祖代对女性子代的影响显著为正且数值较大,说明女性子代受教育年限更多受家庭影响,女性的受教育年限的代际固化更明显,而且具有较长时期的代际传递。

表 11.14　　　　　　　分性别子代、父代和祖代教育回归系数

	男性回归 1	男性回归 2	男性回归 3	女性回归 4	女性回归 5	女性回归 6
父代	0.285***	0.290***		0.337***	0.367***	
	(0.035)	(0.034)		(0.047)	(0.047)	
祖代	0.0363		0.0827**	0.253***		0.327***
	(0.040)		(0.041)	(0.064)		(0.066)
常数项	7.328***	7.351***	9.283***	6.128***	6.248***	8.387***
	(0.275)	(0.273)	(0.145)	(0.372)	(0.376)	(0.204)
样本量	763	763	763	542	542	542
R^2	0.087	0.086	0.005	0.126	0.101	0.044

注："***"、"**"、"*"分别表示 1%、5% 和 10% 的置信水平,括号内的数据为标准误。

表 11.15 列出了分城乡子代、父代和祖代教育回归系数。从祖代和父代的共同回归来看,城乡的相应系数均为正且显著,这说明城乡祖代和父代均对子代受教育年限有正向影响,就单独影响来看,祖代受教育年限增加 1 年,城市子代受教育年限增加 0.195 年,而

农村子代受教育年限增加 0.106 年，祖代对城市子代的影响大于农村。

表 11.15   **分城乡子代、父代和祖代教育回归系数**

	城市 回归 1	城市 回归 2	城市 回归 3	农村 回归 4	农村 回归 5	农村 回归 6
父代	0.255 *** (0.057)	0.283 *** (0.056)		0.301 *** (0.033)	0.305 *** (0.033)	
祖代	0.127 ** (0.063)		0.195 *** (0.063)	0.0810 * (0.042)		0.106 ** (0.044)
常数项	8.088 *** (0.508)	8.123 *** (0.510)	10.02 *** (0.269)	6.605 *** (0.248)	6.675 *** (0.246)	8.579 *** (0.130)
N	346	346	346	959	959	959
R^2	0.080	0.069	0.027	0.087	0.083	0.006

注："***"、"**"、"*"分别表示 1%、5% 和 10% 的置信水平，括号内的数据为标准误。

11.2.4 代际教育传递的转换矩阵分析

1. 整体样本教育程度转换矩阵分析

代际教育转换矩阵通常是衡量子代教育程度相对于父代教育程度的变化，虽然代际教育回归系数可以衡量随着时间的推移，不同家庭的教育差异有多大，但却并没有说明任何关于子代教育上升的可能性的概率。从这个角度来看，回归系数更多地是对代际持续性的测量而不是代际流动性的测量，因此如果单纯只考虑回归系数会使我们忽略很多关于代际教育流动性的重要信息。代际转换矩阵则提供了一个可以观测不同教育程度流动的可能性，代际教育流动矩阵可以说是代际教育回归系数的补充。

我们把父母的教育程度进行匹配，构建了包括父母双方教育程度的转换矩阵，并测算父母不同匹配情况所占比例，如表 11.16 所示。从父母的教育程度对比来看，接近 3/4 的母亲教育程度仅为小学，而父亲小学教育程度占比为 55.3%，除小学教育程度外，父亲在其余教育程度上所占比例均高于母亲。本章把未接受过教育的个体（即受教育年限为零的个体）作为文盲。从文盲率来看，母亲的文盲率为 36.35%，而父亲中文盲比例仅为 15.64%。不论是从教育程度，还是从文盲率来看，母亲的教育均处于弱势，这表明了在教育中存在着明显的性别差异。从教育婚姻匹配来看，我们发现父母教育程度完全相同的比例达到 63.05%（表 11.16 中主对角线之和），其中父母均为小学教育程度的比例占了全样本的 50.49%，在所有教育婚姻匹配模式中占比最大。而父母教育程度不相同的匹配模式中，父亲教育程度较高的比例为 29.34%，母亲教育程度较高的比例仅为 7.61%。这说明在婚姻的教育匹配中，母亲的教育程度仍较低（作为对照，在英国，母亲教育程度较高的比例接近20%（Valbuena，2011））。横向来看，我们发现每一行最大值均出现在对角线，这说明母亲倾向于选择同教育程度的男性，例如母亲教育程度是高中，其父亲教育程度也为高中的比例为3.49%，在所在行中最大。纵向来看，前3列最大值均出在第一行，这表明拥有小学、初中、高中教育程度的父亲，其所选择的配偶的教育程度概率较大者均为小学教育，而拥有大学学历的父亲，选择高中学历的配偶的概率最大。

表11.16　　　　　　　　　　　**父母教育程度的转换矩阵**　　　　　　　　　　（%）

	父亲小学	父亲初中	父亲高中	父亲大学	合计
母亲小学	**50.49**	**16.89**	5.28	0.88	73.54
母亲初中	3.85	8.25	4.01	0.74	16.86
母亲高中	0.91	2.37	3.49	1.54	8.32
母亲大学	0.05	0.19	0.24	0.82	1.29
合计	55.3	27.7	13.02	3.98	100

其次，从父代与子代教育程度的转换矩阵来看（参见表11.17），除小学外，各行中父母和子女教育程度相同的概率最大，父母最高教育程度是初中，则子代有49.35%的概率仍是初中毕业，父母教育程度是高中，则子代有41.88%的概率仍是高中毕业，而父母最高教育程度是大学，则子代大学毕业的概率占到50.53%。

表11.17　　　　　　　　　　**父代与子代教育程度的转换矩阵**　　　　　　　　（%）

	子代小学	子代初中	子代高中	子代大学	合计
父代小学	26.10	**51.88**	18.72	3.30	100
父代初中	11.50	**49.35**	29.66	9.49	100
父代高中	5.87	27.10	**41.88**	25.15	100
父代大学	1.77	9.19	38.52	**50.53**	100
合计	17.53	45.27	26.49	10.71	100

我们也尝试着将父亲和母亲的教育程度单独来看（表11.18、表11.19），得到的代际教育传递的结论是类似的。对于获得大学学历的父亲，其子代接受大学教育的概率为49.80%，而获得大学学历的母亲，其子代接受大学教育的概率则达到57.32%，母亲得到更高程度的教育对子代的影响更大。可以观测到如果母亲教育程度为小学，则其子代中接受大学教育的概率为4.64%，这与获得高等教育的母亲形成强烈的对比，表明母亲的教育程度的不同会带来子代接受大学教育的显著差异。

表 11.18 　　　　　　　　　　父亲与子代教育程度的转换矩阵 　　　　　　　　　　（％）

	子代小学	子代初中	子代高中	子代大学	合计
父亲小学	24.82	51.15	20.22	3.81	100
父亲初中	10.67	46.82	30.19	12.32	100
父亲高中	5.92	27.90	41.55	24.64	100
父亲大学	1.98	9.49	38.74	49.80	100
合计	17.53	45.27	26.49	10.71	100

表 11.19 　　　　　　　　　　母亲与子代教育程度的转换矩阵 　　　　　　　　　　（％）

	子代小学	子代初中	子代高中	子代大学	合计
母亲小学	21.92	51.19	22.26	4.64	100
母亲初中	6.72	36.75	37.5	19.03	100
母亲高中	3.40	16.64	39.70	40.26	100
母亲大学	0	3.66	39.02	57.32	100
合计	17.53	45.27	26.49	10.71	100

2. 分性别教育程度转换矩阵分析

进一步地，我们分性别测算父代和子代的教育程度转换矩阵，我们选择父代教育程度、父亲教育程度、母亲教育程度分别来测算父代和子代的教育程度转换矩阵。表 11.20 和表 11.21 分别代表男性（N＝3820）和女性（N＝2540）子代的教育程度转换矩阵，这两个表描述了在父母的教育水平一定条件下，子代取得各教育程度的概率。理想中，这种概率不受遗传禀赋和父母背景的影响，则单元格中每个值应该相同，即子代接受高等教育水平的概率在拥有不同教育程度的父母中应该是相同的。但是，如果教育代际传递性较高，则父母的教育背景会强烈地传递给子代，我们就会发现在主对角线上的概率数值较大，其余单元格值较小，这正如表 11.20 和表 11.21 所示。我们发现代际的教育传递性非常高，例如父代教育程度是大学，则男性子代接受高等教育的概率达到 49.08％，而女性子代接受高等教育的概率则达到 52.50％。类似地，如果父代教育程度是初中，那么男性子代接受初中教育的概率为 48.81％，女性子代接受初中教育的概率更是达 50.13％。如果父代教育程度是高中，那么男性子代接受初中教育的概率为 42.52％，女性子代接受初中教育的概率更是达 40.98％。在教育程度的两端，小学和大学，其女性子代与父母教育程度相同的占比大于男性，这同样表明最优势和最劣势的教育环境在女性身上持续性较男性强。

表 11. 20   **男性子代和父代教育程度相关的转换矩阵**   （%）

	子代小学	子代初中	子代高中	子代大学	合计
父代小学	**22. 90**	**54. 05**	19. 71	3. 34	100
父代初中	11. 40	**48. 81**	30. 33	9. 47	100
父代高中	5. 38	28. 74	**42. 52**	23. 36	100
父代大学	3. 07	9. 20	38. 65	**49. 08**	100
合计	16. 05	46. 7	27. 09	10. 16	100

表 11. 21   **女性子代和父代教育程度相关的转换矩阵**   （%）

	子代小学	子代初中	子代高中	子代大学	合计
父代小学	**31. 2**	48. 42	17. 14	3. 23	100
父代初中	11. 64	**50. 13**	28. 70	9. 52	100
父代高中	6. 56	24. 82	**40. 98**	27. 63	100
父代大学	0	9. 17	38. 33	**52. 50**	100
合计	19. 76	43. 11	25. 59	11. 54	100

    表 11. 22、表 11. 23 分别比较了不同性别的子代与父亲教育程度的转换矩阵。从男女子代与父亲教育程度的转换矩阵来看，对于只有小学教育程度的父亲，其男性子代接受到高等教育的概率为 3. 87%，而女性子代的概率为 3. 71%。如果父亲教育程度为大学，则男性子代具有大学教育程度的概率为 48. 61%，而女性子代具有大学教育程度的概率为 51. 38%。这充分表明子代的教育程度在不同家庭教育背景下差异极大，父母的教育程度具有较强的代际传递性（Blanden et al.，2007；Blanden，Machin，2007；Machin，Vignoles，2004）。

表 11. 22   **男性子代和父亲教育程度相关的转换矩阵**   （%）

	子代小学	子代初中	子代高中	子代大学	合计
父亲小学	22. 09	53. 14	20. 89	3. 87	100
父亲初中	9. 86	46. 52	31. 04	12. 57	100
父亲高中	5. 70	28. 69	43. 67	21. 94	100
父亲大学	3. 47	10. 42	37. 50	48. 61	100
合计	16. 05	46. 7	27. 09	10. 16	100

表 11.23　　　　　　女性子代和父亲教育程度相关的转换矩阵　　　　　　（%）

	子代小学	子代初中	子代高中	子代大学	合计
父亲小学	29.21	47.96	19.13	3.71	100
父亲初中	11.81	47.25	28.98	11.95	100
父亲高中	6.21	26.84	38.7	28.25	100
父亲大学	0	8.26	40.37	51.38	100
合计	19.76	43.11	25.59	11.54	100

类似地，表 11.24、表 11.25 分别考察了男女子代与母亲的教育程度转换矩阵。可以看出，当母亲教育程度为小学时，其子代是大学教育程度的概率为 4.6 左右，而当母亲具有大学教育程度时，其男性子代具有大学教育程度的概率为 58%，而女性子代则达到 56.25%，概率均超过父亲为大学教育程度者，母亲对子代接受高等教育的概率具有重要的影响。

表 11.24　　　　　　男性子代和母亲教育程度相关的转换矩阵　　　　　　（%）

	子代小学	子代初中	子代高中	子代大学	合计
母亲小学	19.61	52.63	23.10	4.66	100
母亲初中	8.10	37	37.31	17.58	100
母亲高中	2.94	20.26	39.87	36.93	100
母亲大学	0	2	40	58	100
合计	16.05	46.7	27.09	10.16	100

表 11.25　　　　　　女性子代和母亲教育程度相关的转换矩阵　　　　　　（%）

	子代小学	子代初中	子代高中	子代大学	合计
母亲小学	25.39	49.01	21	4.61	100
母亲初中	4.55	36.36	37.80	21.29	100
母亲高中	4.04	11.66	39.46	44.84	100
母亲大学	0	6.25	37.50	56.25	100
合计	19.76	43.11	25.59	11.54	100

3. 分城乡教育程度转换矩阵分析

分城乡代际教育转换矩阵来看，表 11.26、表 11.27 分别代表城市（N＝4385）和农村（N＝1975）子代与父母最高教育程度的转换矩阵。从整体来看，农村子代接受大学教育者占到 5.36%，城市子代则为 22.58%，差异达 4 倍之多；农村子代中小学教育程度者占到 22.49%，而城市子代仅为 6.53%；农村子代初中教育程度者最多，占比达到 51.45%，而城市子代高中教育者最多，占到 39.34%。城乡之间子代上大学的概率存在巨大的差别，父母最高教育程度分别为小学、初中、高中、大学，则农村子代接受大学教育的概率分别为 2.22%、5.37%、16.88%、42.19%，而城市子代接受大学教育的概率则分别为 7.23%、19.92%、32.47%、52.97%，城市子代接受大学教育的概率在父母各层次教育程度上均高于农村。

表 11.26　　　　　　　农村子代和父代教育程度相关的转换矩阵　　　　　　（%）

	子代小学	子代初中	子代高中	子代大学	合计
父代小学	30.13	**52.84**	14.81	2.22	100
父代初中	13.77	**55.98**	24.89	5.37	100
父代高中	9.17	36.25	**37.71**	16.88	100
父代大学	1.56	17.19	39.06	**42.19**	100
合计	22.49	51.45	20.71	5.36	100

表 11.27　　　　　　　城市子代和父代教育程度相关的转换矩阵　　　　　　（%）

	子代小学	子代初中	子代高中	子代大学	合计
父代小学	11.42	48.41	32.95	7.23	100
父代初中	5.75	32.57	41.76	19.92	100
父代高中	2.95	19	45.57	32.47	100
父代大学	1.83	6.85	38.36	52.97	100
合计	6.53	31.54	39.34	22.58	100

我们分别测算父亲和母亲教育程度与城乡子代的教育程度转换矩阵（表 11.28、表 11.29、表 11.30、表 11.31）。首先从父母的受教育程度来看，我们发现父亲教育程度为小学、初中、高中和大学，则农村子代接受高等教育的概率分别为 2.5%、6.69%、16.1%、42.59%；母亲受教育程度分别为小学、初中、高中和大学，农村子代接受高等教育的概率分别为 2.96%、11.32%、26.46%、47.37%，在各个教育程度上，子代接受高等教育的概率均是母亲的影响大于父亲。对城市子代而言，父亲教育程度为小学、初中、高中和大学，则城市子代接受高等教育的概率分别为 8.29%、25.14%、32.05%、51.769%；母亲教育程度分别为小学、初中、高中和大学，则城市子代接受高等教育的概率分别为 9.94%、29.89%、47.94%、60.32%，城市子代接受高等教育的概率均是母亲的影响大于父亲。从城乡的差异可以看出，城市子代拥有更高的概率获得大学教育，而其中母亲在各个教育程度对子代接受大学教育的影响均大于父亲，城乡均是如此。

279

表 11.28　　　　　　农村子代和父亲教育程度相关的转换矩阵　　　　　　　（%）

	子代小学	子代初中	子代高中	子代大学	合计
父亲小学	28.89	52.66	15.95	2.50	100
父亲初中	13.14	54.37	25.80	6.69	100
父亲高中	9.87	38.18	35.84	16.10	100
父亲大学	1.85	18.52	37.04	42.59	100
合计	22.49	51.45	20.71	5.36	100

表 11.29　　　　　　城市子代和父亲教育程度相关的转换矩阵　　　　　　　（%）

	子代小学	子代初中	子代高中	子代大学	合计
父亲小学	10.93	45.98	34.80	8.29	100
父亲初中	5.03	29.61	40.22	25.14	100
父亲高中	2.48	18.96	46.50	32.05	100
父亲大学	2.01	7.04	39.20	51.76	100
合计	6.53	31.54	39.34	22.58	100

表 11.30　　　　　　农村子代和母亲教育程度相关的转换矩阵　　　　　　　（%）

	子代小学	子代初中	子代高中	子代大学	合计
母亲小学	26.06	53.72	17.27	2.96	100
母亲初中	8.29	47.69	32.70	11.32	100
母亲高中	4.76	25.40	43.39	26.46	100
母亲大学	0	10.53	42.11	47.37	100
合计	22.49	51.45	20.71	5.36	100

表 11.31　　　　　　城市子代和母亲教育程度相关的转换矩阵　　　　　　　（%）

	子代小学	子代初中	子代高中	子代大学	合计
母亲小学	8.87	43.21	37.98	9.94	100
母亲初中	4.49	21.35	44.27	29.89	100
母亲高中	2.65	11.76	37.65	47.94	100
母亲大学	0	1.59	38.10	60.32	100
合计	6.53	31.54	39.34	22.58	100

4. 分出生群组教育程度转换矩阵分析

分出生群组来分析父代与子代的教育程度转换矩阵，按照改革开放前 1949—1978 年出生、改革开放后 1978—1992 年出生的子代来分（见表 11.32 至表 11.37），我们分析了父代教育程度、父亲教育程度、母亲教育程度这三类转换矩阵。对于改革开放前后，改变最大的为小学和大学教育程度的占比，改革开放前小学教育程度的子代占比为 21.62%，大学教育程度的占比为 6.59%，但改革开放后这两者分别为 8.76% 和 19.11%，改革开放后接受大学教育程度的人数占比显著增加。

表 11.32　　　　　**1949—1978 年出生子代与父母最高教育程度转换矩阵**　　　　（%）

	子代小学	子代初中	子代高中	子代大学	合计
父代小学	28.43	50.57	18.42	2.58	100
父代初中	14.46	49.76	29.41	6.36	100
父代高中	7.66	27.35	48.8	16.19	100
父代大学	1.66	9.94	48.07	40.33	100
合计	21.62	46.12	25.66	6.59	100

表 11.33　　　　　**1978—1992 年出生子代与父母最高教育程度转换矩阵**　　　　（%）

	子代小学	子代初中	子代高中	子代大学	合计
父代小学	16.05	58.35	19.94	5.67	100
父代初中	7.39	49.25	29.7	13.66	100
父代高中	4.09	27	36.41	32.5	100
父代大学	1.01	7.07	21.21	70.71	100
合计	8.76	43.91	28.21	19.11	100

改革开放前父代教育程度为大学教育程度者，其子代仍是大学教育程度者占比为 40.33%，而改革开放后占比则达到 70.71%。从城乡父亲教育程度对子代的影响对比来看，改革开放前父亲为大学教育程度者，其子代仍是大学教育程度占比达 39.29%，而改革开放后该占比达到 73.17%；从母亲的教育程度来看，改革开放前母亲为大学教育程度者，其子代仍为大学教育者占比达到 48.08%，改革开放后该占比达到 73.33%，为占比最高者。当家庭教育背景处于优势时，其子代落入低教育程度的占比降低，如改革开放前父亲教育程度为大学者，则子代教育程度为小学和初中的比例分别为 1.79%、10.12%，但改革开放后该占比分别为 1.22%、7.32%。

表 11. 34　　　　　　**1949—1978 年出生子代与父亲教育程度转换矩阵**　　　　　（%）

	子代小学	子代初中	子代高中	子代大学	合计
父亲小学	27.47	50.09	19.46	2.97	100
父亲初中	14.06	48.46	30.24	7.24	100
父亲高中	7.96	28.86	47.26	15.92	100
父亲大学	1.79	10.12	48.81	39.29	100
合计	21.62	46.12	25.66	6.59	100

表 11. 35　　　　　　**1978—1992 年出生子代与父亲教育程度转换矩阵**　　　　　（%）

	子代小学	子代初中	子代高中	子代大学	合计
父亲小学	14.93	55.75	22.99	6.34	100
父亲初中	6.4	45.39	29.89	18.33	100
父亲高中	3.76	27.06	36.24	32.94	100
父亲大学	1.22	7.32	18.29	73.17	100
合计	8.76	43.91	28.21	19.11	100

表 11. 36　　　　　　**1949—1978 年出生子代与母亲教育程度转换矩阵**　　　　　（%）

	子代小学	子代初中	子代高中	子代大学	合计
母亲小学	24.54	49.94	22.03	3.49	100
母亲初中	8.56	35.88	40.05	15.51	100
母亲高中	3.54	11.11	53.54	31.82	100
母亲大学	0	3.85	48.08	48.08	100
合计	21.62	46.12	25.66	6.59	100

表 11. 37　　　　　　**1978—1992 年出生子代与母亲教育程度转换矩阵**　　　　　（%）

	子代小学	子代初中	子代高中	子代大学	合计
母亲小学	12.71	56.31	22.82	8.16	100
母亲初中	5.47	37.34	35.78	21.41	100
母亲高中	3.04	19.76	31.61	45.59	100
母亲大学	0	3.33	23.33	73.33	100
合计	8.76	43.91	28.21	19.11	100

　　总之，我们对于整体样本以及分城乡、分性别、分代际类别（父代、祖代）、分出生

组群等多种子样本，分别测算了代际教育回归系数和弹性系数，并计算了代际教育转换矩阵，比较全面地概括了我国家庭代际教育传递的特征事实。从平均受教育年限来看，子代男性比女性多 0.81 年，城市比农村多 1.53 年，改革开放后比改革开放前多 2.81 年。从代际教育回归系数看，父代整体代际回归系数为 0.375，且父母的共同回归系数大于单独一方回归系数，而母亲回归系数又大于父亲回归系数，女性（0.404）高于男性（0.322），城市（0.350）高于农村（0.315），改革开放后（0.361）高于改革开放前（0.260），这说明前者受父代的影响较大，女性、城市居民和改革开放后的代递传递性更高，代际教育机会不平等程度更高。

从转换矩阵来看，在初中、高中、大学水平子女与父母教育水平相同的占比最高，女性在教育两端小学、大学与父母教育程度相同的占比超过男性，城市子代接受大学教育在父母各教育程度上均高于农村，改革开放后高中、大学教育占比均增加，但增幅最大的仍是父母教育为大学且其子代仍是大学教育者的占比。这说明不同性别、不同城乡、不同出生群组中代际教育均存在持续性。

11.3　代际教育传递与代际不平等：理论与实证分析

11.3.1　问题的提出

教育是经济和社会发展的关键要素，一个受过良好教育的劳动力增加了经济活动的整体生产力，加快高增长行业的发展，并促进技术的吸收与创新。另外教育也可以使人们充分利用自己的权利和履行公民的责任，是制度有效运行的关键。更普遍来说，教育是社会经济地位代际传递的主要渠道，因为它是收入或职业等其他因素传递的介质。教育不仅能增加受教育者自身的社会经济地位，当这些受教育者成为父母后，教育也会通过代际传递对子代的人力资本和社会经济地位产生重要影响。原则上来说，教育也是穷人拓宽社会上升机会的强大工具，因此对代际教育不平等的研究对于促进机会均等、跨越中等收入陷阱以及摆脱贫困均具有重要意义。

如同前文对既有研究的综述所指出，一方面，既有研究往往局限于家庭背景与子代教育成就之间的统计联系而缺乏理论基础，导致估计参数解释的可信度下降；另一方面，目前对发展中国家尚缺乏相应的比较研究。中国不同的城乡、不同的出身群组等面临不同的教育公共政策，经济环境差异也较大，对此应进行细致区分和比较，本节的分析试图弥补这一实证研究的空白。

本节选取了出生年份介于 1933—1992 年的人群，并且以 1949 年、1978 年两个重大事件年份划分时段，对于出生年份跨越 60 年的教育代际传递进行了动态分析，对中国教育代际传递进行了历史刻画，从而能够动态地把握教育代际传递特征在我国的变化，更全面地揭示教育代际传递机制及其影响因素，探究教育不平等固化、代际流动性不强的根源。

11.3.2　理论模型

本节的基本模型来自 Cameron 和 Heckman（1998），将该模型扩展到研究代际教育传递与代际不平等的关系。本节把教育程度定义为连续的整数值，这使得模型估计可以更容易实现并从经验上进行解释。假定每个个体都会选择如何投资于教育，在可供选择的教育程度 $j \in \{1, \cdots, J\}$ 中选择教育程度 E_j，教育程度 j 随着受教育年限的增加而增加。E^* 是个体最优的教育水平，是不可观测的，所能知道的是个体所选择的实际教育水平 E_j，个体所感知到的效用体现为预期教育净收益，即预期教育收益和预期教育成本之间的差值，效用可以涵盖货币和非货币方面。对个体来说，最佳的教育决策是由下式来决定：

$$\text{Max}_{j \in \{1, \cdots, J\}} r(E_j \mid x) - c(E_j \mid x) \tag{11.4}$$

r 代表教育程度 E_j 的预期收益，c 代表该教育程度的预期成本。假定收益函数是严格为正函数且是一个凹函数，随着教育水平的上升而上升，成本函数也严格为正且是一个凸函数。成本函数是从零开始，而收益函数则严格为正，这个假定是为了保证在最低水平的教育程度上，教育预期净收益为正且是一个凹函数。教育的收益和成本对不同的个体有可能是不同的，本节把教育的收益和成本分解如下：

$$\begin{cases} r(E_j \mid x) = r(E_j)\varphi_r(x)\varepsilon_r \\ c(E_j \mid x) = c(E_j)\varphi_c(x)\varepsilon_c \end{cases} \tag{11.5}$$

$\varphi_r(x)$、$\varphi_c(x)$ 是正函数，分别用来表示可观测到的变量对教育预期收益和预期成本的影响。ε_r、ε_c 分别代表不可观测的个体异质性对教育预期收益和预期成本的影响，是随机变量。变量 $\varphi_r(x)$、$\varphi_c(x)$、ε_r、ε_c 不依赖具体的教育水平，为了不失一般性，假定 $E(\varepsilon_r) = E(\varepsilon_c) = 1$，这意味着平均而言，不可观测的异质性对预期收益和成本均有一个中性的影响。

最优的教育决策 E_j^* 满足于使教育的预期净收益最大化，这意味着 E_j^* 的教育净收益必须为正，且比前一阶段 E_{j-1}^* 时的教育净收益要大，至少不低于后一阶段 E_{j+1}^* 时所获得的教育净收益。表示如下：

$$\begin{cases} r(E_j^*)\varphi_r(x)\varepsilon_r - c(E_j^*)\varphi_c(x)\varepsilon_c > 0 \\ r(E_j^*)\varphi_r(x)\varepsilon_r - c(E_j^*)\varphi_c(x)\varepsilon_c > r(E_{j-1}^*)\varphi_r(x)\varepsilon_r - c(E_{j-1}^*)\varphi_c(x)\varepsilon_c \\ r(E_j^*)\varphi_r(x)\varepsilon_r - c(E_j^*)\varphi_c(x)\varepsilon_c \geqslant r(E_{j+1}^*)\varphi_r(x)\varepsilon_r - c(E_{j+1}^*)\varphi_c(x)\varepsilon_c \end{cases} \tag{11.6}$$

等价于：

$$\begin{cases} \varphi_c(x)\varepsilon_c\left[r(E_j^*) \cdot \dfrac{\varphi_r(x)\varepsilon_r}{\varphi_c(x)\varepsilon_c} - c(E_j^*) \right] > 0 \\ \varphi_c(x)\varepsilon_c\left[r(E_j^*) \cdot \dfrac{\varphi_r(x)\varepsilon_r}{\varphi_c(x)\varepsilon_c} - c(E_j^*) \right] > \varphi_c(x)\varepsilon_c\left[r(E_{j-1}^*) \cdot \dfrac{\varphi_r(x)\varepsilon_r}{\varphi_c(x)\varepsilon_c} - c(E_{j-1}^*) \right] \\ \varphi_c(x)\varepsilon_c\left[r(E_j^*) \cdot \dfrac{\varphi_r(x)\varepsilon_r}{\varphi_c(x)\varepsilon_c} - c(E_j^*) \right] \geqslant \varphi_c(x)\varepsilon_c\left[r(E_{j+1}^*) \cdot \dfrac{\varphi_r(x)\varepsilon_r}{\varphi_c(x)\varepsilon_c} - c(E_{j+1}^*) \right] \end{cases} \tag{11.7}$$

定义 $\varphi(x) = \dfrac{\varphi_r(x)}{\varphi_c(x)}$ 及 $\varepsilon = \dfrac{\varepsilon_r}{\varepsilon_c}$，$\varphi(x)$ 代表可观测到的特征 x 的净影响，ε 代表未观测到的个体异质性对教育收益成本比值所产生的净效应。由于 $\varepsilon_c > 0$，$\varepsilon_r > 0$，$\varepsilon > 0$，

$\varphi_c(x) > 0$，$\varphi_r(x) > 0$，简化可以得到：

$$\begin{cases} r(E_j^*) \cdot \varphi(x)\varepsilon - c(E_j^*) > 0 \\ r(E_j^*) \cdot \varphi(x)\varepsilon - c(E_j^*) > r(E_{j-1}^*) \cdot \varphi(x)\varepsilon - c(E_{j-1}^*) \\ r(E_j^*) \cdot \varphi(x)\varepsilon - c(E_j^*) \geqslant r(E_{j+1}^*) \cdot \varphi(x)\varepsilon - c(E_{j+1}^*) \end{cases} \quad (11.8)$$

$$\begin{cases} o < \dfrac{c(E_j^*)}{r(E_j^*)} \cdot \dfrac{1}{\varphi(x)} < \varepsilon \\ \dfrac{c(E_j^*) - c(E_{j-1}^*)}{r(E_j^*) - r(E_{j-1}^*)} \cdot \dfrac{1}{\varphi(x)} < \varepsilon \leqslant \dfrac{c(E_{j+1}^*) - c(E_j^*)}{r(E_{j+1}^*) - r(E_j^*)} \cdot \dfrac{1}{\varphi(x)} \end{cases} \quad (11.9)$$

从式（11.9）可以看出，对于任何个体，可观测特性 x 的预期净回报在最优水平上为正，未观测到的部分也是由一个预期的比值所限定，下限是边际成本与边际收益从一个较低教育水平移出的比率，上限是边际成本与边际收益移动到下一个新的教育水平的比率。设观测到的实际教育水平是个体最优的教育水平，则个体选择教育水平 E_j 的概率可表示如下：

$$P(E_j \mid x) = P\left[\dfrac{c(E_j) - c(E_{j-1})}{r(E_j) - r(E_{j-1})} \cdot \dfrac{1}{\varphi(x)} < \varepsilon \leqslant \dfrac{c(E_{j+1}) - c(E_j)}{r(E_{j+1}) - r(E_j)} \cdot \dfrac{1}{\varphi(x)} \right] \quad (11.10)$$

为了进一步简化，设：

$$\mu_j = \ln\left(\dfrac{c(E_{j+1}) - c(E_j)}{r(E_{j+1}) - r(E_j)} \right), \quad \gamma_j = \mu_j \cdot \dfrac{1}{\varphi(x)} \quad (11.11)$$

个体选择某一教育水平的概率是由误差项落在两个门槛值之间的概率给出。换句话说，对于每个教育程度来说，都存在由这一教育水平到下一教育水平的门槛值。给定各自的特征，如果一个人的门槛值比另一个人高，这意味着选择教育水平 E_{j+1} 的额外成本与额外收益的比值对第一个人更为不利。如果可观测特征 x 出现变化，比如教育程度 E_{j+1} 的预期成本上升，这提高了门槛 γ_{j+1} 的值，结果个体选择教育层次 E_{j+1} 的可能性降低，选择教育层次 E_j 的概率增大。如果 x 的改变引起了教育层次 E_{j-1} 的收益增大，这提高了个体选择教育水平 E_{j-1} 而不是 E_j 或更高层次教育的概率。所观测到的特征 x 的任何变化均会反映在教育决策中，它影响从上一级到下一级教育边际成本与边际收益的预期比率。在模型中没有必要评估个体教育层次的实际成本和回报，但模型足以确定可观测到的特征是如何影响教育边际成本与边际收益的比率的。令 $\varphi(x) = \exp[\beta x]$ 去掉对数可得：

$$P(E_j \mid x) = P[\mu_{j-1} - \beta x < \ln\varepsilon \leqslant \mu_j - \beta x] \quad (11.12)$$

假定 $\ln\varepsilon$ 服从均值为 0、方差为 σ^2 的正态分布，则式（11.12）可以重新写成如下，其中 Φ 代表累积标准正态分布函数：

$$P(E_j \mid x) = \Phi\left(\dfrac{\mu_j - \beta x}{\sigma} \right) - \Phi\left(\dfrac{\mu_{j-1} - \beta x}{\sigma} \right) \quad (11.13)$$

这个表达式采取了有序 Probit 模型的方式，μ_j 代表门槛值，模型可以通过极大似然法来估计参数 β 和门槛 μ_j：

$$L = \prod_{i=1}^{n} \prod_{j=1}^{j} [\Phi(\mu_j - \beta x_i) - \Phi[(\mu_{j-1} - \beta x_i)]^{I_{ij}} \quad (11.14)$$

由于 L 是一个正函数, $\ln L$ 是关于 L 的单调递增转换, 因此该模型可以用最大化以下对数似然函数来估计:

$$\ln L = \sum_{i=1}^{n} \sum_{j=1}^{J} I_{ij} \ln\left[\Phi(\mu_j - \beta x_i) - \Phi\left[(\mu_{j-1} - \beta x_i) \right] \right] \qquad (11.15)$$

I_{ij} 是一个指示变量, 如果个体 $i(i \in \{1\cdots n\})$ 选择教育层次 E_j 则其值为 1, 否则为 0。由此本节建立了个体教育决策的排序选择模型, 该模型可由有序 Probit 模型来估计。

11.3.3　整体样本实证分析

1. 有序 Probit 估计的回归结果

以上的分析发现了我国不同地区、不同时段、不同家庭的代际教育传递性的事实, 下面我们通过有序 Probit 估计, 综合考察家庭背景如何影响了子代的教育结果。根据理论分析, 我们建立如下估计方程:

$$E_i^* = \beta_1 E_i^F + \beta_2 E_i^M + \psi \mathrm{FB}_i + \varepsilon_i, \quad \text{其中 } E_i = \begin{cases} 1, & E_i^* \leqslant \mu_1 \\ 2, & \mu_1 < E_i^* \leqslant \mu_2 \\ 3, & \mu_2 < E_i^* \leqslant \mu_3 \\ 4, & \mu_3 < E_i^* \end{cases} \qquad (11.16)$$

其中: E_i^* 代表个体 i 的潜在最优教育程度, 而 ε_i 为随机干扰项, 个体最优教育程度在原则上和实践上都是难以察觉的。我们能观察到的是个体最高教育程度 E_i, 其按照教育水平的高低分别赋值为 1、2、3、4, 是一个有序变量, 个体教育程度的分类内在地与潜在变量 E_i^* 以及临界值 μ 相关。随着潜在变量 E_i^* 的取值不同, 个体的实际教育程度 E_i 也将有不同的取值。另外估计方程中 E_i^F 代表父亲的教育程度, E_i^M 代表母亲的教育程度, FB_i 代表其他影响子代教育程度的个体特征和家庭背景等控制变量。

从概念上讲, 我们可以把子代的教育选择依赖于教育的成本和收益、家庭所面临的信贷约束和家庭收入。家庭教育背景可能通过言传身教、家庭文化等影响子代预期的教育成本和收益, 影响教育偏好和价值的传递。受过高等教育的父母的子代往往会选择较高的教育程度, 这是由于受高教育程度父母的直接影响, 以及具有较高能力的间接影响。通常认为, 高学历家长一般在教育上会获得更大的收益, 因此更有可能鼓励孩子继续深造, 事实上, 学习能力在一定程度会从上一代传递到下一代, 降低教育获得的"成本"。高水平的能力也可能有助于更好地把教育转化为效用 (如工资), 从而增加回报, 降低教育门槛值。另外, 父母教育可能会影响父母的时间分配和时间效率, 会使其在促进子代生产性的活动中投入更多精力。最后, 教育会改变家庭的议价能力, 受过良好教育的母亲可能会在针对子代的人力资本投资中更为成功。因此, 本节把父母的教育水平作为家庭背景中的重要指标来分析。模型中分别用父母初中、高中、大学来代表父母不同的教育层次。

家庭内财富的可用性可能会影响子代的教育前景, 因其可能会改变家庭所面临的预算约束, 影响教育的成本收益比。父亲的职业类别可以作为家庭财富的代理变量。在职业分类中, 本节把职业分为四类: 一是"高级非体力劳动职业", 包括高级专业技术工作者、管理者/行政官员/经理、军官与警官，这些职业掌握特定类型的社会资源，拥有一定社会地位，收入相对较高；二是"一般非体力劳动职业"，包括一般专业技术工作者和办公室一般工作人员；三是"农业体力劳动职业"，包括农民、渔民、猎人等；四是其他"工业/服务业体力劳动职业"。模型中分别为工业服务业体力职业、一般非体力职业、高级非体力职业代表父亲的职业分类。

家庭规模会对子代教育产生影响，因此在模型中加入兄弟姐妹因素，把子代的兄弟姐妹分别为三类：其一是独生子女；其二是子代拥有兄弟；其三是子代没有兄弟，只有姐妹，主要考虑到兄弟姐妹的性别差异。模型中用兄弟和姐妹分别来代表子代拥有兄弟和拥有姐妹。

个体特征方面，本节考虑了出生年份和性别，分别以 1949 年和 1978 年为界，按出生群组划分为三个时段，分别为 1933—1949 年出生群组、1950—1978 年出生群组、1979—1992 年出生群组。模型中本节采用子代为女性代表性别差异，用中华人民共和国成立前出生、改革开放后出生代表出生年份差异。

中国城乡差异巨大，城乡面临不同的教育成本和教育收益，对此本节通过引入城乡虚拟变量进行了考虑。整体而言，从家庭教育背景、财富背景、家庭规模、个体特征（性别与出生年份）、家庭户籍方面来分析，重点考察父母教育对子代教育的影响。

由于模型中各解释变量均为虚拟变量，因此省略了描述性统计，子代各细分样本信息详见表 11.38。从各子样本量占比来看，城乡方面农村样本占 68.95%；分性别来看，男性样本占到 60.06%；分家庭规模来看，独生子女样本占比达到 22.88%；分出生群组来看，其中受调查年份限制，中华人民共和国成立前的样本比重最低，仅为 0.8%，而中华人民共和国成立后改革开放前样本量达到 66.54%，而改革开放后出生群组占比达到了 32.66%。

表 11.38 子代各样本量说明

名称	样本量	占比（%）	名称	样本量	占比（%）	名称	样本量	占比（%）
男性	3820	60.06	女性	2540	39.94			
城市	1975	31.05	农村	4385	68.95			
独生子女	1455	22.88	拥有兄弟	2989	47	拥有姐妹	1916	30.13
中华人民共和国成立前出生	51	0.8	中华人民共和国成立后出生	4232	66.54	改革开放后出生	2077	32.66

按照上述理论模型，我们运用有序 Probit 估计来测算，表 11.39 报告了有序 Probit 模型回归结果。我们构建了 4 个回归，回归 1 包括父母的教育水平，把父母的教育水平分列开来，考察不同教育程度的父母对子代教育的影响。回归 2 加入了代表家庭财富的父亲职业分类变量。回归 3 在回归 2 的基础上加入了代表个体特征的变量，比如出生年份、个体性别，考察不同出生群组及性别差异对子代教育的影响。考虑到家庭结构特征与家庭构成

指标，加入兄弟姐妹因素。回归 4 考虑到城乡之间的巨大差异，我们加入了代表城乡差异的家庭户籍虚拟变量。

表 11.39　　　　　　　　　　　整体样本有序 **Probit** 估计回归结果

	回归 1	回归 2	回归 3	回归 4
父亲教育程度（参照组：小学）				
初中	0.365 ***	0.273 ***	0.243 ***	0.255 ***
	(0.034)	(0.037)	(0.037)	(0.037)
高中	0.705 ***	0.510 ***	0.455 ***	0.422 ***
	(0.046)	(0.053)	(0.054)	(0.054)
大学	1.173 ***	0.871 ***	0.847 ***	0.777 ***
	(0.084)	(0.102)	(0.102)	(0.103)
母亲教育程度（参照组：小学）				
初中	0.550 ***	0.413 ***	0.289 ***	0.269 ***
	(0.040)	(0.044)	(0.045)	(0.046)
高中	0.990 ***	0.824 ***	0.656 ***	0.607 ***
	(0.057)	(0.064)	(0.066)	(0.066)
大学	1.247 ***	0.986 ***	0.888 ***	0.844 ***
	(0.142)	(0.170)	(0.172)	(0.172)
父亲职业类别（参照组：农民）				
工业服务业体力职业		0.631 ***	0.602 ***	0.455 ***
		(0.035)	(0.035)	(0.038)
一般非体力职业		0.761 ***	0.781	0.652 ***
		(0.073)	(0.074)	(0.075)
高级非体力职业		0.950 ***	0.963 ***	0.809 ***
		(0.052)	(0.053)	(0.055)
家庭及个体特征				
女性子代			−0.0526 *	−0.0544 *
			(0.031)	(0.031)
1978—1992 年出生			0.261 ***	0.315 ***
			(0.184)	(0.185)
1933—1949 年出生			−0.390 *	−0.422 *
			(0.035)	(0.035)
子代有兄弟			−0.410 ***	−0.371 ***
			(0.043)	(0.044)
子代有姐妹			−0.335 ***	−0.294 ***
			(0.045)	(0.046)

续表

	回归 1	回归 2	回归 3	回归 4
城乡因素				
城市				0.392 ***
				(0.040)
门槛值				
μ_1	−0.641 ***	−0.414 ***	−0.734 ***	−0.677 ***
	(0.022)	(0.025)	(0.047)	(0.047)
μ_2	0.771 ***	1.116 ***	0.816 ***	0.888 ***
	(0.022)	(0.028)	(0.048)	(0.049)
μ_3	1.882 ***	2.319 ***	2.049 ***	2.138 ***
	(0.030)	(0.039)	(0.053)	(0.055)
N	6360	5514	5514	5514
R^2	0.0970	0.1310	0.1436	0.1506
Chi-squared	1464.2	1659.0	1797.5	1872.9

注："***"、"**"、"*"分别表示1%、5%和10%的置信水平，括号中数据为标准误。

从整体回归来看，各主要变量系数均显著，各层次教育的门槛值也均显著，模型整体回归效果较好。从回归1可以看出父母各层次教育均对子代教育的影响为正且显著，且随着父母教育程度的增加，子代进一步接受教育的概率也加大。从回归2可以看出家庭财富对子代教育程度的影响为正，父亲职业越高，家庭财富越多，其对子代教育程度的影响越大。但随着家庭财富的加入，父母教育程度对子代教育的影响所有减弱。从回归3可以看出子代性别对其教育程度的影响在5%的水平上显著，性别虚拟变量系数为负，这说明女性子代教育程度受性别的负面影响，降低了其接受教育的概率。出生年份对其影响也显著，改革开放后出生的群组相比于改革开放前子女，其教育程度上升的概率加大。中华人民共和国成立以前出生的子女教育程度系数为负，这说明相比于1949—1978年出生的群组，中华人民共和国成立前出生的子女教育程度上升的概率降低。兄弟姐妹对子代教育程度有负向影响，且兄弟姐妹的影响存在性别差异。当有兄弟时，其使子代受教育程度降低的概率更大。而随着家庭结构和个体特征变量的加入，父母教育程度对子代教育的影响再一次减弱。从回归4可以看出子代教育程度受城乡差异影响。相比于农村，城市地区子代教育程度上升的概率更大。在4个回归当中，我们发现父母的教育仍然是子代教育程度的重要决定因素。此外，即使平均而言母亲拥有更低的教育程度，但母亲的教育对子代的影响比父亲更大，在每个教育程度上均是如此。

2. 整体回归稳健性检验

为了检验结果的稳健性，我们采取了两种方法：其一是替换估计方法，其二是替换被解释变量。我们首先选择有序Logit方法来重新进行计算。有序Logit估计与有序Probit估计区别在于扰动项的分布不同，前者服从逻辑分布，后者服从正态分布，逻辑分布除了在末尾部分比正态分布大很多外，其他与正态分布相似，因此我们用有序 Logit 模型来对估计结果进行验证。① 除了改变估计方法外，我们替换了被解释变量来检验模型的稳健性。我们把被解释变量子代教育程度替换为子代的受教育年限，并采用 OLS 进行估计。回归中我们考虑了两种情况，不加城乡虚拟变量和加入城乡虚拟变量，回归结果见表 11.40。从表中可以看出，模型各变量系数显著，基本估计结果一致，说明有序 Probit 估计结果是稳健的。

表 11.40　　　　　　　　　**整体样本有序 Logit 估计及 OLS 估计回归结果**

变量	因变量：子代教育程度 有序 Logit 回归		因变量：子代受教育年限 OLS	
父亲教育程度（参照组：小学）				
初中	0.430***	0.451***	0.615***	0.625***
	(0.065)	(0.065)	(0.127)	(0.127)
高中	0.810***	0.744***	1.396***	1.357***
	(0.094)	(0.094)	(0.183)	(0.183)
大学	1.498***	1.377***	1.493***	1.414***
	(0.177)	(0.178)	(0.337)	(0.338)
母亲教育程度（参照组：小学）				
初中	0.519***	0.485***	0.601***	0.577***
	(0.079)	(0.079)	(0.156)	(0.156)
高中	1.184***	1.110***	1.345***	1.283***
	(0.115)	(0.116)	(0.222)	(0.223)
大学	1.445***	1.373***	1.723**	1.665**
	(0.285)	(0.288)	(0.548)	(0.548)
父亲职业类别（参照组：农民）				
工业服务业体力职业	1.084***	0.824***	1.089***	0.930***
	(0.063)	(0.068)	(0.118)	(0.130)
一般非体力职业	1.381***	1.149***	1.165***	1.023***
	(0.128)	(0.131)	(0.251)	(0.255)
高级非体力职业	1.709***	1.435***	1.332***	1.161***
	(0.094)	(0.098)	(0.178)	(0.187)
家庭及个体特征				
女性子代	−0.0971*	−0.100*	−0.860***	−0.863***
	(0.053)	(0.053)	(0.104)	(0.104)

---

① 它非常类似于一个自由度为 7 的 t 分布（Green，2000：815）。

续表

变量	因变量：子代教育程度 有序 Logit 回归		因变量：子代受教育年限 OLS	
1978—1992 年出生	−0.696**	−0.744**	−2.358***	−2.384***
	(0.355)	(0.351)	(0.631)	(0.630)
1933—1949 年出生	0.435***	0.537***	1.944***	1.996***
	(0.060)	(0.061)	(0.118)	(0.119)
子代有兄弟	−0.741***	−0.668***	−0.948***	−0.901***
	(0.076)	(0.076)	(0.147)	(0.148)
子代有姐妹	−0.607***	−0.530***	−0.493**	−0.446**
	(0.079)	(0.080)	(0.154)	(0.155)
城乡因素				
城市		0.695***		0.409**
		(0.071)		(0.137)
常数项			7.631***	7.562***
			(0.155)	(0.156)
门槛值				
μ_1	−1.258***	−1.151***		
	(0.081)	(0.082)		
μ_2	1.383***	1.521***		
	(0.084)	(0.086)		
μ_3	3.602***	3.772***		
	(0.098)	(0.100)		
N	5514	5514	5514	5514
R^2	0.1449	0.1520	0.197	0.198
Chi-squared	1653.8	1713.6		

注："***"、"**"、"*"分别表示 1%、5% 和 10% 的置信水平，括号中数据为标准误。

3. 整体回归边际效应

由于有序 Probit 估计的参数含义不直观，我们进一步以表 11.39 中的回归 4 为基础，计算了各个解释变量对子代教育程度的边际效应。边际效应的估计在验证整体参数估计的情况下，给出了更多信息（见表 11.41）。

$$\text{MPE}_i = \frac{\partial \Pr(y = E_i \mid x)}{\partial x} \quad (E_i = 1, 2, 3, 4) \quad (11.17)$$

其中：x 代表外生解释变量，E_i 代表子代的各教育程度，该式的含义是当所有解释变量处于其均值水平时，某一解释变量变动 1 个单位时，子代受教育程度取各个值的概率如何变化。

　　首先计算模型整体样本的边际效应，总体来看父母接受初中及以上教育、父亲职业非农民、改革开放后出生群组、城市户籍这些因素均会提高子代接受高中及以上程度教育的概率，拥有这些特征的子代在义务教育结束后进一步接受教育的概率加大。相反，女性子代、中华人民共和国成立前出生、拥有兄弟姐妹等则会降低其接受高中或大学程度教育的概率。

表 11.41　　　　　　　　　　　各解释变量的边际效应

	小学	初中	高中	大学
父亲教育程度（参照组：小学）				
初中	−0.058 *** (0.008)	−0.020 *** (0.004)	0.048 *** (0.007)	0.029 *** (0.005)
高中	−0.090 ** (0.01)	−0.042 *** (0.008)	0.078 ** (0.01)	0.054 *** (0.008)
大学	−0.141 ** (0.013)	−0.111 ** (0.023)	0.132 ** (0.014)	0.120 ** (0.022)
母亲教育程度（参照组：小学）				
初中	−0.058 *** (0.009)	−0.026 *** (0.006)	0.050 *** (0.009)	0.034 *** (0.006)
高中	−0.113 *** (0.01)	−0.084 ** (0.014)	0.105 ** (0.011)	0.091 ** (0.013)
大学	−0.140 ** (0.017)	−0.136 ** (0.041)	0.133 ** (0.018)	0.143 ** (0.041)
父亲职业类别（参照组：农民）				
工业服务业体力职业	−0.107 *** (0.009)	−0.034 *** (0.004)	0.093 *** (0.008)	0.047 *** (0.004)
一般非体力职业	−0.141 ** (0.013)	−0.068 ** (0.014)	0.131 *** (0.015)	0.077 ** (0.012)
高级非体力职业	−0.163 *** (0.009)	−0.102 ** (0.012)	0.158 *** (0.011)	0.106 *** (0.01)
家庭及个体特征				
女性子代	0.012 *** (0.007)	0.003 *** (0.002)	−0.009 *** (0.005)	−0.007 *** (0.004)
1933—1949 年出生	0.117 * (0.056)	−0.010 ** (0.015)	−0.072 ** (0.029)	−0.036 ** (0.012)
1978—1992 年出生	−0.069 *** (0.007)	−0.026 *** (0.004)	0.055 *** (0.006)	0.040 *** (0.005)

续表

	小学	初中	高中	大学
子代有兄弟	0.078***	0.035***	−0.064***	−0.049***
	（0.009）	（0.006）	（0.008）	（0.006）
子代有姐妹	0.060***	0.031***	−0.050***	−0.040***
	（0.009）	（0.006）	（0.008）	（0.007）
城乡因素				
城市	−0.090***	−0.024***	0.066***	0.047***
	（0.009）	（0.003）	（0.007）	（0.005）

注："***"、"**"、"*"分别表示 1%、5% 和 10% 的置信水平，括号中数据为标准误。

接受过义务教育及以上程度教育的父母对子女教育的边际影响，转折点发生在子代义务教育之后。对于接受过义务教育及以上程度教育的父母，其子代接受高中和大学学历教育的概率显著增加，停留在小学或初中学历的概率减少。例如当所有解释变量处于均值时，母亲为初中教育水平，则子代为小学和初中教育水平的概率分别减少 0.058 和 0.026，相反，子代为高中或大学学历的概率分别增加 0.050 和 0.034；如果母亲是大专或大学学历者，边际影响更为显著，其会使子代为小学和初中教育水平的概率较平均值分别减少 0.140 和 0.136，相反地，子代为高中或大学学历的概率分别增加 0.133 和 0.143。这也从侧面论证了九年制义务教育的必要性。随着父母受教育程度的提高，其对子女教育程度的边际影响加大。例如母亲的教育程度分别为初中、高中或中专、大专或大学，会使子代接受高等教育的概率分别增加 0.034、0.091、0.143；而父亲的教育程度为以上三者，对应会使子代接受高等教育的概率分别增加 0.029、0.054、0.120。在边际效应的影响中，对子女拥有大专或大学学历边际影响最大的为母亲拥有大专或大学学历者，其会使子女拥有同等学历的概率增加 0.143，其次为父亲拥有大专或大学学历者。虽然母亲的平均受教育年限要比父亲低 2.1 年，但母亲受教育对子代教育的影响在各个程度上均比父亲大。整体而言，个体教育程度受他们的父母教育水平的影响：父母的教育程度越高，则子代表现越好，也就是说，孩子越有可能达到较高的教育程度。

从父亲职业所代表的家庭财富和地位来看，我们发现其家庭财富对子女义务教育阶段之后的教育很重要。父亲是高级非体力劳动职业者，其子女拥有大专或大学学历的概率增加 0.106。从性别差异来看，作为女性其接受高等教育的概率下降 0.007。同样相比独生子女，拥有兄弟使接受高等教育概率降低约 0.049，拥有姐妹则降低 0.040。城乡差异同样显著，城市户籍提高其接受高中或大学的概率 0.047。中华人民共和国成立前出生的群组，其接受高中和大学程度教育的概率分别降低 0.072 和 0.036，但改革开放后出生的群组其接受高中和大学程度教育的概率分别增加 0.050 和 0.040。这主要是由于制度改革的影响，自 1999 年以来实行了大学扩招政策，提高了 1981 年之后的出生群组接受高等教育的可能性。据估计，自大学扩招以来高校普通招生人数已经由 1999 年的 160 万人上升至 2015 年的 700 万人，增幅达 437.5%。

4. 整体回归概率预测

我们还考察了回归结果中各变量的预测概率（表11.42）。为了便于比较，我们把预测概率进行了分类，比如针对父母的受教育程度，把接受过小学教育的父母归为一类，把义务教育完成后的父母归为一类，计算接受过初中、高中、大学教育父母中子代各教育程度的平均预测概率；对于父亲职业，我们把农民归为一类，把非农职业归为另一类；我们把独生子女归为一类，把非独生子女归为另一类。

本节比较了各子样本各因素对子代教育程度影响的预测概率，可以看出不同的家庭背景其子代受教育程度存在显著差异，拥有"好的"家庭背景可以使子代接受高等教育的概率越高。比如一个父母均接受过教育，父亲是非农职业的，出生在城市的独生子其上大学的预测概率叠加可以达到80%，但同样一个父母只有小学教育程度，出生在农村的，父亲务农为生的，拥有兄弟姐妹的女性子代其上大学的预测概率叠加只有37%。横向来看，父母的教育水平对子代接受教育具有很强的预测性。如母亲接受过初中及以上教育，其子代教育水平是高中的概率达到34.8%，子代是大学学历的概率达到15.7%，所在行中为最大。接受过义务教育的父母其子女是大学学历者概率分别达到13.1%和15.7%，与此相对比的是拥有小学学历的父母，其子女是大学学历者概率仅为6.3%和6.8%，不足接受义务教育及以上程度教育父母的一半，特别是母亲的教育程度对子代接受进一步教育的影响更大。从预测概率来看，对子女是否进一步接受教育影响最大的仍然是母亲的教育水平，母亲如果拥有初中或以上教育程度，则子女接受高中或高等教育的概率最大。

表11.42 整体回归模型预测概率

子代教育程度	完成义务教育父亲	完成义务教育母亲	非农职业	出生群组>1978	独生子女	男性	城市
小学	0.109	0.089	0.096	0.134	0.121	0.178	0.031
初中	0.434	0.406	0.445	0.454	0.443	0.465	0.351
高中	0.327	**0.348**	0.338	0.297	0.310	0.261	0.447
大学	0.131	**0.157**	0.121	0.116	0.125	0.095	0.171
子代教育程度	小学程度父亲	小学程度母亲	农民职业	出生群组<1978	非独生子女	女性	农村
小学	0.205	0.192	0.233	0.261	0.190	0.191	0.196
初中	0.492	0.488	0.513	0.475	0.476	0.469	0.565
高中	0.240	0.252	0.210	0.206	0.253	0.252	0.214
大学	0.063	0.068	0.044	0.058	0.081	0.089	0.025

同时还发现，家庭规模会显著影响子女的受教育的情况，比如独生子女接受高等教育的概率高达12.5%，但拥有兄弟姐妹者大学学历仅为8.1%。性别也会影响子代教育程度的概率，其他条件相同时，男性获得大学教育的预测概率（9.5%）高于女性（8.9%）。就城乡比较而言，城市子代获得高中和大学教育的预测概率均分别大大超过农村的子代；

类似地，非农职业家庭的子代接受高中和大学教育的预测概率大大超过农业职业家庭的子代。就出生群组比较而言，改革开放之后（1978 年后）的出生群组的子代接受高中和大学教育的预测概率明显更高。

11.3.4 各子样本实证分析

1. 各子样本回归结果

进一步地，我们分性别、城乡、出生群组来进行子样本分析（表 11.43）。分性别来看，各主要变量回归结果均显著，父母的教育程度对子代教育程度的影响仍然在各个层次上显著。对于男性子代，母亲的受教育程度各回归系数均大于父亲，即母亲的教育程度影响更大。从城乡对比来看，最大的区别在于性别虚拟变量的不同，城市性别差异不明显，但对于农村，子代性别虚拟变量显著为负，这说明农村女性教育程度受性别的负面影响。在农村父母教育程度对子代教育的影响更大，特别是母亲的受教育程度，母亲是大学学历者更能提高子代受教育的概率。分出生群组来看，最大的差异仍然是性别，在改革开放前性别虚拟变量为负，但改革开放后其值为正，这说明改革开放后相比于男性，女性性别增加了受教育程度提高的概率。另外从父母各教育程度的系数值对比来看，我们发现改革开放后，父母是初中教育者对子代的影响都有所减小，而父亲接受高中、高等教育者对子代教育程度的影响加大。从各子样本的门槛值（接受更高层次教育的边际成本与边际收益的比值）来看，在各教育层次上均呈现出女性大于男性，农村大于城市，改革开放前大于改革开放后，这意味着给定相同的特征和系数值，前者继续接受教育的可能性较低。

表 11.43　　　　　　　各子样本有序 Probit 估计回归结果

	男	女	农村	城市	1949—1978 年	1978—1992 年
父亲教育程度（参照组：小学）						
初中	0.268 *** (0.049)	0.239 *** (0.058)	0.228 *** (0.043)	0.346 *** (0.077)	0.281 *** (0.047)	0.235 *** (0.064)
高中	0.389 *** (0.070)	0.462 *** (0.084)	0.466 *** (0.069)	0.390 *** (0.088)	0.378 *** (0.075)	0.460 *** (0.082)
大学	0.708 *** (0.135)	0.852 *** (0.162)	0.900 *** (0.185)	0.747 *** (0.131)	0.694 *** (0.131)	0.940 *** (0.184)
母亲教育程度（参照组：小学）						
初中	0.207 *** (0.059)	0.367 *** (0.073)	0.292 *** (0.055)	0.205 * (0.081)	0.344 *** (0.067)	0.191 ** (0.065)
高中	0.572 *** (0.086)	0.673 *** (0.104)	0.603 *** (0.094)	0.585 *** (0.098)	0.709 *** (0.109)	0.515 *** (0.089)
大学	0.994 *** (0.223)	0.624 ** (0.275)	1.150 *** (0.305)	0.701 ** (0.214)	0.823 *** (0.228)	0.809 ** (0.277)

续表

	男	女	农村	城市	1949—1978 年	1978—1992 年
父亲职业类别（参照组：农民）						
工业服务业体力职业	0.383***	0.566***	0.460***	0.526***	0.405***	0.534***
	(0.050)	(0.060)	(0.043)	(0.118)	(0.049)	(0.065)
一般非体力职业	0.656***	0.648***	0.566***	0.805***	0.561***	0.815***
	(0.101)	(0.113)	(0.102)	(0.151)	(0.090)	(0.149)
高级非体力职业	0.761***	0.893***	0.757***	0.948***	0.827***	0.794***
	(0.072)	(0.088)	(0.070)	(0.133)	(0.072)	(0.091)
家庭及个体特征						
女性			-0.101***	0.0682	-0.189***	0.192***
			(0.036)	(0.059)	(0.038)	(0.054)
1978—1992 年出生	-0.496**	-0.245	-0.688**	-0.179		
	(0.204)	(0.445)	(0.266)	(0.261)		
1933—1949 年出生	0.204***	0.469***	0.300***	0.373***		
	(0.046)	(0.055)	(0.040)	(0.073)		
子代有兄弟	-0.331***	-0.489***	-0.349***	-0.436***	-0.194***	-0.634***
	(0.053)	(0.078)	(0.056)	(0.073)	(0.057)	(0.072)
子代有姐妹	-0.227***	-0.445***	-0.300***	-0.260**	-0.140*	-0.458***
	(0.055)	(0.083)	(0.058)	(0.079)	(0.060)	(0.074)
城乡因素						
城市	0.381***	0.415***			0.412***	0.351***
	(0.052)	(0.064)			(0.051)	(0.070)
门槛值						
μ_1	-0.734***	-0.603***	-0.709***	-0.859***	-0.569***	-1.175***
	(0.057)	(0.085)	(0.057)	(0.131)	(0.058)	(0.085)
μ_2	0.857***	0.942***	0.892***	0.573***	0.930***	0.589***
	(0.058)	(0.088)	(0.058)	(0.130)	(0.059)	(0.084)
μ_3	2.085***	2.245***	2.078***	1.928***	2.310***	1.720***
	(0.066)	(0.096)	(0.066)	(0.135)	(0.070)	(0.090)
N	3258	2256	4031	1483	3594	1883
R^2	0.1303	0.1862	0.0984	0.1352	0.1227	0.1700
Chi-squared	955.5	935.4	863.7	458.1	976.9	706.5

注："***"、"**"、"*"分别表示 1%、5%和 10%的置信水平，括号中数据为标准误。

2. 各子样本边际效应分析

我们继续考察分性别和分城乡的子代的边际效应（参见表 11.44 和表 11.45），分性别来看，父母教育对男性子代和女性子代的影响转折点均发生在义务教育以后。由表 11.44 所揭示的男性子代各教育阶段边际效应来看，从父母各层次教育对子代教育影响大小来看，男性子代父母教育程度为高中、大学者，其母亲教育程度对子代各教育程度的边际影响均大于父亲。比如，父亲为大学教育程度，则其子代教育为小学、初中、高中、大学教育程度的边际影响分别为-0.124、-0.112、0.127、0.109，但母亲为大学教育程度，则其对子代的边际影响分别为-0.141、-0.193、0.146、0.189，对男性子代大学教育程度影响最大的前两位分别为母亲为大学教育程度和父亲为大学教育程度。

表 11.44　　　　　　　　　　　　　男性子代各教育阶段边际效应

	小学	初中	高中	大学
父亲教育程度（参照组：小学）				
初中	-0.058 *** (0.010)	-0.027 *** (0.006)	0.053 *** (0.010)	0.032 *** (0.006)
高中	-0.080 *** (0.013)	-0.046 *** (0.012)	0.076 *** (0.014)	0.050 *** (0.010)
大学	-0.124 *** (0.016)	-0.112 *** (0.032)	0.127 *** (0.020)	0.109 *** (0.028)
母亲教育程度（参照组：小学）				
初中	-0.044 *** (0.012)	-0.023 *** (0.008)	0.041 *** (0.012)	0.026 *** (0.008)
高中	-0.101 *** (0.012)	-0.090 *** (0.019)	0.103 *** (0.015)	0.088 *** (0.017)
大学	-0.141 *** (0.016)	-0.193 *** (0.058)	0.146 *** (0.014)	0.189 *** (0.061)
父亲职业类别（参照组：农民）				
工业服务业体力职业	-0.087 *** (0.011)	-0.035 *** (0.006)	0.082 *** (0.011)	0.041 *** (0.006)
一般非体力职业	-0.131 *** (0.015)	-0.088 *** (0.022)	0.135 *** (0.020)	0.084 *** (0.018)
高级非体力职业	-0.144 *** (0.011)	-0.113 *** (0.016)	0.153 *** (0.015)	0.104 *** (0.013)
家庭及个体特征				
1933—1949 年出生	0.135 *** (0.062)	-0.005 *** (0.017)	-0.088 *** (0.033)	-0.042 *** (0.013)

续表

	小学	初中	高中	大学
1978—1992 年出生	−0.043 ***	−0.020 ***	0.037 ***	0.026 ***
	(0.009)	(0.005)	(0.008)	(0.006)
子代有兄弟	0.069 ***	0.035 ***	−0.061 ***	−0.043 ***
	(0.011)	(0.007)	(0.010)	(0.007)
子代有姐妹	0.045 ***	0.027 ***	−0.041 ***	−0.031 ***
	(0.011)	(0.008)	(0.010)	(0.008)
城乡因素				
城市	−0.084 ***	−0.031 ***	0.068 ***	0.047 ***
	(0.012)	(0.005)	(0.009)	(0.007)

注："***"、"**"、"*"分别表示 1%、5% 和 10% 的置信水平，括号中数据为标准误。

如表 11.45 所示，对女性子代而言，各系数值符号和男性子代相同，但大小有所差异。对女性子代大学教育程度影响最大的为父亲大学教育程度，其可以使女性子代接受高等教育的概率提高 0.127，其次为父亲职业为高级非体力劳动者，其值为 0.108，再次为母亲为大学教育程度，其值为 0.087，有兄弟姐妹会降低子代接受高等教育的概率，且兄弟的负面影响大于姐妹。

表 11.45　　　　　　　　　　**女性子代各教育阶段边际效应**

	小学	初中	高中	大学
父亲教育程度（参照组：小学）				
初中	−0.057 ***	−0.011 ***	0.042 ***	0.026 ***
	(0.014)	(0.004)	(0.011)	(0.006)
高中	−0.102 ***	−0.034 ***	0.080 ***	0.056 ***
	(0.017)	(0.011)	(0.015)	(0.012)
大学	−0.161 ***	−0.101 ***	0.136 ***	0.127 ***
	(0.021)	(0.033)	(0.022)	(0.033)
母亲教育程度（参照组：小学）				
初中	−0.081 ***	−0.028 ***	0.064 ***	0.045 ***
	(0.015)	(0.009)	(0.013)	(0.010)
高中	−0.131 ***	−0.076 ***	0.111 ***	0.096 ***
	(0.016)	(0.020)	(0.017)	(0.019)
大学	−0.124 ***	−0.067	0.104 ***	0.087 *
	(0.041)	(0.049)	(0.040)	(0.050)

续表

	小学	初中	高中	大学
父亲职业类别（参照组：农民）				
工业服务业体力职业	−0.139 ***	−0.027 ***	0.110 ***	0.056 ***
	(0.014)	(0.006)	(0.013)	(0.007)
一般非体力职业	−0.154 ***	−0.039 **	0.125 ***	0.068 ***
	(0.022)	(0.017)	(0.022)	(0.016)
高级非体力职业	−0.192 ***	−0.084 ***	0.168 ***	0.108 ***
	(0.015)	(0.017)	(0.017)	(0.014)
家庭及个体特征				
1933—1949 年出生	0.068	−0.008	−0.040	−0.021
	(0.130)	(0.028)	(0.070)	(0.033)
1978—1992 年出生	−0.106 ***	−0.029 ***	0.078 ***	0.057 ***
	(0.012)	(0.006)	(0.010)	(0.007)
子代有兄弟	0.102 ***	0.042 ***	−0.077 ***	−0.066 ***
	(0.014)	(0.011)	(0.013)	(0.012)
子代有姐妹	0.091 ***	0.040 ***	−0.070 ***	−0.062 ***
	(0.016)	(0.011)	(0.013)	(0.013)
城乡因素				
城市	−0.098 ***	−0.014 ***	0.065 ***	0.048 ***
	(0.015)	(0.003)	(0.010)	(0.008)

注："***"、"**"、"*"分别表示 1%、5% 和 10% 的置信水平，括号中数据为标准误。

表 11.46、表 11.47 对农村子代和城市子代的子样本进行了比较。分城乡来看，从父母的受教育程度来看，对农村子代教育程度而言，母亲对子代教育程度的影响显著大于父亲。比如对于农村子代上大学的概率影响，父亲教育程度为初中、高中、大学对农村子代上大学的影响分别为 0.018、0.044、0.116，但母亲的影响分别为 0.026、0.067、0.183。另外，农村子代中女性相比于男性接受大学教育的概率低 0.008；从兄弟姐妹的影响来看，子代具有兄弟将使其接受大学教育的概率降低 0.033，子代有姐妹将使其大学教育的概率降低 0.030。

表 11.46　　　　　　　　　　**农村子代各教育阶段边际效应**

	小学	初中	高中	大学
父亲教育程度（参照组：小学）				
初中	−0.062 ***	−0.002	0.047 ***	0.018 ***
	(0.011)	(0.002)	(0.009)	(0.004)

续表

	小学	初中	高中	大学
高中	−0.116 ***	−0.025 ***	0.097 ***	0.044 ***
	(0.015)	(0.009)	(0.015)	(0.008)
大学	−0.185 ***	−0.110 **	0.179 ***	0.116 ***
	(0.023)	(0.045)	(0.031)	(0.038)
母亲教育程度（参照组：小学）				
初中	−0.075 ***	−0.012 **	0.061 ***	0.026 ***
	(0.013)	(0.005)	(0.012)	(0.006)
高中	−0.136 ***	−0.056 ***	0.125 ***	0.067 ***
	(0.016)	(0.018)	(0.019)	(0.014)
大学	−0.200 ***	−0.189 **	0.206 ***	0.183 ***
	(0.024)	(0.084)	(0.028)	(0.081)
父亲职业类别（参照组：农民）				
工业服务业体力职业	−0.122 ***	−0.013 ***	0.098 ***	0.037 ***
	(0.010)	(0.004)	(0.010)	(0.004)
一般非体力职业	−0.144 ***	−0.027 *	0.121 ***	0.050 ***
	(0.021)	(0.015)	(0.023)	(0.013)
高级非体力职业	−0.177 ***	−0.062 ***	0.162 ***	0.078 ***
	(0.013)	(0.014)	(0.016)	(0.011)
家庭及个体特征				
女性	0.028 ***	−0.0003	−0.019 ***	−0.008 ***
	(0.010)	(0.001)	(0.007)	(0.003)
1933—1949年出生	0.232 **	−0.097	−0.107 ***	−0.028 ***
	(0.096)	(0.060)	(0.030)	(0.006)
1978—1992年出生	−0.079 ***	−0.007 **	0.060 ***	0.026 ***
	(0.010)	(0.003)	(0.009)	(0.004)
子代有兄弟	0.088 ***	0.015 ***	−0.069	−0.033 ***
	(0.013)	(0.005)	(0.011)	(0.006)
子代有姐妹	0.074 ***	0.015 ***	−0.060 ***	−0.030 ***
	(0.016)	(0.011)	(0.013)	(0.013)

注："***"、"**"、"*"分别表示1%、5%和10%的置信水平，括号中数据为标准误。

　　对城市子代而言，父亲教育程度分别为初中、高中、大学对子代接受大学教育的影响分别为0.077、0.088、0.191，而母亲的影响则分别为0.047、0.152、0.189，母亲对子代教育程度的影响没有农村子代相对突出，但各系数仍然显著。另外父亲职业对子代受教育程度影响也非常显著，且转折点是发生在子代义务教育阶段之后。对城市子代而言，女性相比于男性，其教育程度为大学的概率增加了 0.016，子代有兄弟姐妹也会降低其接受大学教育的概率，子代有兄弟将会使其接受大学教育概率降低 0.103，子代有姐妹将会使其接受大学教育概率降低 0.065。

表 11.47　　　　　　　　　　　　城市子代各教育阶段边际效应

	小学	初中	高中	大学
父亲教育程度（参照组：小学）				
初中	−0.039***	−0.078***	0.041***	0.077***
	(0.009)	(0.018)	(0.010)	(0.017)
高中	−0.043***	−0.089***	0.044***	0.088***
	(0.009)	(0.022)	(0.010)	(0.021)
大学	−0.065***	−0.172***	0.047***	0.191***
	(0.009)	(0.031)	(0.010)	(0.039)
母亲教育程度（参照组：小学）				
初中	−0.023***	−0.047**	0.023***	0.047**
	(0.008)	(0.019)	(0.009)	(0.019)
高中	−0.050***	−0.135***	0.033***	0.152***
	(0.007)	(0.024)	(0.007)	(0.029)
大学	−0.056***	−0.161***	0.028***	0.189***
	(0.011)	(0.048)	(0.014)	(0.068)
父亲职业类别（参照组：农民）				
工业服务业体力职业	−0.088***	−0.092***	0.091***	0.089***
	(0.024)	(0.017)	(0.024)	(0.016)
一般非体力职业	−0.116***	−0.156***	0.118***	0.155***
	(0.026)	(0.029)	(0.025)	(0.029)
高级非体力职业	−0.126***	−0.190***	0.123***	0.193***
	(0.025)	(0.024)	(0.025)	(0.023)
家庭及个体特征				
女性	−0.008	−0.014	0.006	0.016
	(0.007)	(0.012)	(0.005)	(0.014)
1933—1949 年出生子代	0.025	0.035	−0.025	−0.035
	(0.040)	(0.048)	(0.040)	(0.048)
1978—1992 年出生子代	−0.037***	−0.082***	0.028***	0.091***
	(0.007)	(0.017)	(0.005)	(0.019)
子代有兄弟	0.046***	0.094***	−0.036***	−0.103***
	(0.008)	(0.017)	(0.007)	(0.018)

续表

	小学	初中	高中	大学
子代有姐妹	0.024 ***	0.058 ***	−0.016 ***	−0.065 ***
	(0.008)	(0.018)	(0.006)	(0.020)

注："***"、"**"、"*"分别表示1%、5%和10%的置信水平，括号中数据为标准误。

本节还测算了改革开放前和改革开放后不同群组的边际效应（参见表11.48、表11.49），对比可以看出，改革开放显著提高了父母教育程度对子女教育程度的影响。改革开放前，父亲教育程度分别为初中、高中、大学，则子代上大学的概率分别提高0.022、0.032、0.074，而改革开放后其值分别为0.041、0.088、0.212。母亲教育程度分别为初中、高中、大学，改革开放前其子代上大学的概率分别提高0.031、0.082、0.103，而改革开放后其值分别为0.034、0.106、0.183，相对于改革开放前，父母亲教育程度对子女接受高等教育的影响在各层次均有所增加。

表11.48 **1949—1978年出生群组边际效应分析**

	小学	初中	高中	大学
父亲教育程度（参照组：小学）				
初中	−0.074 ***	−0.010 ***	0.062 ***	0.022 ***
	(0.012)	(0.003)	(0.011)	(0.004)
高中	−0.096 ***	−0.020 ***	0.083 ***	0.032 ***
	(0.017)	(0.008)	(0.017)	(0.008)
大学	−0.155 ***	−0.070 ***	0.150 ***	0.074 ***
	(0.021)	(0.026)	(0.027)	(0.020)
母亲教育程度（参照组：小学）				
初中	−0.085 ***	−0.022 ***	0.076 ***	0.031 ***
	(0.015)	(0.008)	(0.015)	(0.007)
高中	−0.149 ***	−0.083 ***	0.150 ***	0.082 ***
	(0.016)	(0.023)	(0.021)	(0.018)
大学	−0.165 ***	−0.108 ***	0.169 ***	0.103 ***
	(0.029)	(0.052)	(0.038)	(0.043)
父亲职业类别（参照组：农民）				
工业服务业体力职业	−0.113 ***	−0.008 ***	0.095 ***	0.026 ***
	(0.013)	(0.004)	(0.012)	(0.004)
一般非体力职业	−0.147 ***	−0.027 ***	0.133 ***	0.041 ***
	(0.020)	(0.013)	(0.023)	(0.009)
高级非体力职业	−0.194 ***	−0.077 ***	0.195 ***	0.075 ***
	(0.014)	(0.014)	(0.018)	(0.009)

续表

	小学	初中	高中	大学
家庭及个体特征				
女性	0.051***	0.002***	−0.038***	−0.015***
	(0.010)	(0.001)	(0.008)	(0.003)
子代有兄弟	0.050***	0.006***	−0.040***	−0.017***
	(0.014)	(0.003)	(0.012)	(0.005)
子代有姐妹	0.036***	0.006***	−0.029***	−0.012***
	(0.015)	(0.003)	(0.013)	(0.006)
城乡因素				
城市	−0.111***	−0.006***	0.083***	0.033***
	(0.014)	(0.003)	(0.010)	(0.004)

注:" *** "、" ** "、" * " 分别表示 1%、5% 和 10% 的置信水平,括号中数据为标准误。

从性别特征来看,改革开放前,女性性别特征使其接受高中和大学教育的概率分别降低 0.038 和 0.015,但改革开放后,女性子代受高中和大学教育的概率则分别增加 0.023 和 0.035,改革开放后女性接受高中和大学教育的概率增加。但同时我们也注意到兄弟姐妹的负面效应在改革开放后加大,改革开放前拥有兄弟使得子代接受大学教育的概率降低 0.017,改革开放后其值变为 0.128。城市户籍也增加了其接受大学教育的概率,由 0.033 变为 0.064。我们也发现对子代接受大学教育影响最大的三个因素仍是相同的,父母为大学教育程度及父亲从事高级非体力职业、家庭背景对子代教育的影响在改革开放后加大,但主要的影响因素没有出现大的变化,父母的教育背景仍是首要因素。

表 11.49　　　　　　　　**1978—1992 年出生群组边际效应分析**

	小学	初中	高中	大学
父亲教育程度（参照组:小学)				
初中	−0.036***	−0.039***	0.034***	0.041***
	(0.010)	(0.011)	(0.010)	(0.011)
高中	−0.061***	−0.087***	0.061***	0.088***
	(0.010)	(0.018)	(0.012)	(0.017)
大学	−0.095***	−0.206***	0.089***	0.212***
	(0.012)	(0.047)	(0.010)	(0.053)
母亲教育程度（参照组:小学)				
初中	−0.027***	−0.034***	0.027***	0.034***
	(0.009)	(0.012)	(0.009)	(0.012)
高中	−0.061***	−0.106***	0.061***	0.106***
	(0.009)	(0.022)	(0.010)	(0.020)

续表

	小学	初中	高中	大学
大学	-0.081*** (0.015)	-0.179*** (0.071)	0.076*** (0.010)	0.183*** (0.078)

父亲职业类别（参照组：农民）

	小学	初中	高中	大学
工业服务业体力职业	-0.077*** (0.010)	-0.101*** (0.014)	0.088*** (0.012)	0.090*** (0.011)
一般非体力职业	-0.100*** (0.012)	-0.175*** (0.041)	0.118*** (0.016)	0.157*** (0.037)
高级非体力职业	-0.098*** (0.010)	-0.169*** (0.024)	0.116*** (0.013)	0.151*** (0.021)

家庭及个体特征

	小学	初中	高中	大学
女性	-0.027*** (0.008)	-0.031*** (0.009)	0.023*** (0.006)	0.035*** (0.010)
子代有兄弟	0.077*** (0.009)	0.130*** (0.018)	-0.078*** (0.010)	-0.128*** (0.016)
子代有姐妹	0.049*** (0.008)	0.101*** (0.018)	-0.051*** (0.009)	-0.099*** (0.017)

城乡因素

	小学	初中	高中	大学
城市	-0.051*** (0.010)	-0.056*** (0.011)	0.043*** (0.009)	0.064*** (0.013)

注："***"、"**"、"*"分别表示 1%、5% 和 10% 的置信水平，括号中数据为标准误。

3. 各子样本概率预测

我们考察了回归结果中各子样本变量的预测概率（参见表 11.50、表 11.51），我们可以看出不同家庭背景对其受教育程度的影响存在显著差异。拥有"好的"家庭背景可以显著提高子代的受教育水平，优越的家庭背景会增加子代接受高中或大学教育的可能性，这其中包括父母拥有教育背景、从事非农职业或者出生在城市，这在子代不同性别之间并不存在显著差别。对男性子代而言，接受过义务教育及以上教育程度的父亲其子代上大学的概率达到 12.6%，接受过义务教育的母亲其子代上大学的概率达到 16.8%，出生在城市，其子代上大学的概率达到 16.6%，而独生子上大学的概率达到 11.6%。对女性而言，接受过义务教育及以上教育程度的父亲其子代上大学的概率达到 13.4%，接受过义务教育的母亲其子代上大学的概率达到 14.4%，出生在城市，其子代上大学的概率达到 17.6%，而独生子上大学的概率达到 14.7%。

表 11.50　　　　　　　　　　　　**男性子代教育程度概率预测**

子代教育程度	完成义务教育父亲	完成义务教育母亲	非农职业	出生群组>1978	独生子女	城市
小学	0.099	0.078	0.087	0.134	0.117	0.032
初中	0.446	0.400	0.450	0.472	0.461	0.366
高中	0.329	0.353	0.342	0.290	0.307	0.436
大学	0.126	0.168	0.121	0.105	0.116	0.166
子代教育程度	小学程度父亲	小学程度母亲	农民职业	出生群组<1978	非独生子女	农村
小学	0.186	0.174	0.207	0.177	0.174	0.180
初中	0.508	0.502	0.528	0.491	0.492	0.570
高中	0.244	0.257	0.219	0.253	0.256	0.221
大学	0.062	0.067	0.045	0.079	0.078	0.028

表 11.51　　　　　　　　　　　　**女性子代教育程度概率预测**

子代教育程度	完成义务教育父亲	完成义务教育母亲	非农职业	出生群组>1978	独生子女	城市
小学	0.124	0.107	0.109	0.133	0.117	0.028
初中	0.420	0.410	0.438	0.432	0.413	0.327
高中	0.321	0.338	0.332	0.306	0.323	0.469
大学	0.134	0.144	0.121	0.129	0.147	0.176
子代教育程度	小学程度父亲	小学程度母亲	农民职业	出生群组<1978	非独生子女	农村
小学	0.231	0.219	0.270	0.239	0.214	0.218
初中	0.469	0.467	0.488	0.461	0.454	0.560
高中	0.235	0.245	0.198	0.228	0.250	0.203
大学	0.065	0.068	0.044	0.072	0.083	0.019

分城乡的子样本对比参见表 11.52、表 11.53，我们发现同样相同的家庭背景对于城市和农村的子代的影响存在显著的差别。比如在城市，接受过义务教育及以上教育程度的父亲其子代上大学的概率为 25.7%，但在农村仅为 9.4%。从表 11.53 可以看出，拥有"好的"家庭背景的城市子代其上大学的概率均在 20%以上，完成义务教育的母亲其子代上大学概率更达到 28.5%，而在农村该值仅为 12.9%，且是对子代影响最大的因素。对比也可以看出，城市中"坏的"家庭背景对子代上大学的概率影响平均而言，也比农村中"好的"家庭背景的影响要大，城乡之间的教育机会差别非常之大。农村中最差的家庭背景为父亲为农民者，其子代上大学的概率仅为 2.7%，但在城市中，最差的家庭背景为父亲为农民者，其子代上大学的概率达到 8.2%。

表 11.52　　　　　　　　　　农村子代教育程度概率预测

子代教育程度	完成义务教育父亲	完成义务教育母亲	非农职业	男性	出生群组>1978	独生子女
小学	0.128	0.099	0.120	0.214	0.169	0.153
初中	0.488	0.448	0.505	0.520	0.523	0.509
高中	0.291	0.323	0.293	0.212	0.245	0.262
大学	0.094	0.129	0.082	0.054	0.064	0.077
子代教育程度	小学程度父亲	小学程度母亲	农民职业	女性	出生群组<1978	非独生子女
小学	0.249	0.236	0.268	0.242	0.248	0.234
初中	0.534	0.534	0.539	0.520	0.529	0.524
高中	0.183	0.193	0.166	0.193	0.184	0.197
大学	0.034	0.037	0.027	0.046	0.038	0.045

表 11.53　　　　　　　　　　城市子代教育程度概率预测

子代教育程度	完成义务教育父亲	完成义务教育母亲	非农职业	男性	出生群组>1978	独生子女
小学	0.037	0.032	0.047	0.071	0.039	0.040
初中	0.265	0.242	0.296	0.328	0.264	0.266
高中	0.441	0.441	0.430	0.400	0.432	0.430
大学	0.257	0.285	0.227	0.202	0.265	0.264
子代教育程度	小学程度父亲	小学程度母亲	农民职业	女性	出生群组<1978	非独生子女
小学	0.086	0.075	0.157	0.063	0.075	0.063
初中	0.378	0.356	0.442	0.314	0.346	0.317
高中	0.397	0.413	0.319	0.406	0.404	0.413
大学	0.139	0.156	0.082	0.217	0.175	0.207

分出生群组的比较参见表 11.54、表 11.55，从中可见，改革开放后出生子代受教育概率得到显著提升。相同的家庭背景中改革开放后出生子代其接受高中和大学教育的概率得到大幅提高，例如，改革开放前完成义务教育的母亲其子代接受大学教育的概率为 11.1%，而改革开放后完成义务教育的母亲其子代接受大学教育的概率达到 23.7%，显然出生在一个"好的"时代是非常重要的。影响最大的因素为改革开放后出生在城市的子代，其接受大学教育的概率已达到 35.7%，而在改革开放前类似群组接受大学教育的概率仅为 10.3%，这从侧面说明，改革开放后城市之间的教育不平等加剧。

表 11.54　　　　　　　　　**1949—1978 年出生群组教育程度概率预测**

子代教育程度	完成义务教育父亲	完成义务教育母亲	非农职业	男性	独生子女	城市
小学	0.141	0.102	0.129	0.207	0.188	0.053
初中	0.458	0.419	0.471	0.476	0.473	0.401
高中	0.458	0.419	0.471	0.476	0.473	0.401
大学	0.079	0.111	0.070	0.059	0.065	0.103
子代教育程度	小学程度父亲	小学程度母亲	农民职业	女性	非独生子女	农村
小学	0.249	0.235	0.280	0.258	0.231	0.269
初中	0.492	0.490	0.508	0.478	0.479	0.542
高中	0.492	0.490	0.508	0.478	0.479	0.542
大学	0.036	0.039	0.022	0.044	0.051	0.012

表 11.55　　　　　　　　　**1979—1992 年出生群组教育程度概率预测**

子代教育程度	完成义务教育父亲	完成义务教育母亲	非农职业	男性	独生子女	城市
小学	0.052	0.049	0.038	0.107	0.040	0.006
初中	0.387	0.380	0.388	0.466	0.370	0.217
高中	0.331	0.334	0.354	0.274	0.348	0.420
大学	0.229	0.237	0.220	0.154	0.243	0.357
子代教育程度	小学程度父亲	小学程度母亲	农民职业	女性	非独生子女	农村
小学	0.116	0.105	0.130	0.080	0.103	0.085
初中	0.498	0.486	0.536	0.434	0.486	0.568
高中	0.270	0.280	0.247	0.297	0.283	0.283
大学	0.116	0.129	0.087	0.189	0.129	0.064

4. 父母婚姻的教育匹配对子代教育程度的影响

为了考察父母婚姻的教育匹配对子代教育程度的影响，我们设计了一个代表婚姻的教育匹配的虚拟变量，其中父母的教育程度相同设为虚拟值 1，父母教育程度不相同则设为虚拟值 0。由表 11.56 可见，首先我们控制家庭的财富水平、家庭规模、个体特征及城乡因素，考虑婚姻的教育匹配对子代教育的影响（回归 1），结果显示父母教育匹配的系数显著为负，父母教育匹配对子代教育有负向影响。这很大原因可能是因为在样本中，父母教育匹配的绝大多数者均为小学程度的匹配，占匹配样本的 80%，说明低教育程度的婚姻匹配不利于子女教育程度的提高。

表 11.56　　　　　　　　**父母教育不同匹配模式下有序 Probit 估计回归结果**

	回归 1	回归 2 教育匹配	回归 3 父亲	回归 4 母亲
教育程度（参照组：小学）				
初中		0.506 ***	0.0883	0.189 **
		(0.063)	(0.077)	(0.063)
高中		0.927 ***	0.304 ***	0.638 ***
		(0.100)	(0.086)	(0.084)
大学		1.577 ***	0.807 ***	0.827 **
		(0.213)	(0.126)	(0.266)
父亲职业类别（参照组：农民）				
工业服务业体力职业	0.490 ***	0.475 ***	0.455 ***	0.404 ***
	(0.038)	(0.047)	(0.066)	(0.066)
一般非体力职业	0.881 ***	0.813 ***	0.549 ***	0.657 ***
	(0.073)	(0.112)	(0.104)	(0.102)
高级非体力职业	1.083 ***	0.816 ***	0.858 ***	0.923 ***
	(0.052)	(0.079)	(0.080)	(0.078)
家庭及个体特征				
女性	−0.0454	−0.114 **	0.0432	0.0622
	(0.031)	(0.039)	(0.051)	(0.051)
1978—1992 年出生子代	−0.539 **	−0.191	−0.999 **	−0.925 **
	(0.185)	(0.226)	(0.323)	(0.324)
1933—1949 年出生子代	0.480 ***	0.337 ***	0.392 ***	0.315 ***
	(0.033)	(0.046)	(0.053)	(0.054)
子代有兄弟	−0.435 ***	−0.356 ***	−0.460 ***	−0.446 ***
	(0.043)	(0.055)	(0.072)	(0.072)
子代有姐妹	−0.367 ***	−0.292 ***	−0.355 ***	−0.339 ***
	(0.045)	(0.058)	(0.074)	(0.074)
城乡因素				
城市	0.478 ***	0.373 ***	0.472 ***	0.483 ***
	(0.040)	(0.053)	(0.063)	(0.062)
父母教育匹配	−0.202 ***			
	(0.032)			
门槛值				
μ_1	−0.733 ***	−0.680 ***	−0.898 ***	−0.964 ***
	(0.047)	(0.058)	(0.105)	(0.086)

续表

	回归 1	回归 2 教育匹配	回归 3 父亲	回归 4 母亲
μ_2	0.807 *** （0.048）	0.876 *** （0.059）	0.681 *** （0.105）	0.616 *** （0.086）
μ_3	1.988 *** （0.053）	2.088 *** （0.068）	1.936 *** （0.111）	1.881 *** （0.092）
N	5514	3507	2007	2007
R^2	0.1297	0.1365	0.1282	0.1308
Chi-squared	1653.2	1058.0	590.9	603.2

注："***"、"**"、"*"分别表示 1%、5% 和 10% 的置信水平，括号中数据为标准误。

为了进一步考察不同匹配模式下父母教育程度的影响，我们分样本进行回归。回归 2 是父母教育匹配的样本，回归 3 和回归 4 是父母教育程度不匹配时，我们分别考察父母亲教育程度的影响。回归 2 中父母各教育程度的影响明显大于回归 3 和回归 4，这主要是因为当父母教育程度相同时，回归 2 显示的是父母教育程度的共同影响。从回归 3 和回归 4 来看，母亲各教育程度的回归系数均大于父亲，这显示在教育不匹配情况下，尽管母亲教育水平比父亲高的很少①，但是母亲的教育程度对子代教育的影响始终更大。从有序 Probit 估计结果的门槛值来看，教育匹配的子代门槛值较高，由于在 CHNS 样本中，父母教育匹配的子群中 80% 为父母均为小学水平，因此，在控制其他条件时，父母教育程度匹配的子代更有可能选择低教育水平，婚姻的低水平教育匹配并不利于子代教育水平的进一步提升。

11.4　本章小结

第一，本章的目的旨在分析家庭背景、教育代际传递性与教育不平等。我们把最终的教育程度分为不同阶段，在每个阶段，每个人都对每一个教育选择进行评估，如果获得下一个教育阶段的额外成本与额外收益的比值低于某一门槛值，其会选择继续接受教育。为此我们建立了教育的排序选择模型，采用有序 Probit 方法来进行估计，并对估计的参数提供了经济学解释。我们区分了父亲、母亲不同教育程度的影响，并分性别、城乡、出生群组、父母婚姻的不同教育匹配模式等分析了对子代的教育程度和继续接受教育概率的影响。

第二，整体而言，父母教育程度、家庭财富、家庭规模、个体特征、城乡户籍均会对子代教育程度产生影响，父母教育程度是子代教育成就的重要影响因素。父母各层次的教

---

① 在本章采用的 CHNS（1989—2011 年）数据中，在父母教育不匹配的样本中，母亲教育水平较高的比例仅为 7.61%。

育均会对子代教育产生正向影响，且随着父母教育程度的提高，其对子代的影响也在加大。虽然母亲拥有更低的平均受教育程度，但母亲受教育对子代教育的影响比父亲要大，在各个教育程度上均如此。父母教育的边际效应的转折发生在义务教育阶段结束后，接受过义务教育的父母，其子代接受高中及以上教育的概率显著增加。

第三，子代受教育状况存在重要的城乡、性别、出生群组差异。从性别对比来看，男性子代相比于女性拥有更高的平均受教育年限，接受更高层次教育的概率更大，也拥有较低的代际传递性，这说明女性在教育的各个方面均处于劣势，女性教育机会不平等程度更大。从城乡对比来看，城市相比于农村，拥有更高的平均受教育年限，接受更高层次教育的概率更大，但是具有更高的代际传递性，这说明城市相比于农村受教育程度和继续教育的机会增加，但城市的教育代际固化现象更为严重。从出生群组差异来看，改革开放后出生的群体相比于改革开放前，拥有更高的平均受教育年限，接受更高层次教育的概率更大，但也拥有更高的代际传递性，这说明改革开放后在个体受教育程度和机会增加的同时，代际教育的固化增加，代际教育不平等上升。

第四，父母均接受教育对子代教育的共同影响更强，但是低教育程度的婚姻匹配对子女教育有负面影响，降低了子女继续接受教育的概率。在教育不匹配的婚姻中，尽管多数情形下母亲的教育水平比父亲低，但是母亲教育对子代的影响却始终更突出。

本章揭示不同家庭背景、特别是父母教育水平，对子代教育产生的影响，从家庭背景的视角研究了教育的代际传递和教育不平等的动态变化和致因。为了减少教育不平等，我们首先应该更多地加强对女童的教育，这不仅能改善本代的受教育状况，而且能显著改善下一代教育的状况。其次，降低城乡教育体系的不平等程度，促进优质教育资源的流动，使城乡儿童能接受同等质量的教育。最后，改善劳动力市场，社会和劳动力市场要重视人才和技能，而不是社会关系和家庭背景，以提高社会弱势群体的教育投资回报率，拓宽穷人在社会"阶梯"中上升的机会。

第三编————————————————————————————
政策效应评估与研究

第十二章——

健康投资、收入增长与减贫
——对私人与公共健康投资的效应分析

　　如同我们在多维度贫困测度中发现的，健康贫困是贫困的一个重要维度，也是重要致贫原因。从宏观层面上看，对于健康的投资是人力资本投资的重要组成部分，对于促进经济增长具有积极作用；从微观层面上看，健康投资能够增强贫困人群的身体素质，减少疾病和因病返贫，提高学习和工作效率，从而增强摆脱贫困的能力。国内外的实证研究中大多考察政府健康投入对国民总体健康水平及其在国家经济发展中的贡献，宏观健康指标和宏观健康投资数据虽然可以反映健康的长期经济效应，但只能反映公共健康投资对总体健康水平的影响。如果采用微观健康指标和微观健康投资数据，则可以很好地反映私人健康投资对总体健康水平及其收入增长的影响，连续固定的微观层面健康指标的调查数据更是能体现健康人力资本对收入的长期效应。

　　本章采用 CHNS 数据，将综合考察私人健康投资与公共健康投资对于收入增长和减贫的效应。本章的实证研究主要期望解决两个问题：第一，健康投资的效果究竟如何？即考察私人健康投资与公共健康投资是否对居民健康水平具有影响，以及影响的程度；第二，健康改善是否能够促进增长和减贫？即考察健康水平是否对个体收入具有短期或长期影响，并测算影响程度。

　　本章第一节给出计量模型，包括健康水平决定方程和个人收入决定方程；第二节从 CHNS 数据中选择计量所需的经济变量指标，并给予适当说明；第三节对整理得到的总体面板数据做出统计性描述；第四节分别从健康投资与健康水平、健康水平与个人收入两个方面进行实证分析，从不同角度回应本章所关注的两个问题；第五节针对我国农村地区健康贫困更为突出的特点，专门研究 CHNS 中的农村样本，并就计量结果与总体样本作比较；第六节是本章总结。

12.1　健康投资、健康水平与收入决定：计量模型

　　内生经济增长理论分析表明，私人健康投资和公共健康投资均对健康人力资本积累具有积极影响，从而成为影响健康水平的重要因素。同时，个人的健康水平还受许多个人因素的影响。因此，我们构建了如下的健康水平计量方程：

$$H_{i,t} = \alpha_0 + \alpha_1 I_{H_{i,t}} + \alpha_2 G_{H_{i,t}} + \alpha_3 X_{i,t} + e_{i,t} \qquad (12.1)$$

其中：$H_{i,t}$ 表示第 i 个人 t 时期的健康水平（即健康人力资本），$I_{H_{i,t}}$ 表示第 i 个人 t 时期的健康投资，$G_{H_{i,t}}$ 则表示第 i 个人 t 时期接受的公共健康投资，$X_{i,t}$ 表示第 i 个人 t 时期的个人特征变量。α_0、α_1、α_2 和 α_4 是待估参数，$e_{i,t}$ 为服从独立同分布的误差项。

除了健康水平与健康投资的关系，我们还关心个人收入与健康水平的关系。家庭收入取决于政府的基础设施投资、健康人力资本存量和物质资本存量。由于我们使用的 CHNS 数据侧重个人微观层面的信息，未直接提供政府的基础设施投资的相关数据，为了弥补政府基础设施支出的信息的缺失，在回归计量方程（12.1）式时，我们将挑选既能反映政府公共健康支出水平，又能侧面反映政府基础设施支出的变量（下一节我们还将详细阐述）。因此，经过计量方程（12.1）式的回归得到的 $H_{i,t}$ 实际上已经包括了个人能享受到的政府基础设施投资水平等信息。

正如前文所研究的，教育贫困和健康贫困是人力资本贫困的不同维度，是导致贫困陷阱的重要因素[①]，在本章的实证分析中应考虑教育水平对收入的影响，以确保计量结果的合理性。此外，不同于其他资本，健康人力资本对收入的效应可能无法短期显现，换句话说，即当期的健康人力资本投资的收益可能无法当期实现，因此我们加入了健康人力资本的滞后项，以考察上一个调查年度个人健康人力资本对本调查年度的收入的影响。综上，构建收入决定的计量方程如下：

$$\ln Y_{i,t} = \gamma_0 + \gamma_1 \ln K_{i,t} + \gamma_2 \ln H_{i,t} + \gamma_3 \ln H_{i,t-1} + \gamma_4 \ln E_{i,t} + \gamma_5 X_{i,t} + \delta_{i,t} \qquad (12.2)$$

其中：$Y_{i,t}$ 表示第 i 个人 t 时期的收入，$K_{i,t}$ 表示第 i 个人 t 时期的资本拥有量，$E_{i,t}$ 表示第 i 个人 t 时期的教育程度，$H_{i,t-1}$ 则表示第 i 个人（$t-1$）时期的健康水平。γ_0、γ_1、γ_2、γ_3 和 γ_4 均是待估参数，$\varepsilon_{i,t}$ 和 $\delta_{i,t}$ 为服从独立同分布的误差项。

12.2 数据与变量的选定

本节实证研究所采用的数据主要来自由中国疾病预防控制中心营养与食品安全所和美国北卡罗来纳大学合作进行的"中国健康和营养调查"（China Health and Nutrition Survey，简称 CHNS）1991—2006 年的数据。该数据库内容包括人口变迁、家庭收入、个人从业情况、疾病预防和治疗、个人健康多项指标、社会服务和医疗服务等多个方面。该项调查包括了约 4400 户、共 19000 人的微观数据。该调查项目遵循多层次、随机抽取样本的调查原则，根据地理特征、社会经济状况、开放程度、收入水平抽取东部黑龙江、辽宁、山东和江苏 4 省，中部河南、湖北、湖南 3 省，西部广西和贵州两省区[②]作为固定调查点；根据制定的权重抽样表，按收入的低、中、高水平在每省区抽取 4 个县——高、低收入县各一个、中等收入县两个，作为固定调查点，尽可能覆盖各省区的省会、首府和低收入城

---

① 关于教育贫困与健康贫困的相互作用和政策机制，在第十三章中还将详细研究。

② 1997 年之前只有 8 省区，1997 年将黑龙江省替代辽宁省作为调查点，2000 年再次加入辽宁省，形成 9 省区固定调查点；2011 年新加入北京、重庆和上海。为了保持可比性，本章实证分析采用 1991—2006 年的数据集。

市；最后，在每个县挑选一个城镇和高、中、低收入水平的 3 个非城镇的村落，每个村落随机挑选 20 个家庭作为调查对象。由于该数据的抽样方法比较科学，覆盖面较宽，许多学者都认为该数据库能够代表中国整体的情况（刘国恩，等，2004；魏众，2004）。

根据 CHNS 数据库的特点，我们采用的衡量健康水平的指标包括针对个体健康状况的人体测量变量、总体健康与功能状态的自我评价指标。两者的差别在于，前者属于较为客观的健康指标，而后者是调查者自我主观评价的指标。

目前大多数研究使用的人体测量变量主要指身高、BMI。从生理结构和遗传学角度来讲，身高一定程度上受非健康因素的影响，这也是该指标作为健康指标备受争议的原因。BMI 指标相对于身高指标而言更全面，是兼顾身高和体重两个方面的体质指标，因此，后来的经济学者使用 BMI 指标代替身高指标。一般来说，人体测量变量可以反映个人幼儿期的健康状况，个人幼儿时期的营养水平、健康生活方式、医疗服务和社区基础设施等都影响着居民的身高和体重等变量，人体测量变量一定程度上是私人和公共长期健康投资的结果。已有的文献发现，BMI 指标所反映的经济效应呈现两个不同方向：在高收入国家，BMI 高的人容易在社会中遭受不公平待遇，收入也低（Brunello，等，2005；Finkelstein，2005）；而在低收入国家，BMI 对收入的影响更多是正面的，即 BMI 高的个人收入也高。结合研究样本国家的经济情况不难发现，高收入国家 BMI 较高是由于不健康生活习惯所致，而低收入国家 BMI 总体水平较低是因为物质贫乏、长期营养不良，营养状况较好的个人自然能够更好地从事体力和脑力劳动从而获取较高收入。鉴于 BMI 的弊端，我们在 BMI 基础上选择了更具科学性的肥胖指数。根据最新的科学研究成果，肥胖是健康的头号杀手，肥胖人群心血管疾病、高血压和糖尿病发病率远远高于正常人群。结合世界卫生组织和亚洲地区不易罹患疾病的 BMI 标准，我们将 BMI 指数调整为肥胖指数，从"正常"到"重度瘦弱或重度肥胖"依次赋值"1"至"4"，见表 12.1。

表 12.1　　　　　　　　　　　　**BMI 指标与肥胖指数调整**

BMI	肥胖指数	属性
18~24.99	1	正常
17~17.99 和 25~26.99	2	轻微偏瘦或轻微超重
16~16.99 和 27~29.99	3	中度偏瘦或中度肥胖
小于 16 和大于 30	4	重度瘦弱或重度肥胖

自我评价的健康指标（下称"自评指标"）也是衡量健康水平的常用指标之一，被调查者根据自身的健康水平进行自我整体健康水平评分。定序测量有两种处理方法：其一，实行百分制，在"1"至"100"的整数中选择评分，分数越高表示健康状况越好，这种方法的优势在于对健康水平做了细致区分；其二，等级制，一般分为"非常好""好""一般"和"差"四个等级，被调查者根据自身情况在 4 个等级中选择符合自身情况的一级。CHNS 数据提供的自评指标即为第二种，对 4 个等级依次计分，"1"表示"非常好"，"4"表示"差"。虽然部分经济学者认为自评指标具有主观性，较易受其他社会

经济指标干扰（Strauss，等，1995），但不可否认个体对自身的健康状况的了解一定程度上确实能够反映其健康水平，因此仍有大量的实证研究采用该指标衡量健康水平。本章的经验研究将采用自评指标，依据被调查者的个体特征、地区特征等变量修正该指标，尽量减少或规避该指标的主观性。1997—2006 年的调查数据均包括个体对自身整体健康状况的自我评价数据，而 1991 年和 1993 年的调查中涉及自我评价健康状况的内容被分为 6 个项目，我们选取"心脏、肺和胃功能健康评价"数据补充。

CHNS 数据中私人健康投资的数据包括医疗保险费用、四周保健费用、营养摄入量、健康生活方式和医疗常识了解程度调查。由于我们的实证研究使用的面板数据时间跨度较长，以上提及的私人健康投资的调查数据可获性较差，为了确保样本容量，根据数据库样本变量的可获性，我们挑选了"治疗感冒费用"变量衡量私人健康投资的水平，并以厕所类型作为修正变量。通常认为感冒属于日常小病，体质较强者轻微病症情况下甚至无需治疗也能自愈康复。个体的感冒患病的严重程度可以反映个体的免疫力和疾病抵抗力，感冒治疗费用虽非私人健康投资的直接观察变量，却能从侧面反映个体长期健康投资的效果。长期来看，个体健康投资越高，个体疾病抵抗能力随之增强，感冒治疗费用应该越小，即该变量是私人健康投资水平的减函数。因此，在感冒的治疗费用随感冒严重程度上升的前提假设下，以"治疗感冒费用"变量衡量私人健康投资的水平具有合理性和可操作性。当然，感冒治疗费用具有地区差异，对相同严重程度的感冒其治疗费用可能相差很大，为此我们将对该变量在整个样本中做相应调整，使其能够在同一标准下反映个人真实的健康投资水平。

如前文所述，CHNS 数据侧重个人微观层面数据，并未包括人均公共健康投资变量。已有的研究通常使用卫生保健及医疗服务的可及性来反映公共健康投资水平，本研究中我们将以"去经常就诊医疗机构的单程时间"衡量个人得到的公共健康投资水平，并以饮用水类型、家庭照明类型作为修正变量，反映当地是否使用自来水和通电等情况。采用"去经常就诊医疗机构的单程时间"变量，一方面反映了个体居住地拥有医疗机构的数量和服务水平（个人认可医疗机构服务质量时方会将其定义为经常就诊医疗机构），另一方面也反映了个体居住地的基础设施投资水平，如有无公路、是否有公共交通等设施。去医疗机构的单程时间越长，表明当地的公共健康投资水平越差，即该变量是公共健康投资水平的减函数。我们以 2006 年 CPI 指数调整后的个人当年纯收入衡量个人年收入，"接受正规教育年限"衡量个体的教育水平。固定资产拥有量以货币形式计算，由于对固定资产的估价在个体间存在差异，对样本中不同资产的估价水平取同类资产的均值。

此外，个体特征变量包括年龄、性别、户籍所在地、家庭规模等，地区特征变量包括居住地和省份等。

12.3　总体样本数据描述

根据研究需要，我们整理出 1991—2006 年 CHNS 数据库 1357 个样本点的平衡面板数据（balanced panel）。CHNS 调查机构在 1997 年前后更改过东北地区的固定调查点，故本面板数据中不包括东北地区的调查样本。

表 12.2 和表 12.3 概括了样本个体特征变量和地区变量的统计性描述。表 12.4 对样本的接受正规教育年限分年份做了统计分析，根据 CHNS 的调查，未接受正规教育记为 0，接受小学教育 1 至 6 年的依次记为 11 至 16，接受中学教育、高中教育和中等技术学校教育 1 至 3 年依次记为 21 至 29，接受大学教育 1 至 5 年依次记为 31 至 35，接受 6 年及以上大学教育记为 36。从表 12.4 中可以看出，我们的面板样本里 6 次调查得到的数据中未接受正规教育的人数较多，每年都在 20% 以上，完成小学教育和中学教育的人数基本持平，这可能与各地区执行九年义务教育的政策有关，接受高等教育人数最少。

表 12.2   **CHNS（1991—2006 年）总体样本个体特征变量描述**

变量	人数	百分比
性别：		
男性	626	46.13
女性	731	53.87
年龄（1991 年）：		
15~20 周岁	15	1.11
20~30 周岁	252	18.57
30~40 周岁	501	36.92
40~50 周岁	402	29.62
50~60 周岁	152	12.20
60~65 周岁	35	2.58
家庭规模：		
小于等于 2 人	34	2.52
3 人	257	18.94
4 人	464	34.19
5 人	330	24.32
6 人	153	12.27
7 人	79	5.82
8 人及以上	40	2.95

表 12.3   **CHNS（1991—2006 年）总体样本地区特征变量描述**

变量	人数	百分比
户籍所在地：		
城市	293	21.59
农村	1064	78.41

续表

变量	人数	百分比
地区:		
江苏省	283	20.85
山东省	105	7.74
河南省	102	7.52
湖北省	221	16.29
湖南省	143	10.54
广西壮族自治区	207	15.25
贵州省	296	21.81

表 12.4   **CHNS（1991—2006 年）总体样本接受正规教育的年数**

年份	1991		1993		1997		2000		2004		2006	
年数	人数	百分比	人数	百分比	人数	百分比	人数	百分比	人数	百分比	人数	百分比
没上过学	326	24.02	317	23.36	297	21.89	279	20.56	228	16.8	295	21.74
1 年小学	17	1.25	16	1.18	18	1.33	20	1.47	19	1.4	27	1.99
2 年小学	47	3.46	42	3.1	42	3.1	40	2.95	39	2.87	47	3.46
3 年小学	52	3.83	53	3.91	51	3.76	53	3.91	54	3.98	67	4.94
4 年小学	69	5.08	66	4.86	64	4.72	54	3.98	50	3.68	63	4.64
5 年小学	199	14.66	203	14.96	203	14.96	205	15.11	207	15.25	149	10.98
6 年小学	116	8.55	119	8.77	131	9.65	136	10.02	147	10.83	125	9.21
1 年初中	24	1.77	23	1.69	16	1.18	21	1.55	18	1.33	17	1.25
2 年初中	111	8.18	106	7.81	100	7.37	82	6.04	54	3.98	26	1.92
3 年初中	215	15.84	226	16.65	242	17.83	266	19.6	325	23.95	319	23.51
1 年高中	5	0.37	2	0.15	2	0.15			3	0.22	4	0.29
2 年高中	73	5.38	75	5.53	74	5.45	70	5.16	62	4.57	51	3.76
3 年高中	49	3.61	54	3.98	58	4.27	69	5.08	76	5.6	79	5.82
2 年中等技术学校	37	2.73	38	2.8	38	2.8	38	2.8	27	1.99	23	1.69
3 年中等技术学校	2	0.15	2	0.15	2	0.15	4	0.29	22	1.62	36	2.65
1 年大学					1	0.07						
2 年大学	2	0.15	2	0.15	2	0.15	3	0.22	1	0.07	1	0.07
3 年大学	9	0.66	9	0.66	12	0.88	11	0.81	19	1.4	22	1.62
4 年大学	1	0.07	1	0.07	1	0.07	1	0.07				

续表

年份	1991		1993		1997		2000		2004		2006	
5 年大学	3	0.22	3	0.22	3	0.22	5	0.37	6	0.44	6	0.44
总计	1357	100	1357	100	1357	100	1357	100	1357	100	1357	100

表 12.5 是对总体样本的个体健康、健康投资、教育和收入变量的统计描述。从表中可以看出，自评指标主要集中在"好"这一级别，与 BMI 以及肥胖指数的情况基本一致。厕所类型分为"没有""室内冲水""室内（马桶）无冲水""室外冲水公厕""室外非冲水公厕""开放式水泥坑""开放式土坑"和"其他"，依据以上顺序依次记为 0 至 7。家庭自有室内冲水厕所卫生程度最高，而开放式厕所易传染疾病，卫生程度较低，因此研究中沿用 CHNS 对此的排序。饮用水水源类型分为"地下水（大于 5 米）""敞开井水（小于等于 5 米）""小溪、泉水、河、湖泊""冰雪水""水厂"和"其他"，依次记为 1 至 6。我们曾考虑到自来水是洁净饮用水，并以此将水源分为了洁净水源和非洁净水源，但计量结果不乐观。导致这种结果的原因可能是地下水等水源虽未经人工消毒处理，但属天然饮水，当水源未污染时其更有利于人体健康。因此，我们将在研究中不改变 CHNS 对此的赋值。家庭照明类型分为"电灯""煤油灯""油灯""蜡烛"和"其他"，依次记为 1 至 5。在总体样本中，厕所类型主要集中在"室外冲水公厕""室外非冲水公厕"和"开放式水泥坑"这三种；饮用水水源类型主要有地下水、井水和水厂；绝大多数地区已经通电。以上数据描述基本符合中国的实际情况。

表 12.5　　**总体样本的个体健康、健康投资、教育和收入变量的统计描述**

变量	均值	标准差	最小值	最大值
自评指标	1.930852	0.866332	1	4
BMI	22.23972	3.080884	13.45636	61.55247
肥胖指数	1.289118	0.647524	1	4
治疗感冒费用	33.81255	57.32947	0	960
厕所类型	4.143822	1.896362	0	7
去医疗机构单程时间（分钟）	15.39542	15.96259	0	400
饮用水水源类型	2.863179	1.818154	1	6
家庭照明类型	1.020388	0.194702	1	5
接受正规教育年限	15.42483	9.301601	0	35
个人年收入（纯收入）	5401.104	6829.817	0	135549.9

图 12.1 进一步给出了私人健康投资、公共健康投资、个体健康水平（分别以自评指标、BMI 和肥胖指标衡量）和个人年收入的相关关系矩阵图。从图中散点分布趋势可以

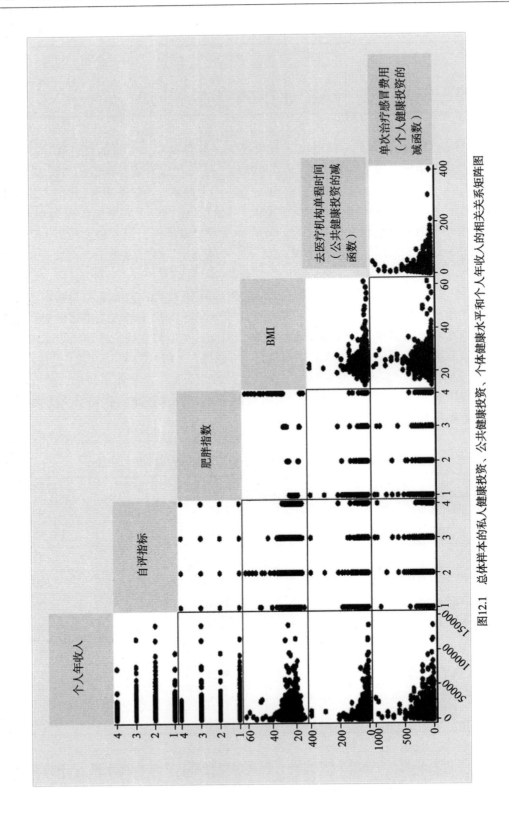

图12.1 总体样本的私人健康投资、公共健康投资、个体健康水平和个人年收入的相关关系矩阵图

看出，私人健康投资和公共健康投资与个体健康水平呈正向变动，个体健康水平与个人收入呈正向变动。

12.4　基于总体样本的计量分析和结果

我们选取的自评指标和肥胖指数分别作为主观和客观地衡量个体健康水平的指标。由于自评指标具有一定的主观性，容易受环境影响，我们将先对自评指标做出调整，消除其环境影响因素，再以肥胖指数作为健康指标进行稳健性检验以考证自评指标的回归结果。在本节的分析中，私人健康投资变量和公共健康投资变量也将作相应修正，增强其统一标准下的可比性。本面板数据将使用固定效应模型和随机效应模型对计量方程（12.1）、（12.2）进行回归。

12.4.1　健康水平与健康投资的计量分析和结果

自评指标是调查者对自身总体健康水平的自我评测的指标，属离散型变量。考虑到调查者做出自我评测时可能具有与周围人群比较的倾向从而导致自评结果失真，我们采用世界银行对家庭调查数据的修正方法[1]对自评指标做出调整，调整方法如下：

$$\mathrm{Hzp}_i = \phi + \sum_{j=1}^{n} \varphi_j X_{ji} + \varepsilon_i \qquad (12.3)$$

$$\tilde{\mathrm{Hzp}} = \mathrm{Hzp}_i - \hat{\mathrm{Hzp}}_i + \overline{\mathrm{Hzp}} \qquad (12.4)$$

（12.3）式中，Hzp 表示个体自评健康水平，X 是个体的特征变量，包括个体的年龄、年龄的平方、性别、居住地区、户籍所在地和家庭规模等，ϕ 和 φ 是待估参数，ε 是随机误差项。$\overline{\mathrm{Hzp}}$ 表示样本自评指标均值，根据（12.3）式回归得到自评指标预测值 $\hat{\mathrm{Hzp}}_i$，通过方程（12.4）得到修正后的自评指标，以 $\tilde{\mathrm{Hzp}}$ 表示。

我们分别使用了面板数据的固定效应模型和随机效应模型回归，两者结果一致。下面我们将主要汇报随机效应结果，见表 12.6。

表 12.6　　　　　　　　　　自评指标修正过程：随机效应模型

被解释变量	自评指标					
解释变量	Coef.	Std. Err.	t	$p>\lvert t \rvert$	[95% Conf. Interval]	
年龄	−0.01103	0.003966	−2.78	0.005	−0.0188	−0.00325
年龄平方	0.000234	4.07E−05	5.74	0.000	0.000154	0.000313
性别	0.132422	0.013273	9.98	0.000	0.106406	0.158437
山东省	−0.0306	0.027797	−1.10	0.271	−0.08508	0.023884

[1]　参见 Owen O'Donnell, Eddy van Doorslaer, Adam Wagstaff, Lindelow M. Analyzing Health Equity Using Household Survey Data, Chapter 5 [M]. Washington, D.C.: The World Bank Press.

续表

被解释变量	自 评 指 标					
解释变量	Coef.	Std. Err.	t	$p>\|t\|$	[95% Conf. Interval]	
河南省	0.128651	0.027944	4.6	0.000	0.073882	0.18342
湖北省	0.149718	0.021946	6.82	0.000	0.106705	0.192731
湖南省	0.069544	0.024906	2.79	0.005	0.020729	0.118359
广西壮族自治区	0.229	0.022549	10.16	0.000	0.184805	0.273195
贵州省	0.139928	0.020203	6.93	0.000	0.10033	0.179525
户籍所在地	−0.04153	0.016275	−2.55	0.011	−0.07343	−0.00963
家庭规模	−0.01608	0.004665	−3.45	0.001	−0.02522	−0.00693
_cons	1.831817	0.146474	12.51	0.000	1.544734	2.118901
R^2 within	0.0646					
R^2 between	0.7548					
R^2 overall	0.1584					
Prob>chi2	0.0000					
ρ	0.17337655					

表12.6中，自相关系数 ρ 值表明，我们的修正过程保存了个体效应，修正后的自评指标反向衡量个体健康水平。用最小二乘虚拟变量模型（下文简称"LSDV"）对自评指数的修正过程中存在三个虚拟变量，分别是：地区、户籍所在地和性别。修正结果以"江苏省""城市户籍""男性"为参照组，调整后的自评指标成为连续变量。从随机效应的结果看，年龄对健康效应拐点在24岁，即24岁之前年龄对健康具有正效应且效应递减，之后对健康的效应转为负效应并随年龄逐步加强。从性别上看，女性的健康状况需要向上调整，这可能与女性性格更敏感、更关心自身健康状况有关。以江苏省的样本自评指标为基准，山东省的样本自评指标需要下调，而其他地区均需要上调。这样的调整结果反映了作为东部地区高收入省份的代表，江苏地区居民自我保健意识较强，对健康的要求较高，而山东地区居民居住环境更优越，人口密度和生活压力较江苏小，对自身健康要求较江苏居民更高。调整结果仅山东省不显著，可能与山东省样本点较少有关。

经过自评指标调整，我们对计量方程（12.1）分别采取了固定效应模型和随机效应模型回归，Hausman 检验支持使用随机效应模型，回归结果见表12.7。

表12.7　　　　　　　　　健康水平与健康投资回归方程：随机效应模型

被解释变量	$\tilde{H}_{zp}$					
解释变量	Coef.	Std. Err.	t	$p>\|t\|$	[95% Conf. Interval]	
性别（男性为参照组）	0.0810983	0.018657	4.35	0.000	0.0445307	0.117666

续表

被解释变量	$\tilde{H}$zp					
解释变量	Coef.	Std. Err.	t	p>|t|	[95% Conf. Interval]	
地区（江苏省为参照组）						
山东省	0.0726586	0.037531	1.94	0.053	−0.0009	0.146217
河南省	0.0818672	0.037917	2.16	0.031	0.007552	0.156183
湖北省	0.1051016	0.0287	3.66	0.000	0.0488502	0.161353
湖南省	0.0172395	0.033584	0.51	0.608	−0.048584	0.083063
广西壮族自治区	0.0671251	0.031566	2.13	0.033	0.0052579	0.128992
贵州省	0.1307727	0.028641	4.57	0.000	0.0746373	0.186908
户籍所在地	0.1204946	0.023181	5.2	0.000	0.0750608	0.165928
年龄	0.0521013	0.005036	10.35	0.000	0.0422305	0.061972
年龄平方	−0.0003378	5.27E−05	−6.41	0.000	−0.000441	−0.00023
家庭规模	−0.0344743	0.005944	−5.8	0.000	−0.046124	−0.02283
就业	−0.0204042	0.030119	−0.68	0.498	−0.079435	0.038627
接受正规教育年限	0.0068687	0.001139	6.03	0.000	0.004636	0.009101
去医疗机构的单程时间	−0.0000625	0.000531	−0.12	0.906	−0.001103	0.000978
厕所类型（无厕所为参照组）						
室内冲水	−0.2466855	0.094003	−2.62	0.009	−0.430928	−0.06244
室内（马桶）无冲水	−0.3287116	0.100834	−3.26	0.001	−0.526343	−0.13108
室外冲水公厕	−0.4183448	0.105479	−3.97	0.000	−0.62508	−0.21161
室外非冲水公厕	−0.5140965	0.095356	−5.39	0.000	−0.700991	−0.3272
开放式水泥坑	−0.2756556	0.092387	−2.98	0.003	−0.456731	−0.09458
开放式土坑	−0.4270209	0.093555	−4.56	0.000	−0.610386	−0.24366
其他	−0.4379567	0.10755	−4.07	0.000	−0.648751	−0.22716
治疗感冒费用	0.0018869	0.000167	12.29	0.000	0.0015593	0.002214
饮用水水源类型（深度大于5米的地下水为参照组）						
敞开井水（深度小于等于5米）	−0.1643256	0.029074	−5.65	0.000	−0.221309	−0.10734
小溪、泉水、河、湖泊	0.0416279	0.033244	1.25	0.210	−0.023528	0.106784
冰雪水	−0.545649	0.435666	−1.25	0.210	−1.399539	0.308241
水厂	−0.0676256	0.02252	−3	0.003	−0.111764	−0.02349
其他	0.2790904	0.1202	2.32	0.020	0.0435025	0.514678
家庭照明类型（电灯为参照组）						
煤油灯	−0.1200171	0.076607	−1.57	0.117	−0.270164	0.03013
油灯	−0.4580876	0.378059	−1.21	0.226	−1.199069	0.282894

续表

被解释变量	$\widetilde{H}$ zp					
解释变量	Coef.	Std. Err.	t	$p>|t|$	[95% Conf. Interval]	
蜡烛	-0.0447841	0.228069	-0.2	0.844	-0.491792	0.402223
其他	-0.6486249	0.310151	-2.09	0.036	-1.25651	-0.04074
_cons	0.4391548	0.156879	2.8	0.005	0.1316773	0.746632
R^2 within	0.0002					
R^2 between	0.8145					
R^2 overall	0.1481					
Prob>chi2	0.0000					
ρ	0					

从表 12.7 可以看出，此时不存在自相关性，组间拟合度较高，总体结果统计上显著，年龄、家庭规模、教育程度和私人健康投资变量在统计上显著，而地区变量、就业、公共健康投资等变量均不显著。从系数上来看，由于"治疗感冒费用"是私人健康投资的减函数，因此，该系数为正表明私人健康投资对健康状况的正效应非常显著。理论上看，公共健康投资对个体健康水平具有积极且不可替代效应。"去医疗机构的单程时间"是公共健康投资的减函数，表中公共健康投资系数为负且统计上不显著，这与理论和事实均不相符，这可能是公共健康投资的地区差异性所致。因此，我们仍然采用世界银行的家庭调查数据变量修正方法，对公共健康投资做以下修正：

$$G_{Hi} = \phi + \sum_{j=1}^{n} \varphi_j L_{ji} + \varepsilon_i \tag{12.5}$$

$$\widetilde{G}_{Hi} = G_{Hi} - \hat{G}_{Hi} + \overline{G}_H \tag{12.6}$$

其中：G_H 是公共健康投资，L 包括地区、城乡和公共基础设施投资（主要指有自来水和通电），ϕ 和 φ 是待估参数，ε 是随机误差项。$\overline{G}_H$ 表示样本的自评指标均值，根据（12.5）式回归得到自评指标预测值 $\hat{G}_{Hi}$，通过方程（12.6）得到修正后的自评指标，以 $\widetilde{G}_{Hi}$ 表示。我们仍分别采用了固定效应模型和随机效应模型，回归结果见表 12.8，两个模型回归结果相差不大，我们选取固定效应模型的结果。

表 12.8　　　　　　　**公共健康投资修正：固定效应模型和随机效应模型**

被解释变量	去经常就诊医疗机构的单程时间			
模型	固定效应模型		随机效应模型	
解释变量	Coef.	$p>|t|$	Coef.	$p>|t|$
山东省	0.759571	0.000	0.763172	0.000
河南省	-3.13677	0.000	-3.17072	0.000

续表

被解释变量	去经常就诊医疗机构的单程时间			
模型	固定效应模型		随机效应模型	
解释变量	Coef.	$p>\mid t\mid$	Coef.	$p>\mid t\mid$
湖北省	−2.95696	0.000	−2.96208	0.000
湖南省	−0.75859	0.253	−0.6981	0.295
广西壮族自治区	−2.82235	0.000	−2.77253	0.000
贵州省	−0.32774	0.550	−0.32698	0.553
户籍所在地	−3.13355	0.000	−3.21432	0.000
饮用水水源类型（大于5米的地下水为参照组）				
敞开井水（小于等于5米）	−2.20817	0.000	−1.62734	0.007
小溪、泉水、河、湖泊	−0.93242	0.180	−1.24162	0.074
冰雪水	4.503561	0.622	5.096219	0.578
水厂	−2.27729	0.000	−2.42584	0.000
其他	3.237129	0.199	2.61352	0.301
家庭照明类型（电灯为参照组）				
煤油灯	2.827337	0.078	3.728942	0.020
油灯	9.850741	0.213	10.57288	0.183
蜡烛	−2.9891	0.531	−3.73497	0.435
其他	−1.0162	0.876	−0.24092	0.971
_cons	20.64001	0.000	20.69803	0.000
R^2 within	0.0148		0.0146	
R^2 between	0.0281		0.2991	
R^2 overall	0.0148		0.0151	
Prob $>F$	0.0000		Prob>chi2　0.0000	
ρ	0.012528		0.00	

我们对私人健康投资也做类似修正，以消除环境因素影响，修正如下：

$$I_{Hi} = \phi + \sum_{j=1}^{n}\varphi_j L_{ji} + \sum_{k=1}^{k}X_{ki} + \varepsilon_i \tag{12.7}$$

$$\tilde{I}_{Hi} = I_{Hi} - \hat{I}_{Hi} + \bar{I}_H \tag{12.8}$$

其中：I_H是私人健康投资，以治疗感冒费用衡量；L是地区变量，包括省区、户籍所在地等；X是个人特征变量，包括性别、年龄、年龄平方、使用厕所类型、接受正规教育程度和就业情况等；ϕ和φ是待估参数，ε是随机误差项。根据（12.7）式回归得到私人健康

325

投资的预测值 $\hat{I}_{Hi}$，$\bar{I}_H$ 表示样本中私人健康投资均值，最后根据（12.8）式得到修正后的私人健康投资 $\tilde{I}_{Hi}$。我们分别采用了固定效应模型和随机效应模型，回归结果见表12.9，两个模型回归结果相差不大，我们选取固定效应模型的结果。修正后的"治疗感冒费用"有负值出现，我们观察到负值集中在20岁左右人群，这可能与年轻人处理感冒的习惯有关，即不主动治疗的自愈方式，因此我们将这部分负值全部调整为0，即"不治疗"。

表 12.9　　　　　　私人健康投资修正：固定效应模型与随机效应模型

被解释变量	治疗感冒费用			
模型	固定效应模型		随机效应模型	
解释变量	Coef.	$p>\mid t\mid$	Coef.	$p>\mid t\mid$
山东省	2.382625	0.000	2.442592	0.000
河南省	−42.7852	0.000	−42.0797	0.000
湖北省	−26.2452	0.000	−24.2943	0.000
湖南省	−35.67202	0.000	−36.881	0.000
广西壮族自治区	−45.87031	0.000	−46.3983	0.000
贵州省	−45.09501	0.000	−43.515	0.000
户籍所在地	−25.56862	0.000	−22.9019	0.000
性别	1.31192	0.284	4.547238	0.000
年龄	0.6122804	0.066	1.683049	0.000
年龄平方	−0.0052556	0.128	−0.00975	0.005
室内冲水	20.71446	0.001	17.40351	0.005
室内（马桶）无冲水	−5.727526	0.384	−15.7381	0.019
室外冲水公厕	1.390279	0.840	−7.08923	0.314
室外非冲水公厕	−3.473393	0.578	−14.7915	0.020
开放式水泥坑	−1.726745	0.775	−7.51773	0.223
开放式土坑	0.7005285	0.909	−10.7187	0.086
其他	−1.551664	0.826	−14.8866	0.038
接受正规教育年限	0.1678688	0.024	0.473714	0.000
就业	−7.620463	0.000	−9.08751	0.000
_cons	67.84177	0.000	27.72787	0.007
R^2 within	0.1958		0.1837	
R^2 between	0.9755		0.9813	
R^2 overall	0.2084		0.228	
Prob>F	0.0000		Prob>chi2	0.0000
ρ	0.08898201		0	

公共健康投资和私人健康投资经过修正后增强了个体之间的可比性。我们采用修正后的自评指标、公共健康投资变量和私人健康投资变量对计量方程（12.1）重新回归。理论模型分析表明私人健康投资和公共健康投资对个人健康水平可能存在二次关系，因此在计量方程（12.1）的基础上修改得到以下两个计量方程：

$$H_{i,t} = \alpha_0 + \alpha_1 I_{H_{i,t}} + \alpha_2 G_{H_{i,t}} + \alpha_3 X_{i,t} + \alpha_4 I_{H_{i,t}}^2 + e_{i,t} \qquad (12.9)$$

$$H_{i,t} = \alpha_0 + \alpha_1 I_{H_{i,t}} + \alpha_2 G_{H_{i,t}} + \alpha_3 X_{i,t} + \alpha_4 G_{H_{i,t}}^2 + e_{i,t} \qquad (12.10)$$

与方程（12.1）不同的是，方程（12.9）和方程（12.10）中的个人特征变量均不包含年龄平方项，但是分别包括了私人健康投资与公共健康投资的平方项。Hausman 检验结果支持使用随机效应模型，因此我们将主要报告随机效应模型结果，表12.10 中对比列示了方程（12.1）、（12.9）和（12.10）的回归结果。

表 12.10　总体样本修正后的自评健康指标与私人健康投资、公共健康投资：随机效应模型

被解释变量	$\tilde{H}_{zp}$								
模型	方程（12.1）			方程（12.9）			方程（12.10）		
解释变量	Coef.	t	$p>\|t\|$	Coef.	t	$p>\|t\|$	Coef.	t	$p>\|t\|$
性别	0.0190276	4.51	0.000	0.0959892	5.05	0.000	0.096581	5.08	0.000
山东省	0.3558786	6.44	0.000	0.3859431	6.99	0.000	0.4004831	7.10	0.000
河南省	0.3821168	5.8	0.000	0.4583181	6.95	0.000	0.4427529	6.74	0.000
湖北省	0.3565636	7.36	0.000	0.3865582	8.0	0.000	0.3944082	8.12	0.000
湖南省	0.2215772	4.51	0.000	0.2728415	5.6	0.000	0.2695637	5.53	0.000
广西壮族自治区	0.4099189	6.36	0.000	0.4780118	7.39	0.000	0.4620647	7.16	0.000
贵州省	0.3493072	5.9	0.000	0.4211563	7.03	0.000	0.3977206	6.73	0.000
户籍所在地	0.3709768	7.26	0.000	0.4097499	8.04	0.000	0.4057843	7.96	0.000
年龄	0.0560626	10.84	0.000	0.0223015	24.08	0.000	0.0222862	24	0.000
年龄平方	−0.0003577	−6.63	0.000						
家庭规模	−0.0382088	−6.35	0.000	−0.0338007	−5.63	0.000	−0.034169	−5.69	0.000
就业	0.0067412	0.21	0.835	0.0594843	1.89	0.058	0.0590696	1.88	0.060
接受正规教育年限	0.0076154	6.41	0.000	0.0077416	6.5	0.000	0.0078191	6.55	0.000
公共健康投资	0.0386404	4.87	0.000	0.0385203	4.84	0.000	0.0715348	1.32	0.186
公共健康投资的平方							−0.001007	−0.60	0.551
私人健康投资	0.0069576	6.17	0.000	0.011126	6.62	0.000	0.0080889	7.22	0.000

续表

被解释变量	$\tilde{H}_{zp}$								
模型	方程（12.1）			方程（12.9）			方程（12.10）		
解释变量	Coef.	t	$p>\lvert t\rvert$	Coef.	t	$p>\lvert t\rvert$	Coef.	t	$p>\lvert t\rvert$
私人健康投资的平方				−0.000031	−2.45	0.014			
_cons	−1.270279	−5.7	0.000	−0.751307	−3.62	0.000	−0.956552	−2.05	0.041
R^2 within	0.000200			0.000300			0.026900		
R^2 between	0.794500			0.769400			0.987500		
R^2 overall	0.116900			0.112800			0.043700		
Prob>chi2	0.0000			0.0000			0.0000		
ρ	0.0000			0.0000			0.0000		

从表 12.10 可以看出，修正了自评指标、公共健康投资和私人健康投资变量后，地区变量也变得非常显著，私人健康投资和公共健康投资的系数均为正值且在 5% 水平上显著，唯独就业状况依然特别不显著。由此可见，自评指标对修正后的个体健康投资和公共健康投资的回归结果明显好于无修正的结果。在三个方程的固定效应模型的回归结果中，私人健康投资对个体提高健康水平均具有非常显著的正效应。在方程（12.9）的回归结果中，以私人健康投资的平方项替代年龄平方后，私人健康投资的系数上升到 0.0111。私人健康投资的平方项系数为负，表明私人健康投资对健康水平的改善也存在"倒 U 形"关系，其拐点在 179.45 元。在方程（12.10）中，以公共健康投资的平方项替换私人健康投资平方项时，公共健康投资和公共健康投资的平方项均不显著，这可能表明由 CHNS 数据反映的我国大多数地区目前的公共健康投资水平尚较低，并未呈现 U 形趋势。事实上如表 12.11 所示，我国目前的公共健康投资水平确实较低，2003 年我国的公共医疗卫生支出占总医疗卫生支出的比例仅略高于南撒哈拉国家的水平，到 2007 年该比例上升到 44.742，但仍低于按联合国标准划分的最欠发达国家的水平。较低的公共健康投资水平，可能是加入公共健康投资平方项后两者均不显著的主要原因。

表 12.11　近年中国的公共医疗卫生支出占总医疗卫生支出比例：在世界范围内的比较

	2003 年	2004 年	2005 年	2006 年	2007 年
中国	37.464	39.676	40.818	43.138	44.742
世界平均水平	58.310	58.902	58.900	59.199	59.590
高收入国家	59.745	60.398	60.501	60.841	61.324
中等偏高收入国家	52.197	52.334	52.281	52.821	53.762
中等收入国家	45.482	46.456	47.047	48.217	49.297

续表

	2003 年	2004 年	2005 年	2006 年	2007 年
中低收入国家	45.319	46.279	46.878	48.060	49.132
中等偏低收入国家	36.363	37.901	38.814	40.935	42.231
低低收入国家	39.040	39.020	39.608	41.486	41.998
最欠发达国家（按联合国分类）	41.406	40.954	42.303	45.443	45.403
OECD 中高收入国家	59.660	60.332	60.427	60.760	61.250
OECD 成员国	59.533	60.215	60.304	60.626	61.093
北美国家	45.168	45.605	45.843	46.727	47.054
拉丁美洲和哥伦比亚（所有国家）	47.801	48.327	47.270	47.648	48.624
拉丁美洲和哥伦比亚（低收入国家）	47.764	48.304	47.232	47.608	48.577
中东和北非地区（所有国家）	59.449	58.298	59.178	60.376	59.349
中东和北非（发展中国家）	47.769	47.583	49.496	51.883	50.803
南亚	24.273	24.052	25.059	26.477	27.462
南撒哈拉非洲（所有国家）	36.529	38.793	40.296	41.088	41.247
南撒哈拉非洲（发展中国家）	36.471	38.716	40.213	40.966	41.088

数据来源：世界银行数据库．http：//data.worldbank.org.

注：1. 本表中按收入水平分类的标准参照世界银行"World Development Report 2011"标准，以 2009 年人均国民总收入（简称 GNI）水平为标准，低于 996 美元为低收入国家，996～3945 美元为中等偏下收入国家，3946～12194 美元为中等偏高收入国家，12195 美元以上为高收入国家；

2. "最欠发达国家"按联合国"The Least Developed Countries Report 2010"分类标准，指人均 GNI 处于 905 美元至 1086 美元之间的国家，按此分类标准全世界共有 49 个最欠发达国家。

以上我们以主观健康指标——自评指标作为健康水平的衡量变量，考察了个体健康水平与健康投资的关系。下面我们将以客观健康指标——肥胖指数衡量健康状况进行稳健性检验，再次考察个体健康水平与健康投资的关系，并对固定效应模型和随机效应模型的结果进行 Hausman 检验，检验结果更支持使用固定效应模型，因此我们在表 12.12 中将主要报告计量方程（12.1）、（12.9）和（12.10）的固定效应模型结果。

表 12.12　总体样本中肥胖指数与私人健康投资、公共健康投资：固定效应模型

被解释变量	肥 胖 指 数								
模型	方程（12.1）			方程（12.9）			方程（12.10）		
解释变量	Coef.	t	p>|t|	Coef.	t	p>|t|	Coef.	t	p>|t|
性别	0.0158059	4.94	0.000	0.0783625	4.97	0.000	0.079216	5.02	0.000
山东省	0.2855388	6.21	0.000	0.284225	6.21	0.000	0.283474	6.06	0.000

被解释变量	肥 胖 指 数								
模型	方程（12.1）			方程（12.9）			方程（12.10）		
解释变量	Coef.	t	$p>\|t\|$	Coef.	t	$p>\|t\|$	Coef.	t	$p>\|t\|$
河南省	0.2221206	4.05	0.000	0.2392336	4.37	0.000	0.224546	4.12	0.000
湖北省	0.1059849	2.62	0.009	0.1062262	2.64	0.008	0.106352	2.63	0.009
湖南省	0.0320365	0.79	0.432	0.0387908	0.96	0.337	0.034949	0.87	0.387
广西壮族自治区	0.0905003	1.69	0.092	0.1079019	2.00	0.045	0.091447	1.71	0.088
贵州省	0.0984581	2	0.046	0.1195722	2.40	0.017	0.100233	2.04	0.041
户籍所在地	0.0843896	1.98	0.048	0.0898521	2.11	0.035	0.087472	2.06	0.040
年龄	0.0049579	1.14	0.254	0.0023794	2.78	0.005	0.002365	2.76	0.006
年龄平方	−0.000028	−0.62	0.538						
家庭规模	−0.010002	−1.99	0.046	−0.0094199	−1.89	0.059	−0.00978	−1.96	0.050
就业	−0.055966	−2.09	0.036	−0.0517886	−1.99	0.046	−0.0521	−2.00	0.045
接受正规教育年限	0.0031988	3.21	0.001	0.0031522	3.16	0.002	0.003247	3.25	0.001
公共健康投资	0.0017343	0.26	0.792	0.0011412	0.17	0.862	−0.01897	−0.43	0.670
公共健康投资的平方							0.000655	0.47	0.638
私人健康投资	0.004129	4.39	0.000	0.0062416	4.46	0.000	0.004181	4.48	0.000
私人健康投资的平方				−0.000020	−1.95	0.052			
_cons	0.7943162	4.17	0.000	0.8043888	4.56	0.000	1.00204	2.60	0.009
R^2 within	0.0282			0.0286			0.0282		
R^2 between	0.9834			0.9854			0.9861		
R^2 overall	0.0415			0.0422			0.0414		
Prob>F	0.0000			0.0000			0.0000		
ρ	0.01225435			0.01188728			0.0123207		

　　与表12.10相比，私人健康投资仍是显著的，但在方程（12.10）的回归中私人健康投资的平方项的显著水平下降到10%，私人健康投资的健康水平拐点下降到156.04元。从表12.12中可以看出，与主观指标的回归结果不同的是公共健康投资对客观健康指标的反应均不显著。我们认为导致这样的结果可能有两个原因：第一，政府的公共健康投资不足使得公共健康投资存量难以发挥应有的作用，因此公共健康投资以及其平方项均不显著，这点与表12.10中对方程（12.11）的回归不显著类似；第二，肥胖指标的改善需要较长的过程，其反映的是长期健康投资的综合效应，因此私人和公共健康投资的显著性水平均下降，而公共健康投资对基于身高体重比的身体质量指标反应更迟钝也在情理之中，

故而在三个方程的回归中均不显著。虽然客观指标的回归结果显著性上较差，但总体上还是肯定了私人健康投资对个体健康水平的正向影响。稳健性检验结果表明，自评指标回归结果与肥胖指数回归结果基本一致，表明经修正的自评指标可以代表个体健康水平且回归结果可信。

12.4.2　个人收入与健康水平的计量分析和结果

CHNS 数据库提供了个体每年的年收入情况，我们选取经过 2006 年 CPI 指数调整后的个人每年纯收入作为个人收入变量。不过，该数据对个人拥有的资产的信息并不完全，从数据的可获得性方面考虑，我们选取了拥有的交通工具、农业机械和家庭商业用具等资产估价的数据衡量个人拥有的资产，由于这些变量可能可以如实反映农村居民的资产拥有量，但对城市居民的资产情况难以全面衡量，结果可能会低估固定资产对个人收入的效应。但是，本章的研究重点在于个体健康状况对收入的影响，资产的产出效应并非关注要点，因此我们仍采取以上的变量衡量个人资产。个人的健康人力资本以修正后的自评指标衡量。对计量方程（12.2）进行固定效应模型和随机效应模型的回归，Hausman 检验结果支持使用固定效应模型，因此，以下我们将主要解释固定效应模型的回归结果。结果见表 12.13。

表 12.13　　　　总体样本的个人年纯收入与健康人力资本：固定效应模型

被解释变量	个人年纯收入					
解释变量	Coef.	Std. Err.	t	$p>\|t\|$	[95% Conf. Interval]	
性别	-0.16432	0.0399114	-4.12	0.000	-0.2425517	-0.086079
山东省	-0.29195	0.0766841	-3.81	0.000	-0.4422662	-0.141625
河南省	-0.79913	0.0767004	-10.42	0.000	-0.9494811	-0.648776
湖北省	-0.24169	0.0612082	-3.95	0.000	-0.3616734	-0.121706
湖南省	-0.13888	0.0711621	-1.95	0.051	-0.2783782	0.0006136
广西壮族自治区	-0.69301	0.0625758	-12.07	0.000	-0.8156741	-0.570345
贵州省	-0.52843	0.0620721	-8.51	0.000	-0.6501097	-0.406755
户籍所在地	-0.40012	0.0451503	-8.86	0.000	-0.4886288	-0.311617
年龄	0.056147	0.010966	5.12	0.000	0.0346507	0.0776429
年龄平方	-0.00063	0.0001141	-5.54	0.000	-0.0008555	-0.000408
家庭规模	-0.02141	0.0130876	-1.64	0.102	-0.0470671	0.0042431
就业	0.279533	0.064263	4.35	0.000	0.1535611	0.4055051
接受正规教育年限	0.185337	0.0176891	10.48	0.000	0.1506621	0.2200126

续表

被解释变量	个人年纯收入					
解释变量	Coef.	Std. Err.	t	$p>\|t\|$	[95% Conf. Interval]	
健康状况	−0.19312	0.0616869	−3.13	0.002	−0.3140418	−0.072198
资产拥有量	0.020902	0.0070499	2.96	0.003	0.0070828	0.0347221
_cons	6.895484	0.2816828	24.48	0.000	6.343314	7.447654
R^2 within	0.0282					
R^2 between	0.9834					
R^2 overall	0.0415					
Prob>F	0.0000					
ρ	0.0123					

表 12.13 中，个人年纯收入、接受正规教育年限、健康状况和资产拥有量均取对数形式。在固定效应模型回归结果中，性别的系数为负值，表明女性的收入低于男性。年龄的系数为正值，但年龄的平方为负值，反映了收入与年龄非线性二次形式，年龄的收入拐点在 44 岁左右。这与现实情况相符，44 岁之前收入随年龄和经验的积累而上升，之后因健康、体能和知识更新速度下降等状况收入随之下降。家庭规模对收入的效应为负且不显著。教育对收入的贡献是 0.185，高于杨建芳（2006）的教育人力资本存量对经济增长贡献为 12.1%的结论。资产对收入的贡献是 0.021，明显低于其他研究的成果，这可能与我们选择的有限数量的资产变量有关。由于自评指标越大表示健康状况越差，因此，自评指标的收入弹性是−0.193 也是符合事实的，即健康改善对收入的贡献是 0.193，略高于教育人力资本。这一结果明显高于杨建芳（2006）的健康人力资本存量对经济增长贡献为 4.6%的结论，可见微观数据更能反映个体的健康状况的经济贡献。由此可见，农村居民提高健康人力资本的同时，可能带动教育人力资本的增加，从而更有助于农民收入的提高和贫困消除。这也表明健康与教育之间存在交互影响作用，我们在后续章节将就此展开更深入研究。

地区虚拟变量的系数均为负值，个别地区虚拟变量不显著，因此我们对所有地区虚拟变量的联合显著性加以检验。表 12.14 是地区虚拟变量联合显著性检验结果，可以看出 p 值为 0.0000，强烈拒绝"无地区效应"的原假设，应该在本研究中加入地区虚拟变量。

表 12.14 **地区虚拟变量联合显著性检验**

	地区虚拟变量
（1）	_It1_37 = 0
（2）	_It1_41 = 0

续表

	地区虚拟变量
（3）	_It1_42 = 0
（4）	_It1_43 = 0
（5）	_It1_45 = 0
（6）	_It1_52 = 0
	F (6, 8121) = 35.33
	Prob>F = 0.0000

我们继续考察健康对收入的长期效应。我们对方程（12.2）分别采用固定效应模型和随机效应模型回归、Hausman 检验，结果支持使用随机效应模型，以下我们在表 12.15 中汇报随机效应模型结果。

表 12.15　　总体样本的健康人力资本对个人年收入的长期效应：随机效应模型

被解释变量	个人年纯收入					
解释变量	Coef.	Std. Err.	t	$p>|t|$	[95% Conf. Interval]	
性别	−0.1584846	0.044452	−3.57	0.000	−0.245608	−0.07136
山东省	−0.3459229	0.085956	−4.02	0.000	−0.514394	−0.17745
河南省	−0.8772781	0.085971	−10.2	0.000	−1.045778	−0.70878
湖北省	−0.3165467	0.068393	−4.63	0.000	−0.450594	−0.1825
湖南省	−0.1676324	0.080047	−2.09	0.036	−0.324522	−0.01074
广西壮族自治区	−0.7154185	0.070035	−10.22	0.000	−0.852684	−0.57815
贵州省	−0.5510129	0.069154	−7.97	0.000	−0.686552	−0.41547
户籍所在地	−0.4171313	0.05053	−8.26	0.000	−0.516168	−0.31809
年龄	0.0543836	0.013207	4.12	0.000	0.0284988	0.080268
年龄平方	−0.0005751	0.000134	−4.29	0.000	−0.000838	−0.00031
家庭规模	−0.0312093	0.014303	−2.18	0.029	−0.059242	−0.00318
就业	0.2864424	0.067932	4.22	0.000	0.1532978	0.419587
接受正规教育年限	0.2082277	0.019705	10.57	0.000	0.1696076	0.246848
当期健康状况	0.0061536	0.053774	0.11	0.909	−0.09924	0.111548
上期健康状况	0.1318984	0.051428	2.56	0.010	0.0311024	0.232695

续表

被解释变量	个人年纯收入					
解释变量	Coef.	Std. Err.	t	$p>\|t\|$	[95% Conf. Interval]	
资产拥有量	0.0220768	0.007623	2.9	0.004	0.007137	0.037017
_cons	6.738283	0.332099	20.29	0.000	6.087381	7.389186
R^2 within	0.0869					
R^2 between	0.3314					
R^2 overall	0.0881					
Prob>chi2	0.0000					
ρ	0					

加入健康人力资本滞后项，上个调查年的健康状况对收入具有 13.2% 的贡献且在 5% 水平上显著，而当期健康状况对收入的贡献则非常不显著。该结果表明，个体健康状况确实对个人收入具有长期正效应。由于 CHNS 的调查数据并非连续时间内的，调查年之间通常间隔 2 到 3 年，因此显示的长期属于狭义上的时间范畴。考虑健康状况的长期效应后，教育人力资本的收入贡献增加到 0.208，物质资本的收入贡献由原来的 0.021 增加到 0.022。

12.5　基于农村样本的进一步分析：数据描述和计量结果

关注中国健康人力资本问题的经济学者普遍认为，中国农村地区医疗保障制度不完善，医疗设施建设和医疗服务水平远不及城镇居民，是导致农村居民的健康人力资本薄弱、乃至健康贫困的主要原因。也正因为如此，提高农村居民的健康水平显得更为迫切（Liu，2008）。事实上，中国农村地区的健康投资水平相当低：一方面，长期以来，我国农村居民收入水平较低，农村居民的私人健康投资较低，人均医疗保健支出水平仅占城镇居民的 1/3；另一方面，农村居民所接受的公共健康投资也远不及城镇，从表 12.16 中国 1980—2009 年城市与农村公共健康投资和总健康投资的数据中可以发现，县级行政区域中每千人口医院和卫生院床位只有市级行政区域的 1/3 左右，不到全国平均水平的一半。因此，城市与农村的总健康投资差异一直较大，从有统计数据记载的 1990 年到 2008 年，农村居民的人均卫生费用一直处于城市居民的 1/4，是全国平均水平的一半左右，我国农村地区居民的健康投资和健康状况堪忧。为此，本节将分析农村样本的情况，考察农村居民的健康投资与健康状况和个人收入的关系。

表 12.16　　　　中国 1980—2009 年城市与农村公共健康投资和总健康投资

年份	每千人口医疗机构床位（张）	每千人口医院和卫生院床位（张）			每千农业人口乡镇卫生院床位数（张）	人均卫生费用（元）		
		合计	市	县		城市	农村	合计
1980	2.19	2.02	4.7	1.48	0.95			14.5
1985	2.33	2.14	4.54	1.53	0.86			26.4
1990	2.53	2.32	4.18	1.55	0.81	158.8	38.8	65.4
1995	2.55	2.39	3.5	1.59	0.81	401.3	112.9	177.9
2000	2.47	2.38	3.49	1.5	0.8	813.74	214.65	361.9
2005	2.62	2.45	3.59	1.43	0.78	1126.36	315.83	662.3
2006	2.70	2.53	3.69	1.49	0.80	1248.3	361.89	748.8
2007	2.83	2.63	3.80	1.58	0.85	1516.29	358.11	875.96
2008	3.05	2.84	4.05	1.75	0.96	1862.27	454.76	1094.52
2009	3.31	3.06	4.31	1.93	1.05			1289

数据来源：中华人民共和国国家统计局 . 中国卫生统计年鉴 2010 ［M］. 北京：中国统计出版社，2010.

注：1. 此处医疗机构包括医院和卫生院。2. 表中费用数据均按当年价格计算。3. 表中空白栏表示无相关统计数据。

从表 12.17 对农村样本的统计性描述中可以看出，农村样本性别比例和年龄分布较正常。由于总体样本中农村样本比例较高，因此我们将对两者的情况做细致比较。与总体样本相比，农村样本具有以下特点：自评指标平均水平略低，分布水平略分散，表明农村居民的健康水平较总体而言较低且个体差异较大；BMI 和肥胖指数均值较低，分布更集中，表明目前我国农村居民热量摄入低于城镇居民；治疗感冒费用低于城镇居民，普遍采取简易方式治疗感冒或自愈；影响农村居民健康水平的家庭和公共卫生设施，如厕所、饮用水等差异性较大，总体水平低，电力设施普及率也低于城镇居民；农村居民平均教育程度和个人年收入也远低于城镇居民。

表 12.17　　　　CHNS（1991—2006 年）农村样本：变量的统计性描述

变量	样本数	均值	标准差	最小值	最大值
性别	6972	1.560241	0.496393	1	2
年龄	6972	46.54601	10.97254	14.75	81.71
自评指标	6972	1.934309	0.868644	1	4
BMI	6972	22.06792	3.022997	13.45636	61.55247
肥胖指数	6972	1.263196	0.617727	1	4

续表

变量	样本数	均值	标准差	最小值	最大值
治疗感冒费用	6972	30.42878	50.14263	0	999
厕所类型	6972	4.509036	1.690278	0	7
饮用水水源类型	6972	2.580034	1.75187	1	6
家庭照明类型	6972	1.020654	0.185172	1	5
接受正规教育年限	6972	14.30264	9.064453	0	35
个人年收入（纯收入）	6972	4985.106	6273.595	0	116412.9

我们仍然采用修正后的自评指数、公共健康投资变量和私人健康投资变量对计量方程（12.1）、（12.9）和（12.10）回归，Hausman 检验支持随机效应模型，因此我们将在表12.18中主要汇报随机效应模型结果。

对方程（12.1）的回归结果显示私人健康投资和公共健康投资对农村居民的健康水平具有非常显著的正效应，其中公共健康投资的正效应远大于个人健康投资，这点与总体样本情况一致。不同的是，公共健康投资对农村居民健康水平提高的效应低于总体样本，反映出农村公共健康投资不足和效率低下等问题；私人健康投资对农村居民健康水平的效应高于总体样本，表明在公共医疗设施不完善的情况下农村居民更倾向于自我进行健康投资，这将很可能抑制收入水平已经较低的农村居民进行物质资本投资和积累。与总体样本相比，方程（12.10）在（12.1）式基础上加入的私人健康投资的平方项并不显著，且方程（12.11）加入公共健康投资平方项后该项和公共健康投资系数均不显著了。导致公共健康投资不显著可能还是因为投资到农村的公共健康支出水平较城市更低，而农村居民的自我投资水平较低，尚无法形成"U形"关系。但我们可以发现，农村居民的私人的健康投资对健康的正效应为0.0098，高于总体样本的0.0070，说明农村地区的健康人力资本投资产生的收益更大，这点与 Liu 等（2008）的结论相同。

表 12.18   农村样本的自评健康指标与健康投资：随机效应模型

被解释变量	$\tilde{H}_{zp}$								
模型	方程（12.1）			方程（12.9）			方程（12.10）		
解释变量	Coef.	t	$p>\|t\|$	Coef.	t	$p>\|t\|$	Coef.	t	$p>\|t\|$
性别	0.102823	4.98	0.000	0.10775	5.21	0.000	0.108457	5.26	0.000
山东省	0.394254	6.56	0.000	0.421206	7.05	0.000	0.431564	7.07	0.000
河南省	0.489006	6.39	0.000	0.549435	7.05	0.000	0.536857	7.07	0.000
湖北省	0.394178	7.23	0.000	0.4216	7.77	0.000	0.424708	7.79	0.000
湖南省	0.288944	4.98	0.000	0.329	5.65	0.000	0.321494	5.59	0.000

被解释变量	$\tilde{H}_{zp}$								
模型	方程（12.1）			方程（12.9）			方程（12.10）		
解释变量	Coef.	t	$p>\|t\|$	Coef.	t	$p>\|t\|$	Coef.	t	$p>\|t\|$
广西壮族自治区	0.480706	6.51	0.000	0.532719	7.07	0.000	0.522149	7.1	0.000
贵州省	0.475959	6.77	0.000	0.53149	7.27	0.000	0.514207	7.36	0.000
户籍所在地	0.3729	6.5	0.000	0.407273	7.12	0.000	0.39916	6.99	0.000
年龄	0.045744	8.01	0.000	0.023115	23.37	0.000	0.023117	23.38	0.000
年龄平方	-0.00024	-4.01	0.000						
家庭规模	-0.03588	-5.58	0.000	-0.03261	-5.1	0.000	-0.03265	-5.11	0.000
就业	-0.04246	-1.14	0.253	-0.01304	-0.36	0.722	-0.01528	-0.42	0.676
接受正规教育年限	0.009712	7.55	0.000	0.009871	7.65	0.000	0.009884	7.66	0.000
公共健康投资	0.02961	3.53	0.000	0.029093	3.45	0.001	0.083224	1.39	0.165
公共健康投资的平方							-0.00168	-0.9	0.369
私人健康投资	0.009754	7.11	0.000	0.012141	5.65	0.000	0.010676	7.88	0.000
私人健康投资的平方				0.00	-0.9	0.370			
_cons	-1.05064	-4.36	0.000	-0.7022	-3.13	0.002	-1.09386	-2.12	0.034
R^2 within	0.0002			0.0002			0.0002		
R^2 between	0.7836			0.7661			0.7665		
R^2 overall	0.1248			0.1229			0.1229		
Prob>chi2	0.0000			0.0000			0.0000		
ρ	0.0000			0.0000			0.0000		

以上我们采取自评指标作为健康水平的主观衡量变量，下面我们将以肥胖指数衡量农村居民健康状况，对方程（12.1）、（12.9）和（12.10）进行固定效应模型和随机效应模型的回归，以再次检验健康投资对农村居民健康状况的影响。Hausman检验支持固定效应模型，因此我们将在表12.19中汇报固定效应模型结果。经比较，客观指标的结果与主观指标的存在较大不同：

首先，在方程（12.1）的回归结果中，私人健康投资和公共健康投资的正效应相当，但公共健康投资的正效应并不显著。根据我们前面的解释，这可能是因为肥胖指数对公共健康投资的敏感度小于自评指标，所以导致其影响是不显著的。事实上，我国农村居民收入水平并不高，在维持温饱的情况下饮食中的营养摄入水平不高、热量摄入有限，同时加上大量的体力劳作，肥胖现象较城镇相对较少。

其次，方程（12.9）中含有公共健康投资平方项后，公共健康投资及其平方项在

10%的水平上显著，这点与以自评指标代理健康水平变量时的结果完全不同，这说明公共健康投资对个体健康的效应确实存在拐点。根据方程（12.10）的回归结果，易计算得到公共健康投资的健康拐点在16.9元，即人均公共健康投资超过16.9元后对个体健康水平具有正效应，拐点值大大低于我们的预期，不过正好说明了农村地区公共健康投资的收益很大。拐点值如此之小，我们猜测可能是因为我们选取的衡量公共健康投资变量——"去经常就诊医院的单程时间"本身既能反映个体居住地的公共医疗设施的情况，同时也能反映当地的基础设施投资的水平，因此，这里得到的16.9元的拐点值更应该解释为人均公共医疗卫生支出和基础设施建设支出之和。在方程（12.9）的回归结果中，加入私人健康投资的平方项后，公共健康投资虽不显著但其显著水平较方程（12.1）有所上升，印证了公共健康投资对私人健康投资具有互补作用。

最后，在方程（12.9）的回归结果中，加入的私人健康投资平方项非常显著，而私人健康投资变得不显著。尽管由此计算得到的私人健康投资的健康水平拐点值85.4不具有说服力，但至少说明以肥胖指数代理健康水平变量得到健康投资拐点较低并非偶然：健康投资对肥胖指数的改善主要体现在长期效应，因此平均到每一期的人均投资量自然也较少，这也是公共健康投资拐点较低的原因之一。

表12.19　　　　　农村样本的肥胖指数与健康投资：固定效应模型

被解释变量	肥胖指数								
模型	方程（12.1）			方程（12.9）			方程（12.10）		
解释变量	Coef.	t	$p>\|t\|$	Coef.	t	$p>\|t\|$	Coef.	t	$p>\|t\|$
性别	0.110359	6.73	0.000	0.112882	6.9	0.000	0.108374	6.62	0.000
山东省	0.236429	4.96	0.000	0.227626	4.8	0.000	0.248013	5.12	0.000
河南省	0.138677	2.28	0.023	0.073008	1.18	0.239	0.135263	2.24	0.025
湖北省	0.025161	0.58	0.563	0.012411	0.29	0.774	0.027618	0.64	0.525
湖南省	0.011152	0.24	0.808	-0.02364	-0.51	0.608	0.005511	0.12	0.904
广西壮族自治区	0.050266	0.86	0.392	-0.01137	-0.19	0.850	0.050401	0.86	0.389
贵州省	0.00291	0.05	0.959	-0.07289	-1.25	0.212	-0.00074	-0.01	0.989
户籍所在地	0.037355	0.82	0.414	0.01359	0.3	0.765	0.026516	0.58	0.560
年龄	-0.00268	-0.59	0.559	0.002094	2.37	0.018	0.00195	2.2	0.028
年龄平方	0.00005	1.05	0.295						
家庭规模	-0.00791	-1.54	0.123	-0.00919	-1.81	0.070	-0.00832	-1.64	0.102
就业	-0.0333	-1.13	0.257	-0.04532	-1.57	0.117	-0.0389	-1.35	0.179
接受正规教育年限	0.002237	2.15	0.032	0.002431	2.34	0.019	0.002084	2.00	0.045
公共健康投资	0.005011	0.76	0.449	0.007436	1.12	0.263	0.085683	1.81	0.070
公共健康投资的平方							-0.00253	-1.73	0.085

续表

被解释变量	肥 胖 指 数								
模型	方程（12.1）			方程（12.9）			方程（12.10）		
解释变量	Coef.	t	$p>\|t\|$	Coef.	t	$p>\|t\|$	Coef.	t	$p>\|t\|$
私人健康投资	0.003498	3.19	0.001	−0.00182	−1.06	0.287	0.003365	3.11	0.002
私人健康投资的平方				0.000048	3.88	0.000			
_cons	0.98496	5.03	0.000	1.002881	5.51	0.000	0.274452	0.67	0.501
R^2 within	0.0308			0.0327			0.031		
R^2 between	0.9857			0.9785			0.9729		
R^2 overall	0.0418			0.0429			0.042		
Prob>F	0			0			0		
rho	0.01615486			0.01707212			0.01618009		

我们通过对方程（12.2）的回归得到农村居民健康状况对个体收入的影响，Hausman检验支持固定效应模型，因此我们将主要报告固定效应模型的回归结果，见表12.20。与总体样本相比，年龄和就业情况对收入的影响较大，收入的年龄拐点在43岁，略早于总体样本的44岁。教育对收入的贡献是0.134，低于总体样本的情况，更接近杨建芳（2006）估计的0.121的结论。资产对收入的贡献提高到0.04，明显高于总体样本的0.021，这可能是因为我们选取的资产变量更适合衡量农村居民的资产情况，而对城市居民而言，公共交通相对发达导致了私人交通工具拥有量低。自评指标的收入弹性为−0.168，即健康对收入的贡献是0.168，低于总体样本的情况。我们认为，农村样本的健康资本对收入的贡献相对总体样本较低并不能说明健康对农村居民收入增加的效应减弱，这正说明在农村相对狭窄的就业渠道中，居民较低的总体健康水平使得健康人力资本难以发挥应有的作用，教育的收入贡献度下降可能也是类似原因。这从侧面反映了我国农村公共基础设施建设和公共卫生的配套设施的不完善，减弱了农村居民通过教育和健康人力资本积累提高收入的能力。

表12.20 **农村样本的个人年收入与健康：固定效应模型**

被解释变量	个人年纯收入					
解释变量	Coef.	Std. Err.	t	$p>\|t\|$	［95% Conf. Interval］	
性别	−0.10604	0.045327	−2.34	0.019	−0.194892	−0.01718
山东省	−0.31862	0.083956	−3.8	0.000	−0.483198	−0.15404
河南省	−1.03157	0.088683	−12.63	0.000	−1.205412	−0.85772
湖北省	−0.21964	0.069317	−3.17	0.002	−0.355518	−0.08375
湖南省	−0.10007	0.083944	−1.19	0.233	−0.264625	0.064488

续表

被解释变量	个人年纯收入					
解释变量	Coef.	Std. Err.	t	$p>|t|$	[95% Conf. Interval]	
广西壮族自治区	−0.67314	0.068714	−9.8	0.000	−0.807838	−0.53844
贵州省	−0.55721	0.069262	−8.04	0.000	−0.692986	−0.42144
户籍所在地	−0.30677	0.055372	−5.54	0.000	−0.415313	−0.19822
年龄	0.074304	0.012613	5.89	0.000	0.0495778	0.099029
年龄平方	−0.00086	0.000132	−6.46	0.000	−0.001115	−0.0006
家庭规模	−0.01975	0.014607	−1.35	0.176	−0.048379	0.008888
就业	0.520683	0.077833	6.69	0.000	0.3681064	0.67326
接受正规教育年限	0.133845	0.019834	6.75	0.000	0.0949639	0.172726
健康状况	−0.16838	0.069754	−2.41	0.016	−0.305121	−0.03164
资产拥有量	0.040717	0.008136	5	0.000	0.0247682	0.056665
_cons	6.136577	0.319381	19.21	0.000	5.510492	6.762662
R^2 within	0.0852					
R^2 between	0.5608					
R^2 overall	0.0763					
Prob>F	0.0000					
ρ	0.02036745					

接着，我们对方程（12.2）分别采用固定效应模型和随机效应模型回归，以考察健康的收入的长期效应。Hausman 检验结果支持使用固定效应模型，以下我们在表 12.21 中汇报固定效应模型结果。

表 12.21　　农村样本的健康人力资本对个人年收入的长期效应：固定效应模型

被解释变量	个人年纯收入					
模型	固定效应模型					
解释变量	Coef.	Std. Err.	t	$p>|t|$	[95% Conf. Interval]	
性别	−0.12516	0.050559	−2.48	0.013	−0.22427	−0.02604
山东省	−0.38478	0.093728	−4.11	0.000	−0.56853	−0.20104
河南省	−1.13124	0.099002	−12.43	0.000	−1.32532	−0.93716
湖北省	−0.31721	0.077303	−4.1	0.000	−0.46875	−0.16567
湖南省	−0.14621	0.093939	−1.56	0.120	−0.33036	0.03795

续表

被解释变量	个人年纯收入					
模型	固定效应模型					
解释变量	Coef.	Std. Err.	t	$p>|t|$	[95% Conf. Interval]	
广西壮族自治区	−0.68657	0.076597	−8.96	0.000	−0.83673	−0.53642
贵州省	−0.58689	0.077039	−7.62	0.000	−0.73791	−0.43586
户籍所在地	−0.31573	0.06173	−5.11	0.000	−0.43674	−0.19471
年龄	0.066871	0.015309	4.37	0.000	0.036859	0.096883
年龄平方	−0.00078	0.000156	−5	0.000	−0.00109	−0.00047
家庭规模	−0.02702	0.016054	−1.68	0.092	−0.05849	0.004449
就业	0.520043	0.081689	6.37	0.000	0.359902	0.680184
接受正规教育年限	0.136045	0.022295	6.1	0.000	0.092338	0.179752
当期健康状况	−0.1973	0.075251	−2.62	0.009	−0.34482	−0.04978
上期健康状况	0.048025	0.080952	0.59	0.553	−0.11067	0.206721
资产拥有量	0.040388	0.008861	4.56	0.000	0.023017	0.05776
_cons	6.466639	0.396386	16.31	0.000	5.689574	7.243704
R^2 within	0.0901					
R^2 between	0.557					
R^2 overall	0.0843					
Prob>chi2	0.0000					
ρ	0					

　　农村样本中加入健康变量的滞后项后，滞后期的健康状况对收入的影响不显著，但我们认为这并不能说明个体的健康状况对收入不具有长期效应。虽然当期健康状况仍在1%的水平上显著，但p值较方程（12.2）的回归结果有所上升，这说明加入的健康状况的滞后项能够解释收入而弱化了当期健康状况的解释能力。之所以不显著，我们认为存在两种可能的原因：第一，如前文所述，根据CHNS调查的时间特点，健康状况的滞后项反映的是滞后两年或三年的健康状况，农村样本的长期效应不显著可能是农村居民的健康折旧高于城乡平均水平；第二，需要加入滞后两到三个调查年的健康状况来解释健康人力资本对收入的长期效应。由于取一个以上的滞后期会损失较多样本从而弱化估计结果，因此我们无法验证第二种可能性，但第一个原因还比较符合事实。我们的理论模型为了简化计算并未考虑健康折旧的问题，但已有的文献也验证了健康折旧率会影响健康的产出效率

（Barro，1996；Grossman，1972）。① 农村居民的平均教育水平和医疗水平均低于城市，导致农村居民的健康折旧率很可能低于城市居民，因此农村样本中上一期的健康状况收入的长期效应会不显著。从与方程（12.2）的总体样本固定效应模型的回归结果比较来看，教育人力资本的收入贡献由 0.185 下降到 0.136，而健康人力资本的收入贡献由 0.193 上升到 0.197，物质资本的收入贡献由 0.021 上升到 0.040。这些资本量对收入贡献的变化，一方面表明现阶段农村健康人力资本的经济收益相对来说更高，另一方面说明健康人力资本积累可能通过影响资本积累而影响收入增长。

12.6　本章总结

本章使用 CHNS 数据分析了私人健康投资和公共健康投资对个体健康状况和个人收入的效应，实证结果肯定了两类健康投资对个体健康水平的正效应以及健康水平对个人收入的正效应。

我们在实证过程中发现，作为健康水平的代理变量之一的自评指标具有较大主观性，个体易受环境因素影响而主观做出失真判断。我们剔除了自评指标的个体环境差异使之成为统一标准下的自我如实评测指标，修正后的自评指标既能反映个体的差异性也增强了可比性。与主观性指标相比，我们设定了较为客观的肥胖指数作为健康水平的另一代理变量作为补充。采用随机效应模型得到的回归结果表明，以主观指标代理个人健康水平时，私人健康投资和公共健康投资均对个体健康改善具有显著正效应；以客观指标代理个体健康水平时，公共健康投资的正效应不显著。我们选取的客观指标是肥胖指数，与主观指标相比它对疾病预防和体质改善类型的健康投资反应更敏感，公共健康投资对两类指标衡量的健康水平效应的这种差异，也可能与我国公共健康投资侧重治疗而轻预防的特点有关。我们还发现，个人收入可能受某些固定的、不随时间变化的因素的影响，例如家庭社会经济地位等，因此选择固定效应模型更合适。总体样本的回归结果表明，个人的健康人力资本对个人收入的贡献度高达 19.3%，甚至略高于教育人力资本。我们同时也检验了健康人力资本对收入的长期效应，结果表明健康人力资本不仅直接影响长期收入，还通过影响教育人力资本和物质资本间接影响长期收入。

为了进一步考察健康贫困状况更严重的农村地区，我们单独研究了农村样本的情况。农村居民的私人健康投资和公共健康投资对其健康水平具有非常显著的正效应，私人健康投资的效应高于总体样本，而公共健康投资的效应略低于总体样本，反映出我国农村地区公共健康投资不足的情况下农村居民更倾向于自我进行健康投资，由此可能抑制其物质资本投资和积累。此外，在对农村居民健康状况对个人收入的效应研究中，我们发现由于公共基础设施和就业环境等因素影响，健康人力资本对收入的效应较总体样本有所减弱，健康对收入的贡献下降到 16.8%，教育对收入的贡献也有所下降。而农村样本中表现出来

---

① Barro（1996）考虑的健康折旧率是外生变量，并且健康折旧率与教育折旧率相同；Grossman（1972）详细论述了健康折旧率，他认为健康折旧率降低健康存量的同时也消耗部分健康投资，教育人力资本增加了健康人力资本投资的效率（降低健康人力资本折旧率）。

的健康人力资本的长期效应不明显，可能是农村样本健康折旧率较城市更高所致。在长期模型中可以看到，健康人力资本的收入贡献高于教育人力资本，健康可能促进物质资本积累，从而提高了物质资本的长期收入贡献。

教育投资、健康投资的相互作用与减贫效应研究

    教育和健康是人力资本的两个重要组成部分。在传统的关于人力资本与经济增长关系的研究中，对于教育程度和教育投资的关注度极高，而其对经济增长的贡献已得到大量文献的证实（Mincer，1984；Tallman & Wang，1994；Benhabib & Spiegel，1994）。然而健康作为人力资本的另一个重要组成部分（Becker，1964；Grossman，1972），也得到越来越多学者的关注（Easterly & Levine，2003；Acemoglu & Johnson，2007）。实际上，教育投资与健康投资可能存在着交互作用关系，本章将进一步研究我国教育投资与健康投资的相互作用机制及其对于减贫的效应。本章着重讨论如下问题："新农合"政策的推广是否有效解决了农村居民"看病难，看病贵"问题和改善了农村居民健康状况；通过门槛效应模型，在考虑农村居民的教育程度情况下，农村居民自身的教育程度是否会通过"新农合"这一渠道对农村居民健康水平产生影响；通过采用 DID 方法捕获了个体自身对政策所产生的反应和政策实施前与实施后的差异，从而能够帮助我们检验"新农合"是否对农村居民健康带来正向的因果效应；通过 DID 方法进一步研究家庭健康改善是否在长期提高了教育水平，探讨"新农合"能否通过改善健康的渠道，对于提高教育投资和教育水平产生积极效应。

    本章第一节对相关理论和实证研究进行综述与比较；第二节基于"新农合"的面板门限模型与双重差分（DID）模型分析，研究教育程度与农村居民健康水平的关系；第三节进一步以农户参保"新农合"作为政策冲击，通过 PSM-DID 模型，研究家庭健康改善在长期能否促进个体教育水平提高，探讨影响的路径和程度，就该政策效应的持续性、稳健性展开了分析；第四节是本章总结和政策建议。

13.1　相关文献综述

13.1.1　关于教育对健康影响的相关研究

    目前，教育与健康之间的互补性关系已得到许多学者的深入研究，最具开创性的成果来自 Grossman（1972），其在文章中明确指出了两种联系教育与健康的因果路径（causal paths）。其一，获得更高教育水平的人，能够更加有效地利用医疗保障服务，进而得到更

多的健康资本，即称为"教育的产出有效性"；其二，教育能够帮助个人养成健康的生活习惯，远离不健康的恶习（例如吸烟和饮酒等），投入更多的精力到个人养生当中，从而获得更好的健康状态，即称为"教育的配置有效性"。由此，如果了解了教育如何影响人们的健康水平，以何种路径进行传递，那么政策制定者便可对此出台相关的法律或颁布相关政策，以改善和提高人们的健康状况，从而实现人力资本的有效增长。关于教育以何种路径影响人们的健康水平，现有的相关研究结论可归结为两种假说："预算约束放松说"和"效率提升说"（程令国，等，2014）。

1. 教育对健康的"预算约束放松说"

具体而言，"预算约束放松说"认为教育程度越高的人，收入越高，进而有更宽松的预算用于健康投入，因此有利于改善健康状况（Moen，1999）。反过来，Fuchs（1992）认为，贫困会限制人们的支出，减少对于优质食物以及优质医疗服务的购买，从而影响人们的健康水平。

从当代的教育程度与预期寿命关系上讲，Rogot et al.（1992）使用了国家死亡率跟踪调查 1979 年至 1985 年的数据，发现教育水平最高的 25 岁白人男性的预期寿命比教育水平最低的多 6 年，而对于 25 岁白人女性，这一差距为 5 年。25 岁白人男性中，收入水平最高者的预期寿命比最低者多 10 年，对于白人女性，这一差距为 4.3 年。Wozniak（1987）则从子代的层面出发，通过实证研究证实了教育可以降低收养小孩的成本和风险，因此提高了早期收养率，从而在整体上提高了人们的健康水平。

再进一步地，Ettner（1996）选取了自评健康状况、工作状态、抑郁症等指标，估计了收入对健康的结构性影响，发现尽管高收入会导致更高的酒精消费，但收入的增加仍然显著地提高了调查对象的身心健康。最后，Marmot（2002）认为更好的教育意味着能从事更好的工作，而更好的工作则可以提供更高的收入。收入可以通过两方面影响教育：一是通过直接影响人们生存所必需的物质条件；二是通过影响社会参与和改善生活环境的机会。此外，社会提供的公共服务越少，收入对健康的影响越大。

2. 教育对健康的"效率提升说"

相比于"预算约束放松说"，"效率提升说"从效率的层面出发，得到更多的学者们的关注。一方面，投资于教育比直接投资于健康更能有效地提升居民健康水平。在健康资本的生产函数中，健康投资的边际效率是递减的，而对教育的投资可以提高健康投资的边际效率，从而更有效地提升健康水平（Grossman，1972；Paasche-Orlow & Wolf，2007）。Goldman & Lakdawalla（2001）研究了不同教育水平间的健康不平等现象会随着时间和人群而变化这一问题。其理论模型表明，健康投入的价格下降加剧了健康不平等，因此，政府对于医疗研究以及医疗保险的投入会加剧健康不平等。并且，随着时间的推移，技术进步会加剧健康不平等，健康不平等在病人、老人以及易感人群中也更为明显。实证模型表明，对于慢性病人和失业人群而言，教育投资的回报率是其他人群的两倍，并且会随着年龄的增长而增长。Powdthavee（2010）通过对英国 1947 年最低受教育年限法改变前后进行对比，发现提高一年的教育水平，可以使高血压的发生率降低 7%～10%。

另一方面，教育能够帮助受教育者塑造一个关于健康的良好的认知和行为习惯，进而提升其自身的健康效率。Shea et al.（1991）使用了1989年纽约州心脏健康项目的基线调查数据，发现在调整了年龄、性别、种族等变量之后，受教育程度会对居民的饮食习惯、肥胖率、锻炼情况、吸烟情况以及所掌握的关于血压与胆固醇的医学知识产生显著影响。Feldman（1996）认为，未受教育者或教育水平较低的人，很少有机会能够接触到图书馆或是医疗杂志等资源，并且由于他们较之受过良好教育的人更不易接触到医生以及紧急医疗资源，因而他们在需要帮助时会更为无助，从而影响到他们的健康水平。Leigh & Dhir（1997）将老年人分组为男性、女性，黑人、白人，分别研究了其教育水平和虚弱程度之间的关系，并进行对比。结果显示，女性的教育水平和残疾率存在强关联关系；而男性的受教育年限显著影响了其锻炼习惯。Fuchs et al.（2004）通过对美国犹他州和内华达州的居民死亡率进行比较，发现尽管两个州的收入水平以及气候条件相似，但是受摩门教宗教教育影响的犹他州居民，由于其抽烟、酗酒等行为受到宗教的约束，其死亡率低于未受宗教教育影响的内华达州居民死亡率。综上可知，教育可以帮助人们获得更加丰富的健康知识，习得更好的生活习惯、饮食习惯等，从而有更高的健康效率。

3. 教育对健康的其他影响机制

一些学者认为教育可以通过影响社会资本指标，如社交网络，进而影响健康水平。Flint et al.（1993）认为，教育水平较高的群体会有更大的可能参与自助团体，从而对其疾病的康复有更积极的作用。Smith & Goldman（2010）认为，教育程度高的人相较于教育程度低的人更有可能形成一个紧密的社交网络，而社交网络能为人提供经济、物质以及感情支持，从而影响人的健康行为。

从受教育者角度出发，教育可以通过影响人们行为偏好，如时间偏好、风险厌恶程度、自信心等来影响健康水平。时间偏好是指相较于现在，人们对未来的贴现率。时间偏好率越高，人们越不愿意投资于未来，从而会更少地投资于教育与健康（Fuchs，1992）。对于风险偏好，教育程度越高的人越风险规避。Smith & Goldman（2010）认为，更高的教育程度能够改变人们的风险偏好以及时间偏好，进而改变其健康状况。

更进一步，教育水平越高的人有着越强的自律能力，因此越有可能养成良好的健康习惯（Slater & Carlton，1984）。Berrueta-Clement（1984）通过对启智计划的随机试验进行分析，发现参与启智计划的女生比不参与该计划的女生在青少年期间怀孕的概率更低；而不在青少年期间怀孕，则需要她们有较强的自制力，这在某种程度上归功于教育。

Cutler & Lleras-Muney（2010）的研究则同时体现了以上假说。他们使用了两个国家的数据，分析教育和医疗行为之间的关系（教育-健康梯度），发现个人收入、医疗保险和家庭背景可以解释其中30%的梯度（"预算约束放松说"），知识水平和认知能力可以解释另20%的梯度（"效率提升说"），另有10%的梯度则可以通过社交关系来解释。Backlund et al.（1999）选取了40万1979年至1989年间死亡率跟踪调查中年龄处于25岁至64岁的样本，比较了"健康-收入分层"现象与"健康-教育分层"现象。研究显示，"健康-收入"为两段式分层，其界限为22500美元，而"健康-教育"分层现象为三段式分层，其界限分别为高中水平与大学水平，并且得出结论：在低收入水平人群中，死亡率的差距主要受到收入水平的影响；而在高收入水平人群中，死亡率的差异更大地受到教育水平的影响。

4. 关于我国教育与健康关系的研究

与国外研究类似，绝大多数基于中国数据展开的研究表明，教育与健康存在着正相关关系。程令国等（2014）将教育对健康的影响途径归纳为"预算约束放松说"和"效率提升说"两种渠道。赵忠（2006）从农村人口出发，研究发现了教育对健康具有正向促进作用。赵忠和侯振刚（2005）从城镇人口的数据角度进行研究，实证结果得出女性的教育程度对健康水平具有正向的影响作用，而男性的影响并不显著。值得关注的是，李珍珍和封进（2006）不仅指出了教育与健康的正相关关系，还指出了二者的可替代性。封进和余央央（2007）则认为，教育可以通过提高收入水平来提升健康状况。

除此之外，还有许多学者细化了健康水平的范畴。李谷成等（2006）对教育和健康的投资收益进行了对比分析，文章表明了教育和健康应当相辅相成，二者的投资不足是制约农民收入增长的重要因素。肖小勇和李秋萍（2012）的研究进一步地说明了健康对教育的反向促进作用。

谢韦克（1995）使用了中国第四次人口普查的资料，发现教育水平的提高能降低人口死亡率，并且随着年龄的增长，文化程度对死亡率的影响减弱。涂子贤和王仁安（1995）比较了不同地区不同的社会经济因素对死亡率的影响，发现在高死亡率地区，教育因素对死亡率的影响最大。胡平等（1997）通过1990年人口普查的抽样数据，在控制了性别、城乡以及区域等变量之后，研究了教育程度对死亡水平的影响。研究表明，教育水平越高，死亡率越低。这一现象在城市和较发达地区人口以及男性人口中体现得更为明显。同时，教育程度的提高会延长平均期望寿命。张永辉和王征兵（2009）使用了中国健康和营养调查（CHNS）1997年至2006年间的数据，运用 Ordered Logistics 模型对我国中西部农村居民健康水平的影响因素、时序变化以及区域差异进行定量研究。实证结果表明，教育，特别是中学教育，对健康水平有着促进作用。此外，收入水平的提高以及家庭卫生状况的改善也对健康有着积极的影响。胡安宁（2014）通过中国综合社会调查2010年的全国数据，发现教育可以提升城乡居民的健康状况，但是不同教育阶段的教育投资回报水平具有城乡差异。

13.1.2　关于医疗保险与健康水平的研究

医疗保险的目标是在健康人群与非健康人群或健康状态与非健康状态间分散居民因健康风险带来的损失，以保障居民在患病时能够支付医疗服务，从而保护居民健康。然而医疗保险是否真的降低了医疗费用？是否有效提高了居民的健康水平？是否较好地瞄准了贫困人群？这些问题引起了广泛关注。

首先，医疗保险对于居民医疗服务消费的影响，目前存在"扩张"和"减缩"两种声音（胡宏伟，刘国恩，2012）。扩张假说认为医疗保险使得购买医疗服务更为便宜，从而刺激了居民对医疗服务的需求，增加了个人和家庭在医疗服务上的消费，甚至提升了医疗消费在家庭总消费中的比重；而减缩假说则认为，由于医疗保险能降低医疗服务的相对价格，居民能获得更多的医疗服务，从而健康水平得到了提升，由此，长期而言，医疗保险减少了个人与家庭在医疗服务消费上的支出（Doorslaer & Wagstaff，1992；Wagstaff，2002；Dollar & Kraay，2002）。

医疗服务消费的提升是否对于居民健康有积极的影响，目前的研究中存在不同的观点。不少学者认为提供更多的医疗服务并不会提高居民的健康水平，甚至不利于居民的健康。Fisher（2003）和 Ashton et al.（2003）对美国退伍军人医疗系统改革前后进行了对比。美国退伍军人医疗系统改革旨在减少医疗系统服务，如减少医院床位，而专注于提供高质量的医疗服务。Ashton et al.（2003）检验了 1994 年至 1998 年间退伍军人事务所中有严重慢性病病人的医疗服务使用率及其生存率的变化，并假设如果病人对医疗护理使用率下降太多，或是下降的医疗服务使用率并不能被门诊所抵消，那么急诊次数将升高，或是生存率将下降。结果表明，退伍军人事务所医院使用率的显著下降并不会减少必需的医疗服务，并且慢性疾病病人的死亡率并未受到影响。Fisher（2003）的研究结果进一步表明，退伍军人医疗系统的改革提高了医疗服务的质量并且提高了生存率。

可见，医疗保险是否能有效提升健康水平，仍然存在着很大的争议。有些观点认为医疗保险（如美国医疗补助计划 Medicaid）或由于它支付给医疗供应者太少以至于受保人无法获得护理，或由于低收入者已经有合理的途径得到诊所治疗、急诊、免费保健等医疗服务，Medicaid 并不会带来太大的效果。另一些观点则认为，Medicaid 可以通过提高健康水平以及降低医院急诊室的低效利用率而减少总医疗服务开销。关于医疗保险影响健康的因果关系，许多学者进行了实证研究。大量的研究集中于对 Medicaid 以及美国老年保健医疗制 Medicare 的讨论。

美国医疗补助计划 Medicaid 是联邦和州政府合作的为贫困者提供的医疗补助保险，受益者有近 4300 万人。在 1984 年前，美国医疗补助计划的受益人群仅为单亲低收入的妇女和儿童。1984 年，该保险扩张至其他的低收入儿童群体。至 1992 年，Medicaid 被要求覆盖低于贫困线 133% 的 6 岁以下儿童，以及未达到贫困线的 6 至 19 岁儿童。Currie & Gruber（1996a）研究了美国医疗补助计划对低收入家庭的孩子接受医疗服务以及对其健康的影响。在 1992 年，Medicaid 覆盖的儿童数量是 1984 年的两倍。研究结果显示，美国医疗补助计划的扩张显著提高了医疗服务的效用，并且也显著降低了儿童死亡率。Currie & Gruber（1996b）使用了 1979 年至 1992 年间怀孕女性参加 Medicaid 的数据，建立了各州关于 Medicaid 怀孕女性覆盖率的模型，讨论了 Medicaid 覆盖率的变化对女性生产状况的影响。结果表明，美国医疗补助计划的推广降低了初生婴儿死亡率以及初生婴儿体重过轻的概率。Baicker & Finkelstein（2011）通过 2008 年俄勒冈州采用随机抽签方式对候选名单中的人群分配医疗补助计划这一事件，来分析医疗补助计划与健康的因果关系。结果表明，Medicaid 提高了医疗服务使用率，提高了财政安全，并且提高了自评健康水平。

美国老年保健医疗制（Medicare）是另一个受众比较广泛的医疗保险制度，它是针对美国 65 岁以上老年人，以及 65 岁以下包括残障者、永久性肾衰竭以及肌萎缩性脊髓侧索硬化症（路葛雷克氏症）患者所设计的医疗保险计划，它覆盖了美国约 1/5 的医疗开销。Card et al.（2009）测量了 65 岁前后，病人医疗保险发生变化（即参保美国老年保健医疗制）后 7 天死亡率的变化。研究表示，65 岁以上的病人获得了更多的医疗服务，并且其 7 天死亡率降低了近 1%，几乎相当于患严重疾病病人群体死亡率的 20%。Card et al. (2008) 认为，不平等的医疗保险覆盖范围会导致不同经济社会群体医疗服务效果的不均以及健康水平的不同。由于 65 岁老人可以参与 Medicare，因此作者将 65 岁作为参保项目多少的分界年龄，并通过比较 65 岁前后人群发现，Medicare 显著提高了医疗服务的使用率。Finkelstein & McKnight (2008) 研究了美国 1965 年引入美国老年保健医疗制以后的影响。结果显示，在引入美国老年保健医疗制的最初 10 年间，并未对老年人的死亡率有显著的影响。然而，对于老年人医疗服务的自付费用部分，美国老年保健医疗制极大降低了其支付风险，尤其是对自付费用的前 1/4 分布而言，美国老年保健医疗制降低了该部分费用的 40%。因此，Medicare 可以直接影响医疗支付，然而对于健康却没有直接影响。

我国现行的医疗保险主要有"城职保""城居保""新农合"等。国内对于医疗保险与健康之间影响机制的研究较为有限，主要集中在研究医疗保险对居民医疗消费水平、医疗服务利用以及居民健康水平等方面的影响。对于健康指标的度量，主要有死亡率、预期寿命、自评健康水平以及各种疾病患病率等。

黄枫和吴纯杰 (2009) 研究了医疗保险对老年人死亡率的影响。相较于不享有任何医疗保险的老年人，享有医疗保险的老年人死亡率下降了 25.3%，且医疗保险对死亡率的影响有显著的性别和地区差异：其对男性死亡率的降低程度显著大于女性，对中西部地区老年人死亡率的降低程度显著高于东部地区。黄枫和吴纯杰 (2010) 使用中国老年人健康长寿影响因素调查数据 (CLHLS) 2012 年至 2015 年间的数据，用 Logistic 回归方法进一步研究了医疗保险对于老年人口死亡率的影响，发现"死亡率逆转"现象，即对于 96 岁以下老年人，参加医疗保险能够显著降低其死亡率，而超过 96 岁以后，不参加任何医疗保险的老人反而有更低的死亡率。黄枫和甘犁 (2010) 使用 CLHLS 2002 年至 2005 年数据，研究医疗保险对老年人医疗支出及其健康的影响。结果表明，医疗保险增加老年人医疗总支出 28%~34%，降低了医疗自付费用 43%，且对老年人健康有显著的提升，参保的老年人死亡率下降 19%，预期寿命增加 5 年。然而，王新军和郑超 (2014) 使用 CLHLS 2008 年至 2011 年间的数据，认为医疗保险对老年人健康并没有太大的影响。

胡宏伟和刘国恩 (2012) 使用国务院城居保 2008—2010 年的数据，通过双重差分 (DID) 以及倾向性评分匹配 (PSM) 研究城居保对城镇居民健康的影响。研究发现，城居保对于总体居民的健康影响不大，但对于老年人以及低收入人群的健康有显著的提升作用。潘杰和秦雪征 (2014) 的研究同样表明城居保对社会经济地位较低的人群健康有更大的提升，但是其对城镇居民总体健康水平的提升也较为显著。

"新农合"是针对我国农村居民的一项医疗保险制度安排，对于"新农合"对健康问题的研究，也有不少国内外文献进行了探讨。Lei & Lin (2009) 使用了中国健康与营养调查研究 (CHNS) 纵向数据，通过个体固定效应模型、工具变量估计、DID 估计校正了选择性偏差。研究表明"新农合"政策显著降低了中国赤脚医生的服务率并且显著提高了预防性治疗，尤其是体检的效用。然而，对于医疗的自费部分以及居民健康水平，"新农合"政策并没有起到太大的作用。Wagstaff et al. (2009) 使用 DID 方法发现，"新农合"政策增加了门诊病人和住院病人的效用，然而并不能降低他们的自费支付部分。该政策提高了城镇医疗中心贵重设备的拥有率，但是对每一个医疗案例的花费并没有影响。

Chen & Jin（2012）通过 2006 年至 2007 年间 8 个低收入农村 590 万居民的数据，发现"新农合"对降低儿童以及孕妇的死亡率效果不明显，但是提高了 6 岁儿童的入学率。总体来看，"新农合"全面实施以来，其对健康的影响效果并不明显。

许多学者的研究集中于"新农合"政策的实施对于农村居民的福利影响。在"新农合"的补偿模式对农村卫生服务利用的影响方面，解垩（2008）通过采用 CHNS 数据发现"新农合"政策提高了医疗服务利用率，然而其对净医疗费用作用并不显著；吴联灿和申曙光（2010）使用了 CHNS 数据，用 DID 法与 PSM 法进行研究认为新农合对农村居民健康有提升作用，但是影响有限。王翌秋和雷晓燕（2011）认为，新农合可以通过增进老年人预防性卫生服务的消费，来提高农村老年人口的自评健康水平，同时降低了老年人在医疗服务上的自付费用。王天宇和彭晓博（2015）认为"新农合"对于农村居民生育分别存在收入效应和挤出效应，并通过实证研究发现了挤出效应占主导地位；张川川等（2015）采用中国健康与养老追踪调查（CHARLS）数据进行实证研究，研究结论表明"新农合"存在着异质性影响，即"新农合"通过提高农村老年人的收入水平而改进他们的福利，然而健康状况较差的老年人受到的影响更加明显。钱军程等（2008）利用 PSM 法，发现参加新农合对于门诊服务的总体利用率改变不大，但是显著降低了应就诊而未就诊的门诊病人数量；但是对于应住院而未住院的病人，其改善作用并不明显。马双和张劼（2011）从营养结构层面上进行考察发现"新农合"政策的实施显著地增加了家庭人均蛋白质、脂肪的摄入量，但对碳水化合物的摄入量没有显著作用。除此之外，从居民的消费和医疗价格角度上而言，封进等（2010）研究发现虽然"新农合"对村门诊的价格并没有影响，但对县医院的医疗价格的上涨具有明显的促进作用；甘犁等（2010）研究了医疗保险对居民消费水平的影响，发现"新农合"撬动了 2.36 亿农村居民的消费。白重恩等（2012）关于"新农合"对农村居民消费的影响进行了研究，发现"新农合"在一定程度上具有减少预防性储蓄的作用，但实际上仅限于那些获得保险补偿的村民。

对于新农合"逆向选择"方面的研究，朱信凯和彭廷军（2009）通过理论模型的研究，认为新农合由于资金投入不足，使得参合人群更多的是患病概率高的农村居民，而这又进一步加剧了政府财政负担，由此建议政府采取"柠檬定价"策略来缓解"逆向选择"的局面。臧文斌等（2013）通过实证研究发现，城职保和城居保实施过程中同样存在逆向选择问题，即健康状况较差的居民更倾向于参加医疗保险，并且在参加医疗保险后去门诊和住院的就诊率更高，并且健康状况较差的居民也更倾向于购买补充医疗保险。

13.1.3　关于健康与教育投资关系的研究

多数研究关注的是家庭或个人教育对于健康的影响，然而关于健康对教育的直接影响，实证研究文献相对较少。许多学者围绕健康相关变量（如死亡率、生育率、预期寿命等）、人力资本和经济增长之间关系，在宏观和微观层面展开了理论研究，这对于我们揭示家庭健康影响教育水平的机制有启发意义。

宏观层面的分析是探讨健康对于经济增长的影响，将人力资本作为中间传导变量。Grossman（1972）将健康视为一种商品，构建关于"健康"商品的需求模型。健康被视为个人健康时间投入的产出，健康对于个人来说是一种持久的资本存量。如果个人拥有较多的健康资本存量，那么他们将进行更多的人力资本投入并且人力资本投入效率较高。Ram（1979）分析 1960 年至 2000 年低收入国家的样本，发现更长的预期寿命和健康状况改善提高了教育投资预期收益率，从而促使更多的个人接受学校教育，人力资本投入增加导致经济社会发展。Ehrlich（1991）构建了基于内生增长的世代交叠模型，模型假定父母对于子女的物质和人力资本投资带有目的性，期待自身年老时能够获得子女的物质支持和情感上的满足；随着预期寿命增加和生育率下降，父母从自身利益角度出发会增加对有限数量儿童的人力资本投入，导致儿童成人时初始资本存量提高，从而在经济均衡增长时，经济增长率得以提升。Bloom（2003）利用生产函数分析健康对于经济增长的影响，将健康（以预期寿命作为指标）和工作经验作为解释变量，分析二者对于经济增长的影响。实证发现个人健康支出增加，预期寿命增加，个人人力资本投入量也会随之增加，从而提高个人工作劳动生产效率。Philipson（2005）将个人预期寿命纳入不同国家发展不平等的整体评估体系之中，将预期寿命作为健康指标，分析其对于不同国家经济发展的贡献度，教育和人力资本作为健康和经济发展之间的传导变量。

实证研究发现，1960 年全世界最贫困的 50% 数量的国家的经济增长率为 4.1%，人力资本贡献 1.2%，其中健康对于人力资本贡献为 70%；1960 年全世界最富裕的 50% 数量的国家的经济增长率为 2.6%，人力资本贡献 1.4%，其中健康对于人力资本贡献为 50%。Doepke（2004）寻求解释从工业革命前经济停滞过渡到经济持续增长的过程之中生育率从高到低的原因。实证研究发现，教育与健康之间存在代际相互作用，欧洲禁止童工法律的实施是人口转型过程之中生育率从高到低的主要原因。禁止童工导致儿童接受更多教育，接受更多教育带来更强的社会生产力，给予自身和下一代儿童更好的医疗卫生服务，生育率也随之下降。Cervellati & Sunde（2015）认为在人口转型之前，教育因素和健康因素存在代际相互作用，在预期寿命较低和死亡率较高的社会，个人和集体获取人力资本的成本较高，导致经济发展长期停滞不前。预期寿命是个人决定自身教育决策的重要解释变量，个人预期寿命增加，个人有意愿进行人力资本投入。预期寿命增加不仅会影响本代个人的教育决策，还会对下一代儿童的教育产生影响。Weil（2007）从宏观层面说明健康对于个人收入的影响，以成年人存活率作为健康指标，个人收入则采用人均 GDP 代替。实证研究发现，良好的健康可以促使物质资本和人力资本得到积累，对于个人收入也存在正向效应。Lorentzen（2008）研究了自然环境对于经济增长影响的传导流程图，指出死亡率和预期寿命、生育率和人力资本投入是传导路径中的关键节点。

还有许多学者从微观层面分析儿童死亡率或预期寿命对于人力资本投入的影响。Ben-Porath（1976）利用以色列的微观家庭数据，在一个对于家庭规模存在偏好的框架之下讨论儿童死亡率对于家庭生育选择和家庭规模的影响，指出父母对于儿童死亡率存在两种反应：囤积和替换。Sah（1991）研究表明，欧洲地区从 20 世纪初至 20 世纪 80 年代，儿童死亡率由高至低，生育率同样由高至低，家庭父母倾向于儿童质量替代数量，家庭规模逐渐缩小，人力资本投入逐渐增加，家庭福利也随之逐渐上升。而 Azarnert（2006）认为父母对于儿童死亡率存在惯性预期值，实证研究发现给予外生变量儿童死亡率一个负向冲击，并不会导致生育率下降，家庭规模将继续增长。在家庭资源既定情况下，这导致对于下一代儿童人力资本投入减少，教育水平下降。如果父母对儿童死亡率惯性预期值不改变，此路径依赖关系将一直在代际之间维持下去。Boldrin（2002）将婴儿死亡率作为外生变量并纳入到家庭效用最大化的生育选择模型之中，父母的效用取决于父母自身消费、儿童数量和儿童人力资本投入。在此种情况下，父母会尽可能多地给予儿童更好的教育，以期待未来获得很多的效用。实证分析发现，当婴儿死亡率出现下降时，基于家庭效用最大化，父母会选择减少生育孩子的数量，但是并不像传统模型预测的减少过多，每个儿童教育资源都得到增加。Ozcan（2000，2002，2003）建立了连续时间的世代交叠模型，分析预期寿命对于人力资本投资的作用，实证研究发现，死亡率预设值较低时，对于个人的教育和消费都会产生显著增加；同时将儿童存活概率的不确定性纳入个人优化问题之中，通过实证分析发现，如果儿童存活率存在确定性，那么父母在资源约束条件下，能够精确计算生育儿童数量和养育成本，从而不需要在儿童数量和质量之间进行抉择。Soares（2005）认为成年人寿命增加和儿童死亡率下降均会导致个人人力资本投入的增加。成年人寿命的增加会获得更多人力资本投资回报，增加个人对人力资本投资的意愿，从而能够提升个人在劳动力市场和家庭部门的生产力；儿童死亡率的下降，导致父母倾向于养育更少的小孩，从而个人在儿童时期能够获得更多父母给予的人力资本投入，个体成年之后将会拥有更高原始人力资本积累，然后再进行自我人力资本投资，将会使得个人自身人力资本水平得到进一步提升。

一些学者分析了中国的家庭结构、母亲职业对子女受教育年限的影响，或测算了义务教育的投资回报率（Chen et al，2014，Fan，2015，Fang et al，2012），有的学者分析了"新农合"对农村家庭消费支出的影响（马双，等，2010；臧文斌，等，2012），有的学者研究"新农合"对生育意愿或对农村居民健康的影响（王天宇，等，2015；邹薇，等，2016）。Rozelle et al（2016）在中国农村进行了抽样调查，研究表明中西部贫困农村地区婴儿营养状况较差、智力偏低，会导致农村儿童学习成绩差和辍学。但是，关于家庭健康改善是否对个体教育产生直接影响，实证研究仍然非常少。

13.2　教育程度与农村居民健康水平：基于"新农合"的面板门限模型与 DID 模型分析

"新农合"作为一项旨在改善农村居民健康的制度安排，对于解决农村居民"看病难，看病贵"问题达到了怎样的成效？农村居民的健康状况是否真正得到了改善？纵观国内外学者对"新农合"成效的研究，一方面，多数研究表明，"新农合"的引入对于改善健康的效果并不明显，或者只是通过降低医疗费用，产生了"预算约束放松效应"；另一方面，多数研究探讨"新农合"的实施对农村医疗服务的利用、农村居民医疗消费、农村居民健康等因素的直接影响，而对于"新农合"的"效率提升效应"涉猎不多。此外，一些研究已经发现"新农合"的效果具有异质性，但是没有仔细分析这种异质性的来源，或者分析在"新农合"对农户健康发生作用的过程中，是否存在某些中介传导因素。

由于健康与教育是人力资本密不可分的两个构成因素，本节将教育水平引入"新农合"与健康关系的研究中，探讨教育是否可以通过提升"新农合"的实施效率来影响农村居民健康，弥补了相关文献在这方面的不足。

就研究方法而言，在国内外对教育、医疗保险以及健康关系的研究中，多使用 Logit 模型或是双重差分模型，也有部分文献使用了倾向性评分匹配方法。DID 模型可以有效剔除线性内生性问题，它将教育程度等变量作为控制变量，能有效识别"新农合"实施所带来的因果效应。然而教育变量还可能存在非线性内生性问题，因此，本节在使用 DID 模型之前，先考虑面板门限模型，将教育变量作为门限变量，来更好地分析在"新农合"影响农村居民健康的机制中，教育水平发挥着怎样的作用。

13.2.1 面板门限模型与 DID 模型的设定

1. 基准实证模型设定

根据前文的文献综述与相关背景分析，本节的基准实证模型主要基于 Grossman（1972）的健康生产函数，得到如方程（13.1）所示的教育与医疗保险对健康状况的基准面板实证模型：

$$H_{it} = \alpha X_{it} + \beta E_{it} + \theta \mathrm{HI}_{it} + \varepsilon_{it} \qquad (13.1)$$

其中，i 表示个体居民，t 表示年份；H_{it} 是居民 i 在 t 期的一个健康状况指标；E_{it} 表示个体 i 的教育水平；HI_{it} 则表示有否登记"新农合"医疗保险，为一个虚拟变量；X_{it} 是一个可观测到的控制变量的向量，向量中的各变量均对个人健康状况具有影响，最后 ε_{it} 则是随机误差项，表示不可观测的个体体征，满足 $\varepsilon_{it} \sim N(0, \sigma^2)$。值得注意的是，我们主要考察的是系数 β 与 θ，二者分别表示额外增加一个年份的教育程度对健康的边际影响、参与医疗保险项目对自身健康状况的边际效应。此外，考虑到本节的健康状况指标 H_{it} 主要以二元变量表现，因此我们采用非线性概率模型，如 Probit 或者 Logit 模型进行估计（Clark & Royer，2013）。考虑到 Logit 模型的分布函数有解析式表达，我们将采用 logit 模型为主要的微观计量模型进行估计，若因变量是排序型变量，则会采用 ordered logit 模型进行估计。

我们注意到在使用方程（13.1）进行 OLS 估计时，如果教育水平 E_{it} 与健康状况指标 H_{it} 之间存在互为因果关系的话，则会导致联立方程偏差或内生性偏差问题，造成估计结果的不一致（Wooldridge，2012）。不仅如此，还可能存在同时影响教育与健康的不可观测的遗漏变量，如家庭背景和个体时间偏好等（Grossman，2000）。

2. 面板门限模型设定与估计

结合前述的分析，医疗保险政策的选择登记对农村居民健康水平的影响可能随着个体所受教育水平的不同而呈现出非线性关系，具体表现为区间效应。针对区间效应问题，传统的做法是基于研究者的主观判断或者经验数据来确定某一个或多个门限值，并根据门限值把样本划分为两个或者多个子样本，既不对门限值进行参数估计，又不对其进行假设检验，容易造成实证模型估计得到的结果存在不稳健问题。为此，Hansen（2000）提出了关于门限回归模型的统计推断方法，通过利用门限变量估计得到的门限值，来避免由于主观判定所造成的人为误差问题。单一门限面板模型的设定如下所示：

$$H_{it} = \alpha X_{it} + \beta E_{it} + \theta_1 \mathrm{HI}_{it} I(E_{it} \leq \gamma) + \theta_2 \mathrm{HI}_{it} I(E_{it} > \gamma) + \mu_i + \varepsilon_{it} \qquad (13.2)$$

此处 θ_j，$j = 1$，2 表示相应的系数。E_{it} 同样作为医疗保险 HI_{it} 的门限变量，γ 为特定的门限值，$I(\cdot)$ 则为示性函数。Hansen（1999）考虑了固定效应下的面板门限模型，正如方程（13.2）所示。依照 Hansen（1999）所提出的估计方法，我们首先采用去除组内均值的方法用以消除个体效应 μ_i，则方程（13.2）退化为：

$$H_{it}^* = \alpha X_{it}^* + \beta E_{it}^* + \theta \mathrm{HI}_{it}^*(\gamma) + \varepsilon_{it}^* \qquad (13.3)$$

其中 $H_{it}^* = H_{it} - \overline{H_i}$，$X_{it}^* = X_{it} - \overline{X_i}$，$E_{it}^* = E_{it} - \overline{E_i}$，$\mathrm{HI}_{it}^*(\gamma) = \mathrm{HI}_{it} - \overline{\mathrm{HI}_i}$ 和 $\varepsilon_{it}^* = \varepsilon_{it} - \overline{\varepsilon_i}$，而

$$\overline{H_i} = \frac{1}{T}\sum_{t=1}^T H_{it}, \quad \overline{X_i} = \frac{1}{T}\sum_{t=1}^T X_{it}, \quad \overline{E_i} = \frac{1}{T}\sum_{t=1}^T E_{it}, \quad \overline{\mathrm{HI}_i} = \frac{1}{T}\sum_{t=1}^T \mathrm{HI}_{it}(\gamma) = \begin{pmatrix} \frac{1}{T}\sum_{t=1}^T \mathrm{HI}_{it}I(E_{it} \leq \gamma) \\ \frac{1}{T}\sum_{t=1}^T \mathrm{HI}_{it}I(E_{it} > \gamma) \end{pmatrix}$$

和 $\overline{\varepsilon_i} = \frac{1}{T}\sum_{t=1}^T \varepsilon_{it}$。对方程（13.3）的各面板变量进行累叠后记为向量形式，可转化为：

$$H^* = \alpha X^* + \beta E^* + \theta \mathrm{HI}^*(\gamma) + \varepsilon^* \qquad (13.4)$$

此时对于给定门限值 γ，我们对方程（13.4）进行 OLS 估计可得一致的估计量 $\alpha(\gamma)$、$\beta(\gamma)$、$\theta(\gamma)$，模型相应的残差向量和残差平方和分别为 $\hat{e}^*(\gamma) = H^* - \alpha(\gamma)X^* - \beta(\gamma)E^* - \theta(\gamma)\mathrm{HI}^*(\gamma)$ 和 $S_1(\gamma) = \hat{e}^*(\gamma)'\hat{e}^*(\gamma)$。依照 Chan（1993）与 Hansen（1997）的建议，通过采用最小二乘法来估计 γ，即最小化 $S_1(\gamma)$ 进而得到估计值 $\hat{\gamma}$：

$$\hat{\gamma} = \arg\min_\gamma S_1(\gamma) \qquad (13.5)$$

关于门限模型的假设检验问题，存在以下两类检验问题：一是门限效应的显著性检验；二是门限估计值是否为真实值的检验。针对前者，由于传统似然比原则下的 F 统计量的渐进分布在门限模型中为非标准分布，我们遵循 Hansen（2000）的建议采用"Bootstrap"方法以获得渐进有效的分布，以便检验门限效应的显著性。对于后者，第二个检验的原假设为 $\mathbf{H}_0$：$\gamma = \hat{\gamma}$，基于 Hansen（1997）的方法，我们通过构造似然比统计量 $\mathrm{LR}_1(\gamma) = \dfrac{S_1(\gamma) - S_1(\hat{\gamma})}{\hat{\sigma}^2}$ 来进行检验，由于该统计量的分布也是非标准的，对此，Hansen（1999）提出了一个分配函数的反函数来简化计算：$c(\alpha) = -2\ln(1 - \sqrt{1-\alpha})$。

上述面板门限模型仅存在一个门限值，而在实际应用中，可能存在多重门限值的可能性，在此以双重门限模型为例进行说明，其他更高重数的门限模型将基于此进行展开，下文不再赘述。方程（13.2）转化为双重门限模型的形式如下：

$$H_{it} = \alpha X_{it} + \beta E_{it} + \theta_1 \mathrm{HI}_{it} I(E_{it} \leq \gamma_1) + \theta_2 \mathrm{HI}_{it} I(\gamma_1 < E_{it} \leq \gamma_2) + \theta_3 \mathrm{HI}_{it} I(E_{it} > \gamma_2) + \mu_i + \varepsilon_{it}$$
$$(13.6)$$

其中：$\gamma_1 < \gamma_2$。关于双重门限模型的估计，若给定每一组 (γ_1, γ_2)，我们可以计算出残差平方和 $S(\gamma_1, \gamma_2)$，然后通过最小化 $S(\gamma_1, \gamma_2)$ 来得到估计值 $(\hat{\gamma}_1, \hat{\gamma}_2)$。然而用这种估计方法进行 $(nT)^2$ 回归，相对较大的个体样本或者时序样本将导致计算费时相对较大，故我们将遵循 Chong（1994）、Bai（1997）和 Bai & Perron（1998）的"循环法"的办法

进行估计，该种办法估计得到的是一致的估计量。除此之外，针对更高重数的面板门限模型，我们也是采用这种方法进行估计。具体地，首先，考虑单一门限模型的情况，即 $\hat{\gamma}_1$ 为 $S_1(\gamma_1)$ 达到最小值时所对应的门限估计值；其次，需要对 γ_2 进行筛选，而筛选标准如下所示：

$$S_2^\gamma(\gamma_2) = \begin{cases} S(\hat{\gamma}_1,\ \gamma_2),\ \hat{\gamma}_1 < \gamma_2 \\ S(\gamma_2,\ \hat{\gamma}_1),\ \gamma_2 < \hat{\gamma}_1 \end{cases} \tag{13.7}$$

由此第二重门限的估计值 $\hat{\gamma}_2$ 可表示为：

$$\hat{\gamma}_2^\gamma = \arg\min_{\gamma_2} S_2^\gamma(\gamma_2) \tag{13.8}$$

Bai（1997）在研究中表明这里的 $\hat{\gamma}_2^\gamma$ 是渐进有效的，然而 $\hat{\gamma}_1$ 并不满足这个性质。为了解决这一问题，由于 $\hat{\gamma}_2^\gamma$ 是渐进有效的，所以我们固定 $\hat{\gamma}_2^\gamma$ 对 γ_1 进行再估计，而此时关于 γ_1 的参数筛选与方程（13.7）类似，具体的筛选标准如下所示：

$$S_1^\gamma(\gamma_1) = \begin{cases} S(\gamma_2,\ \hat{\gamma}_2^\gamma),\ \gamma_1 < \hat{\gamma}_2^\gamma \\ S(\hat{\gamma}_2^\gamma,\ \gamma_2),\ \hat{\gamma}_2^\gamma < \gamma_1 \end{cases} \tag{13.9}$$

从而可得渐进有效的 $\hat{\gamma}_1$（Bai，1997）为：

$$\hat{\gamma}_1^\gamma = \arg\min_{\gamma_1} S_1^\gamma(\gamma_1) \tag{13.10}$$

而多重门限的假设检验与单一门限模型类似，下文不再赘述。

由于本章所使用的因变量为二元选择变量或者多元选择变量，离散型因变量模型在 OLS 估计下无法得到准确、一致的边际效应，对此，本节将先借助 Hansen（1999）的方法论，通过门限变量的估计来寻找模型的门限值，然后使用微观计量模型对模型进行后估计或者再估计。

3. DID 模型设定

本节还将考察"新农合"施行后与 2003 年以前的合作医疗保险的差异，即强调"新农合"的试点，是否真正存在影响农村居民健康的因果效应和这一影响是否显著，而评估一项政策或者事件单独的影响，通常会采用"倍分法"或者"双重差分模型"（difference in difference，DID）（Hill et al.，2012）。借鉴计量经济学"自然实验"的思想，我们利用 DID 的基本思想是，"新农合"的施行，一方面有可能造成同一个农村居民在制度施行前后的差异，另一方面又可能造成在同一个时点上政策施行前与政策施行后之间的差异，基于这两种差异而进行估计得到的结果，同时控制了个体自身对政策所产生的对应的反应和政策实施前与实施后的时间上的差异，从而能够帮助我们有效识别"新农合"实施所带来的因果效应，并同时考虑了教育程度等变量作为控制变量。换言之，该方法设计了两组样本：一组是处理组（treatment group），另一组是对照组（control group）。因此，方程（13.1）可以先简化表示非含控制变量为：

$$H_{it} = \mu_i + \omega_t + \delta D_{it} + \varepsilon_{it} \tag{13.11}$$

其中 D_{it} 是关于有否登记"新农合"和时间周期的虚拟变量（$D_{it} = 1$ 指代的是有登记"新农合"和 2003 年实施以后，$D_{it} = 0$ 指代其他可能）及 $E(\varepsilon_{it} \mid i,\ t) = 0$。$\mu_i$ 和 ω_t 分别为关

于个体和 2003 年时间点前后的个体效应和时间效应。在这些条件下，我们可以分别得到非登记"新农合"的事前与事后差和有登记"新农合"的事前与事后差：

$$E(H_{it} \mid i = \text{nonncms}, \ t = \text{post}) - E(H_{it} \mid i = \text{nonncms}, \ t = \text{ex}) = \omega_{\text{post}} - \omega_{\text{ex}}$$
$$(13.12)$$

$$E(H_{it} \mid i = \text{ncms}, \ t = \text{post}) - E(H_{it} \mid i = \text{ncms}, \ t = \text{ex}) = \omega_{\text{post}} - \omega_{\text{ex}} + \delta \quad (13.13)$$

结合上述两个式子，差值为：

$$\{E(H_{it} \mid i = \text{ncms}, \ t = \text{post}) - E(H_{it} \mid i = \text{ncms}, \ t = \text{ex})\}$$
$$- \{E(H_{it} \mid i = \text{nonncms}, \ t = \text{post}) - E(H_{it} \mid i = \text{nonncms}, \ t = ex)\} = \delta \quad (13.14)$$

我们可以通过样本平均的方法来估计 δ。因此，结合 DID 的思想，我们将方程（13.1）重塑为

$$H_{it} = \alpha + \beta_1 \text{ncms}_i + \beta_2 d_t + \phi Z_{it} + \delta \text{ncms}_i * d_t + \varepsilon_{it} \quad (13.15)$$

这里 ncms_i 个体是否有登记"新农合"，有登记的为 1，没有登记的为 0，d_t 是"新农合"政策实施后，即 2003 年后为 1，2003 年前为 0 的时间虚拟变量。Z_{it} 则是包含了教育变量与其他控制变量的总体控制变量。基于 DID 的"新农合"的因果效应及其系数如表 13.1 所示。

表 13.1　　　　　　　　**基于 DID 的"新农合"的因果效应及其系数**

	参加"新农合"（处理组）	没有参加"新农合"（对照组）	差异
"新农合"实施以前（1997&2000）	$\alpha + \beta_1$	α	β_1
"新农合"实施以后（2004&2006）	$\alpha + \beta_1 + \beta_2 + \delta$	$\alpha + \beta_2$	$\beta_1 + \delta$
差异	$\beta_2 + \delta$	β_2	δ

考虑到本节主要采用的健康状况指标主要为自评健康水平（SRH），该数据类型为排序型整数数据，如果采用传统的 OLS 进行回归，必然会产生样本选择模型与样本选择偏误的问题（Heckman，1979）。因此，在考察"新农合"对健康状况的因果效应时，我们采取排序型 Logit 模型进行估计（ordered Logit）。除此之外，考虑到排序型 Logit 模型估计所得到的系数并非传统意义上的边际系数，对此我们将报告其相应的边际效应。

13.2.2　数据说明、变量选取与统计描述

1. 数据说明

本节选取"中国健康与营养追踪调查"（CHNS）1997 年、2000 年、2004 年以及 2006 年共 4 年的农村居民个体面板数据作为研究样本。[①] CHNS 是由北卡罗来纳大学教堂

---

　　① 与 Xie & Mo（2014）等学者一致，考虑到 CHNS 数据库对"自评健康水平"指标的统计仅到 2006 年，故本节的面板数据仅追溯至 2006 年。

山分校的北卡罗来纳人口研究中心和中国疾病预防控制中心营养与食品安全研究所共同组织、一起管理、正在继续进行的长期追踪问卷调查数据。截至目前为止，受访调查地区为15个省市区，分别遍布中国的沿海、中部、东北和西部地区①，体现了调查样本的代表性；已经一共收集并公开了9个调查年度的数据集②，体现了调查样本的延续性。该数据库的一大特点就是详细地记录了关于家庭以及家庭成员的医疗服务的使用、健康状况、医疗保险、经济地位和社会人口特征的面板数据，为本节研究提供了较为完整的数据基础。

出于本节的研究目的，虽然"新农合"在2003年才全面试点实施，但1997年起就开始落实和登记农村合作医疗，调查数据将合作医疗登记情况与"新农合"登记情况一并登记（甘犁（2010）把2003年前的称为"旧农合"，之后的称为"新农合"），且1997年和2000年的农合登记人数占总数据样本31.21%。由此我们选用登记了有无加入"新农合"的1997年、2000年、2004年和2006年的追踪数据，最终得到拥有5637个观测值的非平衡面板数据，具体包含了2786个男性观测样本和2851个女性观测样本。由于本节所采用的面板门限模型要求回归样本必须为平衡面板数据，所以我们做了进一步筛选，得到289个个体在4年间的平衡面板数据。

2. 变量选取与说明

对于健康状况指标的选取，结合现有文献，自评健康水平（self-rated health），记为SRH，是目前被广泛使用的健康测量指标（Xie & Mo，2014）。具体而言，调查对象被询问："当前，相比于其他同龄人对自己健康状况评价如何？"根据自身情况，对给定的选项进行选择，选项分别为：非常好、良好、正常和不良或者不明（分别记为1、2、3、4和9）。为了便于解释，通常在研究中对其进行取相反数变换，以体现健康水平的提升，记为SRHN。相比于其他健康指标，自评健康指标具有许多优点。一方面，它不仅结合了生理健康、身体健康以及受访对象的健康状况满意程度，还包括了一些自身主观的慢性疾病等。另一方面，该指标的标准都是来自世界卫生组织，具有一定的权威性（Ross & Mirowsky，1999）。为了区分健康状况的好坏，我们对该指标的健康类别进行了分类，构建了关于个体健康好坏的0-1虚拟变量（记作health），即自评健康水平为非常好、良好和正常则归为健康水平"好"，记为1；而自评健康水平选项为不良则列入健康水平"不好"，记为0，以便微观计量模型的估计。至于其他的健康指标，参照Zhou（2002）的建议，计算了个体的身体质量指数（BMI）=体重（千克）/身高（厘米）²，还将BMI指标分为4个区间：18.5~23.9属于健康体质，记为3；小于18.5属于偏瘦体质，记为2；23.9~27.9属于超重体质，记为1；大于27.9属于肥胖体质，记为0，生成了健康体质变量（记作healthyweight）。为了简化分析，本章还将BMI指标大于24.0归为超重，记为1，反之则记为0，超重变量记为overweight。

至于教育程度变量的选取，我们选用了在相关研究中广泛使用的学龄（所受教育年

① 15个省市区包括：北京、重庆、广西、贵州、黑龙江、河南、湖北、湖南、江苏、辽宁、山西、山东、上海、云南和浙江。
② 数据集的9个年度：1989、1991、1993、1997、2000、2004、2006、2009和2011年。

357

数：eduyrs）作为教育程度的代理变量。以是否登记参保"新农合"的虚拟变量作为"新农合"的代理变量，记为 ncms。而关于其他控制变量的选取，我们分别以农村居民是否正在工作（记为 work）、年龄（记为 age）、年龄的平方（记为 age2）、是否结婚（记为 married）、家庭规模（记为 hhsize）和家庭总收入（记为 hhincgross）作为控制变量。值得关注的是，针对农村居民是否正在工作和具体所从事工种的划分，我们将不从事农民、渔民、猎人和主妇工作且正在工作的农村居民视为在外工作的农民工，结合数据处理结果我们发现本节全样本中，工种已知且正在工作的农村居民有 4032 个观测值，其中农民工有 2135 个，占到了 52.95%；而男性农民工比例为 61.25%，女性农民工比例为 43.38%。农民工的较高覆盖率使我们可以分析外出务工导致"参保冷漠"的潜在可能。表 13.2 为上述变量关于总体样本和男性、女性样本的描述性统计。

表 13.2　　　　　　　　　　　　　数据统计描述

总体样本					
变量	观测值	均值	标准差	最小值	最大值
自评健康水平（SRH）	5637	2.262	0.776	1	4
健康好坏（health）	5637	0.943	0.231	0	1
过重（overweight）	5637	0.393	0.488	0	1
学龄（eduyrs）	5637	7.126	4.139	0	18
是否正在工作（work）	5637	0.720	0.449	0	1
年龄（age）	5637	46.17	14.10	14	93
是否结婚（married）	5637	2.028	0.575	1	9
家庭规模（hhsize）	5637	20.91	23.81	1	105
是否登记"新农合"（ncms）	5637	0.685	0.597	0	9
家庭总收入（hhincgross）	5637	24974	29662	5	872200
身高（height）	5637	161.3	8.452	130	187
体重（weight）	5637	60.90	10.77	29	118.6
男性样本					
自评健康水平（SRH）	2786	2.183	0.755	1	4
健康好坏（health）	2786	0.958	0.200	0	1
过重（overweight）	2786	0.374	0.484	0	1
学龄（eduyrs）	2786	8.266	3.571	0	18
是否正在工作（work）	2786	0.780	0.415	0	1
年龄（age）	2786	46.23	14.31	14	88
是否结婚（married）	2786	1.960	0.510	1	9

续表

总体样本					
变量	观测值	均值	标准差	最小值	最大值
家庭规模（hhsize）	2786	20.96	23.78	1	104
是否登记新农合（ncms）	2786	0.637	0.681	0	9
家庭总收入（hhincgross）	2786	24944	25515	12	384360
身高（height）	2786	167.0	6.385	140.2	187
体重（weight）	2786	64.91	10.72	39	118.6
女性样本					
自评健康水平（SRH）	2851	2.338	0.787	1	4
健康好坏（health）	2851	0.928	0.258	0	1
过重（overweight）	2851	0.411	0.492	0	1
学龄（eduyrs）	2851	6.012	4.349	0	17
是否正在工作（work）	2851	0.661	0.474	0	1
年龄（age）	2851	46.11	13.89	14	93
是否结婚（married）	2851	2.095	0.626	1	9
家庭规模（hhsize）	2851	20.86	23.85	1	105
是否登记"新农合"（ncms）	2851	0.732	0.497	0	9
家庭总收入（hhincgross）	2851	25003	33223	5	872200
身高（height）	2851	155.7	6.160	130	175.5
体重（weight）	2851	56.97	9.269	29	102

注：为了数据直观表述，本表中相应的变量均没有经过对数变换，在实证检验中将采用对数形式。

13.2.3　"新农合"、教育程度与农村居民健康的关系研究

1. "新农合"、教育程度对健康好坏的估计结果

作为研究的发起点，我们首先对模型（13.1）进行微观计量的面板分析，表13.3中报告了农村居民加入"新农合"以及教育程度对健康状况好坏的最大似然估计结果（MLE）。其中，列（1）和列（2）分别汇报的是使用 Logit 和 Probit 模型进行估计的结果，从系数的显著性上而言，Logit 模型和 Probit 模型所估计的系数显著性相一致。事实上，根据 Probit 模型所采用的累积分布函数是标准正态形式，而 Logit 模型的累积分布函数采用的 logistic 分布。但由于 logistic 分布函数有解析式表达式，而标准正态分布则没有，所以 Logit 模型往往在实证模型中被采用（Cameron & Trivedi，2005），尤其在关于医疗保险微观数据研究当中应用更普遍（Ven & Praag，1981），故我们在之后的估计中主要采用

Logit 模型进行估计。除此之外，列（3）和列（4）报告的是男性与女性农村居民的样本，以检验不同性别人群的差异性结果。最后，为了更好地反映是否加入"新农合"对农村居民的健康状况的影响程度，我们对样本进行了事前和事后的划分，然后进行了"反事实"的实证检验，即 1997 年和 2000 年是"新农合"政策在 2003 年全面实施前的调查子样本，作为控制组；而 2004 年和 2006 年则是之后的样本，作为处理组（第（5）、第（6）列）。通过控制组与处理组实证结果的前后对比，旨在清楚地反映"新农合"政策的实施对农村居民健康水平的影响。

表 13.3　　　　"新农合"、教育程度对健康状况的微观面板计量估计

被解释变量：health

	（1）	（2）	（3）	（4）	（5）	（6）
年份	1997、2000、2004 和 2006				1997&2000	2004&2006
	logit	probit	logit_Male	logit_Female	logit_exante	logit_expost
Eduyrs	0.0851***	0.0447***	0.107**	0.0608**	−0.0148	0.0982***
	(0.0241)	(0.0125)	(0.0420)	(0.0298)	(0.0440)	(0.0254)
Work	0.785***	0.411***	1.215***	0.543**	0.802*	0.830***
	(0.182)	(0.0958)	(0.326)	(0.217)	(0.440)	(0.208)
Age	−0.0880**	−0.0408**	−0.0643	−0.102**	−0.168*	−0.0914**
	(0.0362)	(0.0185)	(0.0550)	(0.0497)	(0.0879)	(0.0405)
age2	0.000508	0.000218	0.000413	0.000541	0.00144*	0.000485
	(0.000337)	(0.000173)	(0.000528)	(0.000452)	(0.000844)	(0.000369)
female	−0.422**	−0.218**			−0.120	−0.592***
	(0.179)	(0.0925)			(0.314)	(0.197)
married	0.213	0.110	−0.185	0.381**	−0.288	0.265*
	(0.142)	(0.0748)	(0.202)	(0.182)	(0.281)	(0.152)
hhsize	−0.00162	−0.000865	−0.00596	0.00127	−0.00114	−0.00183
	(0.00322)	(0.00167)	(0.00531)	(0.00402)	(0.0124)	(0.00312)
hhincgross	1.09e−05**	5.49e−06**	1.80e−05*	7.09e−06	5.96e−05***	1.01e−05**
	(4.59e−06)	(2.26e−06)	(1.04e−05)	(4.69e−06)	(1.89e−05)	(4.51e−06)
ncms	−0.176	−0.0946	−0.138	−0.274	−0.323	−0.0821
	(0.114)	(0.0610)	(0.137)	(0.211)	(0.387)	(0.116)
Time effect	Yes	Yes	Yes	Yes	No	No
观测值个数	5637	5637	2786	2851	2511	5257
样本个体数	3825	3825	1861	1964	2201	4493

注：（1）***、**、*分别表示在 1%、5%和 10%水平上显著；（2）括号中数据为异方差稳健的标准误。

　　首先分析全样本的估计结果。可以看出，列（1）~（4）显示了教育（学龄）与健康状况存在高度正相关关系，在1%显著性水平下显著。具体而言，在 Logit 模型估计下，额外增加1年的学龄，将会导致农村居民的健康状况变好增加8.51%的概率。由此揭示了农村居民随着自身学龄的增长，将会更好地管理自己的健康，以获得一个更好的健康水平，也再次验证了教育程度对提高健康水平所发挥的重要作用。然而，值得注意的是，是否登记参保"新农合"与健康状况的相关性并不显著，但符号为负，表明"新农合"政策颁布与实施，并没有给农村居民带来提高健康水平的期望，反而造成了背道而驰的局面。从其他控制变量的回归系数来看，首先，家庭总收入的增加，能够显著地提高农村居民健康水平变好的概率，反映了对以家庭为单位生活的农村居民而言，家庭收入的提高，能够帮助各家庭成员提高生活的质量水平，包括饮食和健康等各方面生活条件。其次，年龄变量的系数显著为负，反映了随着年龄的增长，身体抵抗力随之下降而造成健康水平下降的不争事实，符合实际情况。然而，值得关注的是，工作的参与显著地促进居民健康水平变好的可能，揭示了主要参与体力劳动的农村居民，由于工种的强度原因，而拥有更强壮的身体以抵抗疾病发生的可能，从而拥有更好的健康水平。最后，女性虚拟变量显著为负，表明了在农村地区，女性健康状况好的情形要低于男性，具体的差异分析可从男性与女性的子样本结果中发现。

　　再看关于子样本的结果分析。针对男、女样本，我们发现每增加1年的教育年数，男性居民拥有好的健康状况的概率要显著高于女性3.99个百分点；不仅如此，对于参与工作的农村男性居民，其健康水平好的概率也明显地好于女性。除此之外，家庭总收入的增加，也显著地提高男性居民健康水平，而与女性健康水平关系不显著，揭示了男性在农村家庭中的地位的重要性；反观农村女性，结婚变量与好的健康水平显示出显著的正相关，表明了女性在婚后显著地提升了自身的健康水平。

　　最后，对于"新农合"政策实施前后的样本结果对比，在政策实施前，学龄与健康好坏呈现不相关的关系，由此反映了尽管部分农村居民拥有一定的教育水平，但是由于没有得到来自医疗保险的支持，自身的认知能力无法为预防疾病和保健提供合理的配置手段，从而造成了教育对健康互补性缺失的无奈现象。对比处理组的样本，随着"新农合"的实施，除了家庭总收入的系数以外，其他系数的绝对值都明显大于总体样本的对应系数，特别是教育变量，在政策实施前，学龄与健康状况呈现不显著的负向关系，政策实施后则呈现非常显著的正相关，体现教育对健康的"效率提升说"，表明通过对"新农合"的参保，农村居民的各变量对好的健康状况的贡献率均得到显著提升，而且婚姻变量的系数也由总体样本的不显著变为事后样本的显著。但这些变化仅仅反映"新农合"政策对居民健康的间接影响，表13.3中"新农合"变量的系数却始终不显著。由此表明，尽管"新农合"的覆盖率逐年提升，但农村居民由于自身教育程度所限，对新的医疗保险的认知能力有限，没能发挥出"新农合"制度的有效性。

2. "新农合"、教育程度对超重体质的估计结果

　　与表13.3类似，表13.4汇报的是采用相同方法对"新农合"、教育程度对超重体质影响的估计结果。值得关注的是，总体样本和事后样本都显示出了登记参保"新农合"

与超重体质在10%显著性水平下负相关，结合前述分析，"新农合"参保能够帮助居民在一定程度上注意饮食情况，减小超重的概率，但对总体健康好坏而言，效率甚微。关于其他控制变量，工作的参与会显著减少超重的发生，而随着年龄增长，超重发生的可能性增大。除此之外，不同于健康状况好坏的估计结果，家庭总收入对超重的影响极小且并不显著，表明造成居民超重的主要原因并非收入。

与表13.3中分析不同的是，在表13.4的总体样本中，教育学龄的增加将会显著地提高超重的发生率，尤其是在男性样本中该效应更突出，表明农村地区教育程度相对较高的男性居民在饮食上并没有很好的健康认知，导致了超重，这与城镇居民的情况相反（Xie & Mo，2014）。针对此种现象，我们认为主要由两个原因所导致：一是由于教育程度对医疗保险的反应具有非线性的内生性问题，进而导致符号不一致现象，我们将对此进一步进行实证检验；二是变量选择问题，overweight超重变量简化选择，而提高了与教育变量的正相关关系。对此，我们将在下面的实证模型中采用体质覆盖更广的健康体质变量healthyweight。

表 13.4　　　　　　　　　"新农合"、教育程度对超重体质的 logit 估计

被解释变量：overweight

	（1）	（2）	（3）	（4）	（5）	（6）
	1997、2000、2004 和 2006				1997&2000	2004&2006
	logit	probit	logit_Male	logit_Female	logit_exante	logit_expost
eduyrs	0.0865 **	0.0461 ***	0.213 ***	0.0144	0.0539	0.0840
	（0.0346）	（0.0164）	（0.0545）	（0.0465）	（1.490）	（0.0913）
work	−0.449 **	−0.248 **	−0.284	−0.612 **	−0.920	−1.175 *
	（0.225）	（0.112）	（0.329）	（0.301）	（31.97）	（0.701）
age	0.425 ***	0.238 ***	0.371 ***	0.482 ***	0.583	0.576 ***
	（0.0440）	（0.0242）	（0.0613）	（0.0628）	（0）	（0.122）
age2	−0.00395 ***	−0.00222 ***	−0.00352 ***	−0.00440 ***	−0.00539	−0.00531 ***
	（0.000441）	（0.000244）	（0.000632）	（0.000615）	（0）	（0.00116）
female	0.551 **	0.297 **			0.286	−0.293
	（0.253）	（0.121）			（2.281）	（0.639）
married	0.0778	0.0501	0.104	−0.0129	0.186	−0.0406
	（0.171）	（0.0863）	（0.217）	（0.261）	（20.25）	（0.342）
hhsize	0.0122 **	0.00671 ***	0.0142 *	0.0118	−0.000649	0.00946
	（0.00539）	（0.00230）	（0.00753）	（0.00723）	（0.143）	（0.0137）
hhincgross	−7.70e-07	−4.22e-07	3.76e-06	−3.68e-06	1.78e-06	2.92e-06
	（2.86e-06）	（1.41e-06）	（4.39e-06）	（3.61e-06）	（5.60e-05）	（6.95e-06）

	(1)	(2)	(3)	(4)	(5)	(6)
	1997、2000、2004 和 2006				1997&2000	2004&2006
	logit	probit	logit_Male	logit_Female	logit_exante	logit_expost
ncms	−0.311[*]	−0.167[*]	−0.450	−0.0170	−0.516	−0.462[*]
	(0.184)	(0.0951)	(0.275)	(0.279)	(13.33)	(0.277)
Constant	−13.39[***]	−7.426[***]	−13.19[***]	−13.72[***]	−16.62	−15.74[***]
	(1.298)	(0.674)	(1.832)	(1.764)	(27.41)	(2.584)
时间效应	Yes	Yes	Yes	Yes	No	No
观测值个数	5637	5637	2786	2851	2511	5257
样本个体数	3825	3825	1861	1964	2201	4493

注：（1）***、**、*分别表示在 1%、5% 和 10% 水平上显著；（2）括号中数据为异方差稳健的标准误。

3. "新农合"、教育程度对健康状况和健康体质的面板门限模型的估计结果

近年来，随着非线性时间序列模型在宏微观经济领域的广泛应用，在实证研究中考虑非线性的内生变量模型已得到国内外的广泛重视，这同样体现在面板数据的研究中（Bick，2010；Nautz & Scharff，2012；连玉君，程建，2006）。鉴于上节分析中表明，"新农合"、教育程度对农村居民健康的影响有的系数不显著，"新农合"对健康状况影响则呈不显著的负向关系，为此，我们建立面板门限模型进一步检验可能存在的非线性关系。

一方面，教育程度高的人健康知识较为丰富，有相对较高的认知能力，根据"效率提升说"，在生活中选择更加健康的行为和生活方式（Kenkel，1991；Cutler & Lleras-Muney，2010）。针对本节而言，需要检验教育是否有效地帮助了居民利用"新农合"政策，提高健康水平。另一方面，针对前述的目前农村居民对医疗保险制度的"参保冷漠"现象，结合表 13.3 汇报的结果来看，登记参加"新农合"与健康状况好坏的系数为负，对"新农合逆向选择"现象需要进一步分析。本节在此先利用面板门限模型，估计得到"新农合"关于教育程度的门限值；再根据门限值的界定，对方程（13.2）进行微观计量模型的实证检验。

首先，需要对门限模型的重数进行甄别，才能对门限值进行估计。我们首先在模型给定不存在门限、存在一个门限值和存在两个门限值的情形下对门限模型进行估计，分别得到 F 统计量和用"bootstrap"方法得到的 p 值表，如表 13.5 所示。表 13.5 分别报告了关于健康状况和体质超重情况的门限重数的检验，从中发现两类模型单一门限的检验效果在 5% 显著性水平下均十分显著，对应的 p 值均为 0.020，且对应的门限值也都是学龄为 5 年（如图 13.1）。不同的是，体质超重模型还存在三重门限模型的情况，考虑到其 p 值 0.050 大于 0.020，同时为了就两类实证检验统一分析，我们将基于单重门限模型进行分析。不仅如此，图 13.1 绘制的 LR 函数图清晰地反映了两类模型的门限值构建过程以及

置信区间。

表 13.5 门限效果检验

类别	健康状况模型门限重数检验					体质超重模型门限重数检验				
			临界值					临界值		
	F 值	p 值	1%	5%	10%	F 值	p 值	1%	5%	10%
单一门限	7.773**	0.020	8.751	5.904	4.890	7.804**	0.020	9.464	5.857	4.527
双重门限	0.205	0.620	17.049	6.409	3.824	1.258	0.240	10.118	5.078	3.019
三重门限	0.007	0.920	21.751	7.754	3.506	6.329**	0.050	10.046	6.044	4.245

注：（1）p 值和临界值均为"bootstrap"抽样 100 次得到；（2）***、**、*分别表示在 1%、5% 和 10% 水平上显著。

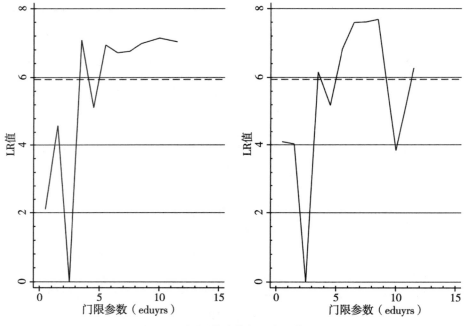

图 13.1　门限估计值与对应置信区间

得到门限值的估计值之后，基于方程（13.2）对健康状况和健康体质分别进行微观计量模型的再估计。其中，为了更好地反映健康和体质变化，这里我们采用 SRH 的相反数 SRHN（指数越高，健康水平越高）来俘获健康状况，而健康体质则采用体质评价指标 healthyweight 进行俘获，健康状况和健康体质分别采用 ordered Logit 模型和 Logit 模型进行估计，并使用了门限值学龄 5 年进行了划分，如表 13.6 所示。

为了便于说明，我们在此将学龄小于或等于 5 年的结果视为控制组，而学龄大于 5 年的结果视为处理组进行阐述。与表 13.4 和表 13.5 结果形成鲜明的对比，教育程度与健康状况或者健康体质呈显著相关的仅有列（2），且显著性水平仅有 10%，表明在克服了由教育变量所导致的非线性内生性问题后，农村居民的教育程度对提高健康水平处于低效率阶段，也侧面反映了农村居民的总体教育水平偏低。值得注意的是，表 13.3 出现的教育程度增加而导致超重的问题在此得到了校正，如列（3）和列（4）所示，也验证了教育存在对"新农合"的门限效应。

再者，本节着重关注的"新农合"变量在全部模型中显著。具体而言，通过列（3）和列（4）结果的对比来看，登记参保"新农合"确实能够发挥提升农村居民健康体质的作用，特别是对于学龄小于或等于 5 的受教育程度较低的居民，说明了教育程度低的农村居民由于此前对于健康知识的了解甚少，生活方式较为不健康，他们从"新农合"中获益比教育程度高的农户更为明显。就健康状况的回归结果而言，"新农合"变量的系数显著为负，揭示了农村居民确实存在由自身教育程度所限而产生的"新农合逆向选择"现象，即加入"新农合"的个体"自评健康"状况反而较差。然而值得关注的是，学龄大于 5 的处理组对应的系数绝对值明显小于控制组系数，表明尽管存在类似逆向选择的现象，但是学龄更高的居民更有可能从中趋利避害，这与教育对健康的效率提升作用一致。

表 13.6　　"新农合"、教育程度对健康状况和健康体质的微观面板计量估计

变量	(1) 学龄≤5 ologit_SRHN_left	(2) 学龄>5 ologit_SRHN_right	(3) 学龄≤5 logit_healthyweight_left	(4) 学龄>5 logit_healthyweight_right
	SRHN（健康状况）		healthyweight（健康体质）	
eduyrs	0.0157 (0.0296)	0.0326* (0.0168)	−0.0330 (0.0876)	0.0259 (0.0565)
work	0.619*** (0.133)	0.148 (0.100)	0.186 (0.412)	0.753*** (0.276)
age	−0.0736*** (0.0274)	−0.0122 (0.0176)	−0.207* (0.108)	−0.301*** (0.0714)
age2	0.000322 (0.000252)	−0.000357* (0.000200)	0.00201** (0.000994)	0.00307*** (0.000779)
female	−0.268** (0.129)	−0.433*** (0.0801)	−1.789*** (0.508)	−0.206 (0.272)
married	0.182** (0.0837)	−0.165** (0.0822)	−0.227 (0.264)	−0.480** (0.230)
hhsize	−0.00113 (0.00272)	−5.24e-05 (0.00159)	−0.00929 (0.00839)	−0.00966** (0.00456)
hhincgross	4.97e-06*** (1.57e-06)	1.55e-06 (1.33e-06)	−5.15e-06 (4.28e-06)	−1.08e-06 (2.97e-06)

续表

	（1）	（2）	（3）	（4）
	学龄≤5	学龄>5	学龄≤5	学龄>5
	ologit_SRHN_left	ologit_SRHN_right	logit_healthyweight_left	logit_healthyweight_right
变量	SRHN（健康状况）		healthyweight（健康体质）	
ncms	−0.253**	−0.117**	1.292***	0.639***
	（0.114）	（0.0576）	（0.396）	（0.236）
时间效应	Yes	No	No	Yes
观测值个数	1885	3752	1885	3752
样本个体数	1299	2624	1299	2624

注：（1） *** 、 ** 、 * 分别表示在1%、5%和10%水平上显著；（2）括号中数据为异方差稳健的标准误。

关于其他控制变量的解释：投身于工作当中的农村居民能够显著地提升健康水平和强健体质；随着年龄的增长，健康和体质的衰退是不争的事实；在健康方面，同样存在着男女性别上的差异，具体表现为男性健康状况和健康体质均好于女性；在婚姻上，学龄低的居民在婚后显著地改善自评健康水平，相反，学龄高的反而出现了健康体质变差的情况；最后，关于家庭规模和家庭总收入而言，在学龄大于5的情形下，家庭规模与健康体质显著负相关，表明家庭规模过于庞大，成员之间更容易发生家庭健康资源的挤占现象，从而个体体质较差；而家庭总收入则在学龄小于或等于5年时，与健康状况显著正相关。

4. "新农合"、教育程度对健康状况的因果效应：基于 DID 方法的检测

本节主要报告"新农合"政策的实施对农村居民健康状况影响的因果效应结果，即对方程（13.15）的回归结果。具体而言，我们采用了前文所述的双重差分法分别考察2003年"新农合"政策实施前后对农村居民的自评健康状况和健康体质的因果效应，实证结果分别列示于表13.7的列（1）和列（2）。双重差分法在医疗保险政策的因果效应的研究应用近年来已经得到国内学者的研究兴趣（解垩，2008；王天宇，彭晓博，2015；张川川，等，2015）。

表 13.7　　　　　医疗保险政策、教育程度对健康状况的因果效应

变量名	（1）	（2）
	ologit	logit
	SRHN（健康状况）	healthyweight（健康体质）
eduyrs	0.0282***	0.00811
	（0.00947）	（0.0303）

续表

变量名	（1） ologit SRHN（健康状况）	（2） logit healthyweight（健康体质）
work	0.286*** (0.0790)	0.558** (0.230)
age	−0.0393*** (0.0128)	−0.287*** (0.0521)
age2	−3.43e-05 (0.000136)	0.00288*** (0.000540)
female	−0.390*** (0.0682)	−0.654*** (0.226)
married	0.0271 (0.0588)	−0.382** (0.164)
hhsize	−0.000137 (0.00138)	−0.00966** (0.00403)
hhincgross	3.13e-06*** (8.89e-07)	−2.15e-06 (2.38e-06)
ncms	0.224** (0.110)	0.725* (0.398)
treat	−0.106 (0.0975)	−0.645* (0.343)
ncms_treat	−0.410*** (0.120)	0.108 (0.439)
观测值	5637	5637
样本个体数	3825	3825

注：（1）***、**、*分别表示在1%、5%和10%水平上显著；（2）括号中数据为标准误。

从表13.7中列（1）与列（2）对比来看，"新农合"的登记在5%和10%显著性水平下促进健康状况和健康体质的增长。然而值得注意的是，虽然treat变量在健康状况和健康体质下的系数显著性并不明显，但系数为负，说明处理组和对照组在2003年前后的差异并非特别显著，且随着"新农合"的实施，反而出现了农村居民健康水平变差的趋势，这与本章前两部分的研究基本一致。更进一步，"新农合"与处理组的交叉项系数在健康状况模型的估计中显著为负，由此表明2003年后，登记参保"新农合"的农村居民的健康水平反而比不参保的农村居民健康水平更糟，从一定程度上说明了农民居民到外地打工而返乡"看病难"的现象。当然，结合上一部分门限模型的解释，教育程度在农村居民参保行为与自身健康水平中发挥了门限效应的作用，即教育程度更高的居民才能更好地享受医疗保险的保障，正如教育程度变量 eduyrs 显著为正所示。此外，对于健康体质模型的估计结果，教育程度变量以及"新农合"与处理组的交叉项系数均不显著，由此说明参保"新农合"对农村居民的健康体质并不存在明显的提升，而体质健康的维持更多地还是来自年轻的体力劳作居民（work 系数显著为正，age 系数显著为负），且在农村，男性的健康水平显著地好于女性。其余控制变量的解释与前文相似，在此不再赘述。

从关于"新农合"对农村居民健康水平的因果效应分析来看，如果单纯仅考虑二者之间的关系，将无法反映教育程度在其中发挥的门限效应的作用。同时，回归结果仅仅表明了 2003 年之后的参保农村居民的健康水平出现了下降趋势，说明"新农合"政策的健康效应并不显著，也表明新农合对于农村居民健康的影响具有异质性。因此，本节关注教育水平对于新农合作用的门限效应，由此通过强调教育与健康的互补性，来探索更好发挥"新农合"效应的可行途径。

与既有的文献相比，本节首次采用面板门限模型来分析教育程度在"新农合"对农村居民健康水平改善过程中的作用，并采用双重差分法分析了新农合改善农户健康的因果效应。本节采用了 BMI、自评健康指标、超重、健康体质等多种指标测度农户健康状况，通过实证分析检验了教育对健康的"效率提升说"假说。同时，基于实证分析，对于"新农合逆向选择"、农户的"参保冷漠"现象进行了阐释，弥补了以往文献中这方面研究的缺失。

13.3　家庭健康改善在长期促进了教育吗？——来自"新农合"的证据

健康资本和教育资本是人力资本的两个重要维度。过去 10 多年间，我国实施了农村义务教育经费保障机制，免除农村义务教育费用，提供困难寄宿学生生活补助等，以期改善农村教育状况。但是数据表明，农村小学、中学的辍学率依然较高，农村高中和大学升学率、农村教育质量等与城市的差距不断扩大。更加令人担忧的是，采用 CHNS 数据测算的农村教育贫困发生率由 1991 年的 0.1 上升到 2011 年的接近 0.15，而且 2004 年后呈加速上升态势。同时，许多学者注意到，农村中小学生营养不良问题仍然明显，贫困地区尤为突出。采用 CHNS 数据测算的农村健康贫困发生率出现先增后减趋势，最高峰值达 0.5（2004 年）①。那么，农村家庭的健康是否、以及怎样影响了农村个体教育水平呢？对这个问题的分析，有助于我们准确把握农村健康贫困与教育贫困的影响机制，并找到更好的减贫方案。

比照世界和中国的数据，我们发现健康与教育指标之间存在密切的正相关性。图13.2 分别比较了世界平均水平与中国的健康指标（新生婴儿死亡率、出生时预期寿命、

---

① 关于采用 CHNS 数据进行的贫困多维度测度，以及教育贫困、健康贫困的具体测算，参考邹薇、方迎风（2011，2012）。

营养不良发生率和公共医疗卫生支出占比①）与教育指标（中学入学率）之间的关系。从散点图可知，世界中学入学率从 2000 年 59.4% 上升至 2013 年 75.21%，同期中国中学入学率从 61% 上升至 94.3%。各项健康测度指标与教育水平之间的关系非常显著：一是新生婴儿死亡率与中学入学率呈负相关，2000—2015 年，世界新生婴儿死亡率从 30.5% 下降至 19.2%，中国新生婴儿死亡率从 21.2% 下降至 5.5%；二是出生时预期寿命与中学入学率呈正相关，2000—2014 年世界平均出生时预期寿命从 67.6 岁上升至 71.4 岁，而中国出生时预期寿命相应地从 71.7 岁上升至 75.7 岁；三是营养不良发生率与中学入学率成负相关；四是公共医疗卫生支出占比与中学入学率之间显著正相关。值得注意的是，尽管中国公共医疗卫生支出占比从 2000 年 38.2% 上升至 2015 年 55.7%，但是持续且较大幅度低于同期世界公共医疗卫生支出占比（2000 年为 57.7%，到 2014 年上升到 60.13%）。

因此，本节将采用 CHNS 农村家户微观数据，实证分析农村家庭健康改善是否对个体教育产生影响，并具体探讨影响的机制和程度。本节将首先讨论指标界定，并通过分析确定健康因素影响个体教育水平的相关滞后期数；具体地测算农村家庭健康对个体教育的影响程度，并采用 DID 方法，就是否参加"新农合"对于个体教育的影响做进一步分析；同时展开稳健性分析，讨论性别和职业等因素的影响，并研究了在我国不同地区，家庭健康改善影响个体教育的持续性问题。

13.3.1　指标界定与相关滞后期数分析

家庭健康是否对个体教育产生了影响？我们采取 CHNS 中的农村家户数据进行研究。我们借鉴多维度贫困测度方法（Alkire，2011），构建"家庭环境指标"，包括家庭成员人均年收入、家庭成员健康、家庭生活质量、个人及家庭其他成员受教育年限（参见表 13.8）。相比于其他指标，"家庭成员健康"指标带有综合性和一定的主观性，个体健康指标涵盖的内容参见表 13.9。鉴于 CHNS 数据库中某些年份的个人健康数据存在缺失，为了使健康指标更具有连贯性，我们采用健康综合指标②对个人健康状况进行衡量。关于医疗保险，本节采用农村合作医疗保险，2003 年之前的简称为"旧农合"，2003 年之后的称为"新农合"（甘犁，2010）。

---

①　公共医疗卫生支出占比＝公共医疗卫生支出/医疗总支出。按照世界银行的解释：公共医疗卫生支出由政府（中央和地方）预算中的经常性支出和资本支出、外部借款和赠款（包括国际机构和非政府组织的捐赠）以及社会（或强制）医疗保险基金构成。医疗卫生总支出为公共医疗卫生支出与私营医疗卫生支出之和。涵盖医疗卫生服务（预防和治疗）、计划生育、营养项目、紧急医疗救助，但不包括饮用水和卫生设施提供。

②　健康综合指标包括医疗保险和生理心理疾病两个方面。在指标计算过程中，医疗保险和生理心理疾病两个方面是互补关系，不存在替代和加总关系。设定 0 表示身体状况良好，1 表示身体状况较差。当样本个体拥有医疗保险时，设定健康取值为 0；当样本个体患有严重生理心理疾病，并且没有医疗保险，设定健康取值为 1；在样本个体信息缺失医疗保险指标信息时，如果样本个体患有严重生理心理疾病时，设定健康取值为 1，否则健康取值为 0。

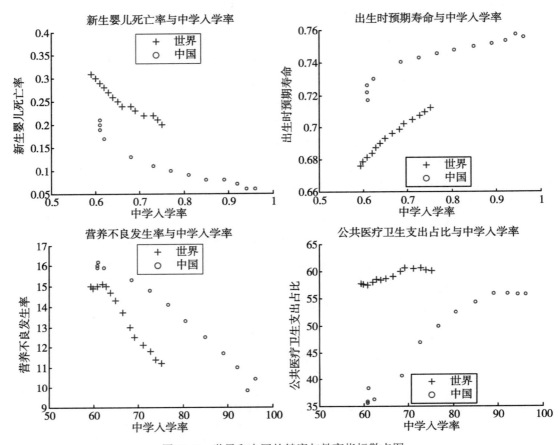

图 13.2　世界和中国的健康与教育指标散点图

数据来源：http：//data. worldbank. org.

表 13.8　　　　　　　　　　　　　　**家庭环境指标解释**

指标	指标解释	临界值
个人受教育年限	样本个体受教育年限	受教育年限小于等于 8，赋值为 1；反之赋值为 0
家庭其他成员受教育年限	样本个体所在家庭中其他成员平均受教育年限	平均受教育年限小于等于 8，赋值为 1；反之赋值为 0
家庭成员健康	家庭是否拥有医疗保险；家庭成员是否生病，二者综合计算	家庭成员不健康，赋值为 1；反之赋值为 0
家庭成员人均收入	按 2011 年提高后的贫困标准，居民家庭人均纯收入 2300 元/年	家庭成员人均收入低于 2300 元/年，赋值为 1；反之赋值为 0
家庭生活质量	6 项指标：房屋、卫生设施、饮用水、做饭燃料、照明、耐用品	如果 6 项均未达到标准，赋值为 1；反之赋值为 0

表 13.9　　**个体健康（生理心理疾病、功能障碍和健康自评）指标明细表**

眼睛是否失明	记忆力自我评估（较差、很差）
是否失去手臂	是否失去大腿
是否患有高血压	是否患有糖尿病
是否患有心肌梗塞	是否曾经患有中风
是否患有哮喘	是否患有癌症
身体自查报告（较弱、很弱）	心脏、肺和胃是否能够应对日常生活需要
手臂、肩膀和颈部是否能够自由活动	下肢和颈椎是否能够自由活动
听觉、视觉和说话是否能够应对日常生活需要	尿道和肠道是否能够正常工作
是否存在心理和精神问题	独自生活是否存在困难
自我诊断（较弱、很弱）	医生诊断（患有较严重生理和心理疾病）
个人健康描述（较弱、很弱）	为什么现在不去工作（残疾）
为什么从来不去工作（残疾）	
	跑步 1 公里（困难、不能够独立完成）
	走路 1 公里（困难、不能够独立完成）
	走 200 米（困难、不能够独立完成）
	步行穿过房间（困难、不能够独立完成）
	静坐 2 小时（困难、不能够独立完成）
	久坐之后站立（困难、不能够独立完成）
行动和生活困难	爬楼梯（困难、不能够独立完成）
	提 5 公斤袋子（困难、不能够独立完成）
	下蹲、下跪、弯腰（困难、不能够独立完成）
	自己洗澡（困难、不能够独立完成）
	独自吃饭（困难、不能够独立完成）
	自己穿衣服（困难、不能够独立完成）
	使用厕所（困难、不能够独立完成）
	使用交通工具（困难、不能够独立完成）

注：个人健康评价指标来自 CHNS 数据库。

　　由于 18 岁至 25 岁是大多数个人从学校学习转向社会工作的年龄段，因此参考 Zhang & Xu（2016），本节将每个调查年份（1991 年至 2011 年）处于该年龄段的样本筛选出来，其受教育年限即为样本个人的最终受教育年限；然后利用筛选之后的样本个人代码将家庭信息予以匹配，便于分析家庭环境因素与个人受教育情况之间相关性。

　　许多研究表明，健康对于教育的影响可能不是体现在当期，而是存在一定滞后性（Barro，1996；Sen，1991）。为了考察家庭健康对个体教育是否存在跨期效应以及确定滞后期数，我们采用 3 期的数据①，计算 $n(n=t, t-1, t-2, t-3)$ 期家庭环境因素与 t 期个人教育之间相关性系数（表 13.10）。通过相关系数计算发现，t 期、$t-2$ 期和 $t-3$ 期相关系数均不强，$t-1$ 期家庭健康指标相关系数则较强，除极个别年份外系数均大于 0.5，表明 t 期个人教育与 $t-1$ 期家庭成员健康之间存在较强正相关性，即家庭成员健康对个人教育的影响存在 1 期滞后性。

表 13.10　　　　　　前期家庭环境因素与 t 期个人教育的相关系数矩阵

指标	\multicolumn{8}{c}{t 期}
指标	1991	1993	1997	2000	2004	2006	2009	2011
教育	0.30	0.25	0.15	0.64	0.60	0.01	0.15	0.22
健康	0.31	0.001	0.42	0.28	0.15	0.002	0.39	0.56
收入	0.26	0.63	0.28	0.15	0.48	0.22	0.24	0.16
质量	0.12	0.36	0.32	0.02	0.70	0.36	0.002	0.36
\multicolumn{9}{c}{$t-1$ 期}
指标	1991	1993	1997	2000	2004	2006	2009	2011
教育	0.36	0.43	0.30	0.008	0.41	0.27	0.64	0.41
健康	**0.68**	**0.61**	**0.71**	**0.51**	**0.47**	**0.61**	**0.59**	**0.75**
收入	0.11	0.01	0.005	0.39	0.20	0.45	0.31	0.18
质量	0.41	0.32	0.12	0.55	0.15	0.33	0.44	0.002
\multicolumn{9}{c}{$t-2$ 期}
指标	1991	1993	1997	2000	2004	2006	2009	2011
教育	0.02	0.11	0.23	0.07	0.36	0.18	0.05	0.22
健康	0.42	0.13	0.005	0.18	0.07	0.56	0.03	0.01
收入	0.03	0.52	0.03	0.01	0.34	0.008	0.45	0.06
质量	0.003	0.45	0.01	0.007	0.25	0.02	0.07	0.13
\multicolumn{9}{c}{$t-3$ 期}
指标	1991	1993	1997	2000	2004	2006	2009	2011
教育	0.003	0.41	0.02	0.21	0.18	0.004	0.05	0.004
健康	0.62	0.005	-0.06	0.007	0.008	0.03	0.02	0.02
收入	-0.005	0.04	0.003	0.18	0.07	0.006	-0.008	0.25
质量	0.13	0.005	0.14	0.27	0.06	0.002	0.001	0.48

注：教育是指家庭其他成员受教育年限；健康是指家庭成员健康状况；收入是指家庭成员人均年收入；质量是指家庭生活质量。

----

① 关于计算相关系数滞后期数的选取，只讨论滞后 3 期之内（包括 3 期）的家庭环境因素与个人教育情况之间相关系数，因为一是滞后期限大于 3 期相关性系数值很小，系数显著度不高，例如：$t-4$ 期变量之间相关系数大部分只有 0.001 左右，甚至为负值；二是滞后期大于 3 期，时间跨度过长不符合实际情况。滞后期大于 3 期，CHNS 调查数据的时间跨度超过 8 年左右，8 年前的家庭环境对于当前个人教育贫困产生影响的可能性被认为是很小的。

进一步地，我们对比分析在 $t-1$ 期的农村家庭健康贫困与不贫困两组样本情况下，观察 t 期教育贫困样本人数占比是否存在差异（表 13.11）。从组间看，在 $t-1$ 期家庭健康贫困的情况下，个人教育贫困人数占比介于 0.56 至 0.85 之间，而在前期家庭健康良好情况下，个人教育贫困人数占比介于 0.22 与 0.54 之间。而在每个调查年份，前期家庭健康贫困样本组的当期教育贫困人数占比，均大大高于家庭健康良好样本组。由此可见，当 $t-1$ 期的家庭健康贫困时，t 期家庭成员教育贫困概率较大。

表 13.11　　　　　　　$t-1$ 期家庭健康不同情况下 t 期个人教育贫困人数占比

年份	家庭健康贫困样本组	家庭健康良好样本组
1991	0.64	0.22
1993	0.70	0.23
1997	0.85	0.34
2000	0.64	0.34
2004	0.56	0.26
2006	0.62	0.44
2009	0.84	0.54
2011	0.63	0.36

13.3.2　基于 DID 方法的实证分析

鉴于家庭健康对于个人教育存在滞后影响，我们将通过混合效应模型，具体测算该影响的程度，然后采用 DID 方法，就是否参加"新农合"对于个体教育的影响做进一步分析。分析样本来自 CHNS 家庭入户调查数据（1989—2011 年），t 期个人受教育年限作为被解释变量，$t-1$ 期家庭健康状况作为解释变量，① 个人属性和家庭属性②作为控制变量。本实证模型之中的解释变量和控制变量均存在虚拟变量，家庭健康状况和个人性别属于不同定性变量的虚拟变量，所以不会产生"虚拟变量陷阱"。从地域上，样本个体分为东部、中部和西部（省区际层面样本个体较少，因此将样本数据进行整合，只区分东部、

①　本节实证部分选取的样本是每个调查年份 18 岁至 25 岁的样本个体，按照 CHNS 调查数据 $t-1$ 期与 t 期之间年份间隔通常为 3 年左右，t 期个人样本年龄为 18 岁至 25 岁，那么 $t-1$ 期个人样本年龄为 15 岁至 22 岁左右，恰好是样本个人从小学和初中教育向高中和大学教育的过渡年龄段。本部分旨在考察导致教育贫困一直存在的家庭原因，而是否完成初中阶段教育是衡量个人教育贫困与否的关键学习阶段。正如 Zhang & Xu（2016）说明的 18 岁至 25 岁是个人从学校学习转入社会工作的时间段，即 18 岁至 25 岁对应的受教育年限为个人最终受教育年限。所以，选择 t 期 18 岁至 25 岁的个体作为实证研究对象是合理的。

②　本部分实证模型的控制变量，选取家庭规模、家庭其他成员平均受教育年限作为家庭属性控制变量，个人性别作为个人属性控制变量，参考 Bagger（2013）和 Chen（2014）。

中部和西部），其中东部地区包括：江苏、山东；中部地区包括：河南、湖北、湖南；西部地区包括：广西、贵州。由于个人受教育年限作为被解释变量存在特殊性①，因此参考 Eggleston（2012）和 Zhang & Xu（2016）研究方法，选择混合效应面板模型。模型表达式如下：

$$E_{it} = \alpha + \beta_1 \cdot H_{i,\,t-1} + \beta_2 \cdot X_{i,\,t-1} + \varepsilon_{it} \tag{13.16}$$

其中：E_{it} 表示个人 i 在 t 期受教育年限；$H_{i,\,t-1}$ 表示个人所在家庭 i 在 $t-1$ 期的健康状况，1 表示家庭健康贫困，0 表示家庭健康不贫困。$X_{i,\,t-1}$ 表示 $t-1$ 期个人和家庭 i 的属性特征。实证结果如表 13.12 所示。

表 13.12　　　　　　　　　　　　混合效应模型实证结果

解释变量	东部地区		中部地区		西部地区	
	（1）	（2）	（1）	（2）	（1）	（2）
家庭健康贫困	-0.81[*] (1.1525)	-0.43[**] (0.1961)	-0.62[*] (1.1242)	-0.57[**] (0.1535)	-1.06[*] (2.1856)	-0.71[**] (0.2245)
家庭规模		-0.01[*] (0.5638)		0.02 (4.4401)		-0.01[*] (0.7856)
家庭平均受教育年限		0.02 (4.1544)		0.05[*] (0.9527)		0.03[**] (2.7385)
个人性别		0.006[**] (0.7868)		0.03[*] (2.6412)		0.01[*] (3.0605)
样本数	191	191	173	173	214	214
R-squared	0.57	0.66	0.51	0.69	0.61	0.64

注：模型（1）表示不包含控制变量；模型（2）表示包含控制变量。括号内数据为参数值标准误。
*** $p<0.01$；** $p<0.05$；* $p<0.1$。

由表 13.12 可见，仅考虑家庭健康贫困对个体下一期教育的影响发现，系数均显著为负值，在东、中、西部农村地区分别导致受教育年限减少 0.81、0.62 和 1.06 年。在引入家庭属性和个体属性的其他因素后发现，家庭健康贫困和个人性别两项的系数在各地区均较为显著；家庭平均受教育年限因素在中西部较显著。比较而言，家庭健康贫困的系数均为显著的负数，且影响效应比性别、家庭平均受教育年限因素都大得多。从区域看，家庭

---

① 个人受教育年限只可能随着时间增加，不可能减少，即类似于随时间变化的单调递增函数，不同于个人健康状况随着时间变化时好时坏。如果个人受教育年限终止，其后该个人的受教育年限不会再发生变化，是一个固定数值。同时，CHNS 调查数据 1989 年至 2011 年，长达 23 年一共 9 次调查，个体样本调查数据不连续，存在大量缺失数据，因此本部分参考 Eggleston（2012）和 Zhang & Xu（2016）的实证模型。

健康贫困在东部地区影响相对中西部地区较小，家庭健康贫困会导致东部地区下一期个体受教育年限缩短 0.43 年，而中、西部地区分别缩短 0.57 和 0.71 年。

从上述面板分析可知，在加入控制变量之后，不仅家庭健康贫困对于个人受教育年限存在影响，其他个人和家庭控制变量也对个人受教育年限产生影响。"新农合"是影响农村居民健康的一项制度安排，为了更有效地分析该制度对于个人受教育年限的影响，剥离其他控制变量对于被解释变量产生的事前和事中干扰，我们采用准自然实验方法，将"患病因素"剥离出家庭健康指标，采用双重差分法，着重考察农村家庭医疗保险对于个人受教育程度的影响。

双重差分模型（Ashenfelter，1978）的具体方法：构造家庭医疗保险的处置组（treatment group）和参照组（control group），通过控制其他因素，对比发现政策实施前后处置组和参照组之间的差异，从而评估政策实施效果。为此我们选取 2006 年年龄为 18 岁至 25 岁的样本个体，利用筛选之后的个人代码将家庭样本信息匹配出来。参照马双等（2010）组别设置方法，将农村家庭样本分为处置组和参照组，由于新农合从 2003 年开始推广试点，2003 年之前称为旧农合，2003 年之后（包括 2003 年）称为新农合，结合 CHNS 家庭样本数据调查年份限制，将 2004 年和 2006 年均没有医疗保险的家庭设置为参照组，将 2004 年没有医疗保险且 2006 年拥有医疗保险的家庭设置为处置组。

家庭是否拥有医疗保险记为 $team_{it}$，$team_{it} = 1$ 表示该家庭拥有医疗保险，$team_{it} = 0$ 表示该家庭不拥有医疗保险。$time_{it}$ 表示家庭拥有医疗保险时间，家庭拥有保险当年和以后取值为 1，即 $time_{it} = 1$，否则 $time_{it} = 0$。为了检验家庭医疗保险政策实施效果，设立交互项 did_{it}，它表示家庭是否拥有医疗保险和拥有医疗保险时间的交叉项 $did_{it} = team_{it} \cdot time_{it}$。当"家庭是否拥有医疗保险"和"拥有医疗保险时间"两个变量同时取 1 时，交叉项变量取值为 1，其他情况为 0，以衡量家庭医疗保险对于个人受教育年限的影响。将样本划分为 4 组：拥有前的处置组（$team_{it} = 1$，$time_{it} = 0$），拥有后的处置组（$team_{it} = 1$，$time_{it} = 1$），拥有前的参照组（$team_{it} = 0$，$time_{it} = 0$），拥有后的参照组（$team_{it} = 0$，$time_{it} = 1$）。双重差分模型为：

$$E_{it} = \beta_0 + \beta_1 team_{it} + \beta_2 time_{it} + \beta_3 did_{it} + \varepsilon_{it} \qquad (13.17)$$

其中：β_1 是处置组与参照组控制变量参数，β_2 是时间变量控制参数，β_3 反映家庭医疗保险对于个人受教育年限的影响系数。

对于参照组，即 $team_{it} = 0$，由（13.17）式可得，家庭拥有医疗保险前，$time_{it} = 0$，$did_{it} = 0$，$E_{it} = \beta_0$；当家庭拥有医疗保险后，$time_{it} = 1$，$E_{it} = \beta_0 + \beta_2$。因此，在家庭拥有保险前后，参照组的受教育年限变动为 $\Delta E_{it}' = \beta_2$。β_2 反映该家庭其他因素对于个人受教育年限的影响。对于处置组，即 $team_{it} = 1$，由（13.17）可得，家庭拥有医疗保险前，$time_{it} = 0$，$E_{it} = \beta_0 + \beta_1$；当家庭拥有医疗保险后，$time_{it} = 1$，$E_{it} = \beta_0 + \beta_1 + \beta_2 + \beta_3$。可见，家庭拥有医疗保险前后期间，处置组的个人受教育年限变动为 $\Delta E_{it}'' = \beta_2 + \beta_3$。因此，家庭拥有医疗保险的净效应为：$\Delta E_{it} = \Delta E_{it}'' - \Delta E_{it}'$，即交叉项 did_{it} 的系数 β_3。如果 $\beta_3 > 0$，那么家庭拥有医疗保险对于个人受教育年限具有正效应；反之则为负效应。这样处理之后，那些影响个人受教育年限的家庭和个人属性因素就会被剔除，可以更准确估计家庭拥有医疗保险对于个人受教育年限的影响。

使用双重差分方法要满足以下基本条件：（1）随机性，保证样本个体均有相同机会接受相同实验过程；（2）随机事件，保证样本个体在实验过程之中经历的事件是随机的；（3）参照组在实验过程中不受政策措施的任何影响；（4）同质性，参照组和处置组样本是统计特征上的同质样本；（5）在进行实验时保证对于处置组的政策措施只执行一次（陈林，2015）。这5条基本假设可以归纳为两类：一是随机性假设；二是同质性假设。本节对于处置组和参照组初始样本选取的随机性检验，参考周黎安（2005）提出的实验前测法进行检验。随机性检验目的是考察在实验进行之前选取作为处置组和参照组的农村家庭初始样本是不是随机的，初始样本是否有较大差异。利用2004年个人和家庭样本信息（如果该家庭样本以后被设置为处置组，取值为1；如果该家庭样本以后被设置为参照组，取值为0），个人受教育年限作为被解释变量，家庭是否拥有医疗保险作为解释变量，个人性别作为控制变量。模型如下：

$$E_{it} = \alpha + \beta_1 \cdot ins_{it} + \beta_2 \cdot X_{it} + \varepsilon_{it} \tag{13.18}$$

其中：E_{it} 表示个人受教育年限。ins_{it} 表示家庭组别，如果该家庭样本以后被设置为处置组，取值为1；如果该家庭样本以后被设置为参照组，取值为0。X_{it} 表示控制变量。检验结果如表13.13所示。

表13.13   随机性样本检验

区域	东部		中部		西部	
	（1）	（2）	（1）	（2）	（1）	（2）
家庭是否拥有医疗保险	0.49 (3.2435)	0.37 (5.0863)	−0.02 (1.0253)	0.03 (9.7654)	0.09* (1.4656)	0.07 (13.3564)
个人性别		0.09** (1.0254)		0.04* (2.5733)		0.13** (1.4356)
样本数	114	114	157	157	142	142
R-squared	0.22	0.31	0.44	0.45	0.15	0.17

注：模型（1）表示只包含医疗保险；模型（2）表示包含医疗保险和个人性别。括号内数据为参数值标准误。*** $p<0.01$；** $p<0.05$；* $p<0.1$。

从检验结果可以看出，家庭是否拥有医疗保险的弹性系数在统计意义上均不显著，农村家庭样本在实施医疗保险之前是否拥有医疗保险对于个人受教育年限的影响不显著，这说明处置组和参照组的初始样本选取符合随机性，样本之间不存在异质性。根据前文的讨论，利用模型（13.17）作为家庭医疗保险政策效果评估的估计方程。同时，为了更好地估计家庭拥有家庭医疗保险的政策效果，添加家庭和个人控制变量。建立如下模型：

$$E_{it} = \beta_0 + \beta_1 team_{it} + \beta_2 time_{it} + \beta_3 did_{it} + \beta_k X_{it} + \varepsilon_{it} \tag{13.19}$$

实证结果如表13.14所示。

表 13. 14　　　　　　　　　　　　　　**双重差分实证结果**

区域	东部地区		中部地区		西部地区	
	（1）	（2）	（1）	（2）	（1）	（2）
team	0. 12 * （1. 5421）	0. 14 （5. 0242）	0. 01 （8. 0245）	0. 05 ** （1. 0865）	0. 17 * （3. 0453）	0. 22 *** （1. 9832）
time	0. 002 *** （1. 045）	0. 08 （10. 0424）	0. 002 * （1. 5541）	0. 04 （17. 3402）	0. 004 ** （0. 3654）	0. 002 *** （2. 3425）
did	0. 56 *** （0. 6825）	0. 41 * （1. 2452）	0. 63 * （3. 042）	0. 59 * （2. 7274）	0. 67 ** （1. 3865）	0. 53 *** （0. 7426）
家庭规模		0. 03 （7. 3544）		0. 06 （22. 0453）		0. 02 （13. 0535）
家庭平均受 教育年限		0. 05 * （1. 0435）		0. 11 （13. 5345）		0. 07 * （3. 4345）
个人性别		0. 12 ** （1. 4271）		0. 08 * （0. 0541）		0. 04 ** （1. 7451）
样本数	114	114	157	157	142	142
R-squared	0. 43	0. 52	0. 71	0. 63	0. 45	0. 52

注：模型（1）表示没有控制变量；模型（2）表示包含控制变量。括号内数据为参数值标准误。$*** p<0.01$；$** p<0.05$；$* p<0.1$。

从表 13. 14 的实证结果可知，农村家庭医疗保险政策对于个人受教育年限存在显著的正向效应，西部地区的显著性更强。如果单纯考虑新农合因素，则农村家庭参保新农合将提高个体受教育年限 0. 56 年（东部）、0. 63 年（中部）和 0. 67 年（西部）。在引入家庭规模、家庭成员平均受教育年限、个体性别等因素之后，仍然发现农村家庭参保新农合对个体受教育年限存在较为显著的正效应，并且这种效应的显著性在西部最突出，影响个体教育水平的程度在中部最大（0. 59 年），西部次之（0. 53 年），东部为 0. 41 年。

13. 3. 3　稳健性检验与持续性分析

1. 稳健性检验

为了进一步探讨新农合政策实施对个体教育的效应，我们采取稳健性检验。目前关于实证结果稳健性检验的方法大致分为三种：一是实证样本重新调整和分类，再次进行实证分析，观察实证结果模型和参数是否依然显著和稳健（臧文斌，2012）；二是对于实证模型进行修改、添加遗漏变量或者替换解释变量和控制变量，观察修改之后模型和参数是否依然显著和稳健（王天宇，2015）；三是修改计量方法，观察方法修改之后的模型和参数是否依然显著和稳健（Fort，2016）。本部分继续采用 DID 分析方法，将采用前两种方法进行稳健性检验。

（1）性别影响

在表 13.14 中发现，关于家庭健康对于个人教育影响的实证结果中，个人性别作为样本属性控制变量在各子模型之中均比较显著，虽然数值相对较小，但也说明性别对于个人受教育年限存在一定的影响。所以，为了对上述政策实施效果的实证结论进行稳健性检验，将实证样本数据进一步按性别进行拆分，利用拆分之后的样本数据再次进行实证分析，观察个人性别拆分之后样本估计得到的参数是否依然显著，与原始整体样本得到的实证结果是否存在较大差异，以此判断整体样本实证结果是否稳健。

表 13.15 和表 13.16 是按性别拆分之后的实证结果。从整体上看，交叉项参数值的统计检验值均显著，男性样本和女性样本实证结果的交叉项参数均为正数，说明农村家庭拥有医疗保险对于不同性别成员受教育年限均产生正向影响。从子样本实证结果看，新农合政策对男性样本教育的影响介于 0.47 年至 0.57 年，对女性样本的影响介于 0.55 年至 0.73 年。对照前面已经求得的整体样本实证结果为 0.41 年至 0.59 年，不同性别子样本参数数值范围与整体样本参数数值范围差异在一定的区间之内，此实证参数值的统计值显著性和数值范围证明了政策分析实证结果是稳定的。从性别子样本实证结果，还发现拥有医疗保险的农村家庭女性受教育年限的提高多于男性，上限值多 0.16 年，下限值多 0.08 年，说明家庭拥有保险对于女性受教育年限影响大于男性。这也表明在我国农村地区，如果家庭没有医疗保险，那么当家庭有成员患有重大疾病时，家庭倾向于让女性家庭成员放弃学业的可能性较大。

表 13.15　　　　　　　　　　　　　　　　实证结果（男性）

区域	东部地区		中部地区		西部地区	
	（1）	（2）	（1）	（2）	（1）	（2）
team	0.11* (2.0235)	0.12* (1.3542)	0.008 (4.4532)	0.06* (0.1235)	0.14* (2.4335)	0.17** (4.3153)
time	0.004** (2.0436)	0.061 (9.4356)	0.005* (7.3454)	0.04 (5.1343)	0.008* (6.1535)	0.007* (2.4323)
did	0.53* (2.0354)	0.47* (1.0345)	0.61* (3.5835)	0.50** (1.8756)	0.64* (0.9554)	0.57** (1.7854)
家庭规模		0.001* (2.2135)		0.05 (5.0654)		0.05* (9.0853)
家庭平均受教育年限		0.03* (2.7331)		0.09 (7.4336)		0.05* (1.6542)
样本数	68	68	94	94	85	85
R-squared	0.37	0.45	0.43	0.52	0.35	0.42

注：模型（1）表示没有控制变量；模型（2）表示包含控制变量。括号内数据为参数值标准误。
*** $p<0.01$；** $p<0.05$；* $p<0.1$。

表 13.16　　　　　　　　　　　实证结果（女性）

区域	东部地区		中部地区		西部地区	
	（1）	（2）	（1）	（2）	（1）	（2）
team	0.09* （3.0664）	0.12* （0.0354）	0.04 （13.3542）	0.06** （3.4354）	0.11* （3.4311）	0.09* （2.9754）
time	0.02*** （0.2133）	0.03 （5.6421）	0.005* （2.0341）	0.01 （4.6547）	0.009** （3.3244）	0.01* （1.5243）
did	0.61* （1.0864）	0.55** （0.4036）	0.67* （1.1254）	0.73** （0.8605）	0.71* （2.0364）	0.65** （3.2544）
家庭规模		0.05* （3.0343）		0.04* （1.03467）		0.005 （8.9873）
家庭平均受教育年限		0.03** （0.6524）		0.09 （13.3245）		0.04* （1.4672）
样本数	46	46	63	63	57	57
R-squared	0.32	0.48	0.61	0.57	0.34	0.47

注：模型（1）表示没有控制变量；模型（2）表示包含控制变量。括号内数据为参数值标准误。
*** $p<0.01$；** $p<0.05$；* $p<0.1$。

（2）替换变量

在表 13.14 的整体样本实证分析之中选取的控制变量包括：家庭因素（家庭规模和家庭平均受教育年限）和个人因素（个人性别）。从实证结果看，模型之中加入家庭因素和个人因素之前后期，交叉项均为显著的，说明选取的控制变量是有效的，能够对个人受教育年限给予一定的解释，同时也说明个人受教育年限不仅受到家庭医疗保险的影响，还受到其他变量的影响。为了对整体样本实证结果进行稳健性检验，本部分将控制变量进行全部替换，观察控制变量替换之后，解释变量参数的统计值是否依然显著。重新选择的控制变量①依然分为家庭因素和个人因素，其中家庭因素包括：家

---

① 稳健性检验过程中将控制变量进行全部替换，控制变量替换是参照 Bagger（2013）、Chen（2014）和 Xiaodong Fan（2015）进行的。

庭成员之中在国有企业、政府部门从事技术和管理工作岗位人数占比；个人因素包括：BMI① （身体质量指数）。

表 13. 17　　　　　　　　　控制变量替换之后的实证结果

区域	东部地区		中部地区		西部地区	
	（1）	（2）	（1）	（2）	（1）	（2）
team	0.05**	0.01*	0.03*	0.09	0.005*	0.037*
	（2.0561）	（3.6541）	（0.7353）	（6.3418）	（1.8253）	（0.0567）
time	0.13*	0.05**	0.009	0.03*	0.09*	0.04
	（0.3558）	（1.3673）	（6.4303）	（4.8542）	（0.0548）	（8.0465）
did	0.34*	0.31*	0.49**	0.38*	0.55**	0.51*
	（3.2458）	（0.8945）	（4.0554）	（0.3481）	（2.8421）	（0.3581）
家庭技术和管理人员占比		0.24**		0.05		0.13*
		（2.0465）		（8.9451）		（3.3589）
个人 BMI		0.04		0.17*		0.005*
		（21.0558）		（4.6601）		（0.4611）
样本数	98	98	114	114	102	102
R-squared	0.22	0.29	0.24	0.48	0.55	0.57

注：模型 （1） 表示没有控制变量；模型 （2） 表示包含控制变量。括号内数据为参数值标准误。*** $p<0.01$；** $p<0.05$；* $p<0.1$。

表 13. 17 表明经过控制变量替换之后，交叉项 did 参数值依然为正数且统计值显著，交叉项取值范围 0. 31 至 0. 51，与表 13. 14 中整体样本实证结果 0. 41 至 0. 59 相比，参数值整体差异不大；同时仍然发现，农村家庭是否拥有医疗保险对于个人受教育年限的影响在中西部地区大于东部地区。因此，从替换控制变量之后的实证结果可知，前文政策分析的实证结果是稳健的。

2. 持续性分析

持续性分析是为了分析相对于参照组样本医疗保险对于处置组样本的受教育年限是否存在持久性影响，同时讨论持久性影响是逐渐增强还是减弱。由于个人受教育年限作为被解释变量存在其特殊性，所以在进行农村家庭医疗保险政策对于个人受教育年限的持续性分析时，考虑采用受教育年限的替代变量。根据前文分析可知，参保新农合可以带来"预算约束放松效应"，即导致农户更有可能增加子女的教育支出。同时根据 CHNS 数据

①　根据世界卫生组织制定的标准，BMI 小于 18. 5 属于偏瘦，BMI 处于 18. 5 至 24. 9 属于正常，BMI 处于 25 至 29. 9 属于偏胖，BMI 处于 30 至 34. 9 属于肥胖，BMI 处于 35 至 39. 9 属于重度肥胖，BMI 大于或等于 40 属于极重度肥胖。本部分实证对于 BMI 指标阈值设定：BMI 处于 18. 5 至 29. 9 设定为 0，其他数值设定为 1。

库中指标的可得性，选取家庭教育支出增长率①作为个人受教育年限的替代变量。分析农村家庭在拥有医疗保险之后，家庭教育支出数值会出现怎样的趋势，从而间接衡量医疗保险对于家庭成员受教育程度带来的持续性影响。根据上述持续性分析的目的，参考郑新业（2011）提出的持续性分析方程，模型方程式如下：

$$EC_{it} = \beta_0 + \beta_1 team_{it} + \beta_2 time_{it} + \beta_3 did2004_{it} + \beta_4 did2006_{it} + \beta_5 did2009_{it} + \beta_6 did2011_{it} + \beta_k X_{it} + \varepsilon_{it}$$

其中：EC_{it} 表示家庭教育经费支出增长率；$team_{it}$ 表示样本分组控制变量；$time_{it}$ 表示政策实施时间控制变量；did_{it}（2004、2006、2009、2011）表示4个年份的交叉项；X_{it} 表示控制变量，控制变量选取与式（13.17）一致。根据模型方程式，以2004年为例进行理论分析：家庭拥有医疗保险之前，参照组 $EC_{0,0} = \beta_0$，处置组 $EC_{1,0} = \beta_0 + \beta_1$。家庭拥有医疗保险之后，参照组 $EC_{0,2004} = \beta_0 + \beta_2$，处置组 $EC_{1,2004} = \beta_0 + \beta_1 + \beta_2 + \beta_3$。所以，交叉项 $did2004_{it}$ 的参数值 $\beta_3 = (EC_{1,2004} - EC_{1,0}) - (EC_{0,2004} - EC_{0,0})$。其余年份按照上述原理以此类推。见表13.18。

表13.18　　　　　　　　　　　　　　持续性分析结果

区域	东部地区		中部地区		西部地区	
	（1）	（2）	（1）	（2）	（1）	（2）
team	0.01* （1.0368）	0.07** （2.5793）	0.01* （4.0356）	0.02 （13.6432）	0.001* （4.0678）	0.09** （0.6338）
time	0.07 （7.3048）	0.04* （0.0038）	0.10 （16.6043）	0.07* （0.0562）	0.04** （0.3054）	0.03 （8.0258）
did2004	0.15* （2.0304）	0.09*** （0.0065）	0.17* （0.6043）	0.07*** （0.0025）	0.21* （0.0432）	0.17* （1.0167）
did2006	0.09* （3.0018）	0.14** （0.1056）	0.09* （3.0933）	0.13** （0.0445）	0.16* （3.3204）	0.11** （0.04596）
did2009	0.04*** （0.0434）	−0.05** （0.2336）	0.02** （0.4476）	0.04* （1.0554）	0.14* （2.0435）	−0.09* （7.3556）

---

① CHNS数据库没有直接提供家庭年度教育支出指标，但是提供了个人净收入指标，将个人年度净收入近似认为是个人年度可支配收入，所以家庭可支配收入等于各个家庭成员的年度可支配收入加总。个人净收入以1991年为基期计算。根据国家统计局统计年鉴指标，农村居民家庭平均每人文教娱乐消费支出占比＝农村居民家庭平均每人文教娱乐消费支出/农村居民家庭平均每人消费支出。根据统计年鉴历史数据统计，1996年至2012年我国农村居民家庭人均文教娱乐消费支出占比年均值9.88%，而农村居民"文教"支出在"文教娱乐"支出中占绝大多数。所以我们在此假定农村家庭2000年至2011年的教育支出占家庭可支配收入比重为8%，因此可以求得家庭教育支出。t 期家庭教育经费支出增长率＝（t 期家庭教育经费支出—"$t-1$"期家庭教育经费支出）／"$t-1$"期家庭教育经费支出。。

区域	东部地区		中部地区		西部地区	
	（1）	（2）	（1）	（2）	（1）	（2）
did2011	0.01 ** （1.0234）	−0.02 * （3.3265）	0.01 （6.0741）	−0.02 ** （0.5078）	0.02 ** （0.4365）	0.03 * （0.3563）
家庭规模		0.003 * （1.3434）		0.10 * （0.6544）		0.04 ** （0.2378）
家庭平均受教育年限		0.01 （21.7432）		0.007 ** （0.3465）		0.04 ** （0.5432）
个人性别		0.003 ** （0.7456）		0.09 * （0.5432）		0.12 （7.1284）
样本数	81	81	101	101	73	73
R-squared	0.19	0.23	0.44	0.55	0.38	0.32

注：模型（1）表示没有控制变量；模型（2）表示包含控制变量。括号内数据为参数值标准误。*** $p<0.01$；** $p<0.05$；* $p<0.1$。

从整体上看，如果不考虑家庭和个体控制变量，交叉项 did_{it} 系数均显著为正。考虑到控制变量滞后，从区域上看，中西部地区交叉项 did_{it} 参数整体区间值大于东部地区。在包含控制变量的情形下，东部地区交叉项数值区间为 ［−0.05，0.14］；中部地区交叉项数值区间为 ［−0.02，0.13］；西部地区交叉项数值区间为 ［−0.09，0.17］。从时间轴上看，东、中、西部地区交叉项参数值整体上均呈现由高到低的趋势，2004 年至 2006 年均为正数，2006 年之后东中西部地区交叉项数值符号出现分化，东中西三个地区均开始出现负数。从实证结果可知，东中西部地区农村家庭拥有医疗保险对于家庭教育支出的影响是由强至弱的，并且东部地区 2009 年和 2011 年均为负值，分别为−0.05 和−0.02，说明东部地区农村家庭拥有医疗保险，对于家庭成员的教育支出的递增效应会持续 3 年左右。中部地区 2004 年、2006 年和 2009 年均为正值，分别为 0.07、0.13 和 0.04，说明中部地区农村家庭的教育支出的递增效应能够持续 6 年左右。西部地区 2004 年和 2006 年均为正数，而 2009 年为−0.09，2011 年为 0.03，也就是说西部地区农村家庭拥有医疗保险对于家庭教育支出的促进效应能够持续 3 年左右。

13.4　结论与建议

本章考察教育投资、健康投资的交互影响，并检测以新农合为代表的农村医疗保险制度对于改善健康水平、进而促进教育投资产生的效应。

本章结合新型农村合作医疗政策的制度背景、相关数据分析以及相关国内外文献的综合分析，着重讨论了如下问题：（1）"新农合"政策的推广是否有效解决农村居民"看病难，看病贵"问题和改善农村居民健康状况；（2）在考虑农村居民的教育程度下，农村居民自身的教育程度是否会通过"新农合"这一渠道对农村居民健康水平产生影响；（3）通过采用 DID 方法捕获了个体自身对政策所产生的反应和政策实施前与实施后的差异，从而能够帮助我们检验"新农合"是否对农村居民健康带来正向的因果效应；（4）通过 DID 方法进一步研究家庭健康改善是否在长期提高了教育水平，探讨新农合能否通过改善健康的渠道，对于提高教育投资和教育水平产生积极效应。

本章的实证研究表明，对于新农合政策改善农户健康效应的异质性，教育水平提供了一种解释。本章实证分析得到几个发现：（1）在微观计量模型设定下，教育年份更高的农村居民拥有更好的健康状况，虽然参保"新农合"能够显著地降低农村居民体质超重问题，但却存在健康状况变差的趋势，产生由自身健康知识缺失而导致的"新农合逆向选择"的无奈局面；更进一步地说，从 2003 年后的处理组相对于 2003 年以前的控制组的估计结果来看，随着"新农合"的实施，除了家庭总收入的系数以外，其他系数的绝对值都明显大于总体样本的对应系数，特别是教育变量，体现教育对健康的"效率提升说"。但这些变化仅仅反映"新农合"政策对居民健康的间接影响，而"新农合"变量的系数始终不显著，由此揭示了尽管"新农合"的覆盖率逐年提升并囊括了大部分农村地区，然而农村居民由于自身教育程度所限，对新的医疗保险的认知能力有限，新的医疗保险制度的有效性没能发挥出来。（2）利用面板门限模型来俘获农村居民的教育程度对医疗保险利用和健康水平提升的传导作用，并进行相关的估计与检验，经验结果表明教育程度对"新农合"存在单一门限效应，即以农村个体的教育程度（学龄）作为门限变量，模型发现教育程度的门限值为 5，即学龄小于 5 年的农村居民在登记加入"新农合"后，相对于学龄大于 5 年的农村居民，健康状况变得更差；而只有当学龄大于 5 年时，"新农合"才能发挥提高健康水平的作用；除此之外，实证结果还表明了尽管存在类似逆向选择的现象，但是学龄更高的居民更有可能从中趋利避害，这与教育对健康的效率提升作用一致。（3）就"新农合"对农村居民健康水平直接提升的因果效应而言，从实证结果来看，我们发现了 2003 年后，登记参保"新农合"的农村居民的健康水平反而比不参保的农村居民健康水平更糟，可能的原因是农村居民参保中存在"逆向选择"问题，外出务工的农村居民存在返乡看病难问题，以致出现"参保冷漠"现象。当然，结合面板门限模型的解释，教育程度在农村居民参保行为与自身健康水平的过程中发挥了门限效应的作用，即教育程度更高的居民才能更好地享受医疗保险的保障。

关于农村家庭健康对于个体教育的影响，本章展开了实证研究。首先分析表明，家庭健康与个人教育之间的相关性存在滞后性，时间滞后一期效应最为明显；由此建立实证模型，分析家庭健康对于个人教育的具体影响程度；进一步地，本章采用 DID 方法，将家庭健康指标中的医疗保险（"新农合"）单独拿出来做政策性分析，对比分析发现，参与新农合与不参与新农合家庭对于个人教育的影响显著，并且存在比较明显的地区差异和性别差异，这一分析的稳健性得到了检验；最后，我们利用家庭教育支出分析了家庭医疗保险政策对于个人教育影响的持续性。本章得出了以下结论：（1）家庭健康对个体教育的影响具有一期滞后性，$t-1$ 期家庭健康与 t 期个人受教育年限之间存在较强的正相关性，且当 $t-1$ 期家庭健康贫困时，t 期个人教育贫困概率较大；（2）农村家庭健康贫困会导致个人受教育年限缩短，东部地区缩短 0.43 年，中西部地区缩短 0.57 至 0.71 年；（3）对于农村家庭医疗保险进行政策性分析发现，初始同质性家庭，家庭拥有医疗保险会导致个人受教育年限相对于不拥有医疗保险家庭要长，东部地区相对增加 0.41 年，中西部地区增加 0.53 至 0.59 年；（4）稳健性检验发现，不拥有医疗保险相对于拥有医疗保险的农村同质性家庭，男性受教育年限减少 0.47 至 0.57 年，女性受教育年限减少 0.55 至 0.73 年；（5）对于农村家庭医疗保险政策的持续性分析表明，从短期看，农村家庭医疗保险对于个人教育均存在正向效应，东部地区家庭拥有医疗保险会导致家庭教育支出递增效应持续 3 年，中部地区持续 6 年，西部地区至少持续 3 年。

根据实证研究结果，本章对于我国改革完善医疗保险制度提出了政策建议。我们认为，在中国，有关农村居民医疗保险制度的建立与完善仍然处于发展阶段，结合现阶段所发生的农村居民"参保冷漠"与"看病难，看病贵"等相关的矛盾问题，要从根本上改善农村居民健康问题，不仅仅需要依托一个全面和完善的医疗保险体系的推广，还迫切需要塑造一个关于健康的良好认知和行为习惯，进而提升其自身的健康水平。教育与健康之间存在密切的关联，一方面，忽略农村居民教育程度在参保过程中的作用，将导致对"新农合"成效的高估，从长期来看，将不利于我国医疗保险制度的完善，也无法从根本上改善农村居民健康水平问题；另一方面，健康的改善对于提高个体教育投资也会产生积极效应，因此，更好地实施新农合，不仅对改善农户健康有利，而且有助于解决农村地区的教育贫困问题。

具体而言，根据"新农合"规定，参保的农村居民要求在原住地缴纳保险费，并在原居住地看病和报销，这无形之中对大规模在外打工的农村居民造成了很大不便，加之农村居民的总体教育程度较低，低教育程度的农村居民，对于健康认知的缺失往往造成了"参保冷漠"的局面，最后酿成了"新农合逆向选择"的现象。上述问题应该在医疗保险政策实施过程充分重视。事实上，这些低教育程度者反而是新农合保险中边际受益最大的群体。为此我们建议，其一，在推进"新农合"的同时，要为农村居民提供更多、更高质量的求学机会，以此稳健地增加农村人力资本；其二，要大力开展农村地区的健康教育，例如传授饮食健康知识、为农村的老年人提供老年保健场所和举行相关健康教育讲座，以此来提高农村居民的健康认知能力；其三，为了减少农村健康贫困给个人未来教育带来负面影响，应该更多地注重对农村家庭健康和医疗保险的投入，而不是单纯进行现期货币转移支付，应该进一步提高"新农合"参保比例，应该每隔一段时间修订"新农合"补助条款，让农村参保家庭得到更实惠的医疗补助，从而使得农村家庭教育支出长期稳定增加。只有这样，才能使农村居民社会保障体系的建设与提高农民教育水平紧密相结合，从根本上提高农民健康水平和教育水平。

第十四章——————————————————————————————

农业税费改革的减贫效应
——基于健康减贫的视角

14.1 引言

本章研究人力资本贫困的视角是：分析农村税费改革对家庭子女健康减贫的短期政策冲击效应和长期持续性影响。Grossman（1972）认为健康资本与知识资本都是重要的人力资本，他们对个人发展起着至关重要的作用。

本章考察影响个人和家庭健康的因素，具体分析农村税费改革对于缓解健康贫困的政策效应。"十二五"期间，我国婴儿死亡率由 13.1‰ 下降至 8.1‰，5 岁以下儿童生长迟缓率低于 7%，体重过轻概率低于 5%，5 岁以下儿童死亡率从 16.4‰ 降至 10.7‰，我国儿童卫生与健康事业取得长足发展。国家统计局数据显示，1996—2016 年农村地区，婴儿死亡率从 40‰ 下降至 9.6‰，5 岁以下儿童死亡率从 51.4‰ 下降至 12.9‰，两项指标均显著降低。与城镇地区以及农村地区自身过去比较（图 14.1），农村地区婴儿死亡率和 5 岁以下儿童死亡率在 2002—2006 年期间降幅①明显。其中，2003 年农村婴儿死亡率相对 2002 年下降 4.4‰，而 1996—2002 年平均下降幅度 1.3‰；2003 年农村地区 5 岁以下儿童死亡率相对于 2002 年下降 6.2‰，而 1996—2002 年平均下降幅度为 1.96‰。也就是说，在 2003 年左右农村地区家庭子女健康状况出现了突然且明显的改善（见图 14.1）。

一个值得关注的政策变化是，在 2000—2006 年间，我国农村地区先后实行了"费改税"和"税费减免"。农业税费改革对于广大农村居民的生活会产生显著影响，那么，农业税费改革对农村减贫的效应如何呢？本章试图研究从健康减贫的视角，探讨农村税费改革是否，以及怎样对农村家庭子女健康产生影响。

———————————————

① 下降幅度 $=t$ 期死亡率 $-$"$t-1$"期死亡率。

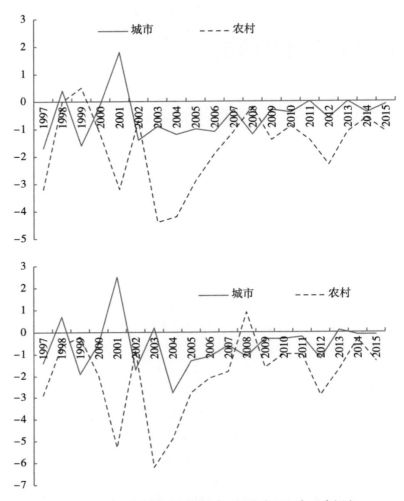

图 14.1　城乡地区婴儿以及 5 岁以下儿童死亡率下降幅度

　　注：数据来自国家统计局。横坐标表示年份，纵坐标表示死亡率下降幅度。上图是婴儿死亡率下降幅度曲线图；下图是 5 岁以下儿童死亡率下降幅度曲线图。

14.2　相关文献综述

14.2.1　影响家庭和个人健康的相关研究

　　一些学者分析了政策和制度对于个人健康的影响。程令国等（2012）发现新农合显著降低了参合者（指参与"新农合"者，后同）ADL 受损的概率，参合者认知能力改善了 3.3%～4.8%，因病卧床天数减少 5～7 天，参合者生病获得救治的概率和健康水平均得到提高。黄枫等（2010）发现相对于无保险老人，参保老人的死亡率低 19%，存活时间长 5 年。雷晓燕等（2010）发现正常退休会使男性身体健康的可能性减少 27%～49%，对女性没有影响，提前退休对于男性和女性的健康都没有影响。秦立建等（2012）测算发现农村地区有地农民健康状况优于被征地农民的健康状况。潘杰等（2013）测算城居保对于城镇居民健康的影响，发现参保提高个人"健康状况"1.479 个单位，个人报告"健康好"的可能性提高 64.5%。

另一些学者分析父母外出务工对于子女健康的影响。李强等（2010）发现相比于父母都在家工作，母亲外出务工时，留守儿童生病概率增加 2.76%，父母都外出务工时，留守儿童生病概率增加 3.82%。同样，孙文凯等（2016）也发现母亲外出可能导致留守儿童健康状况恶化，而父亲外出务工对于留守儿童的健康冲击程度较小。刘靖（2008）发现母亲年工作时间增加约 48 小时，孩子健康评分下降 0.025 个单位；母亲周收入每增加 1 元，孩子的健康评分增加 0.012 个单位；母亲劳动时间每增加 1 个单位，男孩健康评分下降 0.028 个单位，女孩健康评分下降 0.015 个单位。还有学者进行反向研究，连玉君等（2014）发现子女外出务工使得父母自评健康和生活满意度均下降。

还有些学者从其他角度（工资收入、收入差距、教育、生活环境等）对个人健康进行研究。苑会娜（2009）发现外出务工人员当前收入对于健康恶化具有显著正向影响，外出务工人员收入越高，健康恶化的可能性越大。周广肃等（2014）发现收入差距扩大 1 个标准差（0.07），居民健康自评为健康的概率下降 24.7%。封进等（2007）发现收入差距与个人健康之间呈现先正后负的倒 U 形关系，滞后期收入差距通过医疗公共投入影响个人健康。赵忠（2005）研究发现女性教育程度对于健康有正向影响，系数值为 0.21，而男性教育程度对于其健康的影响不显著。程令国等（2015）发现相对于未受教育老年人，受教育老年人 ADL 受损概率下降 5%，认知功能良好概率和"饮食均衡"可能性均有提高，吸烟行为更加节制。

14.2.2 税费政策对家庭和个人行为的影响研究

一些学者研究了税费政策对个人消费行为，进而对健康的影响。Souleles（2002）发现里根减税政策对于美国消费需求刺激是有效的且效果具有持续性，1981—1982 年的每季度的消费量平均增长 15%，从 1982 年下半年开始，每季度消费量约增加 60 亿美元。Fletcher et al.（2010）研究发现实施软饮料税能够减少儿童的软饮料消费量（咖啡因、苏打），但其他高热量饮料消费量（全脂牛奶）却出现上升，软饮料税并没有阻止儿童肥胖患病率的上升。Colman et al.（2003）分析发现卷烟消费税增加 10% 将会增加戒烟率 10%，但卷烟消费税增加后，50% 戒烟者会在未来 6 个月内复吸，1 年以内复吸人数比例恢复至 75%。Adda & Cornaglia（2006）分析发现卷烟消费税会减少个人的吸烟数量，但吸烟者通过从每支卷烟中吸取更多的尼古丁来补偿卷烟税费上涨的成本，卷烟消费税增加 1%，吸烟数量减少 0.2%，但吸烟强度增加 0.47%。Nordstrom & Thunstrom（2009）发现通过对不健康食物征税来对纤维食物进行补贴，能够促进更有效地健康饮食，对纤维丰富食物提供 50% 补贴，家庭纤维摄入量增加 38%，但不健康食物（脂肪、盐和糖类）消费也增加了 20%。

还有一些研究考察了税收政策对于家庭和个人健康的影响。Lim & Arno（2017）发现

EITC（劳动收入所得税减免）增加 15%，低收入社区家庭婴儿出生时体重过轻概率降低 0.45%。Hoynes et al.（2012）认为母亲条件不同，EITC 对于婴儿健康产生差异性影响，单身母亲且受教育年限小于等于 12 年，由 EITC 政策获得的 1000 美元补助会减少婴儿出生时体重过轻的风险发生率 6.7%~10.8%。Behrman & Parker（2013）发现转移支付能够显著改善老年人健康，参与政策时间越长，健康改善效果越明显，过去 4 周患病率和无法正常行动天数均下降。Milligan & Mark（2008）发现儿童福利计划对于男孩的学习成绩和身体健康具有积极影响，当儿童福利增加 1000 美元时，男孩数学成绩提高 6.9%，男孩身体健康指数提升 5%，而女孩学习成绩和身体健康的改善均不明显，但该计划对于女孩心理健康具有积极影响，儿童福利增加 1000 美元，女孩心理健康得分增加 15.3%。

税收政策对于家庭生育的影响，也引起了很多学者的关注。Baughman & Conlin（2009）测算发现 EITC 等信贷扩张政策对于白人妇女生育率的影响只有 2.2%，而对非白人妇女的影响为 10%，因为白人妇女相对拥有更好的工作机会，政策对该类人群不具有较强吸引力。Evans & Ringel（1999）测算发现卷烟消费税增加 1% 将导致孕妇吸烟率下降 0.08%，出生婴儿体重增加 0.16 克。Milligan & Mark（2008）发现加拿大魁北克省转移支付政策给有孩子的家庭平均每个孩子发放 8000 加元补助，家庭平均生育率增加 25%。如果转移支付金额再增加 1000 加元，家庭平均生育率还会增加 16.9%。

还有一些学者研究税收政策对女性工作的影响。Meyer & Rosenbaum（2001）发现相对于没有小孩的单身妇女，EITC 促使单亲母亲的就业人数平均每年增加 60%，因为 EITC 政策相当于增加个人工资收入。Eissa & Liebman（1996）发现 1984—1990 年美国税改法案实施导致有孩子的单身母亲劳动参与率增加 2.8%，但对已参加工作并且有孩子的单身母亲的工作时间的影响较小。

税收政策对儿童认知、卫生保健、个人行为等方面也产生了影响。Macours et al.（2012）发现获得转移支付的儿童认知在第 9 个月后出现明显提升，转移支付结束 2 年之后，儿童认知提升效果没有出现衰退迹象。Selden（2008）测算发现家庭获得税收补贴，家庭卫生保健支出占可支配收入的比例从 29.7% 下降至 15%，但处于贫困线以下的家庭人群，税收补贴之后的医疗卫生支出负担率仍然高达 31.6%。Markowitz & Grossman（2000）发现啤酒税增加 1%，儿童虐待事件发生率下降 0.33%，啤酒税能够降低女性虐童事件发生率，但对男性虐童事件发生率影响不大。

14.3 评估政策效应模型

农村税费改革对家庭子女健康的影响路径有两条：一是税费改革影响家庭收入增减，导致家庭健康消费支出发生变化，最终影响家庭子女健康状况；二是税费改革影响基层政府财政收入与公共支出，然后对家庭子女健康产生影响。参照 Fletcher et al.（2010）理论模型，构建家庭收入和政府公共支出作为传导变量的农村税费改革影响家庭子女健康的理论模型，将家庭子女健康看成需求函数形式，函数解释变量包括：家庭收入、政府公共支出、个人属性和家庭属性。

$$h_{it} = f(I_{it}(\text{tax}_{it}), G_{it}(\text{tax}_{it}), p_{it}, q_{it}) \tag{14.1}$$

其中：h_{it} 表示家庭子女 i 在 t 期的健康状况，tax_{it} 表示子女 i 所在地区 t 期是否实施税费改革，I_{it} 和 G_{it} 表示子女 i 所在家庭和地方政府 t 期的家庭收入和政府公共支出，I_{it} 和 G_{it} 均为税费改革 tax_{it} 的函数。p_{it} 表示影响健康的个人属性变量，q_{it} 表示影响健康的家庭属性变量。分析农村税费改革对家庭子女健康的影响，所以：

$$\frac{\partial h_{it}}{\partial \text{tax}_{it}} = \frac{\partial h_{it}}{\partial I_{it}} \cdot \frac{\partial I_{it}}{\partial \text{tax}_{it}} \tag{14.2}$$

$$\frac{\partial h_{it}}{\partial \text{tax}_{it}} = \frac{\partial h_{it}}{\partial G_{it}} \cdot \frac{\partial G_{it}}{\partial \text{tax}_{it}} \tag{14.3}$$

其中：$\dfrac{\partial I_{it}}{\partial \text{tax}_{it}}$ 和 $\dfrac{\partial G_t}{\partial \text{tax}_{it}}$ 是税费改革对家庭收入和政府公共支出的影响系数，$\dfrac{\partial h_{it}}{\partial I_{it}}$ 和 $\dfrac{\partial h_{it}}{\partial G_{it}}$ 是家庭收入和政府公共支出对子女健康影响的边际效用，$\dfrac{\partial h_{it}}{\partial \text{tax}_{it}}$ 是税费改革对家庭子女健康的间接影响。

在家庭收入方面，大多数学者认为 $\dfrac{\partial I_{it}}{\partial \text{tax}_{it}} > 0$，实施税费改革使得农民收入年均增长 1.31%，税费改革对农民收入增长率的贡献率达到 40% 以上（周黎安，等，2005）。徐翠萍等（2009）发现税费改革对农民收入增长在改革后的前 3 年表现出显著的积极影响，第 1 年使人均收入增加 5.13%，第 2 年使人均收入增加 6.40%，第 3 年增加 5.65%，由此可见税费改革带来的人均收入增长率先增后减。农村税费改革能够显著降低农民负担，农户农业税欠缴率增加 1%，农户人均政策外负担（集资、摊派、行政事业性收费和罚款等）下降 3.8 元（刘明兴，等，2008）。吴海涛等（2013）发现 2004 年农村税费改革能够使农户总收入平均增加 957.88 元，纯收入平均增加 642.381 元，经营收入平均增加 1028.115 元。同时，农户平均获得 31.31 元还林还草补贴、57.65 元粮食补贴和 1.63 元退税。

同时，收入与健康之间关系表现得更为直接，一般学者均认为 $\dfrac{\partial h_{it}}{\partial I_{it}} > 0$，对于农村地区个人健康状况极佳的个人，收入对健康的弹性系数为 0.0207，而对健康状况一般的个人的弹性系数为 0.016（齐良书，2006）。高收入人群能够得到更多医疗服务，个人健康状况更好，收入对健康的弹性系数值区间为 [0.001, 0.013]（解垩，2009）。综上说明，农村税费改革能够改善家庭子女健康，即 $\dfrac{\partial h_{it}}{\partial \text{tax}_{it}} > 0$。

在政府公共支出方面，文献均支持认为 $\dfrac{\partial G_{it}}{\partial \text{tax}_{it}} < 0$。王宾等（2006）发现湖南省样本乡镇总财力平均水平税改前 199 万元，税改之后下降至 138.7 万元，下降幅度 30.3%；下降幅度最小的是黑龙江，下降幅度 4.5%。对河南省 108 个县级单位 2001—2008 年面板数据分析发现，取消农业税使得政府教育支出比重下降 0.015（左翔，等，2011）。罗仁福等（2006）发现税费改革之前，27% 的村委会对农村道路建设进行投资；税费改革之后，24% 的村委会对农村道路建设进行投资。灌溉项目和学校建设投资分别从税费改革之前的

15%和18%下降至税费改革之后的10%和14%。农村税费改革会导致人均教育事业支出下降0.3，人均医疗卫生事业支出下降0.39（徐琰超，等，2015）。周黎安等（2015）研究发现农村税费改革对县公共产品供给产生显著的不利影响，农村税费改革两年之后，人均公共教育支出下降2.3%，每万人中学生人数下降6.9%，县福利院人数下降1.8%，床位数下降7%。

同时，$\dfrac{\partial h_{it}}{\partial G_{it}} > 0$，Behrman & Parker（2013）分析墨西哥转移支付政策对老年人健康的影响，发现转移支付开始实施5.5年之后能够显著改善老年人健康状况。Milligan & Mark（2008）发现当加拿大儿童福利增加1000美元时，男孩的身体健康指数提升5%，女孩心理健康得分数值增加15.3%。Macours et al.（2012）分析发现获得转移支付的家庭儿童的认知在第9个月后出现明显提升。转移支付结束2年之后，儿童认知提升效果没有出现衰退迹象。综上分析，农村税费改革会减少政府税收和公共支出，从而不利于家庭子女健康状况改善，即$\dfrac{\partial h_{it}}{\partial \mathrm{tax}_{it}} < 0$。

可见，从家庭收入和政府公共支出两条路径分析，农村税费改革对家庭子女健康的影响存在差异性，两者之间存在反向作用和抵消效应。

14.4　实证分析

本节样本数据来自CHNS 2000年、2004年和2006年3年调查数据，选取年龄0~18岁①的样本个人，利用个人代码将家庭信息匹配出来。实证部分分为4小节：一是组别设置和样本随机性检验；二是基本回归；三是路径分析；四是添加路径变量之后的回归分析。

14.4.1　组别设置和样本随机性检验

1. 组别设置

我国农村税费改革是一项全国实施的农村政策，并且是分省份逐步推行的，这也为本节的政策效应分析提供了有利条件。按照汪伟等（2013）的阶段划分和组别设置方法：一是2000—2006年为我国农村税费改革全时段，2000—2003年为费改税阶段，2004—2006年为税费减免阶段；二是参照中央颁布的4份文件之中关于税费改革先后实施的省份，结合CHNS调查省区，分别设置试点区和非试点区（表14.1）。试点区：黑龙江、山东、河南、湖北、湖南；非试点区：广西、贵州。变量描述性统计如表14.2所示。

---

① 联合国《儿童权利公约》对儿童的界定为小于等于18岁。同时，由于CHNS数据库中0~6岁儿童样本量偏少，所以参照李强等（2010）将家庭子女样本年龄设定为0~18岁。

表 14.1 税费改革的组别区分

阶段	试点区	非试点区
全时段（2000—2006 年）	黑龙江、山东、河南、湖北、湖南	广西、贵州
费改税阶段（2000—2003 年）	黑龙江、山东、河南、湖北、湖南	广西、贵州
税费减免阶段（2004—2006 年）	黑龙江、山东、河南、湖北、湖南	广西、贵州

说明：试点区和非试点区划分是以国务院颁布的文件为根据，参考汪伟等（2013）组别设置方法，结合 CHNS 2000—2006 年调查省区，选取广西和贵州作为三阶段（全阶段、费改税阶段、税费减免阶段）非试点区；选取黑龙江、山东、河南、湖北和湖南作为三阶段的试点区。

表 14.2 主要变量的描述性统计

指标	试点区			非试点区		
	2000 年	2004 年	2006 年	2000 年	2004 年	2006 年
样本数	1136	1174	1119	301	292	288
个人性别	0.51	0.49	0.53	0.52	0.53	0.47
身体锻炼	0.16	0.15	0.17	0.16	0.18	0.15
受教育年限	6.43	6.62	6.91	6.28	6.56	6.74
家庭规模	3.77	3.51	3.37	3.91	3.74	3.55
个人健康	0.24	0.25	0.23	0.29	0.27	0.28
家庭收入	2083	2443	2925	1932	2247	2523
外出务工	0.27	0.35	0.41	0.28	0.36	0.43
患病比例	0.09	0.1	0.08	0.11	0.13	0.09
转移支付	93.51	111.39	132.46	90.74	97.24	108.52

注：样本数：0~18 岁农村个人样本数；个人性别：男性样本占比；身体锻炼：拥有从事身体锻炼和体育活动记录的人数占比；受教育年限：家庭父母平均受教育年限；个人健康：个人患有生理和心理疾病、个人健康自评状况较差、医生诊断状况较差的人数占比；家庭收入：家庭人均收入，以 1991 年为基期；外出务工：家庭中父母有外出务工的家庭数占比；患病比例：家庭中有成员患病的家庭数占比；转移支付：家庭人均转移支付收入。

2. 样本随机性检验

鉴于分析样本是微观家庭子女，所以在试点区和非试点区划分基础之上再次对个人样本的随机性分组进行检验，确保分配到试点区和非试点区的个人样本的初始条件是相似的，不存在样本选择性偏差。采用政策效应分析之前，样本应满足随机性假设和同质性假设（陈林，等，2015）。本部分采用倾向得分匹配法（PSM）对个人样本选取的随机性进行检验。只有两个倾向得分相同的样本个人分别被分配到试点区和非试点区，才能够认为具有相同概率参与政策的样本个人被随机分配到两个组别之中。在一组既定协变量（可观测统计特征）条件下，计算每个样本参与政策的概率。假设每个样本具有 n 个可观测特征 x，将 n 维可观测变量 x 降为一维变量 x'，然后计算倾向得分 $P(x')$，计算公式如下：

$$P(D = 1 \mid X) = P(x') \tag{14.4}$$

设 Y^1 是试点区样本参与政策得到的结果，Y^0 作为试点区样本的反事实结果，即试点区样本假如没有参与政策得到的结果。$D=0$ 表示未参与政策的非试点区样本，$D=1$ 表示参与政策的试点区样本。试点区样本的平均处理效应 ATT（Average Treatment Effect on the Treated）为：

$$\text{ATT} = E(Y^1 - Y^0 \mid P(x')) = E(Y^1 \mid D = 1,\ P(x')) - E(Y^0 \mid D = 0,\ P(x'))$$
$$\tag{14.5}$$

具体计算方法：$z_{ij}(j = 1,\ 2,\ \cdots,\ k)$ 表示样本个人 i 的 j 个可观测特征。本部分选取影响家庭子女健康的变量作为匹配准则：家庭人均收入 I_i；父母平均受教育年限 E_i；家庭规模 M_i；父母是否外出务工 O_i。利用 Probit 模型计算下式：

$$\text{team}_i = \alpha_0 + \alpha_1 I_i + \alpha_2 E_i + \alpha_3 M_i + \alpha_4 O_i + \varepsilon_i \tag{14.6}$$

其中：team_i 表示个人样本的组别（试点区和非试点区），$\alpha_j\ (j = 1,\ 2,\ 3,\ 4)$ 是变量系数。利用式（14.6）得到变量系数 α_j，然后计算样本个人 i 的倾向得分 PS_i：

$$\text{PS}_i = \alpha_0 + \alpha_1 I_i + \alpha_2 E_i + \alpha_3 M_i + \alpha_4 Q_i \tag{14.7}$$

计算样本个人 i 的倾向得分 PS_i 之后，通过匹配法找到倾向得分最近似的样本进行匹配，然后对样本匹配结果的显著性进行分析（见表 14.3）。

表 14.3　　　　　　　　　　　　　**平均处理效应和平衡性检验**

平均处理效应					
匹配方法	试点区样本数	非试点区样本数	ATT	S. E	t 值
最小邻域匹配	1162	837	0.053**	0.027	13.26
局部线性匹配	1162	837	0.061*	0.038	19.48
核匹配	1162	837	0.055**	0.031	17.15
均值			0.056		
平衡性检验					
变量	平均值			t 检验	
	参照组	处置组	偏差占比（%）	t 值	$p > \mid t \mid$
家庭人均收入	2234	2481	5.73	0.47	0.65
受教育年限	6.53	6.65	5.22	0.81	0.32
家庭规模	3.73	3.55	−2.68	−0.43	0.55
外出务工	0.37	0.34	−1.24	−0.17	0.82

注：* 表示 $p<0.1$，** 表示 $p<0.05$，*** 表示 $p<0.01$。

运用三种匹配方法估计试点区样本的平均处理效应（ATT）分别为 0.053、0.061 和 0.055，三种匹配方法的平均处理效应值的均值为 0.056，估计值波动幅度均较小，估计值均在 10% 统计水平上显著。然后，经过平衡性检验发现匹配后的个人和家庭样本的控制变量在参照组和处置组之间不存在显著差异。所以，匹配之后的样本符合随机性选择的要求。

14.4.2　基本回归

Grossman（1972）认为健康是重要的人力资本组成部分。健康作为一种需求商品，其本身受到各种内外因素的影响，例如教育、医疗卫生、饮食和营养摄入、身体锻炼、娱乐活动和住房条件等。本部分讨论农村税费改革对家庭子女健康状况的影响，除了政策变量之外，还包括个人和家庭控制变量。本部分从绝对值和相对值①两方面说明农村税费改革对家庭子女健康的影响。按照前文介绍的税费改革实施的两阶段，本部分实证将样本按年份划分为：全时段（2000—2006 年）、费改税阶段（2000—2003 年）和税费减免阶段（2004—2006 年）。参考 Colman et al.（2003）和 Fletcher et al.（2010），模型方程式②如下：

绝对值模型：

$$H_{it} = \alpha_0 + \beta_1 \cdot T_{it} + \beta_k X_k + \varepsilon_{it} \tag{14.8}$$

其中：H_{it} 表示个人 i 在 t 期的健康状况，T_{it} 表示个人 i 所在地区在 t 期是否实行税费改革，X_k 表示控制变量。

双重差分模型为：

$$H_{it} = \beta_0 + \beta_1 team_{it} + \beta_2 time_{it} + \beta_3 did_{it} + \beta_k X_k + \varepsilon_{it} \tag{14.9}$$

其中：$did_{it} = team_{it} \cdot time_{it}$，$\beta_1$ 是组别控制参数，β_2 是时间控制参数，β_3 是交叉项系数，X_k 表示控制变量。实证结果如表 14.4 所示。

表 14.4　　　　　　　　　　**农村税费改革对家庭子女健康的影响**

解释变量	全时段		费改税阶段		税费减免阶段	
	（1）	（2）	（3）	（4）	（5）	（6）
税费改革	0.065[*]		0.029[*]		0.046[**]	
	(0.034)		(0.021)		(0.028)	

①　绝对值模型是对试点区样本来说的，观察农村税费改革前后，试点区家庭子女健康状况是否发生变化；相对值模型是观察试点区样本在农村税费改革之后，家庭子女健康状况的变化程度有多少是由于农村税费改革政策实施带来的。

②　方程式（14.8）和（14.9）核心变量：农村税费改革和个人健康状况。农村税费改革：个人所在省区已经实施农村税费改革，取值为 1；未实施农村税费改革，取值为 0。个人健康状况：1 表示健康状况良好；0 表示患有生理心理疾病、健康自评身体状况较差、医生诊断身体状况较差等。方程式之中的控制变量：个人属性和家庭属性。个人属性：个人性别（1 表示男性，0 表示女性）；锻炼身体（1 表示锻炼身体，0 表示从不锻炼身体）。家庭属性：外出务工（1 表示外出务工，0 表示在家工作或从事农业生产）。受教育年限是指父母平均受教育年限。

续表

解释变量	全时段		费改税阶段		税费减免阶段	
	（1）	（2）	（3）	（4）	（5）	（6）
$team_{it}$		0.002 *		0.0003 **		0.001 **
		(0.001)		(0.00002)		(0.001)
$time_{it}$		0.01 *		0.002 *		0.008 **
		(0.013)		(0.001)		(0.003)
did_{it}		0.047 *		0.008 **		0.032 *
		(0.035)		(0.016)		(0.028)
受教育年限	0.011 *	0.009 *	0.003 **	0.002 **	0.008	0.005 *
	(0.019)	(0.003)	(0.001)	(0.001)	(0.119)	(0.002)
外出务工	0.071 *	0.064 *	0.089 **	0.045 **	0.062 *	0.053 *
	(0.034)	(0.035)	(0.032)	(0.015)	(0.034)	(0.031)
家庭规模	−0.004 **	−0.003 **	−0.007 *	−0.002	−0.006 **	−0.005 *
	(0.003)	(0.001)	(0.002)	(0.053)	(0.002)	(0.002)
个人性别	0.003	0.0007 *	0.004 *	0.001 *	0.002 *	0.003 **
	(0.041)	(0.0005)	(0.002)	(0.0003)	(0.001)	(0.002)
锻炼身体	0.082 **	0.057 **	0.048 *	0.032 **	0.076 **	0.064 **
	(0.039)	(0.023)	(0.032)	(0.011)	(0.032)	(0.029)
样本数	1079	1881	674	1238	677	1164
R-squared	0.19	0.16	0.24	0.17	0.12	0.28

注：括号内数据为参数值标准误。 *** $p<0.01$； ** $p<0.05$； * $p<0.1$。实证样本区间为2000—2006年。

从实证结果可知，税费改革和交叉项系数值均大于零，说明农村税费改革能够显著改善家庭子女健康状况。从全时段看，税费改革系数值为0.065，交叉项系数值为0.047，也就是说在农村税费改革期间，家庭子女健康状况改善的72.31%是由农村税费改革实施带来的。具体看，费改税阶段系数值为0.008，税费减免阶段的系数值为0.032，税费减免对家庭子女健康改善作用大于费改税，原因是：2000—2003年农村实施费改税，将不合理收费项目（集资、罚款和摊派）取消，而合理收费项目（农民上缴提留）转为税收项目，同时提高农村税附加比例，所以费改税阶段的家庭税收负担有减轻但不彻底。2004—2006年税费减免阶段，家庭税收负担得到实实在在的减少（粮食主产区农业税免征，其他地区降低农业税直至取消），农业税占到家庭年产量转化农业收入的15.5%，农业税取消征收极大地减轻了农村家庭经济负担，所以税费减免对家庭子女健康的影响大于费改税。

14.4.3 路径分析

表 14.4 实证结果之中的控制变量包括：个人和家庭属性变量，而农村税费改革只是间接影响家庭子女健康，没有添加中间传导变量。从前文理论模型分析可知，农村税费改革影响家庭子女健康状况有两条传导路径：一是农村税费改革影响家庭收入，家庭收入会影响家庭消费支出，从而影响家庭对于子女健康消费支出；二是农村税费改革影响基层政府财政收入，政府财政收入会影响政府公共支出，政府公共支出又会影响家庭子女健康。接下来，具体分析这两条传导路径。

1. 家庭收入

农村家庭收入分为农业收入和非农收入，根据 CHNS 农村家庭收入指标分类，选取家庭农耕收入作为农业收入①，工资性收入作为非农收入。因此，利用两替代变量分析税费改革对家庭农业收入和非农收入的影响。为了更显著地说明问题，利用农耕收入计算家庭人均农耕收入增长率，利用工资性收入计算家庭人均工资性收入增长率，分析农村税费改革对农耕收入增长率和工资性收入增长率的影响（郑新业，等，2011；周黎安，等，2005）。

农耕收入的税费改革系数值和交叉项系数值均大于零（见表 14.5），符合税费改革与家庭收入之间偏导数大于零的理论预期。在农村税费改革两阶段，农耕收入增长率的税费改革数值分别为 0.009 和 0.023。同时，交叉项系数值分别为 0.003 和 0.012，所以在费改税期间，农耕收入年增长率之中有 33% 的比例是因为农村税费改革影响带来的，税费减免期间增长贡献率达到 52%。

表 14.5 税费改革对农耕收入和工资性收入的影响

解释变量	农耕收入增长率				工资性收入增长率			
	费改税阶段		税费减免阶段		费改税阶段		税费减免阶段	
	(1)	(2)	(3)	(4)	(5)	(6)	(7)	(8)
税费改革	0.009* (0.003)		0.023* (0.012)		0.018* (0.012)		0.027* (0.023)	
$team_{it}$		0.0001* (0.0006)		0.0005* (0.0002)		0.00002** (0.00007)		0.00003** (0.00004)
$time_{it}$		0.0008** (0.0002)		0.003** (0.001)		0.0001** (0.00004)		0.0002** (0.0006)

① CHNS 指标之中与农业收入相关的指标包括：畜牧和农牧收入，农耕收入，渔业收入，园艺收入。因为畜牧和农牧收入、渔业收入、园艺收入数据缺失较为严重，所以选择农耕收入作为农业收入的替代指标。

续表

解释变量	农耕收入增长率				工资性收入增长率			
	费改税阶段		税费减免阶段		费改税阶段		税费减免阶段	
	（1）	（2）	（3）	（4）	（5）	（6）	（7）	（8）
did_{it}		0.003** (0.002)		0.012* (0.017)		0.0005 (0.0133)		0.0007 (0.0145)
父母外出务工	−0.031* (0.028)	−0.027** (0.014)	−0.046* (0.039)	−0.035** (0.016)	0.056** (0.031)	0.032* (0.024)	0.064** (0.021)	0.041* (0.025)
父母健康状况	−0.034** (0.016)	−0.021* (0.018)	−0.057** (0.021)	−0.035* (0.028)	−0.029** (0.015)	−0.013* (0.009)	−0.062** (0.025)	−0.037* (0.016)
父母受教育年限	0.009* (0.002)	0.006** (0.002)	0.005* (0.002)	0.002* (0.001)	0.012* (0.008)	0.008* (0.003)	0.007** (0.001)	0.005* (0.002)
样本数	592	1185	724	1147	583	1237	660	1096
R-squared	0.23	0.11	0.14	0.18	0.23	0.17	0.13	0.28

注：括号内数据为参数值标准误。*** $p<0.01$；** $p<0.05$；* $p<0.1$。实证样本区间为 2000—2006 年。

　　然而，工资性收入增长率与农耕收入增长率之间存在较大差异。在农村税费改革两阶段，工资性收入的税费改革系数值分别为 0.018 和 0.027。但是，交叉项系数分别为 0.0005 和 0.0007，数值很小且不显著。也就是说，农村家庭工资性收入在农村税费改革期间出现了明显增加，但该增长并不是由农村税费改革带来的政策效应。

　　从以上分析可知，农村税费改革能够显著提高农耕收入水平，并且税费减免对农耕收入的提升作用大于费改税；工资性收入在农村税费改革期间出现了明显增长，但该增长与税费改革关联性较小。

　　农村税费改革显著降低了农户的政策内负担，取消乱收费，减少农业税，增加农户的可支配收入，引起农户消费支出增加（见表 14.7）。农民收入分为：农业收入和非农业（工资性）收入（见表 14.6）。随着我国产业结构调整，第一产业开始形成规模种植，普通农户的非经济作物农业收入已经接近极限，同时越来越多的农村劳动力涌入城市工作，农村从事农业生产的年轻劳动力越来越少，农地荒废，所以农村家庭总收入与非农收入之间的关系越来越显著正相关。家庭成员外出务工对于农村家庭总收入产生显著的积极影响。

表 14.6　　　　　　　　　　　　　**工资性收入和农业收入**

年份	农村居民家庭平均每人工资性纯收入（元）	工资性纯收入增长率	农村居民家庭平均每人农业纯收入（元）	农业纯收入增长率
1996	450.8		955.1	
1997	514.6	14.15%	976.2	2.21%

年份	农村居民家庭平均每人工资性纯收入（元）	工资性纯收入增长率	农村居民家庭平均每人农业纯收入（元）	农业纯收入增长率
1998	573.6	11.47%	962.8	−1.37%
1999	630.3	9.88%	918.3	−4.62%
2000	702.3	11.42%	833.9	−9.19%
2001	771.9	9.91%	863.6	3.56%
2002	840.2	8.85%	866.7	0.36%
2003	918.4	9.31%	885.7	2.19%
2004	998.5	8.72%	1056.5	19.28%
2005	1174.5	17.63%	1097.7	3.90%
2006	1374.8	17.05%	1159.6	5.64%
2007	1596.2	16.10%	1303.8	12.44%
2008	1853.7	16.13%	1427	9.45%
2009	2061.3	11.20%	1497.9	4.97%
2010	2431.1	17.94%	1723.5	15.06%
2011	2963.4	21.90%	1896.7	10.05%
2012	3447.5	16.34%	2106.8	11.08%

数据来源：国家统计局。

表 14.7 消 费 支 出

年份	农村居民家庭平均每人消费支出(元)	每人消费支出增长率	农村居民家庭平均每人食品消费支出(元)	食品消费支出增长率	农村居民家庭平均每人文教娱乐消费支出(元)	文教娱乐消费支出增长率	农村居民家庭平均每人医疗保健消费支出(元)	医疗保健消费支出增长率
1996	1572.1		885.5		132.5		58.3	
1997	1617.2	2.87%	890.3	0.54%	148.2	11.85%	62.5	7.20%
1998	1590.3	−1.66%	849.6	−4.57%	159.4	7.56%	68.1	8.96%
1999	1577.4	−0.81%	829	−2.42%	168.3	5.58%	70	2.79%
2000	1670.1	5.88%	820.5	−1.03%	186.7	10.93%	87.6	25.14%
2001	1741.1	4.25%	830.7	1.24%	192.6	3.16%	96.6	10.27%
2002	1834.3	5.35%	848.4	2.13%	210.3	9.19%	103.9	7.56%
2003	1943.3	5.94%	886	4.43%	235.7	12.08%	115.8	11.45%
2004	2184.7	12.42%	1031.9	16.47%	247.6	5.05%	130.6	12.78%
2005	2555.4	16.97%	1162.2	12.63%	295.5	19.35%	168.1	28.71%

续表

年份	农村居民家庭平均每人消费支出(元)	每人消费支出增长率	农村居民家庭平均每人食品消费支出(元)	食品消费支出增长率	农村居民家庭平均每人文教娱乐消费支出(元)	文教娱乐消费支出增长率	农村居民家庭平均每人医疗保健消费支出(元)	医疗保健消费支出增长率
2006	2829	10.71%	1217	4.72%	305.1	3.25%	191.5	13.92%
2007	3223.9	13.96%	1389	14.13%	305.7	0.20%	210.2	9.77%
2008	3660.7	13.55%	1598.8	15.10%	314.5	2.88%	246	17.03%
2009	3993.5	9.09%	1636	2.33%	340.6	8.30%	287.5	16.87%
2010	4381.8	9.72%	1800.7	10.07%	366.7	7.66%	326	13.39%
2011	5221.1	19.15%	2107.3	17.03%	396.4	8.10%	436.8	33.99%
2012	5908	13.16%	2323.9	10.28%	445.5	12.39%	513.8	17.63%

数据来源：国家统计局。

2. 政府公共支出

税费改革会影响基层政府财政收入，政府通过投资性支出、公共事业支出和补贴支出等影响家庭子女健康状况，根据 CHNS 相关指标可得性，选取家庭转移支付、去附近医院和诊所花费时间（分钟）① 作为政府公共支出的替代变量进行分析。

表 14.8 显示，税改之后，村民去医院看病和诊所就诊的路程花费时间增加了 15.4%，基层政府在税改之后，政府财政收入减少，从而减少了乡村医疗公共服务的支出，裁撤和合并规模较小的医院和诊所，村民需要走更远的路，花费更长的时间去医院就诊。同时，两阶段的交叉项系数分别为 0.044 和 0.103，税费减免对政府健康公共支出的影响更大。税费减免阶段，乡镇政府财政收入减少较多，中央、省和市三级政府不能够对政府公共支出进行较多的财政补贴。

表 14.8　　　　　　　　　　　　　**税费改革对政府公共支出的影响**

解释变量	全时段		费改税		税费减免	
	（1）	（2）	（3）	（4）	（5）	（6）
从家去附近医院和诊所的路程花费时间增长率						
税费改革	0.225*		0.078*		0.143**	
	(0.111)		(0.043)		(0.056)	

_____

① CHNS 数据库中，去附近医院和诊所按两种交通工具（自行车、汽车）计算时间，有些样本利用骑自行车计算时间，有些样本利用乘汽车计算时间，为了将拥有不同路程时间记录的样本进行比较分析，将被解释变量替换为路程花费时间增加率。

解释变量	全时段		费改税		税费减免	
	（1）	（2）	（3）	（4）	（5）	（6）
$team_{it}$		-0.007^{**} （0.002）		-0.001^{*} （0.0006）		-0.005^{*} （0.001）
$time_{it}$		0.085^{*} （0.036）		0.026^{**} （0.017）		0.059^{*} （0.028）
did_{it}		0.154^{**} （0.048）		0.044^{**} （0.025）		0.103^{*} （0.068）
样本数	873	1285	548	704	616	819
R-squared	0.13	0.16	0.24	0.17	0.19	0.25
家庭人均转移支付增长率						
税费改革	0.067^{*} （0.031）		0.045^{*} （0.027）		0.018^{**} （0.016）	
$team_{it}$		0.002^{*} （0.001）		0.001^{**} （0.0004）		0.0005^{*} （0.0001）
$time_{it}$		0.013^{**} （0.007）		0.008^{**} （0.003）		0.003^{*} （0.001）
did_{it}		0.046^{**} （0.025）		0.029^{**} （0.014）		0.013^{**} （0.009）
样本数	768	1238	521	865	632	991
R-squared	0.11	0.17	0.35	0.19	0.21	0.26

注：括号内数据为参数值标准误。$***p<0.01$；$**p<0.05$；$*p<0.1$。实证样本区间为2000—2006年。

　　然而，与政府对其他公共支出（农田水利灌溉、道路交通、公共医疗卫生、校舍整修等）减少不同（王宾，等，2006；左翔，等，2011；罗仁福，等，2006；徐琰超，等，2015；周黎安，等，2015），税费改革对家庭人均转移支付一直为正向影响。税费改革系数为0.067，交叉项系数值为0.046，税改对转移支付增长的贡献率为68.66%。同时，费改税阶段的交叉项系数值为0.029，税费减免阶段系数值为0.013，费改税对家庭转移支付增长率的影响大于税费减免，与去医院花费时间的两阶段实证结论刚好相反。

　　2000—2003年实施费改税政策，将农村税费负担纳入到规范化、法制化的税收管理轨道，规范农业税收征管程序，隐费转为明税，基层政府税收收入反而出现增加，又因为家庭转移支付主要由地方财政承担，所以在该时期试点区家庭转移支付出现了增加。在税费减免阶段，农村家庭转移支付也没有出现减少，原来征收的农业税收入原则上是留给乡镇财政，但农业税取消，乡镇财政收入出现了明显减少，中央、省两级财政加大对财政困难的乡、镇和村的转移支付力度，保障了农村家庭转移支付没有出现减少。① 但与费改税阶段相比，家庭转移支付增长出现放缓。

14.4.4　添加路径变量之后的回归分析

农村税费改革通过两条路径对家庭子女健康产生影响，通过表 14.5 和表 14.8 的实证结果可知：农村税费改革对家庭农耕收入、转移支付均为正向影响，对去附近医院和诊所花费时间是负向影响。因此，为了更准确分析农村税费改革对家庭子女健康的影响，参考汪伟等（2013）模型方程式，将家庭农耕收入、家庭转移支付、去附近医院和诊所花费时间作为路径传导变量添加至方程式（14.8）和式（14.9），作为控制变量。修正之后的模型方程式如下：

绝对值模型：

$$H_{it} = \alpha + \beta_1 \cdot T_{it} + \beta_2 \cdot P_{it} + \beta_3 \cdot G_{it} + \beta_4 \cdot D_{it} + \beta_k \cdot X_{it} + \varepsilon_{it} \tag{14.10}$$

其中：H_{it} 表示个体 i 在 t 期的健康状况，T_{it} 表示个体 i 所在地区在 t 期是否实行税费改革，P_{it} 表示个人所在家庭人均农耕收入增长率，G_{it} 表示个人所在家庭人均转移支付收入增长率，D_{it} 表示个人所在家庭去附近医院和诊所的路程花费时间增长率，X_{it} 表示控制变量。

双重差分模型为：

$$H_{it} = \alpha + \beta_2 \text{team}_{it} + \beta_2 \text{time}_{it} + \beta_3 \text{did}_{it} + \beta_4 \cdot P_{it} + \beta_5 \cdot G_{it} + \beta_6 \cdot D_{it} + \beta_k \cdot X_{it} + \varepsilon_{it} \tag{14.11}$$

其中：β_1 是组别控制参数，β_2 是时间变量参数，其他变量设置与式（14.10）相同。

表 14.9　　　　　　　　农村税费改革对家庭子女健康影响的再测算

解释变量	全时段		费改税		税费减免	
	(1)	(2)	(3)	(4)	(5)	(6)
税费改革	0.051* (0.035)		0.015** (0.011)		0.032* (0.024)	
team_{it}		0.001** (0.0003)		0.0003* (0.0007)		0.0008** (0.0002)
time_{it}		0.008* (0.003)		0.002* (0.001)		0.006** (0.002)
did_{it}		0.025* (0.014)		0.007** (0.004)		0.021* (0.018)

---

① 2003 年，财政部印发《农村税费改革中央对地方转移支付办法》，其中提及转移支付的目标是：确保农民负担得到明显减轻、不反弹，确保乡镇机构和村级组织正常运转，确保农村义务教育经费正常需要。但它对基础交通设施、农田水利灌溉、医疗卫生等均没有提及。

解释变量	全时段		费改税		税费减免	
	（1）	（2）	（3）	（4）	（5）	（6）
农耕收入增长率	0.011 *	0.003 **	0.007 *	0.006 *	0.013 **	0.004 ***
	（0.008）	（0.001）	（0.003）	（0.002）	（0.005）	（0.001）
转移支付增长率	0.006 **	0.003 **	0.005 **	0.002 **	0.004 **	0.001 *
	（0.003）	（0.001）	（0.002）	（0.001）	（0.002）	（0.0004）
时间增长率	-0.002 *	-0.005 **	-0.001 *	-0.006 *	-0.004 *	-0.002 **
	（0.001）	（0.003）	（0.0007）	（0.003）	（0.002）	（0.001）
工资性收入增长率	0.125 *	0.091 **	0.053 *	0.036 *	0.083 *	0.075 *
	（0.073）	（0.035）	（0.039）	（0.024）	（0.046）	（0.037）
受教育年限	0.013 **	0.009	0.007 **	0.005 **	0.004 *	0.003
	（0.009）	（0.054）	（0.005）	（0.003）	（0.002）	（0.045）
外出务工	0.047 ***	0.035 *	0.032 *	0.021 *	0.051 *	0.038 ***
	（0.006）	（0.025）	（0.021）	（0.018）	（0.034）	（0.005）
家庭规模	-0.007	-0.003 **	-0.012 *	-0.004 **	-0.005 *	-0.002
	（0.095）	（0.001）	（0.007）	（0.003）	（0.002）	（0.043）
个人性别	0.014 *	0.005 **	0.004 **	0.001	0.007 *	0.002 **
	（0.007）	（0.003）	（0.002）	（0.048）	（0.005）	（0.001）
锻炼身体	0.073 **	0.036 *	0.045 ***	0.023 **	0.038 *	0.026 **
	（0.034）	（0.024）	（0.006）	（0.014）	（0.017）	（0.015）
样本数	758	903	457	796	543	878
R-squared	0.14	0.23	0.12	0.31	0.27	0.15

注：括号内数据为参数值标准误。* 表示 $p < 0.1$，** 表示 $p < 0.05$，*** 表示 $p < 0.01$。实证样本区间为 2000—2006 年。

与表 14.4 对比，表 14.9 添加家庭收入、政府公共支出和去医院花费时间增长率等变量之后，税费改革系数值和交叉项系数值较表 14.4 实证结果均有减小。从全时段看，税费改革系数值为 0.051，交叉项系数值为 0.025，家庭子女在农村税费改革期间健康状况的改善中 49.02% 是由农村税费改革的实施带来的。费改税阶段的税费改革系数值为0.015，交叉项系数值为 0.007；税费减免阶段的税费改革和交叉项系数值分别为 0.032 和0.021，从数值比较看，税费减免对家庭子女健康状况的改善程度大于费改税，与表 14.4实证结论大致相同。

观察控制变量，家庭农耕收入、转移支付和去医院花费时间增长率系数值均很小且差异不大，说明农耕收入、转移支付和时间增长率对家庭子女健康的影响较小。但是，工资性收入增长率弹性系数明显大于农耕收入、家庭转移支付和去医院花费时间增长率的弹性系数，说明工资性收入对家庭子女健康改善的作用大于农耕收入和转移支付。同时，父母外出务工、个人身体锻炼也对家庭子女健康起着非常重要的作用。由于从事农业生产相对于二三产业的工资收入偏低，随着城镇化推进，追逐较高的行业工资收入，农村剩余劳动力流动到城镇打工，农业收入与二三产业之间工资收入差距拉大，愿意留在农村从事农业生产的年轻劳动力越来越少，城镇务工收入已占家庭收入的较大比例，所以城镇务工收入对农村家庭收入增减影响较大，从而对家庭子女健康的影响也相应较大。

14.5 稳健性检验

从上面的分析可知，税费改革对于农村家庭子女健康产生显著的影响。为了进一步分析农村税费改革对家庭子女健康的政策效应，采取稳健性检验。一是将样本按性别拆分，分析男女性别的政策效应差异是否存在；同时将年龄和区域进行拆分，观察不同年龄段和不同地区的子女健康的政策效应；二是构建反事实检验，分析农村税费改革是否也对城镇家庭子女健康产生影响；三是将变量进行替换和拆分，将家庭子女健康指标替换为"过去四周是否患病"，还将健康综合指标拆分为身体健康和心理健康。从三个方面进一步证实税费改革对农村家庭子女健康的影响。

14.5.1 分性别、年龄和区域考察

Conti et al.（2015）通过学前教育项目（PPP）和北卡罗来纳大学项目（ABC），分析早期儿童干预对未来健康的促进作用。该项目发现，相对于未参与项目的儿童，参与该项目能够显著提升参与儿童未来的健康状况，并且对男孩影响大于女孩；还发现参与项目的儿童年龄越小，健康改善越明显。因此，参照 Conti et al.（2015）的样本异质性分析，将家庭子女样本按照性别和年龄进行拆分。同时，由于我国国土幅员辽阔，农村税费改革对不同粮食主产区的影响可能存在差异（汪伟，等，2013），因此又将样本按地域进行拆分。实证结果如表 14.10 所示。

表 14.10　　　　　　　　　　　性别、年龄和区域

样本拆分		全时段		费改税阶段		税费减免阶段	
		(1)	(2)	(3)	(4)	(5)	(6)
性别拆分		男 孩 样 本					
	did_{boy}	0.026*	0.011**	0.017**	0.004**	0.029*	0.013*
		(0.017)	(0.007)	(0.009)	(0.003)	(0.014)	(0.005)
		女 孩 样 本					
	did_{girl}	0.047*	0.034**	0.015**	0.009*	0.035**	0.026*
		(0.025)	(0.028)	(0.013)	(0.004)	(0.016)	(0.012)

续表

样本拆分		全时段		费改税阶段		税费减免阶段	
		（1）	（2）	（3）	（4）	（5）	（6）
年龄拆分		大于等于 0 岁，小于等于 6 岁					
	$\mathrm{did}_{0 \leqslant age \leqslant 6}$	0.085 * （0.046）	0.076 ** （0.031）	0.034 ** （0.015）	0.022 * （0.017）	0.051 ** （0.039）	0.045 ** （0.026）
		大于 6 岁，小于等于 12 岁					
	$\mathrm{did}_{6 < age \leqslant 12}$	0.034 ** （0.018）	0.028 ** （0.014）	0.026 ** （0.017）	0.013 ** （0.009）	0.035 ** （0.018）	0.021 * （0.015）
		大于 12 岁，小于等于 18 岁					
	$\mathrm{did}_{12 < age \leqslant 18}$	0.023 * （0.015）	0.011 ** （0.008）	0.008 * （0.003）	0.003 ** （0.001）	0.012 ** （0.007）	0.009 * （0.002）
区域拆分		东 北 地 区					
	did_{NE}	0.071 * （0.034）	0.067 ** （0.025）	0.034 * （0.016）	0.029 ** （0.013）	0.048 ** （0.026）	0.041 * （0.029）
		中 部 地 区					
	did_{E}	0.042 ** （0.023）	0.035 ** （0.017）	0.015 * （0.012）	0.011 ** （0.005）	0.039 ** （0.012）	0.024 ** （0.015）
		东 部 地 区					
	did_{C}	0.023 * （0.015）	0.016 ** （0.009）	0.015 * （0.012）	0.007 * （0.003）	0.017 ** （0.012）	0.013 ** （0.008）

注：括号内数据为参数值标准误。$***\ p<0.01$；$**\ p<0.05$；$*\ p<0.1$。模型（1）、（3）、（5）不包含控制变量；模型（2）、（4）、（6）包含控制变量。实证样本区间为 2000—2006 年。

从整体上看（表 14.10），不同性别样本的交叉项系数均大于零，说明税费改革能够改善试点区家庭男孩和女孩的健康状况。具体来看，费改税阶段：男孩 0.004，女孩 0.009；税费减免阶段：男孩 0.013，女孩 0.026。两阶段女孩健康改善程度比男孩高约 50%，税费改革更能够提高农村家庭女孩健康水平。农村家庭由于重男思想依然存在，家庭健康营养、教育等方面优先满足男孩，而对女孩在这些方面提供的帮助较少。然而，税费改革减轻了家庭负担，家庭有更多的预算满足子女健康和营养的需要，从而在相同条件下，女孩健康状况能够得到明显改善。

将农村税费改革时期的家庭子女年龄划分为 3 个阶段①（0~6 岁、6~12 岁、12~18

---

① 本节将家庭子女样本按年龄进行拆分时参照李强等（2010）方法，0~18 岁样本拆分为 3 个阶段：0~6 岁、6~12 岁、12~18 岁。

岁），对比分析农村税费改革对 3 个年龄段家庭子女健康状况的改善是否存在差异。从表
14.10 实证结果可知，交叉项系数值均大于零，说明农村税费改革能够相对改善试点区家
庭各个年龄段子女的健康状况。具体观察，在个人 0~6 岁区间内，费改税阶段 0.022，税
费减免阶段 0.045；在 6~12 岁区间内，费改税阶段 0.013，税费减免阶段 0.021；在 12~
18 岁区间内，费改税阶段 0.003，税费减免阶段 0.009。可见，家庭子女年龄越小，农村
税费改革对其健康的改善程度越显著。

我国粮食主产区主要包括黑龙江、湖北、江苏等 13 个省区。按照中央文件对于粮食
主产区的划分标准，同时结合 CHNS 调查省区，选取东北（黑龙江）、东部（山东）和中
部（河南、湖北、湖南）粮食主产区与西部地区（贵州和广西）做比较分析。从表
14.10 可知，交叉项系数值均大于零，相对于西部地区，农村税费改革改善了东北、中部
和东部地区家庭子女健康状况。具体分析，税费改革对东北地区家庭子女健康的相对影响
最大，中部地区次之，东部地区最小。费改税阶段：东北地区 0.029，中部 0.011，东部
0.007；税费减免阶段：东北地区 0.041，中部 0.024，东部 0.013。东北地区作为我国粮
食主产区，从事农业生产以及相关产业链的人口较多，税费改革能够显著减轻该地区农民
的经济负担，从而对家庭子女健康的影响也相对较大。

14.5.2 反事实检验

农村税费改革是旨在减轻农村家庭负担，提高农民生产积极性的政策。从前文分析已
知，农村税费改革能够改善家庭子女健康水平。那么农村税费改革对城镇家庭子女健康状
况是否也存在影响？如果农村家庭子女健康状况的相对改善只是因为农村税费改革的实
施，那么农村税费改革对城镇家庭子女健康的改善应该是不显著的。因此，将被解释变量
替换为城镇家庭子女健康①。同时，将控制变量替换为影响城镇家庭子女健康的相关变
量。实证结果如表 14.11 所示。

表 14.11　　　　　　　　农村税费改革对城镇家庭子女健康的影响

解释变量	全时段		费改税阶段		税费减免阶段	
	（1）	（2）	（3）	（4）	（5）	（6）
税费改革	0.068*		0.014*		0.045**	
	（0.032）		（0.009）		（0.021）	
$team_{it}$		0.0004**		0.00008*		0.0004**
		（0.0001）		（0.00002）		（0.0001）

---

① 城镇家庭子女健康指标的选取，与农村地区样本是相同的。城镇模型中控制变量设置，按照
CHNS 数据指标设置情况，工作行业包括：政府部门、国有企业、集体所有制企业、家庭承包和私人个
体企业、三资企业以及其他；工作岗位包括：技术人员、管理人员、农业工作者、一般工人、服务业人
员以及其他。由于个体样本数据限制，工作单位为政府部门、国有企业、集体所有制企业的设置为 1，
其他工作行业设置为 0；工作岗位为技术人员、管理人员的设置为 1，其他工作岗位设置为 0。

解释变量	全时段		费改税阶段		税费减免阶段	
	（1）	（2）	（3）	（4）	（5）	（6）
$time_{it}$		0.003* (0.001)		0.0005** (0.0002)		0.003* (0.001)
did_{it}		0.011 (0.131)		0.002 (0.048)		0.009 (0.117)
个人性别	0.001 (0.0524)	0.0009** (0.003)	0.004** (0.003)	0.003* (0.002)	0.001* (0.0003)	0.006* (0.002)
锻炼身体	0.032* (0.024)	0.026** (0.011)	0.059* (0.037)	0.037*** (0.005)	0.063** (0.024)	0.041** (0.023)
受教育年限	0.005** (0.002)	0.001 (0.042)	0.006** (0.002)	0.003* (0.001)	0.007** (0.004)	0.002** (0.001)
家庭人均收入增长率	0.053* (0.026)	0.047* (0.021)	0.073** (0.029)	0.068** (0.027)	0.065** (0.019)	0.043** (0.028)
家庭规模	−0.006** (0.002)	−0.004** (0.001)	−0.005* (0.003)	−0.003 (0.052)	−0.011* (0.006)	−0.001 (0.056)
工作行业	0.005** (0.002)	0.002* (0.001)	0.006** (0.002)	0.013* (0.006)	0.007** (0.003)	0.004* (0.002)
工作岗位	0.004* (0.002)	0.003** (0.001)	0.011** (0.008)	0.008* (0.003)	0.005* (0.002)	0.002** (0.001)
样本数	426	1383	372	809	463	1030
R-squared	0.25	0.18	0.24	0.17	0.32	0.14

注：括号内数据为参数值标准误。 ***$p<0.01$；**$p<0.05$；*$p<0.1$。实证样本区间为2000—2006年。

由表14.11的实证结果可知，两阶段的税费改革系数值分别为0.014和0.045，交叉项系数值分别为0.002和0.009，但统计值均不显著。虽然在农村税费改革期间城镇家庭子女健康得到了明显改善，但这些健康状况的改善并不是由农村税费改革带来的。以上实证从另一个角度证明了农村税费改革期间，农村家庭子女健康的改善其中有一部分是由农村税费改革实施带来的。

14.5.3　变量替换与拆分

本节模型被解释变量指标设置为：家庭子女是否患有生理和心理疾病、个人健康自评和医生诊断三个方面的综合健康指标测算家庭子女的健康状况。为了进一步证实税费改革的政策效应，将家庭子女健康状况指标替换为："过去四周是否患病"①，1 表示患病，0 表示没有患病，观察替换被解释变量之后，政策效应是否依然存在（此指标为反向指标，取值小表示更为健康，因此，在实证分析中，对应的系数为负值，表示税费改革政策对健康有改善作用）。实证结果如下：

被解释变量替换之后，税费改革系数值和交叉项系数值（见表 14.12）表明农村税费改革能够有效减少试点区家庭子女患病概率。全时段看，税费改革系数为 -0.043，交叉项系数为 -0.023，试点区家庭子女患病率降幅之中有 53.49% 是由税费改革实施带来的。具体地看，费改税阶段，税费改革系数为 -0.008，交叉项系数为 -0.005；税费减免阶段，税费改革系数为 -0.025，交叉项系数为 -0.013，税费减免对家庭子女患病率下降的政策效应大于费改税。

表 14.12　　　　　　　　　　　　被解释变量替换后的税改政策效应

解释变量	全时段		费改税阶段		税费减免阶段	
	（1）	（2）	（3）	（4）	（5）	（6）
税费改革	-0.043*		-0.008*		-0.025*	
	(0.027)		(0.002)		(0.012)	
team_{it}		-0.0009*		-0.0002**		-0.0005**
		(0.001)		(0.0005)		(0.0007)
time_{it}		-0.006***		-0.001*		-0.004*
		(0.002)		(0.0004)		(0.001)
did_{it}		-0.023*		-0.005**		-0.013*
		(0.014)		(0.002)		(0.008)
农耕收入增长率	0.008**	0.004*	0.007**	0.003	0.006**	0.005**
	(0.003)	(0.003)	(0.004)	(0.075)	(0.003)	(0.002)
转移支付增长率	0.005*	0.002**	0.004***	0.002*	0.011*	0.008*
	(0.002)	(0.001)	(0.001)	(0.001)	(0.006)	(0.003)
工资性收入增长率	0.048***	0.053*	0.036*	0.062**	0.038**	0.051**
	(0.009)	(0.037)	(0.014)	(0.037)	(0.015)	(0.026)
受教育年限	0.004*	0.007**	0.013	0.004*	0.007	0.002
	(0.001)	(0.003)	(0.129)	(0.002)	(0.089)	(0.039)
外出务工	0.043**	0.056*	0.033*	0.055**	0.037*	0.041*
	(0.027)	(0.038)	(0.025)	(0.037)	(0.022)	(0.028)
家庭规模	-0.004	-0.005**	-0.002**	-0.008	-0.006*	-0.002**
	(0.053)	(0.001)	(0.001)	(0.095)	(0.002)	(0.001)
个人性别	0.001**	0.002	0.001*	0.001**	0.005*	0.003
	(0.0004)	(0.078)	(0.001)	(0.0003)	(0.001)	(0.076)

----

①　CHNS 之中关于"过去四周患病"具体指标有：生病、受伤、发烧、喉咙痛、咳嗽、胃痛、肚子痛、哮喘、头痛、头晕、关节和肌肉疼痛、皮炎皮疹、眼耳疾病、心脏病、胸部疼痛、传染病、无法正常行动等。

续表

解释变量	全时段		费改税阶段		税费减免阶段	
	（1）	（2）	（3）	（4）	（5）	（6）
锻炼身体	0.022* (0.014)	0.023** (0.015)	0.056*** (0.004)	0.033* (0.026)	0.022** (0.017)	0.048* (0.035)
样本数	617	1120	347	741	411	786
R-squared	0.18	0.14	0.16	0.17	0.21	0.19

注：括号内数据为参数值标准误。*** $p<0.01$；** $p<0.05$；* $p<0.1$。实证样本区间为 2000—2006 年。

Milligan & Mark（2008）发现加拿大儿童福利计划对儿童身体健康和心理健康等方面具有显著的积极影响。儿童福利计划对女孩的心理健康具有积极影响，当儿童福利增加 1000 美元时，女孩的心理健康得分数值增加 15.3%。同时，Currie & Stabile（2007）在承认儿童身体健康重要性的同时，认为儿童心理健康对于儿童的健康成长和学习成绩起着至关重要的作用。因此，本部分将家庭子女健康指标拆分为：身体健康（physical health）和心理健康①（mental health），分析农村税费改革对家庭子女身体和心理健康影响有何差异。

身体健康交叉项系数值均大于零（见表 14.13），税费改革能够改善试点区家庭子女身体健康状况。但是，心理健康系数值均较小且统计值不显著。可见，农村税费改革主要改善了家庭子女身体健康状况（0.057），而心理健康状况则没有得到改善。农村税费改革目的是减轻农村家庭经济负担，通过营养物质摄入能够让身体健康得到显著改善，而心理健康改善需要家人的关怀和交流，物质方面需求较少。0~18 岁处于子女成长的关键年龄阶段，身体和人格都在成长和形成的关键时期，对其以后的健康、教育和工作产生重要影响。农村倾斜政策和父辈外出务工，家庭子女温饱问题能够得到有效解决，但家庭子女心理健康建设需要得到更多重视，特别是农村留守儿童心理健康问题。

表 14.13　　生理健康与心理健康

健康分类	全时段		费改税阶段		税费减免阶段	
	（1）	（2）	（3）	（4）	（5）	（6）
生 理 健 康						
did_p	0.043* (0.021)	0.057** (0.026)	0.021* (0.014)	0.016** (0.007)	0.045** (0.025)	0.032* (0.019)

---

① CHNS 之中健康自评和医生诊断指标：精神障碍（mental disorder）和神经系统疾病（neurological disorder）。0~6 岁孩子的认知尚未形成，因此在分析身体和心理健康时，将该年龄段样本剔除。所以，本部分实证样本为 6~18 岁家庭子女。

续表

健康分类	全时段		费改税阶段		税费减免阶段	
	(1)	(2)	(3)	(4)	(5)	(6)
心 理 健 康						
did_m	0.0002	0.001 *	0.0007	0.001	0.0006	0.0008
	(0.045)	(0.0004)	(0.031)	(0.064)	(0.072)	(0.068)

注：括号内数据为参数值标准误。 *** $p<0.01$； ** $p<0.05$； * $p<0.1$。模型（1）、（3）、（5）不包含控制变量；模型（2）、（4）、（6）包含控制变量。实证样本区间为 2000—2006 年。

14.6　进一步分析

14.6.1　父母不同务工模式

1978 年以后，农村实行家庭联产承包责任制，农民从土地上解放出来并大量涌入城市，2008—2016 年我国农村外出务工人数从 1.4 亿上升至 1.6 亿（见表 14.14）。农村外出务工人员越多，家庭留守儿童越多（见表 14.15）。

表 14.14　　　　　　　　　　**我国农民工总数及增速**　　　　　　　　　（万人）

年份	2008	2009	2010	2011	2012	2013	2014	2015	2016
总数	22542	22978	24223	25278	26261	26894	27395	27747	28171
增速		1.93%	5.42%	4.36%	3.89%	2.41%	1.86%	1.28%	1.53%
外出农民工									
外出	14041	14533	15335	15863	16336	16610	16821	16884	16934
增速		3.50%	5.52%	3.44%	2.98%	1.68%	1.27%	0.37%	0.30%
比例	62.29%	63.25%	63.31%	62.75%	62.21%	61.76%	61.40%	60.85%	60.11%
本地农民工									
本地	8501	8445	8888	9415	9925	10284	10574	10863	11237
增速		-0.66%	5.25%	5.93%	5.42%	3.62%	2.82%	2.73%	3.44%
比例	37.71%	36.75%	36.69%	37.25%	37.79%	38.24%	38.60%	39.15%	39.89%

数据来源：国家统计局 2011—2016 年历次农民工监测调查报告。

表 14.15　　　　　　　　　　**农村留守儿童人数**　　　　　　　　　（万人）

年份	2009	2010	2011	2012	2013	2014	2015
小学	1432.97	1461.79	1436.81	1517.88	1440.47	1409.53	1383.66

续表

年份	2009	2010	2011	2012	2013	2014	2015
初中	791.27	809.72	763.51	753.19	686.28	665.89	635.57
留守儿童	2224.24	2271.51	2200.32	2271.07	2126.75	2075.42	2019.24

数据来源：同表 14.14。

　　农村税费改革取消劳动累积工和义务工之后，从根本上杜绝了强行以资代劳，减轻农民负担，有利于农村劳动力合理流动。因此，本部分讨论父母不同务工模式是否会导致农村税费改革对家庭子女健康的影响存在差异。父母外出务工有 4 种模式（李庆海，等，2014；孙文凯，等，2016）：父母均外出务工；父亲外出务工，母亲在家；母亲外出务工，父亲在家；父母均在家。分析在四种模式情况下，农村税费改革对试点区家庭子女健康的影响。

　　从数值发现，交叉项系数均大于零（表 14.16），在四种务工模式下，税改政策实施均有利于家庭子女健康的改善。但 4 种务工模式对子女健康的改善也存在差异，费改税阶段：父亲外出务工，母亲在家，系数值为 0.024；母亲外出务工，父亲在家，系数值为 0.013；父母均在家，税费减免 0.008；父母均外出打工，系数值为 0.002。税费减免阶段，4 种模式的系数值分别为：0.049、0.034、0.027 和 0.007。

表 14.16　　　　　　　　　　　**父母外出务工的不同模式**

阶段	全时段		费改税阶段		税费减免阶段	
	（1）	（2）	（3）	（4）	（5）	（6）
父母均外出务工						
dd_{it}	0.014[*] (0.012)	0.011[*] (0.006)	0.005[*] (0.001)	0.002[**] (0.001)	0.009[**] (0.004)	0.007[**] (0.002)
父亲外出务工，母亲在家						
did_{it}	0.078[**] (0.024)	0.085[*] (0.036)	0.025[*] (0.018)	0.024[**] (0.017)	0.067[*] (0.035)	0.049[**] (0.026)
母亲外出务工，父亲在家						
did_{it}	0.059[*] (0.031)	0.057[**] (0.024)	0.023[***] (0.004)	0.013[*] (0.009)	0.038[**] (0.015)	0.034[*] (0.018)
父母均在家						
did_{it}	0.035[**] (0.017)	0.032[*] (0.015)	0.014[*] (0.013)	0.008[**] (0.003)	0.029[**] (0.011)	0.027[*] (0.019)

　　注：括号内数据为参数值标准误。***$p<0.01$；**$p<0.05$；*$p<0.1$。模型（1）、（3）、（5）不包含控制变量；模型（2）、（4）、（6）包含控制变量。实证样本区间为 2000—2006 年。

从以上数值描述可知：一是家中父母有一人在家，父亲外出务工或母亲外出务工，税费改革能够显著提升子女健康；二是父母同时外出务工，税费改革对子女健康的改善程度相对于其他三种模式来说数值最小；三是父亲外出务工且母亲在家的模式，子女健康改善程度最好。可见，父母均外出务工，虽然能减轻家庭经济负担，但是对未成年子女缺少关怀和照顾，导致在此种模式下的政策效应最弱。还应该看到，父亲外出务工，母亲在家的模式最优，父亲外出务工解决家庭经济负担，母亲在家给予子女更多生活关怀（李强，等，2010；孙文凯，等，2016），从而子女身心健康得到全面改善。

14.6.2　家庭子女营养消费

税费改革能够提高家庭子女健康水平，而健康改善需要通过日常饮食营养摄入转化而获得（马双，等，2010）。因此，做进一步的细致分析，根据 CHNS 饮食营养指标，选取碳水化合物、脂肪、热量、蛋白质 4 种营养物质，观察税改政策实施能否使得家庭子女 4 种营养物质摄入量发生变化。从表 14.17 数值结果可知，交叉项系数值均大于零，税费改革能够有效提升农村家庭子女 4 种营养物质摄入量。同时，税费减免阶段家庭子女营养物质摄入量大于费改税阶段，费改税期间 4 种营养物质摄入量分别增加 11.34 克、0.75 克、54.49 卡，1.65 克；而税费减免期间分别增加 22.46 克、1.64 克、105.42 卡、3.39 克。税费改革减轻了农村家庭经济负担，使得家庭有更多剩余用于改善日常饮食，同时税费减免对减轻农村家庭负担作用较为彻底，从而税费减免能够显著提升家庭子女营养物质摄入量。

表 14.17　　　　　　　　　　　　　　　　营养物质摄入量

阶段	全时段		费改税阶段		税费减免阶段	
	(1)	(2)	(3)	(4)	(5)	(6)
碳水化合物（克）						
did_{it}	35.78* (4.754)	32.11** (3.527)	14.07** (1.513)	11.34* (1.123)	25.11** (2.347)	22.46* (2.293)
脂肪（克）						
did_{it}	3.37* (1.525)	2.26** (0.911)	1.16* (0.937)	0.75* (0.382)	3.88* (1.537)	1.64** (0.751)
热量（卡）						
did_{it}	184.46** (19.091)	162.67** (16.843)	59.34* (6.721)	54.49** (5.641)	124.45*** (10.559)	105.42* (11.941)
蛋白质（克）						
did_{it}	7.32* (2.572)	5.44** (2.064)	2.19* (1.532)	1.65* (1.281)	5.13** (2.135)	3.39** (1.367)

注：括号内数据为参数值标准误。"***$p<0.01$；**$p<0.05$；*$p<0.1$。模型（1）、（3）、（5）不包含控制变量；模型（2）、（4）、（6）包含控制变量。实证样本区间为 2000—2006 年。

14.6.3 持续性分析

农村税费改革在短期内显著改善了家庭子女健康，但政策刺激在短期内难以看到全部成效（Behrman & Parker，2013；Conti et al.，2015；白重恩，等，2012），家庭子女健康的改善需要长期观察。因此，从长期看，与非试点区比较，农村税费改革对试点区家庭子女健康改善的政策效应是否持续存在以及持续多长时间值得继续探究。为了对比说明税费改革的持续性影响，将家庭子女年龄分为 3 个区间①：0~6 岁、6~12 岁和 12~18 岁，分别观察 3 个年龄段家庭子女健康在长期是否均得到持续性改善，改善持续时间多长以及 3 个年龄段样本的持续性影响之间是否存在差异。参考郑新业等（2011）提出的政策效应持续性分析方程，模型方程式如下：

$$H_{it} = \alpha + \beta_1 team_{it} + \beta_2 time_{it} + \beta_3 did2004_{it} + \beta_4 did2006_{it} + \beta_5 did2009_{it} + \beta_6 did2011_{it} + \beta_k X_{it} + \varepsilon_{it} \tag{14.12}$$

其中：H_{it} 表示家庭子女健康；$team_{it}$ 表示组别控制变量；$time_{it}$ 表示时间控制变量；did_{it}（2004、2006、2009、2011）表示 4 个年份的交叉项；X_{it} 表示控制变量。根据模型方程式，以 2004 年为例进行理论分析：实施税费改革之前，非试点区 $H_{0,0} = \alpha$，试点区 $H_{1,0} = \alpha + \beta_1$；实施税费改革之后，非试点区 $H_{0,2004} = \alpha + \beta_2$，试点区 $H_{1,2004} = \alpha + \beta_1 + \beta_2 + \beta_3$。所以，交叉项 $did2004_{it}$ 的参数值 $\beta_3 = (H_{1,2004} - H_{1,0}) - (H_{0,2004} - H_{0,0})$。其余年份按照上述原理以此类推。实证结果如表 14.18 所示。

表 14.18　　　　　　　　　政策效应的持续性分析

年龄区间	0≤age≤6		6<age≤12		12<age≤18	
	（1）	（2）	（3）	（4）	（5）	（6）
team	0.003* (0.001)	0.002* (0.001)	0.001* (0.001)	0.001** (0.0003)	0.0007** (0.0004)	0.0006** (0.0003)
time	0.017** (0.012)	0.015** (0.008)	0.009** (0.003)	0.008*** (0.002)	0.005* (0.002)	0.004** (0.001)
did2004	0.061* (0.035)	0.052* (0.029)	0.035** (0.014)	0.031* (0.017)	0.017* (0.013)	0.014* (0.013)

① 一是农村税费改革 2000 年在安徽开始实施，2002 年扩大试点，由于 CHNS 调查年份限制，本部分选取 2000 年试点区和非试点区家庭子女样本。二是由于是分析长期影响，所以选择的 2000 年样本个体会在 2000—2011 年 5 个调查年份被连续调查，从而保证样本个体的连续性。三是农村税费改革实施和完成的时间段为 2000—2006 年，选取 2000 年样本个体作为实证分析样本的原因是希望样本个体持续性观察的时间段足够长，能够更完整地观察到参数值变化趋势。四是参照 Heckman & Mosso（2014）儿童技能培养计划，对比分析儿童（0~6 岁）、青少年（6~12 岁、12~18 岁）因为税改政策实施，3 个年龄段家庭子女健康改善程度是否出现明显差异。

年龄区间	0≤age≤6		6<age≤12		12<age≤18	
	（1）	（2）	（3）	（4）	（5）	（6）
did2006	0.081*** (0.014)	0.092** (0.034)	0.052* (0.037)	0.045** (0.028)	0.033** (0.012)	0.026** (0.015)
did2009	0.073* (0.035)	0.061* (0.032)	0.018* (0.014)	0.012*** (0.003)	0.011* (0.017)	0.008*** (0.002)
did2011	0.042* (0.025)	0.033** (0.016)	0.009** (0.002)	0.006* (0.002)	0.005* (0.003)	0.003* (0.001)
农耕收入增长率		0.008* (0.003)		0.002* (0.001)		0.001** (0.0004)
转移支付增长率		0.005* (0.002)		0.006 (0.072)		0.003** (0.0004)
工资性收入增长率		0.064** (0.035)		0.055* (0.027)		0.082* (0.038)
个人性别		0.003 (0.041)		0.012* (0.007)		0.005 (0.062)
锻炼身体		0.053** (0.029)		0.042* (0.025)		0.061* (0.024)
外出务工		0.047* (0.026)		0.056** (0.024)		0.043** (0.022)
受教育年限		0.009* (0.003)		0.001** (0.0003)		0.005* (0.002)
家庭规模		−0.007 (0.084)		−0.004** (0.001)		−0.006 (0.058)
样本数	113	113	184	184	107	107
R-squared	0.11	0.24	0.16	0.19	0.23	0.17

注：括号内数据为参数值标准误。***$p<0.01$；**$p<0.05$；*$p<0.1$。实证样本区间为 2000—2011 年。

从表 14.18 实证结果可知，2004、2006、2009、2011 四个年份的交叉项系数值均大于零，说明农村税费改革能够改善家庭子女健康且改善效果具有持续性，税费改革对家庭子女健康的改善已持续 7 年①，其中 2004 年和 2006 年两个年份，农村税费改革还在实施过

① 2004—2011 年一共 7 年，写作本章时 CNHS 最新调查年份仍然是 2011 年，家庭子女健康改善效应可能会在 2011 年之后持续下去，但由于样本年份限制，暂时无法观察。

程之中。虽然从整体上看，3个年龄段家庭子女健康均得到持续性改善，但3个年龄段交叉项的数值区间和变化趋势存在显著差异。0~6岁样本的4个年份的交叉项系数值分别为0.052、0.092、0.061和0.033，系数值区间为[0.033，0.092]；6~12岁样本的系数值分别为0.031、0.045、0.012和0.006，系数值区间为[0.006，0.045]；12~18岁样本的系数值分别为0.014、0.026、0.008和0.003，系数值区间为[0.003，0.026]。从组内看，4个年份的系数值均表现为逐渐减小趋势，也就是说农村税费改革对家庭子女健康的改善程度随着时间推移，效果越来越弱。从组间看，税费改革对0~6岁子女样本健康改善程度是最明显的，12~18岁子女样本健康改善程度是最弱的，也即年龄越大，税费改革对子女健康改善的作用越弱（Conti et al.，2015）。观察2011年交叉项系数，0~6岁系数值为0.033，6~12岁系数值为0.006，12~18岁系数值为0.003，在税费改革结束之后的第5年，对于2000年0~6岁年龄段的样本个人，试点区子女健康状况仍然比非试点区子女健康状况要好0.033，而对于2000年6~12岁和12~18岁两个年龄段的样本个人，试点区和非试点区家庭子女健康之间的差异已经不明显了（0.006和0.003）。可见，家庭子女健康改善得越早，子女未来健康状况也会相对越好且持续时间更长（Macours et al.，2012），同时也验证了Heckman & Mosso（2014）的儿童早期培养理论。

14.7　本章小结

本章分析税费改革对农村家庭子女健康的影响。研究发现：一是税费改革能够有效改善农村家庭子女健康，49.02%的健康改善来自税费改革。改革的不同阶段表现出明显差异，税费改革对农村家庭子女健康的影响主要表现在改革的第二阶段（税费减免）；二是税费改革对0~6岁子女健康的改善效应在免除农业税后的5年（2006—2011年）表现出较强的持续性，子女年龄越小，税费改革对其健康的改善程度越显著且持续效应越强；三是进一步分析发现，税费改革对东北地区农村家庭子女健康的改善效应最强，中部地区次之，东部地区最弱。税费改革对于父亲外出务工、母亲在家的务工模式的家庭子女健康的改善程度最明显（0.084）。税费改革能够有效提升家庭子女4种营养物质摄入量。税费改革能够改善家庭子女身体健康，而对心理健康改善作用不明显。

健康是个人一切发展的前提，农村子女拥有较高的初始健康资本，才有机会接受更多教育，成为家庭经济和精神的双重支柱，为家庭脱贫与发展提供有力保障。中央、省和市出台的关于农村帮扶政策大多为农民医疗、卫生和教育等相关政策，而对于农村家庭子女营养、健康等相关的直接指导政策相对较少。具体而言：一是农村扶贫和发展的关键是提高能力（健康、教育），政府应增加财政扶贫中儿童营养、健康等方面的专项资金比例，同时加大农村儿童营养健康重要性的宣传工作；二是将不同年龄段未成年子女的营养和健康量化指标纳入基层政府领导政绩和扶贫考核体系中，切实保障农村青少年健康成长的必需营养摄入量；三是增强农村留守儿童心理健康辅导，保障农村子女身心健康发展。农村家庭子女健康改善对于其未来自身健康、教育和工作会产生积极且深远的影响，同时也能够有效阻断农村家庭贫困代际传递的可能。

人口迁移的减贫效应：理论与实证分析

15.1 问题的提出

当前中国正处于城市化进程中，每年有大量的流动人口迁移至城市，而迁移不仅对其个人，也对其后代产生深刻影响。《中国流动人口发展报告 2017》指出，2016 年我国流动人口规模为 2.45 亿人，占总人口的 18%，这意味着每 6 个人中就有 1 人是流动人口。城乡的巨大差异使得未来大规模的人口流动迁移仍将是我国人口发展及经济社会发展中的重要现象。流动人口为中国的整体经济发展作出了巨大贡献，迁移并不只会对财富积累、收入和技能产生直接影响，他们的经济状况、社会经济地位和积累的文化特征也会向下一代传递，迁移也成为减贫的一个重要途径。因此，了解迁移的长期影响，评估迁移行为对代际流动、减贫的影响也十分重要。

关于迁移对代际流动的影响，目前的研究仍比较缺乏。Dustmann（2007）比较了在本土和外国出生的父代对子代教育的投资和代际收入流动性，指出子代的教育投资与父代永久迁移的概率呈正相关。Chyn（2015）发现在芝加哥与附近的公共住房没有被拆除的孩子相比，因拆迁公房而被迫搬迁的儿童在其成年后有较高的收入和就业率。Nakamura 等（2016）利用挪威因火山喷发导致 1/3 的城镇房屋被熔岩覆盖，而引起部分人群迁移的自然实验，指出迁移的好处在家庭中是非常不均匀的，迁移对子女的成年收入有很大的积极影响，迁移的经济成本主要在父母身上，经济收益主要归于子女。孙三百、黄薇、洪俊杰（2012）通过使用迁移概率作为局部工具来测算，指出迁移降低了代际收入弹性，增加了代际流动性。本章不同之处在于，既有文献主要分析子代的迁移，对其改善自身收入和增强其自身代际流动性的贡献，而本章侧重于分析父代的迁移，父代作为家庭的主力和决策者，其自身的迁移行为对改善家庭投资和对子代的投资均会产生重要影响。

本章建立了跨代际的迁移模型，从理论上探讨了父代迁移对子代人力资本和收入的影响，进而也探讨迁移对于减轻贫困代际传递的效应，弥补了之前研究的不足。同时我们对理论模型进行了实证检验，并利用 PSM-DID 方法研究了迁移对父代和子代收入的具体影响大小，这在国内均是首次。本章结构如下：第二节建立了相关的理论模型；第三节对模型进行了实证检验，检验迁移对子代人力资本和收入的影响；第四节采用 PSM-DID 方法研究了迁移的具体效应；最后是总结。

15.2　父代迁移与减贫的理论模型

本节参照 Becker & Tomes（1979）、Solon（2004）建立了迁移的代际流动模型。我们区分了两种情况，父代在第一期迁移和父代在第二期迁移，并考虑了永久性迁移的可能性。模型假定一个代表性家庭 i 仅包括第 $t-1$ 期的父代和第 t 期的父代和子代，父代在 $t-1$ 期工作，在 t 期退休。父代将 $t-1$ 期收入进行消费、投资和储蓄，父代在 $t-1$ 期对子代进行人力资本投资，而子代在 t 期进入劳动力市场，并取得收入，父代用 $t-1$ 期储蓄的收入维持其 t 期的消费。公式如下：

$$Y_{i,\ t-1} = C_{i,\ t-1} + S_{i,\ t-1} + I_{i,\ t-1} \tag{15.1}$$
$$S_{i,\ t-1} = C_{it} \tag{15.2}$$

其中：$Y_{i,\ t-1}$ 代表父代在 $t-1$ 期的收入，$S_{i,\ t-1}$ 代表父代在 $t-1$ 期的储蓄，在此我们不考虑贴现率，$t-1$ 期储蓄为父代 t 期消费 C_{it}，$I_{i,\ t-1}$ 代表父代对子代进行的人力资本投资。我们考虑两种情况：父代在 $t-1$ 期考虑迁移和父代在 t 期考虑迁移。我们分别来进行分析。

15.2.1　父代在 $t-1$ 期考虑迁移

设父代在 $t-1$ 期迁移的概率为 p，其留在原住地的概率则为 $1-p$，父代在 t 期返回其原住地，其收入可表示如下：

$$Y_{i,\ t-1} = (1-p)Y_{1i,\ t-1} + pY_{2i,\ t-1} \tag{15.3}$$
$$Y_{2i,\ t-1} = bY_{1i,\ t-1} \tag{15.4}$$
$$Y_{i,\ t-1} = (1-p)Y_{1i,\ t-1} + pbY_{1i,\ t-1} \tag{15.5}$$

设其原住地收入为 $Y_{1i,\ t-1}$，迁入地收入为 $Y_{2i,\ t-1}$，则在 $t-1$ 期收入如式（15.3）。另外 b 表示迁入地收入和迁出地收入关系，$b>0$，则父代在 $t-1$ 期整体收入如式（15.5），则父代的跨期效用函数如（15.6）：

$$U_i = (1-p)u(C_{i,\ t-1}) + pu(C_{i,\ t-1}, \lambda) + u(C_{it}) + \gamma v(Y_{it}) \tag{15.6}$$

其中 $u(.)$ 和 $v(.)$ 分别代表父代和子代的效用函数，参数 γ 是利他的权重，$\gamma=0$ 代表父母完全不考虑子代在 t 期的效用。参数 λ 是偏好参数，假设父代的消费在原住地和迁入地维持一致，但效用水平受 λ 影响，其反映了父代对原住地消费与迁入地消费的偏好程度异同，如果 $\lambda>1$，则说明与原住地相比，迁入地消费效用更大。

父代对子代的投资 $I_{i,\ t-1}$ 转换为子代人力资本 h_{it} 的比例为：

$$h_{it} = \theta \ln I_{i,\ t-1} + e_{it} \tag{15.7}$$

其中 $\theta>0$ 表示人力资本投资的边际效应为正，半对数的形式表明投资的边际效应递减，e_{it} 表示子代从社会或家庭继承来的人力资本"天赋"。这种"天赋"可能来源于多方面，如基因遗传、后天养育、社会环境等。Becker & Tomes（1979）指出子代天赋的影响因素有家庭的声誉、家庭遗传的能力、种族，以及通过特定的家庭文化所获得的知识、技能和目标等。很显然，这种天赋依赖于父母、祖父母及其他家庭成员的特征，也受家庭的文化影响。子代的收入 y_{it} 是由半对数方程决定：

$$\ln y_{it} = \mu + \rho h_{it} \qquad (15.8)$$

ρ 代表人力资本投资的回报，则子代的对数收入可以表示为

$$\ln Y_{it} = \mu + \rho\theta\ln I_{i,\,t-1} + \rho e_{it} \qquad (15.9)$$

选择简单的对数效用函数，并把上式代入，则父代效用最大化的函数可表示如下：

$$U_i = (1-p)\ln(C_{i,\,t-1}) + p\lambda\ln(C_{i,\,t-1}) + \ln(C_{it}) + \gamma(\mu + \rho\theta\ln I_{i,\,t-1} + \rho e_{it}) \qquad (15.10)$$

$$U_i = (1-p)\ln(C_{i,\,t-1}) + p\lambda\ln(C_{i,\,t-1}) + \ln[(1-p)Y_{1i,\,t-1} + pbY_{1i,\,t-1} - I_{i,\,t-1} - C_{i,\,t-1}] + \gamma(\mu + \rho\theta\ln I_{i,\,t-1} + \rho e_{it}) \qquad (15.11)$$

对 $I_{i,\,t-1}$ 和 $C_{i,\,t-1}$ 求导可得：

$$\frac{\partial U_i}{\partial I_{i,\,t-1}} = \frac{-1}{(1-p)Y_{i,\,t-1}^1 + pbY_{1i,\,t-1} - I_{i,\,t-1} - C_{i,\,t-1}} + \frac{\gamma\rho\theta}{I_{i,\,t-1}} = 0 \qquad (15.12)$$

$$\frac{\partial U_i}{\partial C_{i,\,t-1}} = \frac{1-p+p\lambda}{C_{i,\,t-1}} + \frac{-1}{(1-p)Y_{1i,\,t-1} + pbY_{1i,\,t-1}^1 - I_{i,\,t-1} - C_{i,\,t-1}} = 0 \qquad (15.13)$$

$$I_{i,\,t-1} = \frac{\gamma\rho\theta[1+(b-1)p]}{\gamma\rho\theta + 2 - p + p\lambda}Y_{1i,\,i-1} = \Gamma(p,\,b,\,\gamma,\,\rho,\,\lambda)Y_{1i,\,i-1} \qquad (15.14)$$

式（15.14）代表对子代的投资与父代收入的关系。如下式所示，从中可以看出：当 $b > 1$，代表迁入地的收入大于原住地，则迁移概率 p 增加会加大子代的人力资本投资。如果 $b = 1$，代表迁入地和原住地收入相同，则迁移会不会对子代的人力资本投资产生影响取决于父代在迁入地和原住地的消费效用的关系 λ，如果 $\lambda < 1$，说明父代同样的消费水平在原住地可以获得更大的效用，则迁移概率 p 与 $I_{i,\,t-1}$ 正相关；如果 $\lambda > 1$，说明父代同样的消费水平在迁入地可以获得更大的效用，如果迁移父代会有更多的收入分配在消费上，迁移概率 p 与 $I_{i,\,t-1}$ 负相关；如果 $\lambda = 1$，说明原住地和迁入地不存在收入和消费上的差别，则迁移与不迁移均不会影响子代的人力资本投资。

$$\begin{cases} \rho_2 > \rho_1,\ p \text{ 与 } I_{i,\,t-1} \text{ 正相关} \\ \rho_2 < \rho_1,\ p \text{ 与 } I_{i,\,t-1} \text{ 负相关} \\ \rho_2 = \rho_1,\ \lambda < 1,\ p \text{ 与 } I_{i,\,t-1} \text{ 正相关} \\ \rho_2 = \rho_1,\ \lambda > 1,\ p \text{ 与 } I_{i,\,t-1} \text{ 负相关} \\ \rho_2 = \rho_1,\ \lambda = 1,\ p \text{ 与 } I_{i,\,t-1} \text{ 不相关} \end{cases} \qquad (15.15)$$

15.2.2　父代在 t 期考虑迁移

考虑另外一种情况，父代在 t 期迁移的概率为 p，则父代的效用函数变为：

$$U_i = u(C_{i,\,t-1}) + (1-p)[u(C_{it}) + \gamma v(Y_{1it})] + p[u(C_{it},\,\lambda) + \gamma v(Y_{2it})]$$

$$Y_{it} = (1-p)Y_{1it} + pY_{2it} \qquad (15.16)$$

$$\ln Y_{it} = \alpha_1 + \alpha_2 p + X_{it}a + \beta\ln Y_{it,\,t-1} + e_{it}$$

其中，$u(.)$ 代表父代从消费中获得的效用，父代在 t 期在原住地和迁入地消费水平一样，但效用水平受 λ 的影响，与前文一致。如果留在原住地，则子代在 t 期收入为 Y_{1it}，如果

到迁入地，则子代收入为 Y_{2it}，γ 仍是利他系数。父代对子代人力资本投资方程不变，子代的收入 y_{it} 是由半对数方程决定，子代的收入水平取决于原住地的基本工资 μ_1、原住地的人力资本投资的回报 ρ_1、迁入地的基本工资 μ_2、迁入地的人力资本投资的回报 ρ_2。

$$\ln Y_{1it} = \mu_1 + \rho_1 h_{it} \tag{15.17}$$

$$\ln Y_{1it} = \mu_1 + \rho_1 \theta \ln I_{i, t-1} + \rho_1 e_{it} \tag{15.18}$$

$$\ln Y_{2it} = \mu_2 + \rho_2 h_{it} \tag{15.19}$$

$$\ln Y_{2it} = \mu_2 + \rho_2 \theta \ln I_{i, t-1} + \rho_2 e_{it} \tag{15.20}$$

$$Y_{it} = (1 - p) Y_{1it} + p Y_{2it} \tag{15.21}$$

选择简单的对数效用函数，并把上式代入，则父代效用最大化的函数可表示如下：

$$U_i = \ln(Y_{i, t-1} - I_{i, t-1} - C_{it}) + (1 - p)[\ln C_{it} + \gamma(\mu_1 + \rho_1 \theta \ln I_{i, t-1} + \rho_1 e_{it})]$$
$$+ p[\lambda \ln C_{it} + \gamma(\mu_2 + \rho_2 \theta \ln I_{i, t-1} + \rho_2 e_{it})] \tag{15.22}$$

对 $I_{i, t-1}$ 和 C_{it} 求导可得：

$$\frac{\partial U_i}{\partial I_{i, t-1}} = \frac{-1}{Y_{i, t-1} - I_{i, t-1} - C_{it}} + \frac{(1 - p)\gamma\rho_1\theta}{I_{i, t-1}} + \frac{p\gamma\rho_2\theta}{I_{i, t-1}} = 0 \tag{15.23}$$

$$\frac{\partial U_i}{\partial C_{it}} = \frac{-1}{Y_{i, t-1} - I_{i, t-1} - C_{it}} + \frac{1 - p}{C_{it}} + \frac{p\lambda}{C_{it}} = 0 \tag{15.24}$$

$$I_{i, t-1} = \frac{\gamma\theta[(1 - p)\rho_1 + p\rho_2]}{\gamma\theta[(1 - p)\rho_1 + p\rho_2] + 2 - p + p\lambda} Y_{i, t-1} = \Gamma(p, \gamma, \theta, \rho_1, \rho_2, \lambda) Y_{i, t-1} \tag{15.25}$$

通过简单的比较静态分析可以发现，如果迁入地人力资本投资回报率大于原住地，即 $\rho_2 > \rho_1$，则迁移概率 p 与子代人力资本投资成正比，父代迁移会造成家庭永久迁移的可能性增加；如果迁入地人力资本投资回报率小于原住地，即 $\rho_2 < \rho_1$，则迁移概率 p 与子代人力资本投资成反比。当迁入地与迁出地人力资本投资回报率相同时，迁移概率与子代人力资本投资的关系取决于父代在迁入地与原住地之间的效用系数 λ，具体情况和父代在 $t-1$ 期情况相似。另外，$\lambda > 1$ 说明通过在原住地的消费增加了效用的预期收益，永久迁移的可能性较低，父母更喜欢为了节省更多的资源来增加自己未来的消费，减少对孩子的投资。最后，对子代的人力资本投资会随着投资的利他系数 γ 和人力资本投资边际产品 θ 增加而增加。

$$\begin{cases} \rho_2 > \rho_1，p \text{ 与 } I_{i, t-1} \text{ 正相关} \\ \rho_2 < \rho_1，p \text{ 与 } I_{i, t-1} \text{ 负相关} \\ \rho_2 = \rho_1，\lambda < 1，p \text{ 与 } I_{i, t-1} \text{ 正相关} \\ \rho_2 = \rho_1，\lambda > 1，p \text{ 与 } I_{i, t-1} \text{ 负相关} \\ \rho_2 = \rho_1，\lambda = 1，p \text{ 与 } I_{i, t-1} \text{ 不相关} \end{cases} \tag{15.26}$$

从理论模型可以看出，我们对父代在两期的迁移均进行了分析，弥补了现有理论的空白。对式（15.14）和式（15.25）的估计可以通过取对数，并添加一个误差项来获得。

$$\ln Ed_{it} = \alpha_1 + \alpha_2 p + X_{it} a + b \ln Y_{i, t-1} + e_{it} \tag{15.27}$$

Ed_{it} 是衡量子代教育程度的指标，p 对迁移的概率进行衡量，而 X_{it} 是一系列控制变量，$Y_{i,\,t-1}$ 是父代的永久收入。如果迁入地的教育投资收益率大于原住地，或者迁入地的收入大于原住地，则 α_2 将为正。同样，因为子代人力资本和收入正相关，则子代收入与迁移的关系也将为正。

15.3　实证研究

15.3.1　数据描述性统计

本节数据来源于 1989—2011 年间 9 次中国健康与营养调查（CHNS）家庭非平衡面板数据库。CHNS 涵盖了人口特征、收入水平、教育、家庭关系等多方面数据。综合考虑了中国经济发展的地区差异，选择了东部、中部、西部及东北部 9 个省区作为样本，该数据调查全面且时间跨度长，比较适合代际研究。在此我们只考虑了农村向城市的迁移，而没有考虑城市之间或城市向农村的迁移。这主要是由于：其一，在中国的城市化进程中主要是农村向城市的迁移。据国家统计局估计，2016 年中国的城镇化程度为 57.35%，而在 CHNS 调查初期的 1989 年城镇化率仅为 26.21%，因此研究中国农村向城市的迁移更具有现实意义。其二，CHNS 样本侧重性问题。其调查侧重于农村人口，农村样本平均占到了 70% 左右，而且在数据中农村向城市的迁移人口较易识别，而城市向农村的迁移或者城市之间的迁移没有可以量化的指标来识别，在 CHNS 数据中可识别的此类变量较少。因此，我们只分析农村向城市的迁移。我们以父亲的户籍为参考，有效样本中，父亲为农村户口者其子代绝大多数也为农村户口，占比达到 96.35%。

对迁移人群的识别，我们参考孙三百、黄薇、洪俊杰（2015），邹薇、宣颖超（2016）的做法，依据现在是否居住在家里、现住地离家里的远近、工资来源、职业等进行识别。受数据限制，具体迁移原因也无法准确识别。

首先在样本的年龄上面，我们选择年龄在 18~65 岁的个体收入，去掉其中没有工作或仍是学生的样本。在控制变量方面，本节考虑了家庭内财富水平、教育水平、年龄、子女的多少、地区因素。家庭内财富的可用性可能会影响子代的教育前景，因其可能会改变家庭所面临的预算约束，影响教育的成本收益比。父亲的收入类别可以作为家庭财富水平和经济地位的代理变量。教育是收入传递的重要介质，父母教育水平也可以反映一个家庭文化背景和对教育本身的态度，对子代收入也有重要影响。父母会在孩子数量和质量之间进行选择，因此子女的多少会影响父母对每个子女投入的时间、精力和金钱，从而影响子代的收入。不同地区的经济发展水平差异巨大，因此我们也把地区作为控制变量。对于收入的处理我们采取个人净收入，并将其分城乡折算为 2011 年的实际收入。

本节通过数据对理论模型进行验证。从理论模型可得知：如果迁入地收入大于迁出地，父代在第一期迁移，则子代人力资本与父代收入关系为正；第二期，如果迁入地教育投资收益率大于迁出地，则子代人力资本与父代收入关系也将为正。城乡巨大收入差距，已经是不争的事实，对于城乡教育投资收益率，也有许多学者进行过验证（邹薇，程波，2017）。我们对父代迁移对子代受教育年限和子代收入水平的影响进行实证分析。我们采用式（15.27）来进行回归。

首先对数据进行描述性统计，如表 15.1 所示。从表 15.1 可以看出：子代实际收入平均为 5476.575 元，而父代平均收入为 5378.325 元，其中子代平均受教育年限为 15.508 年，而父亲为 5.040 年。从迁移来看，样本中迁移的农民占到总样本的 24.44%。

表 15.1　　　　　　　　　　　　数据描述性统计

变量	代表量	样本量	平均值	中位数	标准差
inc_c	子代实际收入	4684	5476.575	2879.013	8293.783
inc_f	父代实际收入	4684	5348.325	3134.139	8896.588
lninc_c	子代对数收入	4684	7.896	7.965	1.292
lninc_f	父代对数收入	4684	7.972	8.050	1.174
educ_c	子代受教育年限	4642	7.508	9	3.107
educ_f	父亲受教育年限	4664	5.040	5	3.371
age_f	父亲年龄	4684	53.021	53	6.198
age_c	子代年龄	4684	25.174	24	5.468
only	是否独生子女	4684	0.2873	0	0.452
gender	子代性别	4684	0.317	0	0.465
area	地区	4684	1.406	1	0.491

我们把迁移样本与未迁移样本的收入和受教育年限进行统计，如表 15.2 所示。从中可以看出迁移样本和其子代的收入和受教育年限均高于未迁移样本。农村父亲迁移样本平均收入为 6483.696 元，同时标准差也很大，这说明迁移样本当中收入分化明显，而未迁移样本收入不足迁移样本的一半，仅为 2835.880 元；迁移样本与未迁移样本子代收入差距缩小但差距仍在，迁移样本的子代收入为 5601.519 元，而未迁移样本子代为 34615.706 元。从受教育年限来看，父代迁移样本受教育年限为 6.428 年，平均比未迁移样本多 1.84 年，而其子代受教育年限平均要比未迁移样本多 1.427 年，从标准差来看，迁移样本和其子代也面临更大的标准差，教育更分化。

表 15.2　　　　　　　　　　　迁移与未迁移样本描述性统计

	迁移样本			未迁移样本		
	样本量	平均值	标准差	样本量	平均值	标准差
父亲收入	1150	6483.696	12530.790	3534	2835.880	5043.498
子代收入	1150	5601.519	8380.335	3534	3467.705	6931.507
子代受教育年限	1145	8.583	2.886	3497	7.156	3.096
父代受教育年限	1144	6.428	3.454	3520	4.589	3.218

15.3.2　迁移对子代人力资本和收入效应分析

首先，我们采用面板数据随机效应模型分别考察父代迁移对子代人力资本和子代收入的影响，见表 15.3。之所以采用随机效应模型是因为：其一，这些个体随机取自总体，并对总体进行解释；其二，随机效应模型允许引入不随时间变化而变化的自变量；其三，模型中有虚拟变量，当存在虚拟变量时，考虑到固定效应的共线性，选择随机效应更为合理。从回归结果可以看到，在控制了父代收入、父代受教育年限、父代年龄、子代年龄、子代数量、地区因素后迁移变量为正，父代的迁移对子代受教育年限和子代对数收入均具有正向影响。另外，我们也测算了父代迁移与父代收入的关系。可以看出，在控制父代受教育年限和父代年龄后，迁移与父代收入正相关。这说明迁移不仅促进了父代收入的增加，同时也促进了子代人力资本和子代收入的提高。随机效应模型对于迁移与收入之间的关系给出了很强的假设，但面板数据模型的一个问题在于我们很难将迁移与其他影响收入的因素相区分，无法识别迁移对收入影响的净效应。为了具体考察迁移对收入影响的内生性问题，我们采用 PSM-DID 方法来分析。本节着重分析迁移对子代和父代收入的影响。

表 15.3　　　　　　　　　　　迁移对子代人力资本和收入影响结果

	因变量 子代受教育年限	因变量 子代对数收入	因变量 父代对数收入
migr	0.251 ** (0.080)	0.185 *** (0.042)	0.797 *** (0.041)
eduy_f	0.161 *** (0.015)	0.0269 *** (0.006)	0.0575 *** (0.006)
age_f	0.00460 (0.014)	0.0120 ** (0.004)	0.00903 ** (0.003)
age_s	0.0749 *** (0.014)	0.0611 *** (0.004)	
only	−1.001 *** (0.164)	−0.119 * (0.047)	0.0962 ** (0.043)
lninc_f	0.0417 (0.024)	0.381 *** (0.015)	
area	0.311 * (0.149)	0.387 *** (0.041)	0.201 *** (0.041)
gender	−0.694 *** (0.147)	−0.198 *** (0.041)	
cons	5.399 *** (0.526)	2.702 *** (0.208)	6.918 *** (0.158)
N	4625	4664	4664
R^2	0.0939	0.2979	0.1538

注：***、** 和 * 分别表示 1%、5% 和 10% 的置信水平，括号内数据为标准误。

其次，我们对样本内的迁移次数进行了统计。对于未迁移者规定为 0，对迁移一次者设为 1，迁移两次者设为 2，并依次类推，我们发现样本中迁移次数最多者达 7 次。之所以这样划分是可以考虑短期迁移和长期迁移，迁移次数越多，则其长久居住在迁入地的概率越大，这也是一步步城镇化的过程。

我们按照迁移次数对父代和子代收入和受教育年限进行描述性统计，如表 15.4 所示。可以看出，除迁移一次外，父代和子代的收入基本上随着迁移次数的增加而增加，而受教育年限的规律不明显（见表 15.5）。

表 15.4　　　　　　　　　　　　　　　收入均值及标准差

迁移次数	样本量	父代均值	父代标准差	子代均值	子代标准差
0	4751	5233.388	7264.608	5292.305	9069.398
1	897	10145.530	15773.400	8157.817	10989.810
2	192	7730.272	8579.973	7951.287	9467.181
3	411	8278.379	7542.288	7549.492	8202.043
4	192	9413.153	8756.691	9355.559	10304.850
5	75	9129.254	7197.063	11880.700	13923.990
6	24	13945.680	9672.595	12524.770	8562.488
7	14	15598.090	10580.810	12902.900	9359.964

表 15.5　　　　　　　　　　　　　　受教育年限均值及标准差

迁移次数	样本量	父代均值	父代标准差	子代均值	子代标准差
0	4731	5.447	3.918	7.955	3.466
1	890	6.110	3.631	8.576	3.452
2	189	5.894	2.843	8.634	2.711
3	410	7.107	3.883	9.209	2.959
4	191	6.576	3.183	9.204	2.566
5	75	6.493	3.874	9.800	1.910
6	24	6.583	1.472	8.696	2.819
7	14	5.786	0.579	7.000	2.746

最后，我们以迁移次数进行回归。从表 15.6 可以看出，迁移次数对子代受教育年限有正向影响，迁移次数越多，子代收入提高越多，迁移每增加 1 次，子代的受教育年限可以提高 0.142 年，而当迁移为 7 次时，则意味着子代受教育年限提高近 1 年。对于子代收入来讲，当迁移提高 1 次时，子代的收入可以增加 4.25%。迁移次数越多，子代收入提高越多，当迁移为 7 次时，子代收入提高近 30%，这说明随着迁移次数的增加，父代永久迁

移的概率加大，子代越有可能享受到迁移所带来的收入和教育的增加，对子代越有利。对于父亲自身收入来讲，迁移每增加 1 次，其自身的收入可以增加 25.8%，迁移对其自身收入提高有显著作用。

表 15.6　　　　　　　　　迁移次数对子代人力资本和收入影响结果

	因变量 子代受教育年限	因变量 子代对数收入	因变量 父代对数收入
migr-times	0.142 *** (0.039)	0.0425 ** (0.018)	0.258 *** (0.018)
eduy_f	0.159 *** (0.015)	0.0286 *** (0.006)	0.0631 *** (0.006)
age_f	0.00507 (0.014)	0.0123 *** (0.004)	0.00880 ** (0.003)
age_s	0.0744 *** (0.014)	0.0603 *** (0.004)	
only	−1.000 *** (0.164)	−0.118 ** (0.047)	0.113 ** (0.044)
lninc_f	0.0429 (0.024)	0.392 *** (0.015)	
area	0.293 (0.150)	0.399 *** (0.041)	0.233 *** (0.043)
gender	−0.675 *** (0.147)	−0.192 *** (0.041)	
cons	5.359 *** (0.526)	2.628 *** (0.207)	6.963 *** (0.161)
N	4625	4664	4664
R^2	0.0975	0.3552	0.1695

注：***、** 和 * 分别表示 1%、5% 和 10% 的置信水平，括号内数据为标准误。

15.4　基于 PSM-DID 方法的分析

15.4.1　数据描述与分析方法

首先我们对数据进行重新筛选，我们从中选择两期面板数据，把父代在第二期迁移，而第一期未迁移，以及在两期均未迁移的数据作为样本分析。从表 15.7 中可以看出，子代的实际收入为 4608.331 元，而父代的实际收入为 4530.226 元。在中位数中发现子代实际收入的中位数低于父代，这主要是因为调查年龄不一致所导致，父代收入调查通常在其职业生涯的高峰期，而子代收入的调查通常在其职业生涯初期，考虑到这种情况，我们加入了年龄控制变量。父代收入阶层均值为 2.434，中位数为 2，而父亲年龄均值为 52.767，子代平均年龄为 23.830。

表 15.7 各变量描述性统计

变量	代表量	样本量	平均值	中位数	标准差
inc_c	子代实际收入	1539	4608.331	2299.006	6513.596
inc_f	父代实际收入	1539	4530.226	2580.515	6495.393
lninc_c	子代对数收入	1539	7.721	7.740232	1.293
lninc_f	父代对数收入	1539	7.816	7.855744	1.168
level_f	父代收入阶层	1539	2.434	2	1.356
educ_f	父亲教育程度	1539	4.630	5	3.326
age_f	父亲年龄	1539	52.767	53	6.284
age_c	子代年龄	1539	23.830	23	4.895

父代的收入分为 5 类，对各类的划分我们采取各年 CHNS 的全体个人净收入数据，将其从小到大排列 5 等分并找出其每等分的收入界限，由此把我们从总样本中抽选出的个体分类，具体各年各收入的分类界限如表 15.8 所示。

表 15.8 收入阶层分类界限

调查年份	一	二	三	四
1989	407	796	1150	1747
1991	457	900	1332	1940
1993	544	1157	1836	2904
1997	1196	2490	4077	6180
2000	1329	3200	5125	8000
2004	1550	3685	6590	11310
2006	2162	5202	8726	14400
2009	4680	9504	14135	22788
2011	7748	14400	21600	31500

DID 方法的前提中处理组和控制组必须有相同的趋势，即没有发生迁移前，处理组和控制组的收入水平随时间的变化不会出现显著的差异。因此，在进行双重差分之前，我们先对模型进行倾向得分匹配。PSM-DID 的基本思路是对于处理组的每位个体，确定与其

匹配的全部控制组的个体，尽可能将影响收入与迁移的相关变量包括进来，以保证处理组与控制组的分布完全一样，可忽略性假定得到满足。接下来对于处理组中的每个个体，计算其收入的前后变化，并计算与其匹配的全部控制组中个体的收入前后变化，最后进行倾向得分匹配。匹配估计量的基本思路是，找到属于控制组的某一个体，使得对照组中的某一个体与控制组中的某一个体可观测变量取值尽可能接近，使其具有可比性。因此，Heckman、Rosenbaum 和 Rubin 开发出倾向得分匹配（PSM），对处理组和控制组中的每位个体进行匹配，因此有必要在进行双重差分 PSM 之前先进行匹配，以消除选择性偏差，得到平均处理效应。双重差分 PSM 法的优点在于可以控制不可观测但不随时间变化的组间差异。不可观测变量不随时间而变，而且有面板数据，则可使用"双重差分倾向得分匹配估计量"。

本节考察期为 1989—2011 年，使用基于"准自然实验的"双重差分倾向得分匹配（PSM-DID）方法分析迁移对父代和子代的收入影响。对于父代的迁移，这是一个自我选择的过程，因此存在内生性问题。此外，这一方法的优点是通过对处理组和控制组的重新匹配，有效避免了迁移作为解释变量的选择性偏误和内生性问题，可以剥离其他因素的影响，识别迁移对收入影响的具体大小。

根据研究设计，首先对 CHNS 数据进行筛选，选择在 1989—2011 年出现两次或以上的家庭及个人，并根据是否迁移，整理为包含个体两期的家庭非平衡面板数据。把样本分为两期，首先设置虚拟变量 $treat_i = \{0, 1\}$，把样本区分为处理组和对照组，$treat_i = 1$ 代表"父代迁移的家庭"作为处理组，$treat_i = 0$ 代表"父代未迁移的家庭"作为对照组。定义时间虚拟变量 $time_t = \{0, 1\}$，$time_t = 0$ 表示父代迁移前的时期，即第一期，$time_t = 1$ 代表迁移后的时期，即第二期。为了检验迁移对收入的影响，设立交互项 $time_t \cdot treat_i$，当两个变量同时取 1 时，交互项变量取值为 1，其余为 0。收入的表达式可表示如下：

$$y_{it} = \beta_0 + \beta_1 time_t \cdot treat_i + \beta_2 time_t + \chi treat_i + \delta x_{it} + \varepsilon_{it} \qquad (15.28)$$

其中：分组虚拟变量 $treat_i$ 刻画了迁移组与未迁移组本身的差异（即使不迁移，也存在此差异），时间虚拟变量 $time_t$ 刻画的是迁移前与迁移后两期本身的差异（即使不迁移，也存在此时间趋势），而互动项 $time_t \cdot treat_i$ 真正度量了迁移的政策效应。x_{it} 代表的是控制变量，在测算子代收入时，我们采用的控制变量为父亲年龄、父亲收入阶层、父亲受教育年限、子代年龄、是否独生子女、出生地区（东部或中西部）；在测算父代收入时，我们采用父亲受教育年限、父亲年龄、子女数（一个或更多）、出生地区（东部或中西部）为控制变量。对于父代和子代的收入均采用其对数收入。

15.4.2 用 PSM-DID 方法对子代收入分析

我们使用 Probit 模型估计倾向得分，采用核匹配（kernel matching）方法来进行倾向得分匹配。我们采用 PSM-DID 分析，为保证结果的稳健性，我们控制了父亲教育、父亲年龄、子代年龄、是否独生子女、子代教育、地区变量。人力资本的存量是影响收入的最重要因素，因此我们对父代和子代的教育程度进行控制，而一生中永久收入近似于二次函数，呈现单峰型，年轻时收入很低，到中年时达到顶峰，年老后趋于下降，因此收入与年龄存在相关性，由于父子不同收入周期的异质性，因此回归方程中包含了父代和子代的年龄。中国东西部地区发展差异巨大，劳动力市场发展程度不同，市场环境和制度也迥异，因此我们控制了地区。此外，我们控制了是否独生女子变量，父母会在孩子的数量和质量之间进行权衡，导致有限的家庭资源的分布不同，由此会带来子代不同的人力资本投资，进而影响子代收入，因此我们也对其进行控制。回归结果如表 15.9 所示，可以看出，在控制了父亲教育、父亲年龄、子代年龄、是否独生子女、子代教育、地区变量后迁移使得农村子代的收入提高 0.432%；分性别、分地区测度来看，父代的迁移使农村男性子代收入提高 0.508%，而对女性子代则没有显著影响；分地区来看，父代迁移对东部农村地区的影响要大于中西部，使东部地区收入增加 0.555%，而中西部地区增加 0.382%。这说明父代的迁移会对其子代产生正向影响，增加子代的收入，并且这种效应在男性子代中表现明显。对于中西部农村地区，均可以通过迁移改善家庭收入，同时也会改善子代的收入处境。

表 15.9　　　　　父代迁移对子代收入影响——基于 PSM-DID 的研究

	农村	农村男性	农村女性	中西部农村	东部农村
migr	0.335 ***	0.317 **	0.382 ***	0.382 ***	0.161
	(0.089)	(0.123)	(0.125)	(0.101)	(0.169)
treat	−0.0179	0.0317	−0.147	−0.0553	0.0707
	(0.089)	(0.123)	(0.125)	(0.101)	(0.167)
treat * migr	0.432 ***	0.508 ***	0.262	0.382 **	0.555 ***
	(0.130)	(0.179)	(0.185)	(0.150)	(0.243)
N	1517	804	713	1175	334
R^2	0.0769	0.109	0.048	0.053	0.131

注：*** 、** 和 * 分别表示 1%、5% 和 10% 的置信水平，括号内数据为标准误。

从平衡性检验（表 15.10 至表 15.13）来看，进行倾向得分匹配后，t 值均小于 2，p 值不显著，这说明各变量在处理组与控制组的分布变得平衡，不存在非随机的选择性问题，各协变量的均值在处理组和控制组之间不存在显著差异，此数据适用于 PMS-DID 方法。

表 15.10　　　　　子代收入 PSM-DID 方法的平衡性检验（农村）

	控制组均值	处理组均值	差值	t 值
educ_f	5.305	5.521	0.216	0.89
age_f	50.682	50.358	−0.324	0.76
only	0.221	0.194	−0.027	0.92
level_f	2.534	2.612	0.078	0.79
age_c	22.797	22.606	−0.191	0.57
educ_c	7.886	7.885	−0.001	0.01
area	0.342	0.345	0.003	0.1

表 15.11　　　　　　子代收入 **PSM-DID** 方法的平衡性检验（农村男性）

	控制组均值	处理组均值	差值	t 值
educ_f	5.164	5.608	0.444	1.34
age_f	50.827	50.371	−0.456	0.8
only	0.134	0.093	−0.041	1.31
level_f	2.466	2.577	0.111	0.81
age_c	23.511	22.887	−0.624	1.25
educ_c	8.506	8.505	−0.001	0
area	0.297	0.309	0.012	0.26

表 15.12　　　　　　子代收入 **PSM-DID** 方法的平衡性检验（中西部农村）

	控制组均值	处理组均值	差值	t 值
educ_f	5.1	5.213	0.113	0.41
age_f	51.382	51.417	0.034	0.07
only	0.195	0.176	−0.019	0.59
level_f	2.409	2.454	0.045	0.4
age_c	22.388	22.426	0.038	0.11
educ_c	8.057	8.12	0.064	0.29

表 15.13　　　　　　子代收入 **PSM-DID** 方法的平衡性检验（东部农村）

	控制组均值	处理组均值	差值	t 值
educ_f	6.033	6.105	0.072	0.14
age_f	48.499	48.351	−0.148	0.19
only	0.255	0.228	−0.027	0.42
level_f	2.798	2.912	0.114	0.54
age_c	22.882	22.947	0.066	0.09
educ_c	7.489	7.439	−0.051	0.1

15.4.3　用 PSM-DID 方法对父代收入分析

采用 PSM-DID 分析迁移对父代本身收入的影响，见表 15.14。可以看出，交互项系数均为正且在 1% 的水平上显著，迁移使得父代收入显著提高 0.938%；分地区来看，迁移使得中西部地区父代收入提高 0.992%，使得东部地区父代收入提高 0.647%。这与对子代收入的影响方向一致，但大小有所不同。父代迁移整体而言，首先提高了父代自身的收入，其次提高了子代的收入，特别对男性子代而言，但迁移的整体影响逐渐减弱。分地区来看，迁移对东部地区的影响在父代和子代之间差别不大，这说明迁移的持续性在东部较强，父代的迁移可以显著提高两代人的收入，但对中西部则相对减弱。从平衡性检验（见表 15.15 至表 15.17）来看，进行倾向得分匹配后，各变量在处理组与控制组的分布变得平衡，t 值均小于 2，p 值不显著，这说明各协变量的均值在处理组和控制组之间不存在显著差异，模型整体回归效果较好。

表 15.14　　　　父代迁移对父代收入影响——基于 PSM-DID 的研究

	农村	中西部农村	东部农村
migr	0.0555	0.107	0.123
	(0.077)	(0.090)	(0.151)
treat	−0.0161	−0.130	0.245
	(0.077)	(0.090)	(0.151)
treat * migr	0.938 ***	0.992 ***	0.647 ***
	(0.114)	(0.134)	(0.219)
N	1535	1189	336
R^2	0.111	0.109	0.126

注：*** 、** 和 * 分别表示 1%、5% 和 10% 的置信水平，括号内数据为标准误。

表 15.15　　　　父代收入 PSM-DID 方法的平衡性检验（农村）

	控制组均值	处理组均值	差值	t 值
educ_f	5.393	5.521	0.128	0.52
age_f	50.613	50.358	−0.256	0.61
only	0.2	0.194	−0.006	0.22
area	0.344	0.345	0.002	0.05

表 15.16　　　　父代收入 PSM-DID 方法的平衡性检验（中西部农村）

	控制组均值	处理组均值	差值	t 值
educ_f	5.037	5.213	0.176	0.66
age_f	51.422	51.417	−0.005	0.01
only	0.189	0.176	−0.013	0.42

表 15.17　　　　父代收入 PSM-DID 方法的平衡性检验（东部农村）

	控制组均值	处理组均值	差值	t 值
educ_f	5.912	6.105	0.193	0.37
age_f	48.087	48.351	0.264	0.34
only	0.257	0.228	−0.029	0.45

15.4.4 稳健性检验

为了检验结果的稳健性，我们进一步替换变量，我们把因变量子代和父代的对数收入，替换成子代和父代的收入阶层，对子代收入阶层的划分参照表 15.8，再次利用 PSM-DID 方法分析，从结果表 15.18 来看，除农村女性和东部农村外，各交互项均显著。从子代收入阶层的回归结果可以看出，迁移使农村子代收入阶层上升 0.412，使农村男性子代收入阶层上升 0.520，使中西部农村子代阶层上升 0.439，但迁移对东部农村的子代影响不显著。

表 15.18　　　　　父代迁移对子代收入阶层影响——基于 **PSM-DID** 的研究

	农村	农村男性	农村女性	中西部农村	东部农村
migr	0.104	0.0315	0.137	0.190	−0.102
	(0.100)	(0.143)	(0.137)	(0.109)	(0.216)
treat	0.0904	0.0482	0.0544	0.0313	0.205
	(0.100)	(0.143)	(0.137)	(0.109)	(0.215)
treat * migr	0.412**	0.520**	0.300	0.396**	0.439
	(0.147)	(0.208)	(0.203)	(0.161)	(0.311)
N	1517	804	713	1175	334
R^2	0.024	0.025	0.017	0.027	0.028

注：***、** 和 * 分别表示 1%、5% 和 10% 的置信水平，括号内数据为标准误。

从迁移对父代收入阶层的影响来看（见表 15.19），其平均处理效应仍然显著，迁移使父代收入阶层上升 0.98，对中西部农村来说迁移会使其收入上升 1 个及以上阶层，而对东部地区来说，迁移会使其收入上升 0.75 个阶层。

表 15.19　　　　　父代迁移对父代收入阶层影响——基于 **PSM-DID** 的研究

	农村	中西部农村	东部农村
migr	−0.0762	−0.0926	−0.0184
	(0.077)	(0.086)	(0.180)
treat	0.163	0.0601	0.356
	(0.116)	(0.138)	(0.221)
treat * migr	0.980***	1.141***	0.705**
	(0.171)	(0.208)	(0.315)
N	1534	1188	346
R^2	0.081	0.070	0.110

注：***、** 和 * 分别表示 1%、5% 和 10% 的置信水平，括号内数据为标准误。

15.5　本章小结

　　本章建立了迁移的代际理论模型，从理论模型出发实证研究了父代迁移对子代的影响，通过随机效应模型分析我们发现父代迁移对父代收入有正向影响，农村居民通过城乡迁移提高了自身的收入；父代迁移对子代收入和子代人力资本也有正向影响，且这种影响随着迁移次数的增加而增加。更长远来看，随着迁移次数的增加，父代收入增加、子代人力资本和子代收入也在增加，这也增加了永远迁移的可能性，这也正是一个城镇化的渐进过程。

　　本章也利用 PSM-DID 模型实证检验了迁移对父代和子代收入的具体影响大小。整体来看，迁移会使父代收入提高 0.938%，会使子代收入提高 0.432%，对男性子代的影响大于女性子代，对东部地区的影响大于中西部地区。通过迁移可以增加收入，改善代际流动，迁移不仅会影响这一代人的收入，也会影响下一代的收入，对于摆脱"贫困陷阱"具有重要意义。为此，应加快推进城乡一体化改革，打破劳动力市场中的不平等，增加劳动力市场透明度，为劳动力的自由迁移创造条件。

参考文献

中文文献：

[1] 阿马蒂亚·森，尔冬．2002．简论人类发展的分析路径［J］．马克思主义与现实，6：36-39．

[2] 阿马蒂亚·森．2000．伦理学与经济学［M］．北京：商务印书馆．

[3] 阿马蒂亚·森．2001．贫困与饥荒——论权利与剥夺［M］．北京：商务印书馆．

[4] 阿马蒂亚·森．2001．以自由看待发展［M］．北京：中国人民大学出版社．

[5] 阿马蒂亚·森．2004a．集体选择与社会福利［M］．上海：上海科学技术出版社．

[6] 白重恩，李宏彬，吴斌珍．2012．医疗保险与消费：来自新型农村合作医疗的证据［J］．经济研究，2：41-53．

[7] 蔡昉，都阳．2000．中国地区经济增长的趋同与差异——对西部开发战略的启示［J］．经济研究，10：30-37．

[8] 陈立中，张建华．2007．经济增长、收入分配与减贫进程间的动态联系——来自中国农村的经验分析［J］．中国人口科学，2007（1）：53-59．

[9] 陈立中．2008．转型时期我国多维度贫困测算及其分解［J］．经济评论，5：5-10．

[10] 陈林，伍海军．2015．国内双重差分法的研究现状与潜在问题［J］．数量经济技术经济研究，7：133-148．

[11] 陈硕，陈婷．2014．空气质量与公共健康：以火电厂二氧化硫排放为例［J］．经济研究，8：158-169．

[12] 陈云松，范晓光．2010．社会学定量分析中的内生性问题 测估社会互动的因果效应研究综述［J］．社会，30（4）：91-117．

[13] 程令国，张晔，沈可．2014．教育如何影响了人们的健康？——来自中国老年人的证据［J］．经济学（季刊），1：305-330．

[14] 程令国，张晔．2012．"新农合"：经济绩效还是健康绩效？［J］．经济研究，1：120-133．

[15] 程永宏．2007．改革以来全国总体基尼系数的演变及其城乡分解［J］．中国社会科

学，4：45-60.

[16] 邓峰，丁小浩．2013.中国教育收益率的长期变动趋势分析 [J]．统计研究，30（7）：39-47.

[17] 方迎风，邹薇．2013.能力投资、健康冲击与贫困脆弱性 [J]．经济学动态，7：36-50.

[18] 方迎风．2012.中国贫困的多维测度 [J]．当代经济科学，4：7-15.

[19] 方迎风．2012.能力贫困测度与中国的区域性贫困陷阱 [D]．武汉：武汉大学.

[20] 封进，刘芳，陈沁．2010.新型农村合作医疗对县村两级医疗价格的影响 [J]．经济研究，11：127-140.

[21] 封进，余央央．2007.中国农村的收入差距与健康 [J]．经济研究，1：26-35.

[22] 甘犁，刘国恩，马双．2010.基本医疗保险对促进家庭消费的影响 [J]．经济研究，S1.

[23] 龚文海．2009.农民工医疗保险：模式比较与制度创新——基于11个城市的政策考察 [J]．人口研究，33（4）：92-98.

[24] 郭丛斌，闵维方．2007.中国城镇居民教育与收入代际流动的关系研究 [J]．教育研究，5：3-14.

[25] 胡安宁．2014.教育能否让我们更健康——基于2010年中国综合社会调查的城乡比较分析 [J]．中国社会科学，5：116-130.

[26] 胡海军，张卫东，向锦．2007.贸易开放度与我国农村贫困的联系的实证研究 [J]．国际贸易问题，8：15-21.

[27] 胡宏伟，刘国恩．2012.城镇居民医疗保险对国民健康的影响效应与机制 [J]．南方经济，30（10）：186-199.

[28] 胡平，孙福滨，刘海城．1997.不同受教育程度人口的死亡水平差异 [J]．人口与经济，5：39-45.

[29] 黄枫，甘犁．2010.过度需求还是有效需求？——城镇老人健康与医疗保险的实证分析 [J]．经济研究，6：105-119.

[30] 黄枫，吴纯杰．2009.中国医疗保险对城镇老年人死亡率的影响 [J]．南开经济研究，6：126-137.

[31] 黄枫，吴纯杰．2010.城镇不同社会医疗保险待遇人群死亡率交叉现象研究 [J]．人口研究，34（1）：95-105.

[32] 黄国华．2006.非观测效应和教育收益率 [J]．数量经济技术经济研究，23（4）：70-76.

[33] 简必希，宁光杰．2013.教育异质性回报的对比研究 [J]．经济研究，2：83-95.

[34] 蒋萍，田成诗，尚红云．2008.人口健康与中国长期经济增长关系的实证研究 [J]．中国人口科学，5：44-51.

[35] 解垩．2008.新型农村合作医疗的福利效应分析——微观数据的证据 [J]．人口与发展，14（5）：12-17.

[36] 解垩．2009.与收入相关的健康及医疗服务利用不平等研究 [J]．经济研究，2：92-

105.

[37] 雷晓燕，谭力，赵耀辉 . 2010. 退休会影响健康吗？[J]. 经济学（季刊），9（3）：1539-1558.

[38] 李春玲 . 2004. 社会教育变迁与教育机会不平等 [J]. 中国家庭教育，1：78.

[39] 李谷成，冯中朝，范丽霞 . 2006. 教育、健康与农民收入增长——来自转型期湖北省农村的证据 [J]. 中国农村经济，1：66-74.

[40] 李华，俞卫 . 2013. 政府卫生支出对中国农村居民健康的影响 [J]. 中国社会科学，10：41-60.

[41] 李力行，吴晓瑜 . 2011. 健康、教育和经济增长：理论及跨国证据 [J]. 南开经济研究，1：102-119.

[42] 李路路，朱斌 . 2015. 当代中国的代际流动模式及其变迁 [J]. 文化纵横，5：14.

[43] 李强，臧文斌 . 2011. 父母外出对留守儿童健康的影响 [J]. 经济学（季刊），10（1）：341-360.

[44] 李庆海，孙瑞博，李锐 . 2014. 农村劳动力外出务工模式与留守儿童学习成绩——基于广义倾向得分匹配法的分析 [J]. 中国农村经济，10：4-20.

[45] 李石新，邹新月，郭新华 . 2005. 贸易自由化与中国农村贫困的减少 [J]. 中国软科学，10：124-130.

[46] 李实，丁赛 . 2003. 中国城镇教育收益率的长期变动趋势 [J]. 中国社会科学，6：58-72.

[47] 李文，李兴平，汪三贵 . 2003. 农产品价格变化对贫困地区农户收入的影响 [J]. 中国农村经济，12：31.

[48] 李雪松，詹姆斯·赫克曼 . 2004. 选择偏差、比较优势与教育的异质性回报：基于中国微观数据的实证研究 [J]. 经济研究，4：91-99，116.

[49] 李煜 . 2006. 制度变迁与教育不平等的产生机制——中国城市子女的教育获得（1966—2003）[J]. 中国社会科学，4：97-109.

[50] 李珍珍，封进 . 2006. 教育对健康的影响——基于上海家庭调查数据的研究 [J]. 中国劳动经济学，3.

[51] 连玉君，黎文素，黄必红 . 2015. 子女外出务工对父母健康和生活满意度影响研究 [J]. 经济学（季刊），1：185-202.

[52] 梁雄军，林云，邵丹萍 . 2007. 农村劳动力二次流动的特点、问题与对策——对浙、闽、津三地外来务工者的调查 [J]. 中国社会科学，3：13-28.

[53] 林伯强 . 2003. 中国的经济增长、贫困减少与政策选择 [J]. 经济研究，12：15-25.

[54] 林莞娟，张戈 . 2015. 教育的代际流动：来自中国学制改革的证据 [J]. 北京师范大学学报（社会科学版），2：118-129.

[55] 林毅夫，刘培林 . 2003. 中国的经济发展战略与地区收入差距 [J]. 经济研究，3：19-25.

[56] 刘波，王修华，彭建刚 . 2015. 我国居民收入差距中的机会不平等——基于 CGSS 数据的实证研究 [J]. 上海经济研究，8：77-88.

[57] 刘崇顺，布劳戴德 C M 1995. 城市教育机会分配的制约因素——武汉市五所中学初中毕业生的调查分析 [J]. 社会学研究，4：101-107.

[58] 刘国恩，Dow William H，傅正泓，等. 2004. 中国的健康人力资本与收入增长 [J]. 经济学（季刊），4（4）：101-118.

[59] 刘穷志. 2007. 公共支出归宿：中国政府公共服务落实到贫困人口手中了吗？[J]. 管理世界，4：60-67.

[60] 罗楚亮. 2010. 农村贫困的动态变化 [J]. 经济研究，45（5）：123-138.

[61] 罗仁福，张林秀，黄季规，等. 2006. 村民自治、农村税费改革与农村公共投资 [J]. 经济学（季刊），5（4）：1295-1310.

[62] 吕娜. 2011. 健康人力资本与经济增长：基于私人与公共健康投资的内生增长模型与实证分析 [D]. 武汉：武汉大学.

[63] 马双，臧文斌，甘犁. 2011. 新型农村合作医疗保险对农村居民食物消费的影响分析 [J]. 经济学（季刊），10（1）：249-270.

[64] 马双，张劼. 2011. 新型农村合作医疗保险与居民营养结构的改善 [J]. 经济研究，5：126-137.

[65] 潘家华，魏后凯. 2011. 中国城市发展报告. No. 4 [R].

[66] 潘杰，雷晓燕，刘国恩. 2013. 医疗保险促进健康吗？——基于中国城镇居民基本医疗保险的实证分析 [J]. 经济研究，4：130-142.

[67] 潘杰，秦雪征. 2014. 医疗保险促进健康吗？——相关因果研究评述 [J]. 世界经济文汇，6：60-70.

[68] 钱军程，高军，饶克勤，等. 2008. 新型农村合作医疗制度试点对农民卫生服务利用的影响研究 [J]. 中国卫生统计，255：450-453.

[69] 秦立建，陈波，蒋中一. 2012. 我国城市化征地对农民健康的影响 [J]. 管理世界，9：82-88.

[70] 沈坤荣，马俊. 2002. 中国经济增长的"俱乐部收敛"特征及其成因研究 [J]. 经济研究，1：33-39.

[71] 石智雷，杨云彦. 2011. 外出务工对农村劳动力能力发展的影响及政策含义 [J]. 管理世界，12：40-54.

[72] 孙三百，黄薇，洪俊杰. 2012. 劳动力自由迁移为何如此重要？——基于代际收入流动的视角 [J]. 经济研究，5：147-159.

[73] 孙文凯，王乙杰. 2018. 父母外出务工对留守儿童健康的影响——基于微观面板数据的再考察 [J]. 经济学（季刊），Vol. 15（3）：963-988.

[74] 孙志军. 2014. 基于双胞胎数据的教育收益率估计 [J]. 经济学（季刊），13（3）：1001-1020.

[75] 唐钧. 1998. 中国城市居民贫困线研究 [M]. 上海：上海社会科学院出版社.

[76] 童星，林闽钢. 1994. 我国农村贫困标准线研究 [J]. 中国社会科学，3：86-98.

[77] 涂子贤，王仁安. 1995. 中国人口死亡水平的社会经济影响因素分析 [J]. 南方人口，2：50-53.

[78] 万广华，张藕香．2008．贫困按要素分解：方法与例证 [J]．经济学（季刊），7（3）：997-1012．

[79] 万广华，张茵．2006．收入增长与不平等对我国贫困的影响 [J]．经济研究，6：112-123．

[80] 万广华，张茵．2008．中国沿海与内地贫困差异之解析：基于回归的分解方法 [J]．经济研究，12：75-84．

[81] 汪伟，艾春荣，曹晖．2013．税费改革对农村居民消费的影响研究 [J]．管理世界，1：89-100．

[82] 王宾，赵阳．2006．农村税费改革对中西部乡镇财力影响的实证研究——基于4省8县抽样调查数据的分析 [J]．管理世界，11：82-89．

[83] 王春超，叶琴．2014．中国农民工多维贫困的演进——基于收入与教育维度的考察 [J]．经济研究，12：159-174．

[84] 王德文，张恺悌．2005．中国老年人口的生活状况与贫困发生率估计 [J]．中国人口科学，1：58-66．

[85] 王海港，李实，刘京军．2007．城镇居民教育收益率的地区差异及其解释 [J]．经济研究，8：73-81．

[86] 王天宇，彭晓博．2015．社会保障对生育意愿的影响：来自新型农村合作医疗的证据 [J]．经济研究，2：103-117．

[87] 王小林，尚晓援，徐丽萍，刘安．2010．中国老年人福利研究 [R]．中国国际扶贫中心研究报告．

[88] 王新军，郑超．2014．医疗保险对老年人医疗支出与健康的影响 [J]．财经研究，40（12）．

[89] 王延中．2001．中国社会保险基金模式的偏差及其矫正 [J]．经济研究，2：20-28．

[90] 王翌秋，雷晓燕．2011．中国农村老年人的医疗消费与健康状况：新农合带来的变化 [J]．南京农业大学学报（社会科学版），11（2）：33-40．

[91] 魏众．2004．健康对非农就业及其工资决定的影响 [J]．经济研究，2：64-74．

[92] 温福星．2009．阶层线性模型的原理与应用 [M]．北京：中国轻工业出版社．

[93] 吴海涛，丁士军，李韵．2013．农村税费改革的效果及影响机制——基于农户面板数据的研究 [J]．世界经济文汇，1：104-120．

[94] 吴联灿，申曙光．2010．新型农村合作医疗制度对农民健康影响的实证研究 [J]．保险研究，6：60-68．

[95] 武阳丰．2006．中国的超重和肥胖 曾经消瘦的巨人如今肥胖成倍增长 [J]．英国医学杂志：中文版，4：198-200．

[96] 肖小勇，李秋萍．2012．教育、健康与农业生产技术效率实证研究——基于1999—2009年省级面板数据 [J]．华中农业大学学报（社会科学版），3：48-53．

[97] 邢春冰．2006．中国农村非农就业机会的代际流动 [J]．经济研究，9：103-116．

[98] 徐翠萍，史清华，Wang Holly．2010．税费改革对农户收入增长的影响：实证与解释 [C]．2008年全国中青年农业经济学者年会．

[99] 徐琰超，杨龙见，尹恒．2015．农村税费改革与村庄公共物品供给［J］．中国农村经济，1：58-72．

[100] 许吟隆．2009．扶贫政策必须考虑气候变化影响［R］．中国经济报告．

[101] 杨娟，周青．2013．增加公共教育经费有助于改善教育的代际流动性吗？［J］．北京师范大学学报（社会科学版），2：16-17．

[102] 杨奇明，林坚．2014．教育扩张是否足以实现教育公平？——兼论 20 世纪末高等教育改革对教育公平的影响［J］．管理世界，8：55-67．

[103] 姚俊．2015．理性选择、外部激励与新农保连续性参保——基于四省的调查［J］．中国人口科学，4：111-120．

[104] 姚先国，张海峰．2008．教育、人力资本与地区经济差异［J］．经济研究，5：47-57．

[105] 尹飞霄，罗良清．2013．中国教育贫困测度及模拟分析：1982—2010［J］．西北人口，34（1）：30-35．

[106] 苑会娜．2009．进城农民工的健康与收入——来自北京市农民工调查的证据［J］．管理世界，5：56-66．

[107] 臧文斌，赵绍阳，刘国恩．2013．城镇基本医疗保险中逆向选择的检验［J］．经济学（季刊），12（1）：47-70．

[108] 张车伟．2003．营养、健康与效率——来自中国贫困农村的证据［J］．经济研究，1：3-12．

[109] 张车伟．2006．人力资本回报率变化与收入差距："马太效应"及其政策含义［J］．经济研究，12：59-70．

[110] 张川川，Giles John，赵耀辉．2015．新型农村社会养老保险政策效果评估——收入、贫困、消费、主观福利和劳动供给［J］．经济学（季刊），14（1）：203-230．

[111] 张建华，陈立中．2006．总量贫困测度研究述评［J］．经济学（季刊），5（3）：675-694．

[112] 张锦华．2005．基于 SST 指数的中国农村教育贫困分析［J］．中国农村观察，5：10-16．

[113] 张全红，张建华．2010．中国农村贫困变动：1981—2005——基于不同贫困线标准和指数的对比分析［J］．统计研究，27（2）：28-35．

[114] 张世伟．2009．农村劳动力流动的影响因素分析——基于生存分析的视角［J］．中国人口·资源与环境，19（4）：101-106．

[115] 张永辉，王征兵．2009．我国农村居民自评健康状况的实证分析［J］．中南财经政法大学学报，No.176（5）：30-35．

[116] 赵春明，李宏兵．2014．出口开放、高等教育扩展与学历工资差距［J］．世界经济，5：3-27．

[117] 赵忠，侯振刚．2005．我国城镇居民的健康需求与 Grossman 模型——来自截面数据的证据［J］．经济研究，10：79-90．

[118] 赵忠．2006．我国农村人口的健康状况及影响因素［J］．管理世界，3：78-85．

[119] 郑浩．2012．贫困陷阱：风险、人力资本传递和脆弱性［D］．武汉：武汉大学．

[120] 郑新业，王晗，赵益卓．2011．"省直管县"能促进经济增长吗？——双重差分方法［J］．管理世界，8：34-44．

[121] 中国国际扶贫中心课题组．2010．世界各国贫困标准研究［R］．中国国际扶贫中心研究报告．

[122] 中国国家统计局．2011．中国统计摘要［M］．北京：中国统计出版社．

[123] 中国国家统计局农村社会经济调查司．2009．中国农村贫困监测报告［M］．北京：中国统计出版社．

[124] 中国国家统计局农村社会经济调查司．2010．中国农村贫困监测报告［M］．北京：中国统计出版社．

[125] 周广肃，樊纲，申广军．2014．收入差距、社会资本与健康水平——基于中国家庭追踪调查（CFPS）的实证分析［J］．管理世界，7：12-21．

[126] 周黎安，陈烨．2005．中国农村税费改革的政策效果：基于双重差分模型的估计［J］．经济研究，8：44-53．

[127] 周黎安，陈祎．2015．县级财政负担与地方公共服务：农村税费改革的影响［J］．经济学（季刊），Vol. 14（2）：417-434．

[128] 朱信凯，彭廷军．2009．新型农村合作医疗中的"逆向选择"问题：理论研究与实证分析［J］．管理世界，1：79-88．

[129] 邹珺．2003．合作医疗的制度分析［D］．北京：中国社会科学院研究生院博士学位论文．

[130] 邹薇，张芬，周浩，刘兰．2011．中国的经济增长与收入差距：理论研究与实证分析［M］．武汉：武汉大学出版社．

[131] 邹薇，方迎风．2011．关于中国贫困的动态多维度研究［J］．中国人口科学，6：49-59．

[132] 邹薇，方迎风．2012．怎样测度贫困：从单维到多维［J］．国外社会科学，2：63-69．

[133] 邹薇，方迎风．2012．中国农村区域性贫困陷阱研究——基于"群体效应"的视角［J］．经济学动态，6：3-15．

[134] 邹薇，方迎风．2013．"群体效应"与现阶段我国农村的区域性"贫困陷阱"［J］．政治经济学研究．

[135] 邹薇，方迎风．2013．健康冲击、"能力"投资与贫困脆弱性：基于中国数据的实证分析［J］．社会科学研究，4：1-7．

[136] 邹薇，宣颖超．2016．"新农合"、教育程度与农村居民健康的关系研究——基于"中国健康与营养调查"数据的面板分析［J］．武汉大学学报（哲学社会科学版），69（6）：35-49．

[137] 邹薇，张芬．2006．农村地区收入差异与人力资本积累［J］．中国社会科学，2：67-79．

[138] 邹薇，郑浩．2014．贫困家庭的孩子为什么不读书：风险、人力资本代际传递和贫

困陷阱 [J]. 经济学动态, 6: 16-31.

[139] 邹薇, 郑浩. 2015. 风险、人力资本代际传递和贫困陷阱 [R]. 外国经济学说与中国研究报告.

[140] 邹薇. 2005. 传统农业经济转型的路径选择: 对中国农村的能力贫困和转型路径多样性的研究 [J]. 世界经济, 2: 34-47.

[141] 邹薇. 2007. 中国省际增长差异的源泉的测算与分析 (1978—2002) ——基于"反事实"收入法的经验研究 [J]. 管理世界, No. 166 (7): 37-46.

[142] 邹薇. 2012. 我国现阶段能力贫困状况及根源——基于多维度动态测度研究的分析 [J]. 人民论坛·学术前沿, 5: 48-56.

[143] 邹薇, 程波. 2017. 中国教育贫困"不降反升"现象研究 [J]. 中国人口科学, No. 5: 12-28.

[144] 左翔, 殷醒民, 潘孝挺. 2011. 财政收入集权增加了基层政府公共服务支出吗? 以河南省减免农业税为例 [J]. 经济学 (季刊), 10 (4): 1349-1374.

英文文献:

[1] Abel A B. 1990. Asset Prices under Habit Formation and Catching up with the Joneses [J]. American Economic Review, 80 (2): 38-42.

[2] Abraham, Katharine, Henry G, Farber S. 1987. Job Duration, Seniority and Earnings [J]. The American Economic Review, 77 (3): 278-297.

[3] Acemoglu D, Johnson S, Robinson J A. 2002. Reversal of Fortune: Geography and Institutions in the Making of the Modern World Income Distribution [J]. Quarterly Journal of Economics, 117 (4): 1231-1294.

[4] Acemoglu D, Johnson S, Robinson J A. 2006. Chapter 6 Institutions as a Fundamental Cause of Long-Run Growth [J]. Nanjing Business Review, 1, Part a (05): 385-472.

[5] Acemoglu D, Johnson S. 2007. Disease and Development: The Effect of Life Expectancy on Economic Growth [J]. Journal of Political Economy, 115 (6): 925-985.

[6] Adda J, Cornaglia F. 2013. Taxes, Cigarette Consumption, and Smoking Intensity [J]. American Economic Review, 103 (7): 3102-3114.

[7] Agénor P R. 2008. Health and infrastructure in a model of endogenous growth [J]. Journal of Macroeconomics, 30 (4): 1407-1422.

[8] Agénor P R. 2011. Schooling and Public Capital in a Model of Endogenous Growth [J]. Economica, 78 (309): 108-132.

[9] Agénor P R. 2015. Public Capital, Health Persistence and Poverty Traps [J]. Journal of Economics, 115 (2): 103-131.

[10] Ahmad E, Wang Y. 1991. Inequality and Poverty in China: Institutional Change and Public Policy, 1978 to 1988 [J]. World Bank Economic Review, 5 (2): 231-257.

[11] Alderman H, Hoddinott J, Kinsey B. 2006. Long term consequences of early childhood malnutrition [J]. Oxford Economic Papers, 58 (3): 450-474.

［12］ Alexandre M. 2011. Endogenous categorization and group inequality ［J］. Mpra Paper, 42 (3): 276-295.

［13］ Alkire S, Foster J. 2007. Counting and multidimensional poverty measurement ［J］. Journal of Public Economics, 95 (7): 476-487.

［14］ Alkire S. 2007. Choosing Dimensions: The Capability Approach and Multidimensional Poverty ［J］. Mpra Paper, 76 (5): 89-119.

［15］ Alkire S. 2007. The Missing Dimensions of Poverty Data: Introduction to the Special Issue ［J］. Oxford Development Studies, 35 (4): 347-359.

［16］ Alkire S. , Santos M E . 2010. Acute Multidimensional Poverty: A New Index for Developing Countries ［R］. OPHI Working Paper.

［17］ Allison R A, Foster J E. 2004. Measuring health inequality using qualitative data ［J］. Journal of Health Economics, 23 (3): 505-524.

［18］ Alonso-Carrera J, Caballé J, Raurich X. 2005. Growth, habit formation, and catching-up with the Joneses ［J］. European Economic Review, 49 (6): 1665-1691.

［19］ Altonji J G. 1993. The Demand for and Return to Education When Education Outcomes are Uncertain ［J］. Journal of Labor Economics, 11 (1, Part 1): 48-83.

［20］ Anand S, Sen A. 1997. Concepts of human development and poverty: A multidimensional perspective ［G］ // United Nations Development Programme. Poverty and human development: Human development papers. New York: United Nations.

［21］ Antman F, Mckenzie D. 2007. Poverty traps and nonlinear income dynamics with measurement error and individual heterogeneity ［J］. Journal of Development Studies, 43 (6): 1057-1083.

［22］ Atkeson A, Ogaki M. 1991. Wealth-varying intertemporal elasticities of substitution: Evidence from panel and aggregate data ［J］. Rcer Working Papers, 38 (38): 507-534.

［23］ Atkinson A B, Bourguignon F. 1982. The Comparison of Multi-Dimensioned Distributions of Economic Status ［J］. Review of Economic Studies, 49 (2): 183-201.

［24］ Atkinson A B. 1987. On the Measurement of Poverty ［J］. Econometrica, 55 (4): 749-764.

［25］ Atkinson A B. 1995. On targeting social security: Theroy and western experience with family benefits ［C］ // Van de Walle D. and Nead K. Public Spending and the Poor. Baltimore : John Hopkins University Press.

［26］ Azam M, Bhatt V. 2015. Like Father, Like Son? Intergenerational Educational Mobility in India ［J］. Demography, 52 (6): 1-31.

［27］ Azariadis C. 1996. The economics of poverty traps part one: Complete markets ［J］. Journal of Economic Growth, 1 (4): 449-486.

［28］ Azariadis C. 2006. The theory of poverty traps: What have we learned? ［C］ // Bowles, Daulauf and Hoff. Poverty Traps. Princeton University Press.

［29］ Azarnert L V. 2006. Child mortality, fertility, and human capital accumulation ［J］.

Journal of Population Economics, 19 (2): 285-297.

[30] Backlund E, Sorlie P D, Johnson N J. 1999. A comparison of the relationships of education and income with mortality: the National Longitudinal Mortality Study. [J]. Social Science & Medicine, 49 (10): 1373-1384.

[31] Bago D T, Van D E, Lindeboom M, et al. 2008. Does reporting heterogeneity bias the measurement of health disparities? [J]. Health Economics, 17 (3): 351.

[32] Bai, Yu, Di Mo, Linxiu Zhang, Matthew Boswell, Rozelle S, 2016. The impact of integrating ICT with teaching: Evidence from a randomized controlled trial in rural schools in China [J]. Computers & Education, 96: 1-14.

[33] Baicker K, Finkelstein A . 2011. The Effects of Medicaid Coverage — Learning from the Oregon Experiment [J]. New England Journal of Medicine, 365 (8): 683-685.

[34] Banerjee A V, Duflo E. 2003. Inequality and Growth: What Can the Data Say? [J]. Journal of Economic Growth, 8 (3): 267-299.

[35] Banerjee A V, Newman A F. 1993. Occupational Choice and the Process of Development [J]. Journal of Political Economy, 101 (2): 274-298.

[36] Barrett C B, Swallow B M. 2003. Fractal poverty traps [J]. World Development, 34 (1): 1-15.

[37] Barrett C, 2005. Smallholder identities and social networks: The challenge of improving productivity and welfare [C] // Barrett C B. The Social Economics of Poverty: On Identities, Communities, Groups, and Networks. London: London Routledge.

[38] Barro R J. 1992. Public Finance in Models of Economic Growth [J]. Review of Economic Studies, 59 (4): 645-661.

[39] Barro R J. 2000. Inequality and Growth in a Panel of Countries [J]. Journal of Economic Growth, 5 (1): 5-32.

[40] Barro R. 1990. Government spending in a single model of endogenous growth [J]. Journal of Political Economy, 98 (5): 103-125.

[41] Barro R. 2008. Inequality and Growth Revisited [R]. Working Papers on Regional Economic Integration 11. Asian Development Bank.

[42] Barro R, Sala-i-Martin X. 2003. Economic Growth [M]. Cambridge, MA: MIT Press.

[43] Bartel A, Taubman P. 1979. Health and labor market success: the role of various diseases [J]. Review of Economics & Statistics, 61 (1): 1.

[44] Bates D M, Pinheiro J C. 1998. Computational methods for multilevel modeling [M]. Madison: University of Wisconsin.

[45] Baughman R, Dickert-Conlin S. 2009. The earned income tax credit and fertility [J]. Journal of Population Economics, 22 (3): 537-563.

[46] Baulch B, Hoddinott J. 2000. Economic mobility and poverty dynamics in developing countries [J]. Journal of Development Studies, 36 (6): 1-24.

[47] Baulch B, Masset E. 2003. Do Monetary and Nonmonetary Indicators Tell the Same Story

About Chronic Poverty? A Study of Vietnam in the 1990s [J]. World Development, 31 (3): 441-453.

[48] Becker Gary S. 1962. Investment in Human Capital: A Theoretical Analysis [J]. Journal of Political Economy, 70 (5, Part 2): 9-49.

[49] Becker G S, Lewis, H G. 1973. On the Interaction between the Quantity and Quality of Children [J]. Journal of Political Economy, 81 (2): 279-288.

[50] Becker G S, Mulligan C B. 1997. The Endogenous Determination of Time Preference [J]. Quarterly Journal of Economics, 112 (3): 729-758.

[51] Becker G S, Tomes N. 1976. Child Endowments and The Quantity and Quality of Children [J]. Journal of Political Economy, 84 (4): 143-162.

[52] Becker G S, Tomes N. 1979. An Equilibrium Theory of the Distribution of Income and Intergenerational Mobility [J]. China Labor Economics, 87 (6): 1153-1189.

[53] Becker G S, Tomes N. 1986. Human Capital and the Rise and Fall of Families [J]. Journal of Labor Economics, 4 (3, Part 2): 1-39.

[54] Becker G S. 2007. Health as human capital: synthesis and extensions [J]. Oxford Economic Papers, 59 (3): 379-410.

[55] Beckerman W. 2001. The Impact of Income Maintenance Payments on Poverty in Britain, 1975 [J]. Economic Journal, 89 (354): 261-279.

[56] Behrman J R, Birdsall N. 1983. The Quality of Schooling: Quantity Alone is Misleading [J]. American Economic Review, 73 (5): 928-946.

[57] Behrman J R, Parker S W. 2013. Is Health of the Aging Improved by Conditional Cash Transfer Programs? Evidence From Mexico [J]. Demography, 50 (4): 1363-1386.

[58] Belhadj B. 2011. A new fuzzy unidimensional poverty index from an information theory perspective [J]. Empirical Economics, 40 (3): 687-704.

[59] Bénabou R. 1996. Heterogeneity, Stratification, and Growth: Macroeconomic Implications of Community Structure and School Finance [J]. American Economic Review, 86 (3): 584-609.

[60] Benhabib J, Spiegel M M. 1994. The role of human capital in economic development evidence from aggregate cross-country data [J]. Journal of Monetary Economics, 34 (2): 143-173.

[61] Ben-Porath Y. 1967. The Production of Human Capital and the Life Cycle of Earnings [J]. Journal of Political Economy, 75 (8): 352-365.

[62] Berrueta-Clement, John et al. 1984. Changed Lives: The Effects of the Perry Preschool Program on Youths through Age 19 [M]. Ypsilanti: High/Scope Press.

[63] Besley T, Coate S. 1992. Workfare versus Welfare: Incentive Arguments for Work Requirements in Poverty-Alleviation Programs [J]. American Economic Review, 82 (1): 249-261.

[64] Besley T, Coate S. 1995. The Design of Income Maintenance Programmes [J]. Review of

Economic Studies, 62 (2): 187-221.

[65] Besley T, Kanbur R. 1988. Food Subsidies and Poverty Alleviation [J]. Economic Journal, 98 (392): 701-719.

[66] Besley T. 1990. Means Testing versus Universal Provision in Poverty Alleviation Programmes [J]. Economica, 57 (225): 119-129.

[67] Betti G, Verma V K. 1999. Measuring the degree of poverty in a dynamic and comparative context: A multidimensional approach using fuzzy theory [J]. Proceedings, 11: 289-301.

[68] Bhagwati J, Srinivasan T N. 2002. Trade and Poverty in the Poor Countries [J]. American Economic Review, 92 (2): 180-183.

[69] Bick A. 2010. Threshold effects of inflation on economic growth in developing countries [J]. Economics Letters, 108 (2): 126-129.

[70] Bils M, Klenow P J. 2000. Does Schooling Cause Growth? [J]. American Economic Review, 90 (5): 1160-1183.

[71] Blackorby C, Donaldson D. 2001. Cash versus Kind, Self-selection, and Efficient Transfers [J]. American Economic Review, 78 (4): 691-700.

[72] Blanden J, Gregg P, Macmillan L. 2007. Accounting for Intergenerational Income Persistence: Noncognitive Skills, Ability and Education [J]. Economic Journal, 117 (519): 43-60.

[73] Bloom D E, Canning D, Graham B. Longevity and Life-cycle Savings [J]. 105 (3): 319-338.

[74] Böhlmark A, Lindquist M J. 2006. Life-Cycle Variations in the Association between Current and Lifetime Income: Replication and Extension for Sweden [J]. Journal of Labor Economics, 24 (4): 879-896.

[75] Boldrin M, Jones L E. 2002. Mortality, Fertility, and Saving in a Malthusian Economy [J]. Review of Economic Dynamics, 5 (4): 775-814.

[76] Bourguignon F, Pereira da Silva, Stern N. 2002. Evaluating the Poverty impact of Economic Policies: Some Analytical Challenges [R]. Working Paper.

[77] Bowles S, Gintis H. 2002. The Inheritance of Inequality [J]. Journal of Economic Perspectives, 16 (3): 3-30.

[78] Bowles S. 2006. Institutional poverty traps [C] //Bowels, S, S. Durlauf and Hoff K. Poverty Traps. Princeton University Press.

[79] Bowles S. Daulauf S, Hoff K. 2006. Poverty Traps [M]. Princeton University Press.

[80] Brock W A, Durlauf S N. 2007. Identification of binary choice models with social interactions [J]. Journal of Econometrics, 140 (1): 52-75.

[81] Brown J N. 1989. Why Do Wages Increase with Tenure? On-the-Job Training and Life-Cycle Wage Growth Observed within Firms [J]. American Economic Review, 79 (5): 971-991.

[82] Bruce D. Meyer and Rosenbaum D T. 2001. Welfare, The Earned Income Tax Credit, and the Labor Supply of Single Mothers [J]. The Quarterly Journal of Economics, 116 (3): 1063-1114.

[83] Bruce N, Waldman M. 1991. Transfers in Kind: Why They Can be Efficient and Nonpaternalistic [J]. American Economic Review, 81 (5): 1345-1351.

[84] Bruhn J. 2005. Group Effect: Social Cohesion and Health Outcomes [M]. Springer Publisher.

[85] Calvo C. 2008. Vulnerability to Multidimensional Poverty: Peru, 1998-2002 [J]. World Development, 36 (6): 1011-1020.

[86] Cameron A C, Trivedi P K, Cambridge University Press (CUP), et al. 2010. Microeconometrics: methods and applications [J]. Economic Journal, 116 (509): 161-162.

[87] Cameron S V, Heckman J J. 1998. Life Cycle Schooling and Dynamic Selection Bias: Models and Evidence for Five Cohorts of American Males [J]. Journal of Political Economy, 106 (2): 262-333.

[88] Card D, Dobkin C, Maestas N. 2008. The Impact of Nearly Universal Insurance Coverage on Health Care Utilization: Evidence from Medicare [J]. American Economic Review, 98 (5): 2242-2258.

[89] Card D, Dobkin C, Maestas N. 2009. Does Medicare Save Lives? [J]. Quarterly Journal of Economics, 124 (2): 597-636.

[90] Carliner G. 2010. Wages, Earnings and Hours of First, Second, and Third Generation American Males [J]. Economic Inquiry, 18 (1): 87-102.

[91] Carroll C, Summers L H. 1989. Consumption Growth Parallels Income Growth: Some New Evidence [J]. Nber Working Papers, 88 (2): 211-231.

[92] Cavalcanti T, Corrêa M. 2014. Cash Transfers to the Poor and the Labor Market: An Equilibrium Analysis [J]. Review of Development Economics, 18 (4): 741-762.

[93] Cervellati M, Sunde U. 2015. The Economic and Demographic Transition, Mortality, and Comparative Development [J]. American Ecomomic Journal: Macroeconomics, 7 (3): 189-225.

[94] Chakravarty S R. 2006. An axiomatic approach to multidimensional poverty measurement via fuzzy sets [C] // A. Lemmi and Betti G. Fuzzy Set Approach to Multidimensional Poverty Measurement, Springer.

[95] Chambers R, Conway G. 1992. Sustainable rural livelihoods: practical concepts for the 21st century [R]. Brighton: Institute of Development Studies Discussion Paper.

[96] Chandy L. 2011. Two Trends in Global Poverty [C]. Mimo: Brooking Institute.

[97] Chaudhuri S, Datt G. 2001. Assessing household vulnerability to poverty: A methodology and estimates for the Philippines [R]. mimeo, World Bank.

[98] Chaudhuri S. 2002. Empirical methods for assessing household vulnerability to poverty

[R]. mimeo, New York: Columbia University.

[99] Chaudhuri S. 2003. Assessing vulnerability to poverty: concepts, empirical methods and illustrative examples [R]. World Bank Working Paper.

[100] Checchi D, Peragine V. 2010. Inequality of opportunity in Italy [J]. Journal of Economic Inequality, 8 (4): 429-450.

[101] Cheli B, Lemmi A. 1995. A totally fuzzy and relative approach to the multidimensional analysis of poverty [J]. Economic Notes, 24: 115-134.

[102] Chen S H, Chen Y C, Liu J T. 2014. The Impact of Family Composition on Educational Achievement [R], NBER Working Paper.

[103] Chen S, Ravallion M. 2008. China is poorer than we thought, but no less successful in the fight against poverty [J]. Policy Research Working Paper Series, 125 (4): 1577-1625.

[104] Chen Y, Jin G Z. 2012. Does health insurance coverage lead to better health and educational outcomes? Evidence from rural China [J]. Journal of Health Economics, 31 (1): 1-14.

[105] Chevalier A, Lanot G. 2002. The Relative Effect of Family Characteristics and Financial Situation on Educational Achievement [J]. Education Economics, 10 (2): 165.

[106] Chiswick B R. 1977. Sons of Immigrants: Are They at an Earnings Disadvantage? [J]. American Economic Review, 67 (67): 376-380.

[107] Eric C. 2018. Moved to Opportunity: The Long-Run Effect of Public Housing Demolition on Labor Market Outcomes of Children [J]. American Economic Review, 108 (10), 3028-3056.

[108] Clark D, Royer H. 2013. The Effect of Education on Adult Mortality and Health: Evidence from Britain [J]. American Economic Review, 103 (6): 2087-2120.

[109] Coate S. 1995. Altruism, the Samaritan's Dilemma, and Government Transfer Policy [J]. American Economic Review, 85 (1): 46-57.

[110] Cohen G A. 1993. Equality of what? On welfare, goods, and capabilities [C] // Nussbaum, M & Sen A K. The Quality of Life. Oxford: Clarendon Press.

[111] Colasanto D, Kapteyn A, Gaag J V D. 1984. Two Subjective Definitions of Poverty: Results from the Wisconsin Basic Needs Study [J]. Journal of Human Resources, 19 (1): 127-138.

[112] Colman G, Grossman M, Joyce T. 2003. The effect of cigarette excise taxes on smoking before, during and after pregnancy [J]. Journal of Health Economics, 22 (6): 1053-1072.

[113] Conti G, Heckman J, Pinto R. 2016. The Effects of Two Influential Early Childhood Interventions on Health and Healthy Behaviour [J]. Economic Journal, 126 (596): F28.

[114] Corina G A, Stewart F, Stewart F. 1995. Food: two errors of targeting [J]. Adjustment

& Poverty Options & Choices, 5（5）: 459-496.

[115] Corrado L, Fingleton B. 2001. Multilevel modeling with spatial effects ［R］. Strathclyde discussion paper.

[116] Creedy J. 1996. Comparing Tax and Transfer Systems: Poverty, Inequality and Target Efficiency ［J］. Economica, 63（250）: 163-174.

[117] Croix D D L, Doepke M. 2003. Inequality and Growth: Why Differential Fertility Matters ［J］. American Economic Review, 93（4）: 1091-1113.

[118] Cunha J M, De Giorgi G. 2011. The price effects of cash versus in-kind transfers ［R］. CEPR Working Paper.

[119] Cunha J M, Giorgi G D, Jayachandran S. 2015. The Price Effects of Cash Versus In-Kind Transfers ［G］. Social Science Electronic Publishing.

[120] Currie J, Gahvari F. 2008. Transfers in cash and in-kind: Theory meets the data ［J］. Journal of Economic Literature, 46（2）: 333-383.

[121] Currie J, Gruber J. 1996. Health Insurance Eligibility, Utilization of Medical Care, and Child Health ［J］. Quarterly Journal of Economics, 111（2）: 431-466.

[122] Currie J, Stabile M. 2007. Mental Health in Childhood and Human Capital ［M］. National Bureau of Economic Research, Inc.

[123] Cutler D M, Lleras-Muney A. 2010. Understanding differences in health behaviors by education ［J］. Journal of Health Economics, 29（1）: 1-28.

[124] Datt G, Hoogeveen H. 2003. El Niño or El Peso? Crisis, Poverty and Income Distribution in the Philippines ［J］. World Development, 31（7）: 1103-1124.

[125] Daude C, Robano V. 2015. On intergenerational（im）mobility in Latin America ［J］. Latin American Economic Review, 24（1）: 9.

[126] Deaton A, Paxson C. 1994. Intertemporal Choice and Inequality ［J］. Journal of Political Economy, 102（3）: 437-467.

[127] Dercon S, Hoddinott J, Woldehanna T. 2005. Shocks and Consumption in 15 Ethiopian Villages, 1999-2004 ［J］. Journal of African Economies, 14（14）: 559-585.

[128] Dercon S, Hoddinott J. 2003. Health, Shocks and Poverty Persistence ［J］. Wider Working Paper: 124-137.

[129] Dercon S. 2003a. Poverty traps and development: The equity-efficiency trade off revisited ［R］. mimeo, Oxford: University of Oxford, Department of Economics.

[130] Dercon S. 2003b. Risk and poverty: a selective review（or: can social protection reduce poverty?）［R］. mimeo, Oxford: Department of Economics, Oxford University.

[131] Dercon S. 2005. Insurance Against Poverty ［M］. Oxford: Oxford University Press.

[132] Dercon, S. 2005. Vulnerability: a micro perspective ［R］. Annual Bank Conference on Development Economies Paper, Amsterdam: The World Bank.

[133] Dessus S, Herrera S, Hoyos R D. 2008. The impact of food inflation on urban poverty and its monetary cost: some back-of-the-envelope calculations ［J］. Agricultural

Economics, 39 (supplement): 417-429.

[134] Dhanani S, Islam I. 2004. Poverty, Vulnerability and Social Protection in a Period of Crisis: The Case of Indonesia [J]. World Development, 30 (7): 1211-1231.

[135] Diamond P A, Mirrlees J A. 1971. Optimal Taxation and Public Production II: Tax Rules [J]. American Economic Review, 61 (3): 261-278.

[136] Dietz, R. 2001. Estimation of neighborhood effects in the social sciences [R]. URAI Working Paper.

[137] Doepke M. 2006. Growth Takeoffs [R]. CCPR Working Paper.

[138] Dollar D, Kraay A. 2002. Growth is Good for the Poor [J]. Journal of Economic Growth, 7 (3): 195-225.

[139] Dollar D. 2005. Globalization, Poverty, and Inequality since 1980 [J]. World Bank Research Observer, 20 (2): 145-175.

[140] Dolmas J. 1996. Endogenous Growth in Multisector Ramsey Models [J]. International Economic Review, 37 (2): 403-421.

[141] Doorslaer E V, Wagstaff A. 1992. Equity in the delivery of health care: some international comparisons [J]. Journal of Health Economics, 19 (5): 553.

[142] Drugeon J P. 1996. Impatience and long-run growth [J]. Journal of Economic Dynamics & Control, 20 (1-3): 281-313.

[143] Drugeon J P. 1998. A model with endogenously determined cycles, discounting and growth [J]. Economic Theory, 12 (2): 349-369.

[144] Dupor B. 2001. Investment and Interest Rate Policy [J]. Journal of Economic Theory, 98 (1): 85-113.

[145] Durlauf S. 2004. Neighborhood effect [C] // Henderson, V. and Thisse J F. Handbook of Regional and Urban Economics.

[146] Durlauf S. 2001. The memberships theory of poverty: The role of group affiliations in determining socioeconomic outcomes [C] // Understanding Poverty in America, S. Danziger and Haveman R. Cambridge: Harvard University Press.

[147] Dustmann C, Meghir C. 2010. Wages, Experience and Seniority [J]. Review of Economic Studies, 72 (1): 77-108.

[148] Dustmann C. 2008. Return Migration, Investment in Children, and Intergenerational Mobility: Comparing Sons of Foreign-and Native-Born Fathers [J]. Journal of Human Resources, 43 (2): 299-324.

[149] Easterly W, Fischer S. 2001. Inflation and the Poor [J]. Journal of Money Credit & Banking, 33 (2): 160-178.

[150] Easterly W, Levine R. 2003. Tropics, germs, and crops: how endowments influence economic development [J]. Journal of Monetary Economics, 50 (1): 3-39.

[151] Ehrlich I, Lui F T. 1991. Intergenerational Trade, Longevity, and Economic Growth [J]. Journal of Political Economy, 99 (5): 1029-1059.

[152] Eissa N, Liebman J B. 1996. Labor Supply Response to the Earned Income Tax Credit [J]. Quarterly Journal of Economics, 111 (2): 605-637.

[153] Epstein L G, Hynes J A. 1983. The Rate of Time Preference and Dynamic Economic Analysis [J]. Journal of Political Economy, 91 (4): 611-635.

[154] Esposito L, Chiappero-Martinetti E. 2010. Multidimensional poverty: Restricted and unrestricted hierarchy among poverty dimensions [J]. Journal of Applied Economics, 13 (2): 181-204.

[155] Ettner S L. 1996. New evidence on the relationship between income and health [J]. Journal of Health Economics, 15 (1): 67-85.

[156] Evans W N, Ringel J S. 1997. Can higher cigarette taxes improve birth outcomes? [J]. Nber Working Papers, 72 (72): 135-154.

[157] Faik J. 2011. A Behaviouristic Approach for Measuring Poverty: The Decomposition Approach -Empirical Illustrations for Germany 1995-2009 [J]. Ssrn Electronic Journal, 6.

[158] Fan J, Gijbels I. 1996. Local Polynomial Modeling and Its Applications [M]. New York: Chapman and Hall.

[159] Fan X, Fang H, Markussen S . 2015. Mothers' Employment and Children's Educational Gender Gap [G]. Social Science Electronic Publishing.

[160] Fan Z. 2002. Effect of Body Mass Index on All-cause Mortality and Incidence of Cardiovascular Diseases-Report for Meta-Analysis of Prospective Studies on Optimal Cut-off Points of Body Mass Index in Chinese Ad [J]. Biomedical & Environmental Sciences, 15 (3): 245.

[161] Fang H, Eggleston K, Rizzo J A, et al. 2012. The Returns to Education in China: Evidence from the 1986 Compulsory Education Law [G]. Social Science Electronic Publishing.

[162] Featherman D L, Hauser R M. 1978. Opportunity and Change [M]. New York: Academic Press.

[163] Feinstein L. 2003. Inequality in the Early Cognitive Development of British Children in the 1970 Cohort [J]. Economica, 70 (277), 73-97.

[164] Feldman A. 1996. Coming to understand teaching as a way of being: Teachers as knowers, reasoners, and understanders [R]. A paper presented at the Second International Conference on Teacher Education.

[165] Ferreira F, Gignoux J. 2014. The Measurement of Educational Inequality: Achievement and Opportunity [J]. World Bank Economic Review, 5: 210-246.

[166] Finkelstein A, Mcknight R. 2008. What did Medicare do? The initial impact of Medicare on mortality and out of pocket medical spending [J]. Journal of Public Economics, 92 (7): 1644-1668.

[167] Fisher E S. 2003. Medical care—is more always better? [J]. New England Journal of

Medicine, 349 (17): 1665-1665.

[168] Foster J E, Mcgillivray M, Seth S. 2013. Composite Indices: Rank Robustness, Statistical Association, and Redundancy [J]. Econometric Reviews, 32 (1): 35-56.

[169] Foster J, Greer J, Thorbecke E. 1984. A Class of Decomposable Poverty Measures [J]. Econometrica, 52 (3): 761-766.

[170] Foster J, Greer J, Thorbecke E. 2008. The Foster-Greer-Thorbecke poverty measures: 25 Years Later [J]. Journal of Economic Inequality, 8: 491-524.

[171] Fosu A K. 2009. Inequality and the Impact of Growth on Poverty: Comparative Evidence for Sub-Saharan Africa [J]. Journal of Development Studies, 45 (5): 726-745.

[172] Fritzell J, Jenkins S P, Lefranc A, et al. 2000. To What Extent Do Fiscal Regimes Equalize Opportunities for Income Acquisition Among Citizens [J]. Journal of Public Economics, 87 (3): 539-565.

[173] Fuchs V R. 1992. Poverty and Health: Asking the Right Questions [J]. American Economist, 36 (2): 12-18.

[174] Fuchs V. R, McClellan M B, Skinner J S. 2004. Area differences in utilization of medical care and mortality among US elderly [M]. University of Chicago Press.

[175] Gaiha R, Katsushi I. 2008. Measuring vulnerability and poverty: Estimates for rural India [R]. WIDER Research Paper .

[176] Galor O, Tsiddon D. 1997. The Distribution of Human Capital and Economic Growth [J]. Journal of Economic Growth, 2 (1): 93-124.

[177] Galor O, Weil D N. 2000. Population, Technology, and Growth: From Malthusian Stagnation to the Demographic Transition and beyond [J]. American Economic Review, 90 (4): 806-828.

[178] Galor O, Zeira J. 1993. Income Distribution and Macroeconomics [J]. Review of Economic Studies, 60 (1): 35-52.

[179] Galor O. 1992. A Two-Sector Overlapping-Generations Model: A Global Characterization of the Dynamical System [J]. Econometrica, 60 (6): 1351-1386.

[180] Gelman A. 2006. Multilevel (hierarchical) modeling: what it can and can't do [J]. Technometrics, 48: 432-435.

[181] Gertler P, Gruber J. 2002. Insuring Consumption Against Illness [J]. Am Econ Rev, 92 (1): 51-70.

[182] Gertz G, Chandy L. 2011. Two trends in global poverty [R]. Brooking Institute, mimeo.

[183] Yoseph G. 2008. Public Capital and Income Distribution: a Marriage of Hicks & Newman-Read [R]. MERIT Working Papers.

[184] Ghez G, Becker G S. 1975. The allocation of time and goods over the life cycle [M]. NewYork: Columbia University Press.

[185] Gornia G A, Stewart F. 1995. Two errors of targeting [C] // Van de Walle, D and Nead K. Public Spending and the Poor. Baltimore John Hopkins University Press.

［186］ Graham B S. 2009. Endogenous neighborhood selection, the distribution of income and the identification of neighborhood effects ［R］. Working Paper.

［187］ Greenwood J, Jovanovic B. 1990. Financial Development, Growth, and the Distribution of Income ［J］. Journal of Political Economy, 98 (5): 1076-1107.

［188］ Grilli L, Rampichini C, 2006. Model building issues in multilevel linear models with endogenous covariate ［R］. Working Paper, Dipartimeto di Statistica, Universita di Firenze, Florence.

［189］ Grossman M. 1972. On the Concept of Health Capital and the Demand for Health ［J］. Journal of Political Economy, 80 (2): 223-255.

［190］ Hansen B E. 1999. Threshold effects in non-dynamic panels: Estimation, testing, and inference ［J］. Journal of Econometrics, 93 (2): 345-368.

［191］ Hansen B E. 2010. Sample Splitting and Threshold Estimation ［J］. Econometrica, 68 (3): 575-603.

［192］ Hansen B. E. 1997. Inference in Tar Models ［J］. Studies in Nonlinear Dynamics & Econometrics, 2 (1): 1-14.

［193］ Hansen G D, Prescott E C. 2002. Malthus to Solow ［J］. American Economic Review, 92 (4): 1205-1217.

［194］ Hao Z. 2008. Measuring divergence in provincial growth in China: 1981-2004 ［J］. Journal of Economic Policy Reform, 11 (3): 215-227.

［195］ Harper C, Marcus R, Moore K. 2003. Enduring Poverty and the Conditions of Childhood: Lifecourse and Intergenerational Poverty Transmissions ［J］. World Development, 31 (3): 535-554.

［196］ Hausman J A. 1980. Individual Discount Rates and the Purchase and Utilization of Energy-Using Durables ［J］. Bell Journal of Economics, 11 (1): 373-374.

［197］ Heckman J J. 1979. Sample Selection Bias as a Specification Error ［J］. Econometrica, 47 (1): 153-161.

［198］ Heckman J J. 2004. Inequality in America: What Role for Human Capital Policies? ［J］. Mit Press Books, 1 (2): 333-334.

［199］ Hertz T, Jayasundera T, Piraino P, et al. 2007. The Inheritance of Educational Inequality: International Comparisons and Fifty-Year Trends ［J］. B. E. Journal of Economic Analysis & Policy, 7 (2): 1775-1775.

［200］ Hill R C, Griffiths W E, Lim G C. 2018. Principles of Econometrics. 5th Edition. New York: John Wiley and Sons, Inc.

［201］ Hoddinott J, Kinsey B. 2010. Child Growth in the Time of Drought ［J］. Oxford Bulletin of Economics & Statistics, 63 (4): 409-436.

［202］ Hoddinott J, Quisumbing A. 2010. Methods for Microeconometric Risk and Vulnerability Assessment ［G］. Social Science Electronic Publishing.

［203］ Hoff K, Sen A. 2005. Homeownership, Community Interactions, and Segregation ［J］.

Policy Research Working Paper, Volume 95 (95): 1167-1189.

[204] Hoff K, Sen A. 2006. The kin system as a poverty trap [G] // S. Bowles, S. Durlauf, and Hoff K. Poverty Traps. Princeton University Press.

[205] Holmlund H, Lindahl M, Plug E. 2011. The Causal Effect of Parents' Schooling on Children's Schooling: A Comparison of Estimation Methods [J]. Journal of Economic Literature, 49 (3): 615-651.

[206] Honohan P. 2004. Financial development, growth and poverty: How close are the links [G] // Goodhart C. Financail Development and Economic Growth: Explaining the Links, London: Palgrave.

[207] Hossein R, Zahra M, Kobra S M. 2003. The Measurement of Multidimensional Poverty [J]. Journal of Economic Inequality, 1 (1): 25-49.

[208] Hoynes H, Miller D, Simon D. 2015. Income, the Earned Income Tax Credit, and Infant Health [J]. Nber Working Papers, 7 (1): 172-211.

[209] Hoyos R E D, Medvedev D. 2011. Poverty effects of higher food prices: a global perspective [J]. Review of Development Economics, 15 (3): 387-402.

[210] Huang J, Guo Y, Song Y. 2016. Intergenerational Transmission of Education in China: Pattern, Mechanism, and Policies [R]. ECINEQ Working Papers.

[211] Huettner, Frank, Sunder, et al. 2012. Axiomatic arguments for decomposing goodness of fit according to Shapley and Owen values [J]. Electronic Journal of Statistics, 6 (2012): 1239-1250.

[212] Ioannides Y M, Zanela G. 2008. Neighborhood effects and neighborhood choice: Testing Necessary Conditions [R]. Working Paper.

[213] Ioannides Y M, Loury L D. 2004. Job information networks, neighborhood effects, and inequality [J]. Journal of Economic Literature, 42 (4): 1056-1093.

[214] Ivanic M, Martin W, Zaman H. 2012. Estimating the Short-Run Poverty Impacts of the 2010-11 Surge in Food Prices [J]. World Development, 40 (11): 2302-2317.

[215] Ivanic M, Martin W. 2014. Short-and long-run impacts of food price changes on poverty [R]. World Bank Policy Research Working Paper.

[216] Ivanic M, Martin W. 2008. Implications of higher global food prices for poverty in low-income countries [J]. Agricultural Economics, 39: 405-416.

[217] Jalan J, Ravallion M. 1998. Transient Poverty in Post-reform Rural China [J]. Journal of Comparative Economics, 26 (2): 338-357.

[218] Jalan J, Ravallion M. 2001. Household Income Dynamics in Rural China [R]. Policy Research Working Paper: 107-124.

[219] Jalan J, Ravallion M. 2002. Geographic Poverty Traps? A Micro Model of Consumption Growth in Rural China [J]. Journal of Applied Econometrics, 17 (4): 329-346.

[220] Jeannette Wicks Lim, Arno P S. 2017. Improving Population Health by Reducing Poverty: New York's Earned Income Tax Credit [J]. Population Health, 3: 373-381.

[221] Johnson R C. 2009. Health dynamics and the evolution of health inequality over the life course: the importance of neighborhood and family background [R]. Working Paper.

[222] Johnson Rucker C. 2011. Long-run impacts of school desegregation & school quality on adult attainments [R]. NBER Working Papers.

[223] Jr L S F, Billi J E, Kelly K, et al. 1993. Education in adult basic life support training programs [J]. Annals of Emergency Medicine, 22 (2 Pt 2): 468.

[224] Jr R E L, Stokey N L. 1984. Optimal growth with many consumers [J]. Journal of Economic Theory, 32 (1): 139-171.

[225] Jr R H A. 2004. Economic Growth, Inequality and Poverty: Estimating the Growth Elasticity of Poverty [J]. World Development, 32 (12): 1989-2014.

[226] Kakwani N. 1980. On a Class of Poverty Measures [J]. Econometrica, 48 (2): 437-446.

[227] Kakwani N. 1980. Income inequality and poverty methods of estimation and policy application [M]. Oxford University Press.

[228] Kakwani N. 1981. Note on a New Measure of Poverty [J]. Econometrica, 49 (2): 525-526.

[229] Kalemli-Ozcan S. 2002. Does the Mortality Decline Promote Economic Growth? [J]. Journal of Economic Growth, 7 (4): 411-439.

[230] Kanbur R, Keen M, Tuomala M. 1991. Optimal non-linear income taxation for the alleviation of income-poverty [J]. European Economic Review, 38 (8): 1613-1632.

[231] Kanbur R, Keen M, Tuomala M. 1994. Labor Supply and Targeting in Poverty Alleviation Programs [J]. World Bank Economic Review, 8 (2): 191-211.

[232] Kapteyn A, Kooreman P, Willemse R. 1988. Some Methodological Issues in the Implementation of Subjective Poverty Definitions [J]. Journal of Human Resources, 23 (2): 222-242.

[233] Karen Macours, Norbert Schady, Vakis R. 2012. Cash Transfers, Behavioral Changes, and Cognitive Development in Early Childhood: Evidence From a Randomized Experiment [J]. American Economic Journal: Applied Economics, 42 (2): 247-273.

[234] Kasy M. 2015. Identification in a model of sorting with social externalities and the causes of urban segregation [J]. Journal of Urban Economics, 85 (1): 16-33.

[235] Kenkel D S. 1991. Health Behavior, Health Knowledge, and Schooling [J]. Journal of Political Economy, 99 (2): 287-305.

[236] Kevin Milligan, Stabile M. 2011. Do Child Tax Benefits Affect the Well-being of Children? Evidence from Canadian Child Benefit Expansions [J]. American Economic Journal: Economic Policy, 3 (3): 175-205.

[237] Milligan K. 2005. Subsidizing the Stork: New Evidence on Tax Incentives and Fertility, The Review of Economics and Statistics, 87 (3): 539-555.

[238] Kiyotaki N, Moore J. 1997. Credit Cycles [J]. Journal of Political Economy, 105: 211-

248.

[239] Knight J, Shi L, Deng Q H. 2009. Education and the poverty trap in rural China: setting the trap [J]. Oxford Development Studies, 37 (4): 311-332.

[240] Knight, J, Sicular T. , Yue X. 2011. Educational Inequality in China [J]. The Intergenerational Dimension, 47 (3): 417-424.

[241] Kocherlakota N R. 1996. Implications of Efficient Risk Sharing without Commitment [J]. Review of Economic Studies, 63 (4): 595-609.

[242] Koopmans T. 1965. The econometric approach to development planning [M]. Amsterdam: North Holland Press.

[243] Krishnakumar J, Ballon P. 2008. Estimating Basic Capabilities: A Structural Equation Model Applied to Bolivia [J]. World Development, 36 (6): 992-1010.

[244] Krugman P. 1991. History versus Expectations [J]. Quarterly Journal of Economics, 106 (2): 651-667.

[245] Krugman P. 2006. The narrow moving band, the Dutch disease, and the competitive consequences of Mrs. Thatcher: Notes on trade in the presence of dynamic scale economies [J]. Journal of Development Economics, 27 (1): 41-55.

[246] Krugman P. 2006. Trade, Accumulation, and Uneven Development [J]. Journal of Development Economics, 8 (2): 149-161.

[247] Lanjouw P, Ravallion M. 1999. Benefit Incidence, Public Spending Reforms, and the Timing of Program Capture [J]. World Bank Economic Review, 13 (2): 257-273.

[248] Lauer C. 2003. Family background, cohort and education: A French-German comparison based on a multivariate ordered probit model of educational attainment [J]. Labour Economics, 10 (2): 231-251.

[249] Lawrance E C. 1991. Poverty and the Rate of Time Preference: Evidence from Panel Data [J]. J Polit Econ, 99 (1): 54-77.

[250] Lee I H, Lee J. 2010. A Theory of Economic Obsolescence [J]. Journal of Industrial Economics, 46 (3): 383-401.

[251] Lee L F. 2007. Identification and estimation of econometric models with group interactions, contextual factors and fixed effects [J]. Journal of Econometrics, 140 (2): 333-374.

[252] Leibenstein H. 1957. Economic backwardness and economic growth [M]. New York: Wiley.

[253] Leigh J P, Dhir R. 1997. Schooling and frailty among seniors [J]. Economics of Education Review, 16 (1): 45-57.

[254] Lewin K M, Stuart J S. 1994. Poverty and vulnerability [J]. American Economic Review, 84 (2): 221-225.

[255] Ligon E, Schechter L. 2003. Measuring Vulnerability [J]. Economic Journal, 113 (486): 95-102.

［256］ Loayza N V, Raddatz C. 2010. The composition of growth matters for poverty alleviation ［J］. Journal of Development Economics, 93 (1): 137-151.

［257］ Lucas R E. 1999. On the mechanics of economic development ［J］. Quantitative Macroeconomics Working Papers, 22 (1): 3-42.

［258］ Lugo M A. 2007. Comparing Multidimensional Indices of Inequality: methods and application ［J］. Research on Economic Inequality, 14 (14): 213-236.

［259］ Lustig N. 2011. Multidimensional indices of achievements and poverty: what do we gain and what do we lose? An introduction to JOEI Forum on multidimensional poverty ［J］. Journal of Economic Inequality, 9 (2): 227-234.

［260］ Maasoumi E. 1986. The Measurement and Decomposition of Multi-Dimensional Inequality ［J］. Econometrica, 54 (4): 991-997.

［261］ Machin S, Vignoles A. 2010. Educational inequality: the widening socio-economic gap ［J］. Fiscal Studies, 25 (2): 107-128.

［262］ Mankiw N G, Romer D, Weil D N. 1992. A Contribution to the Empirics of Economic Growth ［J］. Quarterly Journal of Economics, 107 (2): 407-437.

［263］ Manski C F. 1993. Identification of Endogenous Social Effects: The Reflection Problem ［J］. Review of Economic Studies, 60 (3): 531-542.

［264］ Marcel F. 2003. Rural Poverty, Risk and Development ［M］. Edward Elgar Publishing.

［265］ Mare R D. 1980. Social Background and School Continuation Decisions ［J］. Journal of the American Statistical Association, 46 (1): 72-87.

［266］ Markowitz S, Grossman M. 2000. The effects of beer taxes on physical child abuse ［J］. Journal of Health Economics, 19 (2): 271-282.

［267］ Marmot M. 2002. The influence of income on health: views of an epidemiologist ［J］. Health Aff, 21 (2): 31-46.

［268］ Marrero G A, Rodríguez J G. 2013. Inequality of opportunity and growth ［J］. Journal of Development Economics, 104 (3): 107-122.

［269］ Matsuyama K. 1991. Increasing Returns, Industrialization, and Indeterminacy of Equilibrium ［J］. Quarterly Journal of Economics, 106 (2): 617-650.

［270］ Matsuyama K. 2005. Poverty traps ［G］ //L. Blume and Durlauf S. The New Palgrave Dictionary of Economics. 2nd ed. Palgrave Macmillan.

［271］ Matsuyama K. 2010. Endogenous Inequality ［J］. Review of Economic Studies, 67 (4): 743-759.

［272］ Matsuyama K. 2010. Financial Market Globalization, Symmetry-Breaking and Endogenous Inequality of Nations ［J］. Econometrica, 72 (3): 853-884.

［273］ Mcculloch N, Calandrino M. 2003. Vulnerability and Chronic Poverty in Rural Sichuan ［J］. World Development, 31 (3): 611-628.

［274］ Mckenzie D, Rapoport H. 2007. Network effects and the dynamics of migration and inequality: Theory and evidence from Mexico ［J］. Journal of Development Economics,

84: 1-24.

[275] Medoff J L, Abraham K G. 1981. Are Those Paid More Really More Productive? The Case of Experience [J]. Journal of Human Resources, 16 (2): 186-216.

[276] Meng Q. 2006. Impatience and equilibrium indeterminacy [J]. Journal of Economic Dynamics & Control, 30 (12): 2671-2692.

[277] Mincer J. 1958. Investment in Human Capital and Personal Income Distribution [J]. Journal of Political Economy, 66 (4): 281-302.

[278] Mincer J. 1984. Human Capital and Economic Growth [J]. Economics of Education Review, 3 (3): 190-205.

[279] Mincer, Jacob. 1974. Schooling, Experience and Earning [M]. Columbia University Press.

[280] Mirrlees J A. 1971. An Exploration in the Theory of Optimum Income Taxation [J]. Review of Economic Studies, 38 (2): 175-208.

[281] Moen E R. 2000. Education, Ranking, and Competition for Jobs [J]. Journal of Labor Economics, 17 (4): 694-723.

[282] Montalvo J G, Ravallion M. 2010. The pattern of growth and poverty reduction in China [J]. Journal of Comparative Economics, 38 (1): 2-16.

[283] Murphy K M, Shleifer A, Vishny R W. 1989. Industrialization and the Big Push [J]. Journal of Political Economy, 97 (5): 1003-1026.

[284] Murphy, Kevin M, Welch, Finis. 1987. The Structure of Wages [M]. Chicago: University of Chicago.

[285] Nakamura E, Sigurdsson J, Steinsson J. 2016. The Gift of Moving: Intergenerational Consequences of a Mobility Shock [J]. Nber Working Papers.

[286] Nautz, Dieter, Scharff, et al. 2012. Inflation and relative price variability in the euro area: evidence from a panel threshold model [J]. Applied Economics, 44 (4): 449-460.

[287] Nelson R. 1956. A Theory of the Low-Level Equilibrium Trap in Underdeveloped Economies [J]. China Labor Economics, 46 (5): 894-908.

[288] Njong M A, Ningaye P. 2008. Characterizing weights in the measurement of multidimensional poverty: An application of data-driven approaches to Cameroonian data [R]. OPHI Working Paper.

[289] Nordström J, Thunström L. 2009. The impact of tax reforms designed to encourage healthier grain consumption [J]. Journal of Health Economics, 28 (3): 622-634.

[290] Nurkse R. 1953. Problems of capital formation in underdeveloped countries [M]. New York: Oxford University Press.

[291] Obstfeld M. 1990. Intertemporal dependence, impatience, and dynamics [J]. Journal of Monetary Economics, 26 (1): 45-75.

[292] Ogaki M, Atkeson A. 1997. Rate of Time Preference, Intertemporal Elasticity of

Substitution, and Level of Wealth [J]. Review of Economics & Statistics, 79 (4): 564-572.

[293] Oms. 2004. Appropriate body-mass index for Asian populations and its implications for policy and intervention strategies [J]. Lancet, 363 (9403): 157-163.

[294] Israeli O. 2007. A Shapley-based decomposition of the R-Square of a linear regression [J]. Journal of Economic Inequality, 5 (2): 199-212.

[295] Ozcan SebnemKalemli, Harl Ryder, Weil D N. 2000. Mortality Decline, Human Capital Investment and Economic Growth [J]. Journal of Development Economics, 62 (1): 1-23.

[296] Kalemli O S. 2002. Does Mortality Decline Promote Economic Growth? [J]. Journal of Economic Growth, 7 (4): 411-439.

[297] Kalemli O S. 2003. A Stochastic Model of Mortality, Fertility, and Human Capital Investment [J]. Journal of Development Economics, 70 (2): 103-118.

[298] Palivos T, Ping W, Zhang J. 1997. On the Existence of Balanced Growth Equilibrium [J]. International Economic Review, 38 (1): 205-224.

[299] Park A, Wang S, Wu G. 2002. Regional poverty targeting in China [J]. Journal of Public Economics, 86 (1): 123-153.

[300] Parkin F. 2001. The Social Analysis of Class Structure [M]. Social Forces.

[301] Persson T, Tabellini G. 1994. Is Inequality Harmful for Growth? [J]. American Economic Review, 84 (3): 600-621.

[302] Pestieau P, Racionero M. 2009. Optimal redistribution with unobservable disability: Welfarist versus non-welfarist social objectives [J]. European Economic Review, 53 (6): 636-644.

[303] Pirttilä J, Tuomala M. 2005. Poverty alleviation and tax policy [J]. European Economic Review, 48 (5): 1075-1090.

[304] Quah D. 1993. Galton's Fallacy and Tests of the Convergence Hypothesis [J]. Scandinavian Journal of Economics, 95 (4): 427-443.

[305] Quah D. 1995. Empirics for economic growth and convergence [J]. Cepr Discussion Papers, 40 (6): 1353-1375.

[306] Raghav Gaiha I K. 2009. Measuring Vulnerability and Poverty in Rural India [J]. Fuel & Energy Abstracts, 81 (2): S329.

[307] Ram R. 1990. Education Expansion and Schooling Inequality: Intenational Evidence and Some implication [J]. The Review of Economics and Statistics, 72 (2): 266-274.

[308] Ram R. and Schultz T W. 1979. Life Span, Health, Savings, and Productivity [J]. Economic Development and Cultural Change, 27 (3): 399-421.

[309] Ramos X, Silber J. 2010. On the application of efficiency analysis to the study of the dimensions of Human Development [J]. Review of Income and Wealth, 51 (2): 285-309.

[310] Ranis G, Fei J C H. 1961. A theory of economic development [J]. American Economic

Review, 51 (4): 533-565.

[311] Ravallion M D G. 1991. Growth and redistribution components of changes in poverty measures: a decomposition with applications to Brazil and India in the 1980s [J]. Journal of Development Economics, 38 (2): 275-295.

[312] Ravallion M, Chen S, Sangraula P. 2008. Dollar a Day Revisited [J]. Policy Research Working Paper, 23 (2): 163-184.

[313] Ravallion M. 1988. Expected Poverty Under Risk-Induced Welfare Variability [J]. Economic Journal, 98 (393): 1171-1182.

[314] Ravallion M. 2001. Growth, Inequality and Poverty: Looking Beyond Averages [J]. World Development, 29 (11): 1803-1815.

[315] Ravallion M. 2011. On multidimensional indices of poverty [J]. Policy Research Working Paper, 9 (2): 235-248.

[316] Ravallion M. 2007. Inequality is bad for poor [G] //Jenkins S. and Micklewright J. Inequality and Poverty: Re-Examined, Oxford: Oxford University Press.

[317] Ravi S, Engler M. 2009. Workfare in low income countries: An effective way to fight poverty? The case of NREGS in India [R]. Working Paper.

[318] Robst J. 1993. Job duration and earnings [J]. Atlantic Economic Journal, 21 (2): 89.

[319] Roemer J E. 1993. A Pragmatic Theory of Responsibility for the Egalitarian Planner [J]. Philosophy & Public Affairs, 22 (2): 146-166.

[320] Roemer, J. E. 1998. Equality of Opportunity [M]. Cambridge: Harvard University Press.

[321] Rogot E, Sorlie P D, Johnson N J. 1992. Life Expectancy by Employment Status, Income, and Education in the National Longitudinal Mortality Study [J]. Public Health Reports, 107 (4): 457-461.

[322] Romer P M. 1989. Endogenous Technological Change [J]. Nber Working Papers, 98 (98): 71-102.

[323] Rosen, Sherwin. 1976. A Theory of Lifetime Earning [J]. Journal of Political Economy, 84 (4): 45-67.

[324] Rosenstein-Rodan P N. 1943. Problems of industrialization of Eastern and South-eastern Europe [J]. Economic Journal, 53: 202-211.

[325] Ross C E, Mirowsky J. 1999. Refining the association between education and health: The effects of quantity, credential, and selectivity [J]. Demography, 36 (4): 445-460.

[326] Sacerdote B. 2007. How Large are the Effects from Changes in Family Environment? A Study of Korean American Adoptees [J]. Quarterly Journal of Economics, 122 (1): 119-157.

[327] Sachs J D, Warner A M. 1997. Fundamental Sources of Long-Run Growth [J]. American Economic Review, 87 (2): 184-188.

[328] Sah, R. 1991. The effect of child mortality changes on fertility choice and parental welfare [J]. Journal of Political Economy, 99: 582-606.

[329] Sala-I-Martin X. 2006. The World Distribution of Income: Falling Poverty and Convergence, Period [J]. Quarterly Journal of Economics, 121 (2): 351-397.

[330] Sampson R J, Sharkey P. 2008. Neighborhood selection and the social reproduction of concentrated racial inequality [J]. Demography, 45 (1): 1-29.

[331] Bowles S, Steven N; Durlauf, Hoff K. 2006. Poverty Traps [M]. Princeton: Princeton University Press.

[332] Santiago C D, Wadsworth M E, Stump J. 2011 Socioeconomic status, neighborhood disadvantage, and poverty-related stress: Prospective effects on psychological syndromes among diverse low-income families [J]. Journal of Economic Psychology, 32: 218-230.

[333] Schultz T P. 2002. Wage Gains Associated with Height as a Form of Health Human Capital [J]. American Economic Review, 92 (2): 349-353.

[334] Selden T M. 2008. The effect of tax subsidies on high health care expenditure burdens in the United States [J]. International Journal of Health Care Finance & Economics, 8 (3): 209-223.

[335] Sen A K. 1985. Commodities and Capabilities [M]. Amsterdam: North Holland.

[336] Sen A K. 1999. Development as Freedom [M]. Oxford: Oxford University Press.

[337] Sen A K. 1976. Poverty: An Ordinal Approach to Measurement [J]. Econometrica, 44 (2): 219-231.

[338] Sen A K. 1979. Issues in the Measurement of Poverty [J]. Scandinavian Journal of Economics, 81 (2): 285-307.

[339] Sen A K. 1987. The Standard of Living [M]. Cambridge: Cambridge University Press.

[340] Senbet L W, Thompson H E. 1982. Growth and Risk [J]. Journal of Financial & Quantitative Analysis, 17 (3): 331-340.

[341] Sharkey P, Elwert F. 2011. The Legacy of Disadvantage: Multigenerational Neighborhood Effects on Cognitive Ability [J]. Ajs, 116 (6): 1934-1981.

[342] Shea S, Stein A D, Basch C E, et al. 1991. Independent associations of educational attainment and ethnicity with behavioral risk factors for cardiovascular disease [J]. American Journal of Epidemiology, 134 (6): 567-582.

[343] Shorrocks A F. 2000. Inequality Decomposition by Factor Components [J]. Econometrica, 50 (1): 193-211.

[344] Slater C, Carlton B. 1985. Behavior, lifestyle, and socioeconomic variables as determinants of health status: implications for health policy development [J]. American Journal of Preventive Medicine, 1 (5): 25-33.

[345] Smith K V, Noreen G. 2011. Measuring health status: self-, interviewer, and physician reports of overall health [J]. Journal of Aging & Health, 23 (2): 242-266.

[346] Soares, Rodrigo R. 2005. Mortality Reductions, Educational Attainment, and Fertility

Choice [J]. American Economic Review, 95 (3): 580-601.

[347] Solon G. 2004. A Model of Intergenerational Mobility Variation over Time and Place [M]. Corak M. Generational Income Mobility in North America and Europe. Cambridge: Cambridge University Press.

[348] Gary S. 1999. Intergenerational Mobility in the Labor Market [J]. Handbook of Labor Economics, 3 (1): 1761-1800.

[349] Solow R. 1956. A contribution to the theory of economic growth [J] Quaterly Journal of Economics, 70: 65-94.

[350] Souleles N S. 2002. Consumer response to the Reagan tax cuts [J]. Journal of Public Economics, 85 (1): 99-120.

[351] Suryahadi A, Sumarto S. 2001. The chronic poor, the transient poor, and the vulnerable in Indonesia before and after the crisis [R]. SMERU Working Paper.

[352] Swallen K C. 2003. Hospital use and survival among Veterans Affairs beneficiaries [J]. New England Journal of Medicine, 350 (5): 518-519.

[353] Tallman E W, Wang P. 1994. Human capital and endogenous growth evidence from Taiwan [J]. Journal of Monetary Economics, 34 (1): 101-124.

[354] Tamura R. 1991. Income Convergence in an Endogeneous Growth Model [J]. Journal of Political Economy, 99 (3): 522-540.

[355] Thomas J, Worrall T. 1990. Income fluctuation and asymmetric information: An example of a repeated principal-agent problem [J]. Journal of Economic Theory, 51 (2): 367-390.

[356] Topel R. 1991. Specific Capital, Mobility, and Wages: Wages Rise with Job Seniority [J]. Journal of Political Economy, 99 (1): 145-176.

[357] Townsend P. 2010. The Meaning of Poverty [J]. British Journal of Sociology, 61 (s1): 85-102.

[358] Tsui K Y. 1995. Multidimensional Generalizations of the Relative and Absolute Inequality Indices: The Atkinson-Kolm-Sen Approach [J]. Journal of Economic Theory, 67 (1): 251-265.

[359] Tsui K Y. 2002. Multidimensional poverty indices [J]. Social Choice and Welfare, 19: 69-93.

[360] Tuomala M. 1990. Optimal Income Tax and Redistribution [M]. Oxford, Eng. : Clarendon Press.

[361] Valbuena J. 2011. Family Background, Gender and Cohort Effects on Schooling Decisions [R]. School of Economics Discussion Papers, University of Kent.

[362] Van D E, Jones A M. 2003. Inequalities in self-reported health: validation of a new approach to measurement [J]. Journal of Health Economics, 22 (1): 61-87.

[363] Vega M C L D, Urrutia A. 2011. Characterizing how to aggregate the individuals' deprivations in a multidimensional framework [J]. Journal of Economic Inequality, 9

（2）：183-194.

[364] Wagstaff A, Lindelow M, Gao J, et al. 2009. Extending health insurance to the rural population：An impact evaluation of China's new cooperative medical scheme ［J］. Journal of Health Economics, 28（1）：1-19.

[365] Wagstaff A. 2002. Inequality aversion, health inequalities and health achievement ［J］. Journal of Health Economics, 21（4）：627-641.

[366] Wagstaff A. 2007. The economic consequences of health shocks：Evidence from Vietnam ［J］. Journal of Health Economics, 26（1）：82-100.

[367] Watts H W. 1969. An economic definition of poverty ［G］// Moynihan D P. On Understanding Poverty, New York：Basic Books.

[368] Wei Z, Hao Z. 2010. Classification of Growth Clubs and Convergence：Evidence from Panel Data in China, 1981-2004 ［J］. China & World Economy, 15（5）：91-106.

[369] Weil D N. 2007. Accounting for the Effect of Health on Economic Growth ［J］. Quarterly Journal of Economics, 122（3）：1265-1306.

[370] Wilson W J. 1987. The truly disadvantaged：The inner city, the underclass, and public policy ［M］. Chicago：University of Chicago Press.

[371] Winters L A, Mcculloch N, Mckay A. 2004. Trade Liberalization and Poverty：The Evidence so Far ［J］. Journal of Economic Literature, 42（1）：72-115.

[372] Wooldridge J. 2012. Introductory Econometrics：A Modern Approach ［M］. Cengage Learning.

[373] Wozniak G D. 1987. Human capital, information, and the early adoption of new technology ［J］. Journal of Human Resources, 3：101-112.

[374] Xie D. 2002. Divergence in Economic Performance：Transitional Dynamics with Multiple Equilibria ［J］. Journal of Economic Theory, 63（1）：97112.

[375] Xie S, Mo T. 2014. The impact of education on health in China ［J］. China Economic Review, 29：1-18.

[376] Yuyu C, Ginger Zhe J. 2012. Does health insurance coverage lead to better health and educational outcomes? Evidence from Rural China ［J］. Journal of Health Economics, 31（1）：1-14.

[377] Zhang Y, Eriksson T. 2010. Inequality of Opportunity and Income Inequality in Nine Chinese Provinces, 1989-2006 ［J］. China Economic Review, 21（4）：607-616.

[378] Zou W, Liu Y. 2010. Skilled Labor, Economic Transition and Income Differences：A Dynamic Approach ［J］. Annals of Economics and Finance, 11（2）：246-267.